グリーンランド

極　海

カ　ナ　ダ

アメリカ合衆国

大

日付変更線

太

平

洋

赤道

マーシャル諸島

キリバス

ナウル

ソロモン

ツバル

バヌアツ

フィジー

サモア

トンガ
ニウエ

クック諸島

ニュージーランド

メキシコ　キューバ
バハマ
ドミニカ共和国
ハイチ　セントクリストファー・ネイビス
ベリーズ　ジャマイカ
アンチグア・バーブーダ
ホンジュラス
セントルシア　ドミニカ国
グアテマラ
ニカラグア
バルバドス
エルサルバドル
セントビンセントおよび
グレナダ
コスタリカ
グレナディーン諸島
トリニダード・トバゴ
パナマ
ベネズエラ
コロンビア
ガイアナ
スリナム
エクアドル
ギアナ

西

ブラジル

ペルー

ボリビア

チリ

パラグアイ

ウルグアイ

アルゼンチン

洋

石油輸出国機構
OPEC［13か国］

ベネズエラ	アンゴラ
ナイジェリア	ガボン
イラン	コンゴ共和国
赤道ギニア	

アラブ石油輸出国機構
OAPEC　［10か国］

イラク	アルジェリア
クウェート	リビア
サウジアラビア	
アラブ首長国連邦	

バーレーン	エジプト
シリア	カタール

米州機構
OAS　［35か国］

アメリカ合衆国	アンチグア・バーブーダ	ドミニカ国	コスタリカ
カナダ	セントビンセントおよび	セントクリストファー・ネイビス	
セントルシア	グレナディーン諸島　グレナダ		ジャマイカ

ラテンアメリカ経済機構
SELA　［25か国］

グアテマラ	トリニダード・トバゴ
ホンジュラス	スリナム
ニカラグア	ガイアナ
ハイチ	ベリーズ
ドミニカ共和国	バハマ
バルバドス	エルサルバドル

ラテンアメリカ統合連合
ALADI　［13か国］

メキシコ	コロンビア	パナマ
アルゼンチン	パラグアイ	
ブラジル	エクアドル	
チリ	ウルグアイ	
ペルー	ボリビア	
キューバ	ベネズエラ	

ニュージーランド
イスラエル　コロンビア

ダ　トルコ

スイス　リヒテンシュタイン

CONTENTS 目次

インターネット上のコンテンツ利用について

本文中に左のようなQRマークがあるところは，学習内容の理解を助ける動画やアニメーション，関連するサイトを閲覧することができます。
右記のQRコードを読み取るか，またはURLにアクセスしてご利用ください。
＊コンテンツ使用料金は発生しませんが，通信料は自己負担となります。

https://www.jikkyo.co.jp/d1/02/sha/zukoukyo　▶▶▶

──── 動画・アニメーションコンテンツ一覧 ────

＊…予備校講師による解説動画です。大学入学共通テストや資料読解の演習課題の解法をわかりやすく解説しています。

本文ページ

本文ページ
❶ DIGEST や FOCUS で学習事項や課題を確認
❷ 各種教材（Check など）で資料を読み取り，知識や技能を習得

Active ほか特集
▶本文ページで習得した知識・技能を活用して，現実社会の課題について多面的・多角的に考察する

別冊ワークブック
▶多様な問題で習得した知識を整理したうえで，課題の解決策を協働的に考察する

本文ページ

Check!
資料から情報を読み取り，課題を把握する

2019 ～ 23年のセンター試験・大学入学共通テストで出題された資料に　共通テスト 23　をつけました

DIGEST
単元の学習事項を確認する

テーマ別インデックス
テーマ学習ガイド（巻末）に掲載したページを結びつけて学習する

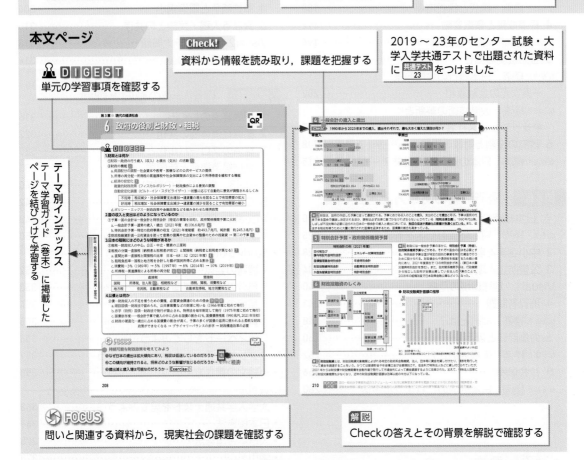

FOCUS
問いと関連する資料から，現実社会の課題を確認する

解説
Check の答えとその背景を解説で確認する

コラム・特集ページ

Active … 資料読解を通じて現実社会の課題を考える
Active Plus … 発展的な考え方を学び，Active の考察をさらに深める

テーマ学習ガイド

▶現実社会の諸課題は政治的側面と経済的側面が複雑に絡んでおり，資料等の章・節の枠組みを超えるものも多い

▶各テーマの関連する資料集のページを一覧にしたガイドに沿って，多角的かつ段階的な考察を進めていく

> テーマ学習ガイドと別冊ワークブックは，資料集の裏表紙をめくったページにあります。資料集を最大限に利用して，公共の学習を効率的に進めていきましょう

読み解き …文献資料から情報を読み解く力を身につける

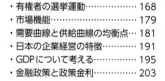

Exercise …演習問題を通して，資料読解力や思考力，判断力を身につける

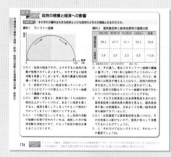

経済Lab　政治Lab …上位科目「政治・経済」レベルの発展的な内容を会話形式でわかりやすく解説

紛争，核の脅威，環境問題など，世界を取り巻く課題は深刻化してきている。2023年の世界の歩みを振り返ることで，私たちがともに考えていくべき諸課題を確認していこう。

1 イスラエル軍によるガザ地区への侵攻

●イスラエルとパレスチナをめぐる構図

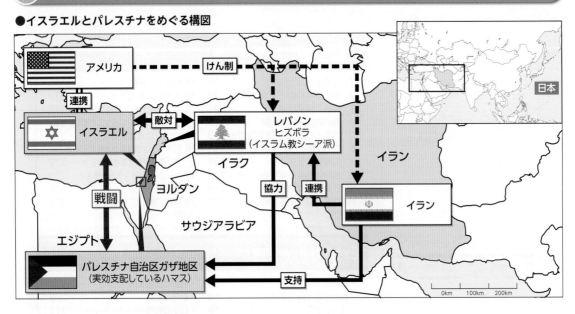

●イスラエルの現状
- 2022年の選挙でパレスチナとの和平推進派が敗北し，ユダヤ人入植地の拡大など対パレスチナ強硬派が増加した
- 選挙の結果を受けて成立したネタニヤフ連立政権の中にパレスチナ強硬派が含まれている

●パレスチナの現状
- ヨルダン川西岸地区はイスラエルとの和平を目指すファタハが優勢で，大規模な軍事侵攻を受けているガザ地区は対イスラエル強硬派のハマスが支配。双方が主導権争いをしている
- イスラエルがヨルダン川西岸地区で国際法違反の入植活動や空爆を行っており不満が高まっていた

●大規模な武力衝突の発生
　10月7日，パレスチナ自治区のガザ地区を支配するイスラム武装組織ハマスとイスラエル軍との大規模な衝突が発生した。2023年に入りイスラエルがパレスチナ領内で軍事作戦を強めていたことも一因とされる。
　先に軍事攻撃を加えたのはハマスである。イスラエルに向けて数千発のロケット弾を発射するとともに，ハマス戦闘員がイスラエルに侵入し，イスラエル人や諸外国人を人質にした。それに対してイスラエルのネタニヤフ首相は「戦争状態にある」と宣言し，ガザ地区に激しい空爆を開始した。イスラエルでも近年にないほど多くの犠牲者が発生しており，ネタニヤフ政権

はテロ組織と位置付けるハマスを壊滅するまで軍事作戦を続行する姿勢を取っている。その結果，ガザ地区では大多数の市民が甚大な被害を受け「人道危機」といわれる状況に陥った。
　国連総会では即時停戦を求める決議が採択されているが，世界平和の維持に主要な責任をもつ安全保障理事会ではアメリカが停戦決議に拒否権を行使するなど，国際的な調整の難しさを浮き彫りにした。

イスラエル		パレスチナガザ地区
▲ネタニヤフ首相		▲ハマス指導者の ハニヤ氏
約900万人	人口	約210万人
正規軍 約17万	戦力	ハマスの戦闘員 1.5～2万
1,200人以上	犠牲者数 （12月末現在）	20,000人以上
240人以上	拘束された 人質	6,000人以上
アメリカ合衆国	強い協力関係 にある国	イラン

② ロシアによるウクライナ侵攻

●ウクライナ情勢をめぐる構図

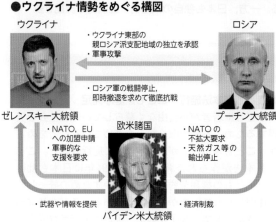

ウクライナ
ゼレンスキー大統領

・ウクライナ東部の親ロシア派支配地域の独立を承認
・軍事攻撃

・ロシア軍の戦闘停止、即時撤退を求めて徹底抗戦

ロシア
プーチン大統領

欧米諸国
バイデン米大統領

・NATO, EUへの加盟申請
・軍事的な支援を要求

・NATOの不拡大要求
・天然ガス等の輸出停止

・武器や情報を提供

・経済制裁

NATO加盟国 他に米国・カナダ・アイスランド

NATOとロシアの国境線は長くなった

1999年以前　それ以降　加盟手続き中
ウクライナとジョージアは「将来の加盟国」
NATO本部（ブリュッセル）

●大国の対応

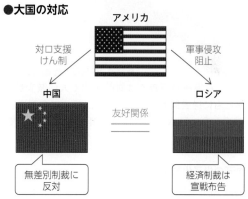

アメリカ

対ロ支援けん制 → 中国
軍事侵攻阻止 → ロシア

友好関係

無差別制裁に反対

経済制裁は宣戦布告

2022年2月、ロシアがウクライナに軍事侵攻を開始した。プーチン大統領はロシアとウクライナは一つの民族であるという考えを持ち、軍事侵攻はウクライナ国内のロシア系住民を守るための正当防衛だと主張している。他方、地政学的にはロシア（旧ソ連）に対抗する軍事同盟であるNATOの加盟国が東欧諸国に拡大している。ロシアの軍事侵攻を受けてフィンランドとスウェーデンがNATO加盟に動いたが、ロシアとしてはウクライナのNATO加盟を許すことはできない。

国連総会では軍事侵攻を非難し、ロシア軍の即時撤退を求める決議が採択されているが、安全保障理事会ではロシアが拒否権を行使するため、軍事侵攻を止められない状況が続いている。戦闘が長期化する中で、欧米各国の支援にも疲れが見えだしている。

③ AI技術の進化と危険性

自然言語処理のAI（人工知能）モデルは、アメリカ企業のOpenAIが2022年に公開した生成AIであるChat GPTによって、格段に身近になった。今や文章作成だけでなく、画像、音楽、動画なども簡単な指示で生成可能となった。たとえば下の画像は「AI技術を駆使する高校生」というキーワードで生成したものである。

日本政府は自治体でのAI活用推進を図っており、自治体がAIを多方面で導入する動きがある。他方、

大学では学生のレポート作成に対して対策に乗り出した。たとえば、東京大学では生成系AIツールが生成した文章などをそのまま自分の文章として用いることは不正行為になるが、授業での利用は個別判断になるという見解を示している。

一方、オランダでは育児手当の不正受給を防ぐためのデータ分析にAIを導入したが、その結果、何千もの無実の世帯が不正受給者と判断された。AI技術の活用が大きな問題に発展することもあるのである。

2023年の広島サミットでは生成AIへの対応が話題となり、欧州連合もAI利用制限の包括的な規制案に大筋合意するなど、法的な枠組み作りが急がれる。今後、AIの改良がさらに進み、適切な使用方法が確立すれば、一層多様な使い方ができる可能性がある。AIが人間の知能を超え、生活や社会全体が大きく変わるシンギュラリティーが実現する日が来るかもしれない。

自治体における生成AIの活用例
・行政文書の作成、読み取りとデータ化
・暮らしに関する相談や防災に対する自動回答サービス
・業務についての新たなアイディアの創出や検索
・市民の健康づくりに向けたアドバイスを自動で提供

2023年 日本のできごと

世界の情勢は，日本の政治・経済にも大きな影響を与える。一方，日本も独自の政治的・経済的な課題を多く抱えている。それぞれ確認していこう。

1 加速する人口減少

●日本人，全都道府県で初の減少

人口増減率
-0.12
-1.71

[総務省「住民基本台帳」による]

2023年1月現在の調査では対前年比で人口減少数・減少率ともに過去最大となったほか，初めて全都道府県で減少した。日本人の人口は14年連続で減少しているが，その流れに歯止めがかからない。

●異次元の少子化対策

政府は2020年代を少子化傾向反転のラストチャンスと位置づけ，6月に「こども未来戦略方針」を正式決定した。これは「異次元の少子化対策」を具体的内容として示したもので，2024年度からの3年間に集中的な取り組みを行うとしている。他方，毎年3兆円を超える財源をどのように準備するかについて，具体策を欠いているとの批判も出ている。

少子化対策「加速化プラン」の主な内容

❶若い世代の所得を増やす
・児童手当の拡充
・高等教育の無償化
・働く子育て世帯の収入増　　など

❷社会全体の構造や意識を変える
・育休を取りやすい職場に
・育休制度の給付面などの拡充

❸全てのこども・子育て世帯を
ライフステージに応じて切れ目なく支援
・妊娠から保育まで，量の拡大と質の向上
・貧困，虐待防止，医療ケアなど

●こども基本法施行・こども家庭庁発足

子どもや若者が不自由なく暮らしていける社会を実現するため，各種の取り組みを進めていくことをめざす「こども基本法」が2023年4月に施行された。こども基本法が作られた背景には，1994年に日本も批准した子どもの権利条約の内容を生かすための統一した法律が作られていなかったことにある。こども基本法ができたことで，少子化対策，子ども・若者育成支援対策，子どもの貧困対策などの政策が一元化された「こども大綱」が作られ，子どもに関する政策がより総合的に実行できるようになる。

この法律制定の流れを受けて，こども家庭庁が新設された。こども家庭庁は従来の厚生労働省の子ども家庭局と内閣府の子ども・子育て本部が統合された組織で，児童手当，虐待防止，ヤングケアラー対策，ひとり親家庭の支援などを扱い，担当閣僚のこども家庭庁長官が配属される。

▲「こども家庭庁」の発足式で記念撮影する岸田首相ら

●こども基本法の基本理念

1．すべてのこどもは大切にされ，基本的な人権が守られ，差別されないこと。
2．すべてのこどもは，大事に育てられ生活が守られ，愛され，保護される権利が守られ，平等に教育を受けられること。
3．年齢や発達の程度により，自分に直接関係することに意見を言えたり，社会のさまざまな活動に参加できること。
4．すべてのこどもは年齢や発達の程度に応じて，意見が尊重され，こどもの今とこれからにとって最もよいことが優先して考えられること。
5．子育ては家庭を基本としながら，そのサポートが十分に行われ，家庭で育つことが難しいこどもも，家庭と同様の環境が確保されること。
6．家庭や子育てに夢を持ち，喜びを感じられる社会をつくること。

② 働き方に関する2024年問題

2019年度に働き方改革関連法が施行され，大企業に続いて中小企業でも時間外労働の上限規制が適用されている。しかし，運輸・物流業，医療現場(医師)，建設業については，業務の特殊性などが考慮され，上限規制の適用が5年間延長されていた。その上限規制が2024年度からこれら3業種にも適用される。その結果，業務の効率化や分散化を実現しないと国民の生活の多方面に影響が出ることが懸念されている。

かねてより，トラックドライバーや医師の長時間労働は大きな問題となっている。たとえば，病院常勤勤務医の約4割が年間960時間以上の時間外労働をしているという統計もある。過重な時間外労働は，働く人々の心身の健康を害するだけではない。疲労を原因に，トラックドライバーの交通事故，医師の医療事故などの増加につながるという懸念があり，働く時間を減らしていく方向自体は間違っていない。

現在，各業界はDX（デジタル・トランスフォーメーション）などの方法を実現させて働き方と経営，サービスの維持を図ろうとしている。

	物流・運輸業	医療
時間外労働の上限	トラックドライバーは年間960時間	医師は年間960時間（やむを得ない場合は1860時間まで許容される場合もある）
心配される主な影響	①物流が滞りモノが運べない事態が発生する ②運輸業を営む事業者の売り上げが減少する ③残業時間の減少に伴いドライバーの収入減少 ④ドライバーの担い手のさらなる減少が起きる ⑤宅急便運賃の値上げ	①休日・夜間診療など休止を余儀なくされる病院の増加 ②同じ医療サービスを維持するために新たな医師が必要となり，医師不足の深刻化が起きる ③多くの医師を採用する必要があり病院の経営が圧迫される

▲ ロボットとAI技術を組み合わせた物流倉庫　入荷から整理，梱包，出荷までを完全自動化することを目標に研究開発が続けられている。

③ 継続する物価高

2022年春先に始まったロシアによるウクライナ侵攻は，世界経済に大きな悪影響を及ぼしている。また，主要国での金利引き上げによる円安傾向も，いまだ続いている。その結果，2023年に入ってもさまざまな商品の値上げが止まらない。大手調査会社によると，2023年に値上げされる飲食料品は11月時点で30000以上になっているが，これはこの30年間でも異例と言える過去最大級の値上げラッシュである。

特に，生乳など特定の原料価格の上昇を受けた値上げは顕著である。このような食品の値上げだけでも，平均的な家庭では2022年比で年間26000円，値上げが本格化した2021年比では年間37000円もの家計負担の増加になる。その他，燃料価格や宅配の運賃も10%近い値上がりになっている。

このような物価高を受け，公的年金の支給額も3年ぶりに増額された。また，大企業の春闘では定期昇給とベースアップを合わせた賃上げ率は約4%という近年にない高水準となっている。しかし，このような変化も物価高には追い付いておらず，中小企業の従業員や非正規労働者では賃上げ自体が及んでいないという指摘もなされている。

●給与総額と実質賃金の前年同月比の推移

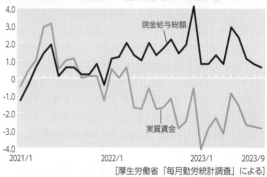

[厚生労働省「毎月勤労統計調査」による]

▲価格変更を知らせる張り紙　相次ぐ原材料高騰の影響で，外食産業の多くも値上げに踏み切った。

帰結主義と義務論

私たちは何をすべきで，何をすべきでないか。この問いに，義務論と帰結主義は二つの対照的な考え方を示している。ここでは嘘をつくことが許される場合はあるかという問いを通して，両者の違いを考えてみよう。

1 倫理的な課題について考えてみよう

一般的に嘘はよくないといわれる。では，左の例ではどうだろうか？違うクラスの友人が生徒Aの教室に逃げてくる。「先輩に怒られそうなのでかくまってほしい」というので生徒Aは友人を教室に入れる。しばらくすると，その先輩が生徒Aの教室に来て，「友人がここに来なかったか」と尋ねる。生徒Aは「ここには来ていない」と嘘をつくべきかと考える。しかし，嘘はいけないと習った。嘘をつかず正直にこのクラスにいると答えるべきだろうか。

● 君ならどうする？
→A：友人のために嘘をつく
→B：嘘をつかない

● 問題を考察する際の観点
・この事例では嘘をついた方がよいと考える場合，それはどういう理由からだろうか？
・もしこの事例で嘘をつくのが許されるとすると，他の事例でも嘘をついてもよいと考える人が出てきて，嘘をついてはいけないという道徳が成り立たなくならないだろうか？

2 先人はどう考えたか

義務論

不法に供述を強要する人に偽りの供述をしても，その人に不正をなすことにはならないとしても，このような偽りは嘘と呼ばれうるものであるから，私はその偽りによって，義務一般の最も本質的な部分において不正をなしているのである。私は，供述一般が信用されず，したがってまた契約に基づくあらゆる権利が消滅し，またその力を失うようにしているのである。
カント「人間愛からならうそをついてもよいという誤った権利に関して。」

義務論者のカントは嘘をつくことはいかなるときでも義務に反すると考えていた。友人を助けるためとはいえ，偽りの証言をするなら，証言一般の信憑性が揺らいでしまう。それは「人類一般に加えられる不正」だとカントはいう。このように義務論は結果のよしあしに関わらず，私たちは義務に違反する行為をおこなってはならないとする。そこでカントであれば，上の事例でも嘘をつくことは許されないと述べたであろう。

帰結主義

カントは道徳的義務の根拠として，普遍的な第一原理を設定している。だが彼がそこから現実的な道徳的義務を引き出すにあたって，全ての理性的存在者が不道徳極まる行動準則を採用することは論理的にありえないことが示せないのは奇怪という他ない。彼が示したのは，皆が不道徳な準則を採用した結果は，誰一人として望まないようなものだということにすぎない。
ミル『功利主義』

功利主義者のミルは，嘘をつくとか約束を破るとかいった不道徳な行為には論理的矛盾があるとするカントの立場を批判して，結局のところは帰結の悪さに訴えているのだと主張する。功利主義は帰結主義の一種であり，行為が社会全体の幸福を生み出す傾向に比例して正しくなり，不幸を生み出す傾向に比例して不正になるという。そこでミルであれば，上の事例で嘘をつくことは正しいことだと述べたであろう。

上の二つの考え方はこれから学習する現実社会の課題について，選択・判断するための手掛かりとなる見方・考え方である。二つの考え方を活用して，下にあげた現実社会の課題の解決策を考察していこう。
→p.60「生命倫理の課題」，p.98「沖縄問題」など

18歳成人で何が変わる?

共通テスト
20.22

近年, 選挙権年齢などが18歳と定められ, 国政上の重要な事項の判断に関して, 18歳, 19歳を大人として扱うという政策が進められている。これを踏まえ, 市民生活に関する基本法である民法においても, 18歳以上の人を大人として取り扱うのが適当ではないかという議論がされるようになった。成年年齢を18歳に引き下げることは, 18歳, 19歳の若者の自己決定権を尊重するものであり, その積極的な社会参加を促すことになると考えられる。

Q 18歳になるとできるようになることは?

◆Case1 スマートフォンの契約

 スマホは自分だけで契約できるのかな?

◆Case2 年金

年金は納めなきゃいけなくなるのかな?

◆Case3 資格取得

 3年生になったら会計士の資格をとりたいけど, とれるのかな?

◆Case4 裁判員裁判

今までは20歳以上の人が裁判員に選ばれるって聞いたけど, どうなるのかな?

Answer

❶◯ 20歳未満は社会経験が少なく, 判断力が不十分だったため, 契約には保護者の同意が必要でしたが, 2022年以降は保護者の同意がなくても契約が可能となりました(▶p.248)。

❷✕ 加入義務年齢は20歳のまま変わりません。しかし, 少子高齢化などを背景に, 年金制度の維持への不安が広がっています(▶p.274)。豊かで安心した暮らしに何が必要か考えてみよう。

❸◯ 公認会計士や, 司法書士, 行政書士, 医師などの資格を取得できるようになりました。自分のキャリアを考えてみよう。(▶p.24)

❹◯ 裁判員に選ばれる年齢も18歳以上となります。選ばれたときの心構えや, 拒否できるケースなどを, 理解しておきましょう。(▶p.143)

18歳になると変わること, 変わらないこと

 飲酒・喫煙, 公営ギャンブルは, 20歳のまま変わりません。

 婚姻年齢は男女ともに18歳になります(女性は16歳から引き上げ)。

 少年法の適用年齢を18歳に引き下げるかは議論中。18歳, 19歳の厳罰化, 起訴時の実名報道を認める改正法が2022年4月より施行されました。

 代理人なしで, 民事裁判をおこすことができます。

多様な契約と消費者の権利と責任

1 生涯における青年期の意義

DIGEST

青年期は人生において，どのような意義をもっているのだろうか

1.ライフサイクルと青年期

ライフサイクル（人生周期）の過程で，心身ともに急激に変化する，第二次性徴の発現の時期 **2**

2.青年期の出現

① 近代以前…第二次性徴が出現すると，通過儀礼（イニシエーション）をおこない，大人集団の仲間入りをする（青年期なし） **3**

② 近代以降…社会生活を送るための一定の学習（心理的，社会的成熟）期間が必要となる（青年期の出現） **3**

③ 心理社会的モラトリアム（猶予期間）…エリクソン（アメリカの心理学者）のことば，青年期は社会的義務や役割が猶予されている（社会や文化が青年に許容している役割実験の時期＝人生の実験室） **7**

3.第二の誕生

① 第二の誕生…フランスの思想家ルソーのことば（『エミール』），青年期は自分をより強く意識し自我にめざめる **9** **10**

② 心理的離乳…アメリカの心理学者ホリングワースのことば，親や社会の価値観に反抗する第二反抗期を経て，親から精神的に自立する **8**

③ マージナルマン（境界人，周辺人）…ドイツの心理学者レヴィンのことば **8**

1 人間とは何か

死すべき者（限りある存在）

古代ギリシア神話。死から逃れることができない

神の似姿（神の創造物）

キリスト教など。神によって創造された

ポリス的（社会的）動物（ゾーン・ポリティコン）

哲学者**アリストテレス**（ギリシア，前384〜前322）。自己とは異なる他者とともに社会（ポリスという共同体）のなかで生きる

ホモ・サピエンス（英知人）

生物学者**リンネ**（スウェーデン，1707〜78）知性（理性）をもつ

ホモ・ファーベル（工作人）

哲学者**ベルクソン**（フランス，1859〜1941）。道具を作り，自然を改変する。物質的かつ精神的に創造する

ホモ・ルーデンス（遊戯人）

歴史学者**ホイジンガ**（オランダ，1872〜1945）利害などとは無縁の遊びをし，文化を生み出す

アニマル・シンボリクム（象徴的動物）

哲学者**カッシーラー**（ドイツ，1874〜1945）。言語などのシンボル（象徴）を介して世界を理解する

考える葦

モラリスト**パスカル**（フランス，1623〜62）。考えることに人間の尊厳がある。同時に，悲惨と偉大という矛盾を抱えた中間的な存在（中間者）である

間柄的存在

倫理学者**和辻哲郎**（1889〜1960）個人として存在するとともに，人と人との関係，すなわち間柄として存在する

はみだしメモ その他の人間の定義として，宗教的行為に着目したホモ・レリギオースス（宗教人）や言葉の使用に着目したホモ・ロクエンス（言葉をもつ人），個人の経済利益の追求を行動基準とするホモ・エコノミクス（経済人）などがある。

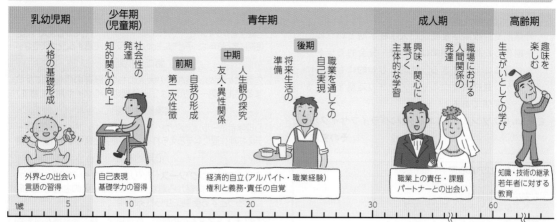

2 青年期の位置づけ

乳幼児期	少年期 (児童期)	青年期		成人期	高齢期

乳幼児期
- 人格の基礎形成

少年期（児童期）
- 知的関心の向上
- 社会性の発達

青年期
- 前期：第二次性徴
- 中期：自我の形成／友人・異性関係／人生観の探究
- 後期：将来生活の準備／職業を通しての自己実現

成人期
- 興味・関心に基づく主体的な学習
- 職場における人間関係の発達

高齢期
- 生きがいとしての学び
- 趣味を楽しむ

- 外界との出会い　言語の習得
- 自己表現　基礎学力の習得
- 経済的自立(アルバイト・職業経験)　権利と義務・責任の自覚
- 職業上の責任・課題　パートナーとの出会い
- 知識・技術の継承　若年者に対する教育

1歳　5　10　20　30　60

解説 **心身の急激な変化**　青年期は，**第二次性徴**の発現の時期に位置している。男女の生殖器の違いによる第一次性徴に対し，思春期にあらわれる身体的な性的特徴を，第二次性徴という。具体的には，精通や初潮を経験し，子どもを産むことができる身体になることを意味する。身体の変化は心の変化も引き起こし，他人とは異なる自我にめざめ，知的にも感情的にも大きな節目を迎える。

3 青年期の出現

●近代以前の社会
- 生まれつき身分や職業が決まっている社会
- 子どもはイニシエーション（▶ 4 ）を経て一足飛びに大人へ

自由ではないが，将来を思い悩む必要ナシ！

●市民革命（17世紀〜）・産業革命（18世紀〜）
- 封建的な秩序が崩れ，自由に職業選択ができるように
- 近代産業社会の成立，そのために準備・学習期間が必要に

●20世紀初頭　青年期の出現

解説 **青年期の出現**　近代以前の社会には**青年期**（adolescence）は存在しなかった。近代の産業革命にともない，学校教育が制度化されたことで，職業や社会生活に必要な知識技能を身につける自立の準備期間として，青年期は一つの発達段階とみなされるようになった。

4 通過儀礼

- 心身の苦痛に耐えることができるか
  （例）割礼，抜歯，バンジージャンプ
  （バヌアツの通過儀礼・右写真）
- 人生上の重要な時期におこなう
  （例）七五三，宮参り，成人式（元服），子ども組・若者組（青年団）への加入
- 死と再生を連想させる行為
  （例）臨死体験，霊山（＝異界）に入る

解説 **一足とびに大人へ**　近代以前の社会では，子どもから大人への移行は成人儀式を境になされた。成人儀式とは精神的・肉体的成熟を問う試練をともなうものが多い。試練を乗り越えたものは大人集団の一員と認められた。成人儀式のように人生の節目ごとにおこなわれる儀礼的習慣を**イニシエーション**（通過儀礼）とよぶ。

5 「子ども」の誕生

　歴史学者**アリエス**（フランス，1914〜84）によれば，中世の子どもは「小さな大人」とみなされていたが，17世紀に近代的な学校制度が成立したことにより，「子ども」が誕生し，特別扱いされるようになった。

▲『グラハム家の子どもたち』ホガース，1742年

▲『ヴァルジュモンの子どもたちの午後』ルノワール，1884年

解説 **子どもの誕生**　**ホガース**（イギリス，1697〜1764）の絵における子どもの服は，大人の服のミニチュア版である。**ルノワール**（フランス，1841〜1919）の絵には子ども服が出現し，子どもには可愛がりのまなざしが向けられている。

6 青年期の延長

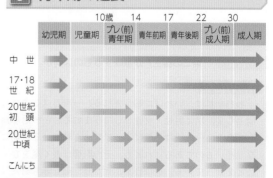

	幼児期	児童期	プレ(前)青年期	青年前期	青年後期	プレ(前)成人期	成人期
			10歳	14	17	22	30
中世							
17・18世紀							
20世紀初頭							
20世紀中頃							
こんにち							

解説 **延長する青年期**　現代では社会の複雑化にともなう教育期間の延長や晩婚化などにより，大人とみなされる時期が遅れ，青年期が延長する傾向にある。また，第二次性徴の出現が早まる**成熟加速現象**によって，身体的には青年期のはじまりが早まる傾向にある。

はみだしメモ　古代中国の五行思想では，春には青があてられている（同様に，夏は朱，秋は白，冬は黒）。つまり，青春とは本来は春という季節をあらわす語だった。また，日本語では青には若さ，未熟さの意味があてられている。

7 モラトリアムの変容

心理社会的モラトリアム

　青年期や，後期学童期及び大学在学期という極めて長期化した見習い期間は，心理・社会的モラトリアムと見ることができる。性的にも知的にも成熟に達するが，最終的なコミットメントの延期を認可されている期間である。

E.H.エリクソン／J.M.エリクソン『ライフサイクル，その完結』

古典的モラトリアム心理
①半人前意識と自立への渇望
②真剣かつ深刻な自己探求
③局外者意識と歴史的・時間的展望
④禁欲主義とフラストレーション

新しいモラトリアム心理
（これを生活感情や生き方にしているのが「モラトリアム人間」）
①まだいかなる職業的役割も獲得していない
②すべての社会的関わりを暫定的・一時的なものとみなしている
③本当の自分はこれから先の未来に実現されるはずで，現在の自分は仮のものにすぎないと考えている
④すべての価値観，思想から自由で，どのような自己選択もこれから先に延期されている
⑤すべての社会的出来事に当事者意識をもたず，お客さま意識しかもとうとしない

[小此木啓吾『モラトリアム人間の時代』より]

解説 モラトリアム人間　心理学者**エリクソン**（アメリカ，1902～94）は，青年期を，仕事や結婚などの社会的な責任（コミットメント）や義務が猶予された**心理社会的モラトリアム**とよんだ。この修業期間に役割実験に取り組み，モラトリアムは終結することになる。精神分析学者の**小此木啓吾**（1930～2003）は，モラトリアム状態にある青年の心理を「古典的モラトリアム心理」と名づけたが，青年期の延長がみられるようになった1970年代以降には，いつまでもモラトリアムの状態に留まろうとする「新しいモラトリアム心理」が生まれた。この心理を生活感情や生き方にする**モラトリアム人間**は，現代の青年にも少なからず当てはまるのではないだろうか。

8 青年期とは

マージナルマン（境界人・周辺人）
心理学者**レヴィン**（ドイツ，1890～1947）。子どもから大人への過渡期にある青年は，子どもにも大人にも安定して属することができない
第二反抗期
自我にめざめ，親などの大人のもつ，既存の価値観に反抗する時期（第一反抗期は2～4歳の「イヤイヤ期」をさす）
疾風怒濤の時代
心理学者**ホール**（アメリカ，1844～1924）。ドイツの文豪ゲーテの初期作風になぞらえられる，心の動揺と緊張に揺れ動く時期
心理的離乳
心理学者**ホリングワース**（アメリカ，1886～1939）。親（大人）の保護や監督から離れ，精神的に一人の独立した人間になろうとする衝動にかられる時期

解説 大人と子どもの中間者　青年期は，第二次性徴を迎えているにも関わらず，親から経済的に自立することが難しい。このことが，日々のイライラの原因になっている。とはいえ，「もう大人」「まだ子ども」という狭間に置かれた青年期は，境界に位置しているからこそ，「大人と子どもの違い」などに気づくことができる。

9 自分をみつめる

　青年期は自己をみつめ，自分とは何かを自問自答する，**自我のめざめ**の時期でもある。自分とはどういう存在なのか，真剣に思い悩むようになり，自分は周囲からどのようにみられるのかが気になってくる。

気負いに満ちた表情がうかがえるレンブラント23歳の自画像（ドイツ，アルテナ・ピナコテーク蔵）

未婚の19歳で身ごもった三岸節子の，強い意志とかげりを感じさせる自画像

[三岸節子《自画像》1925年，一宮市三岸節子記念美術館所蔵　©MIGISHI]

解説 自我にめざめる　オランダの画家**レンブラント**は生涯で60もの自画像を描いているという。画家たちにとって，自己をみつめ，その内面を描き出すことは，彼らの人生や芸術の本質とは何かを問いかけることであった。

10 第二の誕生

Check!　「第二の誕生」が意味するものは何か。

第二の誕生

　われわれは，いわば二回うまれる。一回目はこの世に存在するために，二回目は生きるために，つまり最初は人間として，次は男性・女性としてうまれる。……思春期に達するまでは……女の子も子どもであり，男の子も子どもである。……彼は自然によって定められている時期にその状態から脱する。そしてこの危険に満ちた時期は，かなり短いものであるけれども，その影響は長く尾をひくのだ。……彼はすでに目に，ものをいう力がゆたかにあることを知っている。彼は目をふせたり，顔を赤らめたりすることを覚えはじめる。何を感じているのかわからないうちに感じやすくなる。理由もないのに不安になる。……これがわたしの第二の誕生だ。　　　　ルソー『エミール』

解説 少年エミールの成長物語　母親からの出生を第一の誕生とするならば，第二次性徴を経て，自我にめざめるのが第二の誕生である。現代的には，男女のみならずLGBTQなど多様な性を自覚し，新しい自分として再生することだと解釈できる。

はみだしメモ　「青年期危機説」では，青年期とは反抗や情緒不安の時期であり，第二反抗期は人間が発達していくうえでの必然であるとする。近年，第二反抗期がない若者が多くみられることから「青年期平穏説」も唱えられている。

2 青年期と自己形成の課題

DIGEST

青年期に直面する困難な状況に，どのように対処し，自己を形成するのだろうか

1.さまざまな欲求

①欲求…食欲，性欲などの生理的欲求（一次的欲求）と，金銭欲，名誉欲，承認欲，達成欲，所属欲など
の社会的欲求（二次的欲求）4

②欲求の階層説（アメリカの心理学者マズロー）…欲求を階層的にとらえ，低次の生理的欲求から高次の
自己実現の欲求まで，順に満たされるとした 4

2.欲求不満と適応

①適応行動…欲求の充足を求める個人が周囲の環境に適合しようとする行動 6

②欲求不満

　a.葛藤（コンフリクト）…欲求間の対立が生じ，選択が困難な状態 5

　b.欲求不満（フラストレーション）…欲求が満たされない状態 7

　→欲求不満耐性（フラストレーション・トレランス）を高めることが課題

3.防衛機制（オーストリアの精神分析学者フロイト）

①防衛機制…適応行動の一つで，欲求不満におちいったとき，無意識に自己を守るためのしくみ 7

合理的解決（努力や工夫）・近道反応（八つ当たりなど短絡的行動）で解決できないときに起こる

合理的解決		社会的に受け入れられる方法で解決	
攻撃・近道反応		攻撃的，衝動的な行動をとることで解決	
防衛機制	抑　圧	欲求不満や不安を無意識に抑え込んで，忘却する	
	合理化	もっともらしい理由や理屈をつけて正当化する	
	同一視	取り入れ	他者の長所を自分のものとみなして満足する
		投射（投影）	自分の短所を他人のものとみなして非難する
	反動形成	真に望んでいることと反対の行動をとる	
	逃避	空想の世界などに逃げ込んで不安を解消する	
	退行	幼児期など発達の前段階に逆戻りする	
	置きかえ	代償（補償）	欲求をほかのものに置きかえて満足する
		昇華	欲求の対象を社会的価値の高いものにかえる
失敗反応		適応できない状態のこと	

②無意識…意識的努力では気づくことができない心の領域（心を氷山にたとえると水面下）8

4.パーソナリティの形成

①パーソナリティ（個性，人格）…能力・性格・気質からなり，遺伝と環境の二要因からとらえられる 8

②類型論…（例）クレッチマーによる体型と気質，ユングによる内向・外向

③特性論…（例）ビッグファイブ

5.アイデンティティ（自我同一性）の確立

①アイデンティティ…自分らしさ 14

②青年期の発達課題 13

　a.エリクソン（アメリカの心理学者）…「アイデンティティ（自我同一性）の確立」（失敗の状態は「ア
イデンティティの拡散」）

　b.ハヴィガースト（アメリカの教育学者）…「両親や他の大人から情緒的に自立すること」など

6.社会における自己のあり方

社会の多様性（社会がもつ伝統，文化，宗教などを背景）と共通性（互いに理解しうる）16

　→対話を通じて相互承認を深め，社会における自己のあり方を確立

1 友達とは何か？

●友人関係の特質

対等性：水平的なヨコの関係，だから素直になれる

自発性：関係は主体的につくられていく

相互的互恵性：お互いが自己を保ちながらも影響しあう関係

●あなたは現在，仲が良い友だちがどれくらいいますか？

いない	1から5人	6から10人	11から20人	21から30人	31人以上
13.2%	42.9%	25.4%	10.1%	2.6%	5.7%

●友人との関係に満足していますか？（日米比較）

	満足	どちらかといえば満足	どちらかといえば不満	不満	わからない
日本	18.4%	46.6%	11.6%	4.1%	19.4%
アメリカ	53.2%	30.5%	8.0%	3.2%	5.1%

[内閣府「我が国と諸外国の若者の意識に関する調査」2018年より]

解説　友人はもう一人の自己　13歳〜29歳を対象にした調査で，仲の良い友だちがどれだけいるかという問いに対しての回答で最も割合が高かったのは，「1〜5人」で約43％である。

2 ヤマアラシのジレンマ

共通テスト 20

Check!　人間のどのような心理を描いた寓話か。

ヤマアラシのジレンマ

やまあらしの一群が，冷たい冬のある日，おたがいの体温で凍えることをふせぐために，ぴったりくっつきあった。だが，まもなくおたがいの刺の痛いのが感じられて，また分かれた。温まる必要からまた寄りそうと，第二の禍がくりかえされるのだった。こうして彼らは二つの難儀のあいだに，あちらへ投げられこちらへ投げられしているうちに，ついにほどほどの間隔を置くことを工夫したのであって，これでいちばんうまくやっていけるようになったのである。　**ショーペンハウアーの寓話**

解説　近づきがたく離れがたい　哲学者ショーペンハウアー（ドイツ，1788〜1860）は寓話のなかで，人間同士の適切な心理的距離感を，刺のあるヤマアラシを例に説明した。このようなジレンマ（板挟みの葛藤）は，青年期の友人関係にも当てはまる。SNSの「既読スルー」に悩んだ経験がある人もいるだろう。互いの気持ちを探りながら，「中ぐらいの距離」をみつけ出していくことが大切である。

3 恋愛について

恋愛の四種類

①情熱恋愛　②趣味恋愛　③肉体的恋愛　④虚栄恋愛「すべてこの世の恋愛は同じ法則によって生れ，生き，死に，あるいは不滅にまで高まるのである」　**スタンダール『恋愛論』**

恋愛は人生の秘鑰

恋愛は人世の秘鑰なり，恋愛ありて後人世あり，恋愛を抽き去りたらむには人生何の色味かあらむ。

北村透谷『厭世詩家と女性』

愛することの悩ましさ

私がこれほどにもただあの人だけを，これほどにも熱く，これほどにも胸いっぱいに愛して，あのひとのほかには何も知らず，何も解せず，何も持ってはいないのに，どうしてほかの男があのひとを愛することができるのだろう？　愛することがゆるされるのだろう？　**ゲーテ『若きウェルテルの悩み』**

愛する理由

もしも人から，なぜ彼を愛したのかと問いつめられたら，「それは彼であったから，それは私であったから」と答える以外には，何とも言いようがないように思う。　**モンテーニュ『エセー』**

愛するということ

愛というものは，愛されることによりも，むしろ愛することに存すると考えられる。

アリストテレス『ニコマコス倫理学』

人を愛するということは，なんの保証もないのに行動を起こすことであり，こちらが愛せばきっと相手の心にも愛が生まれるだろうという希望に全身を委ねることである。　**フロム『愛するということ』**

解説　恋は求めるもの，愛は与えるもの　恋愛は，ときに喜びと苦しみの双方をともない，その成就の有無に関わらず，人間を成長させる。哲学者プラトンは，肉体的ではなく精神的に結びつく愛を理想の愛（プラトニック・ラブ）と考え，真善美への憧れをエロースとよんだ。また，キリスト教における神の本質は愛（アガペー）であり，儒教における仁も，身近な人間への愛である。一方，仏教における愛は執着心を意味し，苦しみの原因とみなされる。近代以降広まった自由な恋愛だが，現代日本では，非正規社員の増加や正社員の過剰労働，恋愛を面倒だと考える人が増えたことなどから，若者の恋愛離れが指摘されている。

教えて先哲

アリストテレス

Q　本当の友達とは？　「友達は何人いる？」と聞かれるといつも困ります。知り合いと友達とはどう違うのですか。

A　友達には三種類あり，一緒にいると楽しいからつきあうタイプ，損得勘定からつきあうタイプ，性格のよさを認め合っているタイプにわかれる。若い頃は一つ目の友達が多く，年を取ると二つ目が増えるが，一緒にいても楽しくなくなったり，得になると思わなくなったりすれば終わってしまう。最も安定して長続きするのは最後のもので，お互いに性格のよさを認め合っている場合は，一緒にいて楽しいし，お互いに有益でもある。こういう友達になるにはお互いに信頼が必要で時間がかかるものだが，人生のなかで本当の友達をみつけてほしい。

はみだしメモ　資料1と同じ調査において，「悩みや心配事の相談相手はだれか」といった質問に対し，日本の若者は「近所や学校の友だち」と答える割合が31.8％と他国に比べて高い（アメリカは13.2％，フランスは8.1％）。

4 さまざまな欲求

●欲求の種類

生理的欲求：食欲，性欲，睡眠欲など生命を維持するための欲求。一次的欲求

社会的欲求：名誉欲，所有欲，金銭欲など社会のなかに生きる人間に生じる欲求。二次的欲求

●マズローの欲求階層説

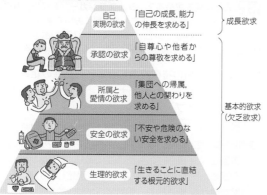

自己実現の欲求	「自己の成長,能力の伸長を求める」（成長欲求）
承認の欲求	「自尊心や他者からの尊敬を求める」
所属と愛情の欲求	「集団への帰属，他人との関わりを求める」
安全の欲求	「不安や危険のない安全を求める」
生理的欲求	「生きることに直結する根元的欲求」

（承認の欲求・所属と愛情の欲求・安全の欲求は基本的欲求（欠乏欲求））

解説 欲求階層説　マズロー（アメリカ，1908〜70）は，人間の欲求を，低次の欲求から高次の欲求までの5段階に整理し，低次の欲求から順に満たされるとした。仮に災害時に避難生活をおこなうことを想定して，人間がどのような欲求から満たしていきたいと考えるか，想像してみてもいいだろう。**基本的欲求（欠乏欲求）**の充足がかなうと，人間を成長させる**成長欲求**として，最高次の「**自己実現の欲求**」が満たされる。自己実現とは，自分の可能性を最大限に発揮し，自分固有の生き方をすることである。「自己実現の欲求」のさらに上には，超越的な至高体験によって至る境地があるが，その段階に到達できる人は少ない。

5 葛藤（コンフリクト）の3類型

パターン	説明	例
①接近・接近型 （+ +）	接近したい（正の誘因性を持つ）欲求が二つ以上あって，選ぶことができないケース	放課後は部活に出たいが，誘われたデートにも行きたい
②回避・回避型 （− −）	回避したい（負の誘因性を持つ）欲求が二つ以上あって，どれも選びたくないケース	勉強したくないが，それで親に怒られるのも嫌だ
③接近・回避型 （+ −）	接近したいものと回避したいものが同時に存在しているケース	部活は続けたいが，学校の成績が下がるのは嫌だ

解説 どちらも選べない　二つ以上の欲求が同時に存在し，どちらも選べないという緊張状態を**葛藤（コンフリクト）**という。**レヴィン**（ドイツ，1890〜1947）はこれを三つの類型に分類した。この状態が頻発したり，長く続いたりすると，対人関係を含めた周囲の環境に対して適応行動がとれなくなるケースも生じ，欲求不満（フラストレーション）の源泉となる。

6 環境と適応

家庭環境 → 社会環境 → 自然環境 → **適応**＝物事にうまく対処 → 成功体験 → 能動的・積極的な適応を通じて自己形成

外的条件＝環境への働きかけ

解説 適応を通じた自己形成　欲求を満たしている状態を**適応**という。環境に働きかける行動をしたり，環境に適合する行動を学習したりするなど試行錯誤を繰り返し，環境に適応できたという成功体験を積み重ねていくことが大切である。一方，欲求が満たされない不適応は，欲求不満（フラストレーション）を生み，心身の変化やパーソナリティ形成上の問題が起こる。

7 欲求不満と防衛機制

欲求の充足が妨げられる
↓
欲求不満（フラストレーション）の状況に → 合理的解決
↓
・攻撃／近道反応　・**防衛機制**＝無意識に自己を守るしくみ → 失敗反応

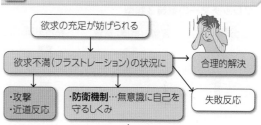

抑圧
自分に都合の悪いことや不安を無意識の世界に押さえこみ，忘却すること

合理化
もっともらしい理由や理屈をつけて，自分の行動などを正当化すること
例：「酸っぱいブドウ」高いところにあるブドウが採れず，どうせあれは酸っぱいからいいのさ，というキツネ（イソップ物語より）

反動形成
抑圧した欲求と正反対の行動をとること
例：好きなのにそ知らぬふり

逃避
空想の世界等に逃げこみ，不安を解消しようとすること

退行
発達段階の初期に戻ってしまうこと
例：赤ん坊のように振る舞う

同一視
他人の長所を自分のものとみなして満足すること
例：尊敬する人と自己を重ねる

置きかえ

代償（補償）
ほかの欲求に置きかえて満足すること
例：子どもがいなくて寂しいのでネコを飼ってかわいがる

投射（投影）
自分の短所を他人のものとみなして非難すること

昇華
ほかのより社会的に価値のある行動・欲求に置きかえて満足すること
例：失恋をバネに猛勉強，難関校に合格！

解説 フロイトの防衛機制　欲求の充足が妨げられた状況を**欲求不満（フラストレーション）**という。精神分析学者**フロイト**は，欲求不満のもたらす不安や緊張から，無意識に自我を守るしくみを**防衛機制**とよんだ。防衛機制にあまりにも依存することは，適切な適応を阻害することにもなりかねない。欲求不満の高まりに耐える力（**欲求不満耐性**）を高めておくことが必要だろう。

Challenge　防衛機制としての投影とは，身近な他者が抱いている欲求を，あたかも自分自身のものとして映しだすことである。○か×か。（▶p.17）

15
倫理

❶パーソナリティの3要素

- 性格　その人のもつ意志
- 能力　その人の知能技能
- 気質　感情的な側面

解説 **パーソナリティとは** パーソナリティはラテン語のペルソナ（仮面）に由来する語であり，広い意味での性格，個性，人格をあらわす。パーソナリティの形成には**遺伝**と**環境**が相互に影響するとの考え（輻輳説）が一般的である。

❷類型論…生物学的要因や心理的要因による特徴に基づき，パーソナリティを類型化したもの

・クレッチマーの気質3類型

分裂気質	躁鬱（循環）気質	粘着気質

細長型 非社交的で クール	肥満型 躁と鬱の循環， 陽気で社交的	筋肉型 几帳面でまじめ， 頑固

解説 **体質と気質** **クレッチマー**（ドイツ，1888～1964）は人間の気質を体型によって分類した。しかし現在では，体型によって性格をわける分類法に対して，多くの疑問が寄せられている。

・ユングによる内向・外向の類型

外向型 自分を方向づけるとき 外面的要因を基準にす るタイプ	よく用いる心理的機能	**内向型** 自分を方向づけるとき 自分の内面を基準にす るタイプ
外向的思考型 客観性，普遍性の重視 **社会的活動に熱心**	思　考	**内向的思考型** 主観的要因，理念の重視 **考え込むタイプ**
外向的感情型 事実に沿って自己を方向づけ **おしゃべり，社交的**	感　情	**内向的感情型** 冷静，物静かで控えめ **沈みがちな人**
外向的感覚型 現実主義タイプ **生活をエンジョイ**	感　覚	**内向的感覚型** 主観的感覚に従うタイプ **自己流，マイペース**
外向的直観型 新しい可能性の追求 **人生，常にチャレンジ**	直　観	**内向的直観型** 夢想家と芸術家 **予言者風の人**

解説 **ユングのタイプ論** **ユング**は心的エネルギーの向かう方向を**外向**と**内向**に分類し，これに思考・感情・感覚・直観の4機能をかけあわせた8つの性格類型を分析した。外向と内向は，それぞれ現実主義者アリストテレスと理想主義者プラトンに対応している。外向と内向はどちらかが優れているわけではなく，二つの向性を併せもつのも一般的で，相補的にバランスを保つ。

・生きがいによる類型化－社会的価値と性格－

理論型	知識の体系に価値（証拠より論？のタイプ）
経済型	財産の獲得に価値（損得で考えるタイプ）
審美型	美に人生本来の価値（美を追求するタイプ）
社会型	社会貢献に価値（人の役に立ちたいタイプ）
権力型	権力獲得に価値（支配・命令好きなタイプ）
宗教型	聖なるものに価値（宗教に関心をもつタイプ）

解説 **人生に何を求める？** **シュプランガー**（ドイツ，1882～1963）は，人がその生き方・人生観において重視する価値によって性格を類型化した。一般的にいわれる性格の不一致とは，言い方をかえれば価値観の不一致だということになる。

❸特性論…性格の特徴をあらわす性格特性の組み合わせから，パーソナリティを理解するもの

・ビッグファイブ

外向性	対人関係などにおいて積極的，精力的か
調和（協調）性	他者に同情的で，共感性や思いやりをもつか
誠実性	良心的で自己統制的であり，責任感が強いか
安定性	情緒が安定し，自己に満足しているか
開放性	創造的で，知的関心が開放的か

解説 **5因子モデル** **ビッグファイブ**とは，上の性格特性の5因子をどの程度有しているかを記述することよって，個人の性格を理解しようとするものである。たとえば，「人と積極的に接しようとするが協調性には少々欠ける」などのように性格を分析する。文化的相違を考慮して，日本では情動性，外向性，遊戯性，愛着性，統制性の5因子が確認されている。

●フロイトとユングによる心の構造

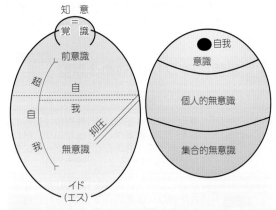

解説 **心の構造** 精神分析学の創始者**フロイト**（オーストリア，1856～1939）は，人の心を氷山にたとえ，氷上の意識の下に**無意識**が広がっていると考えた（努力により意識化できるのが前意識）。無意識の領域にある**イド（エス）**には**リビドー**という性衝動などの本能的エネルギーが貯えられており，神経症の原因となっている。ときに夢や言い間違いなどの形をとり，そうした欲望が**自我**に表出するが，しつけや教育などにより形成される**超自我（スーパーエゴ）**がそれらを検閲する。一方，フロイトの弟子だったが後に離反した**ユング**（スイス，1875～1961）は，意識の領域に当たる自我（社会的にはペルソナ）の下の**個人的無意識**のそのまた下に，全人類共通の**集合的無意識**の領域があり，それは世界の神話や象徴の類似性から見出せると考えた。

はみだしメモ フロイトは無意識を個人的なものとしたが，ユングは，異なる文化の無意識の構造が同じ類型（元型）を共有していると考えた。そして，人類に共通の元型が個々人の人格形成や行動のもとになると考えた。

9 アドラー心理学

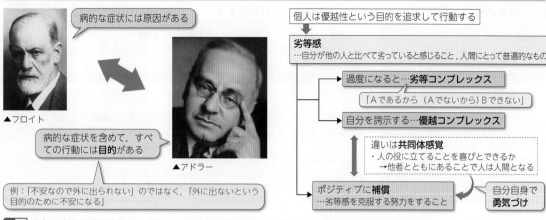

病的な症状には原因がある

▲フロイト

病的な症状を含めて，すべての行動には**目的**がある

▲アドラー

例：「不安なので外に出られない」のではなく，「外に出ないという目的のために不安になる」

個人は優越性という目的を追求して行動する

劣等感
…自分が他の人と比べて劣っていると感じること，人間にとって普遍的なもの

過度になると…**劣等コンプレックス**
「Aであるから（Aでないから）Bできない」

自分を誇示する…**優越コンプレックス**

違いは**共同体感覚**
・人の役に立つことを喜びとできるか
→他者とともにあることで人は人間となる

ポジティブに補償
…劣等感を克服する努力をすること

自分自身で
勇気づけ

解説 **現在と未来は変えられる**　人間とは自ら主体的な目的に向かって生きる存在であると**アドラー**（オーストリア，1870～1937）はいう。目的の追求があるために**劣等感**が生じるが，この悩みは人間ならば誰しもがもつものである。ただし，人間は一人ではない。他者との関係を離れて私たちは生きていくことはできない。「人間の悩みはすべて対人関係の悩みである」と考えるアドラーは，他者を信頼し，他者に貢献し，自己を受容できる人（他者と共感し，**共同体感覚**をもてる人）は，自分自身を勇気づけ，劣等感を克服して前に進むことができる，と説いた。

10 先延ばし傾向をはかるための心理テスト

●次の13個の質問に対し，あなた自身に最も適切だと思う回答に
　〇をつけよう。できたら，合計点を算出しよう。

	あてはまらない	だいたいあてはまらない	どちらともいえない	だいたいあてはまる	あてはまる
1．もっと前にやるはずだった物事に取り組んでいることがよくある	1	2	3	4	5
2．手紙を書いた後，ポストに入れるまでに数日かかる	1	2	3	4	5
3．そう大変ではない仕事でさえ，終えるまで何日もかかってしまう	1	2	3	4	5
4．やるべきことを始めるまでに，時間がかかる	1	2	3	4	5
5．旅行する際，適切な時間に空港や駅に到着しようとして，いつも慌しくなってしまう	1	2	3	4	5
6．土壇場でやるべきことに追われたりせず，出発の準備ができる	5	4	3	2	1
7．期限が迫っていても，他のことに時間を費やしてしまうことがよくある	1	2	3	4	5
8．期限に余裕をもって，物事を片付ける	5	4	3	2	1
9．土壇場になって，誕生日プレゼントを買うことがよくある	1	2	3	4	5
10．必要なものでさえ，ぎりぎりになって購入する	1	2	3	4	5
11．たいてい，その日にやろうと思ったものは終わらせることができる	5	4	3	2	1
12．いつも「明日からやる」といっている	1	2	3	4	5
13．夜，落ち着くまでに，すべき仕事をすべて終わらせている	5	4	3	2	1

［金築智美『自己心理学セミナー』勁草書房より］

解説 **先延ばしが招く悪影響**　やるべきことを，ついつい後回しにしてしまった経験は，誰しもあるだろう。しかし，この「先延ばし」行動の慢性化は，学校生活や社会生活に悪影響を及ぼしうるのだという。ある大学生を対象とした研究（2007年）によると，男性の平均値が44.36点，女性の平均値は42.79点であった。あなたの先延ばし傾向を，相対的に比べてみよう。

教えて先哲

ラッセル

Q 幸せになるにはどうすればいいの？　幸せになりたい！最近，全然やる気が出なくて，成績も上がらず，家族とも喧嘩（けんか）してばかりです。生き生きしている友達と話を合わせるのも辛くて，このままだと不幸になりそうで心配です。どうしたらいいでしょう？

A 幸福になるには，まず不幸の原因を取り除くことが重要だ。君のふだんの自分の生き方について，勇気をもって直視してみなさい。やる気が出ないのは，絶え間ない競争や他人からの評判，あるいは友だちを妬（ねた）むことで君がすっかり疲れているからかもしれない。こうしたことについて反省できたら，次は，何でもよいので熱意をもってできる事柄を探してみなさい。君が自己の殻（から）に閉じ込もっている限り，幸せにはなれない。しかし，君の情熱と興味が自らの内側ではなく外部へと向けられるならば，きっと幸福をつかむことができるだろう。

はみだしメモ　ラッセル（1872～1970）は，イギリスの哲学者・論理学者。専門領域の研究に加えて，結婚や幸福などさまざまなテーマの著作を著した。また，核兵器廃絶運動などにも積極的に参加した。

p.15の答え
×

●次の各群の質問に答え，「はい」と答えた数をグラフにしてみよう。　[榎本博明『性格の見分け方』創元社より作成]

A群
①批判的なことをよくいう
②人をしかりつけて激励することが好きだ
③頑固で融通のきかないところがある
④人の長所より短所のほうが目につくほうだ
⑤自分の考えを人に押しつけるようなところがある
⑥人の不正や怠慢には厳しいほうだ

B群
①人に対して親切である
②落ちこんでいる人をみるとほうっておけない
③人の面倒をよくみる
④人を批判するよりほめることが多い
⑤奉仕活動など人の役に立つことが好きだ
⑥情に流されやすい

C群
①綿密な計画を立てるのが好きだ
②疑問点は明らかにしないと気がすまない
③数字やデータへの関心が強い
④仕事は能率的にこなすほうだ
⑤損得を考えて行動するところがある
⑥ものごとを事実に基づいて判断する方だ

D群
①だれとでも楽しくはしゃぐことができる
②気持ちが表面に出やすい
③いいたいことは遠慮なくいうほうだ
④わがままなところがある
⑤冗談をいったりふざけることが多い
⑥好奇心が強い

E群
①なかなか判断できないほうだ
②自信がもてず，おどおどしたところがある
③嫌なことでもはっきり嫌といえない
④人の顔色をうかがうところがある
⑤何ごとにも消極的なほうだ
⑥いいたいことをいえずに後悔することが多い

（記入例）
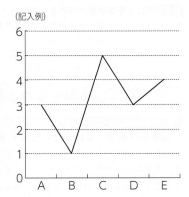

[記入欄]

●できましたか？この心理テスト（エゴグラム）は自分の心の構造を知るテストです。各群が示すのは次の通り。

A群「批判的な親」の部分
【長所】道徳的で倫理感が強い。責任感があり，リーダーシップを発揮する
【短所】頑固，批判的，人に対して高圧的・支配的にふるまう

B群「養護的な親」の部分
【長所】人に対して暖かく，思いやりがある。相手につくすのが好きで，同情心がある
【短所】とかく世話好き，おせっかいで過干渉。過保護になりやすい

C群「アダルト，大人」の部分
【長所】客観的にものごとを分析・判断。理性的で合理的に工夫する
【短所】冷たい，人情味に欠ける。人の気持ちより事実を優先しがち

D群「自由な子ども」の部分
【長所】自由奔放，明朗快活。想像力や空想力に富み，楽しむことが上手
【短所】気まぐれでわがまま。自己中心的で感情的。傍若無人

E群「順応した子ども」の部分
【長所】協調性があり，従順。慎重
【短所】自主性がなく依存的，自責の念をもちやすい

[芦原睦，桂戴作『自分がわかる心理テスト』講談社ブルーバックスより作成]

自分の心の傾向がわかりましたか？他人のエゴグラムをみてみれば，その人の個性もわかるし，うまいつきあい方が発見できるかも知れませんね！

★代表的7パターン
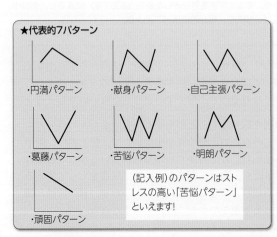
・円満パターン　・献身パターン　・自己主張パターン
・葛藤パターン　・苦悩パターン　・明朗パターン
・頑固パターン

（記入例）のパターンはストレスの高い「苦悩パターン」といえます！

はみだしメモ　古代ローマの博物学者プリニウスは「眉間は，人が喜んでいるか，うきうきしているか，難しい気持ちを抱いているか，悲しんでいるか，などの指標である」と述べている。顔の表情からも人の心理はわかるというわけか？

12 はじめての心理学実験 —ミュラー・リヤー錯視—

Check! 錯視図形を作成し，錯視量を計算してみよう。

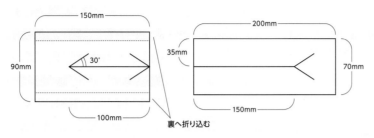

錯視量の計算方法

①内向図形（図の左側）を標準に，同じ長さに見えるところまで，外向図形（図の右側）を動かしていく

②二つの図形の主線の長さの差が錯視量となる（100mm−外向図形の主線の長さ＝錯視量　※＋・−で算出）

③2回実験をおこない，平均値をとる

[石原治編『心理学基礎実験と質問紙法』より]

解説 心を数値化する　私たちは図形の客観的な性質を，感覚器官から送られてきた情報として受け取り，主観的に処理するが（これを知覚とよぶ），その際に錯覚を起こすことがあり，これを錯視という。代表的なミュラー・リヤーの錯視図形では，内向図形（図の左側）の主線の方よりも，外向図形（図の右側）の主線が一般的には長く感じられる（錯視が起こらない人もいる）。この実験では，重さや大きさ，形をもたない心の誤差を，錯視量として測定することができる。心理学とは，心を数値化する学問なのである。

13 ライフサイクルと発達課題

●エリクソンによる心理・社会的発達段階と発達課題

[エリクソン『幼児期と社会』により作成]

発達段階	達成されるべき発達課題	失敗の状態
Ⅰ 乳児期	基本的信頼	不信
Ⅱ 幼児期	自律	恥と疑惑
Ⅲ 児童期	自発性	罪悪感
Ⅳ 学童期	勤勉	劣等感
Ⅴ 青年期	アイデンティティの確立	アイデンティティの拡散
Ⅵ 初期成人期	親密	孤立
Ⅶ 成人期	世代性（次世代を確立させ導くこと）	停滞
Ⅷ 老年期	自我の統合	絶望

●ハヴィガーストの青年期の発達課題

①同世代の同性・異性の友人と洗練された人間関係をつくること

②社会的な役割を理解すること

③両親や他のおとなから情緒的に自立すること

④経済的自立，職業選択や結婚，家庭生活のための準備をすること

⑤社会的責任のある行動を求め，かつなしとげること

⑥価値や倫理の体系を学習し，適切な科学的世界像を形成すること

解説 人間は変化し，発達していく　心理学者エリクソン（アメリカ，1902〜94）は，人生を8つの発達段階からなるライフサイクルととらえ，各発達段階の発達課題（ハヴィガーストが提唱）を達成し，失敗の状態である危機を乗り越える必要があると考えた。青年期の発達課題は，自分が何者であるかという「アイデンティティの確立」であり，友人や恋人の不在といった対人的関わりの失調などでそれが達成できないと「アイデンティティの拡散」におちいる。幼い頃に両親が離婚し，実父を知らずに育ったエリクソン自身，発達心理学者としての自らのアイデンティティの確立は，モラトリアム状態を過ごした青年期の重要な発達課題であった。

14 自分とは何か —アイデンティティ—

●アイデンティティの三つの側面

①連続性
過去から現在までの歴史を受け入れ，未来を展望するという，自分の内的な歴史を一貫してもっていること
→今までの私も今の私も，そしてこれから先の未来の私も，同じ私

②不変性
どんな場面でも自分は自分であり，他者に呑みこまれず，他の人からは区別されていること
→私はA君ともBさんとも違う私

③帰属性
仲間関係における自分の位置づけ，また他者を支配しない対等な人間関係
→私らしさが，私にも，そして他者からも肯定的に受け入れられている

魔女としてのアイデンティティである空飛ぶ力を失ったキキが，周囲の助けを得て，その力を取り戻す
（『魔女の宅急便』）

解説 一貫した自分をつくる　エリクソンが提示したアイデンティティは自我同一性と訳されるもので，細胞が入れかわってもかわることのない，一貫した自分のことである。これをつくりあげるためには，自己について理解を深めることが重要である。

はみだしメモ　エリクソンのライフサイクル説に対しては，欧米の中産階級の白人男性の理想を示したにすぎないという批判がある。確かに，一つの理想だけを基準にして，自己実現できない人間はダメだ，と決めつけてはならないだろう。

15 社会化

●ピアジェ「脱中心化」

乳幼児期	自己中心性をもつ
↓ 児 童 期	自己中心性を脱する（脱中心化） 自分の視点を離れ，抽象的思考が可能に
青 年 期	他者の考えや気持ちを理解，他者が自分の思考や 感情をどう思っているかを予測

●コールバーグ「道徳性の発達段階」

前慣習的水準	1. 罰と服従への志向 2. 道具主義的な相対主義志向
慣 習 的 水 準	3. 対人的同調，「良い子」志向 4. 「法と秩序」志向
後慣習的水準	5. 社会契約的な法律志向 6. 普遍的な倫理的原理の志向

解説 社会性の発達　ピアジェ（スイス，1896〜1980）は，児童期に自己中心性を脱し（**脱中心化**），自己を他者の立場に置くと考えた。また，**コールバーグ**（アメリカ，1927〜87）は，3水準6段階からなる道徳性の発達段階を提唱し，罰を避けることを基準とする段階から，ルールに従うことが正しいとする段階を経て，普遍的な道徳を判断する段階へと発達するとした。

16 社会の多様性

▲日本の学生食堂で提供されるハラール　2014年。千葉県。

解説 ハラールとは，イスラームにおいて神から許されていることを意味する（禁じられていることはハラーム）。宗教上許されている食材などはハラールと明記され，宗教上許されない豚肉などはハラームとなる。日本にいるムスリムが安心して食事をおこなえるよう，ハラール認証を取得する例も増えてきている。私たちは，それぞれの社会がもつ伝統や文化，宗教などを背景とする多様性を互いに認めあう社会を実現しなければならない。したがって，食の多様性（フード・ダイバーシティ）は，国際化の時代に実現させるべき課題の一つである。

アラカルト　私は○○です −個人と社会，自己表現の文化差−

　ある実験でアメリカと日本の大学生に「私は○○です」という文章を20個作成しなさいという課題が出された。アメリカの学生は「私は勤勉です」「私は社交的です」といった個人の特性に関するものが多く，これに対して日本の学生は「私は大学生です」「私は野球部のメンバーです」など，社会や組織におかれた立場や役割について述べるものが多かったという。　　　　［齊藤勇編著『図説社会心理学』誠信書房］

17 現代社会と青年

●居場所の有無（2019年度）

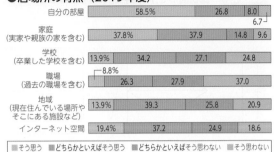

	そう思う	どちらかといえばそう思う	どちらかといえばそう思わない	そう思わない
自分の部屋	58.5%	26.8	8.0	6.7
家庭（実家や親族の家を含む）	37.8%	37.9	14.8	9.6
学校（卒業した学校を含む）	13.9%	34.2	27.1	24.8
職場（過去の職場を含む）	8.8%	26.3	27.9	37.0
地域（現在住んでいる場所やそこにある施設など）	13.9%	39.3	25.8	20.9
インターネット空間	19.4%	37.2	24.9	18.6

●居場所の数と自己肯定感（2019年度）

居場所と思うと回答した場の数

0	1つ	2つ	3つ	4つ	5つ	6つ
10.3	27.2	30.6	38.3	50.2	63.0	72.0

［内閣府 2022年版『子供・若者白書』より作成］

●対象別のつながりの強さ（2019年度）

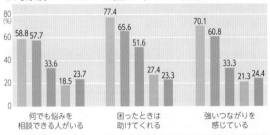

	何でも悩みを相談できる人がいる	困ったときは助けてくれる	強いつながりを感じている
家族・親族	58.8	77.4	70.1
学校の友人	57.7	65.6	60.8
職場・アルバイト関係の人	33.6	51.6	33.3
地域の人	18.5	27.4	21.3
インターネット上の人	23.7	23.3	24.4

［内閣府 2019年版「子供・若者の意識に関する調査」より作成］

●自己肯定感（自尊感情）の国際比較

自分自身に満足している

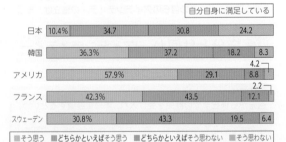

	そう思う	どちらかといえばそう思う	どちらかといえばそう思わない	そう思わない
日本	10.4%	34.7	30.8	24.2
韓国	36.3%	37.2	18.2	8.3
アメリカ	57.9%	29.1	8.8	4.2
フランス	42.3%	43.5	12.1	2.2
スウェーデン	30.8%	43.3	19.5	6.4

［内閣府 2019年版『子供・若者白書』より作成］

解説 居場所をもつこと　日本の若者は主に，自分の部屋（85.3%），家庭（75.7%），インターネット空間（56.6%）を居場所だと感じており，居場所の数が多いほど自己肯定感は高い。また，家族・親族や学校で出会った友人に強いつながりを感じる一方，地域の人やインターネット上の人とのつながりは弱いと感じている。多くの居場所をもち，対話を通して他者から承認されることは，自己肯定感をもつことにつながる。日本の若者の自尊感情は国際的に低い状況にあり，ボランティアなどの社会参加を通じて自己有用感を高めることが重要である。

はみだしメモ　日本の若者の場合，諸外国の若者よりも，自分への満足感と自己有用感（自分が役に立つ人間であるか）が比較的強く関連することが指摘されている（内閣府「我が国と諸外国の若者の意識に関する調査」2018年度）。

3 職業生活と社会参加

DIGEST

1.職業の意義と職業選択
①働くこと…経済的自立，自己実現，社会貢献，社会的責任→生きがいをもたらす **1** **7**
②インターンシップ…一定期間，企業などで実際に働いて就業体験をすること **2**
③現代青年の課題…フリーターとニートの増加 **3**

2.社会参加とボランティア
①社会参加…社会に責任をもって関わっていくこと→社会との関わりのなかで自己を形成 **6**
②ボランティア活動…自発的に社会や他人に貢献する活動 **4**

FOCUS

ワークブック **1**

自分の幸福や人生の充実と職業選択はどのようにつながっているか，考えてみよう

❶自分は何のために働くのだろうか→ **1**

1 職業の選択

●働く目的

全体

社会の一員として，務めを果たすため — 無回答

| お金を得るため 63.3% | 14.1 | 11.0 | 6.7 | 4.9 |

生きがいをみつけるため　自分の才能や能力を発揮するため

18〜29歳

社会の一員として，務めを果たすため — 無回答 2.1

| お金を得るため 81.9% | 6.3 | 5.6 | 4.2 |

自分の才能や能力を発揮するため　生きがいをみつけるため

[内閣府「国民生活に関する世論調査」2022年度より]

●職業選択の重視点―国際比較―

収入
仕事内容
労働時間
職場の雰囲気
自分を生かすこと
能力を高める機会があること
仕事の社会的意義

■ 日 本
■ 韓 国
■ アメリカ

0%　20　40　60　80

[内閣府「我が国と諸外国の若者の意識に関する調査」2018年より]

●高校生のなりたい職業

職業選択

順位	男子高校生	順位	女子高校生
1	公務員	1	看護師
2	ITエンジニア・プログラマー	2	公務員
3	会社員	3	保育士・幼稚園教諭
4	教師・教員	4	歌手・俳優・声優などの芸能人
5	学者・研究者	5	デザイナー（ファッション・インテリアなど）
6	ゲームクリエイター	6	教師・教員
7	プロスポーツ選手	7	YouTubeなどの動画投稿者
8	YouTubeなどの動画投稿者		美容師
	ゲーム実況者		
10	ものづくりエンジニア（自動車の設計や開発など）	9	ショップ店員
		10	カウンセラーや臨床心理士

[ソニー生命保険株式会社「中高生が思い描く将来についての意識調査2023」より]

●働く理由

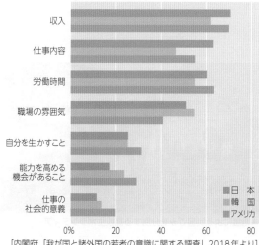

なぜ働くのか

僕たちはなぜ働くのでしょうか。それは，とても単純な話で，私たちは「生きつづける」ために働かなければならないからです。……かつての労働は「お金」のためではなく，「社会に参加する」ためにおこなわれていました。……しかし，いまでは「働くこと＝お金をもらうこと」が，社会に参加することだと考えられています。……これは……「お金を稼ぐ」ということが労働の直接の目的になってしまっているからです。……でも，「お金を稼ぐ」ということは，本当に「社会の役に立って，参加している」ということになるのでしょうか？　**今野晴貴『君たちはどう働くか』**

解説 **職業選択のポイント**　日本では，働く目的を，「収入を得る」ためとしている人が多い。また，日本の若者が職業選択に重視する点は，「収入」（70.7％），「仕事内容」（63.1％），「労働時間」（60.3％）であり，「能力を高める機会があること」を重視する割合は国際的にみて低いことがわかる。ちなみに，2013年の調査と比較して，「労働時間」は8.6％高くなり，「自分を生かすこと」は9.9％低くなった。

はみだしメモ　「天職」とは，英語でcalling，ドイツ語ではBerufで，ともに「呼ばれる」という意味が含まれている。神が「あなたはこれをしなさい」と呼ばわる，そういうイメージである。日本語では天が与えたもう職業という語意。

② インターンシップ

●インターンシップとは

インターンシップは，学生が就業体験を通じて，社会人のマナーを学び，「働く」ことや「仕事」をすること，さらに「職業人」になることなどに対する思いや向き合い方を確認し直す学習の機会である。

期間 　**内容**

高校2年生の夏季休暇などに3〜5日，大学3年生の夏季・冬季休暇などに2〜4週間程度（1〜数日の体験や，半年近くの長期体験，大学1・2年生が参加できる場合もある）

実務体験，会社見学・セミナー（企業説明会に近い），ワークショップ（課題を与えられ，協働して解決し，プレゼンテーションをおこなうなどの体験型）

報酬 　**募集**

無償が原則だが，交通費や一定の報酬を出す場合もある

企業のHPや就職活動支援サイトなどを調べてみよう！

解説 職場の内側で（inter）働く 企業が新規卒業予定者を一括して求人して在学中に内定を出し，卒業と同時に勤務させる新卒一括採用は，日本独特の雇用慣行である。高度成長を支える労働力の確保がその目的だったが，グローバル化とIT化の進展で国際競争が激化すると，雇用の流動性を高めて経済を活性化すべく，見直しを迫られている。そうしたなか，インターンシップは，企業側が優秀な学生を早期に囲い込む「青田買い」の場として機能している側面もある。しかし，インターン体験は必ずしも採用に直結するわけではない。就職後のミスマッチを防ぐ意味でも，インターンシップへの参加は有意義であろう。

③ フリーターとニート

●フリーター数の推移

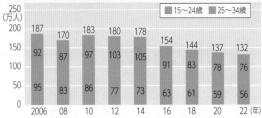

	2006	08	10	12	14	16	18	20	22 (年)
計	187	170	183	180	178	154	144	137	132
25〜34歳	92	87	97	103	105	91	83	78	76
15〜24歳	95	83	86	77	73	63	61	59	56

（注）「フリーター」とは，15〜34歳で男性は卒業者，女性は卒業者で未婚の者で，（1）雇用者のうち勤め先における呼称が「パート」または「アルバイト」である者，（2）完全失業者のうち探している仕事の形態が「パート・アルバイト」の者，（3）非労働力人口のうち希望する仕事の形態が「パート・アルバイト」で，家事・通学等していない者と定義されている。

●ニート数の推移

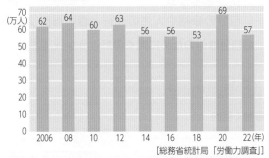

	2006	08	10	12	14	16	18	20	22 (年)
	62	64	60	63	56	56	53	69	57

［総務省統計局「労働力調査」］

解説 フリーターとニートをめぐる現状 フリーターはフリーアルバイターの略である。**ニート**（NEET：Not in Education, Employment or Training）は日本では若年無業者と定義され，15〜34歳で，非労働力人口のうち教育，労働，職業に向けた訓練のいずれにも参加していない状態をいう。いずれもバブル崩壊後の非正規雇用の増加と，再チャレンジが難しい日本の雇用慣行などを背景に増加した。35〜44歳の無業者も36万人（2022年）おり，支援のための施策の継続が必要である。

④ ボランティアと青年

●ボランティアとは何か

ボランティアはお金が幅を利かせる世界から距離を置いたところにある，と考えられている。だから「（お金にもならないのにやって）意識が高い」とも，「（お金にもならないのに汗をかくなんて）不合理」とも思われる。……この活動に参加することで，いったい何が起きているのか？　この活動をするのは自己満足じゃないのか？　この活動は本当に世界のためになっているのか？

［猪瀬浩平『ボランティアってなんだっけ？』より］

▲地震による災害ごみを分別する高校生ボランティア

解説 意識高い系？不合理？ 自発性，無償性，公共（社会）性をボランティア三原則という。ボランティアは善意や使命感だけでは持続せず，組織立って命令されてやるものでもない（公共性の名の下に国民を動員したファシズムの歴史もある）。なかには最低限の実費を得る有償ボランティアも存在し，NPO法人や個人などを担い手として，保健・医療・福祉や災害支援など活発な活動がおこなわれている。ただし，日本の若者のボランティア活動への興味は国際的に低い水準にある（33.3％，2018年）。

Challenge 日本では，ボランティア活動への意識が高まり，ボランティア休暇の制度を導入することが企業に義務づけられている。〇か×か。（▶p.24）

5 生きがいのもつ意義

Check! 生きがいとは何か。

生きがいについて

　どういうひとがーばん生きがいを感じる人種であろうか。自己の存在目標をはっきりと自覚し，自分の生きている必要を確信し，その目標に向かって全力をそそいで歩いているひと——いいかえれば使命感に生きるひとではないであろうか。……つきつめていうと，人間はみな多かれ少なかれ漠然とした使命感に支えられて生きているのだといえる。それは自分が生きていることに対する責任感であり，人生においてほかならぬ自分が果たすべき役割があるのだという自覚である。　　　　　　　　**神谷美恵子『生きがいについて』**

解説 生きがいとは 精神科医の神谷美恵子（1914〜79）は津田英学塾在学中にはじめてハンセン病の存在を知って衝撃を受け，周囲の反対を乗り越えて，終生をハンセン病患者のための奉仕活動に捧げた。彼女がいう使命感とは，他人から与えられるものではなく，自らが自らのためにもちうる使命感である。また，生きがいという言葉には「はりあい」という意味も含まれているとし，人間が内部にもつ欲求として，自分の存在が他人にも受け入れられることを願う「反響への欲求」をあげている。

●満足度を構成する要素

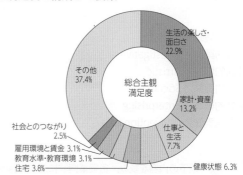

総合主観満足度

- 生活の楽しさ・面白さ 22.9%
- 家計・資産 13.2%
- 仕事と生活 7.7%
- 健康状態 6.3%
- 住宅 3.8%
- 教育水準・教育環境 3.1%
- 雇用環境と賃金 3.1%
- 社会とのつながり 2.5%
- その他 37.4%

［内閣府「『満足度・生活の質に関する調査』に関する第4次報告書」2020年より］

解説 現代日本人の満足度 調査によると，日本人の総合主観満足度（「現在の生活にどの程度満足しているか」を0〜10点で評価した平均値）は全体で5.89点だった（点数が高いほど満足度が高い）。また，「生活の楽しさ・面白さ」は，「家計・資産」よりも満足度に強い影響を与えていることがわかる。ちなみに，「生活の楽しさ・面白さ」は「社会とのつながり」，「ワーク・ライフ・バランス」と関連が大きいこともわかっている。

6 地域の伝統を守るために

▲芥屋かぶを手にする福岡県立糸島農業高校の生徒たち

▲「八重山舞踊」を演じる沖縄県立八重山農林高校の生徒たち

　福岡県糸島市の志摩芥屋地区に江戸時代から300年近く続く伝統野菜がある。「芥屋かぶ」だ。高齢化で担い手が減る中，農家が自家用に栽培して種をとる自家採種で守ってきた野菜をたやすまいと，シニア世代の移住者と地元の高校生，小学生が継承を模索している。

　昨年12月中旬，糸島市志摩御床の市立引津小学校の畑で，2年生約30人が……芥屋かぶの収穫に取り組んだ。……芥屋地区で芥屋かぶを守り育てている東紀子さん（79）からカブの説明を聞き，種まきや間引き，採種などのノウハウは県立糸島農業高校の生徒に教わった。

［朝日新聞2021年1月20日］

　郷土芸能部は豊年祭などの地域行事や老健施設への訪問を行っています。また，地域の方々に御指導を頂きながら，伝統芸能や御嶽，歴史，文化について見聞を広げようと研究もしています。将来，八重山芸能を継承していく人材になるため，助け合いの心ゆいまーるの「結」を合い言葉に毎日練習に励んでいます。先人たちは，稲作（米）を為し得るために，種子の健全な成長を祈って歌い，労働歌でお互いを励まし合いながら農作業を乗り越えてきました。今年の稔りに感謝を捧げ，来年の豊作を願う思いは今でも島々の祭りや芸能に脈々と受け継がれています。［令和2年度全国高校生伝統文化フェスティバルHPより］

解説 伝統継承を通じた社会参加 少子高齢化の進行や地方の過疎化，人口減少にともない，衣食住，祭礼，芸能，農作業，工芸技術など伝統文化の継承が大きな課題となっている。子育て世代の転出により，世代間のつながりが断たれ，後継者は不足しており，子どもや若者の不在は伝統文化を担う地域社会の弱体化を招いている。伝統継承を通じた若い世代の社会参加に寄せられる期待は大きい。

●職業興味についてのエクササイズ

①現実的興味／Realistic
②研究的興味／Investigative
③芸術的興味／Artistic
④社会的興味／Social
⑤企業的興味／Enterprising
⑥慣習的興味／Conventional

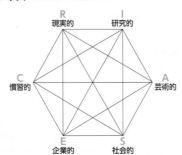

解説 職業興味の領域を知る　心理学者ホランド（アメリカ，1919〜2008）は，6つの職業興味の領域の相互関係を六角形で示した。これをRIASEC（リアセック）という。上位三つの職業興味を知ることで，自分に合う仕事をみつけ，職業選択のミスマッチを避けることができる。ホランドによれば，職業選択はパーソナリティの表現の一つなのである。

[山﨑京子・平林正樹『未来を拓くキャリア・デザイン講座』より]

Check!　以下の内容を読み，各職業興味に対する自分の興味がどの程度なのか，○△×で回答しよう。

職業興味	内容	興味 ○△×
①現実的興味 Realistic	機械や物体を対象とする具体物で実際的な仕事や活動の領域 ・機械や物に対する関心が強い ・対人的，社会的出来事への関心は乏しい	
②研究的興味 Investigative	研究や調査のような研究的，探索的な仕事や活動の領域 ・抽象的概念や論理的思考に強い関心をもつ ・物事を一人で成し遂げることを好み，グループでの活動を好まない	
③芸術的興味 Artistic	音楽，芸術，文学などを対象とするような仕事や活動の領域 ・独創性や想像力に恵まれている ・型にはまるのを嫌い，規制や習慣を重視せず，自分の感性や独自性を大切にする	
④社会的興味 Social	人と接したり，人に奉仕したりする仕事や活動の領域 ・人に教えたり，援助したり，人と一緒に活動するのを好む ・人の気持ちを理解し，敏感に反応することができる	
⑤企業的興味 Enterprising	企画・立案したり，組織の運営や経営などの仕事や活動の領域 ・新しい事業や計画を企画したり，組織を動かすなどの活動を好む ・他人に従うよりも，自らリーダーシップを発揮して，新しい仕事を開拓していくことを好む	
⑥慣習的興味 Conventional	定まった方式や規則，習慣を重視したり，それに従っておこなうような仕事や活動の領域 ・反復的な事務的色彩の濃い活動などを好む ・几帳面で，粘り強く，また自制心に富んでいる	

Check!　職業興味の相互理解をしてみよう。

（1）5人のグループになってみよう
（2）一人ずつ，自分の職業興味の上位三つと，なぜその興味領域を選んだのかを説明してみよう
（3）今後の時代の変化のなかで，それらの職業興味が活かせる仕事にはどのようなものがあるか，自由にアイデアを出しあおう
（4）グループごとに発表しよう

●ライフ・キャリア・レインボー（ある男性のライフ・キャリア）

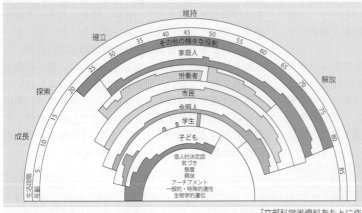

[文部科学省資料をもとに作成]

解説 キャリアは一生を通じて成長する　career（キャリア）の語源は，一説ではラテン語のcarrus（轍）とされる。つまり，人が辿った車輪の跡がキャリアである。心理学者スーパー（アメリカ，1910〜94）は，各時期ではたすライフ・ロール（役割）の重なりを虹の形で図式化した。成長，探索，確立，維持，解放という人生の生活段階において，虹の弧（長さは役割が続く期間）で示される役割が重ね合わされていく。大人になるにつれて，多くの重い役割を背負っていくようになり，その役割の組み合わせがキャリアを形成する。あなたはキャリアの虹をどのように描いていくだろうか。

職業選択

　はみだしメモ　スーパーは生活段階における発達課題を「職業的発達課題」として示した。高校生の時期に当たる探索段階の発達課題は「職業についての希望を形作り，明らかにし，実践していく」である。　p.22の答え　×

4 日本の伝統・文化と私たち

DIGEST

日本の自然観や倫理観はどのように形成され，受け継がれてきたのだろうか

1.古代日本人の宗教観 5

①日本の宗教文化の特徴…アニミズム，多神教，シャーマニズム，祖先崇拝

②自然崇拝…アニミズムの思想がいたるところに存在する神々である八百万神への信仰を生む

③古代神話…『古事記』，『日本書紀』に記述

2.古代日本人の倫理観 6

①清き明き心（清明心），心情の純粋性を重んじる→中世の正直，近世の誠

②禊と祓い…自己の外にあるツミ（罪）・穢れを解消する行為

3.仏教の受容と展開

①聖徳太子（厩戸皇子）…仏教を政治に取り入れる。「十七条憲法」 7

②奈良時代…鎮護国家のための宗教として隆盛

③平安仏教 8

 a.最澄…天台宗。比叡山延暦寺，「一切衆生悉有仏性」を説く

 b.空海…真言宗。高野山金剛峯寺，密教，大日如来，即身成仏を説く

④鎌倉仏教 9 ，Exercise

法然（浄土宗）	阿弥陀仏に帰依して専修念仏による易行（容易な行）によって，誰でも往生できると説く。
親鸞（浄土真宗）	絶対他力を主張し，信仰や念仏さえも，すべては阿弥陀仏の救済の働きであるとする自然法爾を説く。
道元（曹洞宗）	只管打坐によって身心脱落の境地に至り，悟ることができるとした。自ら修行（坐禅）する自力を重視した。
日蓮（日蓮宗）	『法華経』を広めることが日本を救う唯一の道であるとして，自らを法華経の行者と位置づけた。

4.儒教の受容と国学

①儒学の展開 10

林羅山（朱子学）	上下定分の理を唱え，武士階級による上下尊卑の身分秩序を正当化した。
中江藤樹（陽明学）	孝を重視し，人間に本来備わる良知を発揮すべきであるとした。
伊藤仁斎（古義学）	「仁は愛のみ」であるとし，これを実現するために誠の重要性を説いた。
荻生徂徠（古文辞学）	人倫の道とは「安天下の道」（「先王の道」）であるとし，儒学の目的は，世を治め民を救うこと（経世済民）にあるとした。

②国学 11

 a.本居宣長…『古事記』，『源氏物語』を研究。漢意を捨て真心を説く

5.西洋思想の受容と展開

①明治以降 12

 a.福沢諭吉…『学問のすゝめ』。実学の重視，独立自尊の精神

 b.中江兆民…東洋のルソー。「恩賜的民権」を「恢復的民権」へ

 c.内村鑑三…「2つのJ」。自らのキリスト教は武士道に接ぎ木されたるもの

②近代的自我の確立と近代日本哲学の成立 13

 a.夏目漱石…「内発的開化」の重視。個人主義とエゴイズムの葛藤→則天去私

 b.西田幾多郎…主観と客観の区別以前の主客未分の純粋経験，『善の研究』

 c.和辻哲郎…個のあり方を重んじる西洋の倫理観に対し，間柄的存在としての倫理観を説く

③民俗学と戦後民主主義思想 14

 a.柳田国男…民俗学を提唱。常民の生活を通して日本文化の基底をとらえようとした

 b.丸山眞男…主体的な個の確立を訴え，戦後民主主義思想に影響を与えた

1 日本の年中行事

節分の豆まき

起源は中国で，日本では奈良時代にすでに記録がある。豆をまいて邪気をはらうのは室町時代頃にはおこなわれていた。ヒイラギは葉が鋭くとがっているため，鬼が嫌う。豆は死者の世界に鬼を戻す役目を果たす。

田植え

早乙女たちが歌にあわせて苗を植えていく。田植えはたんなる農作業ではなく，田の神をまつる神事でもあった。東北地方で小正月におこなわれる田植え踊りは豊年を願う行事だが，このように豊かな収穫をあらかじめ祝って実現することを祈念することを「予祝」という。

端午の節句

邪気をはらうために使う菖蒲と尚武（しょうぶ）の音から，男の子の成長を願う行事として，鯉のぼりを立て，武者人形・甲冑を飾るようになった。

七夕

七夕は牽牛（けんぎゅう）・織女（しょくじょ）が年に一度会うという中国の伝説に基づく。仙台の七夕祭りは青森のねぶた，秋田の竿灯（かんとう）と並ぶ東北三大祭りの最後を飾る。豊作を願う予祝としておこなわれる。七夕には気候の節目に邪気をはらい清めるという習俗もある。

アエノコト

石川県能登半島の農村に伝えられる。新しい穀物を田の神にそなえ，それをともに食べて収穫を祝う習俗で，あたかも神が目の前にいるかのようにもてなす。古い新嘗（にいなめ）の様子を伝える農耕儀礼。

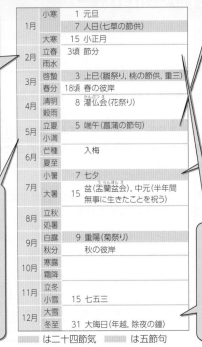

	二十四節気		
1月	小寒	1	元旦
		7	人日（七草の節供）
	大寒	15	小正月
2月	立春	3頃	節分
	雨水		
3月	啓蟄	3	上巳（雛祭り，桃の節供，重三）
	春分	18頃	春の彼岸
4月	清明	8	灌仏会（花祭り）
	穀雨		
5月	立夏	5	端午（菖蒲の節句）
	小満		
6月	芒種		入梅
	夏至		
7月	小暑	7	七夕
	大暑	15	盆（盂蘭盆会），中元（半年間無事に生きたことを祝う）
8月	立秋		
	処暑		
9月	白露	9	重陽（菊祭り）
	秋分		秋の彼岸
10月	寒露		
	霜降		
11月	立冬		
	小雪	15	七五三
12月	大雪		
	冬至	31	大晦日（年越，除夜の鐘）

▨▨▨▨ は二十四節気　▨▨▨▨ は五節句

解説 年中行事と農耕儀礼　日本の**年中行事**は，稲作を中心とした生活行事と中国の暦法（二十四節気など）による行事とがあわさって形成されている。とりわけ農耕儀礼の影響が大きく，宗教的な意味合いも強い。

2 通過儀礼と日本人の生活

通過儀礼

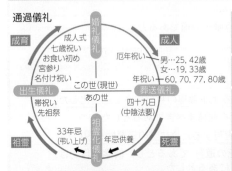

成育　婚礼儀礼　成人
成人式　七歳祝い　お食い初め　宮参り　名付け祝い
厄年祝い　男…25, 42歳　女…19, 33歳
年祝い　60, 70, 77, 80歳
この世（現世）　葬送儀礼
出生儀礼　あの世　四十九日（中陰法要）
帯祝い　先祖祭
祖霊　33年忌（弔い上げ）　祖霊化儀礼　年忌供養　死霊

[宮田昇『冠婚葬祭』岩波新書などより作成]

誕生　この世に生を受けると同時に，その肉体に霊魂が宿る。新たに生まれる子は産神（土地の神）の支配下・保護下にいる。霊界からこの世にやってきた霊魂はまだ不安定なので，共同体全体で母と子どもを守るためのさまざまな儀式がおこなわれていく。

成長　俗に「七歳までは神のうち」とされる。いわゆる七五三は，子どもの成長に厄災（やくさい）が降りかかることを防ぎ，その子どもが世間に公認されるためにおこなわれる。

元服　かつて，男子は14, 15歳で髪型を改め，元服（げんぷく）をした。成人式は霊魂の安定化をめざし，肉体的に一人前となることを示す儀式である。また，共同体のなかで働き手として認められる儀式でもあった。

死　人は死ぬと霊魂が肉体から離れ，生霊が死霊化していく。葬式からあとの供養（くよう）は，死霊を安定させるための儀式である。死霊は祖霊となり，この世に新たに生まれる赤子に宿る霊魂となる。

▲七五三

▲墓参り

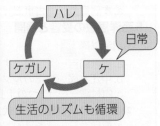

ハレ → 日常 → ケ → ケガレ → ハレ

生活のリズムも循環

解説 日本人と通過儀礼　通過儀礼は，誕生・成人・結婚・死亡など人生の重要な節目や区切りにおこなわれる（▶p.11 4 ）。それぞれの儀礼を通して，それまでの自分とは異なる存在になることを，自分だけでなく自分を取り巻く社会も認めるという働きがある。日本人は古来より，万物に霊魂が宿っているという**アニミズム**的な生活感情をもっており，人間にも霊魂が宿っていると考えていた。魂は成長し，死んだ後も葬送儀礼を通じて昇華され，子孫を守る祖先霊になるとされた。また，民俗学では人の生活をケ（日常）とハレ（非日常）の循環としてとらえるが，ハレの儀式の基本となっているのが冠婚葬祭などの通過儀礼である。

　はみだしメモ　母の日とは，アメリカのある女性が亡くなった母をしのんで白いカーネーションをささげたことをデパート経営者が宣伝し，これを受けてウィルソン大統領が国民の祝日に定めた，という経緯から生まれた「年中行事」だ。

3 日本の宗教・思想受容史

縄文・弥生 / 原始信仰

◆**狩猟・採集社会**
自然に霊魂を認める素朴なアニミズム(精霊崇拝)の信仰

●**自然信仰**
自然への畏怖と崇拝
呪術的習慣

◀**土偶**
豊かなめぐみを願って女性をかたどって造られる

◆**農耕社会の始まり**
豊作を願う農耕儀礼の発展

●**祖霊崇拝**
死後の世界の観念

古墳時代 / 奈良時代 / 外来宗教・思想の受容と変容

●**古代神道**
オオキミ(天皇)家の支配と首長霊崇拝
…共通の祭祀=前方後円墳の出現
天皇霊と結びつく農耕儀礼
…『古事記』(712)『日本書紀』(720)建国神話の形成
神祇制度の確立 → 天皇による祭祀

◆**崇仏論争**

●**仏教の伝来**
聖徳太子(厩戸皇子)による帰依と保護…法隆寺などの建立

●**鎮護国家の仏教(奈良仏教)** **東大寺大仏▶**
呪術的な効果を仏教に期待
聖武天皇により,国分寺・国分尼寺が建立
…東大寺に盧舎那仏(大仏)建立

◆**律令制の成立**

●**神仏習合**
天皇の聖性の維持…ケガレの観念と聖性との差別
日本古来の神への信仰が仏教と融合
…神前での読経,神宮寺の建立,仏像に似せた神像
本地垂迹説(9世紀)
…日本の神は仏が権(かり)に現れたもの

●**平安仏教**
唐(中国)に多くの学僧,先進の仏教を学ぶ
山を聖地とする古くからの信仰と,当時最先端の仏教教学とが結びつく
最澄(天台宗),空海(真言宗)

平安時代 / 死へのおそれと仏教

●**浄土信仰**
阿弥陀仏の西方浄土(極楽)に生まれかわること(往生)を願う浄土信仰(浄土建築,来迎図など)
末法思想の広まり…強まる浄土へのあこがれ

▼**阿弥陀聖衆来迎図**
阿弥陀如来が聖衆を連れ,死者を迎えに来る。有志八幡講蔵。

●**密教文化の進展**
現世利益を重視した,神秘的な加持祈禱のシステム
曼荼羅など密教芸術

◆**戦乱の世**
高まる社会不安

| 厭世観 | 無常観 |

▲**胎蔵界曼荼羅**
大日如来を中心にすべての仏・菩薩が生み出され,世界が充たされていくさまが表現されている。東寺蔵。

●**鎌倉新仏教**
仏教を民衆化した宗教改革運動
法然…浄土宗,ひたすら南無阿弥陀仏を唱える専修念仏
親鸞…浄土真宗,絶対他力と悪人正機説,自然法爾
一遍… 時宗,念仏札と踊り念仏を民衆に広める
栄西…臨済宗,公案による臨済禅
道元…曹洞宗,只管打坐により,身心脱落の境地に
日蓮…日蓮宗,南無妙法蓮華経の題目を唱える(唱題)

・それまでの教義や学問重視の仏教に対して,単純で実践的態度を重視する,日本化された仏教が確立
・行の重視(他力と自力)

鎌倉時代 / 室町時代 / 現世肯定の世へ

◆**戦国時代**
戦乱の世と社会の激動(下剋上)

●**キリスト教の伝来**

▶**湯島聖堂**
江戸幕府の正式な学問所であった。東京都。

◆**江戸幕府の成立**
身分制の確立,社会の固定化

江戸時代

◆**国学の成立**
賀茂真淵…万葉集の「ますらをぶり」
本居宣長…漢意の否定,「もののあはれ」

●**儒学の隆盛**
朱子学のもつ大義名分論,林羅山の「上下定分の理」
→ 官学化,支配階級の倫理思想に

●**儒学の日本化**
古学(山鹿素行,士道を提唱)
古義学(伊藤仁斎,誠の重視)
古文辞学(荻生徂徠,聖人の道)

明治 大正 昭和

◆**明治政府の成立**
富国強兵,殖産興業

●**西洋思想の受容**
福沢諭吉,中江兆民

●**プロテスタントの受容**
内村鑑三

●**近代的自我の確立へ**
夏目漱石,西田幾多郎,和辻哲郎

◆**国外への膨張,第二次世界大戦の敗戦**
日本国憲法の成立…第20条,信仰の自由と国の宗教活動の禁止(政教分離の原則)

はみだしメモ 奈良時代の後半から進んだ神仏習合の結果,神社に神宮寺が建てられ,日本古来の神が僧の姿などで像に刻まれて拝まれるようになった。今も「神様仏様」と何気なく両者を並べて呼び習わすのもそのためか。

4 自然と人間—日本人の自然観—

四季の移り変わり ／ 日本列島の豊かな自然環境とその恵み

自然への素朴な驚き，畏怖の念 → 自然 ← 自然とは**おのずから**（自）そのようにある（然），という肯定的な受け入れ

自然に親しみをもち，ともにあろうとする態度 ─ 花鳥風月
・自然への主情的・情緒的態度
・自然と人間との調和

類型	風土
モンスーン（東アジア）	・豊かだが，ときに猛威を振るう自然 ・受容的，忍従的 ・農耕
砂漠（中東，北アフリカ）	・厳しく死に満ちている自然 ・対抗的，戦闘的 ・遊牧
牧場（ヨーロッパ）	・穏やかで従順な自然 ・自発的，合理的 ・農耕と牧畜

▲文化の類型　[和辻哲郎『風土』による]

解説 日本人と自然　日本人の感性は，自然と寄りそい，ともにありたいという自然観を育んでいった。優美な**花鳥風月**を歌う趣味が，すでに『**万葉集**』（8世紀）においてもみられる。自然を分析的にとらえ，人間と対立するもの，人間に利用されるものととらえる西洋の発想と比較してみよう。

5 カミを感じて—日本人の宗教観—

よくわからないが，私たちの身の回りにいて，崇高な存在

八百万の神（無数の神々）

豊かな恵みをもたらす存在，一方で疫病や天災などをもたらす存在

つぎつぎに神々を生み出す「うむ」神々であり，そしてつぎつぎと「なる」神々

祭祀
・カミのもたらす恵みに感謝し，災厄から逃れることを祈る　＝マツリは神聖な行事（神事）

ご神木　自然物もカミに

祀られるだけでなく，自らも祀る神

Check!　キリスト教の神のとらえ方とどのような違いがあるだろうか。

本居宣長による神の定義
　すべて神とは，古典の文書に見られる天地の多くの神々をはじめ，その神々を祀っている社においての御霊をも言い，また人は言うまでもなく，鳥獣や木草のたぐい，海や山など，そのほか何であれ，尋常ではなくすぐれたる威力があって「畏きもの」を神と言うのである。　本居宣長『古事記伝』三之巻

解説 日本人と神　日本人のカミ（神）信仰は**多神教**である。神のあり方は，たとえばユダヤ教などの一神教にみられるような，唯一絶対の創造神とは異なっている。

6 日本人の道徳観

日本文化の場合
・他者をあざむく汚い心（利己心）を捨て去った**清明心**の重視
・共同体の重視
　→ **ツミ**とは共同体を危険におとしいれること
・心情の純粋さを尊び，これに傾く傾向→ **誠**，正直など

キリスト教など
・人間のもつ罪への自覚，神の示す義に従うことを重視
・神と向き合う個
・客観的規範による道徳的判断の重視

罪は自己の外にある
→ **禊**（ミソギ），**祓い**（ハライ）によって解消

人間であること自体に含まれる罪の意識（原罪）

▲禊　三重県，名張市

▲祓い　東京都，明治神宮

●日本人の伝統的精神

古代	清き明き心	『古事記』『日本書紀』『万葉集』 聖徳太子（574～622）の十七条憲法「和をもって貴しとなし」…和の強調
中世	正直	武士道（兵の道）…いさぎよさの強調 親鸞（1173～1262）「ただ念仏して，信ずるほかに，別の子細なきなり」…行と心の一体化・純化
近世	誠	伊藤仁斎（1627～1705）「誠ならざれば，仁，仁にあらず」…私心のない純粋な心のあり方
	正直	石田梅岩（1685～1744）「正直行はるれば，世間一同に和合し」…正しく真っ直ぐな心，商人倫理として
近代	善	西田幾多郎（1870～1945）「善とは一言にていえば人格の実現である」…善の根本，愛による人類の統一的発達

解説 日本人の道徳観・欧米との比較　日本人は古来より，心の純粋なあり方を重要視してきた。現代においても「**誠**」は日本人に多く支持される言葉である。このように，主観的な感情や情緒を重んじる情緒重視社会であるがゆえに，日本では，西洋のような客観的で普遍的な法則や規範に基づく行動原理重視の考え方は定着しなかったともいえる。

Answer!　「本居宣長による神の定義」Checkの答え：キリスト教は，唯一絶対の神がすべての事象を創造するととらえる一神教であるが，日本は，さまざまな事物に宿る威力ある存在すべてを神ととらえる多神教である。

7 仏教の受容

●聖徳太子（厩戸皇子）

世間虚仮，唯仏是真
（この世はむなしく，ただ仏の悟りだけが真実だ）

十七条憲法
・和をもって貴しとなし，杵ふることなきを宗とせよ
・篤く三宝を敬へ。三宝とは仏法僧なり

▲聖徳太子
（574 〜 622）

十七条憲法

第十条　怒りを抑え，それを表情に出したりすることをやめ，他人が自分と違うことをしても怒ってはならぬ。……自分が必ずしも聖人なのではなく，他人が必ずしも愚者なのでもない。ともに凡夫なのだ。

解説 聖徳太子の仏教理解　聖徳太子（厩戸皇子）は，推古天皇の摂政として政治を主導した。また，仏教を厚く保護し，四天王寺，法隆寺などを建立した。彼は仏教を深く理解し，仏典の注釈書『三経義疏』を著したとされる。

8 平安仏教

最澄
（伝教大師）
天台宗
比叡山
延暦寺

空海
（弘法大師）
真言宗
高野山
金剛峯寺

奈良仏教の勢力と対立
→ 大乗戒壇を設立
法華一乗の教え

一切衆生悉有仏性
（生きとし生けるものはすべて仏になれる可能性をもっている）

密教にも接近　＝台密

中世には一大勢力に

密教の教え
この世のすべては大日如来の現れである
即身成仏
人は修行によってこの身のままで大日如来と一体化できる

現世利益，
加持祈禱の重視

密教芸術の展開

解説 日本仏教の展開　平安時代初頭，**最澄**と**空海**はともに遣唐使として唐へ留学した。彼ら遣唐使によって中国の最新の仏教が取り入れられた。これらの新仏教は日本の山岳信仰の影響を受けながら，鎮護国家の宗教として発展していった。

9 鎌倉仏教

●法然（1133 〜 1212）の思想

「あらゆる衆生を必ず救って浄土に往生させる」という阿弥陀仏の本願を信じ，ひたすら「南無阿弥陀仏」と称える**専修念仏**の道

浄土門の教え
念仏により誰もが平等に阿弥陀仏の力（**他力**）で往生し，浄土で悟りを得ることができる

▲法然

われ浄土宗を立つる意趣は，凡夫の往生を示さんがためなり

▲『法然上人伝記』から。浄土宗は，煩悩を断ち切っていない凡夫が往生するためのものであるという。極楽往生のための行（修行）とは，口に念仏を称えること（易行）である。

●親鸞（1173 〜 1262）の思想

凡夫の自覚…どうにもならない自己の罪深さの自覚

阿弥陀仏の慈悲にすがるしかない！
自己の無力を深く自覚する人間（**悪人**）こそ，阿弥陀仏の救いの真の対象（正機）である。すべては阿弥陀仏のはからい 阿弥陀仏の救済の働き（**自然法爾**）

▲親鸞

善人なをもて往生をとぐ，いはんや悪人をや

▲親鸞の弟子，唯円の『歎異抄』から。自らの罪の深さに絶望する悪人ほど，救いに近いところにあるという。すべてを阿弥陀仏のはからいに委ねるという，**絶対他力**の考えをよくあらわしている。

●道元（1200 〜 53）の思想

すべての者に**仏性**（仏となる可能性，種子）がある

宋に渡り，曹洞禅を学ぶ
自力の修行＝坐禅による悟り←→念仏などの他力
只管打坐（ひたすら坐禅）
身心脱落（身も心も一切の執着から解き放たれ，自在の境地に）

修証一等
坐禅の修行は悟りに至る手段ではなく，修行（修）それ自体が悟り（証）そのものである

仏道を習うということは自己を習うことである。自己を習うということは自己を忘れることである

▲道元

▲『正法眼蔵』から。自己を習うことは，身も心も解き放たれるまでにひたすら坐禅を組むことだという。

●日蓮（1222 〜 82）の思想

『法華経』を広めることが，人々と日本を救う唯一の道

「南無妙法蓮華経」という題目を唱える**唱題**こそが救いに至る道であり，同時に「天下太平・国土安穏」への道

すみやかに唯一真実の法華経の教えに帰依しなさい。そうすれば三界はみな仏の国となる

▲日蓮

▲『立正安国論』から。日蓮がめざしたのは，来世の浄土ではなく，この世を仏国土とし，現に生きている人々を救うことであった。

はみだしメモ　若き日の空海は山岳修行に打ちこみ，室戸岬の洞窟で明星が口の中に飛び込むという体験をした。唐の青竜寺の恵果は，自分の後を継ぐ者として空海が訪れることを予知しており，数か月で空海に密教の教えを伝授したという。

⑩ 儒学の展開

●朱子学と日本陽明学

林羅山（1583〜1657）
（朱子学）
・敬の重視
・存心持敬
　私利私欲に流される
　ことで人間は悪とな
　る。つつしみをもち，
　礼や法度につくこと
　が重要である
・上下定分の理
　人間には自然と同じ
　く上下の差別がある

⟷

中江藤樹（1608〜48）
（日本陽明学）
・孝の重視
・良知
　人間の本性に備わ
　り，善悪を判断する
　良知を働かせること
　が重要である
・知行合一
　孝を時・処・位を考
　慮しつつ実践すべき
　である

●日本的な儒学

朱子学への批判

伊藤仁斎（1627〜1705）
（古義学）
・形式にとらわれ他人を思
　う心が少なくなっている
　→　誠の重視
・現実の世界が変化してや
　まない活物であることを
　みていない
　→　理よりも仁愛が根本
　　　的なもの

荻生徂徠（1666〜1728）
（古文辞学）
・先王の道
　道とは，はじめから自然に
　備わっているものではな
　く，中国の古代の先王・
　聖人が制作・作為したも
　のである
・人間の内なる性に従うの
　ではなく，外である道に
　より善に至るべきである

⑪ 国学の発展

●本居宣長

『古事記』『日本書紀』などの研究	儒教・仏教などの漢意の影響を受ける前の，本来の真心が古代にはあったと主張	惟神の道
『源氏物語』の研究	真心のあらわれであるもののあはれ	主情主義的人間観

敷島のやまとごころを人間はば
朝日に匂ふ山桜ばな

宣長は仏教，儒教を「漢意」として廃した。

▲本居宣長

解説 **国学** 江戸時代中期になると，儒教や仏教が伝わる前に，理想的な日本固有の道があったと主張する**国学**が生まれた。古典研究として発達していった国学は，**本居宣長**（1730〜1801）によって大成された。

⑫ 西洋思想の受容

共通テスト 21

●福沢諭吉の一身独立

封建制・儒教主義を批判→「門閥制度は親の敵で御座る」

↓　西洋文明の積極的受容

天賦人権論…「天は人の上に人を造らず，人の下に人を造らずと云へり」
独立自尊…「一身独立して一国独立す」

↓

ヨーロッパ列強による植民地主義からの脱却と独立

西洋における**実学**と無形の独立心

▲福沢諭吉

解説 **個人の独立　福沢諭吉**（1835〜1901）は幕末から明治にかけての思想家。彼は開国した日本が西洋に肩を並べるには，合理的な学問の発展と，個人の**独立自尊**の確立が重要であると考えた。

●「東洋のルソー」—中江兆民—

フランスの共和主義的思想を学ぶ

↓

「亜細亜の片隅に一欧羅巴国を湧出す」をめざす
　→自由な人々の「自治の国」の創出へ！
ルソー『社会契約論』を訳出（『**民約訳解**』）
　→自由民権運動の理論的指導者に

恢復的民権と**恩賜的民権**
　徐々に恢復的民権（下からの民権）を
　獲得していくことを主張

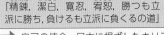
▲中江兆民

解説 **天賦人権論　中江兆民**（1847〜1901）は天賦人権とは人が生まれながらにもつ権利であり，したがってそれを人々が取り戻す（恢復）することは当然であると主張した。

●二つのJ—内村鑑三—

二つのJ：キリスト教＝イエス（Jesus）
　　　　武士道の精神＝日本（Japan）

「精錬，潔白，寛忍，宥恕，勝つも立派に勝ち，負けるも立派に負くるの道」

➡ 自己の使命＝日本に根ざしたキリスト教の確立

➡ **無教会主義**…**不敬事件**，非戦論
　内村は「余は戦争絶対廃止論者である」と述べ，日露戦争開戦に反対した。

▲内村鑑三

解説 **キリスト教と日本人　内村鑑三**（1861〜1930）は札幌農学校時代にキリスト教に入信した。彼は自らの信仰を「武士道に接ぎ木したキリスト教」と表現した。また，**新渡戸稲造**（1862〜1933）も「太平洋の架け橋」になるという志をもち，キリスト教と武士道を精神的支柱とし，著書『武士道』を英文で発表した。

アラカルト **無常観とは何か**

　無常観とは，仏教思想にいう「常にかわらないものはない」という世界観のこと。吉田兼好の『徒然草』には，もし，ものごとが移りゆかず，人に死が訪れなかったなら「もののあはれ」はなかっただろうとし，「世は定めなきこそ，いみじけれ（この世は，無常であるからこそ味わいがある）」という，無常観に立った人生観が示されている。　無常観は日本人の感性や自然に対する態度などと結びつき，その美意識は日本の伝統的な芸能文化のなかに受け継がれていった。

はみだしメモ　福沢諭吉は明治政府に仕えることなく，在野の思想家・教育家としての生涯を貫いた。朝鮮近代化運動の指導者，金玉均が1884年に甲申政変を起こしたが失敗し，日本に亡命したときにかくまったのも諭吉であった。

13 近代的自我の確立と近代日本哲学の成立

明治以降の日本の近代化とは，つまりは西洋化のことであった。西洋思想が日本に流入し，それまでの日本人が直面することがなかった，西洋流の「個」の考え方に日本人がいかに向きあうかが模索された。

●開化批判 —夏目漱石—

> 明治維新以降の西洋化，文明開化とは？
> ＝ 外国の文化の押しつけによる開化 ＝ **外発的開化**

他の個性も尊重しつつ，主体的な個人の確立をめざす

> 「皮相上滑り」の文化
> → 日本人の自己喪失と不安を招くことに！

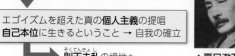

> エゴイズムを超えた真の**個人主義**の提唱
> **自己本位**に生きるということ → 自我の確立

則天去私の境地へ

▲夏目漱石

解説 **日本人と自我** 夏目漱石（1867～1916）は明治期の文豪であり，人間の心に潜むエゴイズム（自己中心主義）を直視した作品群を残した。漱石は『私の個人主義』のなかで，「自己の個性の発展を仕遂げようと思うならば，同時に他人の個性も尊重しなければならない」と語っている。彼は西洋文化の模倣ではない，真の自我の確立のために格闘した。

●純粋経験 —西田幾多郎—

> **坐禅の経験**
> 内的な生命である自己をどのように理論化するか

> 主客を没した，知情意が一つになった意識状態こそが唯一の真実在 ←**対立**→ 西洋哲学の枠組み・主観と客観とが対立・精神と物体とが対立

> **主客未分**の純粋経験
> ・直接経験の重視
> ・身体的であり，行為する自己 → 知情意一体の人格の実現 ＝**善**

Check! 音楽を聞くことの例を通じて，純粋経験とはどのような状態であるとされているか。

主客未分の純粋経験

　純粋経験においては……未だ主観客観の対立もない。……恰も我々が美妙なる音楽に心を奪われ，物我相忘れ，天地ただ嚠喨たる一楽声のみなるが如く，この刹那いわゆる真実在が現前している。これを空気の振動であるとか，自分がこれを聴いているとかいう考は，我々がこの実在の真景を離れて反省し思惟するに由って起ってくる……。

▲西田幾多郎

西田幾多郎『善の研究』

解説 **純粋経験** 西田幾多郎（1870～1945）は西洋哲学に特徴的な，主観（認識する自己）と客観（認識される対象）とを対立的にとらえる考え方を批判し，**主客未分**の**純粋経験**を真の実在であると主張した。

●間柄的存在 —和辻哲郎—

> 西洋近代の倫理学を支えるのは個人主義的倫理である

> 倫理の問題は個人性とともに社会性の点からとらえるべき！

> 人間は「**間柄的存在**」である。

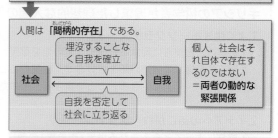

社会 ⇄ 自我
・埋没することなく自我を確立
・自我を否定して社会に立ち返る

個人，社会はそれ自体で存在するのではない
＝両者の動的な緊張関係

Check! 和辻によれば，人間とはどのような存在なのだろうか。

間柄的存在

　人間とは「世の中」自身であるとともにまた世の中における「人」である。従って「人間」は単なる人でもなければまた単なる「社会」でもない。「人間」においてはこの両者は弁証法的に統一せられている。……

▲和辻哲郎

　我々は人間の概念を，世の中自身であるとともにまた世の中における人であると規定した。…我々は人間のこの側面を人間の世間性として言い現わすことにする。それに対して他の側面は人間の個人性と呼ばれるべきであろう。人間存在はこの両性格の統一である。　　和辻哲郎『人間の学としての倫理学』

解説 **個人と社会** 和辻哲郎（1889～1960）は西洋近代哲学が扱っている人間は社会から孤立した個人でしかなく，したがって社会を考察する際にも個人との関係が欠落していると批判し，「**間柄的存在**」として人間をとらえるべきであると主張した。

14 民俗学と戦後民主主義思想

●民俗学 —柳田国男—

> 村落共同体に生きるごく普通の農民（**常民**）の日常生活に注目し，**民俗学**を提唱

> 信仰や風俗，民間伝承などから人々の生活の姿を探求し，そこに日本文化の基底をとらえようとした

▲柳田国男

●戦後民主主義思想 —丸山眞男—

> 戦前の日本のファシズム体制への反省

> 日本では，自己の信条に基づき，責任をもって行動するような主体性が育まれないことを指摘

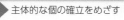
主体的な個の確立をめざす

▲丸山眞男

1 ギリシアの思想

DIGEST

ギリシアの哲学者が追求した理想的な人間の生き方とは，どのようなものだったのだろうか

1.よく生きる─ソクラテス─ 3
①善美のことがらに関する普遍的な真の知を重視
②問答法を通して無知の知を自覚させ，善美のことがらを探究
③知徳合一…「よく生きる」ことを重んじ，そのためには知が大切だとする

2.イデアへのあこがれ─プラトン─ 4
①感覚によってとらえられる世界(現象界)の他に，理性によって認識できる世界（イデア界）があるとする
②イデア…理性によって認識できる，現象界にあるものの手本，永遠不変の真の実在
③哲人政治…善のイデアを認識した人物が政治をおこなうべきである

3.徳と中庸─アリストテレス─ 5
①イデア界の存在の否定，真の実在は現象界にある個々の存在である
②現実にある個々の存在…形相（エイドス）と質料（ヒュレー）からなる
③徳を知性的徳と倫理的徳に分類，倫理的徳は中庸を取得して得られる習性的徳である
④「人間はポリス的動物」…ポリスのためには倫理的徳のうち正義と友愛（フィリア）を重視

よく生きること，また幸福に生きることとはどういうことなのか，考えてみよう

思想の概観

ギリシア人は，人間に備わっている思考能力としての理性（ロゴス）を重視し，理性によって世界のあり方や人間の生き方をとらえようとする合理主義の態度を育んだ。ギリシアの合理主義は，その後の西洋の思想や学問の基礎をなすものとなった。

▲**アクロポリス** ギリシア人は，ポリス（都市国家）という独立した共同体の市民として生活するなかで，高度な文化を創造した。ポリスは小規模な共同体であり，市民たちは自らポリスの独立・自治に関与するとともに，自由を重んじた。アテネのアクロポリス（城砦）には，アテナ女神を祭ったパルテノン神殿がたっている。

●この節に登場する思想家

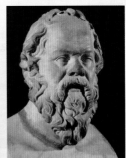

◀**ソクラテス**
●前470〜前399
人間の生き方についての普遍的な真理を探求した。何も書き残さず，その思想と生き方はプラトンの対話篇などを通じて知られる。

▶**アリストテレス**
●前384〜前322
人間の優れたあり方やよい生き方を探求した。多くの学問分野を開拓したため，「万学の祖」と称されている。主著『形而上学』『ニコマコス倫理学』。

はみだしメモ ギリシア人は，地中海沿岸の各地にポリスを建設し（植民活動），交易を活発におこない，オリエント文化とも接した。自由な精神や異文化との接触が，やがてギリシア人独自の考え方を芽生えさせることになった。

1 哲学と人間

●哲学以前
- 自然へのおそれや驚きを神話で表現（神話的世界観）
- 人間とは何か，いかに生きるべきかも神話が答えていた

> 人間とは有限な・死すべき存在である

●自然哲学者たちの登場（前500年頃）
- 万物を成り立たせているもの＝**アルケー**の探求

人物名	アルケー	
タレス	水	「哲学の祖」
ピュタゴラス	数	
ヘラクレイトス	火	万物は流転する
エンペドクレス	四元（火・空気・水・土）	
デモクリトス	原子（アトム）	

解説 自然哲学 主な哲学のふるさとは古代ギリシアにさかのぼる。自然への驚きを神話の世界で説明していたギリシア人たちは，やがて**合理的**に世界を説明するようになった。

2 人間から考える―ソフィストの思想―

●ギリシア，アテネの民主政治
- ポリス（都市国家）における民主政治の発達
- 人々の関心は自然（ピュシス）から社会，法や慣習（ノモス）へ

▲古代アテネの政治家ペリクレス

●ソフィスト（弁論家，知恵の教師）の登場（前5世紀頃）
- 民主政治＝アゴラ（広場）での弁論，討論
  - → 弁論術に優れていることが市民の徳（**アレテー**）
  - → 弁論術を教える教師＝ソフィストの活躍

> 「万物の尺度は人間である」（プロタゴラス）

解説 ソフィストの思想 アテネでは民主政治が進展し，弁論術を教える職業的教師である**ソフィスト**があらわれた。代表的なソフィストである**プロタゴラス**（前490頃〜前420頃）は，人間の思惑をこえた客観的・普遍的な真理を否定し，ものごとがどうあるかは個々人がどう思うかによって決まるとする主観主義，**相対主義**を説いた。ソフィストはまた人間と社会に目を向け，伝統にとらわれずにそれらを論じた。

3 よく生きるとは―ソクラテス―

●ソフィストへの批判
- 普遍的な知や真理はあるのではないか

●よく生きる
- 人間の真の姿は肉体や外見をかざる財産・地位ではない！
  - → 真に価値あるものを求め，自分の魂の世話をすること（**魂への配慮**）
- 「善・美」といった，人間にとって本当に大切なことがらについて私はわかっていない
  - → 無知の自覚，「**無知の知**」
- 真理探究へと導く方法＝**問答法**（助産術，産婆術）

●魂の優れたあり方（徳）の実現
- 知徳合一（「徳は知」である）
- 知行合一（真の知によってよく生きる） ┐ 知徳福の一致
- 福徳一致（真の意味での幸福） ┘

Check! 私たち人間はどのようなことをなすべきだと，ソクラテスは主張しているか。

ソクラテスの言葉

わたしは，わたしの息のつづくかぎり，わたしにそれができるかぎり，けっして知を愛し求めることはやめないだろう。わたしは，いつだれに会っても，諸君に勧告し，言明することをやめないだろう。つまり……「ただ金銭をできるだけ多く自分のものにしたいというようなことにばかり気をつかっていて，恥ずかしくはないのか。評判や地位のことは気にしても思慮や真実のことは気にかけず，魂をできるだけすぐれたものにするということに気もつかわず心配もしていないとは」と……。

プラトン『ソクラテスの弁明』

解説 知を愛すること **ソクラテス**は，ギリシアのアテナイに生まれた哲学者。ソクラテスにとって，大切なことはただ生きるということではなく，「**よく生きる**」ことだった。「**哲学**」Philosophiaという語は，もともと「愛する」phileinと「知」sophiaとの合成語であり，この言葉を自分の生き方としてとらえた最初の人物がソクラテスである。つまり，彼は，人間にとっての生き方を学問として探究した最初の人物なのである。

ソクラテスの生涯

「ソクラテスに優る知者はいない」というデルフォイの神託を受けた彼は，知者とよばれていた人々を訪ね，この神託の意味を知ろうとした。そして彼は人間にとっての「善・美のことがら」も知らないのにそのことがわかっていない人に比べ，自分はそれがわからないということを知っている，という「**無知の知**」を自覚するようになった。

ソクラテスは人々に無知を自覚させる活動を実践したが，このことが一部の人々の反感を買い，青年を堕落させ，国家の認める神々を信じず，新たな神を唱えたという理由で告発された。彼は裁判で無実を訴え，アテネの人々に魂の世話をすることを説いたが，死刑を宣告された。友人のなかには逃亡をすすめる者もいたが，彼は国法に背いて逃亡することはアテネ市民として不正であるとしてこばみ，自ら毒杯をあおって死におもむいた。このことは，彼にとって「**よく生きる**」ことを貫くことを意味するとともに，アテネ市民にそれを身をもって示すことでもあった。

▲毒杯を受け取るソクラテス ダヴィッド画。アメリカ，メトロポリタン美術館蔵。

Answer! 「ソクラテスの言葉」 Checkの答え：ソクラテスは，金銭や評判，地位などよりも，思慮や真実を気にかけ，魂を優れたものにするということに気をつかうべきだと主張している。

● **この世界はほんとうのものなのか？**
・感覚でとらえられる現実界の事物は真の実在（ほんとうのもの）ではない！

（前427〜前347）

● **イデア＝ものごとの真の姿**
・イデアは理性によってとらえられる
・現実界の事物はイデアの不完全な似姿・影である

● **魂のあこがれ**
・魂はもとイデア界にあった
　→肉体は魂の牢獄

プラトンは，師のソクラテスを主人公にして多くの対話篇を残した。アテネ郊外に学園アカデメイアを開き，理想主義的な哲学を展開した。

● **エロース（愛）**
・イデアへのあこがれ，恋慕
・想起（アナムネーシス）

解説 イデアを求めて プラトンは，感覚がとらえる現実の事物は絶えず生成・変化する不完全なものであると考え，理性がとらえる永遠不変の真の実在を**イデア**とした。彼は，人間の魂がイデアの世界を想い起こし，イデアにあこがれるという知的で純粋な愛を**エロース**とよんだ。そして，イデアの世界を追求することが，幸福につながる人間の生き方であると説いた。

Check! エロースとはどのような恋か。

エロース

「……知は最も美しいものの一つであり，しかも，エロースは美しいものへの恋なのです。だからエロースは，必然的に知を愛する者であり，知を愛する者であるゆえに，必然的に知ある者と無知なる者との中間にある者なのです。」……

「……美しいものを恋する人は，もちろん恋をしているわけですが，その恋い求めているものは何なのでしょうか」……

「それ（美しいもの）が，自分のものになるということをです」…… **プラトン『饗宴』**

● **プラトンが考えた正義とは**

頭	理性	知恵		統治者	
胸	気概	勇気	個人の正義	防衛者	国家の正義
下半身	欲望	節制		生産者	
	魂の役割	徳			

解説 プラトンの正義論 プラトンによると，人間の魂には3つの部分があり，**理性**の部分には知恵の徳が，**気概**の部分には勇気の徳，**欲望**の部分には節制の徳が対応する。この3つの徳が理性の働きによって秩序づけられ調和したとき，**正義**の徳が実現するという。プラトンは，魂の3つの部分を国家を構成する3つの階級に当てはめ，国家にとっての正義の実現を論じた。プラトンは，知恵の徳をもった哲学者が統治者となる**哲人政治**によって，正義の支配する**理想国家**が実現されると考えた。

5 徳と中庸―アリストテレス―

● **イデアは現実を離れてあるものなのか？**
・現実の個々の事物こそが真実在である

本質は現実世界にあり！

● **形相（エイドス）と質料（ヒュレー）**
・形相：事物になにものかになる形を与える働き，本質
→　形相が質料を得ることで現実化

● **徳とは何か**
・理性を純粋に働かせる**観想（テオーリア）的生活**こそ最高の幸福をもたらす生き方
→　しかし現実生活で働く徳も大切である！

知性的徳 { 知恵 …… 真理を認識する知性
思慮 …… 実践的な知性
中庸をもって欲望を指導

倫理的徳（習性的徳） … 勇気，節制，友愛，正義

● **中庸**

徳の領域	過剰	中庸	不足
恐怖と平然	無謀	勇気	臆病
快楽と苦痛	放縦	節制	無感覚
金銭	浪費	節約	けち
名誉	虚栄	矜持	卑屈
怒り	おこりんぼ	温和	意気地なし
情念	内気	羞恥	無恥
交際	道化	機知	やぼ

解説 徳と中庸とは プラトンの弟子**アリストテレス**は，師とは異なる現実主義的な思想を展開した。彼は，徳を魂・理性の優れたあり方としてとらえ，**倫理的徳（習性的徳）**と**知性的徳**にわけた。倫理的徳とは，よい行為を反復することによって，感情や欲望が理性の指示に従う，よい習性ができあがった魂の状態をいう。そして，感情や欲望が理性の指示に従うとは，具体的には，過不足をさけて**中庸**を選択することである。他方，知性的徳は，教育を通じて理性が十分に働くようになった状態であり，なかでも，理性を純粋に働かせる**観想（テオーリア）**が，人間の本質を完成させ，人間に最高の幸福をもたらすと主張した。

● **アリストテレスが考えた正義とは**

共通テスト 20.22

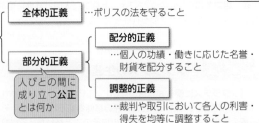

全体的正義 …ポリスの法を守ること

部分的正義 ┤ **配分的正義** …個人の功績・働きに応じた名誉・財貨を配分すること

調整的正義 …裁判や取引において各人の利害・得失を均等に調整すること

人びとの間に成り立つ**公正**とは何か

解説 アリストテレスの正義論 「人間は，本性上，ポリス的（社会的）な動物である」と述べたアリストテレスは，倫理的徳のなかでも**正義と友愛（フィリア）**を，共同体で生活するうえで欠かせないものとして重視した。

彼は，正義を，法を守るという**全体的正義**と，人々の間に公平が実現するという**部分的正義**に大別した。そのうえで部分的正義を，名誉や財貨などを各人の功績や働きに応じて配分する**配分的正義**と，裁判や取引などで当事者たちの利害・得失が均等になるように調整する**調整的正義**の二つにわけた。

Answer! 「エロース」 Checkの答え：美しいものである知を愛し求め，それを獲得しようとする恋である。プラトンは，エロースによってイデアを追求することが魂を善くして，幸福につながると主張した。

2 宗教の教え

DIGEST

宗教は人間をどのようにとらえ，人間の生き方や社会のあり方をどのように説いているのだろうか

1.ユダヤ教 2
①ヤハウェを唯一神とみなす，モーセの十戒をはじめとする律法を重んじる，選民思想と救世主（メシア）信仰→キリスト教の母胎となる

2.キリスト教 3
①愛と許しを説く…神の愛（アガペー），神への愛，隣人愛
②十字架刑に処せられたイエスが復活したことを信じた弟子たちの間で，イエスこそメシア（キリスト）であるとの信仰が生まれる→キリスト教の誕生
③パウロ…イエスの教えを地中海世界に広め，原罪と贖罪を説く

3.イスラーム 4
①開祖…ムハンマド。神の言葉を伝える預言者。聖典『クルアーン（コーラン）』はムハンマドを通して下された神アッラーの啓示を弟子たちがまとめたもの
②六信五行をはじめとする戒律の重視

4.仏教 5
①開祖…ゴータマ＝シッダッタ。悟りを開き仏陀（ブッダ）となる
②人生は苦しみに満ちており（一切皆苦），諸行無常や諸法無我などのこの世の真理（法，ダルマ）を知ることによって苦しみから解放される（涅槃寂静）
③慈悲…一切衆生（あらゆる生きもの）に対する慈しみと憐れみの心

5.中国思想 6
①春秋戦国時代の諸子百家の一人である孔子の教説に基づく中国の思想
②仁の重視…仁の根本は忠恕（まごころと思いやり），孝悌より生まれる心情，礼によって表現
③徳治主義…孔子の重視した政治のあり方，為政者の人徳によって民衆を治める

社会に生きる私たちにとって，宗教から学べることは何か，考えてみよう

1 世界の宗教

●世界の宗教分布図

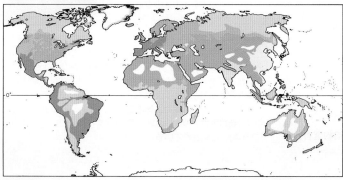

キリスト教
- カトリック
- 東方正教会
- プロテスタント
- その他のキリスト教
- イスラーム
- ヒンドゥー教
- その他の宗教
- 仏教
- 仏教・神道
- 仏教・道教・儒教

［『タイムズアトラス』第6版などより］

●世界の宗教人口の割合（2016年）

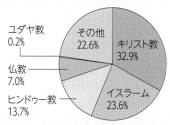

ユダヤ教 0.2%
仏教 7.0%
ヒンドゥー教 13.7%
その他 22.6%
キリスト教 32.9%
イスラーム 23.6%

［『ブリタニカ国際年鑑』より］

解説　宗教と社会　宗教は，世界の成り立ちや人間の生きる意味などについて多くの知恵を示してきた。宗教の儀礼（宗教行事）は参加する人々に連帯感をもたらし，社会に秩序を与える働きをもつ。同じ宗教を信じる人々は，聖典などを通して教義（教え）を信じることで，共通の慣習や文化をもつようになる。このように，宗教は人々の間をつなぎ，その宗教を信じる人々の社会を基礎づけている。

はみだしメモ　「世界価値観調査（2017～20年）」によると，日本は，「特定の宗教を信仰している」と答えた人の割合は14.3%（アメリカは58.0%），神の存在を信じる人の割合は，39.2%（アメリカは81.2%）であった。

2 律法と人間—ユダヤ教—

●出エジプト
紀元前13世紀，**モーセ**によりイスラエル人がエジプトを脱出

●シナイ山で，モーセが神から十戒を授かる

十戒

1　あなたには，わたしをおいてほかに神があってはならない。
2　あなたはいかなる像も造ってはならない。
3　あなたの神，主の名をみだりに唱えてはならない。
4　安息日を心に留め，これを聖別せよ。
5　あなたの父母を敬え。
6　殺してはならない。
7　姦淫してはならない。
8　盗んではならない。
9　隣人に関して偽証してはならない。
10　隣人の家を欲してはならない。

『旧約聖書』

※十戒は神を大切にすること（宗教的義務）と他者を大切にすること（道徳的義務）を含んでいる

律法（トーラー）…唯一神**ヤハウェ**とイスラエル人との間に交わされた契約

●イスラエル王国の成立，その後の分裂，列強による支配
　→　**バビロン捕囚**などの弾圧，民族の危機
　　　預言者たちの活躍

信仰を強くもつことを呼びかけ
メシア（救世主，**キリスト**）の到来を待望

解説　神との契約を守る　ユダヤ教はユダヤ人（イスラエル人）の民族宗教である。唯一の創造神（**ヤハウェ**）によってもたらされた**律法**（トーラー）を守ることにより，苦難の歴史をもつユダヤ人が救われるという信仰が成立した。やがてこの世の終わりが来て（終末観），救世主（**メシア**）が現れ，信仰をもつユダヤ人は救われるとした（**選民思想**）。ユダヤ教はキリスト教の母胎となった。聖典は「創世記」などを含む『**旧約聖書**』。

原罪

あなたがたは，妻の声に聞き従い，食べてはならないとわたし（神）が命じておいた木から食べたので，土地は，あなたのゆえにのろわれてしまった。あなたは，一生，苦しんで食を得なければならない。

『旧約聖書』

3 愛の教え—キリスト教—

❶イエスの生涯

①前4年頃，ベツレヘムで生まれ，ガリラヤのナザレで育つ。父は大工のヨセフ，母はマリア。マリアは後に聖母として信仰の対象にもなる。
大天使ガブリエルがマリアが神の聖霊によって身ごもったことを知らせる。（『受胎告知』フラ=アンジェリコ）

②イエス30歳頃，洗礼者ヨハネから洗礼を受ける。（『キリストの洗礼』ピエロ=デラ=フランチェスカ）

③12名の弟子と布教活動に。多くの奇蹟をみせる。（『キリストの変容』ジョヴァンニ=ベッリーニ）

④このなかに，私を裏切る者がいる。（『最後の晩餐』レオナルド=ダ=ヴィンチ）

⑤ゴルゴタの丘で十字架の刑を受ける。（『イーゼンハイム祭壇画』グリューネヴァルト）

⑥イエスの復活と昇天（『主の昇天』ジョット）

解説　イエスの生涯　イエス（前4頃〜後30頃）は30歳頃より，ガリラヤで宣教を開始した。その約2年後，ローマ帝国への反逆者として処刑された。イエスは「時は満ち，神の国は近づいた。悔い改めて福音を信じなさい」とよびかけ「天の父は悪人にも太陽をのぼらせ，正しい者にも正しくない者にも雨を降らせてくださる」などの言葉で，神の愛を説いた。その生涯と言行は，聖典『**新約聖書**』の4つの福音書（「マタイ」，「マルコ」，「ルカ」，「ヨハネ」）に記されている。

アラカルト　『旧約聖書』と『新約聖書』

キリスト教の『聖書』は『旧約聖書』と『新約聖書』からなる。『旧約聖書』はもともとユダヤ教の聖典であり，十戒について記した「出エジプト記」など全39書からなる。「旧約」とはキリスト教の見地から「旧い契約」を意味し，ヤハウェとユダヤ人が結んだ約束をいう。それに対して，「新約」はイエスを救世主（キリスト）とみる「新しい契約」を意味する。イエスの生涯と言行を記した福音書や弟子たちの伝道記録である「使徒行伝」など全27書からなる。

はみだしメモ　周辺の強国の支配下に入り，祖国を失ったユダヤ人たちは，地上に神の国を建設する救世主（メシア）の出現を求めた。救世主はギリシア語訳でキリストであり，「油を注がれた者」という意味。

❷イエスの教え

- ・ユダヤ教の律法主義への批判
  - → 律法を守れない弱者は罪人なのか？

- ・律法は内面的にとらえるべきである

- ・罪人とよばれているような人たちにこそ，**神の愛（アガペー）**はふりそそぐ

最も大切な律法とは？
- ・「心を尽くし，精神を尽くし，思いを尽くして，あなたの神である主を愛しなさい。」
- ・「隣人を自分のように愛しなさい。」＝**隣人愛**

- ・「私が来たのは，正しい人を招くためではなく，罪人を招くためである。」
- ・「心の貧しい人たちは幸いである。天の国はその人たちのものである。」

❸イエスのことば

敵を愛し，自分を迫害する人のために祈りなさい

わたしが来たのは律法を完成させるためである

誰かがあなたの右の頰を打つなら，左の頰をも向けなさい

金持ちが天の国に入ることは，ラクダが針の穴を通るよりも難しい

人にしてもらいたいと思うことは何でも，あなた方も人にしなさい

この言葉はキリスト教の**黄金律**とよばれる

山上の説教

　心の貧しい人たちは，幸いである，天国は彼らのものである。悲しんでいる人たちは，幸いである，彼らは慰められるであろう。柔和な人たちは幸いである，彼らは地を受け継ぐであろう。義に飢えかわいている人たちは，幸いである，彼らは飽き足りるようになるであろう。あわれみ深い人たちは，幸いである，彼らはあわれみを受けるであろう。心の清い人たちは，幸いである，彼らは神を見るであろう。義のために迫害されてきた人たちは，幸いである，天国は彼らのものである。
『**新約聖書**』マタイによる福音書

●贖罪の死

原罪：最初の人類アダムとイヴが神との約束を破り，禁断の実を食べたため楽園を追われたこと

人間と神との関係が損なわれた

神のほうから，大切なひとり子＝イエスがつかわされ，犠牲となった

イエスは人類の罪を贖った（**贖罪の死**）

イエスの**十字架**の死は神の愛であり，その復活は神による救いである

人間と神との関係が回復

解説 **キリスト教成立へ**　『新約聖書』によれば，イエスは，ユダヤ教の指導者やパリサイ派を厳しく批判したため，告発されて十字架での刑死を受けた。しかし彼は死後3日目に**復活**し，その後**昇天**した。これにより，イエスこそが**メシア**（救世主）であるとする信仰が生まれた。のちに信仰義認を説いた**パウロ**（？〜65頃）は，イエスの死は**贖罪**の死であるとした。

---

4 唯一神を信じて—イスラーム—

❶イスラームの成立

・それまでのアラブ精神との対立

- ・血縁こそが人間が服従すべき権威
  おおこの我は
  ガジヤ族のもの
  ひとたびそれの
  あやまてば
  我もともども
  あやまたん
  はたまたそれの
  正しくば
  我もともども
  正しからん
  （アラブの詩）

対立

ムハンマドの主張
- ・血縁や部族を超えた宗教上の権威が存在する！
  ＝**アッラー**（神）
- ・その神にすべてをまかせ，ゆだねること
  ＝**イスラーム**
- ・それまでのアラブ精神
  ＝**ジャーヒリーヤ**（無道時代）を否定

・商業都市メッカとの対立

- ・メッカの大商人たちによる支配
  …富の追求，この世の栄華を最高の目標におく生活
- ・富の不平等からくる社会不安
- ・カーバ神殿における多神教の崇拝

対立

ムハンマドの主張
- ・人間はこの世の主ではない！ 人はアッラーによって創られ，その恩恵を受けて生きている
- ・**富の社会的分配，社会的弱者の救済**
- ・**偶像崇拝の禁止**

解説 **ムハンマドの生涯**　ムハンマド（570頃〜632）と信者はメッカで迫害を受け，西暦622年にメッカを脱出し，メディナに移住する。これが**ヒジュラ**であり，この出来事をもってイスラーム暦がはじまるとされている。ムハンマドはメディナにおいて信者（**ムスリム**）を多く獲得し，信仰で結びつく新たな集団である**ウンマ**（イスラーム共同体）を発展させた。のちにバドルの戦いなどでムハンマドはメッカ側に勝利し，630年にメッカに入城する。

❷イスラームの教え

●六信五行

六信　〜基本的な信仰内容
1　アッラー：唯一の全能神
2　天使：神と人間とをつなぐ存在
3　啓典：神からの啓示が記される
4　預言者（使徒）：神の言葉を預かり，人間に伝える者
5　来世：最後の審判の後の世界
6　予定（天命）：神の定めた運命

五行　〜ムスリムの義務的行為
1　信仰告白：「アッラーのほかに神はなく，ムハンマドは神の信徒である」と唱える
2　礼拝：一日5回，メッカの方角に向かって礼拝。金曜日の集団礼拝なども
3　喜捨：貧しい者へのほどこし
4　断食：イスラーム暦9月ラマダーンには，日中の飲食をしない
5　巡礼：聖地メッカを訪れること

●イスラームの特色
- ・信仰と現実の社会生活とが一体化
- ・社会的弱者へのまなざし
- ・ムハンマドが**最後で最大の預言者**（預言者の封印）
- ・**偶像崇拝を厳しく禁止**

イスファハーン，イマームモスクの装▶飾…イスラームでは偶像崇拝が禁じられているため，装飾は植物や文字などでデザインされている。

Challenge　イエスの愛とは，『旧約聖書』の根幹をなす「敵を愛し，迫害する者のために祈りなさい」という教えを受け継いだ，敵をも赦す普遍的な愛である。○か×か。（▶ p.39）

5 心の平安を求めて—仏教—

❶ 縁起の法

現実のものはすべてお互いに依存しあっており，決してそれだけで成立しているのではない。私たちがこうして「いる」のも，いろんなまわりの条件によって初めて成り立っているのであって，決して自分一人で生きているのではない。

▲ブッダ

❷ 四諦と四法印

仏教の開祖，ゴータマ＝シッダッタ（ゴータマ＝ブッダ，前463頃～前383頃）によると，現実の世界は苦であるという（**苦諦**）。生・老・病・死の四苦に加え，憎むものに出会う苦（**怨憎会苦**），愛するものと別れなくてはならない苦（**愛別離苦**），欲しいものが手に入らない苦（**求不得苦**）があり，さらには人間を存在させている物質的，精神的な要素もすべて苦（**五蘊盛苦**）である（**四苦八苦**）。なぜ，このような苦が生まれるのか。その原因を彼は執着であるという（**集諦**）。したがって，欲望を滅ぼし，執着を捨てることによって心安らかな境地に至ることができる（**滅諦**）。そのためには正しい修行法（八正道）を実践すべきである（**道諦**）。

・四法印

・**一切皆苦** 現実の世界は苦しみで満ちている	・**諸行無常** すべてのものは変化し移り変わっていく。命あるものは必ず死ぬし，盛んなものは必ず衰える
・**諸法無我** 不変の実体（アートマン）などというものはない	・**涅槃寂静** この真理に気づいた者は，生にも死にも苦しまず，いつもゆったりと永遠の真理に心おだやかに生きることができる

Check! 仏教の慈悲とキリスト教の隣人愛との共通点・相違点は何か。

慈悲のこころ

何びとも他人を欺いてはならない。たといどこにあっても他人を軽んじてはならない。悩まそうとして怒りの想いをいだいて互いに他人に苦痛を与えることを望んではならない。

あたかも，母が己が独り子を身命を賭しても護るように，そのようにいっさいの生きとし生けるものどもに対しても，無量の（慈しみの）こころを起こすべし。また全世界に対して無量の慈しみの意を起こすべし。

……うまれによって賤しい人になるのではない。うまれによってバラモンとなるのではない。行為によって賤しい人ともなり，行為によってバラモンとなる。

『スッタニパータ（諸経要集）』

解説 慈悲 仏教では，利己的な心情を中心とした愛を「愛」と呼び，利己心のない愛を「慈悲」と呼んで区別する。「慈」は，「同胞に利益と安楽をもたらそうと望むこと」（与楽）であり，「悲」は，「同胞から不利益と苦とを除去しようと欲すること」（抜苦）である。慈悲の心の底には，ブッダの平等思想がある。

6 儒教と道家思想

❶ 儒教

孔子（前551頃～前479）

孔子▶

仁…愛。ただし，無差別な愛ではなく，家族など身近な人びとへの親愛の情 **忠恕**（真心と思いやり）	→	仁愛を社会全体にまで拡大	→	社会秩序の安定
礼…仁が現実に現れる形式 **克己復礼**		客観的規範である礼に自己の行動をあわせる		

徳治政治	仁徳を備えた君子による政治，**修己治人**

孟子（前4世紀頃）

性善説
人間の本性は善である
…人間には，惻隠の心（人の不幸を黙ってみていられない心）などが自然に備わっている

↓

仁義礼智（四徳）の実現
→浩然の気に満ちた大丈夫
仁義に基づく**王道政治**

荀子（前298頃～前235頃）

性悪説
人間の本性は悪である
…自然のままに放置すると争いにおちいる
→人為的に矯正する必要がある

↓

礼治主義
…礼に基づく政治によって善に導くことが可能に

『論語』の言葉

・樊遅が，仁とは何かと尋ねた。孔子は言われた。「人を愛することだ。」

・子貢が尋ねた。「一言だけで，生涯おこなえるものがありますか。」と。孔子は言われた。「それは恕（思いやりの心）だろうね。自分が望まないことは，他人にもしてはならない。」と。

・顔淵が仁の徳について尋ねた。孔子は言われた。「自分にうち克って，礼の規則に従うのが仁である。一日でも自己にうち克って，礼の規則にたちかえることができたら，天下中の人がこの人徳になびき集まるであろう。」

『論語』

❷ 道家 〜老荘思想

老子（生没年不明）

儒教批判：大いなる「道」が衰えたとき，仁愛と道義（の説）がおこった〔大道廃れて，仁義有り〕。（人の）さかしらと知識がたちあらわれたとき，大いなる偽りがはじまった

道（タオ）…万物の存在の根源，理性・感覚ではとらえられないもの	→	無	→	**無為自然** **柔弱謙下**

上善は水の如し

荘子（前4世紀後半頃）

万物斉同…道の立場からみれば万物はみな等しい
真人…おおらかな絶対自由の境地に遊ぶ人を理想に

解説 儒教 儒教は前5世紀，中国の春秋戦国時代に活躍した**孔子**の教えに基づく。孔子の**仁**と**礼**の思想は，それぞれ**孟子**と**荀子**に引き継がれていった。これに対し，**老子**（生没年不明）は儒教を批判し，**無為自然**の道を説き，柔弱謙下を人間のあり方の理想とした。道家思想はのちに中国の民間信仰と結びつき，道教として広まった。

Answer! 「慈悲」Checkの答え：仏教の慈悲は，キリスト教の隣人愛と同じく，他者に対する無条件の愛であるが，神の愛を前提とせず，またその対象が人間のみならず，あらゆる生きものたちである，という点に違いがある。

3 人間の尊重

DIGEST

中世末期から近代初期のヨーロッパで唱えられた新しい人間観や世界観とはどのようなものだろうか

1.人間中心主義 1 3
①ルネサンス…古代ギリシア・ローマ文化に影響を受けた運動。人間中心主義（ヒューマニズム）を特徴とする
レオナルド＝ダ＝ヴィンチに象徴される万能人が理想とされる
②宗教改革…ルネサンスの影響を受けたキリスト教改革の動き。ルターやカルヴァンらがローマ・カトリック教会のあり方に抗議
③モラリストの登場…ありのままの人間性をみつめる。「人間は考える葦（あし）」（パスカル）

2.新しい学問の方法——ベーコンとデカルト— 5
①ベーコン…「知は力なり」と説き、四つのイドラを離れて事物を観察や実験によってとらえ、そこから一般的な法則を導き出す帰納法を重視
②デカルト…方法的懐疑を通して明晰・判明な探究（「私は考える、それゆえに私はある」）、そこから理論的な論証によって確実な真理を得る方法である演繹法を重視。物心（心身）二元論

人間を尊重するとはどういうことか、考えてみよう

思想の概観

　中世末期のヨーロッパでは、ルネサンスとよばれる文芸運動が起こった。そして、キリスト教とは異なる人間像が再発見された。また、科学や技術が進歩し、それにともなって、自然に対する見方が大きく変化した。そうした流れのなかで、中世の学問にかわる、新しい学問の方法が探究されるようになり、観察や実験、合理的な思考を重んじる、近代の「自然科学」が誕生した。

◀『春』 中央の愛の女神ヴィーナスにみつめられながら、春の訪れを喜んで舞う三美神の姿に、封建的な束縛（そくばく）から解放され、自己を肯定して自由に生きる喜びが表現されている。ボッティチェリ画。イタリア、ウフィッツィ美術館蔵。

「人間はいやしいけものとなることも、神の園に再生することもできる存在である。」
（ピコ＝デラ＝ミランドラ、1463～94）

◀天動説から地動説へ ギリシアの天文学者プトレマイオス（Ptolemaios, 2世紀頃）は、地球が宇宙の中心に静止し、太陽などはその周囲を回転するという天動説（左）を唱えた。これに対してコペルニクスは、宇宙の中心には太陽が静止し、地球は太陽の周囲を回転するという地動説（右）を説いた。

1 人間中心主義—ルネサンス—

ルネサンス（文芸復興運動）
- 古代ギリシア・ローマ文化の復興
- 人間を尊重，**人間中心主義（ヒューマニズム）**
  →神中心から人間中心の社会へ

万能人（普遍人）の活躍
- あらゆる分野で能力を発揮する，理想の人間像
- レオナルド=ダ=ヴィンチ，ミケランジェロ　など

Check! ピコによれば，人間はどのような存在なのだろうか。

自由意志

　アダムよ，……おまえは，いかなる束縛によっても制限されず，私がおまえをその手中に委ねたおまえの自由意志に従っておまえの本性を決定すべきである。……われわれは，おまえを天上的なものとしても，地上的なものとしても，死すべきものとしても，不死なるものとしても造らなかったが，それは，お前自身のいわば「自由意志を備えた名誉ある造形者・形成者」として，おまえが選び取る形をおまえ自身が造り出すためである。

　ピコ=デラ=ミランドラ『人間の尊厳について』

解説 神から人間へ　中世ヨーロッパにおいては，神や教会が人間の生き方を示した。これに対し，人間は自らが自らを作り上げていく存在である，とするのがルネサンス期の**人文主義**を支える考え方であった。**ピコ=デラ=ミランドラ**は，人間は，自分の生き方を選ぶ自由意志によって生きることで，人間としての尊厳をもつことができると考えた。

2 宗教改革

- ルネサンスの自由な精神
  →キリスト教にも影響を与える
  →教会の堕落を批判する動きを生み出す

ルター（ドイツ，1483～1546）
- **信仰のみ，聖書のみ**＝教会権威の否定！
- **万人祭司説**＝人間は教会から自立している！
- **職業召命観**＝職業は神から与えられた使命だ！

カルヴァン（フランス，1509～64）
- **予定説**：神の救いはあらかじめ決まっている
  →神の栄光を実現するためには，それぞれの仕事にはげむべきである！

解説 宗教改革　**ルター**にはじまる**宗教改革**は，純粋な信仰の復活をめざす運動であり，人間は教会から自立しており，神のもとで平等な存在であるとする点で，人間の尊厳を重んじるものであった。宗教改革によってそれまでのカトリックとルター派（**プロテスタント**）にキリスト教は分裂した。

3 人間であることの価値—モラリストの思想—

❶私は何を知っているか？—モンテーニュ—

宗教改革とそれに続く宗教戦争，宗教弾圧

▲サン=バルテルミの虐殺（1572年）

自己への無反省や相手への不寛容から生まれるのでは？

私は何を知っているか（ク・セ・ジュ）
モンテーニュ（フランス，1533～92）

自己を反省することで…
→自らの無知を知り，独断や偏見，高慢や不遜から免れ，謙虚になる
→真の生き方を見出し，互いを認め，寛容になる

❷考える葦—パスカル—

考える葦

　「人間は一茎の葦にすぎない。自然のなかで最も弱いものである。だが，それは考える葦である。彼を押しつぶすために，宇宙全体が武装するには及ばない。……だが，たとい宇宙が彼を押しつぶしても，人間は彼を殺すものより尊いだろう。なぜなら，彼は自分が死ぬことと，宇宙の自分に対する優勢とを知っているからである。宇宙は何も知らない。だから，われわれの尊厳のすべては，考えることのなかにある。」
　「人間の偉大は，人間が自己の悲惨なことを知っている点において偉大である。樹木は自己が悲惨なことを知らない。」

　　　　　　　　　パスカル『パンセ』

人間は悲惨と偉大，虚無と無限の間をさまよう**中間者**である

人間には**幾何学の精神**（合理的な推理の能力）だけでなく，**繊細の精神**（直観的な判断の能力）がある

解説 モラリストの思想　モンテーニュは，悲惨な宗教戦争の経験から，自己の考えが正しいと思いこむことが，結果として人を偏見・独断や不寛容に陥らせると考えた。彼は不遜さをいましめ，謙虚に自分自身に語りかける姿勢こそが必要であると説いた。また，**パスカル**（フランス，1623～62）は，人間は無限の宇宙や神から見ればいともか弱い存在だが，そのことを知っているからこそ偉大なのであるとし，考えることに人間の尊厳があるとした。モンテーニュ，パスカルらのように，「人間であることの価値とは何か」「人間の尊厳とはどこにあるのか」を問う思想家たちをさして**モラリスト**とよぶ。

Answer! 「自由意志」Checkの答え：人間は，自分の生き方を選ぶ自由意志を神から与えられた存在であり，その自由意志によって，神のような存在にも獣のような存在にもなることができる。

4 近代自然科学の誕生

中世ヨーロッパ
・神を中心とする自然観
・天動説：太陽などが地球の周囲を回転

→ **コペルニクス**（ポーランド）
・地動説を提唱

ケプラー（ドイツ）
・惑星の運動法則を発見

自然という書物は数学の言葉で書かれている

ガリレオ=ガリレイ（イタリア）
・**観察・実験**の重視
・物体の落下の法則を発見

ニュートン（イギリス）
・万有引力の法則
→自然を一定の法則のもとに動く「機械」であるととらえる。

解説 近代自然科学 16世紀になると，中世のように神によって自然を説明するのではなく，**観察**と**実験**を重視し，仮説を立ててそれを検証していくという，近代自然科学の方法がとられるようになった。そして，自然のとらえ方も，神の目的を達成するものとして自然の運動をみる目的論的自然観から，自然を数学的な秩序に従って動く機械であると考える**機械論的自然観**へと移っていった。

5 経験論と合理論

❶知は力なり―ベーコン―

これまでの学問は現実離れしていて，正しい知識を得るのに役に立たない！

↓

確かな知識を得るには，自然をありのままに観察しなければならない

↓

そのためには，人間のうちにある偏見や先入観を取り除かなくてはならない
イドラ（偶像，偏見）
・種族のイドラ…人間の本性（感覚や知覚）から生じる偏見
・洞窟のイドラ…個人の性格や環境から生じる偏見
・市場のイドラ…言葉を不適切に使うことから生じる偏見
・劇場のイドラ…誤った学説や理論を信じることから生じる偏見

↓

帰納法
・経験（観察や実験）
→個々の事実を集めて比較・考察
→一般的な法則・原理を見出す

帰納法（ベーコン）
個々の具体的な事実，経験

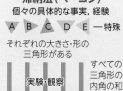

A B C D E ―特殊
それぞれの大きさ・形の三角形がある

↓ 実験・観察

すべての三角形の内角の和を調べる

↓ 一般的な法則・原理 ―普遍

すべての三角形の内角の和は二直角である

知識の源泉を経験のうちに求める立場＝**経験論**

Check! ベーコンによれば，人間の知識と自然はどのような関係にあるのだろうか。

知は力なり
　人間の知識と力とはひとつに合わさる。原因を知らなくては，結果を生みだすこともできないから。というのは自然とは，これに従うことによらなくては征服されないからである。
　　　　　ベーコン『**ノヴム・オルガヌム**』

解説 ベーコンの経験論 ベーコン（イギリス，1561〜1626）は，それまでの学問（スコラ哲学）を批判した。そして，自然をありのままに観察し，経験を通して確かな知識を得るという**経験論**を唱えた。ベーコンは，経験に基づく知識が自然を支配する力となることをさして「**知は力なり**」とよんだ。

❷考えるわたし―デカルト―

確かな知識を得るには？

↓

方法的懐疑
真理を得るために，すべてを疑ってみること
・感覚的な知識…自分の感覚にだまされることがあるので疑わしい
・学問的な知識…誤って判断することがあるので疑わしい

わたしは考える，それゆえにわたしはある（コギト＝エルゴ＝スム）

↓

しかし，今こうして考えるわたしがいるということは明らかである

→ 絶対に確実な真理

演繹法（デカルト）
絶対・確実な真理 ―前提
すべての人間は死ぬ

↓ 推理

ソクラテスは人間である。
ゆえに

A B C D E ―結論
ソクラテスは死ぬ

演繹法
・絶対・確実な一般的法則・原理
→理性による推理をおこなう
→個別的な判断を引き出す

知識の源泉を理性のうちに求める立場＝**合理論**

考えるわたし
　わたしは気づいた，わたしがこのように，すべてが偽であると考えているあいだも，そう考えているわたしは，必然的に何ものかでなければならぬ，と。そして「わたしは考える，ゆえにわたしはある」というこの真理は，懐疑論者のどのような法外な想定によってもゆり動かしえぬほど，堅固で確実なものであることをわたしは認めた……。
　　　　　デカルト『**方法序説**』

解説 デカルトの合理論 デカルト（フランス，1596〜1650）が新しい学問の原理を得るためにとった方法をさして**方法的懐疑**とよぶ。彼は，人間は理性（**良識**，ボン・サンス）によって確かな知識を得ることで進歩すると考えた。

Answer! 「知は力なり」 Checkの答え：ベーコンは，人間は自然から学び，経験を通して得られた知識によって，自然を利用し，自らの生活を豊かにするための力を得ることができると考えた。

4 人間の自由と尊厳

DIGEST

カントやヘーゲルは，人間の自由についてどのように考えたのだろうか

1.自由と道徳法則─カント─ 1

①道徳法則…自らの実践理性の発する無条件な命令「〜すべし」（定言命法）

②自らの立てた道徳法則に自らが従うところに人間の尊厳があり，自由がある（意志の自律）

③目的の国…他者を手段として扱わない社会が理想の社会

2.共同体における自由─ヘーゲル─ 2

①弁証法…すべての存在の変化・発展の法則

②人倫の三段階…人間の自由が実現する共同体を人倫と呼ぶ。家族→市民社会→国家

カントのいう自由とヘーゲルのいう自由はどう違うのか，個人や共同体に着目して考えてみよう
人間の尊厳はどこにあるのか，ルネサンスの人間観やカントの思想を手がかりに考えてみよう

思想の概観

　近代のヨーロッパでは，人間は生まれつき自由であるとされ，多くの思想家が自由について考えた。そのなかには，自由を個人の道徳的な生き方のうちに見出そうとした思想や自由を共同体の問題として考え，共同体において人間の自由が実現するとした思想があらわれた。

▲**フランス革命** 1789年7月14日，パリ市民は，政治犯の牢獄として専制の象徴となっていたバスティーユ牢獄を襲撃した。この後に議会は，人間の自由・平等をうたい，国民を主権者とする人権宣言を採択した。

▲**民衆を導く自由の女神** フランス国王による反動的な政治に対してパリの民衆が蜂起した1830年の七月革命を主題とした作品。三色旗を手に民衆を率いる女神が，「自由」を体現している。ドラクロワ画。フランス，ルーヴル美術館蔵。

●この節に登場する思想家

◀**カント** ●1724〜1804
ドイツの哲学者。感覚と知性の協働によって人間の認識が成立することを明らかにして，経験論と合理論を総合した。近代を代表する倫理学者でもある。主著『純粋理性批判』『実践理性批判』『判断力批判』。

◀**ヘーゲル** ●1770〜1831
ドイツの哲学者。世界を動かしているのは，絶対者の精神たる「絶対精神」であり，世界の歴史は，絶対精神（世界精神）が自己の理念を現実のものとし，自己の本質たる自由を実現する過程である，と主張した。主著『精神現象学』『法の哲学』。

はみだしメモ カント以前の哲学者たちは哲学を職業としていない，というより職業としなくても食べていける人たちだった。カントは低い身分の出身ながら大学でキャリアを積み，職業哲学者（大学教授）という地位を得たのである。

1 自由と道徳法則—カント—

❶義務に基づく行為

才能・気質は意志によって善くも悪くもなる！

無条件に善いものとは，**善意志のみ**である

幸福は善意志がともなわないと善いとはいえない！

↓

善意志とは義務を義務としておこなう意志のことである

↓

善さとは行為の動機のなかにある！ **動機説**

↓

人はどうやって，何が義務であるかを知るのか

↓

たとえば…
うその約束をしようとする
→ みんな同じことを考えたら，そんな約束は信用できない
→ 約束そのものが成り立たなくなる
だから…
→ うその約束はしないこと！＝義務

道徳法則

↓

「あなたの意志の格率（行為の原則）がつねに同時に普遍的立法の原理として妥当しうるように行為せよ」

❷自由とは何か

自然の世界は，すべてが自然的法則（原因と結果の法則）によって決定されている

↔

人間は理性によって自分のなすべきことを知り，それを自分の意志でおこなうことができる

↓

自由は存在しない！

動物も自然の本能や欲求に従っており，自由ではない！

↓

人間には**意志の自由**がある！

❸意志の自律

道徳的な法則とは？

仮言命法（条件付きの命令）もし…したいなら〜せよ	**定言命法**（無条件の命令）〜せよ
人によって行為の善悪判断が分かれる（条件から自由ではない！）	「汝なすべし」という，良心の声・理性の声
普遍性をもたない！ ✕	道徳的な行為を生み出す命令 ◯

人間が行為するとき

自己の意志が幸福とか快楽によって決定！＝自分の外に行動の原因がある	普遍的な道徳律に従って自己を決定する！＝自分のなかにのみ行動の原因がある
欲望のままに行動する人間は，欲望にとらわれているという点で，「自由」ではない ✕	自己の意志を自律しうる点で，人間は真に「**自由**」な理性的存在者である
	意志の自律
他者の人格を「手段」としてのみ扱うことに＝自己中心的な社会に	自己と他者の人格を尊重＝調和のある社会 ◯

解説 意志の自律とは **カント**のいう自由とは**道徳法則**に従うことであり，自分がなすべきことを自分で決定する自由のことである。カントは，人間は理性的な存在であり，実践理性によって，自らが法（道徳法則）を立て，これに従うことができると考えた。

❹人格の尊厳

人格

汝（なんじ）の人格の中にも他のすべての人の人格の中にもある人間性を，汝がいつも同時に目的として用い，決して単に手段としてのみ用いない，というようなふうに行為せよ。 **カント『人倫の形而上学の基礎づけ』**

解説 人間の尊厳 カントは，意志の自律のうちに人間の尊厳を見出し，自律的な存在としての人間を**人格**とよんだ。人格は，もの（物件）とは違い，「価格」では測れない「価値」をもっており，何かの単なる手段でなく「目的そのもの」として扱われるべきである。カントは，互いの人格を目的として認めあい，尊重するような理想の社会を「**目的の国**」とよんだ。

教えて先哲

カント

Q 寄付をする義務はあるか？ 駅前で募金活動を見かけて寄付をしなかったので後ろめたい気持ちになりましたが，寄付する義務はあるのでしょうか。

A 試みに，「困った人を助けないかわりに，自分が困ったときも助けてもらわなくてよい」という考え（格率）が道徳法則になりうるか，考えてみてほしい。すると，誰でもどこかの時点で必ず他人の助けを求めざるをえないものだから，このような格率が道徳法則になることを意志できないだろう。そこで，困った人を助けることは道徳的な義務だと考えられる。ただし，約束を守るというのは誰についても必ず守られないといけない完全義務であるのに対し，困った人すべてを君が助ける義務はないという意味でそれは不完全義務とよばれる。

Challenge カントによれば，人間は，意志の自律によって自由となるべく運命づけられている存在であり，自由から逃れられない。よって，自由を生きることは，社会に対して責任を負うことだとカントは考えた。◯か✕か。（▶p.45）

●精神と自由

フランス革命（1789）という現実

真の自由とは，**具体的・客観的**に，現実の歴史のなかで実現されるものではないか？（カントへの批判）

世界史とは，自由の意識の進歩である！

世界の歴史とは，**絶対精神**が自己をあらわし，自己の理想を実現していく過程である！

●弁証法

合（正）

止揚

合（正）　←→　反

止揚

正　←→　反

矛盾・対立

解説 ヘーゲルの弁証法
ヘーゲルによると，歴史には**正**（テーゼ），**反**（アンチテーゼ），**合**（ジンテーゼ）の三つの段階があるという。あるものにはすべて，自身と対立・矛盾するものが含まれている。対立・矛盾は歴史を動かす原動力である。これらの対立・矛盾はより高い次元で総合（合）され，現実のものとなる。このことをさして**止揚（アウフヘーベン）**という。ヘーゲルは，弁証法の運動法則がすべてのものごとにあてはまると考えた。

●人倫の3段階

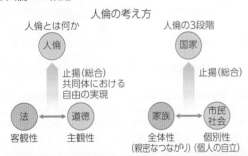

人倫の考え方

人倫とは何か　　　　　人倫の3段階

人倫　　　　　　　　　国家

止揚（総合）　　　　　止揚（総合）
共同体における
自由の実現

法　←→　道徳　　　　家族　←→　市民社会

客観性　主観性　　　　全体性　　　個別性
　　　　　　　　　（親密なつながり）（個人の自立）

家族
・人間が自然の情愛によって結ばれた共同体
・男女の愛，親子の愛など
　→ ただし，個人は家族という全体に埋没してしまっている状態 ＝ まだ個として実現していない

市民社会
・個々人がそれぞれ欲望を実現させようとする世界
　＝ 欲望の体系
・利益を求めて競争，対立が支配
　→ 全体と個人が分離，人倫の喪失態

国家
・家族と市民社会の矛盾を解決（止揚）
　→ 国家が市民社会を統制，個人を実現する
・個（個人）と全体（社会）とがともに回復される
　＝ 人倫の完成態

解説 人倫とは ヘーゲルは自由が実現される共同体のあり方を**人倫**としてとらえた。人倫は**法**（客観性，外面）と**道徳**（主観性，内面）とが総合されて実現するとされた。

Check! ヘーゲルは国家と個人の関係についてどのように考えたのだろうか。

国家と個人
　国家が市民社会と混同され，国家の使命が所有と人格の自由の保障や保護とされるならば，個々の人々自身の利益が彼らを結合させる究極目的になるし，そこからまた，国家の成員であることが任意であるということになる。しかし，国家は個人に対してまったく異なる関係にある。国家は客観的精神であるから，個人自身が客観的で真正に倫理的であるのは，個人が国家の一員であるときだけである。結合することそのものが，それ自体で，真の内容にして目的であり，個人の使命は普遍的な生活を送ることである。
　　　　　　　　　　　　　ヘーゲル『法の哲学』

アラカルト 人と思想—生涯に見るエピソード—

●**カント**は，東プロシアのケーニヒスベルク（現ロシア，カリーニングラード）に，貧しい馬具工の息子として生まれた。終生独身で過ごし，一生のほとんど生地を離れることがなかったが，非常に社交的でもあったという。彼の日常生活の日課は厳密に決められており，町の人々はカントが散歩する姿をみて，だいたいの時間を知ることができたという。そんな彼が散歩を忘れたのは，ルソーの『エミール』を読みふけったときだった。カントは，ルソーから，人間を尊敬することを学んだと語っている。

くりかえし，じっと反省すればするほど，つねに新たにそして高まりくる感嘆と崇敬の念をもって心を満たすものが二つある。わが上なる星の輝く空と，わが内なる道徳法則である。

▲カントの記念碑（カリーニングラード）

●**ヘーゲル**が最初の著作である『精神現象学』の原稿を書き上げたのは，彼のいたイエナがフランスのナポレオンによって占領されたときであった。彼はイエナに入城するナポレオンの姿をみて「世界精神が馬を進めるのをみた」と，友人に興奮気味に書き送っている。ヘーゲルは，ナポレオンが，人々の自由を実現する理想国家を建設するだろうという強い期待を抱いたのである。
　ヘーゲルはのちにプロイセンに招かれ，ベルリン大学の教授となる。しかし，当時の専制的な君主制のあり方には批判的だったようで，「君主はｉの字を完成させる最後のピリオド（・）をうつ存在だ」とも語っている。

理性的なものこそ現実的であり，現実的なものこそ理性的である。

Answer! 「国家と個人」 Checkの答え：国家は客観的精神であり，主観的な個人とは異なる関係にある。個人は，国家の一員であるときにのみ，客観的な存在となり，倫理的に生きることができる。

5 個人と社会

DIGEST

近代ヨーロッパであらわれた，社会の改良や変革を唱える思想とはどのようなものだろうか

1.個人と社会の調和—功利主義— 1

①ベンサム…量的功利主義

  a.功利性の原理…人間は快楽・幸福を求める存在であり，それらを生む行為を正しい行為とする

  b.「最大多数の最大幸福」…四つの外的制裁を活用し，多くの人々が多くの幸福を得る社会を実現すべき

②J.S.ミル…質的功利主義

  a.快楽の質的差異を説く…「満足した豚であるよりも，不満足な人間であるほうがよい」

2.社会の変革—マルクス— 2

①マルクス…人間の本質を労働とみなし，資本主義社会における労働疎外の状況を解決するため，労働者階級の革命によって生産手段の共有をめざす社会主義の社会を実現すべきと説く

個人と社会の利益をどのように調和させるべきか，考えてみよう

社会主義から何を学ぶことができるか，考えてみよう

思想の概観

　近代の市民社会では，産業革命が起こり，資本主義が進むと，個人の利益と社会の利益の対立，不平等，貧困，失業などが問題になった。それを受けて，社会の改良をめざす思想や，社会を変革して新たな社会をつくろうとする思想があらわれた。

◀ **産業革命期の綿紡績工場**
機械の発明にともなって，多くの労働者が単純労働に従事する大規模工場がつくられた。それまでの熟練労働は姿を消し，労働者は機械のペースに従い，工場の規律と時間に管理されて労働するようになった。

●この節に登場する思想家

◀ **ベンサム** ●1748〜1832
イギリスに生まれ，オックスフォード大学で法学や哲学を学び，立法家となる。功利性の原理を道徳と立法の原理として提唱して，功利主義を創始し，社会の改良をめざした。主著『道徳および立法の諸原理序説』。

◀ **マルクス** ●1818〜83
ドイツに生まれ，ボン大学で法学・哲学・歴史を学び，ジャーナリスト・思想家として，体制批判をおこなった。エンゲルスとともに，独自の思想を確立し，社会の変革を唱えた。主著『共産党宣言』『資本論』『経済学・哲学草稿』。

はみだし メモ　ベンサムは，功利主義を実社会で実現しようとし，パノプティコンという刑務所を構想した。彼はこの刑務所によって，犯罪者監視のコストが節減し，収容者の福祉も向上すると考えた。

p.43の答え ×

45

1 個人と社会の調和―功利主義―

個人の利益と社会の利益の調和を可能にする原理
＝功利性の原理

功利性＝幸福を
生み出す性質

人々の幸福を増やす行為…正しい行為
人々の幸福を減らす行為…不正な行為

功利性の原理の基礎…あらゆる人は幸福（快楽）を求め，
不幸（苦痛）を避ける

最も正しい行為＝最大多数の最大幸福

行為の正しさは幸福という結果のうちにある（結果説）

ベンサム
快楽や苦痛は量的に計算可能
→最大多数の最大幸福を導く（量的功利主義）

ミル
人間は肉体的な快楽だけでなく，より質の高い精神的な快楽も求める（質的功利主義）

人間を道徳に向かわせる力

外部的制裁（サンクション）
世論の声（物理的，道徳的制裁）
立法の力（政治的制裁）
天国と地獄の観念（宗教的制裁）

内部的制裁
「満足した豚よりも，不満足な人間であるほうがよく，満足した愚か者よりも，不満足なソクラテスであるほうがよい」＝良心の声

Check! 快楽と苦痛が人間を支配しているとはどういうことだろうか

快楽と苦痛

　自然は人類を苦痛と快楽という，二人の主権者の支配のもとにおいてきた。われわれが何をしなければならないかということを指示し，またわれわれが何をするであろうかということを決定するのは，ただ苦痛と快楽だけである。一方で，正と不正の基準が，他方で，原因と結果の連鎖が，その王座に結びつけられている。

　　　　　　ベンサム『道徳および立法の諸原理序説』

解説 功利主義　人々の幸福を増やす行為を正しい行為とし，人々の幸福を減らす行為を不正な行為とする考え方を**功利主義**という。**ベンサム**や**ミル**（イギリス，1806〜73）の功利主義は，自分一人の幸福だけではなく人類すべての幸福をめざすという点で利己主義とは区別される。功利主義の考え方は，道徳のみならず，広く社会制度などにも適用できるとし，実際にベンサムなどは議会の改革や監獄・学校の改善に力を尽くした。

2 社会の変革―マルクス―

❶自分がよそよそしくなる―マルクスの疎外論―

社会主義
＝財産の私有と自由な競争に基づく資本主義の社会にかえて，財産の共有と生産の協同に基づく社会を唱える

資本主義のもつ問題点
・資本主義のもとでは，労働者は自分の**労働力**を「商品」として資本家に売り渡さなくてはならない

疎外
・生産物からの疎外（労働者は自らつくりだした商品を自分のものとはできないから）
・労働からの疎外（資本家に労働力を提供しているため，労働が自分のものでなく，強制的なものとなるから）
・類的存在からの疎外（労働を通じて他人と連帯する，類的存在としての人間の本来的なあり方から疎外されているから）
　→　人間性が失われ，人間が人間から疎外されることに！

共産主義社会の必然性
・人間の解放と真の共同体の実現（疎外の解決）には資本主義から社会主義へ，さらに共産主義の実現しかない！

今までの哲学者たちはただ世界を解釈してきただけである。肝心なのは，かえていくことである

人間の意識が人間の存在を規定するのではない。逆に人間の社会的存在が人間の意識を規定する

❷歴史の運動法則―唯物史観―

上部構造
・政治，法律，哲学・宗教・芸術・道徳などの精神的活動

下部構造が上部構造を規定

社会変革

下部構造（社会の土台）
・物質的な生産活動― 生産力
　　　　　　　　　　 生産関係

矛盾

土地や工場などの生産手段に関わる，人々の社会的な関係
（例）資本主義社会における資本家と労働者

社会主義への移行
労働者が革命を起こして，生産関係をかえる

解説 社会主義　マルクスによれば，資本主義の社会では，労働の生産物や労働力は資本家のものであり，労働者は，生産物や労働から**疎外**され，人間らしく生きることができない。また，社会の土台をなすのは，物質的な生活（経済），すなわち，一定の**生産力**に応じて結ばれる**生産関係**であり，それが歴史を動かしているとマルクスは考えた（**唯物史観**）。

Answer!　「快楽と苦痛」Checkの答え：私たち人間が何をしなければならないかを示し，また，実際に何をするかを決めるのは，その行為がもたらす結果が快楽と苦痛のどちらなのかということ。

Theme 幸福とは何か？

幸福になるためには，何を達成する必要があるのだろうか。快楽を得られたら幸福なのか，欲求が満足されれば幸福なのか，あるいは友情や知識や真理などが必要なのか。幸福に関するいくつかの理論をみてみよう。

自分が望む幸福な経験ができる安全な装置が開発されたとして，あなたはそれを使うことを望むだろうか。Aさんはこの装置を使えばいろいろな経験ができて幸福ではないかというが，Bさんはそのような経験はたとえ本物のように感じられても，夢をみているようなもので実際経験するわけではなく，本当の幸福にはつながらないのではないかと考える。

◆◆◆ 幸福は快楽か

功利主義者のベンサムやミルは，幸福を快楽（及び苦痛の不在）と考え，幸福の最大化と不幸の最小化を法や道徳の究極の目標とした。道徳は快楽の追求よりも高尚なものであり功利主義は豚の哲学だという批判に対して，ミルは快楽の質という話をもちだして，高級な快楽の追求は人間の幸福に資すると応答した。

しかし，本当に快楽さえ得られたなら，私たちは幸福になるのだろうか。**ノージック**は経験機械の思考実験により，これを否定しようとした。上のマンガにあるように，ノージックは人が望むことを何でも経験できる経験機械という架空の機械を使うことを望むか，と読者に問う。彼の考えでは，人々はそのような架空の経験をして快楽を感じても幸福にはなれない。快楽を感じるだけでなく，実際に何かを経験するという条件が幸福には必要だからである。

◆◆◆ 幸福は欲求充足か

欲求満足説は，欲求（または選好）がこの世界で実現したことをもって充足されたと考えるため，上記の快楽説の問題を回避できる。例えば，ノーベル賞を取りたい文学者が，経験機械につながることで賞を取った経験をして快楽を得たとしても，実際に賞を取ったのでなければ，欲求は充足されていないことになる。

しかし，この立場にもいくつか難点がある。例えば，非常に貧しく教育も受けられなかった人々が，虐げられた環境に順応して，参政権や教育を受ける権利などを欲求しない場合が考えられる。だが，欲求するにせよしないにせよ，一定の権利をもつことが幸福になるために必要ではないだろうか。

◆◆◆ 客観的リスト説

客観的リスト説は，快楽や欲求とは関係なく，人間が幸福になるにはこうした権利や良好な人間関係などが必要だという立場である。だが，このリストについて合意が得られるかは不明であり，欲求しないものをもつことがなぜ幸福に資するのかが問題になりうる。

幸福に関する三つの理論

私はまず**自己利益説**(S)を論ずる。Sは当人にとって最善であって，その生が可能な限り当人にとってうまく行くようにする結果を追求するという目標を与える。Sを適用するには，何がこの目標をよく達成するかを問う必要がある。私はこの問いへの回答を自己利益に関する理論と呼ぶ。説得力ある理論が三つある。

快楽説によると，誰かにとって最善なことは，彼を最も幸福にすることである。

欲求満足説によると，誰かにとって最善なことは，生涯を通じて彼の欲求を最も満足させることである。

客観的リスト説によると，たとえわれわれがよいものを持ちたいと思わなかったり悪いものを避けなかったりしても，あるものはわれわれにとって，よいものだったり悪いものだったりする。

パーフィット『理由と人格』

Exercise

上の文章中で述べられている考えに即した説明として最も適当なものを，次の①～③のうちから一つ選べ。
① 快楽説によれば，社会全体を幸福にすることによってのみ，当人も幸福になることができる。
② 欲求満足説によれば，できるだけ高望みしないことが，当人の利益を最もよく促進する。
③ 客観的リスト説によれば，芸術にまったく関心がない人でも，芸術に触れることが当人の利益となる。（解答は ▶ p.48）

6 主体性の確立

DIGEST

実存主義の思想家たちは，人間の主体性がどのようにして確立すると考えたのだろうか

1.主体性の追求─実存主義─

①キルケゴール…主体的真理の探究，実存の三段階（美的実存→倫理的実存→宗教的実存 **1**）

②ニーチェ…キリスト教をルサンチマンに基づく道徳とみなす。現実を積極的に受け入れる運命愛をもって自己を乗りこえようとする生命力（力への意志）を発揮する超人を理想とする **2**

③ヤスパース…限界状況を直視し，包括者（超越者）と出会うことによって実存に達する **3**

④ハイデガー…現存在であり世界・内・存在である人間は「死への存在」であることを自覚すべきである **4**

⑤サルトル…「実存は本質に先立つ」，「人間は自由の刑に処せられている」 **5**

主体性をどのように確立すべきか，考えてみよう

思想の概観

　近代の人々は人間を自由な主体と考えた。また，近代社会が成熟するにつれ鉄道や新聞などの交通網・情報網が発達し，世界各地を結びつけて市場経済が拡大していった。こうした社会の変化は，急速な産業の発展をもたらした。しかし，そうした発展は人間の主体性を弱め，人間の画一化をもたらした。

▲ **群衆** 産業の発展の一方で，人々は平均的で画一的な名もなき「群衆」となっていった。

◀ **通りの神秘と憂鬱（ゆううつ）** キリコは，意図的に統一的な視点をずらした絵画を描き，主体の不安や世界の謎を表現した。そこにはニーチェ（→p.49）の思想の影響があった。

●この節に登場する思想家

▶ **キルケゴール** ●1813～55
デンマークに生まれる。いま，ここに生きる，この私にとっての「主体的真理」を求め，「主体性こそ真理である」と唱えた。主著『あれか，これか』『死に至る病』。

ニーチェ ●1844～1900 ▶
ドイツに生まれる。人が真に救済されるためには，神を頼りにせず，自らの意志で自らの生を肯定すべきだと説いた。死後，実存思想および現代思想の先駆者として高く評価された。

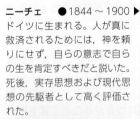

◀ **サルトル** ●1905～80
フランスに生まれる。人間のあり方を考えることで，自由の意味を探った。実存主義を広めるとともに，政治問題や社会問題に対して積極的に発言した。主著『存在と無』。

1 主体性が真理である―キルケゴール―

実存…「現実の存在」,「この私」のような個別的な存在

実存主義＝人間の個別性を重視することで,主体性を追求する立場

人間…神によって創られた

人間は神から離れて,自分を見失う＝**絶望**

●**実存の三段階**…自己のあり方を取り戻す道筋
①**美的実存**…快楽を「あれも,これも」求めて生きる
　→自分を見失い,絶望する
②**倫理的実存**…良心に従って「あれか,これか」を決断し,義務を果たそうとする
　→自分の無力に気づき,絶望する
③**宗教的実存**…**単独者**として神の前に立つ
　→絶望から解放,主体的に生きる

Check! なぜ,客観的真理ではなく,私にとっての真理を発見することが必要なのだろうか。

主体的真理

　私にとって真理であるような真理を発見し,私がそれのために生き,そして死にたいと思うようなイデー（理念）を発見することが必要なのだ。いわゆる客観的真理などさがし出してみたところで,それが私に何の役に立つだろう。

キルケゴール『ギーレライエの手記』

解説 主体的真理 キルケゴールは,絶望を自己喪失という「死に至る病」であるとしたが,そうした絶望を経て,人間は神にたどり着き,**単独者**として神の前に立つと考えた。彼は現代社会とは行動と決断が欠如した分別の時代,反省の時代,そして情熱を失った時代であり,人々は個性を失って水平化し,無責任な傍観者として生きていると批判した。キルケゴールは,人々が**主体的真理**の追究をせずに打算的に行動するありさまを「絶望」としてとらえたが,それは私たちの時代への批判とそのまま重なる。

2 超人―ニーチェ―

現代は**ニヒリズム**の時代である！
…自己を失い,生きる意味を見失っている

ルサンチマンによってうみだされたキリスト教道徳による！

神の死・善悪の彼岸

最高の価値が失われ,そのために,道徳も失われた

ニヒリズムの時代の理想＝**超人**
　超人…**力への意志**の体現者,新たな価値を創造する存在

より強大になろうとする意志。自己を乗りこえ,成長しようとする生命力

→意味も目的もなく無限に繰り返される**永遠回帰**の世界のなかで,自分の運命を受け入れ,これを愛する**（運命愛）**＝主体的に生きる！

これが人生か,ならばもう一度

超人

　わたしはあなたがたに超人を教える。人間とは乗り超えられるべきあるものである。あなたがたは,人間を乗り超えるために,何をしたか。
　およそ生あるものはこれまで,おのれを乗り超えて,より高い何ものかを創ってきた。ところがあなたがたは,この大きい潮の引き潮になろうとするのか。人間を乗り超えるより,むしろ獣類に帰ろうとするのか。

ニーチェ『ツァラトゥストラはこう語った』

解説 力への意志 ニーチェは現代を生きる意味や目的が失われた**ニヒリズム**の時代であるととらえた。それは,弱者が強者に対してもつ怨念（**ルサンチマン**）によるキリスト教の禁欲的な道徳が,人間の生への意志を抑圧してきたからであるという。その一方,もはやキリスト教（＝神）は最高の価値を示すことができなくなってきた。伝統的な価値や善悪の区別が意味を失った**「善悪の彼岸」**に生きる私たちは,過去の人間と自分自身を乗りこえて生きていくべきであると,ニーチェは説いている。

3 実存的交わり―ヤスパース―

共通テスト 19

●**限界状況**…死,苦しみ,争い,罪など

挫折,自己の有限性を自覚

自分の力では乗りこえることのできない状況！

●**包括者（超越者）との出会い**
…自己の生は包括者によって支えられたものである
→自己の固有の実存は,包括者からの賜物である
●**実存的交わり**
…自らが実存であろうとする者同士の交わり（連帯性）
→「愛しながらの闘い」を通し,本来的な自己へ

解説 真の自己に出会うとは ヤスパース（ドイツ,1883～1969）によると,人間は死や苦しみといった,かえることも避けることもできない**限界状況**に直面し,絶望・挫折することで,自分がいかなる人間なのかを自覚していくという。キルケゴールの単独者と異なり,ヤスパースは,実存に目覚め,実存を追求する他者との交わりを通じて,本来の自己に至ると考えた。

▲ヤスパース

Answer! 「主体的真理」 Checkの答え：自己を失って生きる絶望は「死に至る病」であり,生きる情熱を取り戻すためには,私にとっての主体的真理を願い求めることが必要であるから。

4 死への存在—ハイデガー—

現存在（ダーザイン）…自分が存在することを理解し，存在の意味を問う主体
個々の具体的人間

↓

●世界-内-存在
…現存在としての人間は，世界のさまざまな事物を意味づけ，それらとかかわりながら存在する
＝現存在自身もさまざまな意味のかかわりのなかに見出され，世界のなかに投げ込まれている（**被投性**）

人間は存在のなかに住んでいる！

↓

人間は個々の状況のなかで自らの未来を切り開いていく

↓

しかし，未来の避けられない可能性は死である！
＝**死への存在**→漠然とした不安

↓

非本来的な自己	本来的な自己
ひと（ダス・マン）	死と向き合い，自己の置
…自己の死を直視せず，	かれた状況を引き受け，
世界に埋没し，誰でも	自己の個別性を自覚する
ない存在として過ごす	＝先駆的決意性
＝頹落	

現代社会は存在の意味を問うことのない存在忘却の時代である！
本来の自分を見失った「故郷喪失」のあり方である！

死への存在

　良心の呼び声を理解することによって露呈（ろてい）されるのは，世人（ダス・マン）に失われている〔人間の〕ありかたである。〔その状態を解消しようとする〕決意は現存在を，そのもっとも固有な自己で在りうることへと連れ戻す。〔現存在にとって〕もっとも固有な存在の可能性が，本来的なものとなり，かつまったく見とおしのよいものとなるのは，もっとも固有な可能性として死を理解しながら，死へとかかわる存在においてなのである。
ハイデガー『存在と時間』

解説 存在の意味を問う ハイデガー（ドイツ，1889～1976）は，**現存在**である人間は，日常的には「**ひと（ダス・マン）**」という非本来的なあり方をしており，気晴らしや享楽によって，自己が「**死への存在**」であることから目をそらし，世界に埋没して生きていると批判した。彼は，自己の有限性を自覚して主体的に生きようとするとき，人間の本来的なあり方（実存）が確立すると主張した。
▲ハイデガー

5 選びとる自由—サルトルのアンガージュマン—

実存は本質に先立つ

人間という存在…まず現実に存在し，「どうあるべきか」（本質）は，決まってはいない。決めてくれる神もいない

↓

神なき実存（いまここに生きている自分自身）
「**人間は自らがつくったところのものになる**」

↓

人間には，自己のあり方を主体的に選ぶ自由がある
選ぶということは，その結果を含めて責任を自分のうちに引き受けることである＝義務
選択のよりどころは自分しかない＝孤独・不安

人間は自由の刑に処せられている

↓

自己の自由な選択は社会に影響を与える

↓

自由を生きる＝社会に参加（**アンガージュマン**）し，社会に対して責任を負う

Check! なぜ，「私を選ぶ」ことが「人間を選ぶ」ことになるのだろうか。

自由の刑

　われわれが，人間は自ら選択するというとき，われわれが意味するのは，各人がそれぞれ自分自身を選択するということであるが，しかしまた，各人はみずからを選ぶことによって，全人類を選択するということをも意味している。じっさい，われわれのなす行為のうち，われわれがあろうと望む人間をつくることによって，同時に，人間はまさにかくあるべきだとわれわれの考えるような，そのような人間像をつくらない行為は一つとしてない。……われわれの責任は全人類をアンガジェする……私は，私自身に対し，そして万人にたいして責任を負い，私の選ぶある人間像をつくりあげる。私を選ぶことによって私は人間を選ぶのである。
サルトル『実存主義とは何か』

解説 サルトルと自由 たとえば，ペーパーナイフの本質（どうあるべきか）ははじめから決まっている（紙が切れること）。これに対し，人間は自分のあり方を自由に決定できると**サルトル**は主張した。ここでいう自由とは，決して，なんでも好き勝手にやってよいという意味ではない。しかし，自由であるからこそ，人間の未来は全面的に人間の手中にあるといえる。

アラカルト 不条理を生きる—実存主義小説—

　フランスの作家**カミュ**（1913～60）に『シーシュポスの神話』という作品がある。古代コリントスの王シーシュポスはゼウス神の怒りをかい，岩を山の上にもち上げる罰を受けるが，岩は上げるたびに再び転げ落ち，永遠にこれが続く。カミュは，人間はこのような**不条理**という限界状況のなかに生きる存在であると語り，シーシュポスを，不条理という運命をたくましく生きる英雄として描き出している。

Answer! 「自由の刑」 Checkの答え：人間は自由な存在として自らが選ぶものになるが，同時に人間が社会にかかわる存在であることから，その選択は私だけにとどまらず全人類に対して責任をもつことになるため。

7 他者の尊重

DIGEST

現代の思想家たちは他者についてどのように考えたのだろうか。また，他者とどのようにして公共性を確立しようとしたのだろうか

1.他者の重視 ① ②

① レヴィ＝ストロース…未開社会の研究をおこない，西洋中心主義を批判。構造主義を提唱

② フーコー…理性的な人間像は近代の産物であり，近代化とは非理性的な存在の排除であると，差別と抑圧の構造を解明

③ レヴィナス…自己を中心とする倫理にかえて，他者を中心とする倫理を提唱

2.公共性の確立 ④ ⑤　　　　　　　　　　　　　　　　　　　　Exercise

① ハーバーマス…コミュニケーションの重視。対話を通して互いに納得し合意形成をおこなう対話的理性を説く

② アーレント…他者と言葉を交わして共同体を営む「活動」こそが人間の多様性と公共性を実現すると唱えた

他者を尊重するとはどういうことか，具体的な例をあげて考えてみよう

思想の概観

近代では，人間の主体性を絶対視し，自己を重視する考え方が主流であった。だが，現代になると，近代の考え方に対する反省から，人間の主体性を疑問視し，他者を重視する思想があらわれた。また現代では，他者を尊重し，他者とともに共同体を構築し，公共性（公共圏）を確立することをめざす思想が唱えられるようになった。

▶**アルジェの女たち**　パレスチナ出身の**サイード**（1935〜2003）は，西洋は東洋という他者を，自分たちと異なる特殊なものとして紋切り型にとらえてきた，と批判した。つまり，東洋社会は，西洋の自己中心的なまなざしから一面的にイメージを押しつけられ，理解されてきたというのである。この絵は，フランス人の画家ドラクロワがアルジェリアのハーレムの女性たちを描いたものだが，当時フランスはアルジェリアの植民地化を進めていた。ドラクロワ画。フランス，ルーヴル美術館蔵。

● **この節に登場する思想家**

▶ **レヴィ＝ストロース**
● 1908〜2009
フランスの人類学者・思想家。構造主義的人類学を提唱した。未開とされた社会に固有の論理を明らかにし，人間の主体性をめぐってサルトルと論争した。主著『野生の思考』。

▶ **ハーバーマス**　● 1929〜
ドイツの社会学者。対話による公共性の実現をめざした。また，近代をすべて否定するのではなく，近代を「未完のプロジェクト」として擁護した。主著『公共性の構造転換』『コミュニケーション的行為の理論』。

1 主体性への批判—構造主義—

野生の思考		科学的思考
・未開社会にみられる神話的思考 ・動物や植物といった身近なものを用いて世界を考える（ブリコラージュ，器用仕事） ・「飼いならされていない」思考	⟷	・文明社会の抽象的で特殊な思考 ・「飼いならされた」思考

構造主義		ヨーロッパの思考
・構造が人間の思考・行動を方向づける！	⟷	・人間の主体性の絶対視

> サルトルの実存主義を批判

私にとって「野生の思考」とは，野蛮人の思考でもなければ未開人類もしくは原始人類の思考でもない。効率を高めるために栽培種化されたり家畜化された思考とは異なる，野生状態の思考である

Check! レヴィ＝ストロースは，どのような態度を「自己中心主義」としているのだろうか。

自文化中心主義批判

　現在の地球上に存在する社会，また人類の出現以来いままで地球上に次々存在した社会は……—われわれ西欧の社会と同じく—誇りとする倫理的確信を持ち，それに基づいて……自らの社会の中に，人間の生のもちうる意味と尊厳がすべて凝縮されていると宣明しているのである。……歴史的地理的にさまざまな数多の存在様式のどれかただ一つだけに人間のすべてがひそんでいるのだと信じるには，よほどの自己中心主義と素朴単純さが必要である。人間についての真実は，これらいろいろな存在様式の間の差異と共通性とで構成される体系の中に存するのである。

レヴィ＝ストロース『野生の思考』

解説 「野生の思考」と構造主義　人類学者**レヴィ＝ストロース**は，**野生の思考**は科学的思考に何ら劣るものではなく，むしろ科学的思考によって成立した近代文明こそが自然破壊的で野蛮な面を含んでいるとし，近代的思考とそれが生み出した文化のみが優れているとする**自文化中心主義**（エスノセントリズム）を批判した。そして，人間の決断の重要性を訴えるサルトルの実存主義を批判して，人間の行為に意味と価値を与えるのは「この私」＝実存ではなく，社会のもつ構造であるとする**構造主義**を唱えた。

2 異質なものへのまなざし

●理性と反理性—フーコーの思想—

理性を尺度とする近代社会
・病気，狂気，犯罪などの反理性的なものを日常生活から隔離
・病院，裁判所，監獄，学校などは公的権力や秩序からはずれることを異常とする価値観を広める

↓

「主体」の発明
・理性が押しつける価値観に無意識に服従する「主体」が生み出されることに

↓

権力関係の形成，権力の再生産
・「主体」相互による監視，規制

> 知は権力である

●人間の終焉
フーコーは，人間という概念も近代の知の枠組み（**エピステーメー**）が生み出したものであるとした。したがって，近代的な知の枠組みが崩壊すれば，人間という概念も過ぎ去ってしまうものに過ぎないのだという。

▲フーコー

解説 近代社会批判　フーコー（フランス，1926～84）は，正常／異常という区別にひそんでいる，近代社会における差別と抑圧の構造を解明し，近代社会を基礎づけてきた人間中心主義，理性中心主義を批判した。

●あふれでる他者—レヴィナスの思想—

共通テスト 19

全体性
・西洋の思想は，自己を中心にすべてを説明し，他者を同化し，のみこんでいく立場であった

↓ しかし

・**他者**とは，全体性からはみ出し，あふれ出る存在である
・他者とは理性が把握しきれない存在である（**他性**）

顔
・絶対的な他性が現れる場所
・私たちに道徳的な応答を迫るもの

・他者に対して責任を負い続けること ＝ **倫理**

私の内の他者の観念を超えて，他者が現前する仕方，それが顔と呼ばれる……他者の顔は輪郭の定まったかたちを私に残す一方で，かたちを絶えず破壊し，かたちを超える……顔は自らを表出する

▶レヴィナス

解説 他者に応じること　レヴィナス（フランス，1906～95）によると，物事を自己中心的にとらえることにこだわる態度は「ただ，ある」（フランス語で「イリア」）という不気味で無意味な闇のようなものを生み出していき，人々はこれに圧迫され，出口を失った状態に落ちこんだという。レヴィナスは，自己を無限に超越していく**他者**を迎え入れ，他者に対する道徳的な責任に誠実に応じ続けることによって，私たちは自己中心的な全体性から脱することができると主張した。

Answer! 「自文化中心主義批判」Checkの答え：歴史的地理的にさまざまな社会が存在してきたが，そのなかのただ一つの社会だけに人間らしい生き方や尊厳があると認める態度。

③ 理性の道具化への批判

●近代的理性の変化

理性による**啓蒙**
・近代以前の非合理なもの，野蛮なものが理性によって啓蒙され，解明　＝脱魔術化，人間が自然から解放

↓

ものごとを分類，推理し，演繹する能力（主観的理性）が重視されるようになる

↓

道具的理性へ転化
・理性は合理性を追求するあまり，形式的思考におちいる。自律性を失った，たんに技術的・道具的な理性になる。
啓蒙の野蛮化
・個人としての人間の自律性が失われ，大衆操作の装置に抵抗する能力，想像力，判断力が衰弱する！

解説 **道具的理性**　啓蒙とは無知な状態をひらいていくことをいう。**アドルノ**（ドイツ，1903～69）は，合理的な理性が，社会の発展につれて単なる道具的な理性となり，人や自然を支配するようになったと批判する。そして，かつて否定されたはずの野蛮なものが，**道具的理性**のもとでふたたび立ちあらわれてくるのだという。

④ 公共性をめざして—ハーバーマスの思想— 共通テスト 19

近代…人間が対等な立場で議論する市民的公共性の誕生

↓

国家による人間の管理強化により，市民的公共性が喪失

↓

認知的・道具的理性
事物やできごとを細分化し，知覚していく能力

→ **生活世界の植民地化**
…人間のつくりだした制度・合理性が人間を支配

コミュニケーション的合理性
自分たちが住む生活世界について，お互いに共通した理解をもち，了解し合えるような世界としてとらえていく能力。**対話的理性**

理性のもつ可能性！

↓

コミュニケーション的行為
妥当要求（それは真理であるか，正当性をもつものか，誠実さの点で妥当するか）を掲げたうえで，その承認を相手に求め，**合意**をめざす行為

市民的公共性
　市民的公共性は，さしあたり，公衆として集合した私人たちの生活圏として捉えられる。これらの私人（民間人）たちは，当局によって規制されてきた公共性を，まもなく公権力そのものに対抗して自己のものとして主張する。
　　　　ハーバーマス『公共性の構造転換』

解説 **対話的理性**　社会とはたんに個人の集まりではなく，個々の人格の「あいだ」にかわされる交流（コミュニケーション）である。「あいだ」がなければ個人はバラバラで，**公共性**も存在できないだろう。**対話的理性**に注目した**ハーバーマス**は，ひらかれた討論から理性的な社会秩序をつくりあげることを主張した。

●なぜファシズムに至ったのか

人類の進歩
・**科学革命**（16世紀）
　…自然という脅威からの自由（人間が自然を支配することに）
・**宗教革命**（16世紀）
　…教会という権威からの自由（禁欲と神の前での個人の無意味）
・**市民革命**（18世紀）
　…権力・強制からの自由（基本的人権の獲得）

資本主義の発展（18世紀～）
・産業社会の出現

↓

外的な権威の崩壊

↓

・人間は一方でますます孤独に
・人間を超えた目的のための歯車となる個人

無力感

↓

個人の自我が弱められる傾向に
→　**ファシズム（全体主義）**への危険性が！

⑤ 公共性と活動—アーレントの思想— 共通テスト 23

労働	生命を維持していくための営み。人間にとっての必然，生命における自然的な力
仕事	永続性と耐久性を備えた人工物をつくりだす営み。人間が自ら人工的に世界をつくりだす力
活動	直接に人と人との間で言葉を通しておこなわれる言論，共同の行為

活動がなされるのは公共的領域

私的領域
生命維持のために必要な家事

←拡大

社会的領域
労働，経済活動の場。画一的な行動によって生の欲求を満たす場所

拡大→

公共的領域
多様性によって成り立つ，自由を実現する場所

社会的領域によって本来もつ自由が浸食

Check!　アーレントは，活動がどのような条件と対応していると考えたのだろうか。

活動
　活動とは，物あるいは事柄の介入なしに直接人と人との間で行われる唯一の活動力であり，複数性という人間の条件，すなわち，地球上に生き世界に住むのが一人の人ではなく，多数の人間であるという事実に対応している。
　　　　アーレント『人間の条件』

解説 **他者とのかかわり**　アーレント（ドイツ，アメリカ，1906～75）は，人間は自分とは異なる，複数の「他者」がいることによって，自分（わたし）がこの世界にいることを確信することができると主張した。人間の生活のうち，**活動**こそが，人間が一人で生きるのではなく，多数の他者のなかで存在していくという「人間の条件」にみあうものであるとした。

Answer!　「活動」Checkの答え：活動とは，物や事象を通さずに直接人と人との間でおこなわれる活動力であり，それは人間が一人で生きるのではなく，多数の多様な他者とともに生きるという「人間の条件」と対応している。

8 公正な社会

DIGEST

思想家たちが考えた公正な社会とは，どのような社会だろうか

1.公正な社会の条件―ロールズとセン― 1 2
①ロールズ…『正義論』。社会契約説を再構成して新しい正義の原理を提案→ **Exercise**
②セン…人々の潜在能力を実現する機会を平等に保障する公共政策を提唱

2.リバタリアニズムとコミュニタリアニズム 3
①リバタリアニズム（自由至上主義）…自由を最大限尊重し，財の再配分を主張するリベラリズムを批判
②コミュニタリアニズム（共同体主義）…個人を社会的な存在としてとらえ，リベラリズムの考える人間観を批判

どのような社会が公正な社会といえるのか，考えてみよう

思想の概観

近代では，功利主義や社会主義が社会の改良や変革を唱えたが，現代でも，不平等や貧困などの問題は深刻である。これらの問題に対して，多くの思想家が公正な社会のあり方について議論してきた。

▲**上空からみえる格差の現実** 芝生とプールがみえる高級住宅街（左）と，トタンの小屋が立ち並んでいる地区（右）が中央の道路で隔たっている。2016年。南アフリカ，ヨハネスブルク。

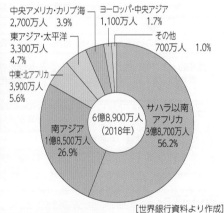

中央アメリカ・カリブ海
2,700万人 3.9%

ヨーロッパ・中央アジア
1,100万人 1.7%

東アジア・太平洋
3,300万人
4.7%

その他
700万人 1.0%

中東・北アフリカ
3,900万人
5.6%

南アジア
1億8,500万人
26.9%

6億8,900万人
（2018年）

サハラ以南
アフリカ
3億8,700万人
56.2%

［世界銀行資料より作成］

▲**世界の貧困状況**（1日2.15ドル未満で生活する人々）

●この節に登場する思想家

◀**ロールズ** ●1921～2002
アメリカの政治哲学者。正しい分配のあり方を考える公正としての正義を提唱し，平等な社会の実現をめざした。その正義論は大きな論争を引き起こした。主著『正義論』。

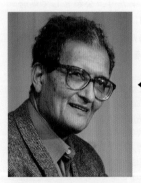

◀**セン** ●1933～
インド生まれの経済学者。貧困や不平等の研究により，ノーベル経済学賞を受賞した。従来の経済学に対する批判でも有名。主著『貧困と飢餓』『不平等の再検討』。

はみだしメモ ロールズの父親と兄弟は弁護士であったが，自身は吃音があったため法律の道を選ばず，大学では哲学を専攻した。第二次世界大戦中に大学を卒業してすぐに軍隊に入り，フィリピンのレイテ島やルソン島で日本軍と戦った。

1 公正としての正義—ロールズ—

次のような場面を考えてみる
・たがいに、相手がどんな人間かを知らない
・みなそれぞれエゴイストである（自分の利益を最大にしようと考える）

「無知のヴェール」といわれる状態

↓ 財などの分配はどうなる？

銀座「千疋屋」のイチゴのショートケーキがテーブルにあったとして、五人でそれを食べることになった。全員が「千疋屋」のイチゴのショートケーキが大の好物であったので、全員が、人より大きいところを食べたいと思っている。五人で分けるのに、ナイフを入れるのだが、ナイフでショートケーキを切る人間が、最後に食べることにしておいた場合、いったいこのケーキを切る人間はどのようにケーキを切るだろうか。

答えは、均等に切る。つまり、大きさをちがえて切ってしまえば、自分より前に必ず誰かがその大きいところを食べてしまう。自分には一番小さな部分しか残らない。ナイフでケーキを切る人間が、どんな場合よりも自分が最大限食べるためには、イチゴのショートケーキを均等に切るしか方法がない。均等に切った部分が、彼にとっては一番大きい部分である。

［土屋恵一郎『正義論／自由論』岩波現代文庫］

↓ この例のように

最も合理的な選択として、「平等」という正義の原理が人々のなかで自発的に選択されていく

◆ロールズの「正義の原理」
第一原理
すべての市民は、自由への権利を平等にもつ
第二原理
a．公正にして均等な機会が与えられる
b．不平等が存在するときは、その不平等によって有利を得たものは、社会の内で最も不利益を被っているものに対し、その有利を配分しなくてはならない（格差原理）

解説 ロールズの正義論 ロールズは、正義とはまず自由が保障されていることであるとしたうえで、社会的・経済的不平等は、最も恵まれていない人々の生活を改善する場合においてのみ許されるとした。

2 機能と潜在能力—セン—

機能…財を利用することで得られる状態や活動

たとえば
多くの基本財（社会生活を送るために必要な財）をもつ障がい者と、少ない基本財をもつ障がいのない人
→ 必ずしも障がい者のほうが機能を多く得るとは限らない！

潜在能力（ケイパビリティ）…実現可能な機能の集合

↓

選択できる機能が豊富であること（**潜在能力**）こそ、人間の幸福である！

解説 善い生活を送るには センは、善い生活(well-being)とは、所得や財産の大きさだけで決まるのではないと考えた。そして、社会政策は、人々の自己実現と自由とを尊重し、保障するようなものでなくてはならないと主張するのである。

Exercise

問 次の資料中の下線部に相当する具体的な事例として適当なものを、下の①〜④から一つ選びなさい。

> **正義の原理**
> その第一原理は、基本的な権利と義務を平等に割り当てることを要求する。第二原理は、社会的・経済的な不平等（たとえば富や職務権限の不平等）が正義にかなうのは、それらの不平等が結果として全員の便益（そして、とりわけ社会で最も不遇な〔＝相対的利益の取り分が最も少ない〕人びとの便益）を補正する場合に限られる、と主張する。 ロールズ『正義論』

①累進課税により、より多くの収入を得た者に対してより大きい税率を課す。
②年金を積立制度とし、積み立てた総額に応じた年金を受け取るようにする。
③能力給により、能力とその功績に応じた賃金を受け取れるようにする。
④すべての人に最低限度の収入を保障するベーシックインカムの制度を取り入れる。

（解答は▶p.56）

アラカルト 「運の平等」をめぐって

ロールズは、人間の才能や境遇の違いは運・不運によるものであり、そのことから生じる不平等を正当化するものではないとした。たとえば、人より努力をしたからより豊かになったという主張も、その人が努力をすることができる才能や境遇にたまたま恵まれただけだということになる。それでは、ある人が芸術家になることをめざして貧しい生活を選んだとすれば、それは「自己責任」なので、救済の必要はないのだろうか？

センによるロールズ批判

格差原理において、ロールズは、基本財を良い暮らしに変換する能力が人によってかなり多様であることを考慮せず、人々が持っている機会を人々が保有する手段のみによって判断する。例えば、身体障害者は、健常者と同じ水準の所得や他の基本財を持っていたとしても、できることはかなり少ない。……基本財を、人が価値を認める様々なことを行うケイパビリティに変換する能力は、様々な生まれつきの特徴や、異なる後天的な特徴や様々な環境の影響によって大きく異なりうる。

セン『正義のアイディア』

はみだしメモ センが経済学を志したきっかけが、彼が9歳の頃に起きたベンガル大飢饉であった。彼の名（アマルティア、不滅の人の意味）の名付け親は何とノーベル文学賞作家タゴール。センもアジア初のノーベル経済学賞を受賞した。

55

3 リベラリズムの展開

❶リベラリズムとは

19世紀…自由主義思想，自由放任主義
↓　　大恐慌，ニューディール政策
20世紀…個人に備わる能力を発達させるような本来の自由を実現するためには，国家の幅広い役割が必要である！

↓

リベラリズム
…個人の自由は尊重すべきだが，経済活動を自由におこなった結果として不平等が生じた場合には，財の再分配をおこなうべき（その場合には経済的自由が制限されることがあることを受け入れるべき）とする立場

国家による，労働者や失業・貧困層への保護を主張

❷リバタリアニズム（自由至上主義）

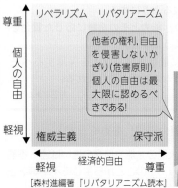

他者の権利，自由を侵害しないかぎり（危害原則），個人の自由は最大限に認めるべきである！

[森村進編著『リバタリアニズム読本』勁草書房より作成]

▲ノージック

❸コミュニタリアニズム（共同体主義）

個人主義的なリベラリズムを批判
・リベラリズムのいう個人は「**負荷なき自己**」である

共通善(公共善)を優先すべき！

↓

個人とは，自分が属している共同体の一員として「位置づけられて」いる！

↓

共同体における「**善き生**」を考えるべき！（マッキンタイア）

▲サンデル

解説 **リベラリズムの展開**　ロールズの**リベラリズム**は，個々人の善（幸福，人生の意味など）に対して正義が優先すると考える立場である。**リバタリアニズムのノージック**（アメリカ，1938～2002）は，自由な個人の尊厳という立場からロールズを批判する。**コミュニタリアニズム**は共同体のなかに生まれ生きる個人という視点から，個人の属する共同体の価値観を重視する。**サンデル**（アメリカ，1953～）は，善のない正義は成り立たないとロールズを批判している。サンデルは，人は所属する社会のなかに生きる存在であり，そこにある自己は，自ら選んだわけではないがその集団の責任の倫理に拘束されるとし，自由主義の論理だけでは正義は論じられないと主張している。

アラカルト　道徳的ジレンマ―あなたはどうする？―

●線路の上をブレーキがきかなくなったトロッコが猛スピードで疾走している。その先には，作業員が5人立っている。あなたは線路の切り替えスイッチのそばにいて，スイッチを切り替えると別の線路に進行方向をかえることができる。別の線路にも作業員がいるが1人だけだ。さて，このときにどのような行為をとるのが正しいのだろうか。

→　功利主義（▶p.46）の立場に立つなら，どちらが不幸を減らすのかと考え，（よりましな選択として）1人を犠牲にする方が合理的であるとして選ぶだろう。…しかし，それだけでよいのだろうか。

●今度は，あなたは線路を見降ろす橋の上に立っている。線路上をトロッコが走ってくる。その先には作業員が5人いるが，ここでも，ブレーキがきかない。ふとみると，隣に大柄な男性がいる。あなたはその男性を橋から突き落とし，疾走してくるトロッコの行く手を阻むことができる（あなたは自分で飛び降りることも考えるが，小柄すぎてトロッコを止められないことがわかっている）。その大柄な男性を線路上に突き落とすのは正しい行為だろうか。

→　カントの義務論（▶p.43）の立場に立つなら，人間は目的そのものとして扱われるべきである。したがって，トロッコを止めるために大柄な男性を線路に突き落とすのは，彼を手段として利用することであり，彼を目的そのものとして尊重しているとはいえない。では，あなたはどう考えるだろうか。
[マイケル・サンデル『これからの「正義」の話をしよう』より作成]

Answer!　p.55 Exerciseの答え：①　ロールズは，不平等は，恵まれない人々の境遇を改善する場合においてのみ許されると考えた。累進課税制度によって，高所得者から低所得者への所得の再分配がおこなわれている。

Theme 正義とは何か？

移植用の臓器提供数を増やすために臓器売買を認めることは，正義に反しているだろうか。また，正義にかなった社会とはどのような社会だろうか。ノージック，ロールズ，サンデルらの考えを参考にして考えてみよう。

ある国では，臓器移植を望む人が多いのに対して，臓器提供をする人が非常に少ないため，国内における臓器売買を認めるべきかについて検討している。市民の討論会では，「移植を受けられない人がそれで助かるならよいのではないか」という意見や，「貧しい人が困って臓器を売るのは倫理に反しているのではないか」といった意見が出ている。

臓器売買は正義に反するか

▲ノージック

　各人は自分の身体と労働力を所有しており，正義とは，各人が所有しているものを自発的な合意に基づき交換することだ。したがって，各人が自発的に臓器を売るというのであれば何ら問題はなく，むしろそれを政府が止めようとするならば，人々が自由に所有物を交換する権利を侵害しているといえる。

▲ロールズ

　正義の内容は，**原初状態**にいる人々が**無知のヴェール**の背後で合意できるものでなければならない。この場合，自分が臓器を買える立場の者なのか，あるいは自分が臓器を売らなければならない者なのかがわからないという状況で考えてみる必要がある。すると，臓器売買によって，最も恵まれない人の状況が改善するのなら売買は認められるが，そうでなければ，認められないと考えられよう。

▲サンデル

　正義は社会の**共通善**と切り離して考えることはできない。臓器売買が正義に反するかどうかを考えるには，臓器を売り買いする人生がよいものといえるかどうかを問わなければならない。臓器提供を利他的で自発的なものとした方が，人々の連帯感が強まり，逆に臓器売買を認めると人々の助け合いの精神が弱まるのであれば，売買は認めるべきでない。

正義にかなった社会とは

　ノージックの立場では，各人の**所有権**を尊重することが最も重要である。労働によって得た所有物を，自発的に交換するのが正義にかなっており，また所有権の侵害に対して刑罰を科すなどして不正義を正すのも正義といえる。正義にかなった取引の結果，大きな経済格差が生じたとしても，それは不正義ではない。

　ロールズの立場では，経済格差を容認することによって社会で最も不遇な人々の状態が改善されないのであれば，それは正義に反する状態である。そこで，**格差原理**により不平等の是正が求められる。

　ノージックやロールズたちは正義に反しない限り人々はどのような生き方を選ぶことも許されると考えているが，サンデルによれば，正義はよき生と切り離せない。どのような生き方が望ましいかを，公的な問題として市民が議論する社会のあり方こそが正義にかなっているといえる。

Exercise

上の内容についての説明として最も適当なものを，次の①〜③のうちから一つ選べ。 (解答は▶ p.59)

① ノージックによれば，富の再配分目的で国が課税することは個人の所有権の侵害に当たるため，正義に反する。
② ロールズによれば，人々は原初状態において私的所有権の廃止に同意するため，経済的不平等は正義に反する。
③ サンデルによれば，どのような生き方が望ましいかという問題は，公的な場で論じるのに相応しい問いではない。

原典資料を読み取ろう

先人たちの考えを深く知るには，原典資料を正しく読み取ることが重要である。そのためには，主張やその根拠を正しく理解したり，複数の資料を読み比べて，主張の共通点や相違点を明らかにしたりすることが必要となる。

悪人正機説

善人でさえ往生をとげる，ましてや悪人はなおさらのことである。だのに，世の人はつねに言う。「悪人でさえ往生をする，ましてや善人はなおさらのことである」と。この点は，一応それ相応の理由があるようだが，他力本願の本旨にそむいている。その理由は，自力で善根を行う人は，一途に他力を頼む心が欠けているから，弥陀の本願ではない。しかし自力の心をひるがえして他力を頼み申し上げれば，真実の浄土の往生をとげるのだ。煩悩をそなえているわれわれは，どの修行をしても迷いから離れることができないのを弥陀がお憐れみなされて，願をおこしなされた根本の趣旨は，悪人を成仏させるためであるから，他力を頼み申し上げる悪人が，いちばん浄土往生の正客である。それゆえ，善人でさえ往生をするのだから，ましてや悪人は，とおっしゃった。

唯円『歎異抄』*

悟りの道

悟りの道を学ぶ上で最も重要なのは，坐禅が第一である。大宋国の人が，多く悟りを得るのも，みな坐禅の力である。……したがって，悟りの道を学ばんとする者は，ひたすら坐禅して，ほかのことに関わらぬようにせよ。仏祖の道は，ただ坐禅あるのみだ。ほかのことに，従ってはならぬのだ。……

公案や祖師の語を読んで少しは判ったような気がしても，それは仏祖の道から，ますます遠ざかることになるのだ。何も得ようとせず，何も悟ろうとせず，ひたすら端然と坐禅して時を過ごす。これが即ち仏祖の道なのだ。古人も，看語（古人の語録を読むこと）と只管打坐とを，共に勤めてはいるが，やはり坐禅の方を切にすすめているのだ。また，古人の語で悟りを開いた人はあるが，それも坐禅の功によって，悟りが開けることになったのだ。

懐奘『正法眼蔵随聞記』**

＊…『歎異抄』は，親鸞の弟子の唯円が，親鸞の言葉や考えを正しく伝えるために著したもの。
＊＊…『正法眼蔵随聞記』は，道元が語った教えを弟子の懐奘が記録したもの。

01: 上の二つの原典資料の内容に関する説明として最も適当なものを，次の①〜④のうちから一つ選んでみよう。
① 『歎異抄』によれば，悪人は，弥陀の力によって，坐禅の修行をすることができるようになる。
② 『正法眼蔵随聞記』によれば，坐禅をすることも仏祖の語を読むこともともに同じくらい大切である。
③ 『歎異抄』によれば，弥陀の本願の根本の趣旨とは，他力を頼み申し上げる悪人を成仏させることである。
④ 『正法眼蔵随聞記』によれば，古人の語で悟りを開いた場合は，坐禅の力は関係がない。　（解答は ▶ p.61）

公共的とは何か

「公共的」という言葉は，二つの分かちがたく結びついただがまったく同一ではない現象を指している。第一にそれは，公共的に現われるあらゆるものは各人によって見られ，聞かれるということ，したがって，最も広範な公開性（publicity）をもっているということを意味する。私たちにとっては，現われ——私たちのみならず他者によって見られ，聞かれるもの——がリアリティを構成している。……第二に，「公共的」という言葉は，世界そのものを指し示している。それは，私たちすべてにとって共通のものであり，私たちがそこに私的に占める場所とは異なったものである。……世界は，人為的なもの，人間の手によって作られたものを表すとともに，人間の手になる世界に共に生きる者たちの間に生起する事柄をも表している。

アーレント『人間の条件』

公共性とは何か

《政治的公共圏》は，国民からなる公衆がおこなう討議をつうじた意見形成や意思形成が実現しうるためのコミュニケーションの条件を総括するものであり，それゆえ，規範的な側面を内蔵した民主主義理論の根本概念にふさわしい。……

市民的公共性は，さしあたり，公衆として集合した私人たちの生活圏として捉えられる。これらの私人（民間人）たちは，当局によって規制されてきた公共性を，まもなく公権力そのものに対抗して自己のものとして主張する。……

市民的公共性は，一般公開の原則と生死をともにする。一定の集団をもともと排除した公共性は，不完全な公共性であるだけでなく，そもそも公共性ではないのである。

ハーバーマス『公共性の構造転換』

02: 上の二つの原典資料で述べられている「公共」の具体例として最も適当なものを，次の①〜④のうちから一つ選んでみよう。
① 入塾テストに合格した者のみが入ることのできる，学習塾。
② 環境問題の解決策を公開された議論によって探っている，国が選んだ専門家からなる委員会。
③ 仲の良い友人たちと秘密で作った，オンラインゲームを楽しむための同好会。
④ 社会の課題の解決策を公開された議論によって探っている，誰もが参加することのできる市民の団体。（解答は ▶ p.61）

Trial　共有地の悲劇

架空の事例を用いて考えることを「思考実験」という。ここでは,「共有地の悲劇」という思考実験を手がかりにして,環境破壊をはじめとする現実社会の問題がなぜ生じるのかを考えてみよう。

▶▶ TRY!

なぜ,上のイラストのような「悲劇」が起こるのか。また,この事例が意味するものとは何か,ワークブックに取り組みながら,考えてみよう。

●共有地の悲劇が意味するものとは

先生●「共有地の悲劇」の例で,当初3人は羊を100頭ずつ飼っていて,1頭100万円の価値だったとする。だけど,1頭増やせばその価値は,食べられる草の量が減るから5,000円分減少する。すると…

ミキ●例えば,Aさんが羊を20頭増やすと,1頭の価値は90万円になって,Aさんの羊の価値は合計で90万円×120頭=1億800万円に増えます。

ケン●あれ,でも3人の合計は90万円×320頭=2億8,800万円だから,当初の100万円×300頭=3億円よりも少なくなってしまったよ。

ミキ●個人が,利益を上げようとして合理的に行動しようとしたことが,結果的には全体の利益を損なってしまうんだね。

ケン●しかも,やがては持続不可能な状況になって,誰もが利益を得られなくなってしまうのか。

●環境破壊はなぜ生じるのか

先生●この「共有地の悲劇」はなぜ起こるのかな。

ミキ●それぞれが,自分の利益を上げることだけを考えて行動するから,ですよね。

ケン●しかも共有地は,誰もが自由に使えてしまうからね。

ミキ●だけど,共有地は有限だよ。やがては枯渇して,利用する人みんなが利益を失ってしまうのに…。

先生●ここで共有地を地球環境に,牧夫を私たち人類に置き換えてみよう。

ケン●誰もが利用できる地球環境だからこそ,一人ひとりが思うままに利用したら,やがて地球環境が持続不可能となる,そんな悲劇を招くことになりそうです。

ミキ●被害を受けるのは現代の私たちだけではないよね。未来の世代にも深刻な影響を残すよ。

●現実の社会ではどのような事例があるか

◀水揚げされるクロマグロ

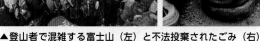

▲登山者で混雑する富士山（左）と不法投棄されたごみ（右）

解説 海という「共有地」の資源である太平洋のクロマグロは,近年乱獲によって激減しており,2014年に絶滅危惧種に指定された。現在,国際的な厳しい漁獲量制限が課されている。

解説 観光産業は,自然や風景など共有地（コモンズ）を基礎に成り立っている。観光地への無制限なアクセスによって,ごみ問題・騒音問題や観光資源の枯渇の問題が生じている。

Answer!　p.57 Exerciseの答え：① ロールズは,原初状態における私的所有権の廃止を唱えていない。またサンデルは,どのような生き方が望ましいかを,公的に問い,議論する社会のあり方こそが正義にかなっていると主張している。

59

Theme 生命倫理の課題

こんにち，いくつかの国々では末期患者の安楽死や医師のほう助による自殺が法的に認められているが，ベンサムやカントの立場では，どのように考えられるだろうか。二人の架空の議論を通して考えてみよう。

> 安楽死を実行します
>
> ○月X日安楽死を実行
>
> え！
>
> 安楽死は何があっても許されないと思う
>
> 生きているのが苦痛なのであれば死を選んでも良いんじゃないかな

ミキとケンは動画投稿サイトで，ある国の患者が医師による自殺ほう助を実施するという予告動画をみた。ミキは，「自ら死を選ぶことは絶対に許されない」と主張し，一方ケンは，「深刻な苦痛が避けられないのであれば，死を選んでもよい」と主張した。

安楽死は認められるか

▲ベンサム

　幸福とは快楽の存在と苦痛の不在によって説明され，社会全体の幸福を増大させる行為が正しい行為である。安楽死や医師のほう助による自殺は，それが幸福を増大するなら正しい。患者の残りの人生が苦痛に満ちたものであるとすれば，本人の判断により，人生を縮めることは不幸を減らすことにつながるだろう。ただし，このような行為が他の人々に与える影響についても検討する必要がある。安楽死を認める法律を作った場合に，患者が安易に死を選ばないように，慎重に制度を設計する必要があるだろう。

▲カント

　安楽死や医師のほう助による自殺は，本質的に，自分が不幸になった場合に自殺することが道徳的でありうるかという問題であり，自殺は決して許されない。なぜなら，自殺は不幸が続くのを回避するために自分を殺してしまうことだが，他人を単なる道具として利用するのが道徳に反しているのと同様，不幸を回避するための道具として自分を利用するのも間違っているからだ。また快苦のような感覚は生命を促進するためにあるのだから，苦痛があるから生命を終わらせるというのはそのような自然に反することであり，誤っている。

功利主義と義務論の問題点とは

　カントは道徳を幸福と切り離して考えており，まったくおかしい。道徳は人々が幸福になるためにあるのであり，幸福を犠牲にしてでも義務をなさなければならないというのは本末転倒である。自殺は多くの場合に**功利主義**からみても正しくないことは認めるが，どんな場合でも自殺は間違っていると述べるなら，苦痛に満ちた人々を本人の意思に反して生き長らえさせることにより，社会全体の幸福を減らしてしまうだろう。

　ベンサムは幸福や快楽のためなら**道徳法則**を曲げてもよいと考えている点で道徳を理解していない。道徳は私たちの都合とは関係なく存在しているのであり，義務に従うという動機からそれをおこなう場合にのみ尊い行為となる。功利主義では，例えば社会全体の幸福のために一部の人々を奴隷にするといったように，単なる手段として扱うことも許されることになり，正義に反するおこないが正当化されてしまう。

Exercise

上の内容をふまえ，カントとベンサムの考え方についての説明として**適当でないもの**を，次の①〜③のうちから一つ選べ。
① 人々の幸福を増やすか，不幸を減らすのでない限り，戦争は許されない。
② 困った人を助けるためであっても，約束を破ることは許されない。
③ 困った人を助けるために約束を破るのが正しいかどうかは，有徳な人がそのような状況で何をするかを考えることによって知ることができる。

(解答は▶p.62)

1 人間の尊厳と平等

DIGEST

1.人間の尊厳 ①
① シュヴァイツァー…アフリカで医療活動に従事，「生命への畏敬」
② ガンディー…インド独立運動の父。不殺生（アヒンサー）を説き，非暴力・不服従を実践
③ マザー＝テレサ…イエスの教えに基づき，インドで慈善活動をおこなう

2.人間の平等，差別と偏見の是正
① さまざまな平等…形式的平等（機会の平等），実質的平等（結果の平等）②
② 男女共同参画社会の実現への施策…間接差別の禁止，クオータ制などのポジティブ・アクション ④

① 人間の尊厳

❶ 生命への畏敬

「生命への畏敬」とは，生命を畏れ，敬うことである。つまり生命が尊いもので，何よりも大切なものだと考えることである。この立場に立つと，善とは生命を保持し，促進することであり，発展する生命をその最高の価値までもたらすことである。また，悪とは生命を否定し，生命を傷つけ，発展する生命の成長をさまたげることである。……また，シュヴァイツァーは，いままでの倫理学の欠陥が，人間の人間にたいする関係だけを重視した点にあると考えた。「生きようとする意志」は，人間だけでなく，すべての生物がもっている。それゆえ，「生命への畏敬」は人間の生命尊重だけに限定せず，すべての生物に適用されなければならない。したがって，真に倫理的な人間とは，人間をも動物をも植物をも，すべての生命を生命として敬い，苦しむ生命があれば，これを助けようとする人間なのだ。

[小牧治・泉谷周三郎『人と思想　シュヴァイツァー』]

解説 生命をどうとらえるか　シュヴァイツァー（ドイツ，1875～1965）は，38歳でアフリカに渡って現地での医療活動に従事した。第一次世界大戦中の1915年，捕虜として軟禁中に，自然のなかの大調和に見とれるうちに到達した心境が，「**生命への畏敬**」である。それは，「生きようとする生命に囲まれた，生きようとする生命である」といった自覚に基づき，すべての生命を自分の同胞として敬うことである。彼は生涯を通じて医療活動，戦争・核兵器の反対運動に打ちこんだ。

❷ ガンディーの非暴力主義

真理の堅持（サティヤーグラハ）
・宇宙や人間の根源にある唯一絶対の真理を正しくとらえること

↓

不殺生（アヒンサー）
・すべての生きとし生けるものを同胞とみなすこと

自己浄化（ブラフマチャリヤー）
・禁欲主義の実践

↓

非暴力主義　←　イギリスからのインド独立運動を，非暴力主義によって指導

> 私は，成功への暴力的な近道を信じていない。立派な動機にどんなに共鳴し，どんなにそれを称賛しようとも，この上なく崇高な大義に奉仕するためでさえ，私は暴力的な手段には断固反対する。

解説 ガンディーの非暴力主義　インド建国の父とよばれる**ガンディー**（1869～1948）は，非暴力・不服従の抵抗運動を率いて，インドの独立を実現した。彼の**非暴力主義**とは，たんに消極的な無抵抗ではなく，暴力に訴えずに抵抗することで自らの道徳的優位を示すという，「不正に対する最も積極的で，最も実際的な闘い」であった。彼の信念の底には強靭なヒューマニズムの精神がある。

❸ 他者とわかちあうこと

> この世で一番大きな苦しみは，誰からも必要とされず，愛されていないこと

　私たちは傷つくまで愛さねばなりません。あるヒンズー教徒の四歳の子どもが，マザー＝テレサは自分の子どもたちに与える砂糖を切らしていることを聞きました。カルカッタで一時砂糖がなくて困ったことがあったのです。その子どもはこれを聞くと両親に話しました。「三日間，お砂糖を食べないよ。ぼくのお砂糖をマザー＝テレサにあげるの。」この幼い子どもは大きな愛で愛したのです。なぜなら傷つくまで愛したからです。そして，この子は私にどのように愛するかも教えてくれました。いくら与えたかではなく，与えることにどれだけの愛を注いだか，であると。

[マザー＝テレサ『生命あるすべてのものに』]

解説 顧みられない人への愛　マケドニア生まれのカトリック修道女，**マザー＝テレサ**（1910～97）は病人・孤児・貧者への救済・奉仕活動に献身した。1979年にノーベル平和賞を受賞している。

Answer!　p.58 Exercise01の答え：③　煩悩に苦しみ他力を頼むしかない者こそ，弥陀の本願に最もかなっている。
Exercise02の答え：④　各人にひらかれており，私的ではなく共通なものにかかわりあう空間（場所）である。

61

2 機会の平等と結果の平等

共通テスト 22

```
機会の平等
機会(チャンス)を平等にすること
(例) 採用時における男女間の扱
いの平等
```

```
形式的平等
扱いにおける平等
```

```
結果の平等
(例)新規採用者の男女比が等しい
```

```
実質的平等
形式的平等だけでは
達成できない平等
```

解説 **平等を考える** 形式的に**機会の平等**のみを，または**結果の平等**のみを追求することは公正といえるのだろうか。求められるのは**実質的平等**の実現であろうが，社会における**実質的平等**の具体的な内容（あり方）についてはさまざまな議論がある。

4 男女共同参画社会の実現へ

ワークブック 4
共通テスト 22

●男女共同参画に関する指数

【HDI】(2021)

順位	国名	値
1	スイス	0.962
2	ノルウェー	0.961
3	アイスランド	0.959
4	香港	0.952
5	オーストラリア	0.951
19	日本	0.925

【GDI】(2021)＊上位の国と日本

国名	値
スロベニア	0.999
スロバキア	
アメリカ	1.001
アルメニア	
スリナム	
日本	0.970

【GII】(2021)

順位	国名	値
1	デンマーク	0.013
2	ノルウェー	0.016
3	スイス	0.018
4	スウェーデン	0.023
5	オランダ	0.025
22	日本	0.083

【GGI】(2023)

順位	国名	値
1	アイスランド	0.912
2	ノルウェー	0.879
3	フィンランド	0.863
4	ニュージーランド	0.856
5	スウェーデン	0.815
125	日本	0.647

[UNDP「Human Development Report 2021/2022」，世界経済フォーラム「Global Gender Gap Report 2023」より]

HDI（人間開発指数）…保健（出生時平均余命），教育（修学年数），所得（GNI）の３つの側面について，その国の平均達成度を測るための指標。値が１に近いほど達成度が高い。

GDI（ジェンダー開発指数）…人間開発における男女間格差をあらわす指標。格差がなければ値は１になる。

GII（ジェンダー不平等指数）…リプロダクティブヘルス（妊産婦死亡率と，若年妊娠出産率），エンパワーメント（議員の男女比と，初等・中等教育の男女比），労働市場（女性の労働市場参加率）の３つの側面（５つの指標）を用いて，人間開発の達成が男女の不平等によってどの程度妨げられているかを示す。値が低いほど達成度が高い。

GGI（ジェンダー・ギャップ指数）…経済・政治・教育・健康の各分野の男女間格差を総合して算出する。１が完全平等，０が完全不平等。

解説 **女性のいま** ＨＤＩでは，所得の高さによって上位にある日本も，GGIでは世界の下位に甘んじている（146か国中125位）。なお，「国権の最高機関」である国会で，日本の女性議員の割合（衆議院）は2023年10月現在で10.3％であり，193か国中で164位ときわめて低い（IPU列国議会同盟による）。

3 ジェンダーとは

第二の性

　人は女にうまれるのではない，女になるのだ。社会において人間の雌がとっている形態をさだめているのは生理的宿命，経済的宿命のどれでもない。文明全体が，女とよばれるものをつくりあげるのである。　　　　　　　　　ボーヴォワール『第二の性』

解説 **ジェンダー** 生物学的な性差をセックスといい，社会的・文化的につくられた性差を**ジェンダー**という。**ボーヴォワール**（フランス，1908〜86）はサルトル（▶p.48）と共鳴し，恋愛関係となるが，結婚制度は自由な人間を束縛するものだとして「契約結婚」という新しい男女関係を提唱し実践した。フェミニズム（女性解放運動）の先駆的な活動家でもある。

●間接差別の禁止

直接差別
（例）労働者の募集・採用，配置や昇進・降格，労働条件などにおいて性別を理由とする差別的取扱いをする ✕

間接差別
（例）労働者の採用のときに身長，体重などを要件としたり，採用や昇進の要件に転勤をあげたりすること ✕

性別に対する差別がないように見えても，結果として一方の性に不利益をもたらすような差別となっている！

解説 **女性に対する間接差別** 女性差別撤廃条約の批准にあわせて1985年に成立した**男女雇用機会均等法**は，労働者の募集，採用や昇進などにおいて男女差別をしてはならないことを示し，1997年の改正で男女の不平等処遇は禁止規定となった。2006年の改正で，直接差別には当たらなくても，結果として女性にとって不利益となる間接差別の禁止が盛りこまれた。

●積極的差別是正措置（ポジティブ・アクション）

共通テスト 20

ポジティブ・アクション（アファーマティブ・アクション）
少数派や女性などが受けてきた差別を積極的に是正する優遇措置

機会の平等の保障だけでは，実質的な平等が達成できないと判断される場合にとられる

（例）アメリカの大学で，同じ成績であったら，白人よりも黒人の受験生の方を優先して合格させる　など

●クオータ制（割当制）の例

クオータ制とは，格差是正のために一定の比率で割り当てを行う制度で，ポジティブ・アクションの一つ。パパ・クオータ制は夫婦に480日間の育児休暇が与えられ，それを２人で分割できるが，そのうち90日間は男性に割り当てる制度（スウェーデンの例）

解説 **差別解消に向けての法的制度** 日本では６歳未満の子どもをもつ共働き世帯で夫の家事・育児関連に費やす時間は1日当たり114分，妻は391分（2021年，総務省）。北欧諸国などでは，クオータ制導入により夫の育児実績が上がっている。

Answer! p.60 Exerciseの答え：③ 行為の正しさを，その行為者が有徳であるかどうかといった観点から考えるのは，アリストテレスをはじめとする徳倫理学の考え方である。①は功利主義，②はカントの考え方。

Active 男女共同参画社会を実現するには

ワークブック④ QR

日本のジェンダーギャップ指数は125位（2023年）と，世界におくれをとっている。男女共同参画社会の実現は大きな課題であるが，その実現を妨げているものは何か。資料から課題に関する情報を読み取って，考えてみよう。

◆資料1　「男性は外で働き，女性は家庭を守るべき」という考え方に対する意見

Check! 日本の特徴を読み取ってみよう。

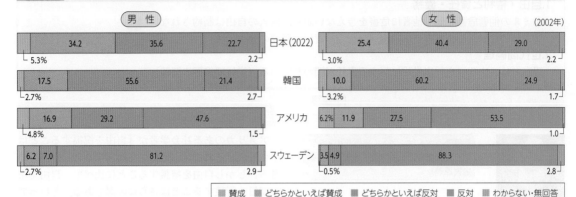

男性		女性	(2002年)

日本（2022）: 男性 5.3% / 34.2 / 35.6 / 22.7 / 2.2　　女性 3.0% / 25.4 / 40.4 / 29.0 / 2.2
韓国: 男性 2.7% / 17.5 / 55.6 / 21.4 / 2.7　　女性 3.2% / 10.0 / 60.2 / 24.9 / 1.7
アメリカ: 男性 4.8% / 16.9 / 29.2 / 47.6 / 1.5　　女性 6.2% / 11.9 / 27.5 / 53.5 / 1.0
スウェーデン: 男性 2.7% / 6.2 / 7.0 / 81.2 / 2.9　　女性 0.5% / 3.5 / 4.9 / 88.3 / 2.8

■ 賛成　■ どちらかといえば賛成　■ どちらかといえば反対　■ 反対　■ わからない・無回答

[内閣府資料より作成]

◆資料2　男女別にみた有償労働・無償労働の時間
（週全体平均，1日当たり）

Check! 日本の特徴を読み取ってみよう。

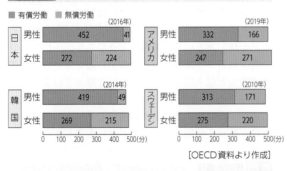

■ 有償労働　■ 無償労働

日本（2016年）: 男性 452 / 41　　女性 272 / 224
アメリカ（2019年）: 男性 332 / 166　　女性 247 / 271
韓国（2014年）: 男性 419 / 49　　女性 269 / 215
スウェーデン（2010年）: 男性 313 / 171　　女性 275 / 220

[OECD資料より作成]

◆資料3　育児休業取得率の推移

Check! 男性の取得率が低いのはなぜだろうか。資料1や2などを参考にして，考えてみよう。

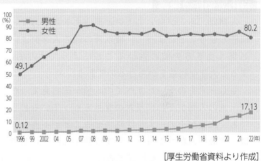

男性　女性
女性 49.1 → 80.2
男性 0.12 → 17.13

[厚生労働省資料より作成]

◆資料4　各国の国政におけるクオータ制導入の状況と女性の政治参加　2023年。

Check! 国政におけるクオータ制の導入の有無と女性の政治参加の関係について，確認してみよう。

国	クオータ制導入の有無とその内容	国会議員に占める女性比率（下院）	女性大臣の割合
日本	未導入	10.0%	8.3%
アメリカ	未導入	29.4%	33.3%
フランス	議員の候補者の一定割合を男女に割り当てることを法律によって定める，法的候補者クオータ制を導入。 パリテ法により，各政党に対し，男女同数・平等な50%ずつの候補者擁立を義務づけている。下院議員選挙では，男女の候補者の割合が50%から離れるほど政党助成金が減額される。	37.8%	35.3%
スウェーデン	政党による自発的なクオータ制を導入。 【社会民主党】1993年に候補者名簿の登載順を男女交互とする仕組みを導入。 【左翼党】1993年に候補者名簿の最低50%を女性とするクオータ制を導入。 【環境党】1997年に候補者名簿の女性数を全体の50%±1名の範囲内とするクオータ制を導入。	46.4%	47.8%

[内閣府資料，IPU資料より作成]

▶▶▶ TRY!

①男女共同参画の実現を妨げているものとして何があるのか，考えてみよう。
②男女共同参画社会の実現のために，どのような方策が望ましいのか，話しあってみよう。

法や規範の意義・役割

2 自由・権利と責任・義務

DIGEST

1.自由・権利と責任・義務
①ミルの他者危害原理…他者に危害を与えない限り，個人の自由は制約されない **1**
②主体的な判断による，自由や権利の行使→責任や義務の発生 **2**

2.世代間倫理 **3**
現在では，来るべき将来世代に対する責任が問われている（世代間倫理の問題）

1 自由とは何か—ミルの自由論—

共通テスト 19

良識ある大人は，他人に危害を加えない限り，何をしてもよい自由をもつ（他者危害原理）

Check! 自分でよいと思う生き方をお互いに許し合うことが大きな利益をもたらすのはなぜだろうか。

自由と個性の擁護

人類は，各人が自分でよいと思う生き方をお互いに許し合うことによって，彼以外の他の人々がよいと思う生き方を彼に強いることによってよりも，ずっと大きな利益をかちうるのである。……

もし一人をのぞいたすべての人類が同意見で，ただ一人の人間がそれに反対の意見をもっているとしても，人類がその一人を沈黙させることが不当なのは，その一人が力をもっていて人類を沈黙させるのが不当なのとまったく同様である。

ミル『自由論』

解説 なぜ自由が必要なのか　ミル（▶p.46）は，個性の自由な発展が社会を進歩させ，社会全体の幸福を増やしていくと考えた。ミルはこの視点から，女性参政権の必要性や，少数者の意見の尊重（多数者の専制への批判），**他者危害原理**を説いた。

アラカルト 二つの自由—消極的自由と積極的自由—

「自由」をどのように定義したらよいのだろうか。ここで「〜からの自由」である「**消極的自由**」と，「〜への自由」である「**積極的自由**」の二つから自由をとらえる考え方がある（アイザイア＝バーリンによる）。積極的自由とは，「こうありたい，こうあるべきだ」といった自分を実現しようとする自由であり，そのために積極的に自己支配し，自己をコントロールすること，つまりは自分自身の主人になることを意味する。さて，人間の思い描く目的はさまざまだ。そのさまざまな目的のすべてが調和するような唯一の目的はありうるのか。ないとするのなら，「積極的自由」を実現する社会を形成することは，ほかの目的を思い描く人たちの「消極的自由」を損なうことにならないのだろうか。

2 自由になること

アメリカのある社会学者が「自由を祝福することはやさしい。それに比べて自由を擁護することは困難である。しかし自由を擁護することに比べて，自由を市民が日々行使することはさらに困難である」といっております……。私たちの社会が自由だ自由だといって，自由であることを祝福している間に，いつの間にかその自由の実質はカラッポになっていないとも限らない。自由は置き物のようにそこにあるのではなく，現実の行使によってだけ守られる，いいかえれば日々自由になろうとすることによって，はじめて自由でありうるということなのです。その意味では近代社会の自由とか権利とかいうものは，どうやら生活の惰性を好む者，毎日の生活さえ何とか安全に過ごせたら，物事の判断などは人にあずけてもいいと思っている人，あるいはアームチェアから立ち上がるよりもそれに深々とよりかかっていたい気性の持主などにとっては，はなはだもって荷厄介なしろ物だといえましょう。

［丸山眞男「「である」ことと「する」こと」より］

解説 権利と責任　近代社会において，自由「である」ということは人間の権利であるということに疑問の余地はない。しかし，その自由も，日々擁護し，行使「する」ことによってはじめて，守られていくのである。だから，私たちには自由を行使する権利をもつとともにその行使の責任があるのである。

3 世代間倫理とは

汝の行為がもたらす結果が，地球上で真に人間の名に値する生命が永続することと折り合うように，行為せよ

◀ハンス＝ヨナス（1903〜93）

解説 まだ見ぬ他者への倫理　私たちがもつ責任・義務は目の前の他者に対してだけあるわけではない。私たちの行為は，私たちの知らない他者にも影響が及ぶかもしれない。そして，私たちが責任をもつべき他者とは，現在の他者だけではなく，過去・未来の他者をも含むとする考え方を**世代間倫理**という。

Answer! 「自由と個性の擁護」Checkの答え：ある一つの考え方に基づく生き方を強制するよりも，各人が自分の個性を自由に発展させるような生き方を認め合う方が，社会全体にとっても大きな利益となるから。

Trial　最後通牒ゲーム

　人間は社会のなかで生きているが，その社会が成り立つためには何が必要だろうか。また，人はどのように行動することが求められるのだろうか。「最後通牒（つうちょう）ゲーム」という思考実験を手がかりにして考えてみよう。

100万円の報酬が生じ，それをAとBの二人で分けることになった。ただし，どう分けるかはAだけが決められる。

Aの提案にBが応じたら，その通りに二人は報酬を受け取れるが，もしBが提案を拒否したら，二人ともお金をもらえない。

▶▶▶ TRY!

　自分がAだとすれば，どのような分け方をするか。あるいは，Bだとすれば，どのような分け方なら受け入れるか。さらに，この実験から何がわかるか，ワークブックに取り組みながら，考えてみよう。

●互いに合意・納得できることとは

先生●もし，Aの立場であったら，どのような分け方を提案するかな。

ケン●ぼくだったら，自分の利益が多い方がいいに決まっているからAが80万円，Bが20万円ですね。

ミキ●それじゃあ相手の方は不公平だと考えて拒否してしまうよ。私はAが50万円，Bが50万円か，それに近い割合で提示するな。

ケン●例えばAが20万円，Bが80万円だったらどうだろう。Bは拒否するはずないよ。

ミキ●私がBだったら，考えてしまうな。Aが知っている相手だったら悪いなと思うし，知らない相手だったら，何かほかに条件があるのかな，と疑ってしまうよ。Aが45万円，Bが55万円くらいなら…。

ケン●そのくらいなら，合意できるかもね。

●なぜ公正であることが必要なのか

先生●最後通牒ゲームをやって気づいたことは？

ケン●人は自分の利益を追求するだけではなく，他人のことも考えて行動する，ってことですね。

ミキ●分配の公正さも考えて行動しなくてはうまくいかない，ということだよね。

先生●公正であることを大切だと思わない人ばかりだと，どんなことが起こるかな？

ケン●お互いに協力しあおうとする気持ちがなくなって，社会が成り立たなくなると思います。

先生●そうだね。公正であることの必要性を認めあうことが，社会生活では大切なんだ。

ミキ●そのために，相手への思いやりも必要ですよね。

ケン●社会が成り立つためには，まずは，お互いを尊重することが必要だ，ということだよね。

●現実の社会ではどのような事例があるか

▲アメリカと中国の外相会談　2021年，アメリカ。

解説 外交交渉は継続しておこなわれるものだが，一つの提案によって交渉決裂となることもある。交渉は技術が求められるものであるが，相互信頼の上に成り立つものでもある。

◀契約更改交渉を終え，記者会見するプロ野球選手。2020年。

解説 プロ野球選手の契約更新では，球団側の提示は1回限りでない。交渉によって提示額がアップする場合もあれば，逆に交渉がまとまらず，選手との契約が解除される場合も生じる。

1 人権保障の発展と民主政治の成立

📎 DIGEST

民主政治はどのような思想に基づいて始まり，どのように発展してきたのだろうか

1.政治と国家

①政治…社会生活における対立や矛盾を権力により調整し，秩序を形成する営み **1**

②国家…政治が行われる最も重要な場（国家の三要素…領域・国民・主権） **3**

2.民主政治の成立と社会契約説

①市民革命…市民階級（ブルジョアジー）による絶対王政の打倒→近代市民国家と民主政治の成立

②社会契約説…自然法思想を根拠に，国家は個々人の契約により成立したとする理論 漫画で考える **6**

→王権神授説を批判し，市民革命の理論的根拠となる

ホッブズ（英） 『リバイアサン』（1651）	「万人の万人に対する闘争」を解消し，自己保存を確保するために自然権を国家に譲渡する→結果的に絶対王政を擁護
ロック（英） 『統治二論』（1690）	契約を結んで自然権の一部を政府に信託する，人民は自然権を侵す政府を打倒する革命権（抵抗権）をもつ→名誉革命（1688）を正当化
ルソー（仏） 『社会契約論』（1762）	公共の利益を目指す人民の一般意志にもとづく統治と直接民主制を実現する→フランス革命（1789）の理論的支柱となる

3.法の支配と基本的人権の保障

①法の支配…国家権力は法にもとづいて行使されるという原理 **7**

→人の支配（恣意的政治）を否定し，国民の人権保障を確保する

注）法治主義（法律による行政）との相違…法の形式だけでなく，法の内容も重視する

②基本的人権の保障…国家権力は人が生まれながらにもつ権利を侵すことができない

③人権の歴史的発展 **8**

1215（英）	マグナ・カルタ	1789（仏）	フランス人権宣言
1628（英）	権利請願	1919（独）	ワイマール憲法
1688（英）	名誉革命	1946（日）	日本国憲法
1689（英）	権利章典	1948（国連）	世界人権宣言
1776（米）	バージニア権利章典	1966（国連）	国際人権規約
	アメリカ独立宣言	1979（国連）	女性差別撤廃条約
1788（米）	アメリカ合衆国憲法	1989（国連）	子どもの権利条約

a.自由権（18世紀的人権）…「国家からの自由」 夜警国家のもとで保障される

b.参政権（19世紀的人権）…「国家への自由」 チャーチスト運動 普通選挙制の広がり

c.社会権（20世紀的人権）…「国家による自由」 福祉国家のもとで保障される
ワイマール憲法で初めて規定された

4.立憲主義と民主主義の限界

①立憲主義…国の政治は基本的人権の保障を定めた憲法に従って行われるという考え方 読み解き
多数決原理に基づいて運営されてきた民主主義との緊張関係

「立憲主義と民主主義の緊張関係」とはどういうことだろうか，考えてみよう

民主主義は最悪の政治形態といわれてきた。他に試みられたあらゆる形態を除けば。
チャーチル

◀チャーチル（英）（1874～1965）

1 政治とは何か

およそ人間が集まれば，そこに政治があるとしばしばいわれますが，このような用法にはいささか注意が必要です。……あくまで，自由で相互に独立した人々の間における共同の自己統治こそが「政治」だったのです。

……第一に，政治において重要なのは，公共的な議論によって意思決定することです。言い換えれば実力による強制はもちろん，経済的利益による買収や，議論を欠いた妥協は政治ではないのです。

……第二に，公共的な議論によって決定されたことについて，市民はこれに自発的に服従する必要がありました。公の場において自分たちで決定したことなのだから，その結果について，誰に強制されるのでもなく，自分で納得して従うべきであるというわけです。ここには政治において「納得」と，納得に基づく「自発的な服従」が重要であるという意味が込められています。

[『民主主義とは何か』宇野重規より]

3 国家の三要素

国民	国家を構成する人々
領域	領土，領海（日本は12海里＝約22km），領空（領土と領海の上空で大気圏内）
主権	最高性（国内では国家が最高の権力を持つ），独立性（対外的には他国から干渉されない）

解説 国家とは何か ドイツの法学者**イェリネック**（1851～1911）は，国民・領域・主権が国家の三要素であるとした。主権国家からなる国際社会のあり方は1648年のウェストファリア条約を原型とし，18世紀にかけて定着した。また，1934年に発効した「国家の権利及び義務に関する条約（モンテビデオ条約）」では，国家の要件を①永続的住民，②明確な領域，③政府，④他国と関係を取り結ぶ能力としている。このうち，③と④を合わせたものが主権に相当する。

2 権力の正当性

支配類型	支配形式	典型例
伝統的支配	長い伝統や慣習を背景とした伝統的神聖性によって権威づけられた支配	万世一系の天皇制。「天命」や「神授」などに基づく血統や家系などを重んじる
カリスマ的支配	非凡な能力や資質（カリスマ）をもつ支配者の権威とそれへの帰依に基づいた支配	預言者，英雄，煽動的政治家など（ムハンマド，ナポレオン，ヒトラーなど）の支配
合法的支配	正当な手続きにより制定された法規に基づく権限によっておこなわれる支配	近代国家の官僚支配。「国民の合意」による近代民主政治の根拠

解説 支配の正当性の三類型 国家や政府は権力の正当性の根拠を求める。ドイツの経済学者マックス＝ウェーバー（1864～1920）は支配（権力）の正当性を三類型にわけ，合法的支配が最も正当性をもつとした。

4 主権の三概念

3つの意味	内容	日本国憲法における具体例
国家権力そのもの	司法権・立法権・行政権の総称	第41条 国会は国権の最高機関であって…
国家権力の最高独立性	国家が対外的に独立していること	前文第3項 …自国の主権を維持し，他国と対等関係に立とうとする…
国政における最高決定権	国の政治のあり方を決定する最高権力	前文第1項 ここに主権が国民に存することを宣言し…

解説 主権とは 中世ヨーロッパの封建体制においては，国王・諸侯・自由都市等がそれぞれ固有の支配権をもつとされ，国家的支配権は重層的に存在していた。現代においては，支配権は国家という一層にのみ統一されている。ここでいう支配権，すなわち統治権は「主権」ともいわれる。16世紀のフランスの思想家**ボーダン**（1530～96）は，主権の概念を初めて提示したとされる。

共通テスト
20

5 国家に関する学説

Check! 国家と個人の関係は，王権神授説と社会契約説の下でどのように異なるだろうか。

	学説	代表的思想家	内容
起源による分類	王権神授説	フィルマー（英）ボシュエ（仏）	国王の絶対的な権力は神から与えられたもので，人民がこれに逆らうことは神への反逆であるとする。絶対王政を正当化する理論。
起源による分類	社会契約説	ホッブズ（英）ロック（英）ルソー（仏）	国家は，人民相互の自由・平等な合意である契約により成立したもので，その目的は，成員の自然権を守ることにあるとする理論。
機能的分類	夜警国家		市民革命後の国家は，国民生活に極力介せず，「自由」を最大限に確保することが求められた。国家の役割は防衛や治安維持といった最小限の機能にとどめられ，「安価な政府」が理想とされた。ドイツの社会運動家**ラッサール**は，こうした国家を「夜警国家」と呼び，批判した。
機能的分類	福祉国家		資本主義経済の発展にともなって顕在化した失業・貧困といった社会問題を，国家の施策によって解決することが求められるようになった。

解説 国家観の変遷 王権神授説の下では，絶対的な権力をもつ国王・国家へ仕える存在にすぎなかった個人。社会契約説では，その個人の生得の自由や権利を守る目的で，個人間の契約により人為的に作られたものが国家だと位置づける。ここでは，「**国家のために個人はある**」から，「**個人のために国家はある**」へ，両者の関係が逆転している。

はみだしメモ ドイツの政治学者シュミットは，「政治の最も重要な任務は誰が友で誰が敵かを決断することにある」とした。

漫画で考える 社会契約説

民主政治の発展を支えた思想が，ホッブズ，ロック，ルソーなどが唱えた社会契約説である。社会契約説とは，社会（国家）は個人の契約に基づくという考え方である。では，ホッブズ，ロック，ルソーはそれぞれ，社会についてどのように考えたのだろうか。

6 社会契約説

Check! 3人による自然権の具体例と，主張の共通点をまとめてみよう。

	トマス＝ホッブズ（イギリス）1588～1679	ジョン＝ロック（イギリス）1632～1704	ジャン＝ジャック・ルソー（フランス）1712～1778
思想家			
主著	『リバイアサン』（1651年）	『統治二論』（1690年）	『社会契約論』（1762年）
自然状態	各自の自己保存のための行動が「万人の万人に対する闘争」という戦争状態をもたらす	人間は自由で平等。生命・自由・財産を維持する権利（自然権）をもち，互いに平和共存する状態	人は本来，自由で平等であるが，私有財産制により，不平等が生じた状態
社会契約	・各人のもっている**自然権を放棄**し，社会契約を結んで国家を形成 ・国民は**自然権を委譲（譲渡）**した統治者に服従 ・**抵抗権の否定**	・各人が社会契約により**自然権の一部を代表者に委託（信託）**し，国家を形成 ・政府が信託に反して自然権を侵害した場合，人民は抵抗する権利（**抵抗権・革命権**）をもつ	・各人が社会契約により自然権を完全に共同体に譲渡し，国家を形成 ・政治は人民の**一般意志**（社会全体の利益の実現をめざす共通意志）に基づいて行われる（**人民主権**）
	絶対王政 ← 自然権を譲渡 / 安全の保障 → 絶対権力者 ⇄ 市民	立憲君主制 ← 自然権の一部を信託 / 自然権の保障 → 代議政体（権力分立）⇄ 市民・抵抗権	直接民主制 一般意志の指導 ← 自然権を譲渡 / 一体不可分 → 共同体 ⇄ 市民
影響・特徴	**近代政治思想の原型** ・結果的に絶対王政を擁護 ・権力の由来を人民の意志・契約に求め，近代政治思想・人権思想の原点となる	**権力分立論の先駆** ・間接民主制を主張 ・名誉革命を理論的に意義づける ・アメリカ独立革命に影響を与える	**徹底した人民主権論** ・**直接民主制**をめざし，イギリスの代議制を「彼らが自由なのは選挙のときだけだ」と批判 ・フランス革命に影響を与える

解説 三者の主張の歴史的背景 清教徒革命と名誉革命との間に『リバイアサン』を刊行したホッブズは，絶対王政から民主政治への過渡期という不安定な社会情勢を踏まえて，国家の目的を自己保存（生命を守る）においた。名誉革命直後に『統治二論』を刊行したロックは，生命・自由・財産をpropertyと呼び，文字通り各人に固有(proper)なもの，生まれながらの人間の権利（自然権）と位置づけて，革命の成果を正当化した。フランス革命に大きな影響を与えた『社会契約論』で，ルソーは自由・平等を重んじた。**政府・国家は所与のものではなく，個人が自らの自然権を保障するために，契約を交わすことではじめて政府・国家は設けられる**というのが，彼らの社会契約思想である。

7 法の支配 ～ rule of law ～

Check! 「人の支配」と「法の支配」の相違点は何だろうか。

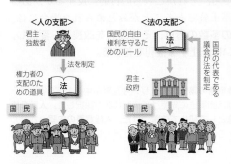

＜人の支配＞
君主・独裁者 → 法を制定 → 法（権力者の支配のための道具）→ 国民

＜法の支配＞
国民の自由・権利を守るためのルール → 法 ← 議会が法を制定（国民の代表である議会が法を制定）→ 君主・政府 → 国民

●**法治主義(rule by law)**
　ドイツで発達した，「法に基づいて政治を行わなければならない」という考え方。**法秩序の維持を重視する一方で，法の内容を問わない**（「治安維持法」のような法でもよく，人権制約も容認される）点で，国民の人権保障を目的とする「法の支配」とは異なる。

解説 「人の支配」から「法の支配」へ 被治者の国民から見て，法と権力者との上下関係が逆転していることに注目しよう。**人の支配では，法は権力者が自ら定めた支配の道具にすぎない**。一方で，**法の支配の下での法は，被治者である国民を代表する議会が定めたもので，国民の人権を守ることを趣旨とし**，権力者の専行に歯止めをかけている。

はみだしメモ 今日では法治主義を形式的法治主義（説明は**7**参照）と，「法律は人権を守る内容であること」が求められる実質的法治主義に分類することもある。この場合，実質的法治主義は，法の支配と同意で使われる。

8 人権保障の歴史

国王の絶対権力を制限	1215	マグナ・カルタ（英） →王権を制限し，貴族の特権を擁護
	1628	**権利請願**（英） →議会の同意なき課税の禁止，人身の自由を国王に認めさせた
	1642	清教徒革命（英・～49）
	1688	名誉革命（英）
	1689	**権利章典**（英）（▶**9**）
自由と平等の確立	1775	アメリカ独立戦争（米・～83）
	1776	バージニア権利章典（米）（▶**10**） **アメリカ独立宣言**（米）（▶**11**）
	1789	フランス革命（仏・～99） **フランス人権宣言**（仏）（▶**12**）
	1838	**チャーチスト運動**（英・～48） →労働者による普通選挙権獲得運動
	1863	奴隷解放宣言（米） リンカーンのゲティスバーグ演説（米） →「人民の，人民による，人民のための政治」
	1889	大日本帝国憲法（日） →東アジア初の近代的成文憲法，非欧米文化圏での立憲政治の試み
社会権の登場	1914	第一次世界大戦勃発（～18）
	1917	**ロシア革命**（露） →史上初の社会主義革命
	1919	**ワイマール憲法**（独・～33）（▶**13**） →男女平等の普通選挙，社会権
	1920	国際連盟発足
	1939	第二次世界大戦勃発（～45）
	1941	F・ローズヴェルトの四つの自由（米） →4つの基本的自由（言論及び表現の自由・信仰の自由・欠乏からの自由・恐怖からの自由）に立脚した世界を希求
人権保障の国際化	1945	**国際連合発足**
	1946	日本国憲法（日）
	1948	**世界人権宣言**（国連）（▶**14**） **ジェノサイド条約**
	1951	難民条約
	1965	人種差別撤廃条約
	1966	**国際人権規約**（国連）（▶**15**）
	1979	女性差別撤廃条約（▶**16**）
	1989	**子どもの権利条約**（▶**17**） **死刑廃止条約** 東欧革命・冷戦終結 →東欧の旧社会主義諸国の自由化・民主化
	2006	障害者権利条約 強制失踪条約

解説 人権拡充の歩み 18世紀には「自由権（国家からの自由）」，19世紀には「参政権（国家への自由）」，20世紀には「社会権（国家による自由）」が求められたことを読み取ろう。従来は国家ごとに国民の人権保障が図られてきたが，20世紀後半以降は，新たに発足した国連を中心に，国境を越えた人権保障の国際化が大きな潮流となっている。また，**四つの89年**ともいわれる，1689年の権利章典，1789年のフランス人権宣言，1889年の大日本帝国憲法，1989年の東欧革命と，100年ごとに人権をめぐる大きな出来事が世界史上に起こっている点も興味深い。

9 権利章典（1689年）

Check! 法や課税をめぐる，国王と議会の関係はどのようなものだろうか。

1 国王は，王権により，国会の承認なしに法律〔の効力〕を停止し，または法律の執行を停止し得る権限があると称しているが，そのようなことは違法である。

5 国王に請願することは臣民の権利であり，このような請願をしたことを理由とする収監または訴追は，違法である。

6 平時において，国会の承認なくして国内で常備軍を徴収してこれを維持することは法に反する。
〔『人権宣言集』岩波文庫〕

解説 議会主権の確立 名誉革命の結果，議会が議決した「権利宣言」を国王が承認し，公布したもの。国王による議会の同意のない課税を違法とし，国民の請願権を保障するなど，**議会の権限と王権に対する優位性，国民の権利が明確化され，議会主権と立憲君主制が確立された。**

10 バージニア権利章典（1776年）

Check! 個人の権利の捉え方に，権利章典とどのような違いがあるだろうか。

1 **すべての人は生来ひとしく自由かつ独立しており，一定の生来の権利を有するものである。**これらの権利は，人民が社会を組織するに当たり，いかなる契約によっても，人民の子孫からこれを〔あらかじめ〕奪うことのできないものである。かかる権利とは，すなわち財産を所得所有し，幸福と安寧とを追求獲得する手段を伴って，生命と自由とを享受する権利である。

2 **すべて権力は人民に存し，したがって人民に由来するものである。**行政官は人民の受託者でありかつ公僕であって，常に人民に対して責任を負うものである。

3 政府というものは，人民，国家もしくは社会の利益，保護および安全のために樹立されている。あるいは，そう樹立されるべきものである。政府の形体は各様であるが，最大限の幸福と安寧とをもたらし得，また失政の危険に対する保障が最も効果的なものが，その最善のものである。いかなる政府でも，それがこれらの目的に反するか，あるいは不十分であることがみとめられた場合には，**社会の多数の者は，その政府を改良し，変改し，あるいは廃止する権利を有する。**
〔『人権宣言集』岩波文庫〕

解説 人権宣言の嚆矢（こうし） アメリカ独立戦争中の1776年，バージニア州は各州憲法に先駆けて権利章典を採択した。**人間の権利を自然権として初めて位置づけた，人権宣言の先駆**とされている文書。この章典はアメリカ独立宣言など多くの文書に影響を与えた。

Challenge 人間に値する生活を営む権利を保障する規定を憲法に取り入れるようになった国が登場したのは，19世紀である。〇か×か。（2012年センター試験現代社会本試）（▶p.72）

⓫ アメリカ独立宣言 (1776年)

われわれは，自明の真理として，**すべての人は平等に造られ，造物主によって，一定の奪いがたい天賦の権利を付与され，そのなかに生命，自由および幸福の追求の含まれることを信ずる**。また，これらの権利を確保するために人類のあいだに政府が組織されたこと，そしてその正当な権力は被治者の同意に由来するものであることを信ずる。そしていかなる政治の形体といえども，もしこれらの目的を毀損するものとなった場合には，人民はそれを改廃し，かれらの安全と幸福とをもたらすべしとみとめられる主義を基礎とし，また権限の機構をもつ，新たな政府を組織する権利を有することを信ずる。

『人権宣言集』岩波文庫

▲アメリカ独立宣言の起草会議

解説 **社会契約説の具現化** 13の植民地がイギリスから独立する際に，トマス＝ジェファソンらが起草した。人民の権利が**自然権**と規定され，その自然権を守るために契約により政府がつくられることなど，新国家アメリカが**社会契約説**に基づいて建国されることが宣言されている。人民の**抵抗権**を認めるなど，ロックの思想の影響を強く受けていることが読み取れる。

⓭ ワイマール憲法 (1919年)

共通テスト 19

Check! 具体的にどのような部分が，制定当時「世界で最も民主的な憲法」と評価されたのだろうか。

第151条 (1) 経済生活の秩序は，**すべての者に人間たるに値する生活を保障する**目的をもつ正義の原則に適合しなければならない。この限界内で，個人の経済的自由は，確保されなければならない。

第153条 (1) 所有権は，憲法によって保障される。その内容およびその限界は，法律によって明らかにされる。

(3) **所有権は義務を伴う。**その行使は，同時に公共の福祉に役立つべきである。

第159条 (1) 労働条件および経済条件を維持し，かつ，改善するための団結の自由は，各人およびすべての職業について，保障される。この自由を制限し，または妨害しようとするすべての合意および措置は，違法である。

『人権宣言集』岩波文庫

解説 **社会権の登場** 第一次世界大戦敗戦後のドイツで制定。生存権や団結権などの社会権を世界で初めて明記する一方，所有権の限界と義務を規定するなど，制定当時「世界で最も民主的」な憲法とも評された。この憲法はナチスドイツによる全権委任法の成立で事実上廃止された。

⓬ フランス人権宣言 (1789年)

共通テスト 19

Check! 第1,2,3条は，それぞれ何をうたっているのだろうか。

第1条 人は，**自由かつ権利において平等なものとして出生し，かつ生存する。**社会的差別は，共同の利益の上にのみ設けることができる。

第2条 あらゆる政治的団結の目的は，人の消滅することのない自然権を保全することである。これらの権利は，自由・所有権・安全および圧制への抵抗である。

▲フランス人権宣言の扉絵

第3条 あらゆる主権の原理は，本質的に国民に存する。…

第16条 権利の保障が確保されず，権力の分立が規定されないすべての社会は，憲法をもつものでない。

第17条 所有権は，神聖で不可侵の権利であるから…これを奪われることがない。

『人権宣言集』岩波文庫

解説 **民主政治の原理確立** 前文と17か条からなり，革命の理念（自由・平等・博愛）に基づき，自然権としての国民の権利・社会契約説・国民主権・権力分立・所有権の不可侵性などがうたわれている。第16条では，権利保障と権力分立が近代民主国家の要件であることが示されている。1958年に制定されたフランス共和国憲法の前文でもこの宣言に言及されているほか，後の世界各国の憲法にも多大な影響を与えている。

⓮ 世界人権宣言 (1948年)

前文 人類社会のすべての構成員の固有の尊厳と平等で譲ることのできない権利を承認することは，世界における自由，正義及び平和の基礎を構成する…(中略)…すべての人民とすべての国民とが達成すべき共通の基準として，この世界人権宣言を公布する。

第1条〔自由平等・同胞の精神〕 すべての人間は，生まれながらにして自由であり，かつ，尊厳と権利とについて平等である。人間は，理性と良心とを授けられており，互いに同胞の精神をもって行動しなければならない。

『人権宣言集』岩波文庫

解説 **人権保障の国際化** F・ローズヴェルトの四つの自由(1941)をもとに，国連人権委員会が起草し，1948年の国連総会で採択。各国が達成すべき，人権の世界基準が示された。**法的拘束力をもたない世界人権宣言の主旨を活かし，条約化し法的拘束力をもたせた国際人権規約が，1966年の国連総会で採択された。**

はみだしメモ 人権保障の歴史で金字塔ともいえるフランス人権宣言の正式名称は「人および市民の権利宣言」。「人」の部分には「男性」を意味する Homme があてられており，人権保障の対象は，「市民権をもつ白人男性」に限定されていた。

政治

15 国際人権規約

〔採択1966年12月16日　発効1976年1月3日〕

Check! それまでの人権保障に関する文書とは，どのような違いがあるだろうか。（▶14）

●国際人権規約の構造

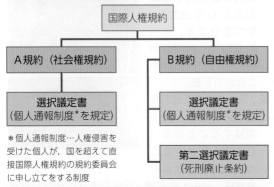

＊個人通報制度…人権侵害を受けた個人が，国を超えて直接国際人権規約の規約委員会に申し立てをする制度

経済的，社会的及び文化的権利に関する国際規約：A規約

第1条〔人民の自決の権利〕　1　すべての人民は，自決の権利を有する。この権利に基づき，すべての人民は，その政治的地位を自由に決定し並びにその経済的，社会的及び文化的発展を自由に追求する。（2以下略）

第2条〔人権実現の義務〕（1，3略）

2　この規約の締約国は，この規約に規定する権利が人種，皮膚の色，性，言語，宗教，政治的意見その他の意見，国民的若しくは社会的出身，財産，出生又は他の地位によるいかなる差別もなしに行使されることを保障することを約束する。

市民的及び政治的権利に関する国際規約：B規約

第6条〔生存権及び死刑の制限〕　1　すべての人間は，生命に対する固有の権利を有する。この権利は，法律によって保護される。何人も，恣意的にその生命を奪われない。

5　死刑は，18歳未満の者が行った犯罪について科してはならず，また，妊娠中の女子に対して執行してはならない。

6　この条のいかなる規定も，この規約の締約国により死刑の廃止を遅らせ又は妨げるために援用されてはならない。

第20条〔戦争宣伝及び差別等の扇動の禁止〕　1　戦争のためのいかなる宣伝も，法律で禁止する。

第21条〔平和的な集会の権利〕　平和的な集会の権利は，認められる。……

解説 世界人権宣言の条約化　1966年に採択された国際人権規約はA規約（社会権的規約），B規約（自由権的規約），B規約の選択議定書からなる。1989年にはB規約の第二選択議定書（死刑廃止条約），2008年にはA規約の選択議定書が採択された。日本は1979年に，①公務員のスト権，②祝祭日の給与保障，③中等高等教育の無償の3点を留保して，A規約とB規約を批准した（③は2012年に留保を撤回）。**なお，日本は3つの選択議定書については未批准。**

16 女性差別撤廃条約

〔採択1979年12月18日　発効1981年9月3日〕

Check! 条約批准に際して，日本社会や国内法にどのような具体的な動きがあっただろうか。

第2条〔締約国の差別撤廃義務〕　締約国は，女子に対するあらゆる形態の差別を非難し，女子に対する差別を撤廃する政策をすべての適当な手段により，かつ，遅滞なく追求することに合意し，及びこのため次のことを約束する。……

第11条〔雇用における差別撤廃〕　1　締約国は，男女の平等を基礎として同一の権利，特に次の権利を確保することを目的として，雇用の分野における女子に対する差別を撤廃するためのすべての適当な措置をとる。

解説 男女平等に向けて　1979年の国連総会で，女子差別撤廃条約が採択され，日本は1985年に批准した。**批准に向けて国内法が整備され，男女雇用機会均等法の制定，国籍法の改正（父系主義から父母両系主義へ），学校教育での家庭科の男女共修化**等が行われた。

アラカルト　ハーグ条約

●ハーグ条約による子の返還の流れ
（日本にいた母が子を外国に連れ出した場合）

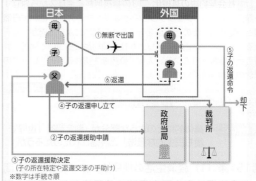

③子の返還援助決定
（子の所在特定や返還交渉の手助け）
※数字は手続き順

〔毎日新聞2014年7月29日〕

　ハーグ条約（「国際的な子の奪取の民事上の側面に関する条約」）は，一方の親の同意がなく16歳未満の子どもを国外へ連れ去ったり，同意を得て帰国したが，期限が過ぎても子どもを元の居住国に戻さないケースなどに対応するための国際的な枠組みを定めた条約である。原則として，子どもを元の居住国へ戻し，誰が育てるかなどの話し合いや裁判が進められる。国際結婚が破綻した場合だけでなく，同じ国籍の夫婦にも適用される。

　日本では，国際結婚の破綻増にともない，「子の連れ去り」問題や，外国で生活している日本人が，ハーグ条約を未締結であることを理由に子どもと共に日本へ帰国することができないような問題も生じていた。そのため，国内法を整備し，2014年にハーグ条約に加盟した。2018年にはアメリカ在住の父親が日本に帰国した母親に息子の引き渡しを求めた裁判で，最高裁は父親の請求を認める判決を下した。

Challenge 日本は国際人権規約を，3点に留保を付して1979年に批准したが，2012年に中等・高等教育の留保を撤回した。○か×か。（立教大学2020年入試問題を参考に作成）（▶p.75）

p.70の答え　×

17 子どもの権利条約

[採択1989年11月20日　発効1990年9月2日]

第6条〔生命への権利〕1　締約国は，すべての児童が生命に対する固有の権利を有することを認める。

2　締約国は，児童の生存及び発達を可能な最大限の範囲において確保する。

第12条〔意見表明権〕1　締約国は，自己の意見を形成する能力のある児童がその児童に影響を及ぼすすべての事項について自由に自己の意見を表明する権利を確保する。…

第22条〔難民の子どもの保護・援助〕1　締約国は，難民の地位を求めている児童又は…難民と認められている児童が，父母又は他の者に付き添われているかいないかを問わず，この条約及び自国が締約国となっている人権又は人道に関する他の国際文書に定める権利であって適用のあるものの享受に当たり，適当な保護及び人道的援助を受けることを確保するための適当な措置をとる。

▶中央アフリカの少年兵。内戦が続き，多くの児童兵士が存在する国は多い。

●児童労働の世界分布（上）と産業別割合（下）（2020年）

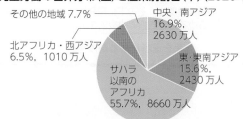

その他の地域 7.7%

中央・南アジア 16.9%，2630万人

北アフリカ・西アジア 6.5%，1010万人

東・東南アジア 15.6%，2430万人

サハラ以南のアフリカ 55.7%，8660万人

サービス業（卸売，小売，飲食業，運輸，倉庫，通信，金融など）19.7%

工業（鉱山・採石業，製造業，建設業，電気・ガス・水道など公共工事）10.3%

農林水産業（農業，漁業，林業，狩猟）70.0%

[ILO資料などより作成]

解説 子どもをめぐる過酷な状況　子ども（18歳未満のすべての者）の保護と基本的人権の尊重を促進することを目的に，1989年に国連総会で採択された。世界の子どもの10人に1人が**児童労働**をしているとされ，学習の機会が十分に保障されていない。命の危険にさらされている児童兵士（**チャイルドソルジャー**）は，世界で約25万人に及ぶとされている。子どもの相対的貧困率が11.5%（2021年・厚生労働省による）である日本にとっても，子どもの権利を保障することは喫緊の課題となっている。2023年，日本では条約への国内対応法として，**こども基本法**が施行された。

読み解き 立憲主義

◇…国民の多数が正しいと考えただけで本当に正しいのでしょうか。みなさんも歴史で勉強したように，そのときどきの多数派は過ちを犯す危険性があります。ナポレオンの帝政もドイツのナチスもそうでした。日本も国民の多数が熱狂的に戦争を支持した時代もありました。ふり返ってみると，国民の多数派が過ちを犯すことはよくあることなのです。不正確な情報に踊らされたり，ムードに流されたり，目先のことに心を奪われたりして，冷静な正しい判断ができなくなる危険性を誰もがもっています。

そこで，そうした人間の弱さに着目して，あらかじめ多数派に歯止めをかけることにしたわけです。多数決で決めるべきこともあるけれど，多数決で決めてはいけないこともある。それを憲法の中に書き込んでおくことにしたのです。それが「人権」であり「平和」です。…

国民の多数の意見に従って政治をすすめる「民主主義」に対して，それに歯止めをかけていく考え方を「立憲主義」といいます。「国民の多数意見に従った権力であっても，歯止めをかけなければならないときがある」という考え方です。

民主主義はとても大切です。しかしそれと同じくらい，立憲主義も大切なのです。人間は不完全な生き物で過ちを犯す危険性をもっているからです。憲法は人間に対する謙虚さから生まれたものといってもいいでしょう。法律はそのときどきの必要性によって多数派によりつくられ，社会の秩序を維持していきますが，憲法はもっと長い目でみて，この国に住む人びとの幸せにとって本当に大切なことを規定するものなのです。

[伊藤真『中高生のための憲法教室』より]

憲法 個人の尊重と人権保障を定めるルール…少数者の権利も多数者の権利と同様に尊重

制約　相反する場合がある

政治権力

多数決原理 集団のなかで多数を占めた意見が集団の意見となる

選挙…多数者の考え方を反映

国民

▲立憲主義（権利の制約）とは

TRY

民主主義の課題を「多数派」，「少数派」「人権」という言葉を使って説明してみよう。

2 国民主権と民主政治の発展

DIGEST

私たちの意思を政治に反映させるにはどうしたらよいか

1.民主政治の発展

「人民の，人民による，人民のための政治」…アメリカ合衆国第16代大統領リンカーンのことば

①国民主権…国家の政治のあり方を最終的に決定する権力（主権）は国民にある **1**

a.直接民主制…国民が国政の決定過程に直接参加する

b.間接民主制（議会制民主主義）…国民が選挙で選んだ代表者（議会）を通じて国政を決定する

②権力分立制…国家権力を立法権・行政権・司法権に分割し，相互に抑制と均衡（チェック・アンド・バランス）の関係におくことで，国家権力の濫用を防ぎ，人権保障を実現する（モンテスキューの『法の精神』（1748年）） **2**

多数決原理によって運営される民主政治の意義と課題は何だろうか 読み解き **Exercise** 政治Lab

▲ゲティスバーグで演説するリンカーン

2.世界のおもな政治制度

議院内閣制と大統領制を政治の安定とリーダーシップの観点から比較してみよう **3** **4**

イギリスの議院内閣制	内閣は議会（下院）の信任にもとづいて成立し，議会（下院）の信任を失うと総辞職するか下院を解散して国民に信を問う。野党は影の内閣を組織して政権交代に備える
アメリカの大統領制	厳格な三権分立制を採用。大統領は議会と共に国民の選挙で選ばれ，議会への法案提出権や解散権はなく，議会に対する拒否権や教書送付権をもつ。裁判所は違憲審査権をもつ
中国の民主的権力集中制	一院制の全国人民代表大会が国家権力の最高機関で，その下に国務院（行政府）と最高人民法院がおかれる。中国共産党があらゆる分野で指導的役割を果たす

開発独裁…経済開発を優先に掲げ，国民の権利や自由を抑制し，独裁を正当化する制度 **9**

1 直接民主制と間接民主制

Check! 主権の行使のあり方はどのように違うだろうか。

直接民主制	間接民主制

直接民主制

国民が直接政治に参加する制度。古代ギリシアの都市国家や，現在はスイスの一部の州（写真）などで見られる。大規模な現代の国家では実現が難しいといった短所がある。日本では，最高裁判所裁判官の国民審査（第79条），地方自治特別法の住民投票（第95条），憲法改正の国民投票（第96条）などがある。

間接民主制

国民が選挙によって代表者を選び，その代表者に権力の行使を信託することで，間接的にその意思を反映させることを原則とする制度。そのため，民意の反映が不十分といった問題がある。

●間接民主制の三原理

国民代表の原理	議員は全国民の利益を代表する
審議の原理	十分な議論を公開して行い，少数意見も尊重する。政策決定の場面では多数決の原理がとられる
行政監督の原理	議会は行政府の行動を監督する

間接民主制を補完するものとして，直接民主制的な「**国民投票（レファレンダム）**」，「**国民発案（イニシアティブ）**」「**解職請求（リコール）**」（▶ p.147）などが採用されている。

政治参加と公正な世論の形成

読み解き》 トクヴィルの「多数の暴政」

Check! 「多数者の声」が特別な権威をもつことの弊害は何だろうか。

◇…トクヴィルは，つねに物事の両面をみます。たしかに，人びとに一定の思考や価値を強いるような権威は存在しなくなりました。…とはいえ，思考の基準がないままに，すべてを自分で判断することは不可能ですから，結局，人びとは新たな「権威」を求めるのではないでしょうか。トクヴィルはそれを「多数者の声」だと考えました。

◇…「デモクラシー」の時代には，「多数者の声」が特別の権威をもつのです。場合によっては，多数者は少数者を抑圧し，個人を圧倒してしまうでしょう。これをトクヴィルは「多数の暴政」と呼びました。

[宇野重規『民主主義とは何か』]

▲トクヴィル

解説 フランスの思想家トクヴィルの『アメリカの民主政治』は1830年代のアメリカ社会を活写した古典的名著。作中，トクヴィルはアメリカの民主制の将来について推測し，民主制が危険なものに変容する可能性を論じている。「民主制にはソフトな専制政治へと悪化する傾向があるだけではなく，多数派の専制を生み出す危険性もある」として，世論による専制政治や多数派による暴政に民主政治が陥る危険性を指摘した。

アラカルト 民主主義の危うさ

●ナチス独裁への道
ドイツ国会議員選挙における主要政党の議席数

政党名	1928年	1930年	1932年7月	1932年11月	1933年3月
ナチス	12	107	230	196	288
	2.4%	18.5%	37.8%	33.6%	44.5%
ドイツ国家人民党	78	44	39	54	53
中央党	61	68	75	70	73
社会民主党	153	143	133	121	121
共産党	54	77	89	100	81
総議席数	491	577	608	584	647

▲ナチスの集会におけるヒトラー（中央）

解説 **ワイマール共和制の鬼子** ヒトラー率いるナチス党は，当時「世界で最も民主的」といわれていたワイマール憲法の下で，1929年の世界恐慌以降，急激に国民の支持を拡大させたことが分かる。憲法によって民主主義が政治制度として規定されても，その機構を支える精神が国民になければ，民主政治は実質をなさない。忘れてはならない歴史的教訓である。

共通テスト 21

2 権力分立

●ロックとモンテスキューの権力分立論

ロック
『統治二論』（1690年）

立法権 ＝ 議会

↓抑制

人民の信託 →

執行権（行政・司法）
連合（同盟）権（外交） ＝ 国王

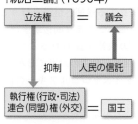
▲ロック

モンテスキュー
『法の精神』（1748年）

立法権（議会）

抑制と均衡

行政権（国王） ⟷ 司法権（裁判所）

▲モンテスキュー

●三権分立論

Check! ロックの権力分立論との違いは何だろうか。

権力をもつ者はすべて，それを濫用する傾向があることは，永遠の体験である。…人が権力を濫用しえないためには，…権力が権力を阻止するのでなければならぬ。…

もしも同一の人間，または，貴族もしくは人民の有力者の同一の団体が，これらの三つの権力，すなわち，法律を作る権力，公的な決定を執行する権力，犯罪や個人間の紛争を裁判する権力を行使するならば，すべては失われるであろう。（11編第6章）

[モンテスキュー『法の精神』より]

解説 **権力の抑制と均衡** 近代的議会制度の意義を重視したロックは，立法権を最高の権力とし，執行権・同盟権を抑制する権力二分論を唱えた。これに対してモンテスキューは，司法権が行政権と結合されれば，「裁判役は圧制者の力をもちうる」として，主著『法の精神』の中で三権分立論を説いた。国家権力を構成する立法権・行政権・司法権を，それぞれ別の機関に分担させることで，相互に抑制と均衡がはかられるとともに，権力の濫用は避けられ，人々の自由・権利は最大限に保障されると主張した。三権分立は，今日，民主政治の重要な基本原理として受け継がれている。

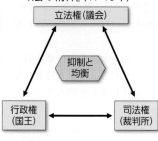

●ボルダルール

問 ある市が保有する古い建物ＡＢＣのうちの一つを保存し，博物館として再利用することを計画しています。それに関して，建物ＡＢＣについて，保存したい順位をつけてもらうアンケートを実施しました。100人の市民が回答し，その回答は次の三つのグループに分かれました。

[グループ1](45人)	[グループ2](35人)	[グループ3](20人)
1位　建物A	1位　建物C	1位　建物B
2位　建物B	2位　建物B	2位　建物C
3位　建物C	3位　建物A	3位　建物A

保存する建物ひとつを決める方法として，次のi～iiiを考えてみます。アンケートの集計結果を前提にして，i～iiiそれぞれの方法をとると，結果はどのようになるでしょうか。ただし，決選投票では，より多くの人が選んだ方を，保存する建物に決めます。その際の投票数や選好などの条件は，最初のアンケートと同じであるとします。

	方法	保存する建物
i	「保存したい」1位に選んだ人が最も多かった建物に決める。	建物A
ii	「保存したい」1位に選んだ人が多かった二つの建物に絞り，決選投票を行う。	ア
iii	「保存したい」3位に選んだ人が最も多かった一つの建物を除き，残りの二つの建物で決選投票を行う。	イ

投票の結果はしばしば「民意の反映」と語られますが，民意というものは決定方法によって異なりうると分かるでしょう。

ア・イに入る建物の組合せとして最も適当なものを次の①～⑥のうちから一つ選びなさい。

① ア-建物A　イ-建物B　② ア-建物A　イ-建物C　③ ア-建物B　イ-建物A
④ ア-建物B　イ-建物C　⑤ ア-建物C　イ-建物A　⑥ ア-建物C　イ-建物B

<2021年大学入学共通テスト 現代社会 本試より作成> （解答は▶p.79）

政治 Lab オストロゴルスキーの逆理

有権者	原発	財政	外交	支持政党
1	A党	A党	B党	A党
2	A	B	A	A
3	B	A	A	A
4	B	B	B	B
5	B	B	B	B
多数決	B	B	B	A

先生：多数決については，「何に対して多数決するか」というのも重要なんだ。

ケン：どういうことですか？

先生：上の表をみてごらん。この表は，有権者1は原発と財政について政党Aを支持し，外交では政党Bを支持しているというように読むんだ。では，有権者1は総合的にはどちらの政党を評価しているかな。

ケン：政党Aですね。

先生：その通り。同じように有権者2～5を見ていくと，最終的には政党Aが3人，政党Bが2人となって，政党Aが勝利するね。

ケン：これの何が問題なのですか。

先生：じゃあ，同じように政策ごとに多数決をしてごらん。

ケン：あれ，それぞれの政策ですべて政党Bが勝利します。

先生：そう。両政党が擁立する候補へ選挙を行うと，3人の支持によりAが勝つ，つまり間接選挙だと，すべてのテーマでAの政策が採られることになる。でも，直接選挙だと，全ての政策でBが勝利しているよね。これをオストロゴルスキーの逆理というんだ。

ケン：なんでこういうことが起こるんだろう。

先生：選挙のときに，政党はマニフェストという政策集を発表するよね。それは，「原発A，財政A，外交A」という組み合わせか，「原発B，財政B，外交B」という組み合わせのセット販売みたいなものなんだよ。

ケン：そっか，「ＡＢＡ」という組み合わせを有権者は選択できないんだ。それでこういう結果になるんですね。でも，これって民意を反映しているって言えるのかな？

はみだしメモ　かつてイギリスの首相チャーチルは，民主主義のことを，「頭をかち割る代わりに，頭数を数える制度だ」と発言した。

3 イギリスの政治制度

Check! 立法府・行政府・司法府の関係を比較してみよう。

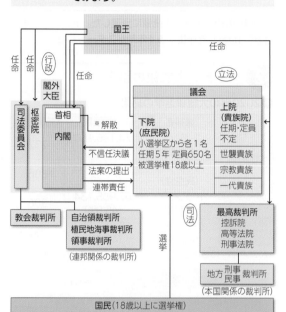

国王

任命 任命 任命 任命

〔行政〕
閣外大臣

司法委員会　枢密院　首相　内閣

※解散

不信任決議
法案の提出
連帯責任

〔立法〕
議会

下院（庶民院）
小選挙区から各1名
任期5年 定員650名
被選挙権18歳以上

上院（貴族院）
任期・定員不定
世襲貴族
宗教貴族
一代貴族

教会裁判所　自治領裁判所　植民地海事裁判所　領事裁判所
（連邦関係の裁判所）

〔司法〕
最高裁判所
控訴院
高等法院
刑事法院

地方 刑事・民事 裁判所
（本国関係の裁判所）

選挙

国民（18歳以上に選挙権）

特色	立憲君主制。**議院内閣制**。 **不文憲法**：統一された憲法典はないが，マグナ・カルタ（1215）・権利章典（1689）・憲法改革法（2005）など，成文化されているものもある。
元首	国王。「**君臨すれども統治せず**」。
立法	議会：**上院（貴族院）**と**下院（庶民院）**の二院制。1911年の議会法で，下院の優越的地位が確立。
行政	内閣：下院の第1党の党首を国王が首相に任命。下院に対して連帯責任を負う。
政党	**二大政党制**：**保守党**（トーリー党が前身）と**労働党**（1900年発足，1906年に労働党に改称）。**影の内閣**：野党第一党が組織し，政権交代を準備。
司法	連合王国最高裁判所：2009年に創設され，司法権の独立・権力分立が図られた。**違憲審査権**はない。

解説 議院内閣制　議会（立法府）の信任により内閣（行政府）が成立する制度。1742年，ウォルポール初代首相以降確立。内閣は行政権の行使にあたって，国民代表の議会に対して連帯責任を負う。日本の政治制度もこの形態に分類される。

▲イギリス下院本会議場とスナク首相。本会議場では，与野党の議員が向かい合うが，足元には剣を抜いても相手の身体に触れない距離を隔てて「剣線」と呼ばれる赤線が引かれており，これを踏み越えず議論をすることの象徴となっている。

---

4 アメリカの政治制度

政治

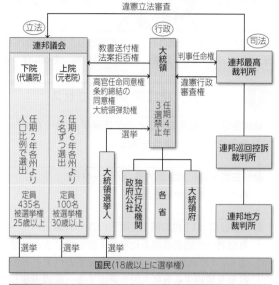

違憲立法審査

〔立法〕
連邦議会

下院（代議院）
上院（元老院）

人口比例で選出
任期2年 各州より
定員435名
被選挙権25歳以上

2名ずつ選出
任期6年 各州より
定員100名
被選挙権30歳以上

教書送付権
法案拒否権

〔行政〕
大統領

任期4年
3選禁止

判事任命権

〔司法〕
連邦最高裁判所

高官任命同意権
条約締結の同意権
大統領弾劾権

違憲行政審査権

選挙

大統領選挙人

政府独立行政機関　各省　大統領府

連邦巡回控訴裁判所

連邦地方裁判所

選挙　選挙　選挙

国民（18歳以上に選挙権）

特色	厳格な権力分立制。**大統領制**。**連邦**（連邦政府の権限は外交・軍事などに限定され，他は州政府が保持）。
元首	**大統領**：行政府の最高責任者で軍の最高司令官。間接選挙で選出され，任期4年（3選禁止）。官吏任命権・**教書送付権**・**法案拒否権**などをもつが，**法案提出権・議会解散権はない**。
立法	連邦議会：**上院**と**下院**の二院制。上院は各州2名選出で定員100人。任期6年（2年毎に3分の1ずつ改選）。下院は人口比例で選出され，定員435人。任期2年（2年毎に全員改選）。上院は，下院の訴追による弾劾裁判権あり（上院の3分の2以上の賛成で大統領を解任できる）。
行政	独立行政機関，各省，大統領府からなる。大統領府は巨大化した大統領の職務を補佐する機関。
政党	**二大政党制**：**共和党**（保守的で，資本家などが支持基盤）と**民主党**（黒人・労働者・知識人などが支持基盤）。
司法	**違憲審査権**をもつ。違憲審査制の母国。

解説 大統領制　国民の選挙で選ばれた大統領は，**議会ではなく国民に対して責任を負うため，議会からは独立した存在**。アメリカの大統領制は，モンテスキューの三権分立論を最も忠実に具現化したものといわれる。

▲ホワイトハウス（大統領官邸）とバイデン大統領

はみだしメモ アメリカ連邦最高裁には9名の裁判官がいる。すべての裁判官の中で，この9名だけは，「Justice ○○」と称されるのが通例。上院の同意を得て，大統領が指名する9名の判事は「正義」の象徴でもある。

政治がわかる アメリカ大統領選挙のしくみって？

2020年11月，現職のトランプ氏を破り，民主党のバイデン氏が第46代アメリカ大統領に当選した。トランプ政権が産み落とした国内の「分断」と，アメリカ第一主義に伴う国際関係の「混乱」を修復する4年間がスタートした。

① アメリカ大統領選挙のプロセス

❶民主党・共和党の州ごとの予備選挙（2月〜6月）

全国党大会の代議員を選出

❷民主党・共和党全国大会（7月〜9月）

各党の大統領候補を指名

❸一般投票（11月の第1月曜日の次の火曜日）

有権者は大統領候補者に直接1票を投じるのではなく，「大統領候補と副大統領候補のペア」への投票を誓約する選挙人団を選出する（**間接選挙**）。各州には上下両院議員数と同数の大統領選挙人が割り当てられていて，1票でも多く得票した政党の選挙人団がその州の全選挙人の票を獲得する**ウィナー・テイク・オール（勝者総取り）方式**が採られている（ネブラスカとメーン州以外）。

❹選挙人による投票（12月の第2水曜日の次の月曜日）

「大統領選挙人団」全員が，自州の最高得票の大統領候補者に投票するため，「選挙人」数の多い（人口の多い）州の獲得が，当落の分かれ目となる。

❺上下両院合同会議による開票（翌年1月6日）

連邦下院本会議場での上下両院本会議で，50州とワシントンD.C.の投票結果を集計し，投票総数538票の過半数（270票以上）獲得者を当選者に決定する。

❻大統領就任式（翌年1月20日正午）

連邦議事堂前で，最高裁長官立ち会いの下，新大統領は憲法の規定に従う宣誓と就任演説を行う。

解説 複雑な選挙制度 間接選挙，ウィナー・テイク・オール方式といった複雑な選挙制度の背景には，連邦政府よりも先に州政府が成立したという歴史的事情がある。まずは，独立性の強い州ごとに次期大統領として誰がふさわしいかの態度を表明するのである。これは州の意見を一つにまとめる工夫でもある。

4年ごとに行われる大統領選挙の際には，連邦議会の上下両院の選挙も行われる。任期6年の上院は定員100名の3分の1が，任期2年の下院は全435名が改選となる。選挙の結果はアメリカ政治，ひいては国際政治の行方を左右することになる。なお，大統領の任期4年の中間年には，3分の1の上院議員と全下院議員を改選する中間選挙が実施される（直近では2022年11月実施）。

② バイデン大統領の誕生

❶ 2020年の大統領選挙の結果

	候補者	総得票数	大統領選挙人
2020年	トランプ （共和党）	74,196,153 （46.9%）	232
	バイデン◎ （民主党）	81,255,933 （51.4%）	306
2016年	トランプ◎ （共和党）	62,985,134 （45.9%）	306
	クリントン （民主党）	65,853,652 （48.0%）	232

（2020年12月5日現在）　　※270人獲得で勝利

※青字は前回トランプ大統領が勝利した州

ウィナー・テイク・オール方式では，大量の死票が生じることから，有権者の一般投票での総得票数で負けても，前回（2016年）の大統領選挙のように，大統領選挙人の獲得数で勝つ「逆転現象」が起こりうる。

❷ 2022年の中間選挙で「ねじれ議会」に

トランプ政権の4年間で，アメリカは深刻な「負の遺産」を抱え込んだ。国内では，人種や宗教，所得格差などから生じる社会の「分断」は一段と深まり，国際社会では，国益を最優先する「アメリカ第一主義」の下で，強硬な移民政策，TPPやパリ協定からの離脱，保護主義的な通商政策などが展開された。

アメリカ社会の「分断」修復，自国第一主義から国際協調路線へ。山積する課題を前にスタートを切ったバイデン政権への中間評価ともいえる中間選挙が2022年に行われた。政権支持率が低迷する中での選挙であったが，与党民主党が上院の多数派を維持し予想以上に健闘する結果となった。一方，下院は野党共和党が多数派を奪還する「ねじれ議会」となったことで，今後は大型法案の成立が困難となり，財政政策の機動性が失われるリスクが高まるなど，バイデン政権は難しい舵取りを強いられることが予想される。

QR

5 中国の政治制度

Check! 権力はどこに集中されているだろうか。

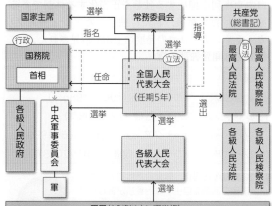

国民(18歳以上に選挙権)

特色	権力集中制(民主集中制)。
元首	**国家主席**:全国人民代表大会が選出。任期5年(連続多選の制限なし)。
立法	**全国人民代表大会(全人代)**:国家権力の最高機関。 **常務委員会**:全人代の常設機関。憲法・法律の解釈,条約の批准などを行う。
行政	**国務院**:行政の最高機関。首班は総理(首相)。
政党	**中国共産党**が中心。共産党の指導性は憲法前文に明記されている。党総書記は国家の最高実力者。
司法	**人民法院**:国家の裁判機関。

●一国二制度…香港・マカオは「特別行政区」

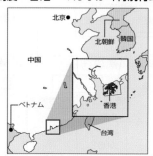

　一国二制度とは,一つの国(中国)に社会主義と資本主義の二つの制度を併存(へいぞん)させること。1997年にイギリスから返還された香港,1999年にポルトガルから返還されたマカオは特別行政区に指定され,高度な民主主義が保障されている。しかし,2020年,「**香港国家安全維持法**」が成立した。中国政府の影響が強まり,香港における言論,集会の自由の制限が懸念(けねん)され,事実上,一国二制度が崩壊したという声もある。

解説 **民主的権力集中制**　国民代表の議会である全国人民代表大会に重要な権限が集中され,中国共産党による事実上の一党独裁制も継続。急速な経済成長の一方で貧富の差が拡大するなど,課題は多い。なお,2018年の憲法改正により3選禁止とされていた国家主席の任期規定が撤廃された。

▲習近平国家主席

6 ロシアの政治制度

Check! 大統領と首相では,どちらにより大きな権限があるといえるだろうか。

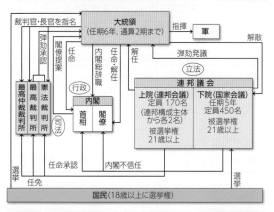

国民(18歳以上に選挙権)

解説 **過渡期の立憲体制**　ソ連崩壊後,「民主的な連邦制の法治国家」として脱社会主義・自由主義化を展開する一方,**大統領には首相の任命,議会成立法案の拒否,下院の解散,大統領令の発布,軍の指揮等の権限が集中**。2018年に大統領選挙が行われ,プーチン大統領が得票率76%で再選された。また,2020年に憲法が改正され,大統領就任回数が通算2期までとなったが,過去の任期は考慮されない条項が盛り込まれた。そのため,プーチン大統領は最長で2036年まで大統領に就任することが可能になった。

▲プーチン大統領

7 フランスの政治制度

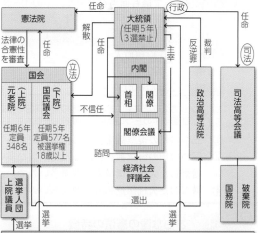

国民(18歳以上に選挙権)

解説 **半大統領制**　1958年の憲法改正で成立した,アメリカ型大統領制とイギリス型議院内閣制を折衷した制度。大統領は外交,首相は内政に責任を有するとされるが,条約締結のほか,首相の任免,議会の解散など,大統領の権限は大幅に強化された。新たに創設された憲法院は立法過程に組み込まれる形で機能しており,活発に違憲立法審査権を行使することで人権保障機関としての役割を果たしている。

▲マクロン大統領

8 ドイツの政治制度

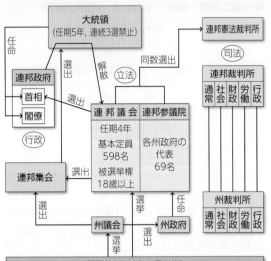

- 大統領（任期5年, 連続3選禁止）
- 任命
- 連邦憲法裁判所
- 同数選出
- 司法
- 連邦政府
  - 首相
  - 閣僚
- 選出
- 解散
- 立法
- 連邦裁判所
  - 通常／社会／財政／労働／行政
- （行政）
- 連邦議会
  - 任期4年
  - 基本定員 598名
  - 被選挙権 18歳以上
- 連邦参議院
  - 各州政府の代表 69名
- 連邦集会
- 選出
- 選挙
- 任命
- 州裁判所
  - 通常／社会／財政／労働／行政
- 州議会
- 選挙
- 州政府
- 選出
- 国民（18歳以上に選挙権）

解説 たたかう民主制　「自由で民主的な基本秩序」を侵害する政党を違憲とするなど, ナチス体験の教訓が随所に見られる。大統領と首相を並置するが, 国家元首である大統領は象徴的存在で, 連邦議会に対して責任を負う首相に政治的実権がある。違憲審査権をもつ連邦憲法裁判所が果たす機能も大きい。

▲ショルツ首相

9 開発独裁

開発独裁とは, 経済開発を優先政策に掲げ, 国民の自由や権利を抑圧する独裁を正当化する体制である。第二次世界大戦後, 新たに独立したアジア・アフリカ・ラテンアメリカの発展途上国で散見された。

●おもな開発独裁政権

韓国	朴正熙政権（1963〜1979年）
フィリピン	マルコス政権（1965〜1986年）
インドネシア	スハルト政権（1968〜98年）
シンガポール	リー＝クアンユー政権（1965〜1990年）
マレーシア	マハティール政権（1981〜2003年）

解説 独裁の正当化　開発独裁体制の下では, 国民の言論の自由や政治参加が著しく制限され, 多くの国で長期独裁政権にともなう政治腐敗が横行した。こうした事態に国民は不満を募らせ, 民主化運動が激化し, 独裁政権が打倒されたケースも多い。フィリピンのマルコス政権やインドネシアのスハルト政権などが開発独裁の典型とされるが, 社会主義市場経済と一党独裁の下で急速な経済成長を続けている中国を開発独裁国ととらえる見解もある。

▲マハティール首相

Exercise

問　アメリカ合衆国の州が三つであると仮定し, 次の表のような投票結果になった場合の大統領当選者についての記述として最も適当なものを, 下の①〜④の中から１つ選びなさい。

	有権者数	大統領選挙人	投票率	得票数 A党のX氏	得票数 B党のY氏
α州	7,000,000人	27人	50%	1,800,000票	1,700,000票
β州	4,000,000人	17人	60%	1,150,000票	1,250,000票
γ州	2,000,000人	9人	60%	550,000票	650,000票

注）アメリカ大統領選挙において, 他の州と異なる独自の方法を採用している州（メーン州とネブラスカ州）がありますが, 上記表中の三つの州は, いずれも一般的な「勝者総取り方式」を採用しているものとします。

①　三つの州の得票数を合計した得票数が多いので, A党のX氏が当選する。

②　三つの州の得票数を合計した得票数が多いので, B党のY氏が当選する。

③　獲得した大統領選挙人の数が多いので, A党のX氏が当選する。

④　獲得した大統領選挙人の数が多いので, B党のY氏が当選する。

（解答は▶p.81）

アラカルト おもな国の憲法の特徴

イギリス	＊一つの憲法典としては存在しない

単一の成文憲法典が存在せず（不文憲法）, 基本原理や基本的制度は, コモン・ロー, 議会制定法などの中に存在している。憲法の改廃手続は通常法と同じ（軟性憲法）。

ドイツ	ドイツ連邦共和国基本法（1949年）

日本国憲法と同様に, 第二次世界大戦敗戦後の連合国による占領下で制定された。ナチス体験を踏まえ, 第1条は人間の尊厳を尊重・保護することが国家権力の義務としている。

アメリカ	アメリカ合衆国憲法（1788年）

世界の現行成文憲法中最古のもの。成立当初は連邦政府を中心とした統治の組織とその権限が明記され, 権利典章が欠けていた。人民の権利保障を記した10の修正条項が, 1791年に憲法本体に追加された。

中国	中華人民共和国憲法（1982年）

1949年の中華人民共和国建国以降, ４代目の憲法。第1条で社会主義国家であることが宣言されているが, 改正により,「社会主義市場経済」や「私有財産の保護」が明記された。経済の自由化の一方, 民主集中制などは堅持されている。

はみだしメモ　ワイマール共和国では強大な権限をもつ大統領の下, 内閣が次々と入れ替わったことで, 議院内閣制が機能しなくなり, ナチスが台頭した。その反省からドイツ大統領は形式的な職務にとどまる。

1 日本国憲法の成立

政治

D I G E S T

1.明治憲法下の政治

①大日本帝国憲法（明治憲法）…プロイセン憲法などをモデルに欽定憲法として制定（1889年）

②大日本帝国憲法（明治憲法）の特色…**外見的立憲主義**の憲法 **2** **8**

　a.**天皇主権**…天皇は国の**元首**で，**統治権を総攬**，統帥権など広範な**天皇大権**をもつ

　b.形式的な三権分立制…帝国議会（天皇の立法権に**協賛**する機関），内閣（憲法に規定されず，各国務大臣が天皇を**輔弼**），裁判所（**天皇の名で裁判を行う**）

　c.**法律の留保**…法律の範囲内で，臣民（国民）の権利を保障

③大正デモクラシーの時代…政党内閣の成立，男子普通選挙制度の実現（1925年）

2.日本国憲法の成立 **5** **6**

1945年　ポツダム宣言受諾→GHQ（連合国軍総司令部）による憲法改正の指示→**憲法問題調査委員会**（松本委員会）設置

1946年　GHQが松本案を拒否→GHQの草案（**マッカーサー草案**）に基づく憲法改正案を第90回帝国議会で審議・修正可決→**日本国憲法の公布**（11月3日）

1947年　日本国憲法の施行（5月3日）

3.日本国憲法の基本原理 **8**

①**国民主権**…国政の最終決定権を国民がもつ→「天皇は日本国及び日本国民統合の象徴」で，**国事行為**のみを行い，国政に関する権能をもたない（象徴天皇制）

②**基本的人権の尊重**…個人の尊重を基本に，国民の基本的人権を永久不可侵の権利として保障

③**平和主義**…戦争の放棄，戦力の不保持，交戦権の否認

▲連合国軍最高司令官マッカーサー元帥と昭和天皇

4.憲法の最高法規性 **読**み**解**き

①**違憲審査制**（第81条）…憲法に反する法律，命令，規則，処分は無効

②**憲法尊重擁護義務**（第99条）…天皇，摂政，国務大臣，国会議員，裁判官その他の公務員に課す

5.日本国憲法の改正 **政治**がわかる

①**硬性憲法**…通常の法律の改正よりも厳格な手続きを必要とする憲法

②改正手続き（96条）→国民投票の手続きは国民投票法（2007年）が定める

　各議院の総議員の3分の2以上の賛成→国会が改正を発議→国民投票で過半数の賛成→天皇が公布

③**憲法改正の限界**…日本国憲法の基本原理（国民主権・基本的人権の尊重・平和主義）は改正できない

FOCUS

　日本国憲法には，大日本帝国憲法と比較して，どのような特徴があるのだろうか

❶大日本帝国憲法では，主権の所在，国民の権利保障はどのようなものだっただろうか→ **2** **8**

❷日本国憲法の三大原理について理解を深めよう→ **8**

❸憲法尊重擁護義務が国民に課されてないのはなぜだろうか→ **読**み**解**き

❹憲法改正には，なぜ法律よりも厳格な改正手続きが定められているのだろうか

　諸外国の憲法改正手続きも調べてみよう→ **政治**がわかる

❺ある国の憲法を評価するにあたってはどのような点を重視すべきだろうか→ **政治**がわかる

漫画で考える 憲法はなぜ大切か

立憲主義の考え方を受け入れていない国での生活を，自分自身の問題として考えてみると，「憲法がなぜ大切なのか」を深く理解することができる。X国の国民になったつもりで，具体的に考えてみよう。

今日は「憲法はなぜ大切なのか」について学びましょう

世界のどこかにX国という国があるとしますキミたちはその国の国民です

ただし どんな人種、性別に属するかはわかりません

憲法

X国

X国はこんな国

人口の8割が白人 2割が黒人

男は仕事 女は家庭という考え方が根強い

高等教育を受けられるのはほとんど男性のみ

黒人には選挙権がなく就職や結婚でも差別され彼らのほとんどが貧困状態にある

Gu～

キミたちはこの国にはどういう憲法が望ましいと思うかな？

やっぱり少数者の権利も保障することが大切だと思います

多数決だと少数者の人権が侵害されることもあるよね

そうだね 憲法によって国家権力を制限して あらゆる人の人権保障を図る考え方を立憲主義というんだ！

ほ～

1 大日本帝国憲法のあゆみ

年	事項
1868	明治維新，五箇条の御誓文
1871	廃藩置県（中央集権体制の確立）
1881	国会開設の詔，自由党結成
1885	内閣制度の創設
1889	**大日本帝国憲法発布**
1890	第1回衆議院総選挙，第1回帝国議会
1894	日清戦争（〜 95）
1904	日露戦争（〜 05）
	●**大正デモクラシー**…日露戦争後から大正14年（1925年）にかけ，政治，社会，文化の分野にまで現れた民主主義，自由主義的傾向。
1914	第一次世界大戦（〜 18）
1918	原内閣成立（本格的政党内閣）
1925	**治安維持法，普通選挙法公布**
1931	満州事変
1932	5.15事件→犬養首相暗殺（政党内閣の終焉）
1935	天皇機関説事件
1936	2.26事件
1937	日中戦争
1940	大政翼賛会発足（政党の解体）
1941	**太平洋戦争**
1945	ポツダム宣言受諾，無条件降伏

解説 大日本帝国憲法下の天皇(皇室) プロイセン憲法をモデルに起草された大日本帝国憲法の下で，天皇は「統治権ヲ総攬」していただけでなく，西洋において宗教が果たしていた，国民の精神を統合する役割をも担っていた。

3 治安維持法

●治安維持法（1941年改正条文）

第一条 国体ヲ変革スルコトヲ目的トシテ結社ヲ組織シタル者又ハ結社ノ役員其ノ他指導者タル任務ニ従事シタル者ハ死刑又ハ無期若ハ七年以上ノ懲役ニ…処ス

第十条 私有財産制度ヲ否認スルコトヲ目的トシテ結社ヲ組織シタル者…ハ十年以下ノ懲役又ハ禁錮ニ処ス

治安維持法の犠牲者	
明らかに虐殺と考えられるもの	65人
拷問，虐殺が原因で獄死したと考えられるもの	114人
病気，その他の理由不明のもの	1,503人
計	1,682人

[『文化評論』臨時増刊1976年より]

解説 治安維持法は，1925年の普通選挙法と引きかえに制定された。当初は社会主義者や共産主義者が対象であったが，政府に反対する考えをもつ多くの人々を対象にしていった。また，1928年の改正で最高刑が死刑となった。

▲治安維持法に反対するデモ

2 大日本帝国憲法（明治憲法）下の政治機構

Check! 国民の位置づけを確認しよう。また，天皇と議会・内閣の関係はどうだっただろうか。

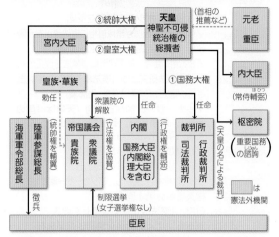

①**国務大権**—憲法の制定・改廃・発布，緊急の勅令，宣戦・講和や条約の締結などに関する権限

②**皇室大権**—皇室典範にもとづき，皇室の長としていっさいの事務をまとめる権限

③**統帥大権**—「大元帥」として保持する軍隊の最高指揮権。軍部がこれを利用し，大臣を推薦せずに内閣を倒してしまう事例があった

解説 天皇への権力集中 大日本帝国憲法下では，**国民は「臣民」**と称され，その権利保障も法律の留保が伴う限定的なものであった。また，**帝国議会は天皇の立法権を協賛し，内閣は天皇の行政権を輔弼する機関と位置づけられ，権力分立制も外見上の形式的なものにとどまっていた。**

4 ポツダム宣言（抄）

[発表 1945年7月26日 日本受諾 1945年8月14日]

6 [軍国主義勢力の除去] ……日本国国民を欺瞞し之をして世界征服の挙に出づるの過誤を犯さしめたる者の権力及び勢力は永久に除去せられざるべからず。

10 [戦争犯罪人の処罰と民主主義の復活] ……日本国政府は日本国国民の間に於ける民主主義的傾向の復活強化に対する一切の障礙を除去すべし。言論，宗教及び思想の自由並びに基本的人権の尊重は確立せらるべし。

ポツダム会談における米・英・ソの首脳。左からチャーチル（英），トルーマン（米），スターリン（ソ）

解説 日本への要求 1945年7月，連合国は**ポツダム宣言**を発表して日本に無条件降伏を促した。13項目からなる宣言は，日本に軍国主義の除去と民主主義の定着を要求した。8月14日，日本は宣言を受諾し，戦争は終結した。

Challenge 大日本帝国憲法下の司法権は，天皇の名において法律により裁判所が行使するものとされた。○か×か。（獨協大学2020年入試問題を参考に作成）（▶ p.84）

5 日本国憲法の制定過程

Check! 日本政府の憲法案はなぜ採用されなかったのだろうか。他国の占領下で制定された憲法は他にあるのか調べてみよう。

年	事項
1945.8.14	日本政府，**ポツダム宣言**を受諾
10.11	マッカーサー元帥が幣原首相に憲法改正を示唆
10.25	政府，**憲法問題調査委員会**を設置
12.17	第89帝国議会，衆議院議員選挙法を改正公布
12.26	民間の憲法研究会が「憲法草案要項」を発表
1946.2.1	毎日新聞が政府の憲法草案（**松本案**）をスクープ
2.3	マッカーサー元帥が**三原則**（天皇は「国の元首」，戦争放棄，封建制の廃止）に基づく憲法草案作成をGHQ民政局に指示
2.4	民政局が憲法草案作成を開始
2.8	政府，松本案をGHQに提出
2.13	GHQは松本案を拒否し，**マッカーサー草案**を提示
2.26	極東委員会第1回会合
3.6	政府，「**憲法改正草案要綱**」を発表
4.10	新選挙法による衆議院議員総選挙施行（女性議員誕生）
4.17	政府，「**憲法改正草案**」を発表
6.20	吉田内閣，「憲法改正草案」を帝国議会に提出
10.7	第90帝国議会で成立
11.3	「**日本国憲法**」公布
1947.5.3	「**日本国憲法**」施行

●マッカーサー三原則

1. 天皇は国の元首である。皇位は世襲される。天皇の職務と権限は，憲法に基づき行使され……
2. 国権の発動たる戦争は廃止する。日本は，紛争解決の手段としての戦争，さらに自己の安全を保持する手段としての戦争も放棄する。……
3. 日本の封建制度は廃止される。……

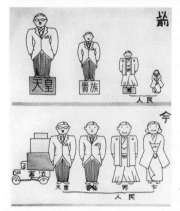

◀ GHQが作成した新憲法啓発ポスター

6 大日本帝国憲法と改正草案の変遷比較

	大日本帝国憲法	松本案（1946.2.8）	GHQ案（1946.2.13）	憲法改正草案要綱（1946.3.6）	政府憲法改正草案（1946.4.17）
天皇	第3条　天皇ハ**神聖**ニシテ侵スヘカラス	第3条　天皇ハ**至尊**ニシテ侵スヘカラス	第1条　皇帝ハ国家ノ**象徴**ニシテ又人民ノ統一ノ象徴タルヘシ彼ハ其ノ地位ヲ人民ノ主権意思ヨリ承ケ之ヲ他ノ如何ナル源泉ヨリモ承ケス	第1　天皇ハ日本国民至高ノ総意ニ基キ日本国及其ノ国民統合ノ象徴タルベキコト	第1条　天皇は日本国の象徴であり日本国民統合の象徴であつて，この地位は，日本国民の至高の総意に基く。
軍（戦争の放棄）	第11条　天皇ハ陸海軍ヲ統帥ス	第11条　天皇ハ軍ヲ統帥ス	第8条　国民ノ一主権トシテノ戦争ハ之ヲ廃止ス他ノ国民トノ紛争解決ノ手段トシテノ武力ノ威嚇又ハ使用ハ永久ニ之ヲ廃棄ス（以下略）	第9　国ノ主権ノ発動トシテ行フ戦争及武力ニ依ル威嚇又ハ武力ノ行使ヲ他国トノ間ノ紛争解決ノ具トスルコトハ永久ニ之ヲ抛棄スルコト	第9条　国の主権の発動たる戦争と，武力による威嚇又は武力の行使は，他国との間の紛争の解決の手段としては，永久にこれを抛棄する。
立法（国会）	第5条　天皇ハ帝国議会ノ協賛ヲ以テ立法権ヲ行フ	第5条　天皇ハ帝国議会ノ協賛ヲ以テ立法権ヲ行フ（同左）	第40条　国会ハ国家ノ権力ノ最高ノ機関ニシテ国家ノ唯一ノ法律制定機関タルヘシ	第36　国会ハ国権最高機関ニシテ国ノ唯一ノ立法機関トスルコト	第37条　国会は，国権の最高機関であつて，国の唯一の立法機関である。

［『憲法資料集』有信堂ほか参考］

解説 拒否された政府案　日本国憲法はGHQ（連合国軍総司令部）の占領下で制定された。憲法問題調査委員会が作成した松本案（日本政府案）は，明治憲法の字句の修正にとどまり，天皇主権の維持を内容としていた。民主的な憲法への改正を求めていたGHQは，採用を拒否し，マッカーサー草案が新憲法の原案となった。マッカーサー草案は，日本政府により憲法改正草案要綱，さらに憲法改正草案とされ，帝国議会の審議を経て日本国憲法となった。

7 憲法改正草案要綱に対する世論

●象徴天皇制について

賛成 85%		反対 13	不明 2

●国民の権利・自由について

65%	33	2

●戦争放棄について

70%	28	2

●国会の二院制について

79%	17	4

［「毎日新聞」1946年5月27日より］

解説 新憲法案への国民の反応　毎日新聞の世論調査によると，新憲法草案は国民におおむね好意的に受け止められた。また，象徴天皇の即位を世襲制でなく，国会の承認によるべきと733名（37%）が回答するなど，天皇像の変化も読み取れる。

Answer!　「日本国憲法の制定過程」Checkの答え：アメリカによる軍政が敷かれていたキューバは，1902年に独立を達成したが，そこで制定された憲法は，アメリカの内政干渉を大幅に認めるものであった。　p.83の答え　○

8 大日本帝国憲法と日本国憲法との比較

Check! 天皇と国民の関係，国民の権利，三権のあり方はどのように変化しただろうか。

大日本帝国憲法	比較項目	日本国憲法
1889（明治22）年2月11日	公布	1946（昭和21）年11月3日
1890（明治23）年11月29日	施行	1947（昭和22）年5月3日
自由民権運動	制定の動機	ポツダム宣言の受諾
伊藤博文・金子堅太郎・井上毅・伊東巳代治	制定の中心	日本政府，連合国軍最高司令官総司令部（GHQ）
プロイセン（ドイツ）憲法	模範とした憲法	アメリカ合衆国憲法など
欽定憲法（天皇の名による制定），硬性憲法	性格	民定憲法（議会による制定），硬性憲法
天皇	主権者	**国民**
神聖不可侵，統治権の総攬者，元首，天皇大権	天皇の地位	**象徴**，内閣の助言と承認による国事行為
天皇大権による陸海軍の統帥権，兵役の義務	戦争と軍隊	平和主義（戦争の放棄・戦力の不保持・交戦権の否認）
「臣民」として天皇から与えられた権利，**法律の留保**，自由権的基本権が中心	国民の権利	永久不可侵の権利（11・97条），自由権的基本権だけでなく社会権的基本権をも保障
帝国議会は天皇の**協賛機関**，二院制（貴族院・衆議院），貴族院は非民選，貴族院と衆議院は対等	国会	**国権の最高機関**，**唯一の立法機関**，二院制（衆議院・参議院），両院民選，衆議院の優越
規定なし，天皇の行政権を輔弼，国務大臣は議会でなく天皇にのみ責任を負う	内閣	行政の最高機関，議院内閣制，国会に対して連帯責任を負う
天皇の名による裁判，**特別裁判所**の設置，違憲立法審査権なし	裁判所	司法権の独立，特別裁判所の禁止，違憲立法審査権あり，最高裁判所裁判官の国民審査
規定なし，知事は政府によって選ばれる	地方自治	地方自治の本旨を尊重，首長と地方議会議員の直接選挙，地方特別法の住民投票
天皇の発議→帝国議会の議決（両院院で総議員の3分の2以上が出席しその3分の2以上の賛成）	憲法改正	国会の発議（**各議院の総議員の3分の2以上賛成**）→国民投票（過半数の賛成）

解説 **まったくあたらしい憲法へ** 日本国憲法は明治憲法第73条の改正手続きにより成立したが，内容はまったく別のものへと刷新されている。「統治権ヲ総攬」していた天皇は，「日本国民統合の象徴」へと変わり，立法権を国会が，行政権を内閣が，司法権は裁判所が分担する権力分立制が確立された。国民の権利も，「臣民」の権利として「法律ノ範囲内ニ於テ」認められていたものから，「侵すことのできない永久の権利」として保障されることになった。

読み解き 》憲法の最高法規性 ～憲法第99条からみえること～

Check! 憲法尊重擁護義務が「国民」に課されていないのはなぜだろうか。

まず，何も言わずに，いきなり黒板に次のように書きます。

「（　　）は，この憲法を尊重し擁護する義務を負ふ」

そして，「これは，今の日本国憲法第99条の条文ですが，空欄に入る語句は何でしょうか？」と問います。そして，しばらく考えさせてから学生にあてて答えさせます。……すると，ほぼ間違いなく全員，「国民」と答えます。

……アメリカ合衆国憲法では，大統領に対して「全力を尽くして合衆国憲法を維持，保護，擁護することを厳粛に誓う」という宣言を義務づけておりますし（第2条），さらに，議員や行政官に対して憲法支持を義務づけてもいるのです（第6条）。そして，こういう考え方を「立憲主義」というのです。さて，このように考えてみますと，憲法を「尊重し擁護する義務」を負うのは，実は「権力者」であることがわかります。

そこで先ほどの問いに戻ってみましょう。空欄に入る語句は，「天皇または摂政及び国務大臣，国会議員，裁判官その他の公務員」で，ここには「国民」という言葉は含まれないのです。ところが，戦前の大日本帝国憲法は，その前文に当たる部分で，「臣民ハ此ノ憲法ニ対シ永遠ニ従順ノ義務ヲ負フベシ」と，臣民が憲法に対しておとなしく従わねばならないように述べています。近代的な「立憲主義」に基づいた憲法が，国民から権力者に対して提起されたものであるのに対し，大日本帝国憲法は，権力者（天皇）から国民（臣民）に対して示されたものなのです。ですから，先ほどの問いに「国民」と答えた人は，実は大日本帝国憲法の発想に立っていたのです。

[竹内久顕『予備校教師からの提言』より]

解説 **憲法尊重擁護義務** 「憲法とは国民を縛るものではなく，国家権力の横暴に歯止めをかけるもの」という近代憲法の**特質**を踏まえれば，日本国憲法第99条に「国民」が例示されていないことには重要な意味がある。国民ではなく権力担当者に憲法尊重擁護義務を課した第99条は，**憲法の最高法規性**や**立憲主義**が明確に打ち出された条文でもある。

はみだしメモ 現上皇陛下は1989年の天皇即位後，「国民と共に日本国憲法を守り…」との勅語を発した。2012年の記者会見でも，日本国憲法下で築かれた戦後の平和と民主主義を，「守るべき大切なもの」と発言された。

85

政治がわかる 改憲問題

国民の人権，それを守るための政治のしくみを定めている日本国憲法の改正をめぐって，どの部分がどのように議論されているのだろうか。これからの日本にとって憲法の改正は必要なのかどうか，じっくりと考えてみよう。

① 憲法改正をめぐる意見

改憲賛成 ▶ ✕ ◀ 改憲反対

いまの憲法は米国から押しつけられたものだから，日本人自らの手による憲法を制定すべきです

制定から何十年もたつし，社会の変化にあわせて変えるべきです。とくに新しい人権を明記する必要があります

自衛隊を正式な軍隊にして，より国際貢献ができる国をめざしましょう

日本国憲法は世界と日本の民主化の歴史に根ざしたものです。一方的に押しつけられたわけではありません

新しい人権はいまの憲法のもとでも認められつつあります。成文化するとかえって権利の範囲が狭まるのでは……

9条は国際的にも評価が高いので，これからも守るべきだと思います

② 憲法改正をめぐる世論

❶憲法改正は必要か

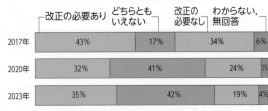

	改正の必要あり	どちらともいえない	改正の必要なし	わからない，無回答
2017年	43%	17%	34%	6%
2020年	32%	41%	24%	3%
2023年	35%	42%	19%	4%

❷憲法第9条の改正は必要か

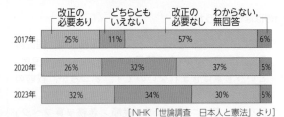

	改正の必要あり	どちらともいえない	改正の必要なし	わからない，無回答
2017年	25%	11%	57%	6%
2020年	26%	32%	37%	5%
2023年	32%	34%	30%	5%

[NHK「世論調査　日本人と憲法」より]

解説 **改憲をめぐる世論の推移**　2017年と2023年の調査結果を比べると，2023年の調査では改憲論議の焦点となってきた9条改正をめぐり，改正反対派が半減し，「どちらともいえない」が3倍増となった。中国の脅威や2022年2月に勃発したウクライナ侵攻の影響が要因として考えられるが，改正支持派が激増しているわけではない点からは，国民が憲法を冷静に考えようとする姿勢もうかがえる。

アラカルト 明文改憲と解釈改憲

　憲法第96条で規定された明文改正の手続きによらず，内閣の解釈の変更で憲法を実質的に改正することを**解釈改憲**という。特定の権力の都合で憲法が運用されることは，立憲主義に反するといえる。（▶p.96）

③ 憲法改正のおもな論点

憲法前文	歴史，伝統，文化などを書き込むべきか
天皇	天皇を「元首」とすべきか
安全保障	第9条第2項の改正の要否，集団的自衛権，自衛隊や国際貢献の憲法上の明記
基本的人権	人権と公共の福祉との関係，権利と義務のバランス，外国人の参政権，政教分離
内閣	首相公選制
司法	憲法裁判所を設置すべきか
地方自治	道州制
改正	憲法改正の発議の要件を緩和すべきか

[参議院憲法調査会「日本国憲法に関する調査報告書」2005年より]

④ おもな政党の改憲に対する立場

自由民主党	「現行憲法の自主的改正」が党是。2018年には改憲論議に向け，①自衛隊明記，②緊急事態対応，③合区解消・地方公共団体，④教育の充実，の4項目を提示
公明党	現行憲法に必要な規定を加える「加憲」によって改正。第9条は今後も堅持する
日本維新の会	現行第9条は維持したまま，自衛隊を明記，緊急事態条項を追加。その他，教育無償化，道州制の実現を含む統治機構改革，憲法裁判所の設置など
立憲民主党	自衛隊の明記には反対。情報化時代における人権保障や，国会のあり方など，真に必要な改定を積極的に議論する「論憲」を掲げる
社民党	憲法改悪に反対。平和憲法を擁護する
共産党	憲法の全条項を守る

⑤ 緊急事態条項って？

❶緊急事態条項とは

・目的…戦争や自然災害，感染症の蔓延などの非常事態への対処
・内容…「緊急事態」における政府権限の一時的強化，国会議員の任期延長など

❷議論の経緯

　自民党が東日本大震災翌年の2012年に公表した憲法改正草案には「緊急事態条項」が盛り込まれていた。草案では首相が緊急事態を宣言すれば内閣が法律と同じ効力を持つ緊急政令を定め得るとしていたが，これには「内閣に独裁権を与えるに等しい」など批判が強まった。

　こうした経緯もあり，近年の緊急事態条項をめぐる議論は大規模災害時などの国会議員の任期延長論が中心となっている。自民・公明・維新・国民民主が「国会議員の不在が生じると適切な対処が不能」と延長論に賛成する一方，立憲民主・共産は「選挙を経ずに議院に居座ることは民主主義の根幹を揺るがす」と反対している。

解説 緊急事態条項は必要か？　現行憲法にも臨時国会や参院の緊急集会の制度があり，戦争など有事には国民保護法，大災害には災害対策基本法，パンデミックには感染症対策基本法があり，緊急事態にも対応できる法制度がすでに整備されており，「憲法改正は不要だ」という指摘もある。

参議院
憲法審査会 ▶

⑥ 憲法改正手続き

```
改正原案 ──提出→ [国会議員(衆議院100人以上,参議院50人以上)の賛成による]

                        国会
        ┌─────────────┬─────────────┐
        │   衆議院    │   参議院    │
        │ 憲法審査会  │ 憲法審査会  │
        │ での可決    │ での可決    │
        │    ↓        │    ↓        │
        │ 総議員の2/3 │ 総議員の2/3 │
        │ 以上の賛成  │ 以上の賛成  │
        │    ↓        │    ↓        │
        │ 2/3未満     │ 2/3未満     │
        │ の賛成      │ の賛成      │
        └─────────────┴─────────────┘
         送付→            改正の発議→

        国民投票
        有効投票の過半数の賛成 ──承認→ 天皇 国民の名において公布
        有効投票の半数以下の賛成

              廃案
```

国民投票法のポイント（2007年制定,14・21改正）

投票対象	憲法改正に限定（1条）
投票年齢	18歳以上の日本国民（3条）
投票結果	投票総数の過半数の賛成で憲法改正案は成立（126条） [最低投票率制度は設けられていない]
投票運動	公務員や教育者の地位利用による投票運動は禁止（103条） 投票14日前からテレビ・ラジオによる広告放送は禁止（105条）

解説 改憲をめぐる世論の推移　2007年の国民投票法の成立を受けて，憲法審査会が衆参両院に設置された。**憲法審査会**は，「憲法改正原案，憲法改正の発議」を審議できると規定されており，2011年からは改憲の必要性などを検討するための作業が始まっている。2014年には国民投票法が改正され，改憲に必要な手続きが確定した。なお2021年の改正では，共通投票所の設置や期日前投票の理由追加など，投票環境が整備された一方，審議の争点であった投票期日14日前より前の期間の広告規制については，附則に「施行後3年をめどに法制上の措置を講じる」と盛り込まれた。

⑦ 各国の現行憲法の改正手続きと改正回数

・**アメリカ**（1787年制定・改正数18[第二次世界大戦後6]回）
　①連邦議会上下両院の2/3以上の賛成
　②全州の3/4以上の州議会の承認
・**ドイツ**（1949年制定・改正数65回）
　連邦議会・連邦参議院の2/3以上の賛成
・**フランス**（1958年制定・改正数24回）
　①上下両院で過半数の賛成
　②両院合同会議で3/5以上の賛成
　→ もしくは国民投票

（改正数は2020年12月まで）
[国立国会図書館「諸外国における戦後の憲法改正」などより]

解説 改正回数と改正限界　憲法改正には通常の法律改正よりも厳しい条件をつける硬性憲法が国際社会では一般的である。「日本だけが改正要件が厳しい」わけではなく，たとえばアメリカの憲法改正要件は，むしろ日本よりも厳格である。日本と同じく連合国による占領下で現行憲法が制定されたドイツでは，60回に及ぶ改正が行われてきたが，これは日本では法律レベルで規定されている内容も憲法に含まれているため。諸外国の憲法改正手続きではむしろ，「改憲手続きを経ても改正できない条項（アメリカ：上院での各州投票権の平等，ドイツ：人権保障や連邦制の基本原理，フランス：共和制など）」（「**改正限界**」）があることに注目したい。

TRY
①p.86で示された論点を参考にしつつ，現行の憲法で変えたほうがよい，または変えないほうがよいと思う点を考えよう。
②憲法改正に厳しい条件が課されているのはなぜか，考えてみよう。

2 平和主義とわが国の安全

DIGEST

1.平和主義の確立 3 7

①前文…恒久平和主義の理念を宣言し，平和的生存権（「平和のうちに生存する権利」）を確認
②第9条1項…国際紛争を解決する手段として，「戦争と，武力による威嚇又は武力の行使」を放棄
　　　　　2項…「陸海空軍その他の戦力」の不保持，「国の交戦権」の否認

2.防衛力の増強 9

警察予備隊創設（1950年）	朝鮮戦争勃発を機にGHQが創設を指示（アメリカの占領政策の転換）
保安隊の設置（1952年）	警察予備隊を増強・改組
自衛隊の発足（1954年）	MSA協定の防衛力増強義務→保安隊を改組，防衛庁発足

3.日米安保体制 13

安保体制の確立	日米安全保障条約締結（1951年）→日米安全保障条約改定（1960年）→「日米防衛協力のための指針（ガイドライン）」策定（1978年）→ガイドライン改定（1997年）→ガイドライン再改定（2015年）

4.日本の防衛政策 10 11 12

①文民統制（シビリアン・コントロール）の原則…国防上の重要事項の決定権を文民（職業軍人でない者）がもつという原則→自衛隊の最高指揮監督権をもつ内閣総理大臣と防衛大臣は文民（憲法66条）
②非核三原則…「核兵器をもたず，つくらず，もちこませず」とする政府の基本方針(1971年衆議院採決)
③集団的自衛権行使容認の閣議決定（2014年）
④防衛装備移転三原則…従来の武器輸出三原則に代わる防衛装備（武器及び武器技術）移転管理政策

5.自衛隊の海外派遣と安保体制の変容 16

1992年	PKO（国連平和維持活動）協力法制定
1996年	日米安保共同宣言…日米の防衛協力をアジア太平洋地域へと拡大（「安保再定義」）
1997年	ガイドライン改定…「周辺事態」の際の日米協力のあり方を具体的に定める
1999年	周辺事態法（～2015年）などガイドライン関連法成立
2001年	テロ対策特別措置法制定（～07年）…「9・11アメリカ同時多発テロ事件」後のアフガニスタン「対テロ」戦争参戦国への後方支援のため，海上自衛隊の補給艦をインド洋に派遣
2003年	イラク復興支援特別措置法制定（～09年）…戦時における自衛隊初の海外派遣
2007年	防衛庁が防衛省へ昇格
2009年	海賊対処法制定…ソマリア沖での海賊行為阻止のため自衛艦を派遣
2015年	ガイドライン再改定，重要影響事態法・国際平和支援法など安全保障関連法成立

・有事法制…外国から攻撃を受けた場合など有事（緊急事態）に対処するための法制度
　a.有事関連3法制定（2003年）…武力攻撃事態法など外国から武力攻撃があった場合の対処を規定
　b.有事関連7法制定（2004年）…有事関連3法を補完する国民保護法や米軍行動円滑化法などを定める
　　→国・地方公共団体・指定公共機関の責務，国民の協力，私権の制限，米軍支援などを規定

6.戦後の安全保障政策の転換 16

安全保障関連法制定（2015年）…政府の存立危機事態認定により，集団的自衛権の行使が可能に

FOCUS

ワークブック
5

日本の平和と安全を確保するためには何が必要か，考えてみよう

❶日本の安全保障政策はどのように変化してきたのか→ 5 6 10 13 16

❷沖縄の基地問題をどのように解決していくべきか，考えてみよう→ 14 15 政治がわかる

❸軍事力以外の安全保障にはどのような政策があるか調べてみよう→ 17 18

わが国の安全保障と防衛

1 日本の戦争体験

●十五年戦争

注. 事項の〇数字は月を示す。

年	おもな事項
1931	満州事変勃発⑨
32	満州国建国③, 5・15事件［青年将校らが犬養首相暗殺］
33	国際連盟脱退③, 京大滝川事件［滝川教授ら8名辞職］
35	天皇機関説事件
36	2・26事件［皇道派青年将校らが国家改造を要求し挙兵］, 日独防共協定調印⑪
37	日中戦争勃発（盧溝橋事件）⑦, 南京占領［南京事件］⑫
38	国家総動員法公布④
39	ノモンハン事件⑤, 国民徴用令公布⑦, 欧州で第二次世界大戦始まる⑨
40	日独伊3国軍事同盟調印⑨, 大政翼賛会発足⑩, 大日本産業報国会創立⑪
41	太平洋戦争勃発［ハワイ真珠湾攻撃］, マレー半島上陸⑫
42	シンガポール占領②, ミッドウェー海戦敗北⑥
43	ガダルカナル島撤退②, 学徒出陣⑩
44	米軍サイパン⑥・グアム⑦上陸, 東条内閣総辞職⑦
45	沖縄地上戦④, 広島・長崎に原爆投下⑧, ソ連の参戦⑧, ポツダム宣言受諾（降伏）⑧

●「負の世界遺産」でもある原爆ドーム

解説 加害と被害の体験から 「平和主義」誕生の歴史的前提として, 加害と被害の深刻な戦争体験があることを忘れてはならない。「過去に目を閉ざす者は, 結局のところ現在にも盲目となります」（ヴァイツゼッカー）。

2 あたらしい憲法のはなし

…いまやっと戦争はおわりました。二度とこんなおそろしい, かなしい思いをしたくないと思いませんか。こんな戦争をして, 日本の国はどんな利益があったでしょうか。何もありません。ただ, おそろしい, かなしいことが, たくさんおこっただけではありませんか。戦争は人間をほろぼすことです。世の中のよいものをこわすことです。…

そこでこんどの憲法では, 日本の国が, けっして二度と戦争をしないように, 二つのことを決めました。その一つは, 兵隊も軍艦も飛行機も, およそ戦争をするためのものは, いっさいもたないということです。これからさき日本には, 陸軍も海軍も空軍もないのです。これは戦力の放棄といいます。「放棄」とは「すててしまう」ということです。しかしみなさんは, けっして心ぼそく思うことはありません。日本は正しいことを, ほかの国よりさきに行ったのです。世の中に, 正しいことぐらい強いものはありません。

もう一つは, よその国と争いごとがおこったとき, けっして戦争によって, 相手をまかして, じぶんのいいぶんをとおそうとしないということをきめたのです。おだやかにそうだんをして, きまりをつけようというのです。…これを戦争の放棄というのです。そうしてよその国となかよくして, 世界中の国が, よい友だちになってくれるようにすれば, 日本の国は, さかえてゆけるのです。

戦争放棄

［文部省『あたらしい憲法のはなし』実業教科書出版 より］

解説 幻の教科書 1947年の日本国憲法施行にあたって, 新憲法の理念を児童・生徒に広く理解させるために, 当時の文部省が作成したのが, 中学一年生用の社会科教科書『あたらしい憲法のはなし』であった。執筆は, 戦前から立憲主義的な憲法学者として知られた浅井清（慶應義塾大学教授）。1950年に再軍備が始まると, 1952年には, この教科書は学校から姿を消した。

アラカルト オバマ大統領の広島訪問

2016年5月27日, オバマ大統領（当時）が現職のアメリカ大統領として初めて被爆地・広島を訪れ, 原爆資料館を視察し, 原爆死没者慰霊碑で献花した。被爆者らを前に「8月6日の記憶を薄れさせてはならない」「核兵器なき世界を追求する勇気をもたねばならない」と訴えた。

しかし, アメリカ国内では, 原爆投下に対して「戦争終結を早め, 犠牲者を減らす行いだった」と正当化するような主張が根強い。そのような中で, 現職大統領の訪問は評価される。ただ, 「核なき世界」の理念は, 大統領として具体的な道筋を示してこそ意味がある。

◀献花をするオバマ大統領

前文第二段 日本国民は，恒久の平和を念願し，人間相互の関係を支配する崇高な理想を深く自覚するのであつて，平和を愛する諸国民の公正と信義に信頼して，われらの安全と生存を保持しようと決意した。われらは，平和を維持し，専制と隷従，圧迫と偏狭を地上から永遠に除去しようと努めてゐる国際社会において，名誉ある地位を占めたいと思ふ。われらは，全世界の国民が，ひとしく恐怖と欠乏から免かれ，平和のうちに生存する権利を有することを確認する。

第9条[戦争の放棄，戦力及び交戦権の否認]
①日本国民は，正義と秩序を基調とする国際平和を誠実に希求し，国権の発動たる戦争と，武力による威嚇又は武力の行使は，国際紛争を解決する手段としては，永久にこれを放棄する。
②前項の目的を達するため，陸海空軍その他の戦力は，これを保持しない。国の交戦権は，これを認めない。

●憲法第9条の構造

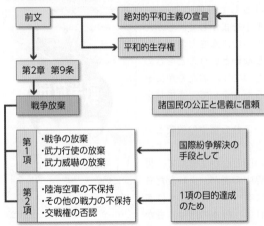

[『口語憲法』自由国民社などより作成]

解説 憲法三原則の相互関係 日本国憲法の三原則は互いに有機的なつながりをもっている。憲法の根本原理である「個人の尊重」に直結する基本的人権の尊重，その国民の自由や権利を最大限保障するために採られた国民主権の原則。この二つの原則が成立するための前提条件となっている原則が，前文と第9条に示された平和主義なのである。

ラ・カ・ルト 不戦条約の成立に努力した日本

　第一次世界大戦後の1928年，フランスの外相ブリアンとアメリカの国務長官ケロッグが提唱した不戦条約が国際連盟に委ねられ，当時常任理事国であった日本はこの条約の成立をめざして奮闘した。

　日本の国内では思想弾圧が始まっていたが，「どんな紛争も全部平和的手段で解決する。戦争は紛争の解決手段としては放棄する」という条項は，現在の日本国憲法第9条の原型となった。

Check! 他国の憲法の平和主義条項はどのようなものなのだろうか。日本の平和主義の特徴は。

類型1：抽象的な平和条項を置く国
例）フィンランド，インド，パキスタンなど

　2000年3月施行のフィンランド憲法では，「フィンランドは，平和と人権保障，および社会の発展のための国際協力に参加する」と定めている。

類型2：侵略戦争・征服戦争の放棄を明示する国
例）フランス，ドイツ，大韓民国など

　第二次世界大戦後に制定された憲法では，フランス第四共和国憲法前文（「フランス共和国は，征服を目的とするいかなる戦争も企図せず，かつ，いかなる人民の自由に対しても，決して武力を行使しない」）のように征服戦争を放棄した憲法がいくつかある。

類型3：国際紛争を解決する手段としての戦争を放棄し，国際協調を明示する国
例）イタリア，ハンガリーなど

　イタリア1947年憲法11条「イタリアは他の人民の自由を侵害する手段および国際紛争を解決する方法としての戦争を否認する」。イタリア憲法では，兵役義務（52条）や戦争状態の決定（78条）等の規定が明示されているのに対して，日本国憲法では，これらの戦争を前提とした規定が一つも置かれていないという点に，質的差異がある。

類型4：中立政策を明示する国
例）スイス，オーストリアなど

　オーストリア憲法では，1975年に9a条に総合的国防目標規定が追加され，国防の任務のなかに「永世中立を擁護し防衛することである」と明記された。

類型5：核兵器等の禁止を明示する国
例）パラオ，フィリピン，コロンビアなど

　南太平洋のパラオでは，1981年憲法113条で「化学兵器，生物兵器または核兵器の持ち込み，所有及び使用は，核及び有害廃棄物の国内への持ち込みと同様に，禁止される」という規定がおかれた。

類型6：軍隊の不保持を明示する国
例）コスタリカなど

　軍隊をもたない国として注目されているのが，中米の小国コスタリカ。近隣諸国で紛争やクーデターが絶えない地域にあって，コスタリカは，1949年11月7日制定の憲法12条（「常設制度としての軍隊は禁止される」）で，常備軍を廃止した。

類型7：戦争放棄・戦力不保持と平和的生存権を明示する国
例）日本

　憲法の条文上で戦争放棄・戦力不保持と平和的生存権をともに明示する国として，日本が，他国とは異なる位置にあることが理解できる。

[辻村みよ子『憲法から世界を診る』より]

解説 徹底した平和主義規定 戦後に制定された世界各国の憲法には，平和主義をうたったものが多い。ただし，侵略や征服を目的とする戦争のみを放棄していたり，徴兵制を規定するなど，自衛のための軍事力を保持している国が圧倒的な多数派である。日本国憲法の特色は，**戦争の放棄や戦力の不保持，交戦権の否認に加えて平和的生存権をうたうなど，他国に類例を見ない徹底した平和主義を採用している点**である。

はみだしメモ 1949年制定の非武装憲法の下，常備軍をもたないコスタリカには，1980年に国連平和大学が設置された。1983年には「非武装中立」が宣言され，1987年にはアリアス大統領（当時）がノーベル平和賞を受賞している。

5 防衛関係年表

年	事項
1945	ポツダム宣言（日本無条件降伏）
46	日本国憲法公布（平和主義の確立）
47	日本国憲法施行
	→戦争の放棄など，徹底した非軍事化 ●
50	朝鮮戦争勃発
	→マッカーサー指令により**警察予備隊**創設 ●
	（対日政策の転換）
51	サンフランシスコ平和条約調印
	日米安全保障条約調印→日本は資本主義陣営に
52	警察予備隊を保安隊に改組 ●
54	日米相互防衛援助協定（MSA協定）調印
	自衛隊発足，防衛庁設置 ●
59	東京地裁，砂川事件で日米安保条約違憲判決
60	安保闘争激化，**日米安保条約改定**
	日米行政協定（1950）を日米地位協定に改定
67	武器輸出三原則発表
70	日米安保条約の自動延長が決定
71	**非核三原則**を国会決議
72	沖縄返還
73	札幌地裁，長沼ナイキ基地訴訟で自衛隊違憲判決
76	政府「防衛計画の大綱」決定
	防衛費の対GNP1％枠を閣議決定
78	**日米防衛協力のための指針（ガイドライン）**決定
80	自衛隊，リムパック（海外演習）に参加
85	「中期防衛力整備計画」決定
87	防衛費の対GNP1％枠を撤廃，総額明示方式に
91	湾岸戦争，停戦後ペルシア湾へ自衛隊掃海艇派遣（初の海外出動）→日本の人的国際貢献が強く求められる ●
92	**PKO協力法成立**，自衛隊をカンボジアへ派遣
94	社会党，自衛隊と日米安保条約を容認 ●
96	日米安保共同宣言（安保再定義）
97	ガイドライン改定
99	ガイドライン関連法（周辺事態法など）成立
2001	アメリカ同時多発テロが発生
	→テロ対策特別措置法成立，自衛隊をインド洋へ派遣
03	イラク戦争勃発，イラク復興支援特別措置法成立
	有事関連三法（武力攻撃事態法など）成立
04	**有事関連七法**（国民保護法など）成立
07	防衛省発足
08	補給支援特別措置法（新テロ特措法）成立
09	海賊対処法成立，自衛隊をソマリア沖へ派遣
14	防衛装備移転三原則発表
	集団的自衛権行使容認を閣議決定 ●
15	ガイドライン再改定，**安全保障関連法成立**
16	安全保障関連法に基づく「駆けつけ警護」を新任務とする自衛隊部隊，南スーダンへ派遣（〜17）
17	安全保障関連法に基づく「米艦防護」実施
22	安保三文書閣議決定，岸田首相，2027年度に防衛費をGDP比2％に増額する方針を決定
23	防衛生産基盤強化法成立

解説 変化する防衛政策の背景 戦後日本の防衛政策は，国際情勢やアメリカの対日政策に翻弄されてきた。例えば，占領下の平和憲法制定，朝鮮戦争勃発にともなう警察予備隊の創設，冷戦構造下の日米安保条約締結，冷戦終結後の安保再定義，テロや地域紛争の激化にともなう自衛隊の役割の変化などである。

6 憲法第9条の政府見解の変遷

● **自衛戦争も放棄**（1946年6月・吉田首相）
憲法第9条の規定は，直接には自衛権を否定していないが，同条2項で一切の軍備と交戦権を認めていない結果，自衛権の発動としての戦争も放棄した。

● **警察予備隊は軍隊ではない**（1950年7月・吉田首相）
警察予備隊の目的は全く治安維持にある。したがってそれは軍隊ではない。

● **「戦力」とは近代戦遂行能力**
（1952年11月・吉田内閣統一見解）
「戦力」とは近代戦争遂行に役立つ程度の装備，編制を備えるもの。「戦力」に至らざる程度の実力を保有し，これを侵略防衛の用に供することは違憲ではない。

● **自衛隊は違憲ではない**
（1954年12月・鳩山内閣統一見解）
自衛隊は国土保全を任務とし，そのために必要な限度で持つ自衛力は戦力にあたらない。

● **「戦力」とは自衛のための最小限度を超える実力**
（1972年11月・田中内閣統一見解）
憲法第9条2項が保持を禁じている「戦力」は自衛のための最小限度を超えるものであり，それ以下の実力の保持は同条項によって禁じられていない。

● **平和維持活動での武器使用は可能**
（1991年9月・海部内閣統一見解）
日本が国連の平和維持活動に参加する場合，「要員の生命等の保護のため」に必要最小限の武器の使用は，憲法第9条が禁じる「武力の行使」にはあたらない。

● **自衛隊は合憲**（1994年7月・村山首相）
専守防衛に徹し，自衛のための必要最小限度の実力組織である自衛隊は，憲法の認めるものである。

● **集団的自衛権の行使容認**
（2014年7月・安倍内閣閣議決定）
「武力行使の新三要件」にあてはまる「存立危機事態」が発生した場合には，集団的自衛権を使って反撃することは憲法上許容される。

解説 自衛隊は合憲か違憲か？ 戦後日本の防衛政策の歩みの中で，憲法第9条解釈は常に議論の中心となってきた。特に自衛隊の合憲性をめぐっては，さまざまな見解が重ねられてきた。

Challenge 集団的自衛権の憲法解釈が変更された後，集団的自衛権の行使や米軍に対する後方支援の拡大などを盛り込んだ「安全保障関連法」が成立した。○か×か。（東海大学 2020年入試問題を参考に作成）（▶ p.93）

7 憲法第9条解釈の比較

Check! 自衛隊の合憲性をめぐって，政府や学界の9条解釈にはどのような違いがあるのだろうか。

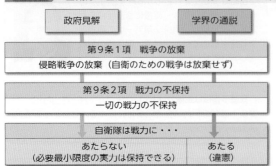

政府見解	学界の通説

第9条1項　戦争の放棄
侵略戦争の放棄（自衛のための戦争は放棄せず）

第9条2項　戦力の不保持
一切の戦力の不保持

自衛隊は戦力に・・・	
あたらない（必要最小限度の実力は保持できる）	あたる（違憲）

解説 自衛隊は「戦力」か？　あらゆる戦力の不保持を定めたもの，として憲法第9条を理解するのが今日でも学界の通説である。一方で政府は，憲法が保持を禁じる「戦力」とは自衛のための必要最小限度を超えるものであり，自衛隊はこの「戦力」に該当せず合憲であるとしている。

なお，政府は自衛隊の合憲性を主張する際，9条2項解釈として「自衛のための戦力は放棄されていない」という立場ではなく，国際法（例：国連憲章第51条）上すべての主権国家に認められている「自衛権」という前提から「自衛権の裏付けである自衛力」という概念を引き出して自衛隊の合憲性を説明しようとしている。

8 日本国憲法第9条をめぐるおもな裁判

Check! 自衛隊や日米安保条約の合憲性が争われた裁判で，どのような判決が出されてきたのだろうか。

	訴訟内容	判決内容
砂川事件	**安保条約は違憲か**　1957年米軍立川飛行場（東京都）の拡張に反対する学生・労働者が測量を阻止しようと基地内に入ったとして，安保条約に基づく刑事特別法第2条違反で起訴された。争点は在日米軍が戦力にあたるか，裁判所が条約の違憲性を審査できるかであった	**第一審** 東京地裁〔1959. 3. 30〕（伊達判決）一部無罪 9条は自衛のための戦力も一切否定，在日米軍は指揮権の有無にかかわらず戦力にあたり，安保条約は違憲。自衛隊の実態判断なし **跳躍上告** 最高裁〔1959. 12. 16〕原判決を破棄差し戻し 9条が禁止する戦力はわが国の指揮できる戦力で，在日米軍はあたらず。安保条約について**統治行為論**（▶p.141）により憲法判断回避
恵庭事件	**自衛隊は違憲か**　1962年北海道千歳郡恵庭町の陸上自衛隊演習場隣接の酪農民が，砲火爆撃演習で受けた家畜の被害補償を要求したが拒否され，事態も改善されなかったため通信線を切断，自衛隊法第121条で起訴された	**第一審** 札幌地裁〔1967. 3. 29〕無罪確定 切断された電話線は，自衛隊法第121条の「その他の防衛の用に供する物」にあたらない。自衛隊（法）については一切判断せず **自衛隊法第121条**：自衛隊の所有し，又は使用する武器，弾薬，航空機その他の防衛の用に供する物を損壊し，又は傷害した者は，5年以下の懲役又は5万円以下の罰金に処する。
長沼ナイキ訴訟	**自衛隊は違憲か**　1969年，北海道長沼町に地対空ミサイル・ナイキ基地をつくるため水源かん養保安林の指定が解除されたことに対し，同町住民が，憲法第9条違反の自衛隊ミサイル基地は「公益上の目的」にあたらないとしてその取り消しを求めて提訴した	**第一審** 札幌地裁〔1973. 9. 7〕原告勝訴（福島判決） 9条は一切の軍備，戦力を放棄しており，自衛隊は禁止されている「陸海空軍」にあたるとして違憲。保安林処分は無効 **控訴審** 札幌高裁〔1976. 8. 5〕一審判決破棄，訴え却下 保安林の代替施設で住民の訴えの利益は消滅したとし一審判決を破棄，原告の訴え却下。自衛隊については**統治行為論**により審査せず **上告審** 最高裁〔1982. 9. 9〕原告の訴えの利益はないとして，上告棄却
百里基地訴訟	**自衛隊は違憲か**　航空自衛隊百里基地（茨城県）の予定地内の土地の売買をめぐって，土地の所有権とからんで自衛隊の違憲性が争われた	**第一審** 水戸地裁〔1977. 2. 17〕国側勝訴 9条は自衛戦争を放棄したものではなく他国からの侵略阻止の実力行動は認められる。自衛隊については**統治行為論**により審査せず **控訴審** 東京高裁〔1981. 7. 7〕控訴棄却 9条において自衛戦力を判定的に解釈することは本件とは関係しない **上告審** 最高裁〔1989. 6. 20〕9条は私法上の行為に関連せず，上告棄却
自衛隊イラク派遣違憲訴訟	**イラク派遣は違憲か**　イラク特措法に基づく自衛隊のイラク派遣に対して，市民団体が派遣は憲法第9条に違反し，平和的生存権が侵害されたと主張して，派遣差し止めと損害賠償を求めて提訴した	**第一審** 名古屋地裁（2006.4.14）原告敗訴 **控訴審** 名古屋高裁（2008.4.17）（青山判決）控訴棄却　原告敗訴確定 判決は原告の請求をすべて棄却する一方で，航空自衛隊が武力行使予定の多国籍軍を「戦闘地域」のバグダッドへ輸送する活動は，イラク特措法と憲法第9条に違反するとし，平和的生存権の具体的権利性を認定

解説 **回避される憲法判断**　1950年代以降，自衛隊や日米安全保障条約などの合憲性が憲法第9条との関連の中で司法の場で争われてきた。これまで司法が違憲判断を下したのは，日米安保条約と駐留米軍の合憲性が争われた砂川事件の一審判決（伊達判決），自衛隊の合憲性が争われた長沼ナイキ訴訟の一審判決（福島判決）などわずか。**統治行為論**や**「門前払い（訴えの利益なし）」**等により，憲法判断が回避されるケースが多い。なお，**最高裁判所は，自衛隊の合憲性に関して一度も判断を下していない。**

　Challenge　砂川事件は，自衛隊について争われた裁判である。○か×か。
（2008年センター試験政治・経済本試）（▶p.94）

9 自衛隊の発足

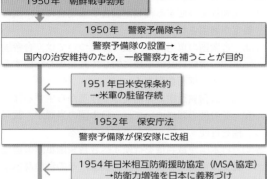

1950年　朝鮮戦争勃発

↓

1950年　警察予備隊令
警察予備隊の設置→ 国内の治安維持のため，一般警察力を補うことが目的

← | 1951年日米安保条約
→米軍の駐留存続 |

↓

1952年　保安庁法
警察予備隊が保安隊に改組

← | 1954年日米相互防衛援助協定（MSA協定）
→防衛力増強を日本に義務づけ |

↓

1954年　防衛庁設置法，自衛隊法
自衛隊の発足。わが国を防衛することが主たる任務に

解説 平和主義の方向転換　平和憲法が施行された2年後，1949年の談話でマッカーサーは，「日本に望むことは太平洋のスイスとなることだ」と語っていた。しかし，1950年の**朝鮮戦争**勃発を受けて，アメリカは日本政府に**警察予備隊**創設の指示を出す。ＧＨＱの占領下で，軍備解除と再軍備というまったく方向性が異なる指示を下されることになった。

10 日本の防衛政策

文民統制	文民である内閣総理大臣が自衛隊の最高指揮権をもつ。2015年には，防衛省内で「背広組（文官）」が「制服組（自衛官）」より優位とする**文官統制**を見直し，両者を同等とする防衛省設置法改正案が成立した。
総額明示方式	防衛費増大への歯止めとしては，1976年に三木内閣で閣議決定されたＧＮＰ１％枠があったが，1987年に中曽根内閣の下で１％を突破し，かわりに単年度ではなく一定期間の防衛費を示す総額明示方式が閣議決定された。
非核三原則	核兵器を「もたず」「つくらず」「もちこませず」という原則。1967年に佐藤内閣が表明し，1971年に国会決議。
防衛装備移転三原則	紛争当事国等への武器輸出を認めないとした武器輸出三原則に代わり，2014年に安倍内閣は**防衛装備移転三原則**を閣議決定。武器の輸出や国際共同開発が推進されることになった。2015年には，6月に防衛省設置法改正案が成立し，10月に**防衛装備庁**が新設された。2023年6月には防衛生産基盤強化法が成立し，政府は撤退する企業が相次ぐ防衛産業の支援に取り組む。
集団的自衛権の行使容認	2014年に安倍内閣は，従来の「集団的自衛権を日本は有しているが，平和憲法の制約上行使しない」という政府解釈を変更し，閣議決定により次の**3要件**を満たせば行使し得るとした。「①日本に対する武力攻撃，又は日本と密接な関係にある国に対して武力攻撃がなされ，かつ，それによって「日本国民」に明白な危険がある場合**（存立危機事態）**，②集団的自衛権行使以外に方法がない場合，③必要最小限度の実力行使であること」。2015年には，集団的自衛権の行使を認める安全保障関連法が成立した。

11 日本の防衛費

❶防衛関係費と対GDP比の推移

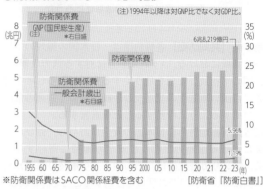

※防衛関係費はSACO関係経費を含む　［防衛省『防衛白書』］

❷国防費の国際比較（2022年）

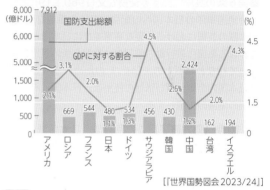

［『世界国勢図会 2023/24』］

解説 防衛費増大の歯止めは？　日本の防衛費は**総額明示方式**の導入以降も，ＧＤＰ１％程度で推移してきた。しかし，近年の中国や北朝鮮による軍事的挑発や，ロシアによるウクライナ侵攻の影響もあり，岸田政権は2023年度予算からの5年間の防衛費を1.5倍以上に増額する方針を打ち出した。

12 文民統制（シビリアン・コントロール）

Check!　なぜ，自衛隊の指揮権は内閣総理大臣が持つのだろうか。

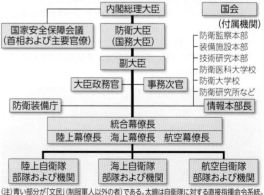

(注)青い部分が「文民」（制服軍人以外の者）である。太線は自衛隊に対する直接指揮命令系統。

解説 軍部の独走を防ぐ　文民統制とは，文民からなる政府が軍事力を支配下に置く制度。**大日本帝国憲法下における軍部の独走を反省し，日本国憲法では，内閣総理大臣や国務大臣は文民でなければならないとした。**また，外交・安全保障に関する情報や意思決定をする機関として，内閣に**国家安全保障会議**が設置されている。

はみだしメモ　2022年の中国の国防予算は，1兆4,500億元（約30兆円，日本の約5倍以上）で，対前年比7.1％増となっている。国防費は過去30年で約39倍と急増している。　　p.91の答え　○

政治

93

13 日米安全保障条約（抄）

Check! GHQによる対日占領終了後も，米軍が駐留し続けているのはなぜだろうか。

[1960(昭和35)年1月19日署名　同6月23日発効]

第5条【共同防衛】 各締約国は，日本国の施政の下にある領域における，いずれか一方に対する武力攻撃が，自国の平和及び安全を危うくするものであることを認め，自国の憲法上の規定及び手続に従つて共通の危険に対処するように行動することを宣言する。

第6条【基地許与】 日本国の安全に寄与し，並びに極東における国際の平和及び安全の維持に寄与するため，アメリカ合衆国は，その陸軍，空軍及び海軍が日本国において施設及び区域を使用することを許される。

■第6条の実施に関する交換公文(1960.1.19)

合衆国軍隊の日本国への配置における重要な変更，同軍隊の装備における重要な変更並びに日本国から行なわれる戦闘作戦行動（前記の条約第5条の規定に基づいて行なわれるものを除く。）のための基地としての日本国内の施設及び区域の使用は，日本国政府との事前の協議の主題とする。

第10条【効力終了】 この条約は，日本区域における国際の平和及び安全の維持のため十分な定めをする国際連合の措置が効力を生じたと日本国政府及びアメリカ合衆国政府が認める時まで効力を有する。

もつとも，この条約が10年間効力を存続した後は，いずれの締約国も，他方の締約国に対しこの条約を終了させる意思を通告することができ，その場合には，この条約は，そのような通告が行なわれた後1年で終了する。

解説 アメリカの対日防衛義務 日米安全保障条約は，1951年9月**サンフランシスコ講和条約**と同時に吉田茂首相が調印して誕生した。この旧安保条約では，アメリカは日本に基地を設置できるが，日本防衛の義務は明文化されていなかった。

1960年，岸内閣による改定で生まれた新安保条約では軍事同盟色が強まり，日本領土と米軍基地への攻撃に対処すると規定され，米軍基地の使用は「極東の安全」のために限定された。**世界的な冷戦体制の下で，日米安保はアメリカの世界戦略の一環として機能していた。**

▲安保改定に反対し，国会の周辺を埋める国民（1960年）

14 日米地位協定

第17条【刑事裁判権】

3　裁判権を行使する権利が競合する場合には，次の規定が適用される。

(a)　合衆国の軍当局は，次の罪については，合衆国軍隊の構成員又は軍属に対して裁判権を行使する第一次の権利を有する。

(ii)　公務執行中の作為又は不作為から生ずる罪

(b)　その他の罪については，日本国の当局が，裁判権を行使する第一次の権利を有する。

5(c)　日本国が裁判権を行使すべき合衆国軍隊の構成員又は軍属たる被疑者の拘禁は，その者の身柄が合衆国の手中にあるときは，日本国により公訴が提起されるまでの間，合衆国が引き続き行なうものとする。

第24条【経費の分担】

1　日本国に合衆国軍隊を維持することに伴うすべての経費は，2に規定するところにより日本国が負担すべきもの（注：第2条及び第3条に定めるすべての施設及び区域並びに路線権）を除くほか，この協定の存続期間中日本国に負担をかけないで合衆国が負担することが合意される。

解説 不平等な協定 1960年の新安保条約の主な改正点は，①日本や在日米軍基地が攻撃された場合の**共同防衛義務**が規定されたこと，②在日米軍の配備変更などに**事前協議制**が採用されたこと，③条約期限が明記されたこと，などである。合わせて締結された日米地位協定は，在日米軍の特権を保障したもので，米兵への刑事裁判権の規定（2011年に一部運用見直しに合意）などに強い批判がある。

15 同盟強靱化予算（「思いやり予算」）

●在日米軍駐留経費の推移

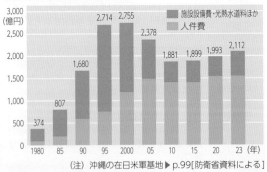

（注）沖縄の在日米軍基地 ▶p.99［防衛省資料による］

解説 「米軍への思いやり」 公式表記は「Host Nation Support」(HNS:駐留国受け入れ支援)。日米地位協定第24条により，在日米軍の維持費は米国政府が負担し，施設提供にかかる諸経費は，日本政府が負担することが取り決められていた。しかし，円高により米国の負担が増大したため，1978年度から，労務費などの一部を日本政府が肩代わりすることになり，それ以降，光熱水道料・施設整備費などに適用範囲が拡大されていった。その法的根拠を，当時の防衛庁長官が「米軍への思いやり」と説明したことから，「思いやり予算」と呼ばれることとなった。また，2021年，日本政府は通称を「同盟強靱化予算」とすることを発表した。

はみだしメモ アメリカは1951年に米比（フィリピン）相互防衛条約，1953年に米韓相互防衛条約，1954年に米華（中華民国：台湾）相互防衛条約を締結している。

p.92の答え
×

16 有事法制の整備と安全保障関連法

❶冷戦後の日本の防衛政策

年	おもなできごと
1978	「日米防衛協力のための指針（ガイドライン）」策定
89	マルタ会談…冷戦終結
91	湾岸戦争…日本の財政支援が国際的に低評価
	…ペルシア湾へ自衛隊掃海艇派遣（初の海外派遣）
92	PKO協力法成立…自衛隊をカンボジアへ派遣
96	日米安保共同宣言…安保再定義
97	「日米防衛協力のための指針（ガイドライン）」改定
99	ガイドライン関連法成立
	…周辺事態法, 改正自衛隊法, 改正日米物品役務 相互提供協定（ACSA）
2001	アメリカ同時多発テロ事件（9月11日）
	テロ対策特別措置法成立（～2007）
	PKO協力法改正
	…平和維持軍（PKF）本体業務への参加可能に
03	イラク戦争勃発
	有事3法成立…武力攻撃事態法, 改正自衛隊法, 改正安全保障会議設置法
	イラク復興支援特別措置法成立
04	有事7法成立…国民保護法など
07	防衛庁, 防衛省へ昇格
08	テロ特措法にかわり補給支援特別措置法成立
09	海賊対処法成立
15	ガイドライン再改定, 安全保障関連法成立

解説 **冷戦終結後の世界** 1989年の冷戦終結後, 地域紛争は激化し, ソ連は解体した。国際情勢が激変する中で, 日本では湾岸戦争を機に, 「国際貢献」のあり方が議論されるようになった。

❷日米防衛協力のための指針（ガイドライン）

Check! ガイドラインが改定された背景は何だろうか。

日米安全保障条約に基づく防衛協力の具体的なあり方を定めた文書。日本が他国から攻撃されたときや, 周辺国の有事の際の自衛隊とアメリカ軍との役割分担などが定められている。

●ガイドライン改定のポイント

	1997年改定 ガイドライン	2015年改定 ガイドライン
武力の行使 （戦争）	日本が攻撃 されたときのみ （個別的自衛権）	日本が攻撃されたとき （**個別的自衛権**）＋ 他国への攻撃にも対処 （**集団的自衛権**）
後方支援	朝鮮半島など日本 周辺（事実上の 地理的制限）	地球規模に （**地理的制限はなし**）
グレーゾーン 事態（離島の 不法占拠など）	記述なし	平時から 切れ目のない対応 （警戒監視・偵察, 訓練・演習）
調整メカニズム （自衛隊と米軍 の役割を協議）	実際に 設置された例なし	いつでも 立ち上げられる

［『朝日新聞』2015年4月28日］

●有事関連3法（2003年成立）

武力攻撃事態対処法	日本への武力攻撃の際の手続きや関連法整備の方針を明示
改正 安全保障会議設置法	武力攻撃対処の専門委員会の設置など, 安全保障会議の機能を強化
改正自衛隊法	私有地や家屋の強制使用や緊急通行を認めるなど, 自衛隊の行動を円滑化

●有事関連7法（2004年成立）

国民保護法	有事の際の国民の避難・救助の手順, 国や地方公共団体の責務を規定。民有地・家屋の使用などで知事に強制権
米軍行動円滑化法	日本有事の際に活動する米軍に物品・役務を提供し, 米軍の行動情報を国民に提供
外国軍用品等 海上輸送規制法	敵国への武器などの海上輸送を阻止するため, 船舶への強制的な積み荷検査を可能に
特定公共施設利用法 （交通・通信利用法）	自衛隊・米軍・避難民のいずれが港湾・空港・道路などを優先利用するかを調整
改正自衛隊法	災害救援などに従事する米軍に物品・役務を相互提供する手続きを規定
捕虜等取扱法	捕虜の拘束や抑留手続きを規定
国際人道法違反処罰法	国際人道法違反の行為への罰則を規定

解説 **有事法制の整備** 有事とは, 一般に国家が戦争などの緊急事態に直面した場合をさす。2001年のアメリカ同時多発テロ以降, テロへの恐怖の高まりや, 北朝鮮の核開発疑惑などによる世論の変化もあり, 03年には**有事関連3法（武力攻撃事態対処法**など）, 翌04年には**有事関連7法（国民保護法**など）が成立し, 有事に対応する法制が整えられた。

解説 **実質的な安保改定** 2015年4月, 新たな「**ガイドライン（日米防衛協力のための指針）**」が日米安全保障協議委員会（通称：2＋2, 日本の外務大臣・防衛大臣とアメリカの国務長官・国防長官で構成）で合意・了承された。

ガイドライン改定に際し, アメリカのカーター国防長官は「日米同盟を一変するものだ」とコメントした。従来, 「極東」「アジア太平洋地域」とされてきた地理的制限は取り払われ, 「アジア太平洋地域及びこれを越えた地域」となった。自衛権についても集団的自衛権行使による協力が盛り込まれた。いずれも従来の憲法解釈はもとより, 日本の個別的自衛権とアメリカの集団的自衛権とを組み合わせた日米安全保障条約の枠組みをもこえる内容となっている。

冷戦期の1978年に旧ソ連を仮想敵国として作成されたガイドラインは, 冷戦終結後に起きた北朝鮮のミサイル発射実験などを受け, **朝鮮半島有事を想定して1997年に改定された。2015年の18年ぶりの改定は, 軍事大国化した中国の海洋進出や, アメリカの軍事費削減などの国際情勢の変化などが背景となっている。**

2015年, 新たなガイ▶
ドラインに合意した日
本の防衛大臣・外務大
臣とアメリカの国務長
官・国防長官（当時）

政治

はみだし **メモ** 内閣府の外局であった防衛庁は2007年に防衛省へ昇格。諸外国の国防省と同様の「省」に移行したことで, 内閣総理大臣を通さずに防衛大臣が予算要求や閣議の開催を直接行えるようになった。

95

❸安全保障関連法の制定

◎国際平和支援法：新規制定法
海外で自衛隊が外国軍隊を支援する活動が随時可能に

◎平和安全法制整備法：既存の10法律を一括改正

①自衛隊法
在外邦人救出や，外国軍隊の防護が可能に

②PKO協力法
駆け付け警護など任務拡大，武器使用の要件を緩和

③重要影響事態法（旧称：周辺事態法）
外国軍隊への後方支援の際の地理的制限を撤廃

④武力攻撃事態法
存立危機事態を定義，集団的自衛権の行使が可能に

その他の改正法
⑤船舶検査活動法，⑥米軍等行動関連措置法，⑦特定公共施設利用法，⑧海上輸送規制法，⑨捕虜等取扱い法，⑩国家安全保障会議(NSC)設置法

解説 安全保障政策の大転換 憲法9条の制約により，個別的自衛権のみを行使し得るとしてきた従来の日本の安全保障政策は，2015年に成立した安全保障関連法によって大きく方針転換した。存立危機事態（▶ ❹）に際し，集団的自衛権の行使を可能にしただけでなく，自衛隊が他国軍を後方支援する際の活動地域を地球規模へと拡大させた。改憲を経ずに行われた安保政策の転換に対して，憲法の平和主義の理念に反するとの批判も根強い。

▲国会前でのデモのようす

❹個別的自衛権と集団的自衛権

●集団的自衛権を行使する前提条件「新三要件」
1) 日本と密接な関係にある他国への武力攻撃が発生し，日本の存立が脅かされ，国民の生命，自由及び幸福追求の権利が根底から覆される明白な危険があること（存立危機事態）
2) これを排除し，我が国の存立を全うし，国民を守るために他に適当な手段がないこと
3) 必要最小限の実力行使にとどまるべきこと

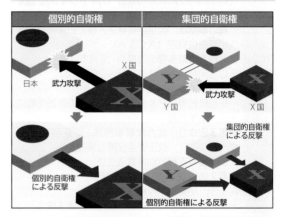

解説 解釈改憲 歴代内閣は，憲法9条の下では，「専守防衛」を安全保障政策の基本姿勢としてきた。すなわち，自国が攻撃されていなくても他国を武力で守る集団的自衛権を行使すること許されないという憲法解釈をとってきた。しかし，安倍内閣は，2014年に歴代内閣の9条解釈を変更し，集団的自衛権の行使が「憲法上許容される」との閣議決定を行った。こうした自衛権は国連憲章第51条で認められている。

⑦⑤⑧⑥⑪⑧ 拡大する自衛隊の活動

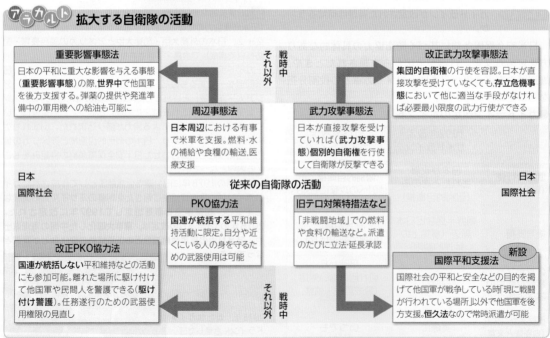

解説 防衛政策の大転換 2022年，岸田政権は，安全保障関連3文書に反撃能力の保有を明記した。反撃能力とは，日本に対する弾道ミサイルなどの武力攻撃が発生した場合，そのような攻撃を防ぐのにやむを得ない必要最小限度の自衛の措置として，相手の領域において，日本が有効な反撃を加えることを可能とする能力をさす。従来の「専守防衛」との整合性が議論となっている。

 2020年の世論調査（朝日新聞）では，2015年の制定以降初めて「集団的自衛権を行使したり，自衛隊の活動を広げる安保関連法に賛成」が「反対」を13ポイント上回った。

17 自衛隊と国際協力

Check! 自衛隊の活動には，国防以外にどのようなものがあるのだろうか。

❶ 自衛隊の活動

防衛	自衛隊法第3条①「自衛隊は，我が国の平和と独立を守り，国の安全を保つため，我が国を防衛することを主たる任務とし，必要に応じ，公共の秩序の維持に当たるものとする。」防衛出動や治安出動，海上警備行動や対領空侵犯措置などを行う。
災害派遣	「天災地変その他の災害に際して，人命又は財産の保護のため必要があると認める場合」に，都道府県知事などの要請を受けて行われる（自衛隊法83条）のが一般的。2011年の東日本大震災時には，最大10万7,000人の自衛官が復興支援に従事し，自衛隊創設以来最大規模の災害派遣となった。
民生協力	国民生活とかかわるさまざまな分野で協力活動を行っている。特殊装備や技術を活かした不発弾の処理や，各種スポーツ大会への参加協力，地方公共団体主催の行事参加（例：「さっぽろ雪まつり」での陸上自衛隊による雪像製作）などがある。
国際貢献	国際社会の平和と安全を守るため，PKO協力法に基づく世界各地での国連平和維持活動への協力，海賊対処法などに基づき2009年からソマリア沖アデン湾での警護活動などを行なっている。

❷ 自衛隊の規模

自衛官定員		おもな装備
15万0,550人	陸上自衛隊	戦車約450両，装甲車約990両，航空機約320機
4万5,293人	海上自衛隊	護衛艦50隻，潜水艦22隻，航空機約170機
4万6,994人	航空自衛隊	戦闘機324機，輸送機など63機

アラカルト 自衛隊は今後何に力を入れるべき？

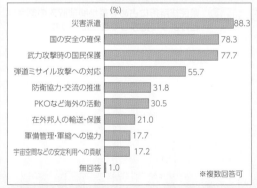

(%)
- 災害派遣 88.3
- 国の安全の確保 78.3
- 武力攻撃時の国民保護 77.7
- 弾道ミサイル攻撃への対応 55.7
- 防衛協力・交流の推進 31.8
- PKOなど海外の活動 30.5
- 在外邦人の輸送・保護 21.0
- 軍備管理・軍縮への協力 17.7
- 宇宙空間などの安定利用への貢献 17.2
- 無回答 1.0

※複数回答可

[内閣府「自衛隊・防衛問題に関する世論調査」2021年より]

解説 自衛隊への国民の期待 自衛隊の本来業務は「国防」だが，地震などの災害時の救援活動を求める国民の声が最も大きい。また，自衛隊の印象について，90.8%が「良い印象を持っている」と回答している。「国の安全の確保」への期待は，近隣諸国との関係冷却化もあり，78.3%と「災害派遣」に次ぐ高率回答となっている。

❸ PKO協力法

参加5原則	①紛争当事者間の停戦合意 ②当事者の受け入れ同意 ③中立的立場の堅持 ④①～③が満たされない場合の独自判断による撤収 ⑤武器使用は正当防衛の場合のみ
主な業務	①PKF本体活動（武器解除など　2001年～） ②停戦監視団（停戦監視） ③行政支援活動（選挙監視，警察指導など） ④人道的活動（被災民救援，施設復旧など） ⑤PKO後方支援活動（輸送，通信，医療など） 【2015年の改正で可能になったこと】 駆けつけ警護 　武装集団からの襲撃などで危険にさらされた他国軍や民間人を警護する活動，及びそのための武器使用

解説 湾岸戦争とPKO協力法 1991年の湾岸戦争時，日本は憲法第9条による制約もあり，自衛隊を派遣せず，代わりに戦費約130億ドル（約1.5兆円）を拠出した。しかし湾岸戦争終結後，「日本は金は出すが，人的貢献はしない」との批判もあり，国連を中心とした国際平和活動への積極的な貢献を可能とするためにPKO協力法が制定された。

18 軍事力以外の安全保障 −JICAの取り組み−

JICA（独立行政法人国際協力機構）は「開発協力大綱の下，**人間の安全保障**（▶p.344）と質の高い成長の実現」というミッションのもと，開発途上国への国際協力を行う機関である。

● JICAによる「人間の安全保障」分野の取り組み事例

❶ スポーツを通じた平和構築（南スーダン）

南スーダンでは2013年の武力衝突以降，国内の治安が悪化し，民族及び国民間の不信感・憎悪感が増幅した。JICAは国民間の信頼醸成のため，全国スポーツ大会「国民結束の日」の開催を支援している。大会には，300人を超えるアスリートが，フェアプレーの精神で熱戦を繰り広げ，スポーツを介して民族・部族の違いを超えた平和と融和に向けた姿勢を育んでいる。

❷ 質の高い教育の提供（パキスタン）

パキスタンの識字率は60％，女性に限定すると48％と更に低くなり，ジェンダー格差も存在する。教育普及の阻害要因としては，教育的要因，地理的要因，家庭の生計や価値観といった家庭的要因が挙げられる。JICAは地理的・家庭的阻害要因に有効と考えられるノンフォーマル教育のシステムを確立，フォーマル教育を受けることができない女性や入学年齢を過ぎた子ども等に新たな学びの場を保障する取り組みを支援している。

政治

政治がわかる 沖縄問題

ワークブック **5**

戦後も長くアメリカの施政下におかれた沖縄には，返還50年を迎えた現在も多くの米軍基地が残り，経済面でも全国下位の県民所得などの問題がある。沖縄の基地問題をどのように解決していくべきか，考えてみよう。

▲移設問題で揺れる普天間飛行場
（宜野湾市提供）

わが国の安全保障と防衛

① 沖縄の歴史

年	おもなできごと
1429	尚巴志，琉球を統一…琉球王国を建国
1609	薩摩藩，琉球を侵攻…薩摩藩の支配下に
1879	明治政府，廃藩置県で**沖縄県設置**…琉球王国滅亡
1945	米軍，沖縄本島上陸　沖縄戦終結（6月23日）…南西諸島，米海軍政府の支配下に（ニミッツ布告）日本の敗戦（8月15日）
1951	**サンフランシスコ平和条約**，日米安保条約調印…沖縄施政権を分離　日本の独立回復，米軍駐留継続
1952	琉球政府創設
1953	米民政府「土地収用令」公布…民間地の強制収用
1960	新日米安保条約・**日米地位協定**調印沖縄県祖国復帰協議会結成
1969	佐藤・ニクソン会談で沖縄の72年返還決定
1970	戦後初の国政選挙実施
1972	**沖縄，日本復帰**…沖縄県復活
1995	「平和の礎」除幕**米兵による少女暴行事件**…基地縮小の世論高揚，8.5万人参加の県民総決起大会
1996	**全国初の県民投票**…「米軍基地の整理縮小と日米地位協定の見直しを求める」賛成89.09%（有権者の過半数が賛成）
1997	改正米軍用地特措法成立…使用期限切れ後も暫定使用可能
2000	沖縄サミット（主要国首脳会議）開催
2004	沖縄国際大学に米軍ヘリ墜落
2006	日米，在日米軍再編案（**日米ロードマップ**）に合意…普天間代替基地の「V字滑走路案」など
2007	「日本史」教科書の検定への抗議集会…11万人が参加　沖縄戦の「集団自決」記述削除への抗議
2010	鳩山民主党政権，普天間飛行場の県外・国外移設を断念
2013	仲井真知事，普天間飛行場の名護市辺野古移設を承認
2015	翁長知事，辺野古新基地建設を巡り安倍首相と会談，訪米辺野古新基地建設に反対する県民大会，3.5万人が参加沖縄県と政府，辺野古新基地建設を巡り対立激化…最高裁判決で沖縄県の敗訴確定（2016）
2017	政府，**辺野古新基地建設に着工**
2018	辺野古移設反対派の玉城デニー氏，新知事に当選
2019	辺野古移設の是非を問う県民投票で，反対票7割超
2022	玉城氏が県知事に再選

解説 沖縄の過去，そして現在
海上交易で栄えた琉球王国は，明治時代に沖縄県となった。太平洋戦争では国内唯一の地上戦を経験し，県民の4人に1人が犠牲となった。とくに15〜44歳の男性の犠牲者が多かった。戦後もアメリカの統治下に入り，1972年にようやく日本に復帰した。

▲糸満市摩文仁平和祈念公園にある「平和の礎」

② 日本国憲法と沖縄

・第89帝国議会での漢那憲和衆議院議員の訴え

「帝国議会に於ける県民の代表を失うことは，その福利擁護の上からも，又帝国臣民としての誇りと感情の上からも，洵に言語に絶する痛恨事であります。此の度の戦争に於いて60万の県民は出でて軍隊に召された者も，止まって郷土に耕す者も，各々其の職域に応じて奉公の誠を尽しました。……凡そ此の度の戦争に於いて沖縄県の払いました犠牲は，其の質に於いて恐らく全国第一ではありますまいか。此の県民の忠誠に対して，政府は県民の代表が帝国議会に於いて失われんとするに当たりまして，凡ゆる手段を尽し，之を防ぎ止めねばならぬと存じます。……」

[古関彰一『「平和国家」日本の再検討』より]

解説 沖縄抜きの新憲法制定　1945年12月の第89帝国議会で選挙法が改正され，沖縄県民の選挙権停止が決定された（沖縄選出の漢那憲和衆議院議員の激烈な抗議演説にもかかわらず）。つまり，日本国憲法が審議された第90帝国議会には，沖縄県の代表は存在しなかったのである。新憲法のもとで本土が平和と経済発展を享受していた一方で，新憲法の適用を受けなかった沖縄では，米軍による土地収用で軍事要塞化がすすんでいた。

③ 沖縄経済の現状

●県民総所得に占める基地関連収入の割合

Check! 県民総所得に占める基地関連収入の割合はどのように推移してきただろうか。

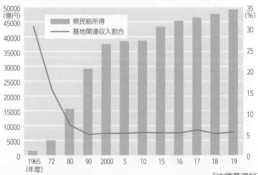

[沖縄県資料]

解説 産業振興の遅れ　沖縄の一人当たり県民所得は241万円（全国平均の76%）で，全国最下位（2019年度）。その経済は長らく，軍用地使用料や，基地交付金などの国からの補助金に依存してきた。一方で，沖縄本島面積の約14%を占める広大な米軍関連施設が，インフラ整備や商業施設建設を妨げているとの指摘もあり，**近年では基地への依存度は低下している。**

④ 沖縄の米軍基地

❶基地の影響

　基地に隣接する街で，買い物にでかけた小学生が四人の米兵に拉致されたこと，あまりにも幼いという理由で一人の米兵は強姦に加わらなかったものの，残りの三人は浜辺でその子を強姦したこと，……被害にあったのはこの子だけじゃない。手のひらに，草を握りしめたまま強姦されて殺された女の子の母親は，腐敗した娘の服さえ捨てられなかったと聞いている。

[上間陽子『海をあげる』より]

解説　基地がもたらす苦しみ
①犯罪　米軍が沖縄に駐留して以来，米軍関係者による犯罪は後を絶たない。1995年の少女暴行事件に対する沖縄県民総決起大会では，米側が**日米地位協定**を盾に容疑者の身柄引き渡しを拒んだこともあり，基地の整理・縮小と地位協定の見直しを求めて8.5万人が集結した。
②事故　2004年，沖縄国際大に米軍ヘリが墜落。占領時代の1959年には，石川市の宮森小学校に米軍機が墜落し，児童を含む18人が犠牲となっている。
③騒音　普天間飛行場に隣接する小学校において，米軍機の離着陸時の教室内の騒音は100デシベル以上に達する。これは，乗用車のすぐ前で聞くクラクションに匹敵する音量である。

❷軍事拠点としての沖縄
●沖縄の地政学的位置

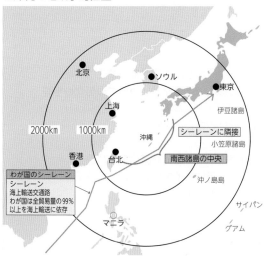

[防衛省資料]

解説　太平洋の要石　日本の国土に占める沖縄の割合は0.6%にすぎないが，在日米軍施設の**約70%**が沖縄に集中している。
　冷戦期を通じて，沖縄は米軍から「**太平洋の要石**」ともいわれた。1949年の中華人民共和国建国，50年の朝鮮戦争と，東アジア情勢が緊迫するなか，共産主義勢力に対抗するアジアの拠点として，沖縄は極東最大規模の米軍基地となり，60～70年代のベトナム戦争でも大きな役割をはたした。
　近年アメリカは，中国や北朝鮮の軍事的動向を警戒し，世界中に駐留する米軍の再編を進めている。普天間飛行場の代替施設建設もその一環である。自衛隊も北朝鮮対応の地対空誘導弾パトリオットを沖縄県内の4か所に配備した。石垣島では新設された駐屯地でなく民間港湾に展開され，波紋を呼んでいる。

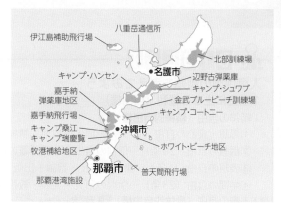

❸辺野古移設問題

普天間基地の移設，条件付き合意

　冷戦終結後も，少女暴行事件やヘリ墜落事故があり，県民の基地に対する不満はふくらみ続けていた。
　これを受けて，自民党政権時代の1996年には，県内移設を条件に普天間基地の返還が日米間で合意された。2006年には，日米両政府は在日米軍再編案（日米ロードマップ）に合意し，沖縄の米軍基地の整理・縮小と日本本土への機能分散の方針のもと，海兵隊をグアムに移転させ，名護市辺野古沿岸部を埋め立てて普天間基地を移設することになった。

辺野古新基地への移設

　辺野古移設合意後も，地元を中心に反対運動は続いた。2009年の政権交代で発足した民主党の鳩山政権は，当初「**最低でも県外**」移設と主張していたが，米政府との交渉は難航し，翌10年には県外移設断念を表明，移設問題は混乱をきわめた。その後政権復帰をはたした自民党の安倍政権は，13年に合意した米軍基地返還計画に基づき，2022年以降に辺野古新基地への移設を行うことを表明した。

▲辺野古キャンプ・シュワブ

「辺野古移設反対」派の知事誕生～現在

　2013年，辺野古沿岸部の埋め立て申請が承認された。県民の反基地感情はくすぶり続け，その結果，14年には県知事に移設反対派の翁長雄志氏が当選し，前知事の埋め立て承認を取り消して，国との法廷闘争となった（16年に県側敗訴が確定）。
　翁長知事の死後も移設反対の声はやまず，同じく反対派の玉城デニー氏が当選した。さらに19年2月には，辺野古埋め立ての賛否を問う県民投票が実施され，「埋め立て反対」は70%を超えた。それでもなお，豊かな生物多様性をもつ辺野古の海で，現在も土砂投入が続いている。

3 基本的人権の保障

DIGEST

人権保障の課題を考えてみよう

1.自由に生きる権利（自由権）

(1)精神の自由（**精神的自由権**）**2**

①思想・良心の自由（19条）…個人の内面的精神活動の自由

②信教の自由（20条）…信仰の自由と**政教分離**の原則

③表現の自由（21条）…集会・結社・言論・出版など一切の表現の自由，報道・取材の自由，検閲の禁止

④学問の自由（23条）…学問の研究・発表・教授の自由，大学の自治

(2)人身の自由（**身体的自由権**）**3** **政治**がわかる

憲法はどのようなことを禁止しているだろうか

①奴隷的拘束・苦役からの自由（18条）

②法定手続きの保障（31条）…適正手続主義，**罪刑法定主義**

③刑事手続き上の諸権利（33〜39条）→**冤罪**（無実の罪）の防止

a. 令状主義（33・35条）　　　　　　b. 不当な抑留・拘禁の禁止（34条）

c. 拷問・残虐な刑罰の禁止（36条）　　d. 弁護人依頼権など刑事被告人の諸権利（37条）

e. 黙秘権・自白の証拠能力の制限（38条）f. 遡及処罰の禁止・二重処罰の禁止（39条）

(3)経済活動の自由（**経済的自由権**）**4**

①居住・移転・職業選択の自由（22条），②財産権の不可侵（29条）

基本的人権の保障に関する一般原則（12・13条）

①国民の自由・権利の保持責任と濫用の禁止　②「公共の福祉」による制約

2.平等に生きる権利（平等権）

平等権の保障をめぐってどのような課題があるだろうか

(1)平等権の保障 **5**

①法の下の平等（14条）…人種・信条・性別・社会的身分・門地などによる差別の禁止

②家庭生活における両性の本質的平等（24条）…家族生活の形成・維持などについての男女の平等

③選挙権の平等（44条）…普通選挙の保障

④教育の機会均等（26条）…能力に応じて，等しく教育を受ける機会を保障

(2)平等権実現のための施策 **6** **7** **8** **9** **10**

男女雇用機会均等法（1985年），育児休業法（1991年→1995年に育児・介護休業法に改正），

障害者基本法（1993年），アイヌ文化振興法（1997年→2019年にアイヌ民族支援法に改正），

指紋押捺制度の廃止（1999年），男女共同参画社会基本法（1999年），

女性活躍推進法（2015年），部落差別解消推進法（2016年）など

3.社会権・参政権・請求権の保障

(1)社会権の保障 **11** **12** **13**

①生存権（25条）…健康で文化的な最低限度の生活を営む権利→国は社会保障施策推進の義務を負う

判例　朝日訴訟，堀木訴訟（最高裁判所は25条について**プログラム規定説**をとる）

②教育を受ける権利と義務教育の無償（26条）→教育基本法や学校教育法で具体的に保障

③労働基本権…勤労権・勤労条件の法定（27条）と**労働三権**［団結権・団体交渉権・団体行動権］（28条）

→**労働三法**（労働基準法・労働組合法・労働関係調整法）で具体的に保障

(2)参政権の保障 **14**

①公務員の選定・罷免権（15条）…選挙について公職選挙法で具体的に保障

②最高裁判所裁判官の国民審査（79条）… **リコール**

③地方特別法の住民投票（95条）…**レファレンダム** ｝ 直接民主制的な制度を採用

④憲法改正の国民投票（96条）…レファレンダム

(3)請求権の保障 **15** **16** **17** **18**

①請願権（16条），②国家賠償請求権（17条），③裁判を受ける権利（32条），④刑事補償請求権（40条）

法や規範の意義・役割

1 日本国憲法における人権保障の体系

分類		条項	条文	内容
一般原理		基本的人権の永久不可侵性 基本的人権の保持責任・濫用防止 個人の尊重，生命・自由・幸福追求の権利	11・97条 12条 13条	国民の権利を，人が生まれながらにもつ権利（natural rights）ととらえ，日本国憲法が保障する基本的人権全体に通じる性質が示されている。その根底には「個人の尊重」という原則がある。
平等権 (▶p.109)		法の下の平等 両性の本質的平等 参政権の平等	14条 24条 44条	基本的人権保障の前提として，「すべての人が平等に扱われなければならない」ことが示されている。 **尊属殺重罰規定違憲訴訟など**
自由権	精神 (▶p.102)	思想・良心の自由 信教の自由，政教分離の原則 集会・結社・表現の自由，検閲の禁止，通信の秘密 学問の自由	19条 20条 21条 23条	自由権は，市民革命以降，基本的人権の中でも最も早く確立された権利である。「18世紀的人権」ともいわれ，国家権力の干渉を排除する，「**国家からの自由**」（freedom from state, don't do anything）をその本質とする。
	人身 (▶p.105)	奴隷的拘束・苦役からの自由 法定手続の保障 不法逮捕の禁止 不法な抑留・拘禁の禁止 不法に住居侵入・捜索・押収されない権利 拷問・残虐な刑罰の禁止 刑事被告人の権利（公開裁判，弁護士の依頼） 黙秘権（自白強要の禁止） 遡及処罰の禁止，一事不再理	18条 31条 33条 34条 35条 36条 37条 38条 39条	○精神の自由：個人の内心に権力が介入するのを排除する権利で，自己の考えを発表し，同じ考えの人と集会・結社する自由である。民主政治を支える権利でもある。 **三菱樹脂事件，愛媛玉ぐし料訴訟など** ○人身（身体）の自由：生命・身体を不当に圧迫されない権利。人間の自由を確保するための，もっとも基礎的な条件となる権利。治安維持法などによる侵害を反省し，詳細に規定。
	経済 活動 (▶p.108)	居住・移転・職業選択の自由 財産権	22条 29条	○経済活動の自由：封建制が終わり，その後の資本主義経済発展の基礎となった権利。公共の福祉の原理により，精神の自由よりも幅広い制約を受ける。 **薬事法距離制限違憲訴訟など**
社会権 (▶p.114)		生存権（→国の社会保障義務） 教育を受ける権利（→無償の義務教育） 勤労権 労働三権（団結権・団体交渉権・団体行動権）	25条 26条 27条 28条	資本主義経済の下での社会的弱者に人間らしい生活を保障するために，国による具体的な施策を要求する権利（do something right）。「**国家による自由**」「20世紀的人権」ともいわれる。国家の介入を排除する自由権と対照的。 **朝日訴訟，旭川学力テスト事件など**
参政権 (▶p.116)		公務員の選定・罷免権 選挙権・被選挙権 地方公共団体の長・議員の選挙権 最高裁判所裁判官への国民審査 地方特別法に対する住民投票 憲法改正に対する国民投票	15条 43・44条 93条 79条 95条 96条	民主政治を実現するために不可欠の権利。国民の政治参加を実現することで，基本的人権を実質的に保障している。国政選挙や地方選挙といった間接民主制だけでなく，最高裁判事の任免・地方特別法・憲法改正といった決定に直接参加できる（直接民主制）。 **在外邦人選挙権制限違憲訴訟など**
請求権 (▶p.117)		請願権 国家賠償請求権 裁判を受ける権利 刑事補償請求権	16条 17条 32条 40条	基本的人権をより確実に保障するために，国家の積極的な行為を求める権利。国務請求権ともいわれる。 **多摩川水害訴訟，隣人訴訟など**
義務	基本的 義務	**三大義務** 子どもに教育を受けさせる親の義務 勤労の義務 納税の義務	26条 27条 30条	国家の構成員として，国民が果たすべき役割。明治憲法にはあった「兵役の義務」がなくなった。憲法尊重擁護義務は，国民ではなく，天皇・公務員に課せられることになった。
	一般的 義務	基本的人権を不断の努力により保持する義務 憲法を尊重し擁護する天皇と公務員の義務	12条 99条	

解説 **基本的人権** 日本国憲法は国民の基本的人権を，恩恵として権力者によって与えられたものではなく，生まれながらにもつ権利（文字通りnatural な権利），**永久不可侵の権利**と規定した。一方で，憲法は権利の濫用を禁じ，公共の福祉のために利用する責任をも課している。また，憲法第13条は，**個人の尊重**を第14条以降の個別具体的な人権規定に先だって規定し，すべての人権が個人の尊重に由来することを示している。**国民主権**や**平和主義**が，**基本的人権の保障**という憲法の「目的」を実現するための「手段」という関係にあることを踏まえれば，個人の尊重を定める第13条こそが，憲法全体を貫く理念を示しているといえる。

はみだし ●人権問題の相談窓口（法務省）様々な人権問題についての相談電話　みんなの人権110番 0570-003-110
メモ いじめ・虐待など子どもの人権問題についての相談電話　こどもの人権110番 0120-007-110

101

2 精神の自由

Check! 公法である憲法の規定は，私人間に適用されるのだろうか。

❶思想・良心の自由

第19条［思想及び良心の自由］
　思想及び良心の自由は，これを侵してはならない。

判例 三菱樹脂事件

■事件の概要

　原告のTさんは，1963（昭和38）年に東北大学法学部を卒業後，三菱樹脂株式会社に入社した。この会社では，3か月の試用期間終了後に本採用とすることになっていた。ところが，Tさんの試用期間終了の間近に，会社は，Tさんが入社試験の際，生協活動や学生運動をしていたことを隠していたとして，本採用を拒否（＝Tさんを解雇）した。これに対してTさんは，本採用拒否は信条による差別（憲法第14条違反）であり思想・良心の自由の侵害（憲法第19条違反）であるとして，地位の保全と賃金の支払いを求めて裁判を起こした。

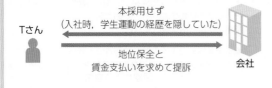

本採用せず
（入社時，学生運動の経歴を隠していた）

Tさん

地位保全と
賃金支払いを求めて提訴

会社

■裁判所の判断

第一審：Tさん勝訴（本採用拒否は解雇権の濫用）
第二審：Tさん勝訴
最高裁：Tさん敗訴
　　　　（破棄差し戻し　企業には雇用の自由がある）

　第一審の東京地方裁判所は，1967年の判決で，第二審の東京高等裁判所も，1968年の判決で，ともにTさんの主張を大筋で認めた。

　しかし，最高裁判所は，1973年12月12日の判決で，憲法第14・19条の各規定は，「国または地方公共団体の統治自治に対して個人の基本的な自由と平等を保障する」もので，企業と個人といった私人相互の関係に直接適用されるものではない。また，「企業は雇用の自由を有するから，特定の思想・信条を有する者を，そのことを理由として雇用を拒んでも，当然には違法とは言えない」として，原判決を破棄，差し戻しとした。

解説 私人間にも憲法が適用されるか　最高裁判決は，**憲法第14・19条が，私人間に直接適用するものではないとし，企業の雇用の自由を擁護する一方，個人の思想の自由を限定的にとらえた**。最高裁の判決後，1976年に高裁の和解勧告により，会社とTさんとの間に和解が成立し，Tさんは13年ぶりに職場復帰を果たした。その後Tさんは1999年まで三菱樹脂に勤務した後，子会社の社長をつとめた。

アラカルト 判例学習の意義

　判例とは，「本来は，裁判の先例をいい，判決として繰り返されたものを指す」（有斐閣『新版新法律学辞典』）。

●基本的人権の保障と裁判

　日本国憲法はさまざまな基本的人権を国民に保障している。社会生活が営まれるなかで，人権が損なわれたり，人権同士の衝突が生じた際は，裁判所が判決を出すことで，事案の解決が図られる。

⇩

　裁判所が判決を出す際，裁判官は憲法や法律に従って職権を遂行する（憲法第76条3項）が，憲法や法律の解釈は人により異なる場合がある。このため過去の裁判と同じ争点（争いのポイント）がある裁判では，判決の拠り所として判例が重要な役割を果たしている。特に最高裁判所の判例は大きな影響力をもっている。

原告　民事裁判で，裁判を起こした個人・法人
被告　民事裁判で，訴えられた個人・法人
被告人　刑事裁判で，罪を犯した疑いがあるとして，検察官によって起訴された人
破棄　控訴審・上告審で，もとの判決を取り消して，無効とすること。この場合，裁判所は新たな判決を下すか，もとの裁判所に再審理させる（差し戻し）。
棄却・却下　裁判所に対する請求や申し立てを退けること

＊「裁判のしくみ（三審制）」（▶p.140）や「裁判員制度」（▶p.143）に出てくる用語も確認しよう。

　この章では，人権にかかわる多くの判例が掲載されている。各判例の「**■事件の概要**」で，どのような人権侵害があったのか，争点は何かを確認し，「**■裁判所の判断**」で，憲法上の人権がどの程度尊重・制限されたのかを確認してみよう。

はみだしメモ　思想・良心の自由が日本国憲法で明文化されたのは，明治憲法下で，反天皇思想そのものが犯罪（思想犯）として厳しい取り締まり・弾圧の対象となったからである。

❷信教の自由

Check! 政教分離規定があるのはなぜだろうか。

第20条［信教の自由］ ①信教の自由は，何人に対してもこれを保障する。いかなる宗教団体も，国から特権を受け，又は政治上の権力を行使してはならない。
②何人も，宗教上の行為，祝典，儀式又は行事に参加することを強制されない。
③国及びその機関は，宗教教育その他いかなる宗教的活動もしてはならない。

判例 愛媛玉ぐし料訴訟

■事件の概要

　愛媛県が，靖国神社の「例大祭」や「みたま祭」に玉ぐし料や献灯料として計7万6,000円を，また，護国神社の「慰霊大祭」に供物料として計9万円を，県の公金から支出した。これに対して愛媛県の住民が，憲法第20条3項および第89条違反の行為であるとして裁判を起こした。

政教分離として
損害賠償請求
愛媛県 → 愛媛県住民
玉ぐし料等として公費支出
靖国神社

■裁判所の判断

第一審：住民勝訴（県の公金支出は宗教性があり違憲）
第二審：住民敗訴（県の公金支出は宗教性がなく合憲）
最高裁：住民勝訴

　第一審の松山地方裁判所は，1989年の判決で，愛媛県の公金支出は宗教活動にあたるとして住民の訴えを認めた一方，第二審の高松高等裁判所は，1992年の判決で，憲法違反ではないとした。

　最高裁判所は，1997年4月2日の判決で，玉ぐし料等の奉納は，その目的が宗教的意義をもち，その効果も特定の宗教に対する援助・助長・促進になるとして，愛媛県による靖国神社等への玉ぐし料等の奉納を憲法に違反するとした。

解説 政教分離　最高裁は，「津地鎮祭訴訟」（1977年），「自衛官合祀拒否訴訟」（1988年）などで合憲判決を下しており，政教分離原則に関しては，「愛媛玉ぐし料訴訟」で初めて違憲判決が下された。日本国憲法では，第20条で政教分離を規定し，さらに第89条では財政面からも政教分離の徹底を期している。これは**明治憲法下における国家と神社神道の結びつき（国家神道）が，民主政治の衰退と軍国主義の増長をもたらしたことへの反省に立つものである。**なぜ「政教分離」が規定されたのか，たえず立法趣旨に立ち返り，国家と宗教（特に「神社神道」）との関係をとらえなければならない。

玉ぐし▶

判例 津地鎮祭訴訟

■事件の概要

　三重県津市が市体育館建設に際し，起工式を神道式の地鎮祭で行い，費用7,663円を公金から支出した。これに対し，津市議会議員が神道式地鎮祭の挙行と公金支出は憲法の政教分離に反するとして提訴した。

■裁判所の判断

第一審：原告敗訴（地鎮祭は習俗行事）
第二審：原告勝訴（地鎮祭は宗教行事で，「違憲」）
最高裁：原告敗訴（地鎮祭の目的は世俗的で，神道を援助する効果もないため「合憲」）

　最高裁判所は1977年7月13日の判決で，憲法第20条3項が禁じる宗教的活動を，「…行為の目的が宗教的意義をもち，その効果が宗教に対する援助，助長，促進又は圧迫，干渉等になるような行為」との判断基準（**目的効果基準**）を示し，本件の地鎮祭は宗教的活動にはあたらない，とした。

解説 万能ではない基準　最高裁判所が示した目的効果基準は以降の「政教分離」関連訴訟の多くで判断基準として用いられてきた。ただし，この基準をどの程度厳格に適用するかで，「合憲」「違憲」の判決内容は180度変わり得る（比較：愛媛玉ぐし料訴訟）

●政教分離に関するその他の訴訟

自衛官合祀拒否訴訟	殉職した自衛官を，キリスト教徒の妻の意思に反し，自衛隊が山口県護国神社に合祀	山口地裁・違憲（1979.3.22） 広島高裁・違憲（1982.6.1） **最高裁・合憲**（1988.6.1）
砂川政教分離訴訟	北海道砂川市が市有の土地を無償で神社に提供	札幌地裁・違憲（2006.3.3） 札幌高裁・違憲（2007.6.26） **最高裁・違憲**（2010.1.20）

アラカルト　靖国神社って？

　1869（明治2）年，戊辰戦争での官軍（天皇側）の戦死者を「東京招魂社」に祀ったことが，靖国神社の始まり。1879年には靖国神社と改称され，太平洋戦争までの戦死者を中心に約247万人が祀られている。戦後は宗教法人となったが，戦前に軍国主義普及の役割を担ったことから，首相や閣僚が参拝することに関して，政教分離などをめぐる議論が国内外で起こっている。

▲靖国神社を参拝する安倍首相（2013年12月26日）

はみだしメモ　文化庁発表の統計によれば，日本の各宗教の信者数は神道系が約8,900万人，仏教系が約8,500万人，キリスト教系が約190万人，その他約740万人，合計約1億8,300万人となり，総人口を大きく上回っている!?（2019年末）

103

❸ 表現の自由

第21条［集会・結社・表現の自由，通信の秘密］
①集会，結社及び言論，出版その他一切の表現の自由は，これを保障する。
②検閲は，これをしてはならない。通信の秘密は，これを侵してはならない。

Check! 表現の自由の制限が認められる理由とは。

判例 チャタレイ事件
■ 事件の概要
　1950年，英文学者伊藤整が，D. H. ロレンスの小説『チャタレイ夫人の恋人』を翻訳し，小山書店社主小山久二郎が出版した。過激な性的描写があることを知りながら，翻訳・出版・販売した行為が刑法第175条のわいせつ文書頒布罪にあたるとして起訴された。

■ 裁判所の判断
　最高裁判所は，1957年3月13日の判決で，性的秩序を守り，最小限の性道徳を維持することは公共の福祉にあたるとした。表現の自由の重要性を認めながらも，**公共の福祉により制限される**として両被告人の有罪が確定した。

解説 表現の自由と公共の福祉　司法の「わいせつ文書等への表現の自由への制限は合憲」とする姿勢は，判決から50年以上を経た今日も維持されている。一方で，「公共の福祉」を用いて安易に表現の自由を制限することへの批判も根強い。なお，この小説は，1973年に別訳者で完訳版が出版された。

判例 家永教科書裁判
■ 事件の概要
　家永三郎・東京教育大学教授が執筆した高校用教科書『新日本史』が，文部省（現・文部科学省）の検定で不合格，さらに条件付き合格処分を受けた。これに対し，家永教授は教科書検定制度が憲法第21条2項等に違反するとして，処分の取り消しと国家賠償を請求する訴えを，1965年から3度にわたって起こした。

■ 裁判所の判断

	第一次訴訟	第二次訴訟	第三次訴訟
提訴	1965年	1967年	1984年
第一審	家永氏一部勝訴 検定制度，運用は合憲。一部に裁量逸脱あり。	家永氏勝訴 検定制度は違憲ではない。不合格処分は違憲。	家永氏一部勝訴 検定制度，運用は合憲。一部に裁量逸脱あり。
第二審	家永氏敗訴 裁量に逸脱なし。	家永氏一部勝訴 憲法判断を回避。	家永氏一部勝訴 検定制度は合憲，裁量に逸脱あり。
最高裁	上告棄却 家永氏の敗訴確定。	審理差し戻し 高裁の差し戻し審では，検定基準変更により，家永氏に訴えの利益なしとされ，敗訴が確定。	家永氏一部勝訴 検定制度は合憲，争われた8か所の検定意見のうち，4か所を違法と認定。

解説 教科書裁判の影響　裁判では，検定制度が憲法の禁止する検閲にあたるかが争点となった。1997年の最高裁判決まで32年間にも及んだこの裁判では，国の教育政策の在り方や日本人の歴史認識などについて，広く国民の関心を呼び起こした。

❹ 学問の自由

第23条［学問の自由］ 学問の自由は，これを保障する。

判例 東大ポポロ事件
■ 事件の概要
　1952年，大学公認の学生団体「ポポロ劇団」の公演が東大キャンパス内で行われている最中，観客の中に私服警察官がいることを学生が発見した。学生が不当な情報収集ではないかと追及した際，警察官に暴行したとして起訴された。学生側は，警察による大学構内での監視活動は大学の自治を侵すとして争った。

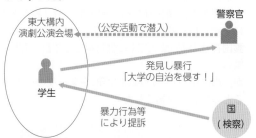

■ 裁判所の判断

第一審	**学生無罪**（学生の行為は大学の自治を守るためのもので正当）
第二審	**学生無罪**（一審判決を支持）
最高裁	**破棄差し戻し** ⇒ 差し戻し審で学生有罪（警察の立ち入りは大学の自治を侵さない）

　最高裁判所は1963年5月22日の判決で，学問の自由を研究の自由とその成果の発表の自由に限定した。本件の学生の演劇活動は学問の自由や大学の自治を構成するものとは認められず，警察の行為も大学の学問の自由と自治を侵すものではないとされた。

解説 学問の自由と大学の自治　警察が大学の許可なくキャンパス内に立ち入り情報収集を行うことは，研究活動を委縮させる危険性をもつ。ポポロ事件の際，学生運動にはむしろ否定的だった尾高朝雄教授が，無断で大学構内に立ち入った警察官を怒鳴り，キャンパス外へ排除したことは，学問の自由の基礎を成す大学の自治を守ろうとしたエピソードとして有名。

●おもな戦前の学問への弾圧事件

Check! 学問の自由が新たに保障されるようになったのはなぜか，考えてみよう。

滝川事件 1933年	京都帝国大学法学部の滝川幸辰教授が講演でトルストイを肯定的に紹介したところ，滝川教授の自由主義的な刑法学説が国体に反するとして，文部省が滝川教授を休職処分とした事件。京大法学部の全教授が抗議の辞表を出す事態に発展。
天皇機関説事件 1935年	天皇を統治権の主体として法人格をもつ国家の最高機関と位置づけた「天皇機関説」は，学問上の通説であったが，日本の軍国主義化の進行に伴い，「国体」に反するとされ，提唱者の東京帝国大学の美濃部達吉教授は貴族院議員を辞任させられ，著書は発禁処分とされた。

Answer!　「おもな戦前の学問への弾圧事件」　checkの答え：学問の自由ないしは学説の内容が，直接に国家権力によって侵害された歴史を踏まえて，とくに規定されたものである。[『憲法』芦部信喜　岩波書店]

3 人身（身体）の自由

Check! 日本国憲法で，人身の自由に多くの条文があてられているのはなぜか。

第31条［法定手続の保障］ 何人も，法律の定める手続によらなければ，その生命若しくは自由を奪はれ，又はその他の刑罰を科せられない。

●刑事手続きと憲法の規定

※（　）の数字は憲法の条数

立場	手続きの流れ	拘束場所	機関	憲法規定の概要
被疑者	逮捕　48時間以内 ↓ 送検　24時間以内 ↓ 勾留決定 ↓ 20日以内	※1 警察の留置場 ※1（代用刑事施設）代用刑事監獄	警察	**［適正手続の保障］** 法定手続の保障（31） **［令状主義］** ①令状なく逮捕されない権利（33） 　　　　　　②令状なく捜索・押収されない権利（35）
			検察	**［弁護人依頼権］** 抑留・拘禁理由の開示，逮捕・勾留時の弁護人依頼権の保障（34） **［拷問禁止］** 公務員による拷問の禁止（36） **［黙秘権］** 不利益な供述を拒否する権利（38①）
被告人	起訴 ↓ 裁判	※2 拘置所	裁判所	**［裁判を受ける権利］**（32） **［迅速な裁判と公開裁判の保障］** 公平な裁判所の迅速な公開裁判を受ける権利（37①） **［弁護人依頼権］** 弁護人依頼権及び国選弁護権の保障（37③） **［証人尋問権・証人請求権］** 証人に対する反対尋問権と証人喚問権の保障（37②） **［黙秘権］** 自白強要の禁止及び自白だけで有罪にされない権利（38）
受刑者	有罪	刑務所 ※2	刑務所	**［残虐な刑罰の禁止］** 有罪の場合でも残虐な刑罰の絶対的禁止（36）
	無罪			**［一事不再理］** 有罪・無罪の判決の後同一事件で再度起訴されない権利（39） **［遡及処罰の禁止］** ある時点で法律違反とされなかった行為は，のちに制定された法律により処罰されない（39） **［刑事補償］** 逮捕・勾留後無罪とされた場合に刑事補償を受ける権利（40）

※1 警察署管轄　※2 法務省管轄　　　　　　　　　　　　　　　　　　　［『死刑か無罪か』岩波ブックレットほかを参考に作成］

◀模擬取り調べ室の様子

◀東京地裁の法廷の様子

●人身の自由を守るために…

Check! 憲法はどのようなことを禁止しているだろうか。

奴隷的拘束・苦役からの自由	第18条	人格を無視した身体の拘束や，意思に反した強制労働を禁止。
法定手続の保障	第31条	刑罰を科すには法律で定めた適正な手続によらなければならない。
罪刑法定主義	第31条	いかなる行為が犯罪に該当し，それにいかなる刑罰が科せられるかは，あらかじめ法律で定められていなければならない。
令状主義	第33・35条	逮捕・捜索・押収には，裁判官が発する令状によらなければならない。
拷問・残虐刑の禁止	第36条	歴史的に自白を得る手段として行われた拷問や残虐な刑罰の禁止。
遡及処罰の禁止	第39条	行為時に犯罪とされていなかった行為を，後から犯罪として処罰することを禁じる。
一事不再理	第39条	無罪が確定した後に，再び同じ事件を再審で蒸し返すことを禁じる。

解説 詳細な刑事手続き 明治憲法下で行われた拷問などの反省から，国家権力による不当な人権侵害を防ぐため，日本国憲法では第31～40条で詳細に刑事手続きを規定している。被疑者・被告人は有罪の判決を受けるまでは無罪として扱われ（**推定無罪の原則**），犯罪の明確な証拠がない場合は無罪となる（**疑わしきは被告人の利益に**）。

また，1975年の白鳥事件の再審請求で，「疑わしきは被告人の利益に」の原則が再審にも適用されることとなった（**白鳥決定**）。

はみだしメモ アメリカでは，ミランダ警告（黙秘権，弁護人立会権などの告知）がなされていない場合の供述は，公判上の証拠とならない。アメリカのドラマや映画では，逮捕前にミランダ警告をする場面が描かれることも多い。

105

政治がわかる　冤罪

無実の者が罪に問われる冤罪。近年も，袴田事件で元死刑囚の再審が確定するなど，冤罪事件はなくなっていない。警察の自白重視の傾向，見込み捜査や別件逮捕などが冤罪の要因とされてきた。取り調べを録音・録画する「可視化」を求める声の高まりを受けて，2016年には刑事司法改革関連法が成立した。冤罪はなぜおきるのか，考えてみよう。

① 足利事件

1990年，栃木県足利市で4歳の女児が行方不明となり，翌日他殺体で発見された。1991年，菅家利和さんが逮捕され，検察・警察の取り調べにより自白し，さらに事件現場に残されたDNAと菅家さんのDNAが一致したという鑑定結果が決め手となり，2000年に最高裁で無期懲役の有罪判決を受けた。

一審の途中から菅家さんは，自白が虚偽を強要されたものであり，無罪を主張。DNAの再鑑定を求め続けていた。2009年にようやく再鑑定が行われると，犯人と菅家さんのDNAは不一致と判明。**再審**の開始が決定され，2010年には，宇都宮地裁が無罪判決を出し，宇都宮地検が上訴権を放棄したため，菅家さんの無罪が確定した。

事件では，警察が導入されたばかりのDNA鑑定(今日の鑑定に比べて精度は格段に低かった)の結果に頼りすぎたこと，逮捕当初から菅家さんを犯人と断定し，そのストーリーに沿った自白を強要したこと，検察官や裁判官もそれを追認してしまったことなどが絡み合い，冤罪を生み出してしまった。

＊再審：有罪判決が確定した後，無罪を言い渡すべき明らかな証拠を新たに発見したときに請求が可能となる救済手段。

解説　裁判長の謝罪　再審無罪の結果，菅家さんには，刑事補償として7,993万7,500円（12,500円×6,395日）が支払われたが，奪われてしまった歳月は決して戻らない。再審で無罪判決を下した宇都宮地裁の裁判長は，「真実の声に十分に耳を傾けられず，17年半の長きにわたり自由を奪うことになりました。誠に申し訳なく思います」と謝罪した。警察・検察・司法関係者が真摯に「真実の声に十分に耳を傾け」ようとすることが，冤罪を防ぐための第一歩である。

② 死刑確定後再審無罪となった事件

事件名	罪名	判決 (判決年)	再審 (確定年)	身柄拘束から 再審無罪まで
免田事件	強盗殺人	死刑 (1951年)	無罪 (1983年)	34年6カ月
財田川事件	強盗殺人	死刑 (1957年)	無罪 (1984年)	33年11カ月
松山事件	強盗殺人 放火	死刑 (1960年)	無罪 (1984年)	28年7カ月
島田事件	殺人	死刑 (1960年)	無罪 (1989年)	34年8カ月

③ 代用刑事施設の実態

「**代用刑事施設**」とは，逮捕，勾留される者を拘置所に収容することに代えて，一定期間を過ぎても引き続き留置場に最大23日間，拘禁することができる制度をいう。2006年の法改正までは「**代用監獄**」と呼ばれていた。

このような制度は諸外国でも見られるが，日本は特に勾留期間が長く，取り調べが連日にわたって行われるなど，被疑者の心理的負担が強い。これが自白の強要など冤罪につながると指摘されてきた。

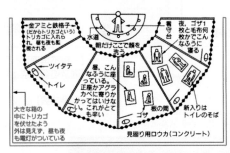

▲典型的な代用監獄

［自由法曹団『警察と市民の人権』みづち書房より］

④ 進む取り調べの「可視化」

Check!　司法取引の問題点は何だろうか。

2009年の足利事件，2010年の障害者郵便制度悪用事件での大阪地検特捜部による証拠改ざん事件など，今日でも捜査機関による行き過ぎた捜査や冤罪が起こっている。それらを防ぐため，捜査機関による取り調べを後からチェックできるよう録音・録画することを，取り調べの「可視化」という。2016年5月には，取り調べの「可視化」を一部義務付けた刑事司法改革関連法が成立した（2018年施行）。なお同法の施行にともない，「**司法取引**」が新たに導入された。司法取引とは，被告人と検察官が取引をし，被告人が罪を認める，捜査に協力するなどした場合に刑の軽減を行うことをさす。重大な犯罪の捜査の進展に役立つ情報を入手できるなどのメリットがある一方で，減刑を望む容疑者が，無実の者や犯罪の役割がより軽微な者に罪をなすり付けるために虚偽の証言を行う可能性などが指摘されており，新しいタイプの冤罪が生み出されることを懸念する声もある。

法や規範の意義・役割／司法参加の意義

Active 死刑－廃止か？存続か？

1980年代以降, 世界では死刑廃止国が急増している。一方, 日本には死刑制度が存在する。死刑制度を維持するべきか, あるいは廃止するべきか。さまざまな意見に耳を傾け, 死刑制度について, 人間の生命について考えてみよう。

観点・視点 Point of View

存続論 ▶ ✕ ◀ 廃止論

存続論		廃止論
凶悪な犯罪者は命をもって罪を償うべきである	考え方	死刑は, 憲法第36条が禁止する「残虐な刑罰」に該当する。国家であっても人を殺す権利はない
死刑がなくなれば凶悪な犯罪が増える。犯罪を思い止まらせる力（犯罪抑止力）が死刑にはある	犯罪抑止力	死刑に犯罪を抑止する効果があるかは疑わしい
誤判の恐れがない事件もある。また, 誤判が許されないことは, 死刑以外の刑罰についても同様である	誤判	死刑は, 一度執行すると取り返しがつかないから, 誤判の可能性がある以上, 廃止すべきである
被害者・遺族の心情からすれば死刑制度は必要である	遺族の感情	犯罪者には被害者・遺族に被害弁償をさせ, 生涯, 罪を償わせるべきである
凶悪な犯罪者による再犯を防止するために死刑が必要である	犯人の更生	どんな凶悪な犯罪者であっても更生の可能性はある
国民世論の多数が死刑を支持している	世論	死刑の廃止は国際的潮流であるので, 我が国においても死刑を廃止すべきである

(法務省資料より作成)

✔ 振り返りチェック p.105 ③人身の自由, p.106 政治がわかる 冤罪

p.105 ③人身の自由, p.106

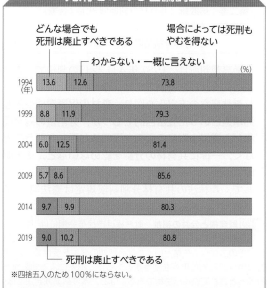

死刑をめぐる世論調査

どんな場合でも死刑は廃止すべきである　場合によっては死刑もやむを得ない

わからない・一概に言えない (%)

年	どんな場合でも死刑は廃止すべきである	わからない・一概に言えない	場合によっては死刑もやむを得ない
1994	13.6	12.6	73.8
1999	8.8	11.9	79.3
2004	6.0	12.5	81.4
2009	5.7	8.6	85.6
2014	9.7	9.9	80.3
2019	9.0	10.2	80.8

── 死刑は廃止すべきである

※四捨五入のため100%にならない。

解説 8割を超える死刑存置派　5年ごとに内閣府が実施している世論調査では, 今回も死刑存置派が80%を超え, 廃止派を大幅に上回った。理由としては, ①死刑を廃止すれば, 被害を受けた人やその家族の気持ちがおさまらない（56.6%）, ②凶悪な犯罪は命をもって償うべきだ（53.6%）, ③死刑を廃止すれば, 凶悪な犯罪が増える（47.4%）, などが挙げられている（複数回答）。

世界の死刑存廃状況

●世界の死刑存廃状況の推移

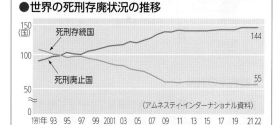

死刑存続国　144
死刑廃止国　55

(アムネスティ・インターナショナル資料)

1991年 93 95 97 99 2001 03 05 07 09 11 13 15 17 19 21 22

●死刑の潮流 （2022年12月末現在）

	該当国数
あらゆる犯罪に対する死刑を廃止	112か国
戦時の犯罪等を除くすべての死刑を廃止	9か国
過去10年以上死刑の執行がない事実上の廃止国	23か国
(合計)	(144か国)
死刑を執行した国	20か国

解説 世界の約7割が死刑廃止国　世界では死刑廃止国が増え続け, 事実上の廃止国を含めれば約7割に達する。ここでは, 死刑廃止という結果としての数字（国数）だけでなく, これらの国がなぜ死刑を廃止したのか, 廃止までのプロセスでどのような議論があったのか, などを確認することも大切である。

▶▶▶ TRY!

死刑制度は存続すべきか, 廃止すべきか, 「point of view」の意見を参考にしながら考えてみよう。

法や規範の意義・役割

4 経済活動の自由

❶居住・移転・職業選択の自由

第22条〔居住・移転・職業選択の自由，外国移住・国籍離脱の自由〕①何人も，公共の福祉に反しない限り，居住，移転及び職業選択の自由を有する。②何人も，外国に移住し，又は国籍を離脱する自由を侵されない。

判例 薬事法距離制限違憲訴訟

Check! 最高裁判決の「二重の基準」とは何か。

■事件の概要

薬事法には，新規薬局開設の許可基準として，距離制限規定が定められていた。1964年，Xさんは広島県での薬局開設を県知事に申請したが，距離基準（既設薬局から約100m保つ）に適合しないとして不許可となった。

Xさんは，薬事法の距離制限規定が，職業選択の自由や営業の自由を保障した憲法第22条1項に違反するとして，薬局開設の不許可処分の取り消しを求めて訴えた。一方で行政側は，過当競争にともない経営不振の店舗が出ることにより不良医薬品が供給されるなどとして，距離制限規定の正当性を主張した。

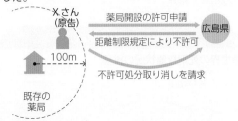

■裁判所の判断

第一審：Xさん勝訴（距離制限規定の憲法判断せず）
第二審：Xさん敗訴（距離制限規定は合憲）
最高裁：Xさん勝訴
（距離制限規定は必要合理性なく違憲）

最高裁判所は，1975年4月30日の判決で，距離制限規定は，不良医薬品の供給を防ぎ，国民の生命や健康の危険を防止するという目的のための，必要かつ合理的な規制とまでは言えない（より緩やかな制限でも目的を十分に達成できる）として，薬事法の距離制限規定は憲法第22条1項に違反し，無効であるとした。

解説 経済活動の自由と公共の福祉 最高裁判決では，薬事法距離制限規定に対して違憲判決を出す一方で，自由権の制限について，「個人の経済活動の自由は，精神的自由に比較して，公権力による規制の要請が強い」として，「二重の基準」を示した。薬事法訴訟と同様に，距離制限規定の合憲性が争われた公衆浴場法訴訟では，最高裁は合憲と判断している（1955年）。経済活動の自由への規制については，立法府である国会の判断がより尊重されている。

❷財産権

第29条〔財産権〕①財産権は，これを侵してはならない。②財産権の内容は，公共の福祉に適合するやうに，法律でこれを定める。③私有財産は，正当な補償の下に，これを公共のために用ひることができる。

判例 森林法共有林分割制限規定違憲訴訟

Check! 森林法で財産権を制限する根拠は何か。

■事件の概要

父親から山林の生前贈与を受けた兄弟2名（持分2分の1ずつで共有）の間では，山林をめぐって争いが絶えず，弟が兄に対して山林の分割を求めた。しかし，森林法では共有森林の持分価格2分の1以下の共有者の分割請求権を認めていなかった。弟は，森林法の分割制限規定は財産権を保障した憲法第29条に違反するとして，山林の分割を求めて提訴した。

弟（原告） ← 森林の2分の1の分割を求めて提訴 → 兄（被告）
森林の2分の1を共有 ［森林法は，共有森林の分割制限を規定］ 森林の2分の1を共有

■裁判所の判断

第一審：弟敗訴（共有林分割制限規定は合憲）
第二審：弟敗訴（共有林分割制限規定は合憲）
最高裁：弟勝訴
（共有林分割制限規定は必要合理性なく違憲）

最高裁判所は，1987年4月22日の判決で，森林法の共有林分割制限規定は，森林細分化の防止により森林経営の安定化を図り，**森林の保護育成や生産力増進といった立法目的をもつが，分割後の森林面積が必要最小限度の面積を下回るか否かを問うことなく，一律に共有林の分割を認めないなど，その制限は必要な限度を超えていて合理性に欠ける**などとして，森林法の共有林分割制限規定は憲法第29条に違反し，無効であるとした。

解説 財産権と公共の福祉 財産権は市民革命期には「神聖で不可侵の権利」（フランス人権宣言第17条）とされたが，貧富の格差の広がりや失業といった社会問題の発生を受けて，20世紀以降は経済的な平等を確保するために，国家による制限がありうるとされている自由権である。なお，本件最高裁判決では，財産権を制限する森林法の規定が必要な限度を超えて合理性に欠けているとされ，違憲判決が下された。

◆フランス人権宣言（1789年）
第17条 所有権は，一の神聖で不可侵の権利であるから……これを奪われることがない。
◆ワイマール憲法（1919年）
第153条③ 所有権は義務を伴う。その行使は，同時に公共の福祉に役立つべきである。

はみだしメモ 財産権を和英辞典で引くと「property rights」とある。「生命」「自由」と並置して，「財産」を文字通り個人にとって「proper（固有な）」なもの，自然権と捉えたのは，ジョン・ロックであった。

政治

5 法の下の平等

第14条［法の下の平等］ ①すべて国民は，法の下に平等であつて，人種，信条，性別，社会的身分又は門地（もんち）により，政治的，経済的又は社会的関係において，差別されない。

判例 尊属殺重罰規定違憲訴訟

> 共通テスト 20

■ 事件の概要

栃木県に住む被告人は，14歳の時から15年間にわたって，実父に夫婦同然の関係を強いられ，5人の子どもを産んだ。その後29歳の時に，勤務先の青年との結婚を希望したところ，逆上した父親に10日余りにわたって脅迫・虐待された。被告人は忌まわしい境遇から逃れるため，父親を絞殺した。検察は，刑法200条の尊属*殺人罪で起訴した。

*尊属：祖父母，父母など，血縁関係が上の代にある者。

■ 裁判所の判断

第一審：刑法200条は**違憲**。刑法199条を適用も心神耗弱（しんしんこうじゃく）・過剰防衛として刑罰を免除。
第二審：刑法200条は**合憲**。心神耗弱（しんしんこうじゃく）により減刑し，懲役3年6月の有罪判決。
最高裁：刑法200条は**違憲**。刑法199条を適用して，懲役2年6月，執行猶予3年の有罪判決。

刑法199条［殺人］ 人ヲ殺シタル者ハ死刑又ハ無期若クハ3年以上ノ懲役ニ処ス（注：現在は「5年以上の懲役」に改正）
刑法200条［尊属殺人］ 自己又ハ配偶者ノ直系尊属ヲ殺シタル者ハ死刑又ハ無期懲役ニ処ス（注：1995年に削除）

解説 初の法令違憲判決 法令の違憲判断に慎重であった最高裁が，1973年に初めて行った違憲判決。15名の裁判官の判断は14対1。**違憲**とした14人の内訳は，8名が「尊属殺への重罰は差別ではないが，死刑・無期という加重の程度が厳しすぎ違憲」，6名が「尊属殺人を区別し，刑を加重すること自体が違憲」。

判例 再婚禁止期間規定違憲訴訟

> 共通テスト 19

■ 争点 女性のみ再婚を6か月禁じる民法733条は違憲か

民法733条1項（再婚禁止期間） 女は，前婚の解消または取り消しの日から6箇月を経過した後でなければ，再婚することができない。

最高裁：**違憲**（100日を超える再婚禁止は，生まれた子の父の推定重複を避けるためには不要で，結婚の自由への過剰な制約であり，憲法14条1項に反する）

解説 最高裁は，2015年12月16日の判決で，**女性のみ6か月の再婚禁止期間を定めた規定は**，男女の区別が合理的な根拠に基づかず，**違憲**とした。この判決を受け，2016年に民法が改正され，再婚禁止期間は100日に短縮された。2022年には，離婚から300日以内に生まれた子どもでも，今の夫の子と推定するとした改正民法が成立した（2024年4月施行）。これにより，100日の再婚禁止期間は撤廃される。

判例 婚外子相続分差別違憲決定

■ 事件の概要

妻子ある父と未婚の母との間に生まれた子（婚外子）が，父の死亡後の遺産相続の際，婚外子の相続分を嫡出子（法律上の夫婦間の子）の半分とする民法900条4号の規定を，**法の下の平等**に反するとして提訴した。

■ 裁判所の判断

第一審：民法規定「**合憲**」（規定に基づき遺産分割）
第二審：原審支持（原告の抗告棄却）
最高裁：民法規定「**違憲**」（破棄差し戻し）

最高裁は，2013年の判決で，婚外子という自ら選択できない事情で不利益を被ることは許されないとし，民法900条の規定は憲法14条に反するとした。なお，同じ民法900条の違憲性が争われた別の訴訟で，最高裁は1995年には，民法900条は法律婚の尊重と婚外子の保護の調整を図ったものであり，著しく不合理とはいえず「合憲」としていた。

解説 最高裁の判断の変化 婚外子の法定相続分を定めた民法900条4号の規定をめぐって，20年弱の間に最高裁の決定内容は真逆のものとなった。背景には，日本国内での家族の形や国民の意識が多様化したことや，諸外国で相続差別を改める法整備が進んだことなどが挙げられている。なお，民法の同規定は2013年12月に削除された。

● 父の遺産が1200万円だったときの母子の法的相続分（イメージ）

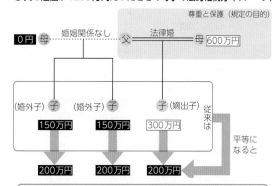

法や規範の意義・役割

読み解き ≫ 選択的夫婦別姓問題

　以下は選択的夫婦別姓に違憲判断をした裁判官のうちの一人の反対意見である。
○人生で慣れ親しんだ姓に強い愛着を抱く人は多く，そうした人たちにとって，婚姻のためでも姓の変更を強制されるのは福利の減少だ。さらに，姓の継続的使用を阻まれるのは社会生活を営む上で福利の減少をもたらすのは明白で，共働きや晩婚化が進む今日，一層深刻な問題だ。この点を払拭しうる点で，選択的夫婦別姓は確実かつ顕著に国民の福利を向上させる。

（『朝日新聞』より作成）

TRY 帰結主義の観点から，選択的夫婦別姓問題について考えてみよう。

6 おもな女性差別訴訟

退職差別	日産自動車 男女別定年制差別訴訟 （最高裁） 1981.3.24	争点：従業員の定年年齢を，男性55歳，女性50歳とする規定が性差別に該当するか。 最高裁：性別による不合理な差別で**違法・無効**。
採用・処遇差別	野村證券 男女コース別人事差別訴訟（東京地裁） 2002.2.20	争点：男性を総合職，女性を一般職と分けて採用・処遇することが性差別に該当するか。 東京地裁：改正男女雇用機会均等法(1997年施行)で禁じられた不合理な差別で**違法**。 ＊東京高裁の勧告を受け和解。
	他にも，女性社員が昇格・賃金の男女格差是正を求めた芝信用金庫訴訟（最高裁で和解：信金側が男性と同じ昇格と差額賃金支払いを受入 2002年），住友電工訴訟（大阪高裁で和解：会社側が原告の昇進と解決金支払いを受入 2003年）など	

解説 女性差別訴訟の潮流　近年，職場でのさまざまなハラスメント（嫌がらせ）も裁判で争われている。1992年の福岡地裁判決では上司のセクシャル・ハラスメントが認定され，原告が勝訴。1997年には男女雇用機会均等法が改正され，企業のセクハラ防止が義務化された。妊娠を理由とした管理職からの降格の違法性が争われた訴訟では，2014年の最高裁判決ではマタニティ・ハラスメントが認められ，妊娠や出産を理由とした降格は「違法で無効」とされた。

7 部落差別

年	出来事
1871	**解放令**（「穢多」「非人」の身分を廃止）
1922	**全国水平社設立** 「全国に散在する我が特殊部落民よ団結せよ。…我々がエタである事を誇り得る時が来たのだ。…人の世の冷たさが，何んなに冷たいか，人間をいたはる事が何んであるかをよく知ってゐる吾々は，心から人世の熱と光を願求礼賛するものである。…人の世に熱あれ，人間に光あれ。」(全国水平社創立大会宣言より)
1947	**日本国憲法**施行（「法の下の平等」規定）
1965	**同和対策審議会答申**（行政責任を明示）
1969	**同和対策事業特別措置法**施行（〜 1982）
1982	地域改善対策特別措置法制定（〜 1987）
1987	地域改善対策特定事業財政特別措置法制定（〜 2002）
1997	人権擁護施策推進法施行（〜 2002）
2016	部落差別解消推進法制定

解説 差別のない水平な社会を　1922年，被差別部落出身者によって**全国水平社**が結成された。しかし，法の下の平等が定められた日本国憲法の下でも，就職や結婚などに際して，差別は根強く残っていた。1965年の**同和対策審議会答申**で，部落差別の解決が国の責務であり国民的課題であるとされて以降，被差別部落の生活環境改善などの**積極的差別是正措置**が展開された。

8 アイヌ民族差別

　明治維新後のアイヌ政策の歴史を簡単に振り返ろう。アイヌへは，土地への制限，漁業・狩猟への規制と農業の奨励，アイヌ固有の習慣・風習の禁止，日本語使用の義務，日本風氏名への改名といった同化政策が採られ，これによってアイヌ文化へ打撃が与えられたとともに，アイヌの人々の生活の困窮が進んだ。

　貧困にあえぐアイヌの保護を目的とする形で，1899年に**北海道旧土人保護法**が制定されたが，同時にこれは日本人への同化及びアイヌの諸政策を「法的に正当化」するものであった。なお「旧土人」という差別的な呼称を含む本法が廃止されたのは，実に1997年のことであり，たかだか十数年前にすぎない。1997年にアイヌ文化の振興をはかる**アイヌ文化振興法**が制定され，それと同時に廃止されたのである。

　2007年9月13日，62回国連総会にて，自己決定権，平和的生存権，知的所有・財産権，文化権をはじめ，数多くの権利が謳われた「先住民族の権利に関する国際連合宣言」が採択される。そしてこれを追い風にして，2008年6月6日に国会で，「**アイヌ民族を先住民族とすることを求める決議**」が全会一致で決議されたのであった。

[安念潤司他『論点・日本国憲法』より]

判例 二風谷ダム訴訟

■事件の概要

　二風谷ダムは，1971年に北海道開発庁が工業用水確保などを目的に建設計画を策定。建設予定

▲二風谷ダム

地がアイヌ民族の聖地であったため，地権者（アイヌ民族ら）は用地買収を拒否した。道開発庁の申請を受けた北海道収用委員会は，1989年に土地の強制収用を裁決。地権者は，収用裁決取り消しを求めて行政訴訟を起こした。その間，工事は進み，1996年にダムは完成した。

■裁判所の判断

> **第一審：請求棄却**
> （収用裁決は違法だが，原告の請求は棄却）

　札幌地方裁判所は，1997年3月27日の判決で，「アイヌの人々はわが国の統治が及ぶ前から主として北海道において居住し，…先住民族に該当する」とし，ダム建設とそれに伴う土地収用裁決は違法であると断じた。一方で，すでにダムが完成していること等を理由に，原告の請求は棄却された（**事情判決**）。

解説 アイヌをめぐる近年の動き　2008年に国会で決議された「アイヌ民族を先住民族とすることを求める決議」を受けて，2019年には「アイヌ民族支援法」が制定され，**法律上初めてアイヌ民族を「先住民族」と明記**した。ただし，土地など先住民族としての権利は規定されておらず，批判もある。

はみだしメモ　2020年，アイヌ文化の振興や普及啓発のための施設，「ウポポイ」が北海道白老郡にオープンした。ウポポイとはアイヌ語で「（おおぜいで）歌うこと」を意味する。

9 障がい者差別

判例 障がい者入学拒否訴訟

Check! 入学拒否された生徒が侵害された権利は具体的に何だろうか。

■事件の概要

難病の筋ジストロフィーを患っており，車いすの生活を送っていたTさんは，市立高校を受験し，学力試験では合格に十分な成績であったが，障がいを理由に不合格になった。Tさんは不合格処分の取り消しなどを求めて，神戸地方裁判所に訴えた。

■裁判所の判断

第一審：原告勝訴（障がいを理由とする入学拒否処分は教育を受ける権利を侵害する）

神戸地裁は，普通高校に入学できる学力と意志がある者に，障がいだけを理由に入学を拒否することは許されないとの判断を示した。Tさんは，同校への入学が一年遅れで認められたものの，別の私立高校へ進学し，さらに併設の大学・大学院に進学。幼少時からの念願であった天文学の研究に打ち込んだ。

解説 障がいを理由に不合格？ 判決は，「健常者と同様，障がい者がその能力の発達を追求することは憲法で認められた当然の権利である」とした。市立高校の不合格処分は，**平等権を定めた憲法第14条違反だけでなく，憲法第26条で保障された教育を受ける権利や教育の機会均等への侵害が問われる**ものであった。

10 ハンセン病差別の歴史

判例 ハンセン病訴訟

1953年制定の「らい予防法」では，戦前からのハンセン病患者に対する療養所への強制隔離政策は引き継がれ，外出制限や断種・中絶手術が強制され続けた。治療薬プロミンの開発，1960年のWHO（世界保健機関）による在宅療法の勧告にもかかわらず，らい予防法は1996年まで廃止されなかった。1998年，ハンセン病患者13人が熊本地裁に提訴し，国の賠償責任や人権侵害の有無が争われた。

2001年の熊本地裁判決では，らい予防法の隔離規定を改廃しなかった国会の立法の不作為，国の国家賠償法上の違法性を認めて，原告に入所期間などに応じて800 〜 1,400万円の賠償金を認めた。**国は控訴を断念し，原告勝訴が確定した。**

解説 約40年もの人権侵害放置 手足顔などの外貌を侵すハンセン病は，らい菌に侵される感染症の一つであるが，感染力は弱く遺伝もしない。しかし，かつては，古くから不治の病と恐れられ，日本でも戦前の1907年以来，患者の隔離政策を行なってきた。2001年の熊本地裁判決では，国の隔離政策に違憲判決が出された（国が控訴を断念し，判決は確定）。2016年には，隔離された特別法廷でハンセン病患者の裁判を開いていたことを，「尊厳を傷つけた」として最高裁判所が謝罪した。また，2019年には，熊本地裁が**ハンセン病患者の家族が受けた損害についても国の責任を認める初めての判決を言い渡した**（国は控訴を見送り）。

ア・ラ・カ・ル・ト LGBTの人たちの人権

あなたがトモコさんだったらどうしますか？

あなたがカオルくんだったらどうしますか？

●性的少数者に対する偏見や差別の例

- 「ホモ」「オカマ」「男らしくない」「女らしくない」などとからかう
- 「どこかおかしいのでは」「問題があるのでは」「気持ち悪い」などとうわさ話をする
- 本人の了承なく，その人の性的指向や性自認について暴露する（アウティング）

[法務省ホームページより作成]

●LGBT法の成立

2023年6月，LGBT理解増進法が成立した。「性的指向やジェンダーアイデンティティーを理由とする不当な差別はあってはならない」とし，国や地方自治体に理解を広げるための政策推進を求めている。法整備をめぐっては，2021年に超党派の議員連盟による法案がまとめられていたが，伝統的家族観を重視する自民党保守派の反対もあり，提出には至らなかった。

保守派に配慮した与党案をもとに成立した本法には，「全ての国民が安心して生活できるよう，留意する」という規定が盛り込まれた。LGBT当事者でなく，「全ての国民」とした点については，差別する側への配慮とも受け取られかねないとして，当事者からは「求めてきた差別禁止法とは異なる」という批判もある。

解説 性的少数者の人権 LGBTとは，女性同性愛者（Lesbian），男性同性愛者（Gay），両性愛者（Bisexual），心と体の性が一致しないトランスジェンダー（Transgender）の頭文字を組み合わせた，性的少数者の総称。世界中で差別や偏見に苦しむ人が多く，日本人の8.9%が該当するという調査結果もある（2018年）。G7で日本だけが，同性婚など同性カップルの権利を保障する国レベルの法制度を持っていないなかで，同性婚が認められないのは憲法違反だとして，同性カップルらが2019年に全国5地裁に起こした訴訟は，2023年に一審判決が出そろった。五つの地裁判決では「違憲」「違憲状態」「合憲」と判断が割れている。なお，トランスジェンダーが戸籍上の性別を変えるのに，生殖能力をなくす手術を必要とする性同一性障害特例法の規定の合憲性が争われた審判で，最高裁は2023年10月，要件は「憲法13条に違反して無効」とする違憲決定を出した。

はみだしメモ 近年，SOGIという概念が提唱され始めている。これは，「Sexual Orientation（性的指向：どの性別を好きになるか）」と，「Gender Identity（性自認：自分の性別をどう認識しているか）」の頭文字をとった言葉のこと。

Active 外国人の人権

憲法第3章「国民の権利及び義務」の規定が，基本的人権・自然権であるならば，当然，外国籍の人にも保障が及ぶだろう。在日外国人をめぐる人権の状況や，どのような問題がおこっているか見てみよう。

観点・視点 Point of View

在日外国人の権利・義務

適用	項目	説明
×	選挙権・被選挙権	「日本国民」に限定。地方選挙については，最高裁は立法府の裁量によると判断（1995年）
△	公務就任権	国籍条項を撤廃した地方公共団体もある。最高裁は公権力を行使する公務員について国籍条項を設けるのは合憲と判断
○	社会保障	各種社会保険のほか，児童扶養手当などが保障される
○	就学	小中学校への就学を保障。外国人学校修了者に大学受験資格を認める
○	スポーツ	高体連，高野連の大会参加を認める。外国籍生徒の国体への参加も可能。

国籍別外国人登録者数

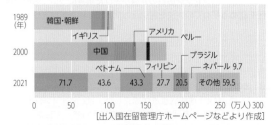

1989 (年)	韓国・朝鮮　イギリス	
2000	中国	アメリカ　ペルー
2021	71.7　43.6　43.3　27.7　20.5	ブラジル　ネパール 9.7　その他 59.5

ベトナム　フィリピン

0　50　100　150　200　250 （万人）300
［出入国在留管理庁ホームページなどより作成］

解説 急増する外国人登録者数 日本にいる登録外国人は約280万人。現在は中国が第1位となっているが，ベトナムやフィリピンも増加している。外国人登録者数が急増した背景には，経済大国日本の若年労働力不足にともない，「出稼ぎ」としての外国人労働者が増加したことや，法改正により単純労働のための日本滞在が認められたことなどがある。

アラカルト 改正入管法

2023年6月，**改正入管法**が成立した。この法案は2021年に名古屋の入管に収容されていたスリランカ人女性のウィシュマさんが十分な治療を受けられず死亡したことから批判が高まり，一度廃案となっていた。審議で争点となったのが，3回以上難民申請した人の送還を可能にした措置である（これまで認定申請中の送還は不可）。日本の難民認定率は低く，1・2回の申請での認定はまれである。難民申請中の人の祖国への送還は迫害の恐れもあり，国際法違反との指摘もある。一方で人権上の問題が指摘されてきた収容や難民認定制度の改革は手つかずで，国連人権理事会が無制限の収容は国際人権法違反として改正法案の見直しを求めた。法の支配を標榜してきた日本だが国際社会で信頼を損ないかねない。

判例 マクリーン事件

1 Hello Japan!

語学学校教師として，在留期間1年の上陸許可を受け来日したマクリーン氏は，

2 日本でもう1年ガンバリたいデス！

在留期間更新許可申請書

さらなる学問の研究のために1年間在留期間の更新を行った。

3 戦争反対　不許可　！

しかし，法務大臣はマクリーン氏がデモ活動などを行ったことなどを理由に不許可とした。

4 提訴

マクリーン氏はこの処分を不服として，提訴した。

■裁判所の判断

最高裁：原告敗訴（1978.10.4）

上告棄却。憲法が保障する人権は，権利の性質上日本国民だけに保障されると考えられる人権を除いて，日本に在留する外国人にも等しく保障される。しかし，日本に在留する権利や引き続き在留することを要求する権利は外国人に保障されない。政治活動の自由は，日本の政治的意思決定やそれに影響を及ぼさないと考えられる範囲で，外国人にも保障される。ただし，外国人の人権は在留制度の枠内で保障されるに過ぎず，出入国管理令（当時）は在留更新の許可について法務大臣に広い裁量権を与えている。そのため，法務大臣がマクリーンさんの政治活動を理由として在留更新を不許可とすることは違法ではない。

解説 性質説 この判決により，「権利の性質」に応じて外国人に人権が保障されるという基準が確立された。この考え方は，外国人の再入国の権利が問題となった森川キャサリーン事件最高裁判決や，外国人指紋押捺制度がプライバシー権侵害であるかが問題となった指紋押捺拒否事件最高裁判決，右ページにあげた2つの事件など，外国人の人権が問題となった多くの裁判で引用されている。

読み解き ≫ 外国人の人権　判例を読む

◆定住外国人地方参政権訴訟　最高裁判決

■事件の概要

公職選挙法第9条2項は，日本国民に対して地方参政権を与えている。これに対して，日本で生まれ，教育を受け，定住している在日韓国人たちが，自分たちも日本人と生活実態は変わらないので地方参政権を認めて欲しいと選挙管理委員会に申出を行った。しかし，選挙管理委員会はこの申出を却下した。そこで，上記公職選挙法の規定が「住民」に地方参政権を与えている日本国憲法第93条2項に反するとして，選挙管理委員会を相手に却下の取消を求めて裁判を提起した。

■判決文

憲法第3章の諸規定による基本的人権の保障は，権利の性質上日本国民のみをその対象としていると解されるものを除き，我が国に在留する外国人に対しても等しく及ぶものである。……

……国民主権の原理及びこれに基づく憲法第15条1項の規定の趣旨に鑑み，地方公共団体が我が国の統治機構の不可欠の要素を成すものであることをも併せ考えると，憲法第93条2項にいう「住民」とは，地方公共団体の区域内に住所を有する日本国民を意味するものと解するのが相当であり，右規定は，我が国に在留する外国人に対して，地方公共団体の長，その議会の議員等の選挙の権利を保障したものということはできない。……

……憲法第8章の地方自治に関する規定は，民主主義社会における地方自治の重要性に鑑み，住民の日常生活に密接な関連を有する公共的事務は，その地方の住民の意思に基づきその区域の地方公共団体が処理するという政治形態を憲法上の制度として保障しようとする趣旨に出たものと解されるから，我が国に在留する外国人のうちでも永住者等であってその居住する区域の地方公共団体と特段に緊密な関係を持つに至ったと認められるものについて……法律をもって，地方公共団体の長，その議会の議員等に対する選挙権を付与する措置を講ずることは，憲法上禁止されているものではない……

読み解きのポイント

① 人権が外国人にも保障されるか否かにつき，この判例ではどのような判断枠組みを採用しているか。
② 憲法第93条2項における「住民」に定住外国人は含まれるか。含まれないとすれば，それはなぜか。
③ 憲法は定住外国人に地方参政権を与えることを禁止しているか。

◆自治体管理職選考国籍条項事件　最高裁判決

■事件の概要

日本で生まれた在日韓国人である原告は，1988年に東京都に保健婦（現在の保健師）として採用され働いていた。原告は1994年と1995年に管理職選考試験を受験しようとしたが，日本国籍を有していないことを理由に受験が認められなかった。そこで，原告はこのように国籍を受験の要件とすることが，国籍を理由として労働条件につき差別してはならないとする労働基準法第3条と，差別の禁止を定めた憲法第14条1項に反するとして，受験資格を有することの確認などを求め，東京都を相手に裁判を提起した。

■判決文

……地方公務員のうち，住民の権利義務を直接形成し，その範囲を確定するなどの公権力の行使に当たる行為を行い，若しくは普通地方公共団体の重要な施策に関する決定を行い，又はこれらに参画することを職務とするもの（以下「公権力行使等地方公務員」という。）については，次のように解するのが相当である。すなわち，公権力行使等地方公務員の職務の遂行は，住民の権利義務や法的地位の内容を定め，あるいはこれらに事実上大きな影響を及ぼすなど，住民の生活に直接間接に重大なかかわりを有するものである。それゆえ，国民主権の原理に基づき，国及び普通地方公共団体による統治の在り方については日本国の統治者としての国民が最終的な責任を負うべきものであること（憲法第1条，第15条1項参照）に照らし，原則として日本の国籍を有する者が公権力行使等地方公務員に就任することが想定されている……

……普通地方公共団体が上記のような管理職の任用制度を構築した上で，日本国民である職員に限って管理職に昇任することができることとする措置を執ることは，合理的な理由に基づいて日本国民である職員と在留外国人である職員とを区別するものであり，上記の措置は，労働基準法第3条にも，憲法第14条1項にも違反するものではないと解するのが相当である。………

読み解きのポイント

① 裁判所は問題となった公務員の地位をどのようなものと捉えているか。
② なぜ公権力行使等地方公務員については，日本国籍を持つ者が就任することが想定されるのか。
③ 地方公共団体が公権力行使等地方公務員への昇任試験で国籍要件を課すことは憲法に違反するか。

Exercise

問 各資料から読み取れる内容を説明した文として，適当なものを1つ選びなさい。

① 両最高裁判決によれば，国民主権原理を前提とする日本国憲法は日本国籍保持者だけに人権を保障しており，外国人に人権は一切保障されない。

② 日本に在留する一定の外国人に地方議会議員選挙の投票権を与えるために，国会が公職選挙法を改正したとしてもただちに違憲とはならない。

③ 自治体管理職選考国籍条項事件最高裁判決及び事件の概要によれば，どんな職種・地位であったとしても，地方自治体は外国人を任用することができない。

11 生存権

第25条［生存権，国の社会保障義務］ ①すべて国民は，健康で文化的な最低限度の生活を営む権利を有する。
②国は，すべての生活部面について，社会福祉，社会保障及び公衆衛生の向上及び増進に努めなければならない。

判例 朝日訴訟

Check! 第25条は「プログラム規定」であるとはどういう意味か。

■事件の概要

肺結核を患い国立岡山療養所に入所していた朝日茂さんは，生活保護法に基づく医療扶助と，生活扶助として月額600円の日用品費の支給を受けていた。1956年，朝日さんは実兄から月額1,500円の仕送りを受けることになった。しかし，社会福祉事務所は，1,500円のうち900円を医療費の一部として徴収し，残額600円を日用品費に充てさせ，それまで支給していた生活扶助を打ち切った。結局，朝日さんには，仕送り前と同じ月額600円が渡されることになった。この決定を不服とした朝日さんは，日用品費月額600円という基準が，憲法第25条で規定された「健康で文化的な最低限度の生活を営む」には低額すぎ，憲法第25条や生活保護法の趣旨に反するとして提訴した。

朝日さん
生活保護（医療・生活扶助）を減額
日用品600円

仕送り
兄 1500円

「月額600円では生存権保障に不十分」と提訴

福祉事務所
仕送りのうち900円徴収

●日用品費600円のおもな内訳（一部）

費目	年間数量	月額	費目	年間数量	月額
肌着	2年1着	16円66銭	ちり紙	12束	20円
パンツ	1枚	10円	理髪料	12回	60円
手拭	2本	11円66銭	歯ブラシ	6個	7円50銭
草履	2足	21円66銭	鉛筆	6本	5円

▶生存権の保障を求めて裁判を闘った朝日茂氏

■裁判所の判断

第一審：	朝日さん勝訴（福祉事務所の処分は違法）
第二審：	朝日さん敗訴（月額600円の保護基準は低額ではあるが，違法とまでは言えない）
最高裁：	朝日さん死亡（1964年）により訴訟終了（「憲法25条はプログラム規定」と見解）

第一審の東京地方裁判所は，1960年の判決で，「現実の国内における最低所得層の生活実態を基準に生存権の内容が定められてはならない」として原告の請求を認めたが，1963年の東京高等裁判所の第二審では，一転，原告敗訴となった。朝日さんは上告したが，病が悪化して1964年に死亡した。朝日さんの養子夫婦が訴訟を引き継いだものの，最高裁判所は1967年の判決で，「生活保護受給権は相続の対象外であり，原告朝日茂さんの死亡をもって訴訟は終了した」とした。「なお念のため」として生存権の法的性格についても言及し，「憲法第25条は国民に具体的権利を付与したものではなく，何が『健康で文化的な最低限度の生活』かの具体的判断は，厚生大臣の裁量に任されている」とした。

解説 **プログラム規定** 最高裁判決では，**憲法第25条1項は，国民に具体的権利を保障したものではなく，すべての国民が健康で文化的な最低限度の生活を営めるよう国政を運営すべきことを国の責務として宣言したものである**とし，同条項は**プログラム規定**であるとされた。また，同条項の法的性格については，学界でも見解が分かれている。なお，朝日さんの主張は退けられたが，裁判に対する社会の関心は高く，日用品費の基準額は1967年には2,700円へと大幅に増額された。

●おもな生存権訴訟

共通テスト 19

	事件の概要	判決
牧野訴訟	牧野亨さんが，老齢福祉年金を夫婦で受給すると，受給制限により支給額が減額されるのは憲法第14条に違反すると提訴。	東京地裁（1968.7.15）「夫婦の高齢者を単身の高齢者と差別している」として，夫婦受給制限を違憲無効とした。判決後，受給制限規定は撤廃された。
堀木訴訟	視力障害をもち，障害福祉年金を受けていた堀木文子さんが，他の公的年金との併給を禁じていた児童扶養手当法の規定が憲法第14・25条に違反すると提訴。	最高裁（1982.7.7）憲法第25条のいう「健康で文化的な最低限度の生活」の具体化は，立法府の裁量にゆだねられているとして，堀木さんの請求を棄却した。
加藤訴訟	1979年から生活保護を受給していた加藤鉄男さんが，将来の入院などに備え，生活費を切り詰め貯蓄していた。この預貯金が，「資産」と認定され，その分を保護費から減額されたことに対し，憲法第25条に反するとして提訴。	秋田地裁（1993.4.23）預貯金は，その原資が健康で文化的な最低限度の生活を維持するために保有を許したもので，貯金の目的も生活保護費を支給した目的に反するものとはいえない，として，本件処分を無効とした。

はみだしメモ 国の社会保障義務を定めた日本国憲法第25条2項では，「社会福祉」「社会保障」「公衆衛生」が例示されている。社会保障は一般に「公的扶助」「社会保険」から成るので，日本の社会保障四分野が示されていると読み取れる。

12 教育を受ける権利

Check! 教育を受ける権利を保障するために，国にはどのような義務が課されているか。

第26条［教育を受ける権利，義務教育］

①すべて国民は，法律の定めるところにより，その能力に応じて，ひとしく教育を受ける権利を有する。

②すべて国民は，法律の定めるところにより，その保護する子女に普通教育を受けさせる義務を負ふ。義務教育は，これを無償とする。

判例 旭川学力テスト事件

■**事件の概要**

日本国憲法や（旧）教育基本法の趣旨を踏まえ，戦後の政府は，教育への介入を控えてきた。しかし，1950年代後半以降，文部省（現文部科学省）は徐々に学校教育に関与し始め，1961年には全国一斉学力テストを実施した。これに対して，学力テストは国家による教育への不当介入であるとして，教員組合の役員4人が旭川市の中学校に乗り込み，テストの実施を阻止しようとした。こうした行動が公務執行妨害などにあたるとして起訴された。

■**裁判所の判断**

| **第一審：教員無罪**（学力テストは違法であり，公務執行妨害は成立しない） |
| **第二審：教員無罪**（原判決を支持） |
| **最高裁：教員有罪**（学力テストは適法，公務執行妨害は成立） |

最高裁判所は，1976年5月21日の判決で，子どもの教育の内容を決定する教育権が国家にある（国家教育権説）のか，親や教員を中心とする国民にある（国民教育権説）のかについては，いずれかの全面的採用はできないが，国家も教育内容について一定の決定権を有するとして，学力テストを適法とし，公務執行妨害罪は成立するとした。

解説 本事件では，憲法第26条の教育を受ける権利を充足する主体は誰かをめぐって，国家教育権説と国民教育権説とが鋭く対立した。最高裁判決は，両説を「いずれも極端かつ一方的」と退け，親や教師の教育の自由を一定範囲で認め，国の教育内容決定権を承認した上で，子どもが「自由かつ独立の人格として成長することを妨げるような国家的介入」を違憲とし，二者択一的な教育権論争に終止符を打った。

13 労働基本権

Check! 公務員の労働基本権の制限が認められている理由を考えてみよう。

第27条［勤労の権利と義務，勤労条件の基準，児童酷使の禁止］

①すべて国民は，勤労の権利を有し，義務を負ふ。

②賃金，就業時間，休息その他の勤労条件に関する基準は，法律でこれを定める。

③児童は，これを酷使してはならない。

第28条［勤労者の団結権・団体交渉権・その他の団体行動権］

勤労者の団結する権利及び団体交渉その他の団体行動をする権利は，これを保障する。

判例 全農林警職法事件

■**事件の概要**

1958年，警察力の強化を目的とした警察官職務執行法（警職法）改正法案が国会に提出された。この法案が労働運動抑圧の危険性があるとして，国家公務員である農林省職員で組織された全農林労働組合の役員は，組合員に対して，勤務時間内に職場から離れて警職法改正反対の職場大会に参加するよう呼びかけた。こうした行為が，国家公務員法で禁じられている争議のあおり行為にあたるとして，労組役員が起訴された。

■**裁判所の判断**

| **第一審：公務員無罪**（重大な違法行為ではない） |
| **第二審：公務員有罪**（違法な争議行為に該当） |
| **最高裁：公務員有罪**（争議行為の全面一律禁止も合憲） |

最高裁判所は，1973年4月25日の判決で，第二審判決を支持し，公務員の地位の特殊性と職務の公共性にかんがみ，公務員の労働基本権に制限を加えることは合理的な理由があるとし，国家公務員法が公務員の争議行為とそのあおり行為を禁止するのは憲法第28条に違反しないとした。国家公務員である労組役員の行為は違法な争議行為とされ，有罪が言い渡された。

解説 **公務員の労働基本権** 先進国の中では異例なほど厳しく制限されている公務員の労働基本権（▶P.252）をめぐっては，憲法第28条に反し違憲ではないかと，多くの案件が裁判でも争われてきた。全農林警職法事件の最高裁判決は，公務員の争議行為の一律かつ全面的な禁止を合憲とした。一方で，国際労働機関（ＩＬＯ）は，日本政府に公務員の労働基本権の保障状況への改善勧告を度々出している。

アラカルト 「義務教育」って誰の義務？

ベルギー「義務教育とは子どもの義務だ。子どもが学校へ通わなくてはいけないという意味だ。」
レバノン「そうじゃない。親の義務のことだ。」
ウクライナ「それは違う。義務教育とは国が無償の普通教育を実施しなければならない。そのために必要な学校や施設を整える義務である。つまり国の義務である。」

これは，1959年，国際連合が「児童権利宣言」をつくるときの議論である。はたして，日本国憲法のもとでの義務教育とは，誰の義務と考えるべきなのか？

[永井憲一『憲法学習のとびら』より]

Answer! 「労働基本権」checkの答え：公務員は，国民全体の奉仕者であることや職務に公共性があることなどから労働基本権が制限されている。

14 参政権

第15条

① ［公務員の選定罷免権］ 公務員を選定し，及びこれを罷免することは，国民固有の権利である。

③ ［普通選挙の保障］ 公務員の選挙については，成年者による普通選挙を保障する。

④ ［秘密投票の保障］ すべての選挙における投票の秘密は，これを侵してはならない。選挙人は，その選択に関し公的にも私的にも責任を問はれない。

❶ 判例 在外邦人選挙権制限違憲訴訟

Check! 在外邦人の，国政選挙以外の参政権の保障状況はどうなっているか調べてみよう。

■ 事件の概要

1998年の公職選挙法改正によって，従来選挙権を行使し得ない状態にあった在外邦人に対して，**在外選挙制度**が創設された。しかし，この制度では衆参両院の比例代表選挙への投票のみが認められ，衆議院小選挙区と参議院選挙区での選挙権を行使できない状態が続いていた。この状態が憲法第15条などに違反すると，海外在住邦人が提訴した。

■ 裁判所の判断

第一審：原告敗訴
第二審：原告敗訴
最高裁：原告勝訴（在外選挙制度を比例代表選挙に限定したことは，憲法に反する）

最高裁判所は，2005年9月14日の判決で，1984年段階ですでに，在外邦人の選挙が可能であることを前提とした公職選挙法改正案が提出されていたことや，通信手段の発達により候補者の情報が在外邦人に十分に伝わるようになったことなどから，公職選挙法の在外邦人選挙権制限規定は，憲法第15・43・44条に違反するとした。

解説 最高裁判決を受けて，国会は翌2006年に公職選挙法を改正した。これに伴い，衆議院小選挙区選挙と参議院選挙区選挙での投票権が保障され，在外邦人の国政選挙への完全参加が実現された。また，**2023年に国民審査法が改正され，最高裁判所裁判官国民審査の在外投票が可能となった。**

● 在外投票の流れ

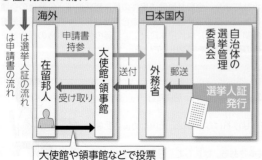

［『朝日新聞』2013年7月12日］

❷普通選挙の実現

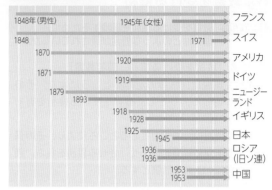

解説 **遅れた女性参政権の実現** 世界に先駆けて市民革命を成功させたイギリスや人権宣言で有名なフランスなどでも，女性参政権の実現は20世紀に入ってからである。世界で初めて女性参政権が認められたのは，1893年のニュージーランド。

▲ドイツ ブレーメン州議会選挙で投票する16歳の少年

❸投票は義務？

Check! 義務投票制に賛成か，反対か，解説も参考に自分の意見をまとめてみよう。

日本では，選挙権は憲法でも保障されている権利だが，海外には，有権者に対して選挙で投票することを法律上義務づけている国もある。こうした**義務投票制（強制投票制）**をとる国は意外と多く，例えば，オーストラリアでは罰則（棄権の場合，罰金約2,000円）が設けられており，投票率は90%を超える高率となっている。

● 義務投票制をとる国の例とおもな罰則

国　名	おもな罰則
アルゼンチン	罰金，3年間の公職就任禁止
ウルグアイ	罰金，権利の一部制限
オーストラリア	罰金
ギリシア	1か月以上1年以下の禁錮等
シンガポール	選挙人名簿からの抹消
ペルー	罰金，公共サービスの一部制限
ベルギー	罰金，選挙権制限

解説 **選挙権の強制？** 義務投票制をめぐっては，高い投票率により，政府の民主的正当性を高めることができるなどの賛成論と，意思表示としての「投票しない自由」をも含む「投票の自由」を侵害するなどの反対論がある。民主政治では，強制されなくても，高い投票率が維持されることが理想であることは言うまでもない。

はみだしメモ フランス革命後，選挙権は25歳以上の男性のうち，一定額以上の税金を納めた者に，被選挙権はその50倍もの税金を納めた者（全人口の0.2%）にだけ認められていた。革命を担った女性たちは，選挙から全く除外された。

15 請願権

Check! 普通選挙制の下で，請願権の存在意義は何だろうか。

第16条［請願権］①何人も，損害の救済，公務員の罷免，法律，命令又は規則の制定，廃止又は改正その他の事項に関し，平穏に請願する権利を有し，何人も，かかる請願をしたためにいかなる差別待遇も受けない。

●国会への請願件数

	総数	本会議採択	審査未了
衆議院	2,878件	513件	2,365件
参議院	2,828件	304件	2,524件

注) 2022年の第208回国会への請願件数。[参議院・衆議院事務局資料]

解説 請願権の意義 請願権は，専制君主に国民の権利確保を求める手段として発達してきた。普通選挙が確立し，政治的自由も拡大した今日では，その存在意義は相対的に低下したとされる。しかし，選挙とは異なり，**子どもでも在日外国人でも誰もが請願をすることができる**。国会や地方議会だけでなく，内閣や行政各部，裁判所への請願も可能。請願を受理した機関には，請願法により誠実に処理する義務が課せられている。

16 国家賠償請求権

共通テスト 22

第17条［国及び公共団体の賠償責任］何人も，公務員の不法行為により，損害を受けたときは，法律の定めるところにより，国または公共団体に，その賠償を求めることができる。

多摩川水害訴訟 （最高裁） 1990.12.13	概要：1974年の豪雨で，東京・多摩川の堤防が決壊し，家屋19棟が流された。被災住民は損害賠償を求めて国を提訴。 最高裁：堤防が改修済みであっても，国に一定の洪水防止義務があるとして，**住民敗訴の二審を破棄する差し戻し判決を下した。**
郵便法損害賠償 制限規定違憲訴訟 （最高裁） 2002.9.11	概要：郵便局側の過失により資産差し押さえに失敗した不動産業者が，書留郵便等の国の賠償責任を狭く限定する郵便法の規定を，憲法第17条違反として提訴。 最高裁：過失の内容等により国は賠償責任を負う必要があり，**制限規定の一部は違憲。** ＊訴訟当時，郵政事業は国の管轄。

解説 国家無責任から国家責任へ 公権力の行使によって損害が生じても，かつては**国家無責任・主権免責**の原則により，損害賠償の門は閉ざされてきた。日本国憲法では，公務員の不法行為により損害を受けた者は，権力作用・非権力作用のいかんを問わず，賠償請求が可能となった。

氾濫した多摩川▶

17 裁判を受ける権利

第32条［裁判を受ける権利］何人も，裁判所において裁判を受ける権利を奪はれない。

●隣人訴訟

買い物に行く母親が，同年代の子どもがいる近所の家にわが子を預けたが，子ども達はため池近くで遊び，預けた家の子は溺死した。預けた親は提訴し，一審の津地裁判決（1983.2.25）では，預かった隣人の過失が一部認められて，500万円余りの賠償支払いが命じられた。被告の隣人は控訴したが，判決が報道されると，「預かってくれた恩を仇で返すとは何事か」といった類の電話・はがきが殺到したため，原告が訴えを取り下げた。すると今度は被告にも，「預かった子を死なせておいて，控訴するのか」といった声が寄せられ，被告の隣人も控訴を取り下げることとなり，裁判そのものが世論の圧力の中で消滅してしまった。

解説 消えた裁判 この隣人訴訟を受けて，1983年4月，法務省は国民一人ひとりに**裁判を受ける権利**の重要性を再確認し，再びこのような事態を招かないよう慎重に行動するよう訴える異例の見解を出した。隣人訴訟では，日本社会に権利意識・法意識が十分に浸透していないことが露呈した。

アラカルト 日本人の法意識

Check! 以下の二つの意見を読んで，裁判を受ける権利について考えてみよう。

●権利のための闘争は権利者の自分自身に対する義務である（イェーリング）
●我が国では一般に，私人間の紛争を訴訟によって解決することを，ためらい或いはきらうという傾向がある（川島武宜）

18 刑事補償請求権

共通テスト 23

第40条［刑事補償］何人も，抑留又は拘禁された後，無罪の裁判を受けたときは，法律の定めるところにより，国にその補償を求めることができる。

●おもな刑事補償の例

事件名	拘束日数	補償総額
免田栄氏（免田事件）	12,599日	9,071万2,800円
谷口繁義氏（財田川事件）	10,412日	7,496万6,400円
斎藤幸夫氏（松山事件）	10,440日	7,516万8,000円
赤堀政夫氏（島田事件）	12,688日	1億1,907万9,200円

注) 補償日額は，補償決定時の最高額。現在の刑事補償法では，1日の最高補償額は，12,500円となっている。2010年に再審無罪が確定した足利事件では，冤罪被害者の菅家利和さんにこの金額をもとに算出された刑事補償金が支払われた。

解説 刑事補償制度 刑事補償制度は戦前にも存在していたが，それは「国家の恩恵」であって，補償を求める権利とは位置づけられてはいなかった。

はみだし メモ 「アラカルト」のイェーリングはドイツの法学者（1818～1892），主著『権利のための闘争』。川島武宜は日本の法学者（1909～1992），主著『日本人の法意識』。

117

4 人権の広がり

QR

DIGEST

1.新しい人権

①**環境権**…良好な環境を享受する権利（13条の幸福追求権，25条の生存権が根拠）**1**

　　判例　大阪空港公害訴訟，国立マンション訴訟，鞆の浦景観訴訟

②**知る権利**…政府や地方公共団体のもつ情報を知る権利（21条の表現の自由が根拠）**2**

　　判例　外務省秘密電文漏洩事件　　情報公開法の制定（1999年），特定秘密保護法の制定（2013年）

　アクセス権…情報の受け手である国民が，情報の送り手であるマスメディアに対して，自己の意見の発表の場を提供することを要求する権利

③**プライバシーの権利**…自己に関する情報をコントロールする権利（13条の幸福追求権が根拠）**4**

　　判例　『宴のあと』事件，『石に泳ぐ魚』事件　　個人情報保護法の制定（2003年）

　肖像権…無断で写真や映像を撮られたり，撮影された写真を無断で公表されたり利用されたりしないように主張できる考え

④**自己決定権**…一定の私的なことがらについて自ら決定する権利（13条の幸福追求権が根拠）**5**

　インフォームド・コンセント…医療行為の前に，医療従事者は患者に対して，その医療行為について十分な説明をおこない，患者は内容について納得した上で，その医療行為に同意すること

　　判例　輸血拒否事件

2.人権の国際化 **7**

①国際条約による人権保障の推進…世界人権宣言（1948年），国際人権規約（1966年）など

②地域的人権保障の取り組み…欧州人権条約（1950年），米州人権条約（1969年）など

3.公共の福祉 **8** 読 み 解 き

①人権には他人の人権を侵害してまで行使できないという内在的制約がある（12・13条）

②経済的自由権には，社会的・経済的政策上の見地から，積極的な制約が認められる（22・29条）

FOCUS

日本における，人権をめぐる近年の動向を理解しよう

❶「新しい人権」にはどのような権利があるだろうか→ **1** **2** **3** **4** **5**

❷国際条約による人権保障推進の動きは，国内法や政策にどのような影響を及ぼすのだろうか→ **7**

❸人権と人権が衝突した場合，どのように調整すべきだろうか→ **8** 読 み 解 き

Check! 以下の写真は，どのような新しい人権と関係するか考えてみよう。

▲階段状に建設されたマンション

▲民家の上空を飛ぶ飛行機

解説 階段状に建設されたマンションは，周囲の住民の日照権に配慮するためのものである。また，民家の上空を飛ぶ航空機による騒音などの被害を受けたとして，損害賠償を求めて住民が提訴した例がある（大阪空港公害訴訟▶p.119）。

1 環境権

Check! 環境権の個別具体的な権利として，どのような権利が主張されているか。

背景と内容：1960年代の高度経済成長期に生じた四大公害などでは，大規模な環境破壊や深刻な健康被害がおこり，日本でも環境問題が強く意識されるようになった。こうした中で主張されるようになってきたのが「良好な生活環境を享受する権利」，環境権である。

根拠となる条文：幸福追求権（憲法第13条：環境破壊の予防など国や企業に不作為を求める「自由権」的側面），生存権（憲法第25条：環境保護など国に作為を求める「社会権」的側面）

●おもな環境権

日照権	建築物の日当たりを確保する権利
景観権	自然の景観や歴史的・文化的景観を享受する権利
静穏権	静穏な生活環境を享受する権利
眺望権	良好な景観を眺める権利

判例 大阪空港公害訴訟

■事件の概要

大阪国際空港（伊丹空港）の離発着ルートの真下近くに居住する住民らが，航空機による騒音や振動などによって生活被害を受けたとして，空港を運営する国を相手どり，夜間（午後9時〜翌朝7時）の空港の使用差し止めと過去と将来の損害賠償を求めて提訴した。

地元住民　航空機による騒音・振動　国　大阪国際空港

夜間飛行禁止，損害賠償を求めて提訴

■裁判所の判断

第一審：住民一部勝訴（午後10時〜翌朝7時の空港使用差し止めと過去の損害賠償を認めた）
第二審：住民勝訴（住民側の請求を全面的に認めた）
最高裁：住民一部勝訴（過去の損害賠償は認めたが，空港の夜間使用差し止め請求は却下）

大阪高等裁判所は，環境権については言及しなかったものの，**人格権**に基づいて夜間の飛行差し止め，将来を含む損害賠償をも認めた画期的な判決を下した。一転して，最高裁判所は，1981年12月16日の判決で，運輸大臣の航空行政権を尊重して差し止め請求を却下し，過去の被害に対する損害賠償請求のみを認めた。

解説 環境権と最高裁 大阪空港公害訴訟の最高裁判決は，その後の騒音公害訴訟のリーディングケースとなっており，厚木基地訴訟（最高裁1993年）などでも差し止め請求を退けている。これまで**環境権を認めた最高裁判決はない**。

判例 鞆の浦景観訴訟

■事件の概要

瀬戸内海の景勝地鞆の浦（広島県福山市）の湾の一部を埋め立てて橋を架け，道路や公園などを整備しようとする広島県の計画に対して，反対派の住民が広島県を相手取り，知事の埋め立て免許交付の差し止めを求める訴訟を起こした。

■裁判所の判断

第一審：原告勝訴（原告の景観利益を認め，埋め立て免許交付差し止めを認めた）

広島地方裁判所は，2009年10月1日の判決で，鞆の浦の景観は「国民の財産」であり，「住民の景観利益は法的保護に値する」として，計画反対派住民の請求を認めた。

解説 景観利益vs.公共事業 鞆の浦は，映画「崖の上のポニョ」の舞台としても知られる歴史的な景勝地。その景観を保護するために，大型公共事業の許可可差し止めが可能かどうかが争われたこの行政訴訟では，原告住民の請求が認められた。その後，広島県は埋め立て免許の申請を取り下げることを決定し，鞆の浦の景観を観光資源として生かす方針を提示した。

▲鞆の浦

アラカルト マンション上層階は撤去？

景観をめぐって争われた裁判に，**国立マンション訴訟**がある。東京都国立市では，1998年に「都市景観形成条例」を定めて，高さ20m以上の建造物建設に市側との事前協議を課した。99年に高さ53mに及ぶ高層マンションの建設計画が明らかになると，周辺住民らが景観保護のため，高層マンションの上層部分の撤去を求めて提訴した。

2002年の東京地裁判決では，住民の訴え通り，マンションの20m以上の部分の撤去が認められた。しかし，2006年の最高裁判決では，（**景観権**は認められないものの）良好な景観を享受する景観利益は法的保護に値するとしたが，この利益への違法な侵害はないとして住民の請求を退けた。なお，裁判係争中の2005年に景観法が施行されている。

環境権の個別の権利としては，他にも**日照権**，**眺望権**，**静穏権**などが主張され，それらにもとづく訴訟も起こされている。

政治

2 知る権利

背景と内容：情報化が進行する現代社会では，国家や企業などへ情報が集積し，国民に十分に情報が知らされないケースもある。こうした中で，国民が的確な政治的判断をするために，国家などが保持する情報に対して，その情報の公開を請求する権利の必要性が主張されるようになった。

根拠となる条文：表現の自由（憲法第21条：自らの意見を形成し表明するために，多くの情報に接し得ることが前提となる）

判例 外務省秘密電文漏洩（ろうえい）事件
■事件の概要
　戦後アメリカに統治されていた沖縄が日本に返還されることになり，1971年に沖縄返還協定が調印された。協定の交渉過程で，本来アメリカが負担すべき費用を日本が肩代わりする内容の密約があるのではないかという疑惑が指摘されていた。1972年の衆議院予算委員会で，社会党議員が密約を裏付ける外務省極秘電文を暴露して政府を追及した。警視庁は「秘密漏洩事件」として捜査を進め，外務省女性事務官を国家公務員法の守秘義務違反で，事務官から電文を入手して議員に流した新聞記者を同法の秘密漏洩そそのかし罪で逮捕し，両名は起訴された。

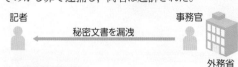

記者 ← 秘密文書を漏洩 ← 事務官　外務省

■裁判所の判断

第一審：事務官有罪（確定），**記者無罪**（検察が控訴）
第二審：記者有罪（被告の記者が上告）
最高裁：記者有罪（正当な取材活動の範囲を逸脱しているとして上告を棄却）

　最高裁判所は，1978年5月31日の判決で，表現の自由のなかでも報道の自由の重要性を認め，報道のための取材の自由も尊重するべきとした。ただし，秘密文書を入手するために女性事務官に接近して男女関係を結び，秘密文書を持ち出させるという記者の手法は，事務官の人格の尊厳を蹂躙（じゅうりん）しており，正当な取材活動を逸脱しているとし，記者の上告を棄却して有罪が確定した。

解説 「取材の自由」対「国家の機密」　裁判では，国民の「知る権利」に資する「取材の自由」と国家機密保持とが対立した。最高裁判決では，報道・取材の自由の重要性は認められたが，取材方法の違法性が重視された。日本政府は密約の存在を否定し続けたが，2010年，民主党政権下において，外務省の有識者委員会が広義の密約の存在を認めた。この調査をきっかけに日米の安全保障をめぐる外交文書の情報公開は大きく進んだとされる。

❶ 情報公開制度
●情報公開法の骨子

・政府は諸活動を国民に説明する責務を有する
・外国人を含め，だれでも行政文書の公開を請求できる
・非公開情報は「個人情報」「国の安全に支障ある外交・防衛・捜査情報」など6分野とする
・非公開決定に対する不服申し立て訴訟の提訴先は全国8か所の高裁所在地の地裁

●情報公開制度のしくみ

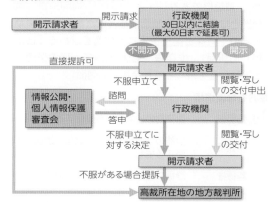

解説 誰でも請求可能　1999年に**情報公開法**が制定され，国の行政機関が保有する情報の開示を，外国人や法人を含め誰でも請求できるようになった。地方公共団体の情報公開制度は情報公開条例で定められている。

❷ 特定秘密保護法
●特定秘密保護法案の概要

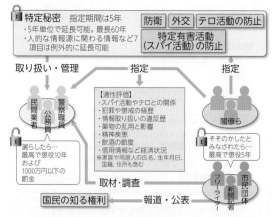

［『東京新聞』2013年11月22日より作成］

解説 「知る権利」の侵害のおそれ　政府は，国の安全保障に関わる秘密の漏洩を防ぐため，秘密保全法制の創設を検討していた。そして，2013年12月，防衛・外交・スパイ活動防止・テロ活動防止の4分野で，「国の安全保障に著しく支障を与えるおそれがあるため，特に秘匿することが必要であるもの」，すなわち「特定秘密」を漏洩した公務員や民間人に厳罰を科す，「特定秘密保護法」が成立した（前月には国家安全保障会議（日本版NSC）設置法案も成立）。

　国会の議論では，特定秘密の範囲が曖昧であること，行政機関が恣意的に特定秘密を指定し得るなどの問題点が指摘された。また，国民の「知る権利」を脅かすことも危惧されている。

はみだしメモ 令和3年6月時点の特定秘密指定状況は640件にのぼる（内閣官房資料）。そのうち防衛省が363件を占めている。

③ アクセス権

Check! 最高裁が反論権を認めなかったのはなぜだろうか。

背景と内容：現代の巨大化したマス・メディアに対して，情報の受け手である国民が，マス・メディアにアクセス（接近）して，自らの意見表明の場の提供（意見広告や反論記事の掲載，紙面や番組への参加など）を求める権利の必要性が主張されるようになった。

根拠となる条文：表現の自由（憲法第21条）

判例 サンケイ新聞意見広告事件

■事件の概要

1973年，サンケイ新聞は，自由民主党の「前略 日本共産党殿　はっきりさせてください。」という見出しの意見広告を掲載した。日本共産党は，広告の内容が共産党に対する誹謗・中傷であるとして，反論意見広告の無料掲載を求める仮処分を申請したが，東京地裁により却下された。日本共産党は反論文の掲載等を求めて提訴した。

[『朝日新聞』1987年4月25日]

共産党 → 反論文等の掲載を求めて提訴 → 新聞社 ← 意見広告の掲載 ← 自民党

■裁判所の判断

| 第一審：原告（日本共産党）の請求棄却 |
| 第二審：原告の控訴を棄却 |
| 最高裁：上告を棄却 |
| （反論の無料掲載請求権は認められない） |

最高裁判所は，1987年4月24日の判決で，民主社会で重要な意味を持つ新聞等の**マス・メディアの表現の自由**に対して，反論権は重大な影響を及ぼし得るので，具体的な法制度がない中で，反論文の掲載請求権を認めることはできないとした。

解説 アクセス権と表現の自由　マス・メディアに対するアクセス権の有無が争われた事例。最高裁判決では，反論権が名誉を守る機能があることを認めながらも，マス・メディアの表現活動を委縮させる危険性があるとして反論権を認めなかった。

Exercise

●新しい人権

問 次のＡＢＣで「私」がおかれた状況と，それにかかわりが深い権利や法律との組合せとして最も適当なものを，下の①〜⑧のうちから一つ選べ。

Ａ　私の自宅に，知らない企業からダイレクトメールが届いた。私が以前雑誌のアンケートに答えたときに書いた住所や氏名が，企業に漏れたらしい。

Ｂ　街を歩いているときにテレビ局のインタビューを受けたが，テレビ局が私の意に反して私の顔が映っている映像を放映した。

Ｃ　ある作家が私に断りなく，私の私生活について描写をした文芸作品を発表した。

① Ａ 個人情報保護法　　Ｂ 著作権
　 Ｃ プライバシーの権利
② Ａ 個人情報保護法　　Ｂ 著作権
　 Ｃ アクセス権
③ Ａ 個人情報保護法　　Ｂ 肖像権
　 Ｃ プライバシーの権利
④ Ａ 個人情報保護法　　Ｂ 肖像権
　 Ｃ アクセス権
⑤ Ａ 国民保護法　　　　Ｂ 著作権
　 Ｃ プライバシーの権利
⑥ Ａ 国民保護法　　　　Ｂ 著作権
　 Ｃ アクセス権
⑦ Ａ 国民保護法　　　　Ｂ 肖像権
　 Ｃ プライバシーの権利
⑧ Ａ 国民保護法　　　　Ｂ 肖像権
　 Ｃ アクセス権

<2009年センター試験 現代社会 追試> （解答は▶p.123）

アラカルト 少年の実名報道

改正少年法が成立し，18歳，19歳の少年犯罪の実名報道が可能となった。以下は，少年犯罪の実名報道に関する判決文である。どちらの意見が自分の考えに近いだろうか。

（1）青少年が健全に発達するための権利の保護

少年法61条は，憲法により保障される青少年の健全に発達するための権利の保護とともに，少年の名誉権，プライバシー権を保護することを目的とするものであるから，同条に違反した実名等の推知報道は人権侵害行為である。

（2）表現の自由・知る権利

表現行為とプライバシー権・肖像権との調整においては，民主主義の存立基盤である表現の自由の憲法上の地位を考慮して慎重に判断しなければならない。……犯罪容疑者については，犯罪の性質にもよるが，犯罪行為との関連においてそのプライバシーは社会の正当な関心事となりうる。本件のような凶悪，重大な事件においては，社会一般の人にとっても，いかなる人物が罪を犯したかは正当な関心事であり，被疑者等の特定は犯罪ニュースの基本的要素であって重要な関心事であり，実名報道が直ちに権利侵害とはならない。

はみだしメモ　東日本大震災の際，緊急時迅速放射能影響予測ネットワークシステム（SPEEDI）の情報が政府判断で非公開とされたため，放射性物質の飛散方向に多くの住民が避難する事態を招いた。知る権利の重要性を再認識したい。

4 プライバシーの権利

背景と内容：日本では，『宴のあと』事件以降，「私生活をみだりに公開されない」権利として認知されてきた。今日の情報化社会においては，個人情報が本人の同意なく利用される危険性が高まり，「個人情報をコントロールする」権利としてとらえられている。
根拠となる条文：幸福追求権（憲法第13条）

判例 『宴のあと』訴訟

■事件の概要

三島由紀夫の小説『宴のあと』で，主人公のモデルとされたA氏（元衆議院議員・外務大臣）が，私生活を暴露するような描写をし公表したことは，プライバシーの侵害にあたるとして，三島と出版社を相手どり，謝罪広告と損害賠償を請求して提訴した。

A氏 『宴のあと』のモデル → 小説の出版はプライバシー侵害　損害賠償などを求め提訴 → 三島由紀夫氏　出版社

■裁判所の判断

第一審：A氏勝訴
（本小説の出版はプライバシーの侵害にあたる）

東京地方裁判所は，1964年9月28日の判決で，プライバシーの権利を，私生活をみだりに公開されない法的権利と承認し，本件についてプライバシーの侵害を認め，被告に損害賠償の支払いを命じた。なお，この裁判は，控訴審中に原告A氏が死亡し，遺族と被告との間で和解が成立した。

解説 「権利」として 『宴のあと』第一審判決は，憲法に明記されていない**プライバシーの権利**を，「私生活をみだりに公開されない権利」と定義づけ，法的権利として認めた。

●プライバシーって何だろう？

・古典的なプライバシーの考え方
「私生活をみだりに公開されない」
＝私生活非公開・非干渉の権利

あの人のご主人がねぇ…
ひそひそ

・現代的なプライバシーの考え方
「個人情報を勝手に利用されない」
＝個人情報をコントロールする権利

なぜ？こんなにたくさんのDMが!?

判例 『石に泳ぐ魚』訴訟

■事件の概要

柳美里の自伝的小説『石に泳ぐ魚』が月刊誌に掲載され，単行本の出版が決定した。作品中の登場人物のモデルとされる，柳美里の知人である女性B氏が，自身の顔の障害や身内の逮捕歴などを描かれたことが，プライバシー侵害や名誉毀損にあたるとして，単行本の発行差し止めや慰謝料などを求めて提訴した。

B氏 小説のモデル（柳氏の幼なじみ） → 小説の出版はプライバシー侵害　損害賠償・出版差し止めを求め提訴 → 柳美里氏　出版社

■裁判所の判断

第一審：B氏勝訴
第二審：B氏勝訴
最高裁：B氏勝訴 （本小説はプライバシー侵害で，単行本発行差し止めは憲法違反ではない）

最高裁判所は，2002年9月24日の判決で，小説の公表により，公的立場にない知人女性の名誉やプライバシーが侵害され，さらに単行本化されれば，知人女性が重大で回復困難な損害を被る恐れがあるとして，被告に単行本の出版差し止めと慰謝料130万円の支払いを命じた。

解説 プライバシー権と表現の自由 最高裁が，人格権に基づいて，小説の出版差し止めを認めた初めての判決であり，言論界に少なからぬ衝撃を与えた。**表現の自由に基づいて描かれた文学性の高い作品であっても，個人の尊厳を侵してはならないという判断である。**

アラカルト 個人情報管理のための法整備

1999年，全国民の住民票にコード番号をつけて，一元的に管理する改正基本住民台帳法が制定され，2002年から，住民基本台帳をネットワークで結んで，本人確認を可能にするシステム（住基ネット）が稼働した。

2013年には，マイナンバー関連法案が国会で成立，2016年から運用が開始された。**マイナンバー制度**とは，国民に12桁の番号を割り当てて，個人情報（氏名・住所・生年月日・所得・年金・税金など）を一元管理する共通番号制度であり，すでに多くの先進国で導入されている。

従来は，個人情報を各機関が別々に管理する典型的な**縦割り行政**となっていた。マイナンバー制度を導入することで，個人情報を1つの番号で管理できるため，行政事務の効率化とコスト削減が期待されている。一方，情報の漏洩や不正利用の可能性，個人の私生活が政府に把握させる危険性など，プライバシーの侵害の懸念を指摘する声も強い。

また，政府は2024年に現行の健康保険証を廃止し，マイナンバーカードに一本化する方針を発表した。カードの取得を事実上義務化することになるため，反発の声も大きい。

はみだしメモ 裁判所の令状なしに捜査対象者の車などにGPS端末を取り付けた警察の捜査に対して，2017年に最高裁判所は，プライバシーの侵害にあたるとし，「（GPS）捜査は違法だった」との判決を下した。

❶肖像権

判例 京都府学連事件

■事件の概要

　1962年，大学への統制を強めようとする法案に反対した大学生Ｘらがデモ行進をした際に，京都府警Ｙ巡査がデモ行進の許可条件（「四列縦隊，車道東側端を行進」）に違反する行為があったと判断して，違反の証拠として行進状況を写真撮影した。学生Ｘはこれを咎め，Ｙ巡査にけがを負わせたため，公務執行妨害等で起訴された。一方，学生ＸらはＹ巡査が勝手に自分たちの写真を撮ったのは**肖像権**の侵害にあたる，などとして争った。

■裁判所の判断

第一審：学生Ｘ有罪　（写真撮影は適法）
第二審：学生Ｘ有罪　（写真撮影は適法）
最高裁：学生Ｘ有罪　（必要性・緊急性があり相当な方法による写真撮影は適法）

　最高裁判所は1969年12月24日の判決で，一般論として「何人も，その承諾なしに，みだりにその容ぼう・姿態を撮影されない自由を有するものというべきである」として肖像権を認める一方で，本件の写真撮影については，証拠保全の必要性・緊急性があり違法ではない，とした。

解説 肖像権を認める　京都府学連事件では，肖像権が憲法13条の幸福追求権を根拠に保障される具体的権利であることを認めた。近年では，本人の承諾なしに，撮影した写真をSNSに載せたことが原因となって損害賠償訴訟になるなど，肖像権をめぐるトラブルは絶えない。

❷個人情報を保護する動き

共通テスト 20.23

　高度通信情報社会が進展するなか，学校や役所が個人情報の入ったＵＳＢメモリを紛失したり，企業に蓄積された顧客名簿やネット登録情報が流出するなど，個人情報をめぐるトラブルは後を絶たない。

　国民の権利意識が高まり，個人情報保護の必要性が指摘されるなかで，2003年には**個人情報保護法**が成立し，05年に施行された。この法律では，個人情報を「生存する個人に関する情報であって，特定の個人を識別できるもの」と規定しており，一般に「氏名，住所，年齢，性別，生年月日，電話番号，クレジット・カード番号，学歴，職歴，病歴」などが個人情報にあたるとされ，特に取り扱いに注意を要する「思想及び信条，犯罪履歴，本籍地」などはセンシティブ情報と呼ばれる。なお，個人情報の不正利用を監督する機関として，2016年には，内閣府の外局の行政委員会として，個人情報保護委員会が設置されている。

❸パブリシティ権

　パブリシティ権(right of publicity)とは，人に備わっている，顧客吸引力等の経済的な価値を保護する権利を言う。芸能人やスポーツ選手は，一般人に比べてプライバシー権や肖像権が制限されがちである一方で，その肖像等は高い経済的価値をもつケースが多い。これを保護するために主張されるようになった権利であり，20世紀後半のアメリカで判例を通じて徐々に確立されていった。

　日本では，有名女性タレントの写真が雑誌に無断掲載され，パブリシティ権侵害の損害賠償を求めた訴訟の最高裁判決が2012年に下された。判決はパブリシティ権侵害と損害賠償請求を棄却する一方で，パブリシティ権を「**専ら氏名・肖像等，商業的価値に基づく人格権のひとつで，顧客吸引力を排他的に利用する権利**」と定義し，法的権利として初めて認めた。

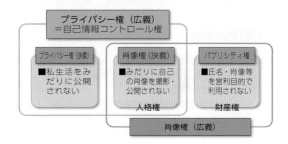

❹忘れられる権利

　現在では，インターネットや検索エンジンサービスの急速な普及によって，以前よりも容易に個人情報を入手できるようになってきている。こうした状況下で，**検索サイトなどから自己に関する情報の削除を求める権利（忘れられる権利）**が主張され始めている。2014年，EU司法裁判所で，「忘れられる権利」を初めて認める判決があり，企業側に検索結果の削除を命じた。その流れを受け，2016年には「EU一般データ保護規則（GDPR）」が採択され，権利が明文化された（2018年施行）。

　日本でも，かつて児童買春容疑で逮捕され，罰金刑に処せられた男性が，インターネット上に残り続ける逮捕歴に関する個人情報の削除を求める仮処分命令の申し立てをした。さいたま地方裁判所は，罪を犯した者も「更生を妨げられない利益」のために逮捕歴を「忘れられる権利」を有するとして，検索結果削除の仮処分命令を認可した。これに対し，東京高等裁判所は削除命令を取り消し，さらに最高裁判所は2017年に，男性の**逮捕歴は他人に知られたくないプライバシーに属するとしつつ，社会的に強い非難の対象となる犯罪については，「公共の利害に関する事項」であり，検索結果の削除は認められない**として，男性の求めを斥けた。なお，この最高裁判決では，「忘れられる権利」については言及されていない。

　逮捕歴・犯罪歴の扱いに，さいたま地裁と東京高裁・最高裁との間には少なくはない温度差がある。主張され始めてまだ日も浅い「忘れられる権利」の是非に，考えをめぐらせてみよう。

5 自己決定権

背景と内容：個人の私的事項を，公権力などから介入・干渉されることなしに，自分の意思で決定できる権利の必要性が，社会の変化とともに主張されるようになってきた。服装・髪型などのライフスタイルを決める自由，医療拒否や安楽死・尊厳死を選択する自由などが，その主な内容とされる。
根拠となる条文：幸福追求権（憲法第13条）

判例 輸血拒否事件

■**事件の概要**

信仰上の理由から輸血を拒否し，その意思を医師に伝えていた患者Aさんが，本人の意向を無視して輸血手術を行なった病院と医師を，精神的打撃を受けたとして訴えた。

■**裁判所の判断**

第一審：Aさん敗訴
（無輸血手術の約束は公序良俗に反し無効）
第二審：Aさん勝訴
（自己決定権を認めて損害賠償支払いを命じる）
最高裁：Aさん勝訴（被告の上告を棄却）

解説 医療現場の自己決定権 逆転判決を下した東京高裁は自己決定権の観点から，病院が，手術中万一の場合は患者側の同意なしに輸血する方針をとっていることを説明せず，Aさんが自分の意思で治療法を選択する機会を奪った責任を指摘した。専門知識を持たぬ患者が，医師の治療方針に一方的に従うというかつての構図は，医師が治療の内容やそのリスク，他の選択肢等を十分に説明した上で，患者の同意を得て治療を進める**インフォームド・コンセント**に基づくものへと変貌している。

6 平和的生存権

背景と内容：凄惨な加害と被害の戦争体験を経て制定された日本国憲法では，平和主義の原則がうたわれ，前文で，全世界の国民が「平和のうちに生存する権利」を有するとされた。
根拠となる条文：憲法前文第二段

日本国憲法の平和主義の重要な意義は，全世界の国民が「恐怖と欠乏から免れ，平和のうちに生存する権利」（**平和的生存権**）を有することを確認した点にも見出すことができる。つまり，日本国憲法は，平和主義の基底に「平和的生存権」を置き，平和を人権の問題として位置づけているのである。

日本国憲法の「平和的生存権」の考え方は，「平和」というものを，単に戦争や武力衝突がない状態というだけでなく，軍備ももたず，また，あらゆる「恐怖と欠乏」から免れた状態としてとらえている。戦争と軍隊という「なまの暴力」だけでなく，貧困・飢餓・抑圧などの「構造的暴力」もない状態，それが日本国憲法の想定する「平和」なのである。

[浦部法穂『憲法の本』より]

解説 平和的生存権は人権か？ 平和的生存権は，憲法第3章「国民の権利及び義務」のなかで規定されている人権ではなく，前文に記されているだけで，その内容にも定説はない。自衛隊の合憲性などが争われた長沼ナイキ基地訴訟の第一審の札幌地裁判決（1973年）は，基地建設による「平和的生存権」侵害の危険性を理由に，自衛隊を憲法違反とする判決を下している。近年では，自衛隊の海外派遣をめぐって，派兵差し止め訴訟が起こされ，訴訟のなかで新しい人権として「平和的生存権」が主張された。

7 おもな人権関連条約と日本の批准状況

Check! 日本はいくつかの条約に未批准だが，その理由を調べてみよう。

条約名	採択年	発効年	日本の批准状況		締約国
ジェノサイド条約	1948	1951	×		153
人身売買及び他人の売春からの搾取の禁止に関する条約	1949	1951	○	1958	82
難民の地位に関する条約	1951	1954	○	1981	146
婦人の参政権に関する条約	1953	1954	○	1955	123
無国籍者の地位に関する条約	1954	1960	×		97
人種差別撤廃条約	1965	1969	○	1995	182
国際人権規約（社会権規約）	1966	1976	○	1979	171
国際人権規約（自由権規約）	1966	1976	○	1979	173
自由権規約の選択議定書	1966	1976	×		116
難民の地位に関する議定書	1967	1967	○	1982	147
アパルトヘイトに対する処罰条約	1973	1976	×		109
女性差別撤廃条約	1979	1981	○	1985	189

条約名	採択年	発効年	日本の批准状況		締約国
拷問等禁止条約	1984	1987	○	1999	173
スポーツ分野の反アパルトヘイト国際条約	1985	1988	×		62
子どもの権利条約	1989	1990	○	1994	196
自由権規約第2選択議定書（死刑廃止条約）	1989	1991	×		90
移住労働者権利条約	1990	2003	×		59
最悪の形態の児童労働に関するILO条約182号	1999	2000	○	2001	187
児童売買，児童買春及び児童ポルノに関する条約の選択議定書	2000	2002	○	2005	178
障害者権利条約	2006	2008	○	2014	188
ハーグ条約	1980	1983	○	2014	103

※2023年10月現在

解説 日本が未批准の理由 例えば，①ジェノサイド条約に関しては，集団殺害の防止と処罰に対応する際，軍事的介入の要請を受ける可能性があり，憲法9条の制約もあり批准していない。②死刑廃止条約に関しては，国民世論の圧倒的な支持もあり（2019年の内閣府調査では8割強が「死刑存置」を支持），今日も死刑を存置している日本の立場と異なるため批准していない。

はみだしメモ 国連人口基金が2021年に発表した「世界人口白書」のテーマは「ボディリー・オートノミー（からだの自己決定権）」。自分の身体に関するさまざまなことは自分で決定する権利があるという意味である。

8 公共の福祉と人権

　私たちは憲法によって人権を保障されていますが、当然のことながら、他人に迷惑をかけることは許されません。たとえば、私たちにいくら「表現の自由」が保障されるといっても、他人の名誉やプライバシーを侵害してまで表現してもよいというように、自由が無制約に認められているわけではありません。どのような人権であっても、他人に迷惑をかけないかぎりにおいて認められるという制限をもっています。

　すべての人の人権がバランスよく保障されるように、人権と人権の衝突や矛盾を調整する原理を、憲法は「公共の福祉」と呼んだのです。けっして「個人と無関係な社会公共の利益」というようなことではありませんし、さらに「多数のために個人が犠牲になること」を意味するものでもありません。

　そもそも「公共の福祉」のことを英語では public welfare といいますが、この public とは、「人民」がもともとの意味です。つまり「人びと」ということです。ところが、日本語の「公」はもともと、「天皇」や「国家」をさしました。人権を制限するのに「公共の福祉」とか「公のため」という言葉を使うときにも、私たちはあくまでも具体的な人びとの幸せを想定して考えていかなければならないのです。

［伊藤真『中高生のための憲法教室』より］

解説 公共の福祉と人権制約　公共の福祉は、人権に対する唯一の制約原理であり、権利の濫用は許されないとしているが、それと同時に日本国憲法の根源的価値が「個人の尊重」にあることも常に留意しておかなければならない。

●公共の福祉による人権の制限

制限される権利	内容
表現の自由の制限	・他人の私生活の暴露の禁止（プライバシー侵害） ・他人の名誉を傷つける行為の禁止（刑法） ・選挙運動の制限（公職選挙法）
集会・結社の制限	・デモに対する規制（公安条例）
私有財産の制限	・空港や道路建設のために補償のもとに土地収用（土地収用法） ・住宅やビルの建築制限（建築基準法）
居住・移転の制限	・感染症患者者の隔離（感染症法）
経済活動の制限	・企業の価格協定の禁止（独占禁止法） ・医師や弁護士など資格が必要

解説 人権制限の背後にある思想　「個人の尊重」が日本国憲法の根源的価値だとするなら、その個人の人権を制限できるものは、別の個人の人権しかない。また、経済的自由の制約については、憲法第22・29条で「公共の福祉」による制限があえて明示されている（「二重の基準（double standard）」）ことにも注目しておきたい。

読み解き ≫ 立川反戦ビラ訴訟

■**事件の概要**

　自衛隊のイラク派遣に反対する被告人らが、自衛官やその家族の住む防衛庁立川宿舎の郵便受けなどに「殺すのも・殺されるのもイヤだと言おう」などのタイトルのビラを投函したところ、住居侵入罪にあたるとして逮捕、起訴された。これに対して被告人らは、ビラの投函は正当な表現活動であり、住居侵入罪とされることは表現の自由の侵害であるなどと主張した。第一審は、ビラの投函は憲法21条が保障する表現活動に当たることなどを理由として被告人らを無罪とした。しかし、第二審は表現の自由が尊重されるにしても他人の権利を侵害してはならないとして、有罪とした。そのため、被告人らが上告したが、**最高裁は上告を棄却した。**

■**判決文**

　確かに、表現の自由は、民主主義社会において特に重要な権利として尊重されなければならず、被告人らによるその政治的意見を記載したビラの配布は、表現の自由の行使ということができる。しかしながら、憲法21条1項も、表現の自由を絶対無制限に保障したものではなく、公共の福祉のため必要かつ合理的な制限を是認するものであって、たとえ思想を外部に発表するための手段であっても、その手段が他人の権利を不当に害するようなものは許されないというべきである……。本件では、表現そのものを処罰することの憲法適合性が問われているのではなく、表現の手段すなわちビラの配布のために「人の看守する邸宅」に管理権者の承諾なく立ち入ったことを処罰することの憲法適合性が問われているところ、本件で被告人らが立ち入った場所は、防衛庁の職員及びその家族が私的生活を営む場所である集合住宅の共用部分及びその敷地であり、自衛隊・防衛庁当局がそのような場所として管理していたもので、一般に人が自由に出入りすることのできる場所ではない。たとえ表現の自由の行使のためとはいっても、このような場所に管理権者の意思に反して立ち入ることは、管理権者の管理権を侵害するのみならず、そこで私的生活を営む者の私生活の平穏を侵害するものといわざるを得ない。したがって、本件被告人らの行為をもって刑法130条前段の罪に問うことは、憲法21条1項に違反するものではない。

●**読み解きのポイント**

① 最高裁は表現の自由を絶対的な権利として捉えているか。
② 最高裁は、被告人たちの表現の自由が、誰のどんな権利や利益と衝突すると考えているか。

解説　この最高裁判決は、一般市民によるビラの投函に対して住居侵入罪を適用することの憲法適合性を判断した初めての判決である。もっとも、民主主義社会における表現の自由の重要性を踏まえ、この最高裁の判断が妥当であったのか疑問視する声もある。

政治

法の意義と役割

① 法と道徳・慣習の違い

Check! 法の役割とは何だろうか。

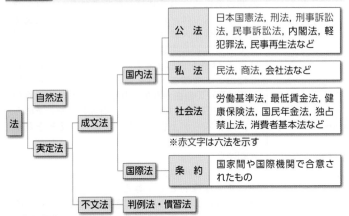

※赤文字は六法を示す

●法と道徳

社会規範
- 法 ── 人間の外面的行為に関する規範。国家権力による強制力を伴う。外面的強制
- 道徳 ── 人間の内面的意思を規律する規範。国家権力による強制力を伴わない。内面的強制
- その他 ── 宗教，習慣（習俗），儀礼など

解説 **法と道徳，何が違う？** 社会生活において必要となるルールを「社会規範」という。「法」も社会規範の１つで，他に道徳や宗教，習俗や礼儀といったものも社会規範に含まれる。**法は「社会秩序の維持」が目的であり，外部的行為を規制するものである**のに対し，道徳はあくまで内心を規律するものである。また，法には，強制力があり違法な行為に対して制裁（刑事罰，損害賠償など）が加えられる。一方道徳には強制力はない。

❶自然法	自然または人間の本性・理性に基づき成立する法。実定法に先立ち普遍的に存在するとされる。
❷実定法	自然法に対して社会慣習や立法作用など人間の行為によってつくり出された法。成文法・慣習法・判例法など。
❸不文法	文章化されていないが，慣習や伝統により法としての効力をもつもの。慣習法や判例法など。
❹成文法	文章に書き表された法。憲法・条約・法律・命令・規則・条例など。
❺公法	国や公共団体の組織や活動に関する法，あるいは国や公共団体と国民との関係を規律する法。
❻私法	私人（個人や団体）間の生活関係を規律する法。
❼社会法	本来は私法に関する内容（市民の個人生活）に，社会的公正の立場から国家が内容的規制を加えた法。公法や私法にも分類できない新しい法領域で，資本主義の発達と社会問題の発生に伴い出現。

② どんなルールが必要？

確かに居眠りは悪いことだけど，ゲームは校則で禁止するようなことなのかな？

ゲームすること自体は法律で禁止されてないし，他の人は勉強もちゃんとやってるしね

みんなが納得するルールを作るには，どんなことを考慮すればいいのかな？

 政治がわかる 　**情報化社会における法とモラル**

情報技術の発展は，私たちの生活に大きな変化をもたらした。インターネットを利用するとき，私たちはどのような点に注意すればよいか，考えてみよう。

① 知的財産権（知的所有権）　 共通テスト 22

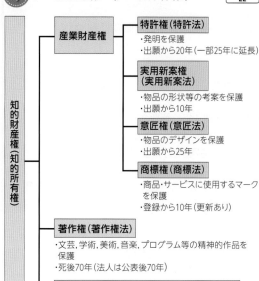

知的財産権（知的所有権）
- 産業財産権
  - **特許権（特許法）**
    ・発明を保護
    ・出願から20年（一部25年に延長）
  - **実用新案権（実用新案法）**
    ・物品の形状等の考案を保護
    ・出願から10年
  - **意匠権（意匠法）**
    ・物品のデザインを保護
    ・出願から25年
  - **商標権（商標法）**
    ・商品・サービスに使用するマークを保護
    ・登録から10年（更新あり）
- **著作権（著作権法）**
  ・文芸，学術，美術，音楽，プログラム等の精神的作品を保護
  ・死後70年（法人は公表後70年）
- **その他…**回路配置利用権，育成者権など

[特許庁HPより作成]

解説 知的財産権　人間の創造的な活動によって生み出される財産を知的財産といい，知的財産を保護するための権利を知的財産権という。知的財産権には，産業財産権や著作権などがある。インターネットの発達により，デジタル化された著作物を容易に利用できるようになった。これらは複製が容易であるため，再利用や加工がきわめて容易だが，知的財産権を守ることが必要となる。

Exercise

●著作権侵害
問　インターネットで著作物を利用するときに著作権者に無断で行っても著作権侵害とならないのは，次のうちどれか。

① 自分のSNSに好きな曲の歌詞を掲載した。
② 他のホームページの記事を自分のサイトに無断で掲載した。
③ 無断でアップロードされた著作物と知りながら，ダウンロードした。
④ 他人のホームページに無断でリンクを張った。

解説 正解は④　著作物を利用する際には，著作権者の許諾を得なければならない。例外として，私的な利用，学校での授業の利用などはのぞかれる。また，公共の図書館でも利用が認められる。私的な使用とは，録画していたテレビ番組をあとで観るといった，家庭内での使用をさす。

② インターネットによる人権侵害

●インターネットを利用した人権侵犯事件の推移

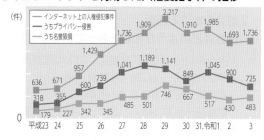

[法務省資料より作成]

●インターネットにおける人権侵害を防ぐチェックポイント

①差別的な発言や誹謗・中傷及び人権侵害につながる情報は書き込まない。②うそや不確かなことは書き込まない。③なりすまし行為はしない。④個人情報は書き込まない。

[「東京都総務局人権部　インターネットと人権」より]

読み解き ≫ 災害時のデマ

　大阪北部地震の発生直後から，ツイッターなどの会員制交流サイト（SNS）を中心に，さまざまな流言，虚報（デマ）が飛び交った。……

　被災地以外でも話題になった「シマウマが脱走した」「京セラドームに亀裂が入った」「電車が脱線した」との投稿はいずれも嘘だった。シマウマや京セラドームの写真を添付するなど，手口は悪質である。

　こうした情報を信じた人がいれば，避難行動にも影響する。震災被害を拡大しかねない，許されない行為であると知るべきだ。

　流言の中でも見過ごせないのは「外国人の窃盗・強盗に注意」「テロに注意」といった外国人，在日外国人に対する偏見，差別の助長につながる表現だ。特定の人々を攻撃する行為である。

　大正12年の関東大震災では，混乱の中で「朝鮮人が暴動を起こした」などの流言により，朝鮮半島出身の人々らが殺害され，止めようとした日本人が犠牲になる事件も起きた。……

　情報化社会の今，投稿された内容は真偽にかかわらず瞬時に拡散する。個々の利用者が真偽を確かめないまま引用する行為は，非常時の混乱を加速するのだ。

　個人が自由に情報発信できる価値を守りたい。その価値を損なおうとする行為を見極める努力も欠かせない。

[産経新聞　社説 2018年6月23日]

法や規範の意義・役割

127

1 政治機構と国民生活

DIGEST

主権者である国民の意思はどのように政治に反映されるのだろうか

1.三権分立制 [1]

①立法権を国会に，行政権を内閣に，司法権を裁判所にもたせ，相互に抑制と均衡の関係におく

2.国会の地位と権限

国会はどのような権限をもっているか [4] [7] [8] [12]

①国会の地位…国民代表機関，国権の最高機関，唯一の立法機関

②国会の構成…二院制（両院制）[2]

衆議院…定数465名（小選挙区289名，比例代表176名），任期4年，解散あり

参議院…定数248名（選挙区148名，比例代表100名），任期6年（3年ごとに半数改選）

③国会の種類…常会（通常国会），臨時会（臨時国会），特別会（特別国会），参議院の緊急集会 [3]

④国会議員の特権…不逮捕特権，免責特権，歳費特権 [6]

⑤国会と各議院の権限…両院の議決が一致したとき国会の議決となる→不一致の際は両院協議会で調整

国会の権限（両議院が共同で行う権限）	各議院の権限（各議院が単独で行う）	
弾劾裁判所の設置，財政の監督・統制 **憲法改正の発議**	国政調査権，議院規則の制定 議員資格争訴の裁判	
衆議院の優越	衆議院のみの権限	参議院のみの権限
法律の議決，予算の議決 条約の承認，内閣総理大臣の指名	**予算先議権** **内閣不信任決議権**	参議院の緊急集会

⑥国会の運営…議院の実質審議は委員会で行い，本会議で議決する

3.国会改革 [15]

①党首討論の導入，政府委員制度の廃止，副大臣・大臣政務官制度の導入

4.議院内閣制

①内閣が，行政権の行使について，国会に対し連帯責任を負う政治制度

②衆議院の内閣不信任決議→内閣は10日以内に衆議院を解散するか，総辞職する [21]

5.内閣と内閣総理大臣の権限

内閣はどのような権限をもっているか [17] [18] [19]

①内閣…国会が指名する内閣総理大臣と国務大臣（過半数は国会議員）で構成，全員が文民

②内閣の権限…一般行政事務，法律の執行，条約の締結，**予算の作成**，政令の制定，外交関係の処理，最高裁判所長官の指名，その他の裁判官の任命，天皇の**国事行為への助言と承認**など

③内閣総理大臣の権限…国務大臣の任命と罷免，行政各部の指揮監督，閣議の主宰

6.行政権の拡大

行政権の優位と官主導社会とはどのようなものか [23] [24] [25] [31]

①行政機能の拡大…福祉国家における行政の役割と権限の拡大

→**委任立法**の増大，許認可権や行政指導の増加

②官僚制の発達…行政機能の拡大に対応した官僚機構が，政策決定に中心的な役割をはたす

→縦割り行政，政・財・官の癒着，官僚の「**天下り**」などの弊害

7.行政の民主化と行政改革

①行政の民主化のしくみ…行政手続法（1993年），情報公開法（1999年），**オンブズ・パーソン**（行政監察官制度），行政委員会（内閣から独立して公正・中立な行政運営を行う）[27]

②行政改革…行政の簡素化・効率化を目指す [29]

中央省庁改革…1府12省庁体制（2001年），特殊法人の統廃合・民営化・独立行政法人化

1 三権分立

Check! 国会はなぜ「国権の最高機関」とされるのか。

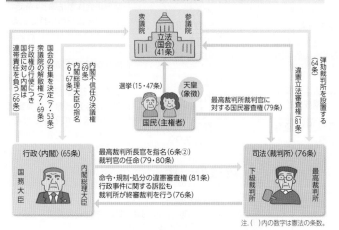

注.（ ）内の数字は憲法の条数。

解説 国権の最高機関 日本国憲法は，国会・内閣・裁判所の３つの独立した機関が相互に抑制しあう三権分立の原則を定めている。憲法第41条の「国権の最高機関」とは，国会は，三権のうちで唯一，**主権者である国民から直接選ばれた議員で構成されている機関であるので，国政の中心にあるという意味である。**

前文 …そもそも国政は，国民の厳粛（げんしゅく）な信託によるものであつて，その権威は国民に由来し，その権力は国民の代表者がこれを行使し，その福利は国民がこれを享受する。

第41条〔国会の地位・立法権〕 国会は，国権の最高機関であつて，国の唯一の立法機関である。

第42条〔両院制〕 国会は，衆議院及び参議院の両議院でこれを構成する

▲国会議事堂

2 国会の組織と二院制

Check! なぜ二院制を採用しているのだろうか。

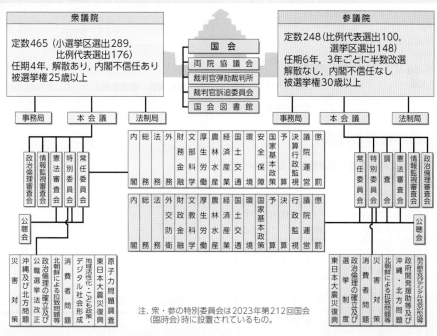

注. 衆・参の特別委員会は2023年第212回国会（臨時会）時に設置されているもの。

解説 二院制 世界では，イギリス，アメリカ，ドイツなどが二院制を採用している。しかし，役割や制度は各国異なっており，特徴として，①イギリスのように，国民から選ばれる下院（庶民院）に対し，上院（貴族院）は貴族や聖職者という身分の人々で構成されるもの，②アメリカのように，各州を代表する上院と，国民全体を代表する下院で構成されるもの，③日本のように，第一院の行き過ぎを第二院が抑制し補完する形に分類される。日本が二院制をとる理由としては，**①慎重な審議によって，一方の院の行き過ぎを抑えたり，足りない部分を補うことができる，②両院の議員は，異なる時期に異なる方法で選出されるため，多様な国民の意見をより多く反映できる**ことなどがあげられる。また，参議院は，衆議院に比べ任期が長く，解散もないことから，長期的な視点から審議を行うことができる。

はみだしメモ 日本の二院制は，参議院は「衆議院のカーボンコピー」と言われ，参議院不要論も叫ばれている。対して，アメリカの二院制では，上院が州の代表，下院が国民の代表と二院の性質が明確であり，存在意義が明らかである。

3 国会の種類

種類	会期	召集	主な議題	延長回数	関係条文
常会 （通常国会）	150日	毎年1回，1月中に召集	次年度予算，関連法案	1回のみ	憲52 国会法2,10,12
臨時会 （臨時国会）	両院一致の議決による	内閣または衆議院・参議院いずれかの総議員の4分の1以上の要求	国政上緊急な重要条約承認，案件議事，院の構成	2回まで	憲53 国会法2の3,3,11,12
特別会 （特別国会）	同上	衆議院解散総選挙から30日以内	総理大臣の指名，院の構成など	同上	憲54 国会法2の2,11,12
緊急集会 （参議院のみ）	不定	衆議院解散中に緊急の必要がある場合，内閣が召集	国政上緊急な議事	—	憲54 国会法99

解説 参議院の緊急集会　緊急集会は憲法第54条で参議院のみに認められている。ここでの決議は特別国会開会後10日以内に衆議院の同意がなければ効力が失われる。これまでの事例は中央選挙管理委員会の任命（1952年）と暫定予算審議（1953年）の2回だけで，どちらも次の国会で衆議院の同意を得ている。

4 国会と両議院の権能

国会の権能
法律案の議決(59)	内閣総理大臣の指名(67①)
条約の承認(61,73③)	財政の監督(91)
弾劾裁判所の設置(64)	憲法改正の発議(96)

議院の権能

両院共通の権能
①法律案の提出(59①)
②議院規則の制定(58②)
③国政の調査(62)
④請願の受理
⑤議員の資格争訟(55)
⑥議員の逮捕の許諾・釈放の要求(50)
⑦議員の懲罰(58②)
⑧会議公開の停止(57)
⑨役員の選任(58)
⑩大臣出席の要求(63)
⑪祝賀・弔意の決議

衆議院のみ
①法律の単独議決(59②)
②予算先議権(60②)
③参議院緊急集会に対する同意(54③)
④条約承認における優越(61)
⑤内閣総理大臣指名における優越(67②)
⑥内閣の信任・不信任の決議(69)

参議院のみ
参議院の緊急集会(54②)

注.（　）内の数字は憲法の条数。

5 国会の一年

1月	[通常国会開会] 開会式，議席指定，政府演説，各党代表質問 1　総理大臣の施政方針演説 2　外務大臣の外交演説　3　財務大臣の財政演説
2～3月	[衆議院予算委員会，予算案審議] 基本的質疑→公聴会→集中審議→一般的質疑→分科会→締めくくり質疑→討論・採決
4月	3月末までに予算が未成立の場合，予算案審議は4月にずれこみ，暫定予算が組まれる
4～5月	[各委員会審議スタート] 各委員会審議。通常国会会期切れ（5月）を見定め，法案成立と会期延長をめぐって与野党間のかけ引きがさかん。会期中に不成立法案は廃案となり継続審議はなし
6～8月	会期延長された場合はこの時期も国会審議が続く。閉会されれば議員はそれぞれの政治活動をおこなう。選挙区での後援者・支持者との交流もある
9月	臨時国会が必要か不要かの審議
10～12月	臨時国会会期中に不成立法案は廃棄となる

解説 首相演説　通常国会のはじめに衆参両院の本会議で首相の施政方針演説がおこなわれ，各政党を代表する議員が代表質問をおこなう。特別国会や臨時国会では所信表明演説という。

6 国会議員の特権と待遇

Check!　国会議員に特権を与える必要があるのはなぜだろうか。

●国会議員の特権

歳費特権 (49条)	国庫から相当額の歳費（一般職の国家公務員の最高の給与額より少なくない歳費）を受ける
不逮捕特権 (50条)	会期中は逮捕されない（院外の現行犯である場合，その院の許諾がある場合を除く）
免責特権 (51条)	議院でおこなった演説，討論又は表決については，院外で責任を問われない
身分の保障 議席を失う場合	①任期が満了の場合(45条・46条) ②衆議院が解散したとき(45条) ③資格争訟の裁判による場合(55条) ④除名決議の場合(58条) ⑤被選挙資格を失ったとき ⑥当選無効の判決が出た場合
権能	発議権，質問権，質疑権，討論権，表決権

●国会議員の待遇

歳費（給料）

議長	議員
月217万円	月129万4千円 ＋期末ボーナス約630万円

＋

立法事務費 月65万円（年間780万円）
調査研究広報滞在費 月100万円（年間1,200万円）

（その他）
・公設秘書3人分（約2,600万円）
・JR全線無料，無料航空券月4往復分
・都心3LDKの議員宿舎の家賃約12万円

解説 特権と待遇　不逮捕特権は，警察・検察権を使って政府が不当に介入し，**立法権の担い手である国会議員の活動が妨げられないようにする**ためのものである。免責特権は，院内における議員としての活動において，その議員が行った**発言や表決の自由を保障する**ためのものである。経済上の特権としては，財力を持たず，**経済的に厳しい人も国会議員になることができるように，**「一般職の国家公務員の最高の給与額より少なくない歳費」が保障されている（国会法35条）。

はみだしメモ　国会の会期は，国会法の規定に基づき，衆参両院一致の議決によって，通常国会では1回，臨時国会，特別国会では2回まで延長することができる。1回の議決による最長の会期延長は2015年の95日間である。

7 衆議院の優越

Check! 衆議院に優越を認めているのはなぜか。

❶権限で優越

予算先議権（60）	予算は先に衆議院に提出しなければならない
内閣不信任決議（69）	衆議院で不信任の決議案を可決し，または信任の決議案を否決したとき，10日以内に衆議院が解散されない限り，総辞職をしなければならない

注．（　）内の数字は憲法の条数。

解説 **問責決議**　内閣不信任の決議は衆議院のみに認められた権限であるが，参議院では大臣の**問責決議案**を出すことができる。法的拘束力はないが，昨今大きな影響力を示している。

❷議決で優越

議決事項 ➡	議決結果 ➡	衆院の優越
法律案の議決（59）	●衆参両議院で異なった議決をしたとき ●衆議院が可決した法案を参議院が受けとった後，60日以内に議決しないとき	衆議院で出席議員の3分の2以上の多数決で再可決すれば成立
予算の議決（60・86） 条約の承認（61・73） 内閣総理大臣の指名（67）	●衆参両議院で異なった議決をし，両院協議会でも意見が一致しないとき ●衆議院が可決した議案を参議院が受けとった後，30日（首相指名は10日）以内に議決しないとき	衆議院の議決が国会の議決となる（成立）

注．（　）内の数字は憲法の条数。

解説 **衆議院の優越**　衆議院と参議院は原則として同じ権限をもっているが，衆議院の議決は参議院の議決に優越する地位にあると憲法に定められている。**衆議院は，参議院に比べ任期が短く解散があり，その時々の民意を反映しやすいため，衆議院により大きな権限が与えられているとされている。**二院制採用国では，両院での議決が一致しない場合，第一院に優越的地位を与えている場合が多い。

8 法律制定までの過程（衆議院先議の例）

Check! 内閣提出法案と議員提出法案の提出件数と成立数を比べて，問題点を考えてみよう。

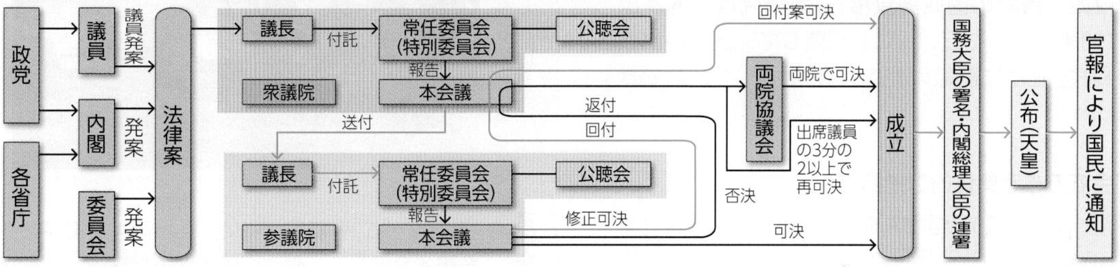

政党
各省庁
議員
内閣
委員会
議員発案
発案
発案
法律案
議長
付託
常任委員会（特別委員会）
公聴会
報告
衆議院
本会議
送付
議長
付託
常任委員会（特別委員会）
公聴会
報告
参議院
本会議
回付案可決
両院協議会
両院で可決
返付
回付
出席議員の3分の2以上で再可決
否決
修正可決
可決
成立
国務大臣の署名・内閣総理大臣の連署
公布（天皇）
官報により国民に通知

解説 **法律案の審議**　法律案は，議員からも内閣からも国会に提出することができる。提出された法律案は，関係する委員会に付託される。委員会では提出者より法律案の提案理由，内容の説明があり，その後質疑がおこなわれる。参考人を招いたり，重要法案は公聴会を開くこともできる。そして，議員による討論を経て採決される。採決された法律案は本会議にかけられ，委員会での審議の報告，質疑，討論の後に採決される。**本来，立法権は国会にあるので議員が提出する議員立法が中心となるべきであるが，現実には内閣が提出する法案が多く，成立率も高くなっている。**

9 両院協議会

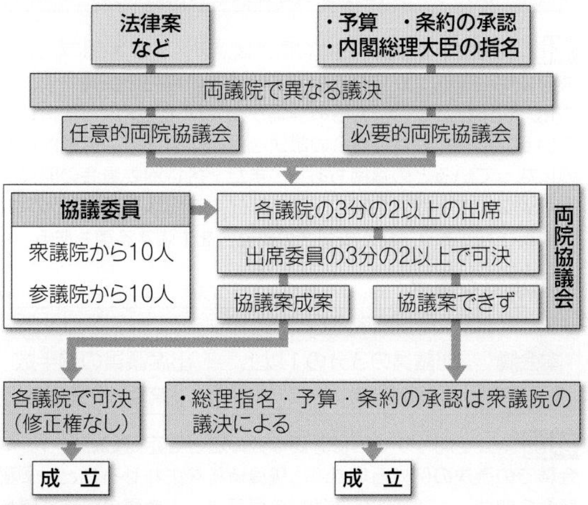

法律案など
・予算　・条約の承認
・内閣総理大臣の指名
両議院で異なる議決
任意的両院協議会
必要的両院協議会
協議委員
衆議院から10人
参議院から10人
各議院の3分の2以上の出席
出席委員の3分の2以上で可決
協議案成案
協議案できず
両院協議会
各議院で可決（修正権なし）
・総理指名・予算・条約の承認は衆議院の議決による
成　立
成　立

解説 **両院協議会**は，衆参両院の議決が異なったさいの意見調整のための機関である。予算の議決・条約の承認・内閣総理大臣の指名について議決が異なった場合は必ず開かれる。法律案の議決については必要に応じて開くことができる。

アラカルト　内閣提出立法と議員立法

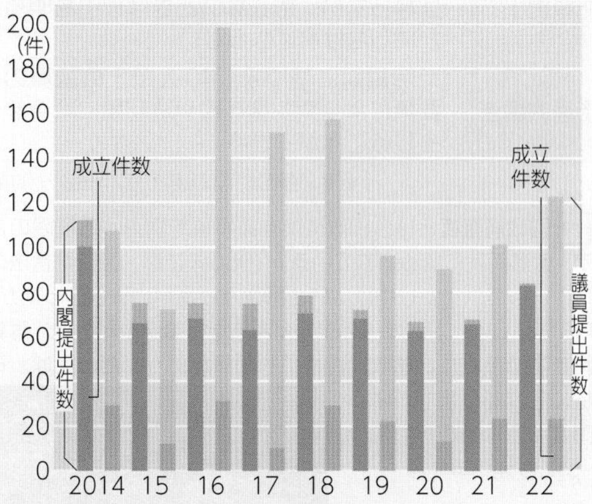

200
(件)
180
160
140
120
100
80
60
40
20
0
成立件数
内閣提出件数
成立件数
議員提出件数
2014
15
16
17
18
19
20
21
22

解説 国会は憲法上「国権の最高機関」であり，「唯一の立法機関」である（憲法第41条）が，事実上は内閣を中枢とする行政府が中心的な立法機関となっている。国会制定の8割以上を占めているのは内閣提出法案である。

Challenge 国会における法律案の提出件数は，内閣によるものよりも議員によるもののほうが多いが，その成立率では，議員よりも内閣によるものの方が高い。〇か×か。（2013年センター試験現代社会追試）（▶p.133）

10 内閣総理大臣の指名

1．衆参両議院の本会議で指名の議決
（過半数に達しなければ上位2名の決選投票）
2．衆参両院で異なった議決が出た場合，両院協議会で話し合い。まとまらなければ衆議院の議決が国会の議決となる（**衆議院の優越**）。

●衆参の首相指名が異なった事例

	衆議院	参議院
1948年2月	芦田　均（民主党）	吉田　茂（日本自由党）
1989年8月	海部俊樹（自由民主党）	土井たか子（日本社会党）
1998年7月	小渕恵三（自由民主党）	菅　直人（民主党）
2007年9月	福田康夫（自由民主党）	小沢一郎（民主党）
2008年9月	麻生太郎（自由民主党）	小沢一郎（民主党）

解説 衆参の指名が異なった場合は衆議院の議決が優先される（過去5例）。2007〜09年の自民党政権下では，与党である自民党の参議院の議席が過半数に満たない「**ねじれ国会**」の状態であり，首相指名でもねじれた投票結果となった。

11 国政調査権

共通テスト 19

第62条〔議院の国政調査権〕 両議院は，各々国政に関する調査を行い，これに関して，証人の出頭及び証言並びに記録の提出を要求することができる。

●国会でできる具体的な措置

証人喚問	議院証言法に基づき，国会が当事者や関係者を出頭させることができる。正当な理由がなければ拒めず，虚偽の証言をした場合は罪に問われる
参考人招致	任意のため，出頭を拒むことができ，衆参両院の規則に基づき，虚偽の発言をしても罪には問われない
報告・記録提出	国会法に基づき，政府は必要な報告や記録の提出を求められたときは応じなければならない。応じないときは理由を明らかにしなければならない
予備的調査	衆院規則に基づき，40人以上の議員の要請により衆院調査局や法制局に調査を命じることができる

［『朝日新聞』2021年1月26日より作成］

解説 **国政調査権**とは，国政に関する事項を調査する権限のことで，衆参両院に認められている。1988年には，議院証言法の改正によって，テレビ中継は静止画像及び音声のみとなったが，1998年からは，証人本人の了承がある場合のテレビ中継，写真撮影が認められた。国政調査権にも限界があり，たとえば，司法権の独立を侵害するような国政調査は認められない（▶p.139浦和事件）。

証人喚問▶

12 委員会制度

国会法で定められた常設機関。衆参両院にそれぞれ17の委員会があり，各委員会は10〜45名程度の委員で組織される。議員は少なくとも1つの委員会に所属する。各委員会は，予算や法律案など担当分野の議案を本会議で審議する前に，専門的に審査するために設置されている。

おもな常任委員会
●予算委員会
　予算案の審議を行う。予算は国政の在り方を決めることにつながるため，結果として国政全般についての審議も行われる。内閣総理大臣をはじめ，すべての国務大臣が出席する。委員数は50人と最も多い。
●議院運営委員会
　議院の運営，議長の諮問事項をはじめ，国会法，議院規則などを所管する。本会議の開会日時，議事日程などは，ここで事前に協議・決定し，国会の円滑な運営をはかっている。

（常任委員会）

▲参議院厚生労働委員会の様子

（特別委員会）
会期ごとに，各議院が特に必要と認めた案件を審議するために，議院の議決により設置される委員会。名称や委員の数もその際決定される。

（公聴会）
重要な案件に対して，利害関係者や学識経験者から意見を聴く制度。両院の委員会や憲法審査会が設ける。総予算及び重要な歳入法案，憲法改正原案については，公聴会の開催が義務づけられている。アメリカ連邦議会のコミッティー・ヒアリングにならって導入された。

解説 **委員会中心主義** 日本の国会は，アメリカ議会にならい，委員会中心主義がとられている。各分野の専門の委員会で，専門化，複雑化した行政内容の詳細かつ効率的な審議が期待されているが，本会議が委員会の議決を承認するのみの形式的なものになっているとの指摘もある。また，各特別委員会の開催実績が少ないことが（会期中1回の開催，時間は13分のものも）問題視されており，特別委員会の統廃合を主張する声もある。

●定足数と議決

	定足数	議決
本会議	総議員の3分の1以上	出席議員の過半数
委員会	委員の半数以上	出席委員の過半数

解説 議会を開催するのに必要な数のことを定足数という。本会議での議決の例外として，①議員資格を失わせること，②秘密会の開催，③衆議院の法律案の再可決，④議員の除名に関しては，出席議員の3分の2以上の賛成が，⑤憲法改正の発議に関しては，総議員の3分の2以上の賛成が必要となる。

はみだしメモ 内閣総理大臣の指名は，憲法第67条で「内閣総理大臣は，国会議員の中から国会の議決で，これを指名する。」とされているが，現憲法下において首相の座についているのは，すべて衆議院議員である。

13 弾劾裁判

●弾劾裁判による裁判官罷免の流れ

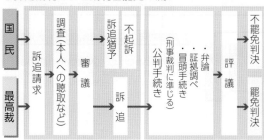

衆参両議院
（10人ずつ計20人）

衆参両議院
（7人ずつ計14人）

解説 **裁判官の弾劾** 国会の権限の一つに**裁判官弾劾制度**がある。憲法第64条で「国会は，罷免の訴追を受けた裁判官を裁判するため，両議院の議員で組織する弾劾裁判所を設ける」と定められており，裁判官に職務上の義務違反や国民の信頼を失うような非行があった場合にその身分を剝奪する公の弾劾制度がつくられている。

●弾劾裁判の実例

裁判官	訴追事由・判決
帯広簡裁判事	多くの白紙令状にあらかじめ署名捺印し，書記官に発行させたり，略式事件395件を失効させた **罷免判決**（1956.4.6）
厚木簡裁判事	調停事件の申立人から800円相当の酒食の供応を受け発覚するとモミ消しをはかった **罷免判決**（1957.9.30）
京都地裁判事補	ロッキード事件の際，検事総長の名をかたって三木首相への謀略電話の録音テープを新聞記者に聞かせた **罷免判決**（1977.3.23）

14 党議拘束

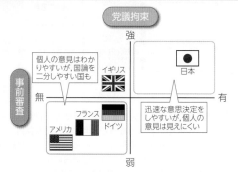

［『日本経済新聞』2017年4月7日より作成］

解説 党議拘束とは，政党が所属議員に対して，国会での投票行動を党の決議に従うよう義務づけるものである。大統領制の米国では共和党，民主党共に党議拘束はなく，各政党が提出した議案に対して，議員一人ひとりが賛否を決める。一方，首相を多数党から選び内閣を組織する議院内閣制の日本やイギリスは，首相と政党の主張が異なれば，政権の存立基盤が揺らぐため，党議拘束が基本であるとされる。

日本では，与党が法案や予算案を国会に提出する前に事前審査し，法案提出に先だって党議拘束がかけられる。そのため，与党議員は自由な討論に乏しくなり，国会審議は空洞化しがちになっている。

15 国会改革

Check! どのような問題を解消するために，国会改革が行われたのか考えてみよう。

❶ 党首討論の導入	首相と野党党首が一問一答形式で自由なテーマで議論する党首討論。モデルは英国議会のクエスチョンタイムで，2000年1月召集の通常国会からおこなわれている。党首討論をおこなう常任委員会「国家基本政策委員会」は衆参両院に設置されている。
❷ 政府委員制度の廃止	政府委員制度は，国会の委員会審議で，中央省庁の局長級の官僚が閣僚に代わって答弁をする制度。1999年臨時国会から廃止された。政治家主導の政治の実現をめざして廃止されたが，官僚が「政府参考人」という形で答弁することもある。
❸ 副大臣・政務官の導入	2001年1月の中央省庁改編にあわせて，従来の政務次官が廃止され，新たに副大臣，政務官が導入された。副大臣は閣僚経験者の起用が想定され，政策決定に関与したり国会答弁をすることができる。副大臣を補佐する大臣政務官も担当分野において政策づくりに参加できる。
❹ その他の改革	2018年，国会や地方議会の議員選挙において，男女の候補者数が均等となることをめざすことなどを基本原則とする「政治分野における男女共同参画の推進に関する法律」が公布・施行された。2022年9月現在，国会における女性議員の比率は，衆議院が9.9％，参議院が25.8％となっている。

解説 **官僚依存から政治主導へ** 1999年7月，「国会審議の活性化及び政治主導の政策システムの確立に関する法律」（**国会審議活性化法**）が成立した。官僚に依存しがちな国会審議や，政策決定過程へ官僚が関与することから脱却し，議員同士の議論を中心とする国会審議の活性化を実現し，政治家主導の政治をめざすものであった。

しかし，党首討論は予定通りに実施されないことが多く，国会審議における答弁も官僚に頼る場面が未だに見られる。副大臣・政務官が存在価値を示す場合もあるが，目的であった政治主導が実現したとはいえない状況である。

▲党首討論の様子

はみだしメモ 国会議員の女性比率を上げるため，候補者の一定割合を女性にする「クオータ制」を日本でも導入すべきだとの意見があるが，議論は進んでいない。　　p.131の答え　○

133

16 内閣と行政機関

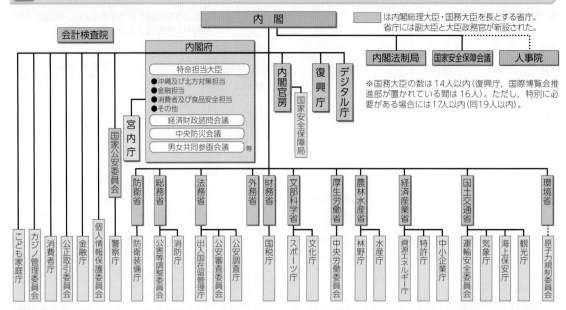

は内閣総理大臣・国務大臣を長とする省庁。
省庁には副大臣と大臣政務官が新設された。

内 閣

会計検査院

内閣府

特命担当大臣
●沖縄及び北方対策担当
●金融担当
●消費者及び食品安全担当
●その他

経済財政諮問会議
中央防災会議
男女共同参画会議 等

内閣官房
国家安全保障局

復興庁

デジタル庁

内閣法制局　国家安全保障会議　人事院

※国務大臣の数は14人以内（復興庁、国際博覧会推進部が置かれている間は16人）。ただし、特別に必要がある場合には17人以内（同19人以内）。

宮内庁

国家公安委員会
個人情報保護委員会
金融庁
公正取引委員会
消費者庁
カジノ管理委員会
こども家庭庁

防衛省
警察庁
防衛装備庁

総務省
公害等調整委員会
消防庁

法務省
出入国在留管理庁
公安審査委員会
公安調査庁

外務省

財務省
国税庁

文部科学省
スポーツ庁
文化庁

厚生労働省
中央労働委員会

農林水産省
林野庁
水産庁

経済産業省
資源エネルギー庁
特許庁
中小企業庁

国土交通省
運輸安全委員会
気象庁
海上保安庁
観光庁

環境省
原子力規制委員会

解説 行政組織　2001年の中央省庁再編で1府22省庁から現在の**1府12省庁**となった。行政のスリム化と内閣府の創設による首相の権限強化が狙いであった。2007年に防衛庁が防衛省に昇格。2009年には**消費者庁**，2012年には東日本大震災からの復興に関する行政事務を行う**復興庁**が設置された。その後も，多様な社会問題に対応すべく様々な省庁が誕生しており，2023年には，子育て支援や子どもの貧困対策，虐待防止，少子化対策など幅広い問題に一元的に取り組むため，**こども家庭庁**が設置された。

17 議院内閣制

Check! 議院内閣制のメリットとデメリットをあげてみよう。

注.（　）内の数字は憲法の条数。

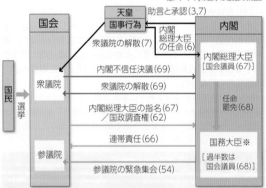

国会

天皇
国事行為

内閣

助言と承認(3,7)
内閣総理大臣の任命(6)

衆議院の解散(7)

国民　選挙

衆議院

内閣不信任決議(69)
衆議院の解散(69)

内閣総理大臣
[国会議員(67)]

内閣総理大臣の指名(67)／国会調査権(62)

任命
罷免(68)

連帯責任(66)

参議院

参議院の緊急集会(54)

国務大臣※
[過半数は
国会議員(68)]

解説 議院内閣制　内閣は，国民の代表者より構成される国会の信任に基づいて成立し，一方で内閣は衆議院の解散権をもつことで互いに抑制し合っている。国会の多数派が与党となっているため，立法府と行政府の間の政策の不一致が生ずることなく，**安定的な政権運営がしやすくなる**。他方で，多数派が立法・行政の両権を握ることになり，**民意が有効に反映されず，独善的な政権運営が行われたり，大胆な政策が取りづらくなることもある**。

▶天皇陛下から任命を受ける菅首相

18 内閣の権限

共通テスト 20

注.（　）内の数字は憲法の条数。

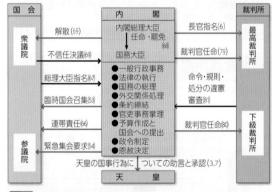

国会

衆議院

解散(69)

内閣

内閣総理大臣
↓
任命・罷免(68)
国務大臣

裁判所

長官指名(6)

最高裁判所

不信任決議(69)

総理大臣指名(67)

臨時国会召集(53)

連帯責任(66)

参議院

緊急集会要求(54)

●一般行政事務
●法律の執行
●国務の総理
●外交関係処理
●条約締結
●官吏事務掌理
●予算作成と
　国会への提出
●政令制定
●恩赦決定

裁判官任命(79)

命令・規則・処分の違憲審査(81)

裁判官任命(80)

下級裁判所

天皇の国事行為についての助言と承認(3,7)

天 皇

解説 閣議　内閣は，内閣総理大臣が主宰する「閣議」によって行政権を行使する。閣議においては非公開，秘密保持，全会一致が基本である。首相，国務大臣とともに3人の官房副長官と内閣法制局長官が参加し，火曜日と金曜日の午前中に定例閣議が開かれるほか，必要に応じて開く臨時閣議もある。

▲工期2年10か月，工費435億円をかけて平成14年に完成した新しい首相官邸での閣議のようす。

はみだしメモ　副大臣・政務官制度の導入前，政務次官は「盲腸」にたとえられ，いてもいなくても同じようなポジションであった。現在，副大臣25名，政務官27名合わせて50名を越え，政治主導の実現の一つの柱となっている。

19 内閣総理大臣の権限

国会	内閣の代表，議案の提出，一般国務，外交関係の報告（72，内閣法5（以下内とする））
国務大臣	閣議主宰者（内4），国務大臣任免（68），法律・政令に連署（74），主務大臣間の疑義裁定（内7）
行政機関	行政各部の指揮監督（72，内6），処分命令を中止し内閣の処置を待つ（内8）
自衛隊	最高指揮監督権（自衛隊法7（以下自）），防衛出動（自76），治安出動（自78）
警察	緊急事態の布告，統制（警察法71～72）
裁判所	行政処分執行停止への異議（行政事件訴訟法27），国務大臣訴追同意書（75）
その他	大地震の際の警戒宣言（大規模地震対策特別措置法9）

解説 内閣総理大臣のリーダーシップ　内閣官房，内閣府などの機能強化を通して，内閣総理大臣のリーダーシップは強化されてきた。2014年には内閣人事局が発足し，各省庁の幹部人事も官邸主導で一元化されるなど，首相・官邸への過度な権力集中が課題となってきている。

20 内閣総理大臣と大統領の比較

	大統領	内閣総理大臣（首相）
国家元首	○	×
選出	国民	議会
議会による不信任決議	×	○
法案提出権	×	○

解説 首相の力　明治憲法下の内閣総理大臣は「同輩中の首席」にすぎず，他の国務大臣と対等の地位であった。一方，日本国憲法では，「内閣の首長」としての地位を認め，権限が強化された。しかし，議院内閣制のもとでは，内閣は議会に対して連帯責任を負い，内閣不信任案をもつ議会によってその地位は脅かされることになる。また，内閣総理大臣は議会によって間接的に選ばれるため，時に国民の支持とかけ離れた人物が就任することがある。

アラカルト イスラエルの首相公選制

Check! 首相公選制のメリットとデメリットを考えてみよう。

1992年，イスラエルは世界で初めて首相公選制を導入した。国民自ら首相を選ぶ首相公選制を導入することで，**首相の指導力強化を図る**ことが目的であった。

しかし，行政府たる首相選挙と立法府たる議会選挙を同時に行うことで投票結果が連動し，安定した政権運営を実現することが期待されたのに対し，実際は多くの有権者が**首相選挙と議会選挙でまったく異なる投票行動を取った。議会は小党乱立状態となり，首相と議会は分断された**。公選は3回行われただけで廃止となった。日本でも小泉政権時の2001年に「首相公選制を考える懇談会」が発足，報告書が提出された。また，日本維新の会は首相公選制を綱領に掲げている。

22 行政委員会

名称	内容
人事院	国家公務員法に基づいて公務員の人事管理と給料の勧告を行う。
国家公安委員会	内閣総理大臣の下，設置。国務大臣が委員長。警察の民主的運営と政治的中立確保が目的。
公正取引委員会	内閣総理大臣の下，設置。自由主義経済の実現のため独占禁止法の運用が目的。
中央労働委員会	厚生労働省の管轄。2つ以上の都道府県にまたがる労働争議の斡旋，調停，仲介を行う。

解説 政党の圧力を受けないよう，一般の行政機関から独立して，政治的中立性を確保することを目的とした組織が行政委員会であり，規則の制定などの**準立法的作用**と裁決・審判という**準司法的作用**を有している。国だけでなく都道府県，市町村にも設けられている。

21 内閣総辞職と衆議院の解散

Check! 衆議院が解散する場合としてどのようなものがあるだろうか。

●内閣総辞職と内閣成立

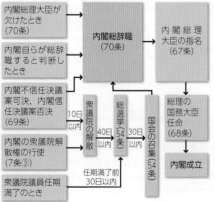

注.（　）内の数字は憲法の条数。

解説 内閣総理大臣は，就任とともに国家安全保障会議議長，皇室会議議長，中央防災会議議長などいくつもの官職を兼ねることになる。

●内閣不信任案成立による解散

第2次吉田内閣（1948.12.23）なれあい解散

吉田内閣は解散を望んだが，GHQ（連合国軍総司令部）が69条による解散に限定するとしたため，野党提出の不信任案に与野党ともに賛成して可決し，解散。

第4次吉田内閣（1953.3.14）バカヤロー解散

衆議院予算委員会で吉田首相が社会党西村議員との質疑応答中に，「バカヤロー」と暴言を吐いたことがきっかけで不信任案が可決され，解散。

第2次大平内閣（1980.5.19）ハプニング解散

野党が不信任案を提出したが，前回総選挙による自民党内の内紛（40日抗争）の影響で自民党反主流派が欠席し，不信任案が可決，解散。

第1次宮沢内閣（1993.6.18）政治改革解散

宮沢首相がNHKの番組で選挙制度改革を約束しながら，政治改革を先送りとしたことで，野党が不信任案を提出，自民党から造反者が出て可決し，解散。

解説 解散　内閣による解散には，**憲法69条による内閣不信任案を受けての解散**と**憲法7条による内閣独自の判断での解散**の2つがある。日本国憲法制定後，21回が解散による総選挙であり，そのうち4回が内閣不信任案成立による解散である。任期満了による総選挙は，1976年の三木内閣時の総選挙のみである。

はみだしメモ 解散の通称には，1986年の「死んだふり解散」（中曽根首相），2000年の「神の国解散」（森首相）など変わった名称のものがある，どんな内容だったか調べてみよう。

23 行政権の拡大と行政改革

```
福祉国家の要請 ／ 現代社会の複雑化 ／ 明治以来の官僚支配
          ↓
     行政権の優位・肥大化
          ↓
内閣提出法の増加 ／ 委任立法の増加 ／ 行政裁量の拡大
          ↓
  行政にヒト・カネ・権限が集中・拡大
          ↓
   官僚支配の強化・官主導社会
          ↓
```

弊害	国民主権・議会中心政治の空洞化, 形式化
	政・官・財(業)の癒着
	はびこる官僚主義
	天下り

行政改革	：行政組織の効率化と経費節減を目的とし, 組織・機能を改革すること	
1980年代	三公社民営化(→JR, JT, NTT)	
	中央省庁再編(1府12省庁へ)	
2000年代	小泉改革(道路公団民営化・郵政民営化)	
	民主党政権(行政刷新会議・事業仕分け)	

24 委任立法

共通テスト 21

Check! 委任立法が増加するとどのような問題がおこるか。

●入管法における委任立法の例

規定	省令などで定めるおもな内容
在留資格 特定技能1号は「相当程度の知識または経験を必要とする技能」, 2号は「熟練した技能」	・在留期間は1号で上限5年, 2号では更新可能 ・1号, 2号とも技能水準は所管省庁が定める試験などで確認。同じ職種であれば勤務先変更可能
外国人の支援 受け入れ先は支援計画を作成し, 支援しなければならない	・「支援計画」の具体的な中身 入国前の生活ガイダンス, 住宅の確保, 日本語習得の支援, 相談・苦情への対応, その他

解説 委任立法の拡大 複雑化する現代社会において, 国会が細部まで条文を規定することが難しくなっている。そこで, 法律では大枠だけを規定し, 細部は内閣による政令や省令など法律の成立後に具体的なルールを盛りこむ**「委任立法」**が拡大している。しかし, **過度に委任しすぎることによって議会の形骸化を招くおそれもある。**

25 中央省庁の許認可行政

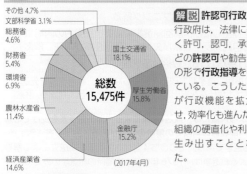

```
その他 4.7%
文部科学省 3.1%
総務省 4.6%
財務省 5.4%
環境省 6.9%
農林水産省 11.4%
経済産業省 14.6%
金融庁 15.2%
厚生労働省 15.8%
国土交通省 18.1%

総数 15,475件
(2017年4月)
```

解説 許認可行政 行政府は, 法律に基づく許可, 認可, 承認などの**許認可**や勧告などの形で**行政指導**を行っている。こうしたことが行政機能を拡大させ, 効率化も進んだが, 組織の硬直化や利権を生み出すこととなった。

26 政・官・財のトライアングル

●建設業界の場合

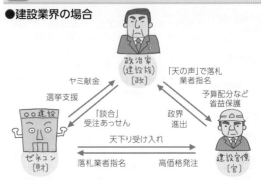

解説 政・官・財の癒着 政権が長期化すると, 政・官・財の癒着が強まる。政治家たちは役人の人事権をもっているので官僚に対して優位だが, 選挙資金の援助や票の取りまとめなどをしてもらうために財界や圧力団体には強く出られない。官僚は企業活動の許認可権をもっているので財界を押さえることができる。財界は政治家には強いが官僚には弱い。三者の中でどれかひとつが強力な力をもっているわけではないが, 三者が手を結べば強力な支配構造となる。国民主権の考え方とは異なった政治となってしまうのである。

●戦後のおもな汚職事件

事件名	おもな内容
昭和電工疑獄 (1948年)	復興金融金庫の融資獲得のため, 昭和電工幹部が約1億円を政官界などに贈賄
ロッキード事件 (1976年)	ロッキード社の航空機売り込みに関連し, 田中角栄首相ら政治家に, 丸紅, 全日空, ロッキード社が贈賄
リクルート事件 (1989年)	情報産業リクルート社が関連会社の未公開株を政官財有力者に幅広く譲渡し, 株売却益を得させた

27 オンブズ・パーソン制度

●川崎市民オンブズマン制度

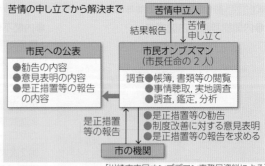

苦情の申し立てから解決まで

```
苦情申立人 ←(結果報告) ←→(苦情申し立て)
市民オンブズマン(市長任命の2人)
調査 ●帳簿, 書類等の閲覧
   ●事情聴取, 実地調査
   ●調査, 鑑定, 分析
市民への公表
●勧告の内容
●意見表明の内容
●是正措置等の報告の内容
市の機関
●是正措置等の勧告
●制度改善に対する意見表明
●是正措置等の報告を求める
是正措置等の報告
```

[川崎市市民オンブズマン事務局資料による]

解説 簡易・迅速な処理 オンブズ・パーソン(オンブズマン, 行政監察官)制度とは, 行政を監視する役割をもつオンブズ・パーソンが市民からの苦情を受け付け, 中立的な立場から問題を解決しようとする制度である。1809年にスウェーデンで生まれた制度が原型とされる。オンブズ・パーソンの措置に強制力はないが, 迅速・簡易に紛争を解決し, 市民の権利を救済する方法として注目されている。日本では, 川崎市がはじめて導入し, 沖縄県, 宮城県, 新潟市などでも導入されている。

はみだしメモ 民主党の行政改革の一環として, それぞれの事業を国が継続するべきかどうか, などを判断する「事業仕分け」が行われた。スーパーコンピュータをめぐる蓮舫委員の「2番じゃだめなんですか」発言で有名となった。

28 行政手続法（抄）

[1993年11月12日法88号　最終改正2023年6月16日法63号]

第1条（目的等） この法律は，処分，行政指導及び届出に関する手続並びに命令等を定める手続に関し，共通する事項を定めることによって，行政運営における公正の確保と透明性（行政上の意思決定について，その内容及び過程が国民にとって明らかであることをいう。第46条において同じ。）の向上を図り，もって国民の権利利益の保護に資することを目的とする。

第2条（定義） 6　行政指導　行政機関がその任務又は所掌事務の範囲内において一定の行政目的を実現するため特定の者に一定の作為又は不作為を求める指導，勧告，助言その他の行為であって処分に該当しないものをいう。

申請に対する処分	審査基準，申請から処分までの標準処理期間を設定し公表する。
不利益処分	処分内容・根拠法令・処分原因を事前に通知。不利益処分の場合はその理由を示す。
行政指導	指導・勧告・助言をするにあたり，主旨，内容，責任者を明確にし，求めに応じて書面を交付

解説 透明性の確保　行政手続法は，行政の公正性・透明性を確保するための法律である。それまでの行政指導には文書化されない口頭の指導が多く，勧告と助言，注意と警告などの境界もあいまいになりがちなことが批判の的になっていた。行政の判断や施策が法にもとづくものであり，相当な根拠があることを理解してもらう，すなわち，十分な**説明責任（アカウンタビリティ）**を果たすための法律という性格も持っている。

29 行政改革の歴史

●行政改革のおもな内容

年	事項
1985	日本電信電話公社→NTT（民営化） 日本専売公社→JT（民営化）
87	日本国有鉄道→JR（分割・民営化）
94	行政手続法の施行
96	日本版金融ビッグバンの実施
99	平成の大合併の実施 労働者派遣事業の原則自由化 PFI制度の施行 パブリック・コメントの導入
2000	地方分権一括法の施行
01	中央省庁改革（独立行政法人制度の導入） 特殊法人等改革基本法の施行 情報公開法の施行
03	指定管理者制度の施行 構造改革特区の導入
04	三位一体の改革の実施
05	日本道路公団→高速道路株式会社など（分割・民営化）
07	日本郵政公社→日本郵政株式会社など（分割・民営化）
09	裁判員制度の施行 事業仕分けの実施 地方公共団体財政健全化法の施行
14	国家戦略特区の導入

解説 小さな政府をめざす　行政改革はおもに政府支出の削減や組織の効率化を目的として行われる。日本では1980年代に「増税なき財政再建」というスローガンの下，行政の守備範囲の見直しの視点を含めて本格的な検討がはじまった。

30 公務員制度改革

●公務員数の推移

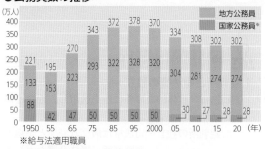

※給与法適用職員

●公務員数の国際比較（人口1000人あたり）

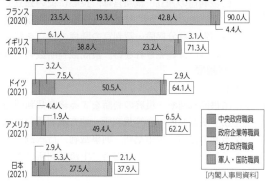

[内閣人事局資料]

解説 公務員制度改革　無駄を削り，効率性の高い政治運営をするという大きな目的を掲げて行われた公務員改革であるが，公務員削減が主な目的となってしまい，職員数を削減したために，行政サービスが劣悪化する状況に陥っている実態もある。

例えば，保健所数は行政改革により94年に比べ現在はほぼ半減し，コロナ禍において人手不足が問題となっている。また，全国で頻発する児童虐待問題への対応に対する職員数の不足，さらに水害等の被災地では，縮小された行政業務だけでは復旧作業を担いきれず，「ボランティア頼み」になるなどの問題も見られる。

31 官僚組織と天下り

●中央省庁のピラミッド

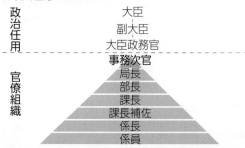

解説　日本における「官僚」とは，国家公務員採用総合職試験に合格した国家公務員を指す。省庁幹部候補として「キャリア」とも呼ばれるが，一般の公務員に比べると出世が早く，将来が約束されている。しかし，各省庁の官僚組織は事務次官を頂点とするピラミッド型で，上になるほどポストが少なくなり，昇進コースからはずれた官僚が勧奨退職をし，特殊法人や公益法人，企業などに再就職をする「天下り」をしていく構造になっている。

はみだしメモ　雇用者全体に占める公務員数の割合は，ノルウェー，スウェーデンなどは30％近くに上る。いわゆる「大きな政府」と呼ばれる国はその比率が高い。

137

2 人権保障と裁判所

DIGEST

1.裁判所と司法権の独立
①司法権…具体的な事件に法を適用し，紛争を解決する国家の働き
②司法権の独立 **2**
　a.裁判所の独立…司法権は最高裁判所と下級裁判所に属し，特別裁判所（明治憲法下の行政裁判所・皇室裁判所・軍法会議など）の設置は禁止
　b.裁判官の独立…裁判官は，良心に従い独立して職権を行使し，憲法と法律にのみ拘束される
　c.司法権の独立が問題となった事例…**大津事件**（明治憲法下），浦和事件，平賀書簡問題
③裁判官の身分保障…裁判官の職権の独立を確保するため，裁判官は心身の故障や弾劾裁判所の裁判による以外には罷免されない。最高裁判所裁判官は**国民審査**に付される **3**

2.裁判制度
①裁判所の種類
　a.最高裁判所…最終の判断をする終審裁判所，長官と14人の裁判官で構成
　b.下級裁判所…高等裁判所・地方裁判所・家庭裁判所・簡易裁判所
②裁判の種類…民事裁判，刑事裁判，行政裁判
③三審制…判決に不服の場合，上級裁判所に控訴・上告し，3回まで裁判が可能 **5**
④裁判の公開…裁判の対審と判決の公開
⑤検察審査会…検察官の不起訴処分に対して不服を申し立て審査を請求する機関

3.違憲審査権…裁判所が具体的な裁判に当たり，法律・命令・規則などの合憲・違憲を判断する権限 **7** 読み解き
①「憲法の番人」…最高裁判所は終審裁判所であり，「憲法の番人」とよばれる
②統治行為論…高度に政治的な国家行為については，裁判所の違憲審査権は及ばないとする考え方

4.司法制度改革 **8** 政治がわかる
①裁判員制度(2009年)…国民から選ばれた裁判員が重大な刑事事件の一審で裁判官とともに裁判を行う
②日本司法支援センター（法テラス）の開設（2006年），被害者参加制度の導入（2008年）

FOCUS

ワークブック **8**

司法に市民が参加することの意義と課題は何だろうか
❶裁判のしくみと流れを確認しよう→ **5** **6**
❷国民が司法に参加することの意義を考えよう→ **8** 政治がわかる

1 司法に関する新旧憲法の比較

	日本国憲法	大日本帝国憲法		日本国憲法	大日本帝国憲法
司法権	最高裁と下級裁判所	天皇の名で行使	裁判官の身分	心身の故障，公の弾劾以外は罷免されず	司法大臣の管轄下で一応の身分保障
司法権の範囲	民事裁判・刑事裁判・行政裁判	民事裁判と刑事裁判			
司法権の行使	憲法・法律にのみ拘束され，独立して職権を行使	天皇の名による裁判	国民審査制度（最高裁判所）	任命後初の総選挙で投票者の多数が罷免を可とするときその裁判官は罷免される	規定なし
特別裁判所	特別裁判所の設置を禁止	行政裁判所・軍法会議・皇室裁判所など			
違憲立法審査権	最高裁をはじめすべての裁判所にある	規定なし	人権の尊重	裁判は公開を原則，三審制	公開裁判を原則とするが，非公開も容易

解説 特別裁判所 大日本帝国憲法は，天皇の名において司法権が行使され，また，特別な身分の人または事件について設置される特別裁判所（**行政裁判所，軍法会議，皇室裁判所**など）が置かれていた。日本国憲法では，法の下の平等に反することから，行政機関が終審として裁判を行うことを禁止し，特別裁判所の設置を禁止している。例外として，国会の両議院による議員の資格争訟の裁判（憲法第55条）と，弾劾裁判所による裁判官の弾劾裁判（憲法第64条）がある。

司法参加の意義

2 司法権の独立

● 2つの独立

Check! なぜ裁判所の独立と裁判官の独立が必要なのだろうか。

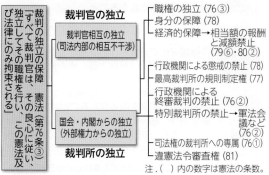

裁判官の独立
├ 職権の独立（76③）
├ 身分の保障（78）
└ 経済的保障—相当額の報酬と減額禁止（79⑥・80②）

裁判官相互の独立（司法内部の相互不干渉）

国会・内閣からの独立（外部権力からの独立）
├ 行政機関による懲戒の禁止（78）
├ 最高裁判所の規則制定権（77）
├ 行政機関による終審裁判の禁止（76②）
├ 特別裁判所の禁止—軍法会議など（76②）
├ 司法権の裁判所への専属（76①）
└ 違憲法令審査権（81）

裁判所の独立

裁判の独立「すべて裁判官は、その良心に従い、独立してその職権を行い、この憲法及び法律にのみ拘束される」憲法（第76条③）

注. ( ) 内の数字は憲法の条数。

●裁判官の任命と罷免

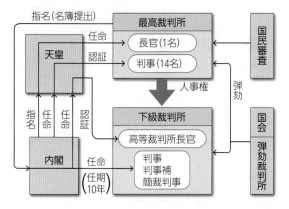

指名（名簿提出）

最高裁判所
├ 長官（1名）
└ 判事（14名）

天皇 — 任命 / 認証

国民審査

人事権

下級裁判所
├ 高等裁判所長官
└ 判事／判事補／簡裁判事

内閣 — 任命（任期10年）

指名・任命・任命・認証

弾劾

国会 弾劾裁判所

大津事件（行政権からの独立）

1891（明治24）年、来日中のロシア皇太子が滋賀県大津で警察官に襲われて負傷した事件。政府は対露関係を恐れて犯人を死刑にするよう圧力をかけた。しかし、大審院長児島惟謙は政府の干渉を退け、刑法の規定どおり無期懲役の判決に導いた（児島が担当判事に助言を行った点については「裁判官の独立」を侵しているとの指摘もある）。

浦和事件（立法権からの独立）

1948（昭和23）年、夫が賭博にふけって妻子（子ども3人）の生活を顧みないため、生活苦の中で、親子心中をはかり3児を殺した事件。自分は死にきれず殺人事件の被告人となった浦和充子への量刑が軽すぎるとして、参議院法務委員会が国政調査権を行使して証人の喚問を行い議長に報告。最高裁判所は、国政調査権に名を借りて司法権の独立を侵害するものであると抗議した。

解説 司法権の独立 裁判所は、国会や内閣、裁判所内部などの干渉を受けずに、法に基づいて厳正かつ公正な裁判を行わなければならない。**政治的な圧力・干渉によって不公正な裁判が行われるようであれば、国民の基本的人権は著しく侵害される。**また、裁判が公正に行われるために、裁判官は法とみずからの良心にのみ拘束されることなど、日本国憲法では強く身分保障が定められている（▶ 3 ）。

---

3 裁判官の身分保障

Check! なぜ裁判官の身分保障が必要なのだろうか。

●国民審査のしくみ

最高裁判所の裁判官15名（長官含む）について、国民の信任を問う制度。任命後初めて行われる衆議院選挙時に実施。以降は10年ごとの衆議院選挙で再審査。

罷免を可とする場合に×を記入し、罷免を可としない場合は無記入（×以外は罷免を可としないと判断する）。罷免を可とする投票数が過半数を越えた場合、その裁判官は罷免される。

●国民審査の結果（2021年10月）

裁判官名	×印の数と割合	裁判官名	×印の数と割合
深山 卓也	4,490,554（7.85%）	三浦 守	3,838,385（6.71%）
岡 正晶	3,570,697（6.24%）	草野 耕一	3,846,600（6.73%）
宇賀 克也	3,936,444（6.88%）	渡辺 恵理子	3,495,810（6.11%）
堺 徹	3,565,907（6.24%）	安浪 亮介	3,411,965（5.97%）
林 道晴	4,415,123（7.72%）	長嶺 安政	4,157,731（7.27%）
岡村 和美	4,169,205（7.29%）		

●裁判官がやめなければならない場合

① 定年に達したとき（最高裁・簡易は70歳、ほかは65歳）
② 心身の故障で職務が不可能なとき（分限裁判により判断）
③ 弾劾裁判で罷免の宣告を受けたとき
④ 国民審査で罷免されたとき（**最高裁のみ**）
⑤ 下級裁判所の裁判官のみ任期（10年）終了（再任可）

報酬は在任中は減額されない　裁判官の懲戒は裁判による

解説 裁判官の独立 裁判官が公正な裁判を行うためには、その地位が不当に干渉・圧迫され、おびやかされてはならず、安心してその職務を行うことができるようにする必要がある。そのため憲法では、裁判官は、心身の故障、**弾劾裁判、国民審査**（最高裁判所裁判官のみ）の場合にのみ罷免されると定めている。また、在任中報酬を減額されることはないなど、**身分を厚く保障することで裁判官が独立した立場で公正な裁判ができるようになっている。** 弾劾裁判は、①職務上の義務に著しく違反するか、職務を甚だしく怠った、②その他職務の内外を問わず裁判官としての威信を失ったなど、国民の信頼を失う行為を犯したと判断された場合に罷免ができるもので、過去に7名の裁判官が罷免された（▶ p.133）。一方、国民審査は、国民の目で裁判官としてふさわしいかを判断することができるものであるが、**過去に国民審査で罷免された裁判官は一人もいない。**

---

4 裁判の種類

刑事裁判	刑法等に基づいて犯罪を認定し、刑罰を科す（**原告＝検察官** ←→ 被告人）。**刑法・刑事訴訟法**を中心に運営。検察官が刑事被告人を公訴。
民事裁判	個人の間の私的な法律関係の争いを処理する（原告 ←→ 被告）。**民法・民事訴訟法**を中心に運営。当事者主義（民事訴訟上、当事者の任意の意思により、訴訟提起・取り下げ・和解などをすること）。
行政裁判	行政官庁の行政権の行使について国民が訴える（原告＝国民 ←→ 被告＝行政機関）。**行政事件訴訟法**を中心に運営。民事裁判の一種。

解説 行政裁判 行政裁判は、明治憲法下では司法裁判所と別系統の行政機関内に設置された行政裁判所で行ったが、日本国憲法下では司法裁判所で行う（行政裁判所は廃止）。

はみだしメモ 国民審査においては、それぞれの裁判官の経歴をよく知らない人の方が多い。そのため、有権者は白紙で提出（信任しない場合のみ裁判官の名前に×）、結果的に信任される。という問題点がある。

5 裁判のしくみ（三審制）

Check! 同じ事件でなぜ，三度の裁判を求めることができるのか。

●刑事裁判の場合　●民事裁判の場合

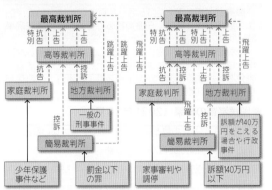

控訴	第一審の判決に対する不服を申し立て，第二審に訴えること。
上告	第二審（控訴審）の判決に対する不服を申し立て，第三審に訴えること。
抗告	判決ではなく，命令・決定に対して不服を申し立てること。
飛躍上告（跳躍上告）	控訴審を飛び越えて上告することをいう。通常，民事裁判では飛躍上告，刑事裁判では跳躍上告という。
特別上告	民事事件で高等裁判所が上告審になるとき，最高裁まで不服を申し立てること。
再審	確定判決に重大な誤りがある場合，不服の申し立てをして判決の取り消しを求め，裁判のやり直しを請求することができる。

解説 三審制　日本では，**民事事件**と**刑事事件**どちらにおいても原告・被告ともに同一事件で3回まで裁判を受けられる**三審制**を採用しており，国民の基本的人権を守るために，**慎重に裁判を行い，誤った判決が下されないようにしている。**

6 裁判の流れ

●刑事裁判の流れ

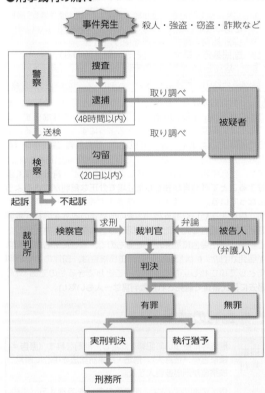

●民事裁判の流れ

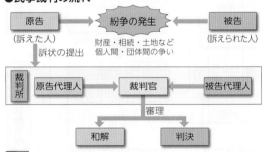

解説 私人間の紛争を解決する裁判　個人，会社などの私人間で権利関係に関する争いがある場合に，裁判官が，双方の主張や提出された証拠に基づいて紛争の解決をはかるのが民事裁判である。民事裁判では，訴えを起こした人のことを原告，訴えられた人のことを被告という。また，裁判の途中，話し合いによる解決（**和解**）や，裁判の取り消しも行うことができる。

●刑罰の種類

生命刑	死刑	拘置所で絞首刑	強盗殺人罪・放火罪などに科せられる
自由刑	懲役	労働の強制を伴う　無期と有期（1か月から20年以下）刑務所に収容し身柄を拘束	
	禁錮	労働の強制は伴わない　無期と有期（1か月から20年以下）刑務所に収容し身柄を拘束	受刑者からの請願で労働に従事させる
	拘留	短期の自由剥奪　1日以上30日未満　拘留場に収容し身柄を拘束	主に軽犯罪に対して科される
財産刑	罰金	1万円以上	刑を受けた者が金銭を国に納める
	科料	千円以上1万円未満	

※ 2022年，懲役と禁錮の両刑を一元化し，「**拘禁刑**」を創設する改正刑法が成立した。25年までに施行される見込み。

解説 刑罰の目的　刑罰の目的には，二つの考え方がある。一つは，その人が再び罪を犯すことのないように教育する目的（**教育刑**），もう一つは，正義に違反した行為に応じて受ける報い（**応報刑**）であると考えるものである。

解説 罪を犯した人を裁く裁判　罪を犯したと疑われる者を有罪か無罪か，有罪の場合はどのような刑罰を科すべきかを判断するのが刑事裁判である。検察官が国家を代表して裁判を求め（**起訴**），起訴されると被疑者は**被告人**と呼ばれるようになり，裁判官は検察官と被告人やその弁護人の主張，証拠などを確かめ判決を下す。

司法参加の意義

はみだしメモ　1回の期日で審理を終えて判決をすることを原則とする，少額訴訟という制度が1998年に設けられた。60万円以下の金銭の支払いを求める場合に限り利用できる。

7 違憲審査権

Check! 違憲審査権が日本国憲法において，なぜ保障されているのかを考えよう。また，保障されない場合，どのような問題が起こるのかも考えてみよう。

●日本の違憲制度

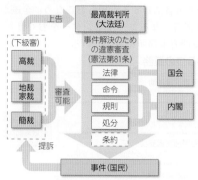

[『図解による法律用語辞典』自由国民社]

●統治行為論

裁判所が法的判断することが可能にもかかわらず，問題がきわめて政治的であるとの理由（統治行為論）で判断を回避しようとすることがある。①の例では砂川事件，③の例では衆議院の解散の違法性が争われた苫米地事件の大法廷判決がある。

統治行為の定義

政治部門行為のうち，法的判断が可能であっても，その高度の政治性を有する政治問題は，司法審査の対象とされない行為

違憲審査の限界事項

① 対外問題に関する事項（国家の承認，条約の締結その他の外交活動）

② 政治部門の自律に関する事項（意思決定手続き，議員の懲罰など）

③ 政治部門の政治的・裁量的判断に委ねられる事項（国務大臣の任免，国務大臣の訴追に対する内閣総理大臣の同意等）

●最高裁の違憲判決・決定 （　　　法令が当該事件に適用される限りにおいての違憲判決）

名称（年月日）	違憲の理由	判決・決定後の取扱い
尊属殺重罰規定違憲判決（1973.4.4）	▶p.109	1995年の刑法改正で刑法第200条を削除
薬事法距離制限違憲判決（1975.4.30）	▶p.108	国会は薬事法第6条を削除
衆議院議員定数違憲判決（1976.4.14）（1985.7.17）	衆議院議員選挙で議員1人当たりの有権者数に最大5倍の開きが生じたことは，憲法第14条（法の下の平等）・44条に反する（選挙は有効）	定数配分の是正
森林法共有林分割制限規定違憲判決（1987.4.22）	▶p.108	国会は森林法第186条を削除
愛媛玉ぐし料訴訟違憲判決（1997.4.2）	▶p.103	公費の奉納中止
郵便法損害賠償制限規定違憲判決（2002.9.11）	書留の遅れで生じた損害について，国家賠償責任を紛失や毀損などに限定した郵便法68・73条の規定は憲法第17条（国の賠償責任）の補償に反し違憲	郵便法を改正（国の賠償範囲を拡大）
在外邦人選挙権制限違憲判決（2005.9.14）	▶p.116	国会は公職選挙法を改正制限廃止
国籍法婚姻条件規定違憲判決（2008.6.4）	国籍法第3条1項の「父母が結婚していることが日本国籍取得の条件となる」という規定は憲法第14条に反し違憲	国会は国籍法を改正
砂川政教分離違憲判決（2010.1.20）	市が神社に敷地を無償で提供するのは，宗教団体に対する便宜の供与にあたり，憲法第20条1項後段（政教分離の原則），89条に反し，違憲	市の敷地は有償貸与
婚外子（非嫡出子）相続分差別違憲決定（2013.9.4）	「婚外子（非嫡出子）の遺産相続分を嫡出子の半分」と定めた民法第900条4号の規定は，憲法第14条に反し，違憲	民法を改正し，同条項を削除
女性の再婚禁止期間100日超違憲判決（2015.12.16）	女性の再婚禁止期間を6か月と定めた民法の規定について，100日を超える部分には合理性がなく，憲法第14条，24条に反し，違憲	2016年民法改正。女性の再婚禁止期間を6か月→100日に短縮（24年に100日規定は撤廃）。
孔子廟訴訟違憲判決（2021.2.24）	孔子廟（孔子の霊を祀る建物）のために市が管理する公園内の土地を無償提供しているのは，憲法の政教分離原則に反する	孔子廟の設置者は公園使用料を支払う
国民審査在外投票規定違憲判決（2022.5.25）	裁判官の国民審査について在外邦人の投票権を認めない国民審査法は，憲法第15条1項，79条2，3項に違反する	国会は国民審査法を改正
性別変更の手術要件規定違憲決定（2023.10.25）	戸籍上の性別を変更するには生殖能力をなくす手術が必要であるとする法律の規定は憲法第14条などに反し違憲	

解説 違憲審査制 法律や政令・規則などに基づく処分が憲法に適合するかを判断する**違憲審査権**は，下級裁判所も行使できるが，最終審を行う最高裁判所は「**憲法の番人**」とよばれる。例えば，ナチスの台頭を許してしまったドイツに象徴されるように，国会で審議し多数決で決定した法律だからといって，**憲法が保障する基本的人権を侵害することは許されない**。そこで，議会の外にあって政治的中立な機関である裁判所に憲法に反する政治的な行為を排除する役割が求められたのである。日本では，アメリカと同様，具体的訴訟の中で憲法判断が行われるが，最高裁が実際の法律そのものに違憲判決を下した例はわずか10件。統治行為論による憲法判断の回避もあり，**司法消極主義**として批判されている。

Exercise

●違憲審査制

問 次の記述のうち，最も適切なものをア～エから1つ選びなさい。

ア 日本の違憲審査制は，権利侵害と無関係に国家行為の憲法違反だけを争う客観訴訟も認めている。

イ 基本法令である民法や刑法について，最高裁判所が違憲判断をしたことはない。

ウ 違憲審査権を有するのは最高裁判所のみであり，高等裁判所や地方裁判所のような下級裁判所は違憲審査権を行使することはできない。

エ 最高裁判所は，国会や内閣が高度な政治的判断に基づき，その政治的責任において行う統治行為は，違憲審査の対象にはなじまないとする判断を示した。

<2019年度 早稲田大学社会科学部入試問題> （解答は▶p.144）

8 司法制度改革

従来の司法制度は，裁判期間の長さ，弁護士費用の高さ，国民と法曹界の感覚のズレなどさまざまな批判があった。そこで，国民へ十分な司法サービスを提供するために様々な改革が行われることとなった。

裁判制度の改革	**裁判の迅速化** 裁判迅速化法施行（2003年） …第一審を2年以内に終わらせることを目標 **公判前整理手続の導入**（▶p.143） **即決裁判手続の導入**（2006年） 重大事件以外の，争いのない明白で軽微な事件について，被疑者の同意を条件に起訴後14日以内に判決までを行う手続き **ADR（裁判外紛争解決手続）の拡大** 民事上のトラブルについて，裁判以外の方法で，公正中立な第三者（国民生活センターなどの専門機関など）が当事者間に入り，話し合いを通じて解決（斡旋・調停・仲裁） **知的財産高等裁判所の設置**（2005年） 知的財産に関する事件を専門的に取り扱う裁判所として東京高等裁判所に特別支部として設置 **法テラス（日本司法支援センター）の設立**（2006年） **国選弁護人制度の拡大**
法曹養成制度の改革	**法科大学院（ロースクール）の設置**（2004年） 法曹人口を増やし，多様な経歴をもつ人材を確保することなどを目的に開校 **新司法試験制度の導入**（2006年）
国民の司法参加	**裁判員制度の導入**（2009年）（▶p.143） **検察審査会制度の改革**（▶p.144）
被害者支援	**被害者参加制度の導入**（2008年）
刑事司法改革	**刑事司法改革関連法**（2016年成立） **取り調べの可視化**（▶p.106） **司法取引の導入**（▶p.106） **通信傍受の対象拡大** 組織的な殺人や詐欺，放火，爆発物使用など禁止違反などを追加，通信事業者の立ち会いも不要になり，警察施設などで傍受可能

❶法曹人口の国際比較

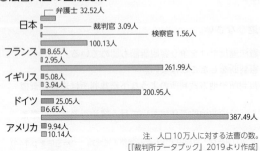

注．人口10万人に対する法曹の数。
『裁判所データブック』2019より作成

❷法テラス

2006年10月から業務を開始した日本司法支援センター（愛称「法テラス」）は，法的なトラブルに巻き込まれた人に対して適切な情報を提供し解決への道案内をすることがその役割である。また，国選弁護人の派遣や犯罪被害者に対する支援もおこなう。全国からの電話相談窓口となるコールセンターをおくほか，全国50か所に地方事務所を設けている。

●法テラスの5つの業務

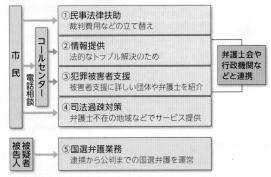

❸国選弁護制度

国選弁護制度とは被疑者（起訴前）・被告人（起訴されて裁判に付されている段階）が貧困などの理由で弁護人を依頼できないときに，国費で弁護人を付することができる制度。

従来は刑事被告人が貧困等の理由で弁護人を依頼できない場合に裁判所が弁護人を選任していたが（憲法第37条の規定による），刑事訴訟法の改正で，2006年より被疑者段階から国選弁護制度を適用することとなった（一定の重い事件などに限られる）。これは，取り調べ段階で弁護人がいないことで，刑事手続きの内容等が理解できないだけでなく，不本意な供述調書に署名させられるなどの恐れがあり，さまざまな不利益が考えられるためである。2016年には，刑事司法改革関連法が制定され，被疑者が勾留されている全事件へと対象が拡大された。

なお，国選弁護人に関連する業務は2006年に設置された日本司法支援センター(法テラス)が担っている。

❹被害者参加制度

刑事訴訟法が改正され，刑事裁判における被害者参加制度が2008年12月より施行されることになった。犯罪被害者およびその遺族による被告人や証人への直接質問，事実関係や法律適用に関する意見陳述が可能になる（検察官が懲役を求刑した場合でも刑法に規定があれば「死刑を求める」と述べるなど）。なお，参加するか否かは選択できる。この制度は事件の当事者でありながら傍聴人に近い扱いを受けてきた犯罪被害者の権利を拡張するものである。しかし，「法廷が報復の場になり被告側の弁明が困難になる」「裁判員の量刑判断にも影響を与える」「被害者側の心理的負担は想像以上に大きいはず」などの懸念の声がある。

はみだしメモ　法テラスの設立以来，「法テラス・サポートダイヤル」の利用件数は448万件，民事法律扶助の無料法律相談の利用件数は351万件となっている。

政治がわかる　裁判員制度

ワークブック 8
QR

2009年5月より裁判員制度がスタートした。刑事裁判に国民の感覚が反映され信頼が高まると期待されているが，課題も多い。国民の負担も大きく，2010年には，裁判員裁判において初の死刑判決が出された。

1 裁判員制度とは

18歳以上の国民から選ばれた裁判員（原則6人）と裁判官（原則3人）が協力して刑事裁判を行う制度。2009年より開始。裁判員裁判の対象となるのは，死刑や無期懲役に相当する重大な刑事裁判のみで，第一審を担当する。

◆裁判員裁判の流れ

前年の11月〜12月
18歳以上の選挙権のある国民から抽選で候補者を選ぶ
抽選で名簿登録された裁判員候補者に通知発表

↓

初公判の6週間前
事件ごとに50〜100人を選び，呼び出し状を送付

法律のプロによる 起訴
公判前整理手続き

↓

初公判当日
辞退希望を尋ねる裁判官らとの面談を経て，抽選で6人に

↓

公判

審理
(1) **冒頭手続き**
被告の人定，検察官が起訴状朗読，被告・弁護士が意見
(2) **証拠調べ手続き**
検察官・弁護人が冒頭陳述，裁判長が争点告知，物証調べや証人尋問，被告人質問
(3) **弁論手続き**
検察官が論告・求刑，弁護人が最終弁論，被告が最終意見陳述
裁判員の主な権利と義務
証人らに質問出来る。担当事件の判決に関する自分の考えや見通しを他人に述べてはならない。

↓

評議
証拠をすべて調べたら，今度は，被告人が有罪か無罪か，有罪だとしたらどんな刑にするべきかを裁判官と一緒に議論し（評議），決定する（評決）ことになる。評決は多数決により行われる（ただし，裁判官，裁判員のそれぞれ1名以上の賛成が必要）。有罪か無罪か，有罪の場合の刑に関する裁判員の意見は裁判官と同じ重みをもつ。

↓

判決（判決を言い渡し，職務終了）

※裁判官を辞退できる人
70歳以上の人，学生，介護や育児など，やむを得ない理由がある人，5年以内に裁判員を務めた人など
※裁判官になれない人
事件関係者，国会議員，警察官，弁護士など

◆公判前整理手続き

裁判員の負担を減らすため，法律の「プロ」である裁判官・検察官・弁護人らが初公判前にあらかじめ争点を絞り込み，法廷で調べる証拠や証人の数を厳選する手続きのこと。

2 裁判員制度の問題点

◆裁判員制度の課題

①増加する裁判員の辞退
辞退率は当初の53％から2020年には66％に上昇した。候補者の3人に2人が辞退したこととなる。司法への市民参加という裁判員制度の根本が揺らいでいる。

②裁判の長期化
辞退増加の一因は裁判の長期化である。2020年の審理期間の平均は12.1日で制度導入時の3倍以上に延びた。

③裁判員の心理的負担
残忍な内容が含まれる強盗殺人事件の証拠調べによる精神的な負担，死刑求刑事件での責任の重圧，自分が下した量刑の妥当性への苦悩などの事例が多くある。

●守秘義務の見直しを訴える弁護士・伊藤 真さん

一口に守秘義務と言いますが，他の裁判員の氏名や住所のような「職務上知り得た秘密」を漏らすことと，「私たち裁判員は無罪と主張したが，裁判官が強引に押し切った」と評議の内容を述べるのでは，全く意味が違います。

関係者の身の安全やプライバシーは当然守らなければなりませんが，「自分が評議で何を主張したか」を言ってはならないというのは，誰のためでしょうか。「裁判官が検証され，批判されるのを恐れている」と勘ぐられても仕方ありません。

裁判員制度の意義の一つは「権力監視」にあるはずです。裁判員を裁判官に「お墨付き」を与える存在にしないためは，評議の内容は原則オープンにして，他の裁判員の氏名を明かすことなどを例外的に禁止すればいい。

[『朝日新聞』2009.5.10より]

3 陪審制と参審制

	陪審制	参審制
国名	アメリカ，イギリス	フランス，ドイツ，イタリア
選出方法	選挙人名簿から無作為に選出	政党からの推薦（ドイツ），自薦及び無作為選出（イタリア），選挙人名簿から（フランス）
任期	事件ごと	任期制
権限	陪審員のみで評議し，有罪・無罪の評決を行う。量刑判断は裁判官が行う	裁判官と参審員で評議し，有罪と無罪，量刑を決める

司法参加の意義

9 検察制度

最高裁判所	最高検察庁
長官（東京）	検事総長（東京）

高等裁判所	高等検察庁
長官 東京・大阪・名古屋・広島・福岡・仙台・札幌・高松 本庁8か所, 支部6か所	検事長 東京・大阪・名古屋・広島・福岡・仙台・札幌・高松 8か所

家庭裁判所	地方裁判所	地方検察庁
所長	所長 各都道府県所在地 1か所, 北海道4か所	検事正 各都道府県所在地 1か所, 北海道4か所

簡易裁判所	区検察庁
全国438か所	全国438か所

　刑事事件で起訴するかしないかの権限は検察がもっている（起訴独占主義）。検察権は検察庁法に基づいて行使され, 準司法的機能をもつ。法務大臣は検察を一般的には指揮可能であるが, 個々の事件については検事総長が指揮権を有している。

　被疑者が不起訴になって被害者が納得できない場合は, 適否を審査する機関である検察審査会に申し立てることができる。

10 検察審査会

　検察の判断の当否を市民の目で審査する**検察審査会**制度は, 1948年, 検察官の不起訴処分に民意を反映させる目的で始まった。不起訴には2種類あり, 1つは犯罪の疑いや証拠が不十分であるケース。もう1つは犯罪の疑いや証拠が十分であっても検察官の判断で起訴しないケースである（これを起訴猶予という）。不起訴に不服な被害者らからの申し立てを受けて審査を行うほか, 新聞記事などをもとに職権でも審査を行うことができる。2009年5月の法改正により検察審査会の権限は大幅に強化された。2度にわたり「起訴すべきだ」と審査会が議決すれば, 強制的に起訴される。強制起訴は裁判所が指定した弁護士が行い, その後開かれる公判でも検察官役を務める。

●**検察審査会の強制起訴**

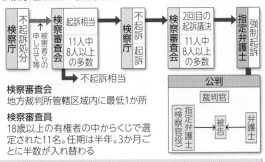

検察審査会
地方裁判所管轄区域内に最低1か所

検察審査員
18歳以上の有権者の中からくじで選定された11名。任期は半年。3か月ごとに半数が入れ替わる

11 少年法

❶少年法改正の経過

2000年	①刑罰を科す年齢を16歳から14歳に引き下げ。 ②原則逆送—犯行当時16歳以上の少年が殺人事件などの罪を犯した場合は原則として刑事処分を受けさせる検察官送致（逆送）とすること。 ③家裁の判断で少年審判への検察官への立ち会いを認め, 3人の裁判官による合議制の導入も可能とする。 ④18歳未満の少年の罪が成人の無期刑に相当する場合は, 減刑せずに無期刑を科すこともできる。
2007年	①少年院の送致の下限をおおむね12歳以上に引き下げ。 ②触法少年（14歳未満の少年）の警察官による調査権限を定める。 ③弁護士の国選付添人制度の導入
2008年	人を死傷させたなどの重大犯罪に限り, 少年が12歳未満の場合を除いて, 原則非公開となっている少年審判の傍聴を被害者や遺族に認める。
2014年	①成人なら無期刑に当たる罪を犯した犯行時18歳未満の少年に言い渡せる有期刑の上限を15年以下から20年以下に引き上げ。 ②成人なら3年以上の有期刑に当たる罪を犯した判決時20歳未満の少年に言い渡せる不定期刑（刑期に幅を持たせた刑）の上限を10年以下から15年以下に引き上げ。仮釈放の条件を3年経過後から刑の1/3経過後とした。 ③国選付添人制度の対象事件を殺人や強盗などの重大犯罪から, 窃盗や傷害に拡大。

❷少年事件の手続き

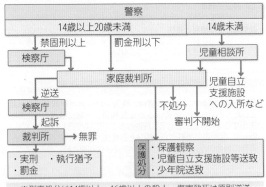

※刑事処分は14歳以上。16歳以上の殺人, 傷害致死は原則逆送

❸少年犯罪の実態 −少年刑法犯検挙人員・人口比の推移

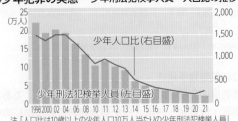

注「人口比は10歳以上の少年人口10万人当たりの少年刑法犯検挙人員」

解説 **18歳・19歳を厳罰化**　2021年5月, 罪を犯した18歳, 19歳を**特定少年**として成人と同様の刑事手続きを取る改正少年法が成立した。現行法では16歳以上の殺人罪や傷害致死罪などの事件においてのみ, 家裁から検察官に送致（逆送）をおこなっているが, 改正法は18・19歳の特定少年について, 罰則が1年以上の懲役または禁固にあたる罪も逆送の対象となった。さらに, 将来の社会復帰を妨げないように**本名や顔写真などの報道を禁じる規定も見直され, 特定少年に関しては, 起訴段階で解禁される**こととなった。

Answer!　p.141 Exerciseの答え：エ　アについて, 日本の違憲審査制度は, 具体的事件を前提として, その事件を解決する上で, 必要な限度でのみ違憲審査を付随的に行う。

読み解き 》統治行為論を考える

統治行為論とは，裁判所が判断できる事件であるにもかかわらず，そこに高度に政治的な問題が含まれるとして，あえて判断に踏み込まないとする考え方である。なぜ高度に政治的な問題が含まれる事件につき，裁判所が判断を控えるべきだと言われるのか。はたして，このような考え方で良いのか。2つの論説を読み比べて考えてみよう。

◆論説……1

いうまでもなく近代民主国家の政治上の基本形態は国民主権主義の下における三権分立制である。そして権力分立論の主眼点は，その三権がばらばらの三権ではなく，互いにcheckとbalanceとを保ちながら互に働き合って，一個の主権の作用を完成せんとする点にあるといえる。しかもその基盤には，参政権を持つ国民が主権者として存在しているのである。三権の相互の関係は，国により，時代によってかなりの差異はあるけれども，その中の一つ一つの権力が他の権力を絶対的に支配制約するということの認められないところに特色がある。……国民は三権分立によって三権にそれぞれ国政の運営を信託するけれども，なおかつ三権に分属せしめないで国民が直接判断し，監督し，運営するために留保した若干の事項が考えられる。……司法権の限界という面からいえば，統治行為がそれにあたるのである。……通常は国民は，選挙を通じて間接にこれが判断，監督をなしうるに止まるのであってその効果は間接的かつ政治的たるにとどまり，直接的かつ法律的たるをえがたい。したがって統治行為は，理論的には違法無効であっても，これをおこなった行政権または立法権がこれを適法有効であると主張する以上，そのまま適法有効なものとして扱われるほかはない。……

以上のことは，別の言葉でいえば，現在認められている三権分立の下における司法権には，それが政治の領域と対決した場合に，政治の必要と妥当とのために，さもなければ踏み込みうる領域であるにかかわらず，踏み込みえないとされる領域があるということになるのである。それが統治行為であり，わたくしは，三権分立の下における司法権とは，そのようなものとして形づくられているといいたいのである。法律問題である以上，何事でも裁判所へゆけば解決するというようなことは，必ずしも健全な国民主権主義の下の三権分立主義ではないのであって，ある事項は通常の司法裁判所にいっても解決されず，それは結局において，国民自身の政治的識見が解決すると考えるべきではないかと思う。

［『統治行為』 入江俊郎］

読み解きのポイント

まず，筆者が重視している2つの原則が何であるかを把握してみよう。そして，それらを起点にしながら筆者の主張を読み解いてみよう。筆者の入江俊郎は，統治行為論を示した砂川事件最高裁大法廷判決に裁判官として関わり，補足意見（藤田八郎裁判官と共同）を執筆している。

◆論説……2

わが憲法は，「すべて司法権は，最高裁判所及び法律の定めるところにより設置する下級裁判所に属する」と定めるとともに「最高裁判所は一切の法律，命令，規則または処分が憲法に適合するかしないかを決定する権限を有する終審裁判所である」と宣言している。

裁判所にゆだねられる「司法権」には，明文上の限定がない。すなわち，裁判所以外の国家機関は，「司法権」を分有しえない。もっとも，国家機関が法的紛争の処理に「前審」として関与することまで，憲法は禁止していないが，そのことは，当該国家機関が「前審」としておこなった法の解釈・適用を裁判所が尊重しなければならないとか，これに拘束されると解すべきでないのはいうをまたないところである。

裁判所のみが「司法権」の担い手であるとしながら，この裁判所に他の国家機関のなす行為の憲法適合性を判断する権限を与えたのが，81条である。この点の司法審査権にも，明文上の限界が示されていないばかりでなく，「一切の」という文言を挿入することによって，違憲立法審査の対象には制限がないとしていると解するのが合理的である。……

「国民」をひき合いに出し，憲法解釈問題さえも，多数決原理の場にひきおろしてしまう議論は，正当でないし，危険でもある。かつてフランクファーター流の立場が優位をしめていたアメリカでは，選挙区割りの問題は立法部の専断とされ，その結果，どんなに参政権のゆがみが生じても，規範的に救済されえないと考えられた。「法の下の平等」は，民主主義（多数決の原理が支配する領域）の名の下で実現を阻まれたのである。ベイカー vs カー事件は多数決の原理（政治の原理）によって是正され得ない憲法上の欠陥を救済するために，司法的な関与のみちを開いた。これにより不平等を是正しようとしない立法部の専断がおさえられたことはたしかである。しかし，そのことは民主主義（正当な場における正当な多数決の支配の貫徹）を押さえたのではなく，逆に，民主主義を推進したのである。

［「「統治行為」理論の批判的考察」 奥平康弘］

読み解きのポイント

まず，筆者が憲法81条をどのように解釈しているのかを把握してみよう。さらに，民主主義における裁判所の役割をどう捉えているのかを理解し，筆者の主張を読み解いてみよう。筆者の奥平康弘は憲法研究者で，表現の自由をはじめとする様々な領域で重要な研究を蓄積した。

TRY

①各論説は，統治行為論に賛成の立場か，反対の立場か考えてみよう。
②それぞれの論旨をまとめてみよう。
③あなたは統治行為論に賛成ですか？

3 地方自治

DIGEST

1.わたしたちの暮らしと地方自治

①地方自治の意義…地方自治は「民主主義の学校」（ブライス：イギリスの政治学者）

②地方自治の本旨…地方自治法などで具体化 **2**

  a.住民自治…地方の政治は，住民の意思と責任でおこなわれる

  b.団体自治…地方の政治は，地方公共団体が国の干渉を受けずにおこなう

2.地方公共団体の組織と権限 **4**

①議決機関…地方議会		②執行機関…首長
都道府県議会，市町村議会 （被選挙権25歳以上）	不信任決議 →	都道府県知事，市町村長 （被選挙権30歳，25歳以上）
権限	条例の制定・改廃，予算の議決 首長の不信任決議権	権限	行政事務・条例の執行，議会に 対する拒否権・解散権

不信任決議 → ／ ← 解散権 ／ ← 拒否権

※議会が不信任決議をおこなうと，首長は失職するか議会を解散する

3.住民自治と住民の権利

①住民の直接請求権…直接民主制のしくみによる住民参加の実現 **3**

  a.条例の制定・改廃請求（イニシアティブ）　　b.事務の監査請求

  c.議会の解散請求，首長・議員・役員の解職請求（リコール）

②地方特別法の住民投票（レファレンダム）

4.地方自治の課題と改革

①事務の見直し…地方分権一括法（1999年）で機関委任事務
を廃止し，**自治事務と法定受託事務に整理** **5**

②乏しい自主財源（「3割［4割］自治」）

  …財源を国の地方交付税や国庫支出金などに依存 **6**

  →**三位一体の改革**（国から地方への税源移譲・補助金の
削減・地方交付税の見直しを一体で進めた）**9**

③住民投票の導入…法的拘束力はないが，重要な政策決定に
住民の意思を反映させる手段となる **13**

  写真は，辺野古移設の是非を問う県民投票が行われた沖縄県

④コンパクトシティの形成 **14**

地方自治は民主政治の最良の学校であり，その成功の
最良の保証人である。

地方自治が自由に対して持つ関係は小学校が学問に
持つ関係と同じである。

ブライス（イギリス）
（1838 ～ 1922）

トクヴィル（フランス）
（1805 ～ 1859）

FOCUS

ワークブック **9**

地域社会の課題にどのように取り組むべきか

❶地方自治をめぐってどのような課題が生じているのか→ **5** **6** **8** **10** Exercise

❷どうすれば地域社会が活性化するだろうか→ **7** **12** **13** **14**

1 地方自治のしくみ

Check! 大日本帝国憲法下の地方自治と日本国憲法下での地方自治の違いはどのようなものか。

●大日本帝国憲法下の地方自治

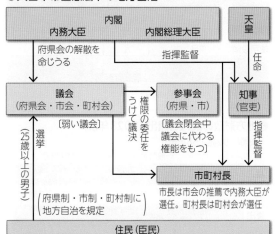

解説 中央集権的な地方制度 大日本帝国憲法には地方自治の規定はない。知事には天皇に任命された内務官僚が就任し，市町村長は議会によって選任された。また，議会の権限は弱く，選挙は制限選挙であった。地方公共団体（府県，市区町村）は，政府の出先機関であり，地域支配組織であった。

●日本国憲法下の地方自治

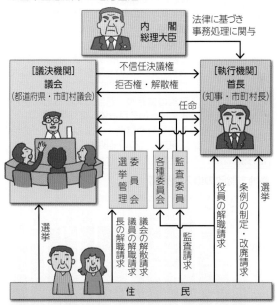

解説 民主的な地方制度 日本国憲法では地方自治について，第8章に地方自治の規定を設け，戦前の地方制度を抜本的に改革した。**地方公共団体の組織と運営は，執行機関としての首長と議決機関としての地方議会を基礎としているが，首長も議会の議員も住民の直接公選によって選出される。**また，地方議員のなり手不足が深刻化する中（▶ p.153），地方議会の重要性を住民に認識してもらうための改正地方自治法が2023年に成立した。これまでは，地方議会の役割について明確に記されていなかったが，改正で「重要な意思決定を議決し，検査や調査などの権限を行使する」と明記された。

2 地方自治の本旨

憲法第92条
　地方公共団体の組織及び運営に関する事項は，地方自治の本旨に基いて，法律でこれを定める。

●団体自治と住民自治

団体自治	住民自治
中央政府から独立して団体独自の判断で政治を行う。地方分権的要素をもつ	各地域の住民の意思に基づき，住民の手によって政治が行われる。民主主義的要素をもつ

解説 地方自治の本旨 憲法第92条では，地方分権的要素をもつ団体自治と，民主主義的要素をもつ住民自治という2つからなる「地方自治の本旨」が規定されている。地方公共団体は，地域において住民が健康で文化的な生活を送るために必要な公的サービスの水準（**シビル・ミニマム**）の実現を課題としている。また，**ブライス**や**トクヴィル**は住民自治について，民主主義の発展における地方自治のもつ役割がいかに重要かを述べているのである。

3 直接請求権

Check! なぜ直接請求権が認められているのだろうか。

●直接請求の種類

（　）は地方自治法の条数

種類	必要署名数	請求先	請求後の措置
条例の制定・改廃（74条）[イニシアティブ]	有権者の50分の1以上	首長	首長が議会にかけ，結果を公表
事務の監査（75条）		監査委員	監査委員が監査を行い，議会，首長等に報告
議会の解散（76〜79条）[リコール]	有権者[*1・2]の3分の1以上	選挙管理委員会	住民投票にかけ，過半数の同意があれば解散・失職
議員・首長の解職（80〜85条）[リコール]		選挙管理委員会	
主要公務員の解職（86〜88条）[リコール]		首長	議会にかけ，3分の2以上の議員の出席で4分の3の同意があれば失職

*1 有権者が40万〜80万人以下の場合は，40万×1/3＋（40万を超える人数）×1/6。80万人を超える場合は，40万×1/3＋40万×1/6＋（80万を超える人数）×1/8。*2 議員については所属する選挙区の有権者

●3つの直接民主制

イニシアティブ（国民発案）	住民が条例の制定・改廃を地方公共団体の首長に請求すること
リコール（解職請求）	地方公共団体の議員や首長，副知事・副市町村長の解職を請求すること
レファレンダム（住民投票）	国民の意思を投票により国家に反映させる制度。憲法改正の国民投票，地方自治特別法住民投票など

解説 間接民主制を補完する 直接請求権は，間接民主制を補完するものとして，首長や議員などの意思と住民の意思に隔たりがある場合にそれを是正し，その地域の居住する住民の意思に基づいて地域行政がおこなわれるために必要な制度である。

政治

4 議会と首長

Check! 長と地方議会の関係と，内閣総理大臣と国会との関係の違いをあげてみよう。また，首長と地方議会の関係における長所，短所をそれぞれあげてみよう。

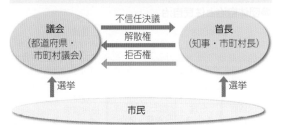

解説 地方議会と首長の関係 地方議会と首長はそれぞれが市民の直接選挙によって選出される二元代表制をとっている。両者とも市民の信任を得ている対等な存在であり，相互に監視し合うことでものごとを進めていくことが求められる。一方，愛知県名古屋市や鹿児島県阿久根市の例のように，双方が激しく対立することもある。

5 地方分権一括法

Check! 地方分権一括法の制定によって，どのような効果があると考えられたか。

●地方公共団体の新たな事務区分

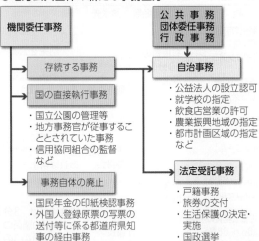

[内閣府資料より作成]

解説 地方分権一括法の制定 2000年に地方分権一括法が施行された。これにより，国が自治体を下部組織とみなして，自治体に仕事を代行させてきた**機関委任事務が廃止**され，地方公共団体の事務は，自治体の責任で処理する**自治事務**と，本来は国の事務だが自治体に委託して実施する**法定受託事務**に整理された。機関委任事務については，国の指揮監督権下におかれ，地方議会も関与できず，条例制定権も及ばなかったが，**自治事務，法定受託事務ともに条例制定権が及ぶようになる**など，自治体の裁量権は拡大し，**国と地方の関係は，いわば上司と部下の関係から対等・協力の関係に変化した**。

しかし，現実には，この変化を生かした独自の地域づくりをする自治体もあれば，国への依存体質が抜けない自治体もある。また，国が相変わらず地方に様々な行政事務を担わせているという指摘もある。

6 地方財政の歳入・歳出

Check! 地方財政の問題点をあげてみよう。

●国・地方公共団体の租税収入の配分（2023年度）

[財務省，総務省資料による]

●地方財政の歳入と歳出（2023年度）

総額　92兆3,584億円

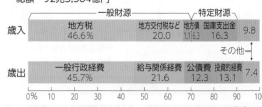

注. 一般財源は地方公共団体で使途を決められる。特定財源は国に使途が決められている。　　　　[『日本国勢図会 2023/24』などより作成]

●自主財源と依存財源

自主財源	使用料・手数料・雑収入	
	地方税	**直接税**…都道府県民税，事業所税，自動車税，不動産取得税，市町村民税，固定資産税，軽自動車税，都市計画税など
		間接税…地方消費税，入湯税など
依存財源	地方交付税	国税の収入額の一部を地方交付金として割り当てる。所得税，法人税，消費税，酒税の収入額の一定割合と，地方法人税の全額で，使途は限定されていない
	地方譲与税	国税の道路税，石油ガス税などの全部または一部を自治体に譲与するもの
	国庫支出金	義務教育や道路・河川の整備などの特定事業のための補助金
	地方債	年度を越えて自治体が借りる長期の借入金

●地方財政の借入金残高

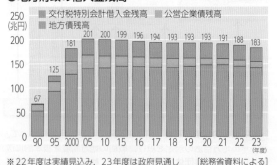

※22年度は実績見込み，23年度は政府見通し　[総務省資料による]

解説 自主財源 税には国に納められる**国税**と，地方に納められる**地方税**がある。地方公共団体の多くが地方税だけでは収入が足りず，地方交付税や国庫支出金など国税からの**依存財源**に頼ってきた。国への財源を依存する割合の高さや，国からの指示頼みで裁量の無い事務内容から，地方自治は「**3割自治**」，「**4割自治**」と表現されてきた。この状況を打開すべく，**地方分権一括法**や**三位一体の改革**などの改革が進められてきた。

はみだしメモ 地方の活性化をテーマとした映画が作成されている。高知県の観光を題材とした有川浩原作の「県庁おもてなし課」や徳島県上勝町の「葉っぱビジネス」を題材とした「人生　いろどり」などが挙げられる。

7 独自課税

区分	税の名称と実施している地方自治体
法定外普通税 （都道府県税）	核燃料税…北海道など原子力発電所がある13道県で実施
法定外普通税 （市区町村税）	別荘等所有税…静岡県熱海市 歴史と文化の環境税…福岡県太宰府市 ワンルームマンション税…東京都豊島区
法定外目的税 （都道府県税）	産業廃棄物税…三重県など多くの道府県で実施 宿泊税…東京都
法定外目的税 （市区町村税）	遊漁税…山梨県富士河口湖町 環境協力税…沖縄県伊是名村，渡嘉敷村など

解説 法定外目的税 地方税法で定められた住民税などの法定税以外に，地方自治体が条例を制定して独自に課税する税を**法定外税**という。使途が限られていない**法定外普通税**と，特定の目的のために使途が限られている**法定外目的税**とがある。従来，地方自治体は法定外普通税のみを総務大臣の許可を得て新設することができたが，2000年施行の地方分権一括法により法定外目的税の新設も可能となり，さらに許可制から協議・同意制に変わった。

8 都市と地方の比較

Check! 都市と地方の格差を是正するにはどうすればよいだろうか。

●地方交付税の割合（対歳入決算総額）（2019）

高い			低い		
1位	鳥取県	38.5%	47位	東京都	0.0%
2位	高知県	37.8%	46位	愛知県	3.2%
3位	島根県	37.4%	45位	神奈川県	5.7%
4位	鹿児島県	34.0%	44位	大阪府	9.6%
5位	青森県	33.1%	43位	千葉県	11.1%

●自主財源の割合（対歳出決算総額）（2019）

高い			低い		
1位	東京都	96.7%	47位	高知県	25.8%
2位	愛知県	69.7%	46位	鳥取県	27.0%
3位	神奈川県	69.5%	45位	長崎県	33.1%
4位	大阪府	68.1%	44位	鹿児島県	33.2%
5位	千葉県	65.3%	43位	島根県	33.4%

［総務省統計局「社会・人口統計体系」より］

●東京都と地方全体の歳入比較

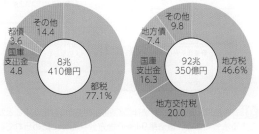

東京都の歳入内訳（令和5年度一般会計当初予算）
その他 14.4／都債 3.6／国庫支出金 4.8／8兆410億円／都税 77.1%

地方全体の歳入内訳（令和5年度地方財政計画）
その他 9.8／地方債 7.4／国庫支出金 16.3／92兆350億円／地方税 46.6%／地方交付税 20.0

［『東京都の財政』より作成］

解説 都市と地方 自主財源が豊富な都市部と比べ，地方は自主財源が乏しく，国からの依存財源に頼らざるを得ない傾向がある。

9 三位一体の改革

Check! 三位一体の改革がこんにちの地方自治にどのような影響を与えたか考えてみよう。

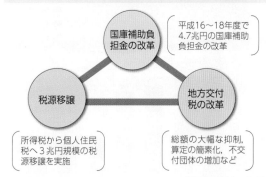

国庫補助負担金の改革／平成16～18年度で4.7兆円の国庫補助負担金の改革

税源移譲／所得税から個人住民税へ3兆円規模の税源移譲を実施

地方交付税の改革／総額の大幅な抑制，算定の簡素化，不交付団体の増加など

［総務省資料より作成］

解説 地方財政の圧迫 小泉内閣が推進した国と地方の税財政改革のこと。地方分権を推進するために，地方の自主財源を強化し，各自治体が独自の判断で事業を行えることを目的としたものである。具体的には，①国庫支出金（補助金）の削減，②国から地方への税源移譲，③地方交付税改革を3つ同時に行うというものである。

しかし，実際は，国庫支出金や地方交付税の減額分に比べて，地方への税源移譲は少なく，地方分権よりも国の財政再建を優先させ，かえって自治体の財政を圧迫し，特に自主財源の少ない地方の小規模自治体に大きな負担を強いることとなった。

アラカルト ふるさと納税制度

●ふるさと納税額の推移

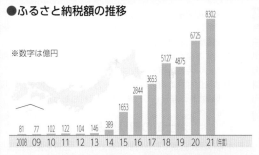

※数字は億円

2008	09	10	11	12	13	14	15	16	17	18	19	20	21（年度）
81	77	102	122	104	146	389	1653	2844	3653	5127	4875	6725	8302

2008年に始まったふるさと納税は，故郷や応援したい自治体に寄付する制度で，寄付者には自治体への寄付額から2,000円を差し引いた金額が所得税・住民税から控除される。本来の目的は，寄付による自治体の「税収の確保」と「税収の地域間格差の是正」にあった。だが，豪華な返礼品を贈る自治体が現れると，寄付額が急増。そのため1万円の寄付で7,000円の商品券，高級肉，航空券など，過度な返礼品による自治体間の寄付金争奪戦が激化した。その結果，①寄付の目的が本来の自治体支援から返礼品と節税対策へと変質している。②寄付金が地域発展に回らず，返礼品競争に使われる。③競争に勝った自治体と負けた自治体との財政格差が拡大する。④高所得者ほど恩恵を受けやすいなどの問題がある。総務省は，過度な返礼品競争を防ぐため，2019年より返礼品を寄付金の3割以下（2023年からは，返礼品＋経費の総額が寄付金の5割以下という基準も追加）とし，地場産品に限ることとした。

10 市町村合併

● 市町村数の推移
[総務省ホームページより作成]

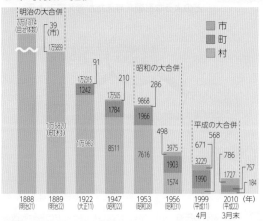

●平成の大合併のメリットとデメリット

メリット	・専門職員配置など住民サービス提供体制の充実強化 ・少子高齢化への対応 ・広域的なまちづくり ・適正な職員の配置や公共施設の統廃合など行財政の効率化
デメリット	・周辺部の旧市町村の活力喪失 ・住民の意思が行政に届きにくくなる ・住民サービスの低下 ・旧市町村地域の伝統・文化・歴史的地名などの喪失

解説 平成の大合併 2010年3月まで行われていた「平成の大合併」の目的は，少子高齢化の急速な進展や，国・地方の財政悪化などを背景に，行政の効率化をはかることであった。つまり，小規模自治体をなくすことで，交付金・補助金をへらすことがおもな目的といえる。市町村数は10年あまりで約半数に減り，財政基盤は強化された自治体がある一方で，規模の大きい隣接自治体に吸収され，埋没してしまった市町村もあった。

アラカルト 海士町（あまちょう）の取り組み

　日本海の隠岐諸島にある島根県海士町は，合併を拒み自立に挑戦し続ける姿から，地域づくりのモデルになっている。海士町のスローガンは「ないものはない」。ないものねだりはせず，足元にあるものを探して磨こう。大事なことはすべてこの島にある，との思いが込められている。この言葉を旗印に，2002年から昨年までの4期16年，かじ取り役を務めたのが前町長の山内道雄さん（80）だ。「海士町に挑戦事例はあっても成功事例はない」と言い続け，意識改革を進めた。

　この気概が，離島ならではの自然や風土と相まって，多くの移住者をひきつけた。同町によると，昨年度までの14年間で428世帯624人が全国各地から移住。そのうち5割弱が定着し，人口約2300人の1割強に上っている。

　今の合言葉は，「心一つに，みんなでしゃばる（引っ張る）島づくり」。ただ，島の農漁業や伝統文化の担い手は年々減り，先行きが見えない。そこで進めているのが，町職員が副業で地域の担い手になる「半官半X（エックス）」という働き方改革だという。このほか，島に戻りたい人を受け入れ，育成しながら起業を促す「島の人事部」構想もある。「海士の風土や伝統文化を伝えていくことが，真のブランド力につながるはず。島が一つの家族のようなコミュニティーを築きたい」と語る。
[『朝日新聞』2019年3月28日]

11 道州制

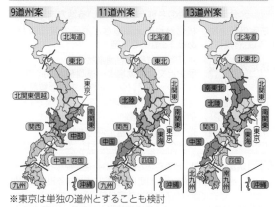

9道州案　11道州案　13道州案

※東京は単独の道州とすることも検討

●道州制のメリットとデメリット

メリット	デメリット
推進派：国は出先機関の廃止・縮小や国家公務員の削減などにより政府機関を縮小し，小さくて効率的な政府をつくることができる。	慎重派：財政の強い州と弱い州，州都と過疎地など地域の格差拡大につながる。

解説 道州制　道州制とは，現行の都道府県制を見直し，地域に数個の州を設置して自治体を再編する構想。道州は都道府県より大きな地方自治権と財政規模を持つことになるため，地域の実情に応じた政策・事業を行うことが可能となる。地方分権を推進する施策として注目を集めている。

12 これまでに成立した各地の条例

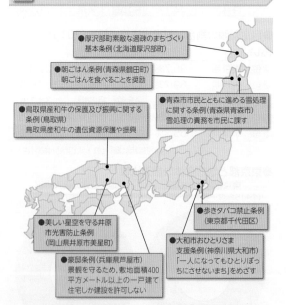

●厚沢部町素敵な過疎のまちづくり基本条例（北海道厚沢部町）

●朝ごはん条例（青森県鶴田町）朝ごはんを食べることを奨励

●青森市市民とともに進める雪処理に関する条例（青森県青森市）雪処理の責務を市民に課す

●鳥取県産和牛の保護及び振興に関する条例（鳥取県）鳥取県産和牛の遺伝資源保護や振興

●歩きタバコ禁止条例（東京都千代田区）

●大和市おひとりさま支援条例（神奈川県大和市）「一人になってもひとりぼっちにさせないまち」をめざす

●美しい星空を守る井原市光害防止条例（岡山県井原市美星町）

●豪邸条例（兵庫県芦屋市）景観を守るため，敷地面積400平方メートル以上の一戸建て住宅しか建設を許可しない

解説　条例は，地方議会が法律の範囲内で独自に設定することができる法令である。憲法第94条で地方公共団体に認められている権利であり，団体自治の要素の一つである。内容は，情報公開や個人情報保護などの具体的なものから，まちづくりの理念や住民のモットーを掲げたものまで多岐にわたる。

はみだしメモ　平成の大合併の結果，岐阜県高山市が面積2177.61km²で，全国最大の市となった。一番小さな自治体は，合併を行わなかった富山県舟橋村で，3.47km²である。

13 住民投票

❶住民投票の種類

内容	根拠となる法令	法的拘束力
1つの地方公共団体のみに適用される特別法を制定するとき	日本国憲法第95条など	○
議会の解散，議員・首長の解職請求があったとき	地方自治法第76条～85条	○
政令指定都市とその周辺自治体の総人口が200万人以上の地域が，市町村を廃止し，特別区を設置するとき	大都市地域特別区設置法	○
住民発議による市町村の合併協議会を設置するとき	市町村合併特例法	○
特定の問題について賛否を問うとき	条例	×

❷住民投票の広がり

年	自治体	内容
2000	愛知県高浜市	常設型住民投票条例を初めて制定
2002	滋賀県米原町	永住外国人の住民投票資格を認める住民投票条例を初めて制定
2002	愛知県高浜市	住民投票への参加資格を20歳以上から18歳以上に引き下げ，永住外国人にも認めた
2003	長野県平谷村	市町村合併の住民投票で初めて中学生に投票権を与えた
2003	北海道奈井江町	市町村合併の住民投票で初めて小学5年生以上に投票権を与えた

❸住民投票の実施例

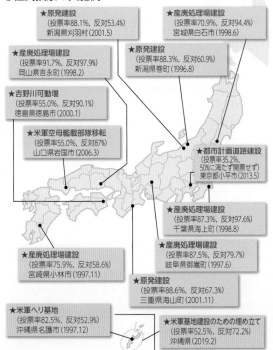

★原発建設
（投票率88.1%，反対53.4%）
新潟県刈羽村（2001.5）

★産廃処理場建設
（投票率70.9%，反対94.4%）
宮城県白石市（1998.6）

★産廃処理場建設
（投票率91.7%，反対97.9%）
岡山県吉永町（1998.2）

★原発建設
（投票率88.3%，反対60.9%）
新潟県巻町（1996.8）

★吉野川可動堰
（投票率55.0%，反対90.1%）
徳島県徳島市（2000.1）

★米軍空母艦載部隊移転
（投票率55.0%，反対87%）
山口県岩国市（2006.3）

★都市計画道路建設
（投票率35.2%，
50%に満たず開票せず）
東京都小平市（2013.5）

★産廃処理場建設
（投票率87.3%，反対97.6%）
千葉県海上町（1998.8）

★産廃処理場建設
（投票率87.5%，反対79.7%）
岐阜県御嵩町（1997.6）

★産廃処理場建設
（投票率75.9%，反対58.6%）
宮崎県小林市（1997.11）

★原発建設
（投票率88.6%，反対67.3%）
三重県海山町（2001.11）

★米軍ヘリ基地
（投票率82.5%，反対52.9%）
沖縄県名護市（1997.12）

★米軍基地建設のための埋め立て
（投票率52.5%，反対72.2%）
沖縄県（2019.2）

▨は結果を押しきり計画を進めたもの

解説 住民投票 各地方自治体が，特定の課題についての住民の賛否を問うために，地方自治法の条例制定手続きに基づいて「住民投票条例」を制定し，住民投票を行うことが増えている。投票結果について，国や自治体の施策決定に影響を与えることもあるが，法的拘束力はない。

14 コンパクトシティ

❶市町村の人口密度と行政コスト

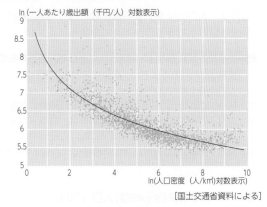

[国土交通省資料による]

❷ネットワーク型コンパクトシティのイメージ

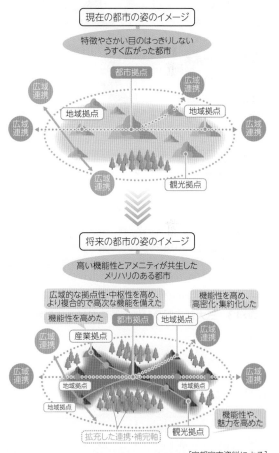

現在の都市の姿のイメージ

特徴やさかい目のはっきりしないうすく広がった都市

都市拠点／地域拠点／広域連携／観光拠点

将来の都市の姿のイメージ

高い機能性とアメニティが共生したメリハリのある都市

広域的な拠点性・中枢性を高め，より複合的で高次な機能を備えた

機能性を高めた

機能性を高め，高密化・集約化した

都市拠点／地域拠点／産業拠点／観光拠点

機能性や，魅力を高めた

拡充した連携・補完軸

[宇都宮市資料による]

解説 コンパクトシティ コンパクトシティとは，郊外に居住地域が広がるのを抑え，できるだけ生活圏を小さくした街のこと。高度成長期以降，人口集中都市の面積は2倍に増えたが，人口は1.2倍の増加にとどまる。これは，人口密度の低下を意味し，今後少子高齢化により，さらなる低下が予想される。また，人口密度と一人当たりの行政コストには負の相関が見られる（❶）。ゴミ収集や除雪など，都市構造でコストが大きく変化するものもあるため，宇都宮市に見られるような，都市のコンパクト化をはかり，効率的な行政運営をめざす都市もある。

はみだしメモ 大阪都構想の住民投票は2015年にも行われた。そのときもわずか1万票，0.8ポイントという僅差での否決であった。

地域社会の課題を考える

地方は，人口減少や少子高齢化など様々な課題を抱えている。今後，私たちは地域社会の問題に対してどのような取り組みができるのか考えてみよう。

資料から読み取れる内容を説明した文として，適当なものを全て選んでみよう。（解答は▶p.154）
① 資料2にみられるように，高齢化率が高い北海道や北東北，山陰，四国，南九州などでは，資料1に示されるように，人口の減少率も20％をこえると予測されている。
② 資料3によると，三大都市圏では，人口移動による人口増加傾向が，高度経済成長期から一貫して続いている。
③ 資料5の法人税収額の上位3都府県は，資料6に示されるように財政力指数が1.0をこえている。
④ 資料8によると，統一地方選挙における投票率は下降しているが，無投票当選者の割合も減少傾向にある。
⑤ 資料9によると，町村議会では過疎化にともない若年層の議員のなり手が増加し，40歳未満の割合が20％を超えた。

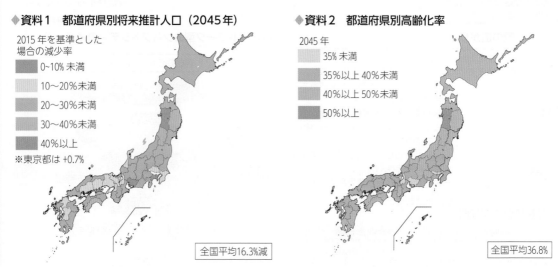

◆**資料1　都道府県別将来推計人口（2045年）**

2015年を基準とした場合の減少率
- 0～10％未満
- 10～20％未満
- 20～30％未満
- 30～40％未満
- 40％以上
※東京都は +0.7％

全国平均16.3％減

［国立社会保障・人口問題研究所資料による］

◆**資料2　都道府県別高齢化率**

2045年
- 35％未満
- 35％以上40％未満
- 40％以上50％未満
- 50％以上

全国平均36.8％

［国立社会保障・人口問題研究所資料による］

解説　進む高齢化　2018年時点での高齢化率は，最も高い秋田県で36.4％，最も低い沖縄県で21.6％となっている。今後，高齢化率は，すべての都道府県で上昇し，2045年には最も低い東京都でも30.7％に達すると見込まれている。地域社会では，共同生活の維持すら困難になる「**限界集落**」が問題となっているが，今後医療や介護において人材不足が生じることが予想される。

◆**資料3　三大都市圏及び地方圏における人口移動**　共通テスト22

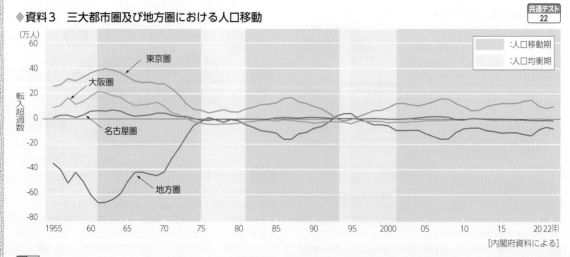

（万人）
転入超過数
: 人口移動期
: 人口均衡期
東京圏
大阪圏
名古屋圏
地方圏

［内閣府資料による］

解説　若者の流出　戦後，三大都市圏ではほとんどの期間で転入の超過が続いている。特に進学，就職などにより若者の割合が高い。地方の若者が，出生率の低い東京圏に流出することは，各地域の活力低下をもたらすだけでなく，日本の少子化と人口減少につながるといわれる。

400万円以上

285万円以上400万円未満

265万円以上285万円未満

245万円以上265万円未満

245万円未満

全国計312万円

（内閣府資料より）

◆ 資料5　三大都市圏の法人税収（2021年）

		法人税額総計	対全国比
首都圏	東京	5兆6213億円	47.4%
	神奈川	4403億円	
	千葉	2129億円	
	埼玉	2725億円	
近畿圏	大阪	1兆1986億円	13.3%
	兵庫	2807億円	
	京都	3187億円	
	奈良	349億円	
	和歌山	361億円	
中京圏	愛知	6075億円	6.1%
	岐阜	1170億円	
	三重	649億円	
	滋賀	572億円	

（国税庁資料より）

解説 **都市部への集中**　主要な産業が第1次から第2次，第3次産業へと移動していくにつれて，ヒト，モノ，カネは都市部に集中する傾向にある。日本での都市部（特に東京）への集中は諸外国と比べても顕著である。所得格差も東京とその他都市では大きい。こうしたことがさらなる地方から都市への人口流出へとつながっているとされる。

◆ 資料6　財政力指数（2021年度）

財政力指数

1.0 以上

0.7 以上 1.0 未満

0.5 以上 0.7 未満

0.3 以上 0.5 未満

0.3 未満

$$\text{財政力指数} = \frac{\text{財政収入額}}{\text{財政需要額}}$$

（日本国勢図会 2023/24）

◆ 資料7　地方自治体の財政破綻
　　　　〜夕張市の財政破綻とその後〜

　北海道夕張市は，石炭産業から観光重視への転換を掲げ，多くの施設を建設した。しかし，過大な観光事業への投資により赤字が拡大，353億円の借金が表面化し，2006年には財政破綻を表明した。2007年に財政再建団体に指定（2010年から財政再生団体）され，事実上国の管理下に置かれた。税収が8億円しかない市が毎年26億円を返済することとなったのである。予算編成にしても国の同意を得なければ，新たな予算を計上することも独自の事業を実施することもできなくなった。

◆ 資料8　統一地方選挙における投票率と無投票当選者の割合の推移（都道府県議選）

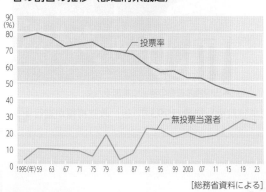

投票率

無投票当選者

[総務省資料による]

◆ 資料9　地方議会議員の年齢構成

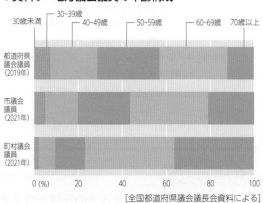

30歳未満　30〜39歳　40〜49歳　50〜59歳　60〜69歳　70歳以上

都道府県議会議員（2019年）

市議会議員（2021年）

町村議会議員（2021年）

[全国都道府県議会議長会資料による]

解説 **地方議会の活性化**　近年，地方議会では，無投票当選者の割合が増えている。理由としては，高齢化や過疎化だけではなく，選挙のために会社を辞めなければならないといったリスクがあることもあげられる。無投票当選は，「ふさわしくない人物が議員になる可能性がある」ことや「有権者の選択の機会が失われる」などの問題点があり，「民主主義の学校」とよばれる地方自治は瀬戸際となっている。また，若年層が少ないことも問題となっており，子育て世代や，女性の声が届かないことで，行政サービスの低下やさらなる若年層の流出につながるといった懸念がある。

地方自治／金融の働き

4 選挙と政党

政治参加と公正な世論の形成

🔖 DIGEST

1.選挙制度

①民主的な選挙の原則 **1**
  a．普通選挙…一定の年齢に達した国民による選挙（日本の選挙権年齢は18歳以上）
  b．平等選挙…有権者の投票（一票）の価値に格差を設けない選挙
  c．直接選挙…有権者が自分で投票し，代表を選出する選挙
  d．秘密選挙…有権者が誰に投票したか秘密にし，投票の自由を保障する選挙

②選挙制度のタイプ **3** **4**
  a．小選挙区制…1選挙区1名選出→多数党に有利で政権が安定するが，死票が多い
  b．大選挙区制…1選挙区2名以上選出→死票は少ないが，多党制となり政権が不安定
  c．比例代表制…政党の得票数に応じて議席配分→民意が議会構成に反映されるが，小党分立となる

③日本の選挙制度…公職選挙法で定める **10** **11**

＊鳥取・島根，徳島・高知は合区

国政選挙	衆議院（小選挙区比例代表並立制）		参議院（3年毎に半数を改選）	
制度	小選挙区制	比例代表制（拘束名簿式）	選挙区制	比例代表制（非拘束名簿式）
議席数	289	176	148	100
選挙区		11（ブロック単位）	45＊	1（全国単位）

※比例代表制では，各政党の議席獲得数は**ドント式**で計算。衆議院議員選挙では**重複立候補**が可能

④選挙の課題
  a．一票の格差…選挙区ごとの有権者と議員定数の不均衡が原因→平等選挙の原則に反し違憲 **7**
  b．選挙の自由の制限…事前運動や戸別訪問の禁止，文書配布の制限などの選挙運動規制が多い **8**
  c．連座制の規制強化…選挙運動の関係者の選挙違反→候補者本人の当選無効と立候補制限
  d．政治資金規正法の規制強化→政治資金のさらなる透明性の確保 **19**
  e．政党助成法による政党への助成金の交付→政党の活動を助成し，政治の金権腐敗を防止する **21**

2.政党と政党政治

①政党…政策を共有する人々が結成した団体で，**マニフェスト**（政権公約）を示して政権の獲得をめざす **13**
②政党政治…政党を中心に行われる政治（与党；政権を担当，野党；政権を批判し，政権獲得をめざす）
  二大政党制…政権交代可能な2つの有力政党による政治
      （例．アメリカ，イギリス）
  多党制…多数の政党が並存し，連立政権による政治
      （例．ドイツ，フランス，イタリア）
  一党制…国家権力を背景にした一党支配の政治
      （例．中国，北朝鮮）

▲田中角栄首相の演説に集まる人々

③日本の政党政治…**55年体制**（自民党一党優位の長期単独政権）崩壊（1993年）後，政党再編が進行 **16**

📷 FOCUS

日本の選挙制度と政党政治の課題を考えてみよう

❶なぜ民主政治の実現のためには選挙が必要なのだろうか→ **1**

❷日本の選挙制度にはどのような特徴と課題があるだろうか→ **4** **5** **6** **7**

❸政党の役割とこんにちの政党政治にはどのような課題があるだろうか→ **12** **13** **読**み**解**き

Answer!▶ p.152 Exerciseの答え：① 高齢化率と人口減少率は正の相関がみられ，特に北東北地方は30%をこえる減少率となっている。

1 選挙の四原則

普通選挙 年齢以外の制限を設けずに選挙権を行使できる選挙	**制限選挙** 身分や収入, 性別, 人種等で選挙権, 被選挙権が制限される選挙
平等選挙 有権者一人につき一票で, その価値を等しく扱う選挙	**不平等選挙** 有権者が持つ票の数, 票の価値に差がある選挙。代表例は株主総会。

直接選挙 有権者が候補者に対して直接投票する選挙	**間接選挙** 有権者はまず選挙人に投票し, 選ばれた選挙人が本選挙の投票をおこなう選挙
秘密選挙 有権者が誰に投票したのかを秘密にできる選挙	**記名選挙** 投票用紙に投票者の名前を書かせる選挙

解説 民主制のもとで, 主権者である国民の意思を政治に反映させるには, 代表者が必要であり, その代表者を決める選挙は, 民主主義を支える最も重要な制度である。民主的な選挙が行われるためには, 4つの大原則が守られることが重要である。

2 日本の選挙権の変遷

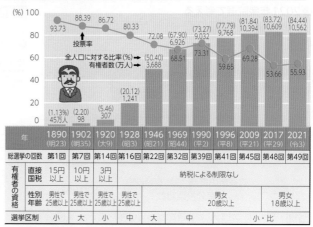

年	1890 (明23)	1902 (明35)	1920 (大9)	1928 (昭3)	1946 (昭21)	1969 (昭44)	1990 (平2)	1996 (平8)	2009 (平21)	2017 (平29)	2021 (令3)
総選挙の回数	第1回	第7回	第14回	第16回	第22回	第32回	第39回	第41回	第45回	第48回	第49回
有権者の資格 直接国税	15円以上	10円以上	3円以上		納税による制限なし						
有権者の資格 性別年齢	男性で25歳以上	男性で25歳以上	男性で25歳以上	男性で25歳以上	男女20歳以上					男女18歳以上	
選挙区制	小	大	小	中	大	中	小・比				

(注) 被選挙権は衆議院で25歳以上, 参議院で30歳以上。

解説 **選挙権の拡大** 選挙権はまず, 一部の身分の高い者に与えられ, その後選挙権獲得運動が拡大するなかで, 徐々に広く与えられるようになった。しかし, それにともない投票率は下降している。2015年6月, 公職選挙法の改正により, 選挙権年齢が引き下げられ, 選挙権が18歳以上の男女, すなわち一部の高校生にも与えられることになった。選挙権を行使するのは一人ひとりの国民であり, 行使しなければ選挙権があっても意味のないものとなってしまう。

政治

3 おもな国の選挙制度

国名	議院	任期	定員	選挙権	被選挙権	選出方法
イギリス	上院 (貴族院)	—	不定			王族・僧侶・貴族 (21歳以上) から国王が任命
	下院 (庶民院)	5年	650	18歳以上	18歳以上	1区1人の小選挙区制
ドイツ	連邦参議院 (上院)	4年	69	—	—	選挙はしないで, 各州代表として州政府により任命
	連邦議会 (下院)	4年	598	18歳以上	18歳以上	比例代表制と小選挙区制を併用
フランス	元老院 (上院)	6年	348	18歳以上	24歳以上	3年ごとに半数を改選。県選出代議士, 県会議員, 市町村会議員の中から, 元老院選挙人団 (国民が選挙) による間接選挙
	国民議会 (下院)	5年	577	18歳以上	18歳以上	小選挙区2回投票制 (1回目の投票で過半数の票を獲得した候補者がいない場合, 第2回 (決選) 投票を実施)
アメリカ	上院 (元老院)	6年	100	18歳以上	30歳以上	各州より2名選出。2年ごとに3分の1ずつ改選
	下院 (代議院)	2年	435	18歳以上	25歳以上	各州より人口比例で選出の小選挙区制
中国	全国人民代表大会	5年	約3,000	18歳以上	—	地方の人民代表大会で選出された代表と軍隊などの選んだ代表で構成

アラカルト ゲリマンダー

1812年, アメリカのマサチューセッツ州知事ゲリーが, 自分の党に有利なように選挙区の区割りをおこない, その形が伝説の動物サラマンダー (ギリシア神話に出てくる火とかげ) に似ていたことから, こうよばれた。

4 選挙区制度の比較

小選挙区	長所	① 候補者と選挙民の関係が密接 ② 二大政党色が強まり, 政治が安定する ③ 補欠選挙や再選挙がやりやすい
	短所	① 死票が多く大政党が有利 ② 利益誘導型になりやすい ③ 激戦だと選挙違反が多くなる
	例	アメリカ, イギリスの下院などで採用
大選挙区	長所	① 死票が少なく少数派にも不利が少ない ② 候補者を選択する範囲が広く, 新人も進出しやすい
	短所	① 小党分立で政治が不安定になる ② 候補者の乱立や同志討ちがおこりやすい ③ 補欠選挙や再選挙がやりにくい
	例	小選挙区の要素を加えた例:日本の参議院
比例代表	長所	① 死票が少なく少数派にも不利が少ない ② 政党の支持率を議席数に反映させられる
	短所	① 中小政党が離合集散すれば, 政治は不安定になる ② 候補者と選挙民の関係が薄くなりがち
	例	日本, ドイツなどで部分的に採用

解説 **選挙制度の長所・短所** 小選挙区制ではもっとも得票した者が当選することから, 全体の有権者数からするとかなりの少数の意見で当選者が出てしまうことがありうる。また, **大選挙区制**では小さな政党が分立して政治が不安定になりやすい。これらの問題を克服するために政党ごとの得票率＝支持率にしたがって議席が決まる**比例代表制**が考案された。しかし, 政党本位の比例代表制には, 有権者が候補者個人のことをよく知ることができないというデメリットがある。

はみだしメモ オーストラリアの小選挙区の投票方式は, 投票時に候補者全員に順位をつけ, 1位が過半数の得票を得るまで最低得票者を外し次の順位者の得票に回すというもので, オリンピックの候補地決定と同じ仕組みである。

5 小選挙区制の特性 —— 高い死票率

●2021年衆院選で考える

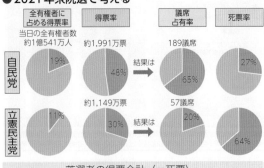

全有権者に占める得票率	得票率	議席占有率	死票率

当日の全有権者数 約1億541万人

自民党
19% ／ 約1,991万票 48% → 結果は 189議席 65% ／ 27%

立憲民主党
11% ／ 約1,149万票 30% → 結果は 57議席 20% ／ 64%

$$死票率 = \frac{落選者の得票合計（＝死票）}{有効投票総数} \times 100（\%）$$

解説 1選挙区につき1人しか当選できない小選挙区制では，獲得した票と議席数のアンバランスは避けられず，第1党が得票率以上の議席を獲得し，第2党以下との議席差が大きくなる傾向がある。そのため小選挙区で落選した候補に投じられた「**死票**」が多くなり，それだけ民意が反映されないこととなる。投票率が低い場合，全有権者の民意との乖離はさらに大きくなる。2021年衆院選は，この小選挙区の特性が顕著にあらわれる結果となった。自民党は得票率48%で議席の7割近くの189議席を獲得，一方の立憲民主党は，30%の得票率であったが，獲得議席は57議席にとどまった。

6 投票率の推移

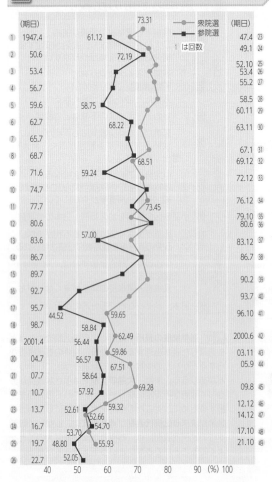

	（期日）		（期日）	
①	1947.4	61.12 ／ 73.31	47.4	㉓
②	50.6	72.19	49.1	㉔
③	53.4		52.10 53.4	㉕ ㉖
④	56.7		55.2	㉗
⑤	59.6	58.75	58.5	㉘
⑥	62.7	68.22	60.11	㉙
⑦	65.7		63.11	㉚
⑧	68.7	68.51	67.1	㉛
⑨	71.6	59.24	69.12	㉜
⑩	74.7		72.12	㉝
⑪	77.7	73.45	76.12	㉞
⑫	80.6	57.00	79.10 80.6	㉟ ㊱
⑬	83.6		83.12	㊲
⑭	86.7		86.7	㊳
⑮	89.7		90.2	㊴
⑯	92.7		93.7	㊵
⑰	95.7	44.52 ／ 59.65	96.10	㊶
⑱	98.7	58.84 62.49	2000.6	㊷
⑲	2001.4	56.44 59.86	03.11	㊸
⑳	04.7	56.57 67.51	05.9	㊹
㉑	07.7	58.64 69.28	09.8	㊺
㉒	10.7	57.92 59.32	12.12	㊻
㉓	13.7	52.61 52.66 54.70	14.12	㊼
㉔	16.7	53.70 55.93	17.10	㊽
㉕	19.7	48.80	21.10	㊾
㉖	22.7	52.05		

〇 衆院選 　■ 参院選
①は回数

40　50　60　70　80　90　(%) 100

7 議員定数不均衡問題

Check! なぜ1票の格差の差が大きいと問題であるとされるのか

●1票の重みの格差（議員1人当たりの有権者の割合）

衆議院小選挙区 （議員1人あたり有権者数）				
議員1人あたり 229,371（人）鳥取1区を 1.00 とした場合				
461,188	460,101	459,643	456,564	456,331
2.011倍	2.006	2.004	1.991	1.989
北海道2区	北海道3区	京都6区	宮城2区	福岡5区

参議院小選挙区 （議員1人あたり有権者数）				
議員1人あたり 317,281（人）福井を 1.00 とした場合				
966,659	961,928	961,643	931,601	915,257
3.047倍	3.032	3.031	2.936	2.885
神奈川	宮城	東京	新潟	大阪

[2022年9月登録日現在。 総務省資料]

解説 **投票価値平等の原則** 憲法第14条の定める法の下の平等原則からすれば，議員1人当たりの有権者数は同数が原則である（投票価値の平等）。**3倍もの格差があるということは，ある人が「1票」持っているのに，ある人は「0.3票」しかないのと同じである。** 居住場所による差別であり，「少なくとも1人が2票以上の価値を持つのはおかしい」というのが通説である。

●1票の格差と最高裁判決

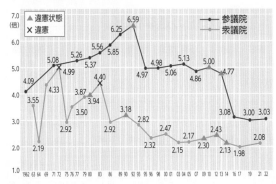

▲違憲状態　✕違憲

参議院　衆議院

7.0（倍）6.0 5.0 4.0 3.0 2.0 1.0

4.09 5.08 4.99 3.87 4.40 5.85 6.25 6.59 4.98 5.13 5.00 4.77
3.55 4.33 3.50 3.94 3.18 5.06 4.86 3.08 3.00 3.03
2.19 2.92 2.92 2.82 2.47 2.32 2.15 2.17 2.30 2.43 2.13 1.98 2.08

5.26 5.56 5.37 4.97

1962 63 64 69 71 72 75 76 77 79 80 83 86 89 90 92 93 95 96 98 00 01 03 04 05 07 09 10 12 13 14 16 17 19 21 22

解説 **1票の格差と最高裁の定数訴訟判決**
①**「違憲」と「違憲状態」** 最高裁は，格差が著しく不平等な状況を「違憲状態」，格差が不平等状態で，かつ合理的期間に是正されなければ「違憲」と判断してきた。違憲の場合，選挙が無効になるかが焦点になるが，最高裁は政治的混乱を念頭において，事情判決の法理を適用してきたため，無効判決を出したことはない。
＊事情判決：裁判所が行政庁の処分を違法としても，その処分を取り消すとかえって公の利益に著しい障害を生ずる場合は，取り消さなくてよいとすること。
②**衆議院選挙** 衆院選では，72年4.99倍（76年判決）と83年4.40倍（85年判決）の2回の違憲判決が出されている（選挙は有効）。最高裁は，従来は3倍以内を合憲としていたが，小選挙区導入後は，09年，12年，14年の3回について「違憲状態」と判断した。
③**参議院選挙** 参議院選挙では，これまで最大格差6倍以内が合憲とされてきた。最高裁は参院選について違憲判決を下したことはないが，2010年と13年の参院選を「違憲状態」とした。参院選の1票の格差を是正するために，2016年の選挙から，人口の少ない選挙区を隣り合う選挙区と統合する「**合区**」が導入された。

はみだしメモ 政界においてのベテラン，若手の分け方は年齢ではない。当選回数により決まる。つまり，年齢的に若くても当選回数が多ければベテラン議員であり，70歳を越えていても当選1回であれば若手議員と呼ばれることになる。

8 公職選挙法の概要と連座制

共通テスト 20.23

	項　目	内　容
総則	法律の範囲 （第2条）	衆議院議員，参議院議員，地方公共団体の議会の議員及び首長の選挙
選挙権	選挙権 （第9条）	日本国民で満18歳以上の者
被選挙権	被選挙権 （第10条）	衆議院議員，都道府県・市町村の議会の議員，市町村長は満25歳以上の者。参議院議員，都道府県知事は満30歳以上の者
選挙運動	期間 （第129条）	選挙運動は立候補の届け出を終えた後でなければ行うことができない。届け出前と選挙当日の運動は一切禁止。 衆議院選挙は12日間，参議院選挙，都道府県知事選挙は17日間
	戸別訪問の禁止 （第138条）	買収・利益誘導その他の選挙犯罪を生じやすく，選挙の自由公正を期しがたいという理由で禁止されている
	飲食物の提供の禁止 （第139条）	湯茶やこれにともない通常用いられる程度の菓子以外提供してはならない。
	文書図画の頒布 （第142条）	衆議院小選挙区では候補者1人について，通常はがき3万5千枚，選挙管理委員会に届け出た2種類以内のビラ7万枚などは可。ウェブサイト・電子メールを利用した選挙活動も文書図画にあたる
投票	投票時間 （第40条）	1997年の改正で2時間延長となり，午前7時から午後8時まで
	期日前投票 （第48条の2）	仕事，遠隔地に居住中，妊娠などの理由から投票日に投票所に行けない人は期日前投票所で投票日前に投票できる
	不在者投票 （第49条）	投票日に投票所に行けない人は期日前投票所以外の場所（指定病院，老人ホーム等）で投票日前に投票できる。 2006年の改正で国外における不在者投票ができるようになった
	郵便投票 （第49条）	身体に重度の障がいのある人は郵便による投票ができる
	在外投票 （第49条の2）	海外に居住し，在外選挙人名簿に登録されている者は投票ができる
連座制	当選無効及び立候補の禁止 （第251条の2〜3）	総括主宰者，出納責任者，地域主宰者が，罰金刑以上の有罪判決を受けた場合，候補者の親族，組織的選挙運動管理者が「買収及び利害誘導罪」に処罰されたときには，当選人の当選は無効。また同選挙区で当選・落候補者いずれについても5年間の立候補は禁止

解説 **選挙におけるルール**　**公職選挙法**は，選挙における基本的なルールを定めた法律である。選挙違反に対して定められている**連座制**は，候補者の関係者が買収などの選挙違反を犯した場合，候補者の当選を無効とする制度。1994年の公選法改正で，対象が候補者の親族や秘書，組織的選挙運動管理者まで拡大した（**拡大連座制**）。2015年の選挙権年齢の引き下げにともない，18歳以上から処罰の対象となった。また，選挙運動についても厳しい制限が設けられている。たとえば，有権者の家を訪問して投票の依頼をする**戸別訪問**については，買収などの不正を招きやすいとして日本では全面的に禁止されている。戸別訪問の禁止について，憲法第21条（表現の自由）に違反するかどうかが裁判で争われたこともあるが，最高裁は合憲の判決を出している。

9 公職選挙法改正の流れ

年	出来事
1950	公職選挙法制定
1994	衆議院議員選挙に「**小選挙区比例代表並立制**」を採用 連座制の適用範囲が拡大（**拡大連座制**）
1997	投票時間の延長
1998	在外選挙制度導入
2000	衆議院の定数が500人から480人に削減 参議院の定数が252人から242人に削減
2001	参議院比例代表選挙に**非拘束名簿式**を採用
2003	期日前投票の導入，マニフェストの配布が解禁
2006	在外選挙制度が選挙区にも導入
2013	ネット選挙の解禁，衆議院の定数が475人に削減
2015	**選挙権年齢が18歳に引き下げ** 参議院議員選挙に，鳥取と島根，徳島と高知をそれぞれ1つの選挙区とする合区の導入
2016	共通投票所の設置，衆議院の定数が465人に削減
2018	参議院の定数が248人に増加（特定枠の導入）

解説 **自由で公正な選挙の実現のために**　公職選挙法は，これまで一票の格差の解消や投票率向上を目的とした様々な改正がおこなわれている。

Exercise

次の文章を読み，下記の設問に答えなさい。

問　現在の日本の衆議院の選挙制度は，小選挙区比例代表並立制である。小選挙区制は各選挙区から，1人の当選者を選出する選挙制度である。当選者が1人しかいないため，各選挙区で1票でも多い候補者が当選し，それ以外の候補者に投じられた票は議席に反映されない。これを（A）と呼ぶ。この（A）の多さが小選挙区制の短所と言われる。しかし，小選挙区制は一般に二大政党制になりやすいと言われ，（B）という長所があるとされる。

問1　文中の空欄（A）に入る語句として最も適切なものを1つ選びなさい。
1．無効票
2．死票
3．組織票
4．有効票

問2　文中の空欄（B）に入る語句として，最も適切なものを1つ選びなさい。
1．少数派の意見が議席数に反映されやすい
2．政治的無関心を招きやすい
3．派閥が生まれやすい
4．政権が安定しやすい

（解答は ▶ p.159）

はみだしメモ　各投票所に一番乗りした投票者は，投票所の責任者が開ける投票箱の中を見て，何も入っていないことを確かめることで公正な選挙であることを保証する。

10 衆議院の小選挙区比例代表並立制 〔共通テスト 20.22〕

Check! 衆議院と参議院の選挙制度の違いを比較してみよう。

❶衆議院議員総選挙のしくみ

【小選挙区 定数289】
（1選挙区1名）　　　重複立候補可　　　【比例代表 定数176】
（全国11ブロック）

候補者の中から1名に投票　　　政党の中から1つの党に投票

投票
候補者名と政党名の2票制

最多得票者が1人当選　　　政党のブロックごとの得票数をドント式で比例し，ブロックの名簿上位順に当選

❷重複立候補制度

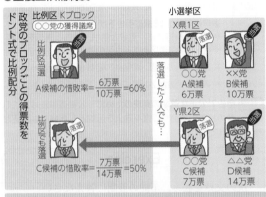

政党のブロックごとの得票数をドント式で比例配分

比例区 Kブロック
〔○○党の獲得議席〕

小選挙区

X県1区
○○党 A候補 6万票
××党 B候補 10万票

比例区区議当選 A候補の惜敗率＝$\frac{6万票}{10万票}=60\%$

落選した2人でも…

Y県2区
▽▽党 C候補 7万票
△△党 D候補 14万票

比例でも当選 C候補の惜敗率＝$\frac{7万票}{14万票}=50\%$

比例区の同一順位の当選は小選挙区の惜敗率で決まります

$惜敗率=\frac{落選者の得票}{当選者の得票}\times100(\%)$

小選挙区で供託金を没収される得票で落選した場合は比例区での復活当選禁止

Z県3区
○○党 E候補 1万票
□□党 F候補 10万票
（有効投票総数10分の1未満）

【解説】小選挙区で落選しても，比例区での復活当選が可能な**重複立候補制度**には批判の声も多い。**中選挙区制**（1選挙区から3〜5名代表者選出。かつて衆議院で採用）の復活や，ドイツ下院の**小選挙区比例代表併用制**（全体の議席を政党の比例配分で決め，小選挙区の当選者から議席を割り振る）を求める声もある。また，1票の格差の是正のため，2020年の国勢調査に基づき，人口比をより正確に反映しやすくする**アダムズ方式**が22年以降の国政選挙で導入される。これにより，小選挙区の数が「10増10減」となるが，東京の5増をはじめ都市部で増え，10県で減るため，地方の声が届かなくなるなどの批判も多い。

❸ドント式による配分方法　　注．丸数字は当選順位

	A党	B党	C党
得　票	80000	55000	25000
1で割る	80000①	55000②	25000
2で割る	40000③	27500④	12500
3で割る	26667	18333	8333
4で割る	20000	13750	6250

【解説】有効得票数16万票で定員4人という場合，A党は2議席，B党は2議席を獲得する。各党の得票数を1,2,3…と自然数で割っていき，商の大きい順に議席を配分するこの方法は，考案者であるベルギーの政治学者の名前をとって**ドント式**という。

11 参議院の比例代表区・選挙区 〔共通テスト 20.23〕

❶参議院議員通常選挙のしくみ

【選挙区 148】➡74名選出
（1選挙区1〜6名）

候補者の中から1名に投票

投票
自書式2票制

得票の多い順に当選

【比例代表区 100】➡50名選出
（非拘束名簿式）＊ （全国1区）

政党の届け出名簿登載の候補者か，政党に投票

①政党の得票数＝候補者票＋政党票
②ドント式で政党に議席配分
　各政党とも個人得票の多い順に当選
※拘束名簿式の**特定枠**を一部導入

❷非拘束名簿式比例代表制のしくみ

①政党は候補者に当選順位をつけずに名簿を届け出
②候補者名か政党名のどちらかを書いて投票
③各党の総得票数に基づきドント式で議席を配分
（総得票数＝政党得票＋各候補者個人名の得票）
④各党に配分された議席数の枠内で，各政党ごとに「個人得票」数の多い候補者から順に当選決定

●特定枠のしくみ（2019年参院選より）

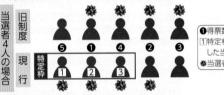

当選者4人の場合
旧制度／現行
特定枠

❶得票数順
①特定枠で指定した当選優先順
※当選者

一部に拘束名簿式の特定枠の導入が可能に

●**拘束名簿式**…各政党があらかじめ当選順位を決める制度
党の獲得議席のうち，まず特定枠から名簿順に当選。残り議席は特定枠以外の候補が個人得票の多い順に当選

【解説】選挙区の合区と比例区への「特定枠」の導入　これまで「1票の格差」の是正は定数だけを調整し，都道府県単位の選挙区を維持してきたが，2015年の公職選挙法の改正により，鳥取と島根，徳島と高知の選挙区を統合する合区を導入した。さらに18年には参院定数6増の改正法が成立した（内訳は選挙区で2（埼玉），比例区で4）。また，現行の非拘束名簿式の一部に，政党があらかじめ当選順位を決める「拘束名簿式の特定枠」を導入した。「特定枠」を設けることで少ない得票数の候補者でも当選が可能となった。自民党が，合区で出馬できない現職候補者を「特定枠」で救済するための措置と指摘されている。

〔アラカルト〕「アダムズ方式」

アダムズ方式は，各都道府県の人口を「同一の数字」で割り，都道府県ごとの定数の合計が小選挙区の総定数と一致するよう「同一の数字」を調整する方法。第6代アメリカ大統領アダムズが提唱したとされる。

●総人口600万人，総定数10と仮定した場合…

県	人口（万人）	70万（同一の数字）で割ると…		配分
A	250	3.57		4
B	200	2.85	小数点以下切り上げ	3
C	150	2.14		3

各県の議席配分の合計が総定数と一致 ➡ 10
〔読売新聞2016年4月11日などより作成〕

はみだしメモ 地方の小選挙区から選出された衆議院議員の1週間の基本スケジュールは，「金帰火来」といわれる。衆議院本会議の定例日が火木金であることから，金曜日の会議が終わると地元に帰り，火曜日の朝上京するのである。

12 政党の定義

Check! なぜ政党は必要なのだろうか。

●バーク（1729〜97）イギリスの政治家

政党とは，ある特定の主義または原則において一致している人々が，その主義または原則に基づいて，国民的利益を増進させるために協力し，結合した団体である。

●ブライス

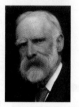

第1に，政党は不可避である。いままでに大規模な自由主義国で政党をもたない国はなかったし，政党なしに代議政治が運営可能であることを示したものは，ひとりもいない。政党は，おびただしい数の投票者の無秩序の中から，秩序を生みだすのである。

［『近代民主政治』］

●政党の役割

①

様々な意見・利益を集約し，政策を形成

②

政治的リーダーの育成

③

国民と政治のかけ橋

④

政権の運営

解説 議会は多数決によって議決されるため，**自分たちの主張を通すためには，同じ考えをもった仲間と集まってグループをつくる必要がある**。これが政党である。政党は17世紀にイギリスで生まれたのが最初で，貴族や地主階級を代表する**トーリー党**（のちの**保守党**）と富裕な商工業者階級を代表する**ホイッグ党**（のちの**自由党**）が結成された。これらは「教養と財産のある有産階級」による**名望家政党**であったが，選挙権の拡大によって**大衆政党（組織政党）**へと変わった。

13 政党の形態の特色

Check! 二大政党制と小党分立制の長所短所を確認し，現在の日本の政党の形態を確認しよう。

	長所	短所	代表的な国
二大政党制	①政局が安定しやすい ②有権者による政党の選択が容易 ③政党間の競争により，与党の失政や腐敗を追及し浄化することができる	①種々雑多な国民の意思や利害を，きめこまかく吸収することができない ②政策のへだたりが大きいと，政権交代により，政策の連続性が失われる	アメリカ （民主党と共和党） イギリス （保守党と労働党）
小党分立制（多党制）	①国民のさまざまな要求や利害を政治に反映することができる ②世論の小さな変化が政権に影響する ③連立政権により権力の腐敗を防止	①連立政権なので政局不安定になりがち ②政治責任が不明確になり，政策も八方美人的になりやすい ③国難に当たり大胆な政策遂行が困難	フランス イタリア スウェーデン 日本
一党制	①政権が安定し，政策の連続性が保てる ②国民に対して強力な指導ができる	①独裁政治による国民の人権無視の可能性個人崇拝の傾向 ②政治腐敗がおこりやすい	中国 朝鮮民主主義人民共和国 キューバ

解説 形態の特色と選挙制度との関係　各政党制の長所と短所は一般的なものであり，現実には政局不安定になりがちな多党制で安定した政治が行われている国もある。また，政党の形態は選挙制度と関係しており，二大政党制は小選挙区制，多党制は比例代表制，大選挙区制の国で起こりやすい。なお，1993年の自民党政権崩壊までの日本のように，複数政党の中で一党だけが優勢で，長期間政権を独占している場合を**一党優位政党制**という。

読み解き 》野党はなぜ必要か

野党が頼りないことで不利益を受けるのは国民だ。政府与党に政権担当能力を疑わせる問題があったとしても，代わりに政権を担える野党がなければ，政権交代は起きない。結果として政権党は緊張感を失い，おごり，腐敗につながる。日本の民主主義が健全であるためには，しっかりとした野党が欠かせないのだ。…いまの政権に満足しない民意を政治に反映させる受け皿をつくることは，野党第1党に求められる喫緊の課題である。

［朝日新聞2017年7月28日社説］

TRY
野党に求められていることは何か，考えてみよう。

p.157 Exerciseの答え
問1：2　問2：4

与党

自由民主党

[代表] 岸田文雄 　[衆院] 262人
[設立] 1955年 　[参院] 118人

1955年の保守合同により結成された。発足以後，ほぼ一貫して政権を担当している。93年に政権を明け渡したが，94年に復帰した。2009年に再度野党に転落したが，12年に再び政権を獲得した。以後「自民1強」時代が続く。

公明党

[代表] 山口那津男 　[衆院] 32人
[設立] 1964年 　[参院] 27人

宗教団体の創価学会を母体として1964年に結成され，67年に衆議院に進出した。94年に一旦分裂するが，98年再び発足。99年以後，自民党と連立政権を組む。

野党

立憲民主党

[代表] 泉健太 　[衆院] 95人
[設立] 2020年 　[参院] 38人

2017年，民進党の分裂により党内リベラル系を中心に結成，野党第一党となる。さらに20年，国民民主党の議員の多数が合流し，議席を拡大。21年衆院選で敗北し，枝野幸男代表が辞任。政権交代をめざす。

国民民主党

[代表] 玉木雄一郎 　[衆院] 10人
[設立] 2020年 　[参院] 11人

2017年に野党第一党の民進党が立憲民主党などに分裂した後，18年，民進党と希望の党からの合流組が国民民主党を結成。20年には所属議員の多くが立憲民主党に合流し，少数政党となった。

日本維新の会

[代表] 馬場伸幸 　[衆院] 41人
[設立] 2015年 　[参院] 20人

2015年11月，民主党との合流を進める維新の党執行部に反対し，離党した議員らによって「おおさか維新の会」として結成。16年7月の参院選後に現在の党名に変更。21年衆院選で第3党に躍進。

日本共産党

[代表] 志位和夫 　[衆院] 10人
[設立] 1922年 　[参院] 11人

1922年結成。戦前から続く唯一の政党。戦後は79年衆院選で39議席を獲得するなど勢力を拡大した時期もあったが，2003年〜12年の衆院選は一桁の議席に後退。14年には21議席に躍進するも，以後党勢は伸び悩んでいる。

れいわ新選組

[代表] 山本太郎 　[衆院] 3人
[設立] 2019年 　[参院] 5人

2019年，山本太郎氏が独自に旗揚げ。結党3か月後の参院選で「消費税廃止」，「奨学金チャラ」などの政策を掲げ，特定枠で重度障害者2人が当選。「れいわ旋風」を巻き起こした。21年衆院選で議席獲得。

社会民主党

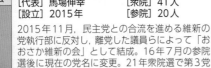

[代表] 福島瑞穂 　[衆院] 1人
[設立] 1996年 　[参院] 2人

1996年に日本社会党が党名変更して誕生した政党。前身の社会党は戦後長く第2党を確保してきたが，社民党結成後は少数政党に転落，存続の危機にある。

アラカルト 政党と会派

憲法や国会法には「政党」という言葉は見当たらず，「会派」という言葉が使われている。「会派」は，議院の2人以上の議員で結成可能な院内団体のことで，政党と違って綱領などは必要ない。現実には政党と会派は一体であり，名称も政党名と同じである。参議院では，無所属議員やミニ政党が合体して1つの会派をなしている場合もある。なお，2つ以上の政党やグループが1つの会派を形成するのを「統一会派」という。

衆議院の会派		参議院の会派	
自由民主党・無所属の会	262	自由民主党	117
立憲民主党・無所属	96	立憲民主・社民	40
日本維新の会	41	公明党	27
公明党	32	日本維新の会	20
国民民主党・無所属クラブ	10	国民民主党・新緑風会	13
日本共産党	10	日本共産党	11
有志の会	4	れいわ新選組	5
無所属	6	NHKから国民を守る党	2
れいわ新選組	3	沖縄の風	2
欠員	1	各派に属しない議員	10
（2023年11月10日現在）	計465	欠員	1
		（2023年11月27日現在）	計248

15 マニフェスト（政権公約）

●マニフェスト（政権公約）の事例

民主党（2009年 衆院選）

「政権交代。　暮らしのための政治を。」
法人税率の引き下げ，地球温暖化対策を強力に推進／月2万6千円の子ども手当支給，高校の実質無償化，後期高齢者医療制度を廃止／農業の戸別所得保障制度を創設，高速道路の無料化，郵政事業の抜本見直し／政治家主導の政治，国家戦略局を新設，世襲や企業団体献金禁止，衆院定数を80削減

自民党（2014年 衆院選）

「景気回復，この道しかない。」
デフレからの脱却のため「三本の矢」を強力に推進，経済再生と財政再建を両立／「日本の魅力」の海外発信，世界挑戦の人材の育成等，クールジャパン戦略の推進／安全性を最優先し，原子力規制委員会によって認められた場合，原発の再稼働／日米同盟強化を進め，「日米防衛協力のための指針」（ガイドライン）を見直す／憲法改正原案を国会に提出し，憲法改正のための国民投票を実施，憲法改正をめざす

解説 **マニフェストとは** マニフェストとは，政党が有権者に約束する**政権公約**のこと。2003年衆議院選挙より本格的に導入された。従来の選挙公約に比べ，実現に向けた手順や数値目標を含む内容であり，検証がしやすい。2009年，民主党はマニフェストの多くが実現できず，支持を失った。2014年の選挙では，各政党のマニフェストは変質した。あいまいな表現が多くみられ，具体的数値目標も削られている。

はみだしメモ マニフェスト（政権公約）は，選挙が近づくとマスコミ等で取り上げられ，ネット上にも比較するサイトが設置される。選挙時には，高校生を対象としたマニフェストを比較して投票する試みも行われている。

16 戦後のおもな政党の変遷

※特に注記のない数字は結成年

（2023年12月現在）

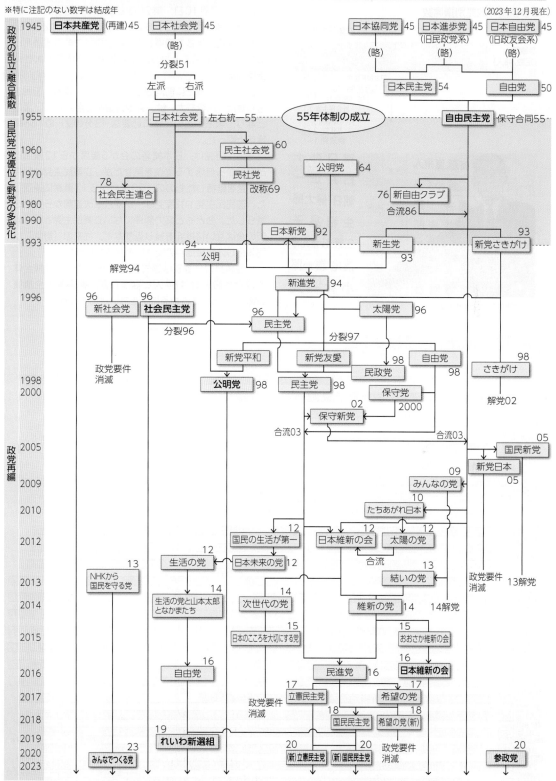

解説 政党の現状　1996年，**「政権交代可能で健全な二大政党制」**を目指して衆院に**小選挙区比例代表並立制**が導入された。**政権交代**は実現したが，2005年の「郵政解散」で自民党から分裂した新党が誕生し，以後分裂，新党結成，離合集散が続く。現行制度下6回目の総選挙である12年衆院選では最多の12党乱立選挙となった。小党乱立の背景には，自民党一強のもと，明確な政策理念にもとづいた政党再編がなされず，民意をくみ取る機能がはたせていない現実がある。抜本的選挙制度改革の要請も強い。

Challenge　55年体制とは，自由民主党と日本共産党によって形成された，保守対革新の対立軸を中心とした体制であった。
○か×か。（2013年センター試験現代社会本試）（▶p.163）

●参議院の政党別議席数

	自由民主党	公明党	立憲民主党	無所属 12
参議院 (定数248人)	119	27	39	21

日本維新の会
国民民主党 10
日本共産党 11
社会民主党 1
れいわ新選組 5
NHK党 2
参政党 1

斉藤 直飛人　猪口 邦子
広瀬 めぐみ　臼井 正一
櫻井 充　朝日 健太郎
〇〇浩郎　生稲 晃子
〇〇　三原 じゅん子
〇〇北　浅尾 慶一郎
加藤 明良　小林 一大

▲当選者に花をつける岸田首相

2022年7月10日，第26回参議院議員選挙が行われた。自民党は全国で32ある1人区で28勝4敗として，単独で改選過半数を獲得した。自公両党で非改選議席とあわせて146議席となり，過半数の125議席を大きく上回った。

また，憲法改正に前向きな自民，公明，維新，国民を合わせた「改憲勢力」は，非改選議席を含めて177議席となり，憲法改正の発議に必要な「3分の2」の166議席を上回った。

一方，野党は，日本維新の会が6議席から12議席と改選前から倍増する躍進を見せたが，立憲民主党は野党第1党を維持したものの，23議席から17議席に後退した。国民民主党や共産党は，いずれも改選前から議席を減らした。もともと協力関係にない立憲民主党と日本維新の会は互いに批判を繰り返すなど，従来の「野党」が弱体化し，政権批判の受け皿とならなかった。

女性議員の当選者は過去最高の35人で，参議院全体では女性議員数は64人となったが，参議院の全議員248人の26%を占めるにすぎない状況である。

17 戦後の衆議院議席数の変遷

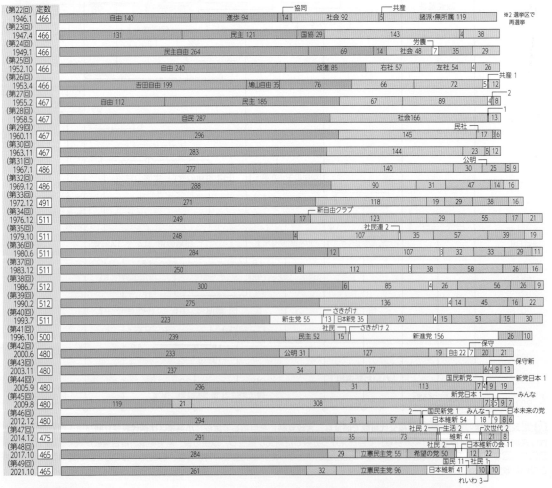

はみだし メモ　衆議院小選挙区に立候補するには，供託金を払わなければならない。当選を争う意思のない人や売名行為などを防ぐ目的の制度で，300万円かかり，一定の得票数を満たさなければ没収される。

18 政治資金規正法と政治資金のおもな流れ

政治資金とは，政治団体や政治家が政治活動や選挙活動を行うのにかかる費用をいう。1994年に改正された政治資金規正法の主な内容は以下の通りである。

企業および団体から政治家個人への献金を禁止し，政党・政治資金団体に対するものに限定する。
個人から政治家個人や資金管理団体への献金は年間1,000万円を上限とし，同一の相手には年間150万円とする（政党へは2,000万円）。
年間5万円を超える献金元は公開する（2007年には，1件1万円を超える献金元の公開が義務づけられた）。
パーティ券の購入先については20万円以上を公開する。
政治資金規正法に違反したときの罰則に公民権の停止を加える。

解説 抜け道献金 1994年の**政治資金規正法改正**の背景には，**リクルート事件**など企業による政界へのヤミ献金事件がある。政治資金の「出入り」への厳しい規制のはずではあったが，政党が指定した一つの団体に献金が可能であったり，企業・団体献金とは別枠で政治資金パーティーのルートを認めている。

●政治資金のおもな流れ

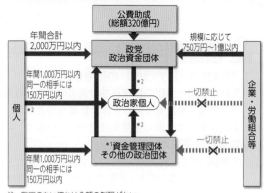

注. 数字のない流れは金額の制限がない
*1 資金管理団体は，政治家が1つの団体を指定する。
*2 政治家個人への金銭・有価証券による寄付は，選挙運動に関するものに限られる。

右側余白（縦書き）: 政治

19 政治資金に関する問題

政治資金問題には，資金を集める際の問題と使う際の問題がある。集める際の問題には，迂回献金がある。迂回献金とは，政治資金規正法で，業界団体や企業からの政治家個人への献金が禁止されているため，業界団体等が政治団体をつくり，そこを経由（迂回）して政治家個人に資金を流す「抜け道献金」のことである。例として，日本歯科医師連盟（日歯連）事件が挙げられる。使う際の問題には，公費助成による政務調査費の私的流用や虚偽申告など，政治活動費の不正使用がある。最近では，兵庫県の野々村元県議や小渕元経済産業相の事件が話題となった。また，2016年には，舛添要一元東京都知事が，政治資金の公私混同問題で辞職に追い込まれた。

▲舛添元都知事の辞職を伝える号外

20 おもな政党の収入構造

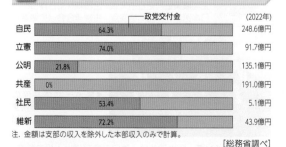

政党交付金 （2022年）

政党	政党交付金の割合	金額
自民	64.3%	248.6億円
立憲	74.0%	91.7億円
公明	21.8%	135.1億円
共産	0%	191.0億円
社民	53.4%	5.1億円
維新	72.2%	43.9億円

注. 金額は支部の収入を除外した本部収入のみで計算。
[総務省調べ]

解説 政党の収入 政党交付金以外の部分は，党費・政治献金・事業収入などである。公明党と共産党は，他の政党と比べると事業収入（主に新聞や雑誌の発行にともなう収入）の占める割合が大きい。

21 政党助成法

1994年に「政治資金規正法」の改正と同時に成立した，政党に対して国費から助成をする法律である。

政党交付金の総額	総額は日本の総人口に250円を乗じた金額とされ，総額は約320億円となる
政党交付金を受け取ることができる政党	①所属国会議員5人以上 ②所属国会議員がおり，かつ直近の国政選挙で全国得票率が2%以上，のいずれかを満たす政党
配分	2分の1を議席数，2分の1を得票数で分配
政党交付金の使途	使途に制限はない。政党は使途を明らかにした収支報告を提出・公表する

●各政党への政党交付金の額（2023年）

政党名	交付金	政党名	交付金
自由民主党	159億1,011万円	政治家女子48党	3億3,443万円
立憲民主党	68億3,260万円	社会民主党	2億6,017万円
公明党	28億6,990万円	れいわ新選組	6億1,969万円
日本維新の会	33億5,145万円	参政党	1億8,492万円
国民民主党	11億7,325万円		

[総務省調べ]

2023年分政党交付金交付決定額は315億3,652万円。
注. 共産党は交付金を受ける届け出をしていない。

解説 政党助成制度 政党助成制度は，1994年に政治改革関連4法の1つとして制定された**政党助成法**で設置された。年間政治資金約900億円のうち3分の1（赤ちゃんからお年寄りまで**国民1人あたり年250円**），総額にして約320億円が政党に配分されることになった。単純計算で国会議員1人あたり年に4,000万円以上を国民が提供することになる。なお同法は1995年には改正され，3分の2条項（政党交付金総額は政治資金総額の3分の1）が廃止された。

5 政治参加と世論

QR

政治参加と公正な世論の形成

🗂 DIGEST

1. 利益集団（圧力団体）の政治参加 **1**

①利益集団…集団の特殊利益の実現のため，政治過程に働きかける→専門の活動家であるロビイストを通じて議員や政党に便宜を図り影響を与える

②利益集団は政権の獲得を目的としないので，国民に責任を負わない

2. 世論と民主政治

①世論…公的なことがらについて人々が共通にもつ意見（「民主政治は世論による政治」）**2 3**

②大衆民主主義（マス・デモクラシー）…普通選挙の実現で大衆の意見＝世論となり，政治に影響を与える

③政治とマスメディア…マスメディアは影響力の大きさから「第四の権力」とよばれる **4**

　a．マスメディアの役割…情報提供，世論と政治の媒介，世論の形成など

　b．マスメディアの課題…アナウンスメント効果，情報操作の危険性，興味本位の報道など

3. 政治参加の課題

①投票率の低下…政治に対する失望や不信感による政治的無関心（ポリティカル・アパシー）の増加
　　　　　　　→政治参加への消極的な姿勢や選挙における棄権の増加 **5**

②無党派層（支持政党なし層）の増加…特定の支持政党をもたず，選挙のたびに投票先を変えたり，棄権したりする→その動向が選挙を左右する

③NPO（民間非営利組織）の政治参加…消費者団体，環境保護団体などが特定の問題を政治争点化する **8**

🎯 FOCUS

ワークブック 10

主権者としてどのように行動するべきだろうか

❶国民が政治に影響を与えるためには，どのような手段があるか→ **1 2 8**

❷投票にあたって注意すべきことは何だろうか→ 政治がわかる **Active**

1 利益集団

●政党と圧力団体

	政党	圧力団体
性格	公的性格をもつ	私的性格が強い
目的	議会への進出 政権の獲得，保持	自己利益実現
政権獲得	めざす	めざさない
政治への関与	持続的・全般的	一時的・部分的
かかげる政策	全体的・一般的 国民生活全般の分野	個別的・具体的 団体関連の個別分野
訴えの対象	国民全体	政党，国会，省庁等
選挙	選挙活動を最重視	特定候補者の支援

●おもな圧力団体

経営者団体 （財界）	日本経済団体連合会（日本経団連），経済同友会，日本商工会議所（日商）
労働者団体	日本労働組合総連合会（連合），全国労働組合総連合（全労連），全日本自治団体労働組合（自治労）
宗教団体	立正佼成会，創価学会，霊友会
その他	全国農業協同組合中央会，全国森林組合連合会，日本医師会，日本遺族会，主婦連合会（主婦連）

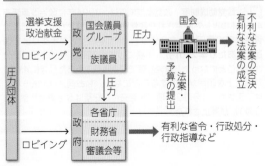

◀経済三団体共催のパーティーに出席する安倍首相（2020年）

解説 ロビイング 圧力団体は、独自の情報網と人脈を持ち、豊富な資金力（政治資金）と集票力（企業・団体ぐるみ選挙）を背景に、議員や官僚などに対し、特定集団の利益に関わる法案の成立・否決・修正のための働きかけ（ロビイング）をし、政治を動かすのである。

② 世論の形成と政治

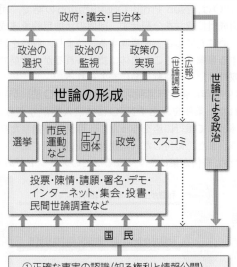

（図解：国民 → 投票・陳情・請願・署名・デモ・インターネット・集会・投書・民間世論調査など → 選挙／市民運動など／圧力団体／政党／マスコミ → 世論の形成 → 政治の選択／政治の監視／政策の実現 → 政府・議会・自治体。世論による政治（世論調査・広報）。）

①正確な事実の認識（知る権利と情報公開）
②自由な意見の発表と討論（言論・表現の自由）
③的確な判断力の養成（政治教育）

解説 世論とは 民主政治は、「世論による政治」といわれる。世論はさまざまな方法と手段で表明され、形成されている。しかし、世論によってつくりあげられた政治が**ポピュリズム（大衆迎合主義）**に陥ったり、権力者が自らに都合の良い政治を行うこと（世論操作）もある。

④ 選挙予測報道とアナウンスメント効果

ランク	表現	作用
A 当選確実	トップ当選は固い 最も安定 圧倒的強み	当選は果たすが予想より順位が下がることがある。
B 有力	余裕をもった戦いぶり 一歩リード 先行	票が予想より減ることがある。 だいたい当選は果たしている。
C 当落線上	ほぼ一線に並ぶダンゴ状態 デッドヒート	票は予測よりも増える。 当選の確率も予測より高くなる。
D 苦戦	もう一息 苦しい戦い やや遅れている	当選には届かないかもしれないが、票は増え、順位が上がることがある。
E 可能性なし	力不足 独自の戦い 大きく水をあけられている	票は予測と大差なし。
F 無視	言及なし	作用はうかがえない。

［堀内伸浩，福岡政行『図解　わかる！政治のしくみ』PHP文庫より］

解説 報道で「苦戦」とされた候補が当選する、「優勢」とされた政党の得票率が低くなるなどの現象は**アナウンスメント効果**（アナウンス効果）とよばれる。有権者の「勝ち馬に乗ろう」とする心理（**バンドワゴン効果**），不利な方を支援する心理（**アンダードッグ効果**）などが作用した結果である。影響を問題視し、投票日直前の**世論調査**を規制する国もある。

③ 世論調査のからくり

〈**質問A**〉アメリカの著名な物理学者は、「エネルギー源を原子力に求めることは、人類の将来にとって好ましいことではない」と述べています。アナタはこの意見に賛成ですか、反対ですか。

〈**質問B**〉「エネルギー源を原子力に求めることは、人類の将来にとって好ましいことではない」という意見にあなたは賛成ですか、反対ですか。

	賛成	反対	どちらともいえない
質問A	33.3%	34.4	32.3
質問B	22.1%	54.3	23.6

［沢田洋太郎ほか『社会のとびら』日本書籍より］

解説 世論調査 世論調査は質問文の文章によってその結果が大きく変わる。調査対象や選択肢、質問方法などによっても結果は変化する。意図的に操作して自らの望む結果を導き出すこともできる。世論調査から新聞社や調査機関の立場がみえる場合もある。

アラカルト　ヒトラーの大衆観と宣伝

Check! ヒトラーはどのようにして、権力を掌握し、国民に影響を与えていっただろうか。

すなわち宣伝はだれに向けるべきか！学識あるインテリゲンツィアに対してか、あるいは教養の低い大衆に対してか？宣伝は永久にただ大衆に向けるべきである！
＊
大衆の受容能力は非常に限られており、理解力は小さいが、そのかわりに忘却力は大きい。この事実からすべて**宣伝は、重点をうんと制限して、そしてこれをスローガンのように利用し、そのことばによって、目的としたものが最後の一人にまで思いうかべることができるように継続的に行なわれなければならない。**人々がその原則を犠牲にして、あれもこれもとりいれようとするとすぐさま効果は散漫になる。

［アドルフ・ヒトラー『わが闘争』角川文庫より］

▲ヒトラー（中央）と宣伝大臣ゲッベルス（右）

解説 大衆操作 デマゴギー（扇動）やプロパガンダ（主義主張の宣伝）を党勢拡大の手段としたナチスは、大衆操作の手段として映画を重視した。党の宣伝映画ばかりではなく、娯楽的な作品もつくらせて市民文化をコントロールする一方、反戦的・平和的な思想や文学を攻撃した。

5 政治的無関心のタイプ

Check! 現代の日本の若者層の人たちは，なぜ投票に行かないのか，理由を考えてみよう。

●歴史的経緯からみた分類（リースマンによる）

伝統型無関心	現代型無関心
身分や階層によって一般庶民が政治から隔離され，政治はお上がするもので自分には関係ないと考える。政治から隔絶された無知からくる無関心。前近代社会の被支配者（民衆）に典型的な意識だが，現代まで影響している	現代社会や現代政治の複雑化，専門化，巨大化などから，政治への幻滅，挫折，無力感，拒否，私生活への埋没などにおちいる。政治への参加が保障されているにもかかわらず発生する現代社会（大衆社会）に顕著な無関心

●現代型無関心の動機からみた分類（ラズウェルによる）

無政治的な態度
芸術や科学などの政治以外への価値にもっぱら埋没するため，政治には価値を見いださない

政治？
そんなことより次の作品だ

脱政治的な態度
本来もっていた政治への要求や期待が実現されず挫折・幻滅したために，政治的行為をしなくなる

また応援した人が落選…もういいや

反政治的な態度
特定の政治的・宗教的信条による政治一般への反抗心のために，政治を排斥ないし否定する

そもそも政治体制そのものに問題がある。僕の理想と合わない

6 インターネットと選挙

●ネット利用のメリットとリスク

メリット	・各党のマニフェストや政策を容易に知ることができる ・お金をかけずに選挙運動ができる ・有権者も政治活動に参加しやすくなり，投票率が向上する
リスク	・候補者へのなりすましやうその情報が書き込まれる ・セキュリティが甘い場合，候補者などのウェブサイトの改ざんなどによる名誉毀損の問題が起こる ・政治が人気投票化し，ポピュリズム（大衆迎合主義）が進む

7 民意は政治に反映されているか

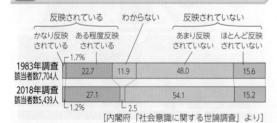

[内閣府「社会意識に関する世論調査」より]

解説 民意の反映 「民意が政治に反映されていない」とする人が6割を超え，政治が自分たちの期待する通りになっていないと多くの人が不満に感じていることがわかる。2009年の衆院選では，「日本を変えたい」という民意によって，自民党から民主党への政権交代が実現された。しかし，近年は支持する政党のない**無党派層**が増加している。その原因としては，政治への不信で政党を支持しない人が増えたことや，若年層の価値観を代表する既存政党がないことなどがあげられる。

8 NPOと政府の協働

NPOは，Non Profit Organizationの略で，団体の構成員に収益を分配せず，団体の活動目的を達成するために充てることを意味する。つまり，収益を目的とする事業を行うこと自体は認められるが，活動で得た収益は，社会貢献活動に充てられる。

1998年に**特定非営利活動促進法（NPO法）**が制定された。条件をみたすNPOには法人格が与えられ，団体として銀行口座を作ったり，事務所を借りたりできる。また，寄付した人に税制の優遇措置が認められるため，寄付が集めやすくなるなどのメリットがある。

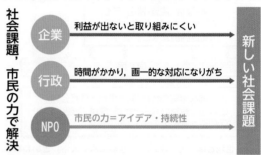

●尾道空き家再生プロジェクト

「坂の町」として知られる広島県尾道市。NPO「尾道空き家再生プロジェクト」の代表理事の豊田雅子さんは尾道生まれで大学卒業後，大阪でツアー添乗員をしていたが，帰省のたびに空き家が増えていることが気になっていた。15年ほど前，母親の看病のためにUターンしたのを機に，空き家を改修してセカンドハウスにしたいと考えるようになった。

当時，車が入れない斜面の空き家を不動産業者は扱っておらず，市役所にも十分な情報はなかった。自ら町を歩き回って物件を探し回るうちに，空き家再生の大切さに共感してくれる仲間が増えた。

「1軒でも多く再生するには組織をつくった方がいい」と考えて2007年に任意団体をつくり，翌年にNPO法人化。空き家対策に取り組むNPOの草分け的存在だ。寄付者が税制優遇のメリットを受けられる認定NPO法人にもなった。

発足から10年で約20軒の空き家を改修し，カフェやギャラリーなどに再生。空き家バンクの運営も手がけ，移住者に橋渡しした家は100軒を超えている。

壁や床の改修を体験する催しを開き，市民やボランティアを巻き込むのが特徴だ。「汗をかき，ほこりまみれになれば，町への愛着が生まれる」。

空き家問題のような社会課題を解決するには，議員や役所に要望・陳情すればいい，という考え方は根強い。しかし不動産業者はもうけが出ないと敬遠し，市役所も素早く対応できなかった。

豊田さんは言う。「市民が自ら動いた方がいいアイデアが出やすい。取り組みが長続きするし，町や社会はきっとよくなる」。　[『朝日新聞』2018年6月21日より作成]

はみだしメモ 尾道空き家再生プロジェクトのシンボルとして，通称「尾道ガウディハウス」がある。昭和初期に建てられた後，1980年初頭から空き家状態だったが，2007年に再生を開始し，2020年に完成した。

政治がわかる メディアリテラシー

▲トランプ元米大統領のツイートを受け、議会に突入する支持者たち

私たちの社会では，テレビ，新聞，インターネットなどのメディアから，多くの情報が発信されている。信頼できる情報を得るために，メディアリテラシー（情報を読み解き，活用する力）の重要性が増している。

① 「ポスト真実」の世界で

◀2016年のアメリカ大統領選挙の際に掲載されたフェイクニュース。民主党やクリントン候補が不利となるような情報が拡散された。

解説 ネット上のデマや中傷，陰謀など，ニュースの体裁をとりながらも事実ではない情報，あるいは，事実と虚偽が入り混じった情報を**フェイクニュース**という。近年では，ＡＩ技術を悪用した**ディープフェイク**の登場により，高品質な合成画像や偽の映像・音声が出回っており，本物との区別が難しい。

　これらは，選挙の際に世論を操作しようとする政治的な目的だけでなく，記事へのアクセスやＳＮＳでの拡散によって広告収入を得るためにもおこなわれているとされる。

② 「みんなの意見」は本物か？

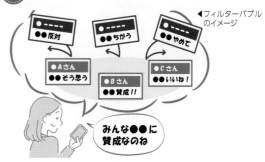

◀フィルターバブルのイメージ

みんな●●に賛成なのね

解説 **フィルターバブルとエコーチェンバー現象**　自由にネットを利用しているつもりでも，検索履歴などをもとに，自分好みにフィルタリングされた情報ばかり表示され，それ以外の情報が見えなくなってしまうことがある。その様子が「情報の泡」に包まれているように見えることから，これを**フィルターバブル**という。ネット社会では，同じような意見にふれ続けることで，意見が増幅・強化される**エコーチェンバー現象**もおきやすく，人びとの間で分断がうまれている。

③ 新聞社による報道の違い

Check! 各紙の主張の違いを読み取ってみよう。

【読売新聞社説（5月27日）抜粋】

　政府は海外観客の受け入れを断念しており，開催へ向けた環境は整いつつあると言えるだろう。一方で，開催を不安視する声は高まっている。……変異ウイルスの感染も広がっており，緊急事態宣言は再延長が避けられない見通しだ。……政府は，感染対策の現状と課題を丁寧に説明すべきである。

　……問題となるのは，8万人近い大会関係者の行動把握である。政府は関係者に対して入国後14日間は行動の自粛を求める方針だが，文化や考え方が異なる人々の行動を制限するのは容易ではない。

　……大会に必要な医療従事者の8割を確保するメドが立ったという。組織委員会は観客数の上限を6月中に示す方針だ。感染状況を見極め，柔軟に対応してほしい。

【朝日新聞社説（5月26日）抜粋】

　この先，感染の拡大が落ち着く保証はなく……無観客にしたとしても，ボランティアを含めると十数万規模の人間が集まり，活動し，終わればそれぞれの国や地元に戻る。世界からウイルスが入りこみ，また各地に散っていく可能性は拭えない。

　……組織委は医療従事者を確保するめどがつきつつあると言う。では，いざという場合の病床はどうか。医療の逼迫に悩む東京近隣の各知事は，五輪関係者だからといって優遇することはできないと表明している。

　……今，五輪は政権を維持し，選挙に臨むための道具になりつつある。国民の声がどうあろうが，首相は開催する意向だと伝えられる。……万人に祝福されない祭典を強行したとき，何を得て，何を失うのか。首相はよくよく考えねばならない。

> 新聞などのメディアは，完全に中立な立場にあるわけではなく，それぞれの主義や主張をもっている。

> 同じ出来事を報じていても，立場の違いが取り上げ方や言葉の選択に反映されている。

> 複数の情報源を比較し，筆者やメディアの性格，根拠の有無や情報発信の意図などに注意しながら，正しい情報の獲得を目指そう。

TRY
自分が普段どのように情報を得ているか，そのやり方に問題はないか，考えてみよう。

政治参加と公正な世論の形成

政治参加と公正な世論の形成

2016年，全国の18歳と19歳，合わせて240万人が有権者となる「18歳選挙権」がスタートした。高校生の中にも有権者とそうでない生徒がいることとなった。有権者になると何ができるようになるのだろうか？また，有権者でなくてもできることにはどんなことがあるのだろうか？

①なぜ18歳選挙権が始まったの？

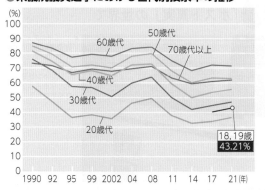

❶有権者に占める年代別割合（2021年）

- 18〜19歳 2.2%
- 20〜29歳 10.9%
- 30〜39歳 13.1%
- 40〜49歳 17.0%
- 50〜59歳 15.7%
- 60〜69歳 14.6%
- 70歳以上 26.5%

［総務省統計局ホームページより作成］

❷衆議院議員選挙における世代別投票率の推移

（%）　60歳代　50歳代　70歳代以上　40歳代　30歳代　20歳代
18, 19歳 43.21%
1990 92 95 99 2002 04 08 11 14 17 21（年）

［総務省ホームページより作成］

解説 シルバー民主主義 シルバー民主主義とは有権者の中で65歳以上の高齢者の割合が増えることで，政治家が高齢者に重きをおく政策を打ち出すようになり，結果的に高齢者の意見が大きく反映されることをいう。つまり，社会保障の世代間格差の拡大や逼迫する国家財政など，若者世代の負担の増加は先送りにしても高齢者の利益となるような政策が取られやすくなる。そのため，若者の声を政治に届けさせる目的で選挙権年齢の引き下げが決まった。

②どんな選挙運動をやっていいの？

●インターネットを使った選挙運動

	政党	候補者	有権者
ホームページ，X（旧ツイッター），フェイスブックを使った選挙運動	○	○	○
候補者の動画共有サービス・動画中継サイト等の動画のネット配信	○	○	○
電子メールでの選挙運動	○	○	×
ウェブ上の選挙ビラやホームページや電子メールを印刷して頒布	×	×	×

解説 有権者になれば高校生でも公職選挙法で定められた選挙運動を行ってもよい。インターネットを利用した選挙運動も2013年に解禁されており，応援する候補者の発言や街頭演説の様子をSNSや動画共有サイトを使って拡散・共有したり，支持を呼びかけたりすることもできる。一方，Eメールについては，なりすましメールなどの危険があることから禁止されている。

③どうやって投票するの？

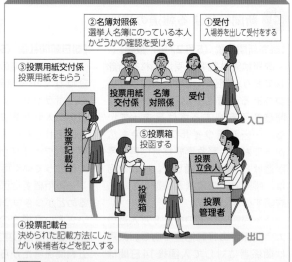

①受付
入場券を出して受付をする

②名簿対照係
選挙人名簿にのっている本人かどうかの確認を受ける

③投票用紙交付係
投票用紙をもらう

④投票記載台
決められた記載方法にしたがい候補者などを記入する

⑤投票箱
投函する

入口　出口

解説 投票できるのは7〜20時まで。郵送されてきた投票所入場券を持って投票所に行き，受付で投票用紙をもらう。投票用紙を持ち帰ることは公職選挙法で禁止されている。

Exercise

問 有権者の選挙運動として認められているものを次の①〜③のうちから一つ選びなさい。

① 特定の候補者への投票を呼びかけるメールを，知人に送信する。

② 選挙公報などを見て分析した争点のまとめと自分の考えを，ブログで公開する。

③ 特定の候補者への投票を呼びかけるビラを配布して，アルバイト代をもらう。（解答は▶p.169）

❶ダイヤモンドランキングを作ってみよう

最も重要度が高い

消費税を5%に

学費無償化　原発廃止

ブラックバイト　平和憲法を　待機児童
根絶　　　　　守る　　　　問題解消

最も重要度が低い

関心のある選挙の争点の優先度を，上のように菱形にならべてみて，自分の中の考えを整理してみよう

❷個別のテーマについて各党の立ち位置を見てみよう

```
　A党　　　B党　　　D党　　　　　　　　　　C党
反　　　　　　　　　　　　　　　　　　　　　賛
対　　　　　　　原発再稼働問題　　　　　　　成
```

❸マトリクス表を作ってみよう

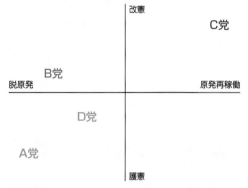

改憲

C党

B党
脱原発　　　　　　　　　　　　　　原発再稼働

D党

A党

護憲

① 特に関心がある2つの争点を選び，マトリクス表に整理する。
② 各争点について，候補者や政党がどのような政策を提案しているのかを調べる。
③ 各候補者の争点別の政策を，マトリクス表の4つの象限に当てはめる。
④ 自分の考えと一致する象限の候補者に投票する。

---

⑤ 模擬投票で政党を選んでみよう！

　実際の国政選挙では多くの立候補者が政党からの公認や推薦を受けている。また，衆議院・参議院ともに政党を選ぶ比例代表制が採用されている。ここでは，模擬投票をおこない各政党の政策を比較してみよう。

A党

・消費税を一律5%に減税，消費の活性化を狙う
・関税を段階的に撤廃し，貿易の活性化を狙う
・最低賃金を全国一律1,500円に設定し，ワーキングプアの問題に対応
・原子力発電は安全性に課題があり，自然エネルギーの拙速な導入は各家庭の電気代負担が増えてしまうので，火力発電中心の現状維持
・一定の所得のある高齢者の医療費自己負担額増，少子化対策にまわす

B党

・国会議員の報酬を一律10%カット，及び議員定数も削減
・借金に頼らない財政を達成するため，企業への課税強化と国民への増税を断行
・エネルギー自給率の向上および温室効果ガス削減のため，再生可能エネルギーへの投資を増やすとともに原子力発電の稼働率を下げる
・道州制を実施し，地方分権を一気に進める
・自衛隊を憲法に明記，国際貢献をめざす

C党

・少子高齢化対策のため，子育て世帯に絞った減税，児童手当の拡充，返済不要の奨学金の拡充
・所得税や消費税の増税
・外国人労働者の受け入れを拡充，女性や高齢者，障がい者の雇用拡大を法的に義務づけ，誰もが働きやすい社会に
・地方分権を一層進め，財源や裁量を都道府県に委譲
・最低賃金の引き上げ

D党

・高齢者世帯を支援するため，年金支給額を増額。一方で若者をブラック企業や過労死から守るため，法律を制定
・消費税の増税は実施しない
・次世代自動車やIT農業，自然エネルギーなどの分野に減税および補助金を支給
・発展途上国などへの経済支援を強化
・憲法9条を守り，平和外交で世界秩序に貢献

政治参加と公正な世論の形成

Answer!　p.168 Exerciseの答え：②　③について，選挙運動は基本的にボランティアとなる。車上運動員（選挙カーから声がけする人）や手話通訳者，要約筆記者は例外的に報酬を受け取ることができる。

169

漫画で考える 経済の基本問題

洋服を買う

ゲームソフトを買う

人を雇う

機械を新しくする

保育所を作る

橋を修理する

お小遣いも企業・国の予算も，使い道をどうすればいいか悩むのは同じだよね。

どれも限りがあるもんね（資源の希少性）。

ただ，お小遣いは「自分がいかに満足できるか」だけを考えて使いみちを選択すればいいけど，国の予算にかかわる選択は，かなり難しいんだろうな。

そうだね。財政（▶p.208〜219）は国民全体にかかわるものだし，その財源の大半は税金でまかなわれているから，「全国民の理解を得る選択」は不可能に近いだろうね。

授業料　本代

サークル活動費

給与明細

漫画の事例にもあるように，「何かを選択すると何かをあきらめないといけない（トレードオフ）」のは国の財政も同じだね。

そうだね。とくにいまの日本の財政は，高齢化への対応で精一杯といった印象を受けるから…高年層への予算配分と若年層への予算配分はトレードオフの関係にある，と言えるかもしれないね。

あと，予算の上限に直結する税収（▶p.210 4）が低迷しているみたいだから，そもそも「選択できる余地」がほとんど残っていないような気もするな…。

たしかに…。税収増にはある程度の経済成長が必要だと思うけど…日本は低成長（▶p.225）が続いているね。

3人の仕事の内容が同じ場合…

能力（仕事力）で給与に差がある

成績
A　B　C

能力（仕事力）によらず給与が同じ

成績
A　B　C

年俸〇億円

来年もガンバるぞ!!

ズシッ

税

限られた資源（時間や労働力やお金）を無駄なく利用するためには，左上の漫画のように，仕事力に応じて給与に差をつけて，最大限の成果を得ることが大事（効率性の重視）だと思うよ。

でも，給与を同じにすることは本当に公平といえるのかな？成果を上げられる人にしてみれば，成果を上げられない人と給与が同じだと，逆に不公平さを感じると思うけど…。だから，能力や才能に見合った対価がないと，みんなやる気（インセンティブ）をなくしてしまうよ。

うーん…なるほど…。消費税（▶p.212 [10][11]）は所得の高低にかかわらず一律で徴収されるから，効率性重視の税といえそうだね。一方，所得税（▶p.212 [12]～213 [16]）は高所得者ほど負担が大きくなるから，公平性重視の税といえるのかな。

それだと成果が上げられる人たちとそうでない人たちとの間に所得格差が生じてしまわないかな？わたしは，担当している仕事の内容が同じならば，全員に同じ給与を渡すことが大事（公平性の重視）だと思うな。

たしかに…「何が公平性なのか」は立場によってその価値基準が異なるのかも…。ただ，それでも公平性はある程度考えなきゃダメだと思うな。たとえば，それぞれ特徴の異なる税金（▶p.211～213）の存在は，税全体で効率性と公平性のバランスをとっている事例といえるんじゃないかな。

効率性と公平性のバランスが重要なんだろうね。右下の漫画のように，高所得者の税負担が大きくなればなるほど，高所得者はやる気がなくなるだろうし（ディスインセンティブ），それは効率性の消失につながるもんね。だから，効率性と公平性の間にもトレードオフの関係が成り立ちそうだね。

▶▶▶ TRY!

・所得の高低にかかわらず一律に税を負担する方法と，所得が高くなるほどより多くの税を負担する方法があった場合，どちらが望ましいだろうか。

1 経済社会の形成と変容

DIGEST

1.経済とは何か

①経済…財とサービスを生産し，分配・流通・消費する人間の活動をいう **1**

②財とサービス

  a.財…人間生活に必要な，生産財・消費財・自由財など（有形）

  b.サービス（用役）…人間にとって役に立つ，教育，医療，福祉など（無形）

③生産の三要素…土地・資本・労働力

④経済の循環

  a.経済主体…経済活動を自らの意思によって営む単位

    →家計（消費活動），企業（生産活動の中心），政府（財政活動を行う）

  b.商品経済…販売することを目的に財やサービスが生産されている経済

  c.経済循環…家計・企業・政府の3つの経済主体の間を貨幣を仲立ちとして財やサービスが循環している経済構造

2.資本主義経済の成立と変容 **2**

①成立…18世紀後半からイギリスで起こった産業革命を契機に確立

②特徴…生産手段（機械設備・土地など）の私有，商品経済，利潤追求の自由

③アダム＝スミスの自由放任（レッセ・フェール）主義

  …市場での自由競争によって経済が調和され，社会全体の福祉が増進するとした **3**

    →神の「見えざる手」

④資本主義経済の変容…19世紀後半からの技術革新，株式会社制度の発達→資本の集積・集中

  a.資本主義経済の弊害…景気変動による不況・恐慌→貧富の差の拡大→失業者の発生

  b.世界恐慌（1929年）**4**

    …政府による経済への介入→「修正資本主義」（資本主義経済の弊害を修正）

  c.ケインズの有効需要の原理 **5**

    …不況の原因を社会全体の有効需要の不足と考え，政府による公共事業による有効需要の創出を主張

    →完全雇用の実現

3.現代資本主義経済の課題

①財政赤字の増大…1970年代後半，財政赤字が増加して「大きな政府」への批判が高まる **6** **9**

    →「小さな政府」を主張した**フリードマン**らによる**マネタリズム**が代表的理論 **7**

②新自由主義の台頭…市場原理を重視した自由化政策を推し進める

    →イギリスの**サッチャー**政権，アメリカの**レーガン**政権など

③格差の拡大や金融危機の発生→それらの課題を解決するための財政支出が大きくなる

4.社会主義経済の成立と特徴

①成立…マルクスやエンゲルスらによる理論とレーニンの指導によるロシア革命（1917年）

    →世界最初の社会主義国であるソ連の成立（1922年）。その後，東欧，中国などに拡大 **10** **11**

②特徴…生産手段の社会的所有，計画経済，所得の平等分配など **12**

③問題点…生産体制の非能率，技術革新への立ち遅れ→経済の停滞・混乱が深刻化 **13**

FOCUS

現代の経済社会は，どのような課題に直面しているのだろうか

❶大きな政府と小さな政府はどちらが望ましいか→ **6** **7** **9** 経済Lab

❷経済のグローバル化によってどのような課題が生じているだろうか→ **8**

1 経済とはなにか

経済活動	・日々の生活には様々な財やサービスが必要 ・これらの 生産と消費 が最も基本的な経済活動

生産と消費	・財やサービスを作り出す行為が 生産 ・購入・利用する行為が消費

希少性 と選択	・希少性があるものには選択がついてまわる ・何かを選択すると，ほかのものが選択できなくなる両立できない関係 → トレードオフ

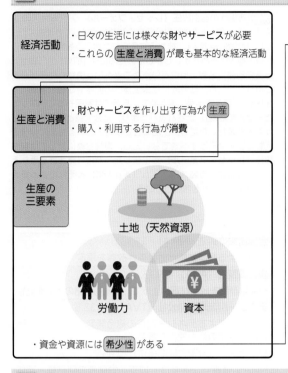

生産の三要素

土地（天然資源）

労働力　資本

・資金や資源には 希少性 がある

限られているお小遣いの中で…

新しい靴を買う？　映画を見に行く？

トレードオフ と機会費用	・選ばれなかった選択肢から得られたであろう利益のうち最大のもの → 機会費用 ・機会費用はトレードオフの際の判断基準になる

解説 トレード・オフと効率・平等 トレード・オフの関係は，資源配分と**選択**の関係のみならず，経済における**効率**と**平等**の考え方にも当てはまる。効率性の追求は**公平性**を損なうこともあり，一方で公平性の追求が，生産や勤労への**インセンティブ**（誘因）を損なうことで，効率性を損なうこともある（**ディスインセンティブ**）。

2 経済のあゆみ

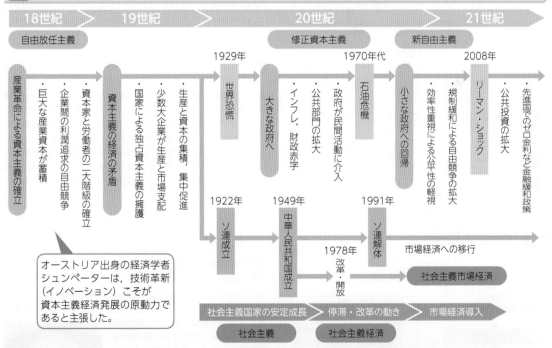

18世紀　19世紀　20世紀　21世紀

自由放任主義　修正資本主義　新自由主義

1929年　1970年代　2008年

・産業革命による資本主義の確立
・巨大な産業資本が蓄積
・企業間の利潤追求の自由競争
・資本家と労働者の二大階級の確立
・資本主義の経済の矛盾
・国家による独占資本主義の擁護
・少数大企業が生産と市場支配
・生産と資本の集積・集中促進
・世界恐慌
・大きな政府へ
・インフレ・財政赤字
・公共部門の拡大
・政府が民間活動に介入
・石油危機
・小さな政府への回帰
・効率性重視による公平性の軽視
・規制緩和による自由競争の拡大
・リーマン・ショック
・公共投資の拡大
・先進国でのゼロ金利など金融緩和政策

1922年　1949年　1991年

ソ連成立　中華人民共和国成立　ソ連解体　市場経済への移行

1978年　改革・開放　社会主義市場経済

オーストリア出身の経済学者シュンペーターは，技術革新（イノベーション）こそが資本主義経済発展の原動力であると主張した。

社会主義国家の安定成長　停滞・改革の動き　市場経済導入

社会主義　社会主義経済

解説 1760年代イギリスに始まった産業革命は，産業技術や動力・交通機関の発明と急速な進展をもたらした。大工場での大規模生産と原材料や商品の大量・遠隔の移動は，これまでにない市場の拡大を可能にした。しかしその結果，失業や貧困などの社会問題が顕在化し，格差の拡大は独占資本主義へと変化していった。加えて，1929年の世界恐慌は各国の経済に打撃を与え，**「大きな政府」**としての修正資本主義，および国家による経済の計画と管理をめざす社会主義経済が二大潮流となった。その後，修正資本主義は公共部門の拡大による財政赤字の増大のため，1980年代から**「小さな政府」**への回帰に向かい（**新自由主義**），一方では度重なる世界的な不況対策のため「大きな政府」への揺り戻しが繰り返されている。**社会主義**は慢性的な経済低迷により，1989年の東欧革命以降は市場経済への移行，および市場経済を採り入れた社会主義（**社会主義市場経済**）に変化していった。

Challenge 機会費用とは，ある選択を行った際に，選ばなかった選択肢が与えてくれたであろう利益の合計に等しい。○か×か。（▶p.175）

経済

173

3 アダム＝スミスの『国富論』

…もちろん，かれは，普通，社会公共の利益を推進しようなどと意図しているわけでもないし，また，自分が社会の利益をどれだけ増進しているかも知っているわけではない。…生産物が最大の価値をもつように産業を運営するのは，自分自身の利得のためなのである。だが，こうすることによって，かれは，他の多くの場合と同じく，この場合にも，見えざる手に導かれて，自分では意図もしていなかった一目的を促進することになる。

〔大河内一男監訳『国富論Ⅱ』中公文庫〕

解説 市場への自由放任（レッセ・フェール） アダム＝スミスは，個々の経済主体は自分自身の利益を追求して合理的に行動し（合理的経済人），神から与えられた利己心を発揮し自身の利益の最大化をめざす。しかしそのためには「節約」や「勤勉」，自身の利益や名誉・地位といったことへの「慎慮」の徳が必要であり，それらが結果的に社会全体への配慮や福祉の増進につながる（「見えざる手に導かれて，自分では意図もしていなかった一目的を増進」）とされる。つまり，社会公益と私益は両立しうると考えた。ただし，上記のことが達成されるためには経済活動に国家は干渉すべきでないとし，重商主義に対しては**自由放任（レッセ・フェール）**を主張した。神の**「見えざる手」**という考え方は，市場メカニズム（▶p.180）とそれによる資源の最適配分のことを含意している。

4 世界恐慌の発生とその対策

```
┌─────────────────┐
│ アメリカ経済の繁栄 │
├─────────────────┤
│・自動車・鉄鋼・化学など流れ │
│ 作業による大量生産・大量 │
│ 消費社会の実現 │
│・債務国から債権国へ │
└─────────────────┘
┌─────────────────┐
│ アメリカ経済の矛盾 │
├─────────────────┤
│・産業の合理化・資本の集中 │
│・農業不況による自作農の没 │
│ 落 │
│・所得の不公平 │
│・（株式）バブル │
└─────────────────┘
```

```
┌─────────────────┐
│ ヨーロッパ経済の状況 │
├─────────────────┤
│・ドーズ案によるドイツ経済 │
│ の再建。ドイツはアメリカか │
│ らの借款に強く依存する状 │
│ 況 │
│・イギリスの金本位復帰 │
│・フランスのフラン危機の克 │
│ 服 │
│・ヨーロッパ諸国の戦後復興 │
└─────────────────┘
┌─────────────────┐
│ 植民地の工業化進展 │
├─────────────────┤
│ 世界的保護貿易の傾向 │
├─────────────────┤
│ ソ連成立で市場縮小 │
└─────────────────┘
```

需要と供給のバランス崩壊＝株式大暴落

世界大恐慌

経済的基盤	持てる国	持たざる国
主要国の恐慌対策	・アメリカ〔ニューディール政策とラテンアメリカ諸国との善隣外交〕 ・イギリス〔スターリング・ブロック〕 ・フランス〔フラン・ブロック〕 ※英・仏はブロック経済政策	・ドイツ〔ヒトラー内閣〕 ・イタリア〔エチオピア侵略〕 ・日本〔満洲国建国〕 ※全体主義→対外侵略→ヴェルサイユ体制の打破

注．ソ連は影響を受けず，五か年計画を実施。

全国産業復興法（NIRA） 1933.6
政府による産業統制と労働条件改善を規定
農業調整法（AAA） 1933.5
過剰農産物を政府が買い上げて，農産物価格の下落を調整
テネシー川流域開発公社（TVA） 1933.5
政府企業によるテネシー渓谷の総合開発。失業者の救済と民間企業の電力独占を規制
ワグナー法（全国労働関係法） 1935.7
NIRAの違憲判決を受けて成立。労働者の団結権・団体交渉権を認めるもの
社会保障法 1935.8
連邦政府による老齢年金，州政府による失業保険・公的扶助制度

解説 1929年，ニューヨーク株式市場の大暴落をきっかけに起こった世界恐慌は，ヨーロッパや日本に波及し，企業や銀行が倒産し失業者が増大した。各国は金本位制を放棄，**ブロック経済**や**ファシズム**化が一層進むこととなった。特に「持たざる国」であるドイツや日本では，高率のインフレや産業構造の崩壊につながり第二次世界大戦の要因ともなった。その中でアメリカのF・ルーズベルト大統領は**ニューディール政策**（新規まき直し政策）とよばれる一連の経済政策をすすめ，政府が特に失業対策と農業生産の補助，社会保障といった形で経済への介入や規制を大幅に行った。

5 ケインズ理論

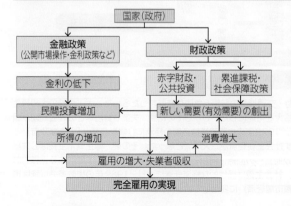

解説 有効需要の理論 ケインズは，自由放任によって生ずる公害・失業・貧富の格差などを修正するため，完全雇用達成に果たす政府による投資の役割を強調し，**有効需要**政策によって完全雇用を実現していくための処方箋を示した。こうした修正資本主義の思想は，第二次世界大戦後に多くの国で採用され，政府が経済活動において一定の比重を占める混合経済体制が確立した。特に公共投資と社会保障を重視して財政規模を拡大させた当時の各国政府のあり方は，**「大きな政府」**と表現された。

ケインズ（1883〜1946）▶

はみだしメモ 世界恐慌時のニューヨーク株式市場のダウ工業株価平均は，9月初めの最高値から1週間ほどで約40％，最安値を記録した1932年7月には約90％下落した。これによりアメリカはニューディール政策を進めることとなった。

6 新自由主義の流れ

Check! 1970年代の課題と各国政府の変容を確認しよう

ケインズ政策の限界
インフレ・財政赤字・非効率で肥大化した行政機構，経済活動の衰退→スタグフレーションの発生（1970年代の石油危機後）→ケインズ政策の行きづまり

↓

反ケインズ主義の時代へ
1970年代後半，政府は民間の経済活動に介入せず，市場機構や自由競争を基本に。「大きな政府」から財政規模を縮小して「小さな政府」に。インフレの防止と財政赤字の解消をめざす

↓

新自由主義の台頭
1980年代の英・サッチャリズム，1980年代の米・レーガノミクスの実施（反ケインズ主義，市場万能主義→新自由主義として台頭）
メリット…規制緩和による自由競争の拡大
デメリット…市場重視は「効率性」重視になり「公平」の側面が軽視されて「貧富の差」が激しくなる

解説 新自由主義の功罪 「大きな政府」による財政の圧迫は，特に先進資本主義諸国に大きな負担となった。そこで，政府は経済介入から手を引き，規制緩和や民営化をすすめる「小さな政府」へと移行していった。ハイエクやM. フリードマンはその代表的な論者で，「**レーガノミクス**」（アメリカ），「**サッチャリズム**」（イギリス），日本の中曽根首相や小泉首相などの政策があてはまる。一方，2000年代後半になると，市場原理による自由競争の拡大が経済格差の拡大を招き，投機的な資金動向により株価や為替などが高騰・急落し，金融危機が発生した。このため，再び「大きな政府」に注目が集まっている。

7 マネタリズム

Check! フリードマンはどのような視点でケインズを批判したか

　「完全雇用」と「経済成長」は，過去数十年にわたり，政府が経済への関与を拡大する格好の口実になってきた。政府の言い分はこうだ———市場経済は本来的に不安定である，放任しておくと好況と不況を循環的に繰り返すだろう。したがって，政府が介入して景気を安定させなければならない。…こうした主張は全然正しくない。大恐慌も，他の時代に発生した大量失業も，実際には政府の経済運営の失敗が原因で発生したのである。決して市場経済が本質的に不安定だからではない。…経済の安定のためにも成長のためにもいま必要なのは，政府の介入を減らすことであって，断じて増やすことではない。介入を減らしたとしても，経済に関して政府には重要な役割がまだ残っている。自由経済のために安定した通貨の枠組みを用意することだ。この仕事は法と秩序を維持するという政府の役割の一部であるから，政府を活用するのが望ましい。

[フリードマン，村井章子訳『資本主義と自由』日経BP社]

解説 M. フリードマン（1912～2006）は，ケインズが主張した政府の裁量的財政・金融政策を否定し，貨幣供給量の調整（一定割合での増加）のみにとどめるべきだとした。そして資本主義上の課題である失業や不況対策は，市場での解決にまかせるべきだとし，そのための適切な競争ができる環境を整えるため，政府は規制や公共財の供給など経済活動への介入をやめるべきだと主張した。

8 財産・賃金成長率の推移と平均所得の推移

❶財産・賃金成長率の推移

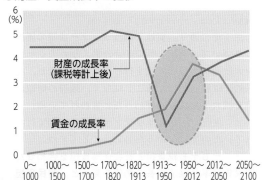

財産の成長率（課税等計上後）

賃金の成長率

[週刊現代「実はみんな読み切れない　トマ・ピケティ『21世紀の資本』を簡単図解」2015年2月22日より]

解説 資産運用（株式投資など）によって増加する財産の成長率は，賃金（働いて得るお金）の成長率を基本的には常に上回る。しかし例外として，大量の人員・資源が投入された世界大戦期（1910～50年代）には，インフレ（▶p.196 **5**）の進展，累進税率（▶p.212 **12**）の強化など政府の介入によって格差の縮小がみられた。

❷平均所得の推移

Check! 上位10%と下位90%に着目しながら，各所得グループにおける推移の特徴を捉えてみよう。

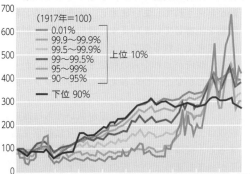

（1917年=100）
- 0.01%
- 99.9～99.9%
- 99.5～99.9%
- 99～99.5%
- 95～99%
- 90～95%
- 下位90%

上位10%

[トマ・ピケティ『21世紀の資本』資料を改編]

解説 上位層は，所得に占める財産（株式資産）の割合が高く，下位層は賃金が所得の中心となる。❶からもわかるように，**資産運用による財産の成長率は，殆どの時期において賃金の成長率を上回ってきた。このため，上位層10%と下位90%の所得の格差は1990年代以降特に拡大している。**

Check! 「大きな政府」と「小さな政府」の特徴と違いは何か。

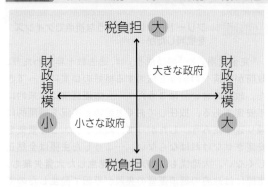

産業革命後の18～19世紀の資本主義国では，政府の任務は治安維持や国防・公共財の提供など最小限の機能に限定されていた。

❶「大きな政府」

1929年の世界恐慌の対策として，ローズヴェルト米大統領が政府による大規模な公共事業を実施し，有効需要を増加させ，失業者を減らして不況から脱出した。このような，完全雇用・景気の安定，経済成長を図るために経済への積極的な介入を行うことで政府の規模が大きくなることを「大きな政府」という。

❷「小さな政府」

1970年代後半から，財政赤字の増大に対して「大きな政府」を批判する主張が登場した。80年代になると，政府が民間の経済活動に介入せず，自由競争を重視する新自由主義が台頭。規制緩和や民営化，福祉支出の削減などを通じて財政規模を縮小していく「小さな政府」が目指されるようになった。

解説 図は，財政規模と税負担の大小で「**小さな政府**」と「**大きな政府**」の位置を示したものである。「**小さな政府**」は財政規模も税負担も小さいため，経済的自由は大きく確保されるというメリットがあるが，不況や失業，貧困や格差といった課題に対する政府の取り組みは限定的というデメリットがある。一方，財政規模や税負担が「**大きな政府**」は，景気の安定や社会保障の充実というメリットがあるが，政府支出の増大による財政赤字を引き起こしやすいというデメリットがある。現代の国家は両者のバランスを取りながら経済政策を進めているといえよう。

経済 ▶Lab 政府の規模と経済への影響

Check! それぞれの資料は大きな政府と小さな政府のどちらの根拠となるだろうか。

資料1 ラッファー曲線

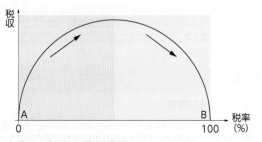

資料2 国民負担率と経済成長率の国際比較

	スウェーデン	デンマーク	フィンランド	ノルウェー	日本
国民負担率	58.2	67.7	61.1	55.2	39.8
成長率	3.9	2.9	3.3	5.9	－ 0.6

注. 成長率は2000～2012年の平均　　　　単位（%）

生徒A：政府の税金ですが，小さすぎると政府の活動が制限されてしまいますし，大きすぎると経済活動を阻害してしまいます。政府の最適な財政規模って考えられるのでしょうか？

先　生：政府がどれくらい税金を取っていいかっていうことかな？一つの答えとしてラッファー曲線という議論があるね。

生徒B：資料1を見ると，税率が低いうちは政府の税収は上がっていくけれど，あまりに税率を高くすると，経済を悪くしてしまってかえって税収が下がってしまうという説のことですよね。

生徒A：この説が正しいとすると，もし政府の活動が曲線の右側で行われていれば，減税した方が経済活動を活性化させて，かえって政府の税収は増えることになります。

先　生：その通り。実はこのラッファー曲線の議論に基づいて，1981年に当時のアメリカのレーガン大統領が大幅な減税を行ったんだ。だけど，結果的には税収が増えることはなく，政府の財政赤字を拡大しただけに終わったと言われている。

生徒B：政府の活動はラッファー曲線の右側で行われていたのではなかったということですね。

先　生：そもそも税負担と社会保障負担を合わせた国民負担率と経済成長の関係を見ると，国民負担率が高い北欧諸国は，日本より十分高い経済成長率を維持できているんだ。

生徒A：北欧諸国では国民負担率は高いけれど，その分老後に心配がないので，国民が安心して消費できるからなのでしょうか。

先　生：それだけではないだろうけど，それも一つの要因でしょうね。

市場経済の機能と限界／財政・租税の役割と社会保障の充実・安定化

はみだしメモ ラッファー曲線は，提唱者であるアメリカの経済学者アーサー・ラッファーが1974年にワシントンのレストランでの会食中に，減税の効果を説明するための図を紙ナプキンに描いたものが最初と言われている。

10 マルクス『資本論』

労働者が必要労働の限界をこえて労苦する労働過程の第2の期間は、かれの労働を、すなわち労働力の支出を要するには違いないが、しかし、彼のためには、何らの価値をも形成しない。それは無からの創造の全魅力をもって、資本家に笑みかける剰余価値を形成する。労働日のこの部分を、わたしは剰余労働時間と名づけ、そしてこの時間内に支出された労働を剰余労働と名づける。…この剰余労働が、直接的な生産者から、労働者から搾り上げられる形態こそ、種々の経済的社会形式を、たとえば、奴隷制の社会を、賃金労働の社会から、区別するのである。

[マルクス、向坂逸郎訳『資本論第1巻』岩波書店]

解説『資本論』 カール＝マルクス（1818～83）は、**エンゲルス**とともに科学的社会主義を提唱した。彼は、資本家は労働力を商品として買いその対価として賃金を支払うが、労働者はそれ以上の価値を生産過程で生み出すとし、これを**剰余価値**と呼んだ。そして労働者が生み出した剰余価値を資本家が搾取し、窮乏化した労働者と資本家との**階級闘争**が激しくなるとともに、私有制に基づく生産の無政府性が社会全体の生産と消費の均衡を破り、過剰生産および恐慌を引き起こすことで、階級闘争を激化させ、資本主義は必然的に崩壊するとした。

11 社会主義経済のあゆみ

年	おもな出来事
1917	**ロシア革命**
22	**ソビエト社会主義共和国連邦**（ソ連）の成立
28	ソ連、第1次五か年計画（～32）
45	大戦後、東欧に社会主義国家次々誕生
46	ソ連、第4次五か年計画
49	中華人民共和国成立、経済相互援助会議設立
50	中ソ友好同盟相互援助条約
53	中国、第1次五か年計画
58	中国、大躍進運動（人民公社の開始）
65	ソ連、新経済管理方式（利潤方式）承認
66	中国、プロレタリア文化大革命
71	中国、国連復帰（台湾追放）
72	日中国交回復
78	中国、「**改革・開放**」政策開始。日中平和友好条約
79	米中国交正常化
80	中国で深圳など4つの経済特区が設置される
85	ソ連、ゴルバチョフ書記長のもと、**ペレストロイカ**（改革）、グラスノスチ（情報公開政策）
86	ベトナム、ドイモイ（刷新）政策実施
87	ソ連、「国家企業法」制定、経済改革を推進
89	中ソ国交正常化、中国で天安門事件、ドイツ、ベルリンの壁崩壊
90	東欧諸国の社会主義崩壊
91	ソ連邦解体、独立国家共同体（CIS）成立
93	中国、憲法改正、**社会主義市場経済**導入
95	ベトナム、ASEANに加盟
97	香港返還、中国一国二制度へ
98	中国、全人代で国有企業、金融、行政の改革断行
99	マカオ返還
2001	中国、WTOに加盟
14	中国共産党、市場経済推進を柱とする「決定」を採択

12 資本主義と社会主義

資本主義経済		社会主義経済
18世紀の産業革命後に成立した体制。自由放任政策を目指した。	歴史	マルクスとエンゲルスが中心となって提唱。資本主義の弊害克服が目的。ロシア革命（1917年）により初の社会主義国家が生まれた。
私企業が利潤追求を目的として自由競争のもと生産活動を行う。生産手段は私有。	生産	国家が生産物の内容や生産量、生産方法を計画的に決める。生産手段は公有。
所得格差は大きく、貧富の差が出やすい傾向がある。	所得格差	所得格差は生まれにくい。
市場メカニズムによって価格が動く。	価格	国家によって決められる。
不況時や恐慌時に失業者が増える	失業	国有企業なので倒産がない。失業もない。
好況と不況の波がある。	景気変動	計画経済なので原則として景気変動は生じない。
それぞれの経済主体が自由な活動を行うため、社会発展が可能。	長所	失業者が出ず、貧富の差もほとんどない社会が実現する。
貧富の差が拡大し、失業問題が起きたり恐慌により社会が混乱したりする恐れがある。公害などの市場の失敗が起こる。	短所	自由な経済活動が重んじられないため、社会の発展に寄与する生産物がつくられない。働く意欲も向上しない。
修正資本主義という考え方により政府が市場の短所を補うようになった。	現在の状況	ソ連は1991年に崩壊。中国は改革・開放政策を中心とした社会主義市場経済を展開中。

解説 資本主義の原則は自由な経済活動、社会主義は国家による経済の計画化と管理である。しかし現在では、資本主義も政府が自由市場の短所を補い、社会主義も市場経済を導入している。

13 社会主義経済の失敗

	状況	問題点
政府	「党の指導性」が最優先	天災や経済危機に対応して計画を修正するのが遅れがち
	国営企業や協同組合が中心	官僚的体質が弊害となる
企業	生産計画が政府から割り当てられる	不正が横行する（誇大な報告、資材の横流し）
	成果を上げても賃金は変わらない	労働者の意欲や創意工夫を引きだせない
市場	市場メカニズムが機能しない	資源や生産物を適切に配分できない（工場は資材不足、小売店では行列）
	自由な取引が認められない	企業家が独自の裁量で決められる余地が少なく、創意工夫も生じない

解説「計画」の硬直化 計画経済のもとでは現場の判断は尊重されなかったため、能率向上のための創意工夫が阻害された。また、「絶対につぶれない」「いつでも政府が支援してくれる」との甘えが生じた国営企業は、サービス向上の意識に欠け、組織も肥大化する傾向があった。また、苦境におちいっても的確な対応ができず、かえって危機を拡大してしまった（政府の失敗）。

はみだしメモ 中国・ベトナム・キューバなど、市場経済を導入した社会主義の国は多くなっている。一方、ベネズエラやボリビアなど、国内産業の衰退や貧富の差の拡大により、開発独裁的な社会主義経済を導入する国も現れた。

177

2 市場のしくみ

QR

DIGEST

1．市場とは何か

①市場…財・サービスの買い手（需要者）と売り手（供給者）とが出会い，取引する場
　　　→企業，家計，政府の三つの経済主体からなる **1**

②市場の種類…商品市場，労働市場，金融市場，外国為替市場　など **2**

③市場機構（市場メカニズム）…価格によって需要と供給が調整される→均衡価格市場での自由競争 **4** **5**
　　　　　　　→需給関係による価格決定→社会全体の生産・消費量を調整

2．現代の市場の特徴

①市場の失敗…市場の調整作用が及ばないこと **6**
　　　　　　　例）公害などの外部不（負）経済，独占・寡占，情報の非対称性など **13**

②独占・寡占…市場支配が単一企業による場合を独占（**7**），少数の企業による場合を寡占（**8**）という

③寡占市場の特徴
　a．管理価格…最大企業がプライスリーダー（価格先導者）となって価格を設定し他の企業がこれに追
　　　　随してきまる価格→価格の下方硬直性 **9**
　b．非価格競争…価格以外での広告・宣伝競争，製品の差別化，サービス競争 **10**

④独占禁止法（1947年）…公正かつ自由な競争を公正取引委員会が監視 **11** **12**
　　　　　　　→1997年の改正で持株会社が解禁となり様々な業種で導入されている

FOCUS

ワークブック **11**

市場の機能と限界を，効率性と公平性の観点から考えてみよう

❶市場の効率性と公平性はどのように調整されるのか→ **2** なるほど **経済**

❷市場が機能を果たせなくなるのはどういう場合か→ **6**

市場経済の機能と限界

読み解き ≫ 効率と公平を考える

　ある財を人々に配分するとき，その財をあまり必要としない人に与えても仕方がない。それこそ無駄が生じる。必要だと考える人にこそたくさん配分すべきであろう。こうした配分を効率的だという。それでは，財の効率的な配分を実現するにはどうしたらよいか。人々にその財が自分にとっていかに重要かを，価格（値段）をつけるという形で申告してもらう。そして，最も高い価格を申告した人に，あるいは申告された価格の高低に応じて品物を配分すればよい，というのが伝統的な経済学の考え方である。……経済学にとって，効率性と同じくらい重みのあるテーマとして公平性がある。豊かさは一部の人々だけでなく，多くの人々が共有したほうがよい，不平等な社会より平等な社会のほうが望ましい，そして，そうした世の中をどうすれば実現できるか，といったことを経済学はつねに考えている。こうした観点を公平性という。

　経済学が持っている効率性と公平性という2つの観点は，互いに複雑に絡み合い，互いを批判する関係にある。例えば，さきほど紹介した財の配分について考えよう。最も高い価格を示した人に財が配分される，という状況が効率性という観点から見て望ましい，というのがその説明だった。この説明には，誰もが一応は理解するだろう。しかし，それと同時に納得がいかないところもある。「貧乏なためにその財を購入できなかった人は，がまんするしかないのか」「その財が宝石ならいいかもしれないが，お米やパンなど生活必需品の場合だと，ちょっと納得できない」と。……

　もちろん，効率性と公平性が同時に無理なく追求できるのであれば，それに越したことはない。そして，そうした政策も理論的には十分に考えられる。しかし，通常の世の中では，この2つはしばしば対立する。一方を立てれば他方が立たない，というトレード・オフ（二律背反）の関係にあることが多い。どちらか一方に立つ議論ももちろん議論としては成り立つし，他方が見落としている点を指摘することもきわめて重要である。だから，経済学者が効率性の観点から問題点を主張することは十分正しいし，その考え方を全面的に否定するのは間違っている。しかし，それと同様に，全ての経済問題が市場メカニズムで解決できる，と考えるのも明らかに行き過ぎである。（小塩隆士『効率と公平を問う』日本評論社）

TRY

効率性と公平性はどのような関係にあるだろうか。

1 経済主体と経済活動

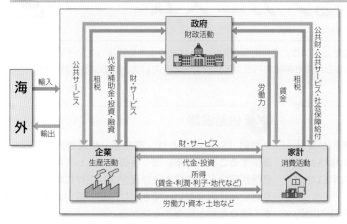

解説 3つの経済主体 経済活動は，**企業**（生産者）が財・サービスを生産・分配し，**家計**（消費者）がそれらを購入・消費する一方，生産に必要な生産要素の労働力・資本・土地などの資源を提供して，その見返りとして所得（賃金・利子・地代等）を得るという循環構造をもっている。**政府**は経済政策の立案・遂行主体として公的需要の充足を目的に，消費者と生産者の両方の側面をもって経済循環のなかに入ってくる。家計・企業・政府を経済主体という。また，家計・企業からなる経済を民間経済・個別経済といい，これに政府を含めた経済を社会経済・国民経済という。さらに，外国の生産者・消費者（対外取引主体）を含めた経済を，国際経済または世界経済という。

2 市場とは

Check! 市場における効率的な資源配分が実現するための条件を確認してみよう。

❶市場の種類

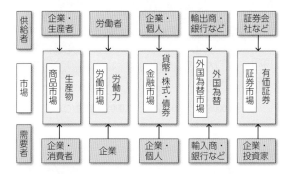

❷完全競争市場

①数多くの生産者と消費者が市場に参加しており，市場から退出する自由も保障されている。

②生産者・消費者の規模は市場の動向全体に影響を与えるほど大きくない。また，特定の参加者が差別されたり優遇されたりすることもなく，生産者・消費者ともにプライステイカー（価格決定者にならない）である。

③品質・価格などの情報は全参加者が知っている。（情報の完全性）

④市場で取引される商品はすべて完全に同質である。（財の同質性）

解説 市場とは何か 個人や企業が財・サービスの交換を行うところを**市場**という。市場における交換の過程において，財やサービスの価値や価格，取引量が決まる。完全競争市場は上記のような条件があるが，現実的には取引される財・サービスの量や質，取引されている状況（財・サービスについての情報の多寡）などの差異があり，不完全競争市場である。

3 規模の経済（規模の利益，スケール・メリット）

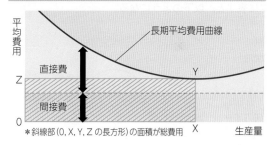

＊斜線部（0, X, Y, Z の長方形）の面積が総費用

解説 規模の経済 企業が生産規模を大きくして大量生産を行うと，原材料の大量購入などにより製品一つあたりの生産費用を低くすることができ（平均費用の低下・逓減），より多くの利益を得られる。つまり，製品を生産すればするほど安い費用で生産が可能になり，賃金の上昇による価格上昇の傾向が緩和できる。**規模の経済**（利益）を得るには，技術革新や資本力の増加，巨額投資などが不可欠であり，新規参入が困難で，自然独占が生じやすい。結果として，産業内における企業の数を減らすという集中化の傾向がある（**生産の集中**）。

Exercise

問 市場機能を重視した学説を展開した人に，アダム・スミスがいる。スミスについての記述として適当でないものを，次の①〜④のうちから一つ選べ。

①政府の支出は，国防・司法，教育などに限定すべきであると主張した。

②「見えざる手」という用語で，市場における政府の調整能力を表現した。

③『国富論』（『諸国民の富』）を著して，保護貿易などの重商主義政策を批判した。

④産業革命初期のイギリス資本主義の発達を背景にして，経済学体系を構築した。

<2003年センター試験 政治・経済 追試>
（解答は ▶ p.182）

はみだし メモ 日本国内だけでなく，世界的にも寡占化した市場・製品がある。例として，パソコン用OS（マイクロソフト，アップルなど），パソコン用CPU（インテル，AMDなど），航空機（ボーイング，エアバスなど）があげられる。

179

わたしたちは日常生活の中でなにげなく買い物をしている。その商品の値段は一体どのように決まっているのだろうか。それには市場での売り手と買い手の比率，すなわち需要と供給のバランスが深く関わっている。どのようなパターンがあるのか見ていこう。

① 需要曲線

　需要（Demand）とは，買い手（需要者）が商品を買おうとする気持ちのことである。商品の価格が高いときにはたくさん買おうと思わず，安くなればなるほどたくさん買いたいと思うようになる。

　例えば，ポテトチップスを買うとき，1袋300円ならたくさん買いたいとは思わないが，1袋50円になったらたくさん買おうと思うようになる。このような価格（Price）と購入量（Quantity）の関係をグラフに表すと，以下のようになる。

② 供給曲線

　供給（Supply）とは，売り手（供給者）が商品を提供することである。売り手の立場としては，商品の価格が安いときにはもうけが少ないだけにたくさん売りたいとは思えない。できれば価格が高いときにたくさん売りたいと思うようになる。

　ポテトチップスの例の場合，売り手としては1袋50円のときと比べれば1袋300円のときにたくさん売りたいと思う。このときの価格（Price）と販売量（Quantity）の関係をグラフに表すと，以下のようになる。

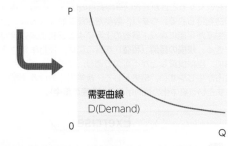

需要曲線
D(Demand)

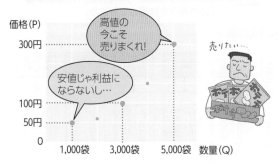

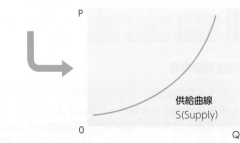

供給曲線
S(Supply)

③ 価格の決定 〔共通テスト 19〕

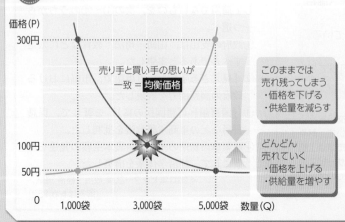

売り手と買い手の思いが一致 ＝ 均衡価格

このままでは売れ残ってしまう
・価格を下げる
・供給量を減らす

どんどん売れていく
・価格を上げる
・供給量を増やす

　需要と供給は，それぞれが多すぎても少なすぎても都合が悪い。

　価格が300円のときには，需要が1,000袋しかないところに5,000袋の供給量がある。売り手は4,000袋の売れ残りを抱えることになり，価格を引き下げなくてはならなくなる。一方，1袋50円のときには，5,000袋の需要があるのに1,000袋しか供給されない。買い手は他者と競争して購入するため，価格は引き上げられていく。

　このようにして，価格は両曲線の交点である100円に引き寄せられる（**価格の自動調節機能**）。この価格を**均衡価格**という。

④ 需要・供給曲線の移動

●需要曲線の移動（供給曲線が変化しない場合）

左にシフト（D→D2）	右にシフト（D→D1）
・収入が減った場合 ・所得税が上がった場合 ・その商品の人気がなくなった場合 <div align="right">など</div>	・収入が増えた場合 ・所得税が下がった場合 ・その商品が流行した場合 <div align="right">など</div>

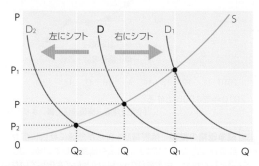

●供給曲線の移動（需要曲線が変化しない場合）

左にシフト（S→S2）	右にシフト（S→S1）
・天候不順や災害が起こった場合（主に農産物） ・原材料費が上がった場合 ・消費税が上がった場合 <div align="right">など</div>	・技術革新で生産費が抑制できた場合 ・生産量が増加した場合 ・原材料費が下がった場合 ・消費税が下がった場合 <div align="right">など</div>

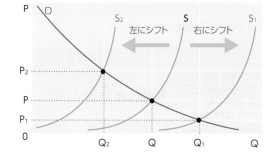

⑤ 価格の弾力性

価格の弾力性とは，価格の変動によって商品の需要や供給が変化する程度を表す数値のことである。「価格の弾力性が大きい＝需要・供給に及ぼす影響が大きい」「価格の弾力性が小さい＝需要・供給に及ぼす影響が小さい」となる。

価格弾力性が大きい商品	
需要	供給
ぜいたく品	本，自動車など
高級品，代替商品がある商品	生産調整が容易な商品
価格弾力性が小さい商品	
需要	供給
生活必需品	石油，農作物など
	生産調整が難しい商品

●価格の弾力性が大きい＝曲線の傾きが小さい

価格が2％変化したとき，需要量や供給量が4％変化した場合，価格弾力性は「2」となる。

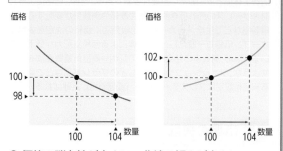

●価格の弾力性が小さい＝曲線の傾きが大きい

価格が2％変化したとき，需要量や供給量が1％変化した場合，価格弾力性は「0.5」となる。

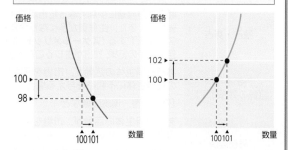

市場経済の機能と限界

Exercise

問 次の図は，ガソリンの需要曲線と供給曲線を表したもので，当初の均衡点がAであることを示している。出荷に際しガソリンに炭素税を課す場合，消費者の事情に変化がないとすれば，課税後の新たな均衡点はどこになるか。最も適当なものを，図中の①～⑥のうちから1つ選べ。

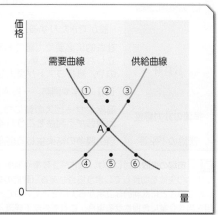

<2010年センター試験 政治・経済 本試>
（解答は ▶ p.183）

4 価格の種類

市場価格	商品が実際に市場で売買される価格。価格は需要と供給の関係で変動する。均衡価格ともいう。
生産価格	生産費に平均利潤を加えた価格。
競争価格	自由市場で成立する価格。技術の進歩による生産性向上によって価格は低下する。
独占価格	商品の需要・供給のいずれかで競争が制限されたときに成立する価格。1社独占の価格をいうが，寡占価格や管理価格を含める場合もある。
寡占価格	少数の大企業が協定を結んで市場を支配する場合に成立する価格。
管理価格	有力企業が**プライスリーダー（価格先導者）**として一定の利益を見込んだ価格を設定し，他企業がその価格にならう場合の価格。
統制価格	国家がその政策の必要上から統制して決まる価格で，公共料金などがこれに該当する。

解説 経済活動の中心要素 価格の変動や決定は，生産主体・消費主体にとって非常に重要な要素である。当然，価格によって財・サービスの売れ行きや利潤，生産量や消費量が変動する。家電製品などで生産メーカーが小売販売店に価格の決定を委ねるオープン価格も一般化し，生産主体による価格支配力が低下している。なお，購買者の社会的地位の証明や高品質購買意欲を満たすような，ファッションや腕時計などのブランド品などで見られる高価格設定はプレステージ価格（威信価格）と呼ばれる。

5 自由競争による価格の低下

●**固定電話と携帯電話・PHSの基本料金の推移**

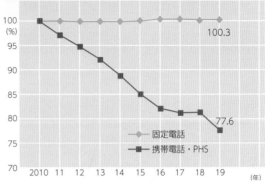

注. 2010年を100%とする。

[令和2年版『情報通信白書』より作成]

解説 競争価格の推移 携帯電話・PHSが急速に社会に広がる中で，競争が促進されて基本契約料金も低廉化している。2010年を基準とした場合，固定電話の料金はほとんど変化していないが，携帯電話・PHSは20%以上料金が下落している。ちなみに，約35年前（1985年ごろ）の携帯電話（NTT）の月額基本料金は18,000円ほどであった。一方で，価格による競争が激化することは企業（生産主体）にとっては決してよいとは言えず，かえって競争から脱落する企業が発生し独占や寡占を招く結果をもたらす可能性もある。携帯電話・PHS業界はその一例とも言える（▶p.183 **7**）。

6 市場の失敗

共通テスト 21

Check! それぞれの事例は何がどう問題なのか，効率性と公平性の観点から確認してみよう。

	内容	政府の役割
独占・寡占	競争者が極端に少なくなった市場では，大企業が価格支配力を強める。また，生産量が多くなり企業規模が大きくなるほどコストが低下する（**スケールメリット**，▶p.179 **3**）産業分野では，自由競争の結果，独占が生じることを止められない（**自然独占**）。	**独占禁止法**（▶p.184 **11**）
外部不経済（負の外部効果）	ある経済主体の活動が，市場を通さず，契約関係とは無関係の経済主体に不利益を与える場合。	法的規制や**課税**による抑制
	〔例〕公害，環境破壊など	
外部経済（正の外部効果）	ある経済主体の活動が，市場を通さず，契約関係とは無関係の経済主体に利益を与える場合。	収益がないために過小供給となる場合は，政府が**補助金**を出して奨励する
	・蜜蜂の飼育が，近隣果樹園の受粉を助ける ・新しい駅ができることで便利になったり，駅周辺に商業施設ができたりする，など	
公共財	社会的に必要で，誰でも利用できる財・サービスは市場が成立しない。「ただ乗り」（**フリーライダー**）を排除できないものや，維持コストが莫大なものなどが分類される。	租税を財源として，政府が公共財を供給する
	〔例〕警察や消防，一般道路など	
情報の非対称性	商品やサービスの質について必要な情報が得られないために消費者が不利益をこうむる。（▶p.184 **13**）	製造物責任法，消費者契約法などの消費者保護のための法整備
所得の不平等	自由競争の結果生じる倒産や失業など。	

解説 市場の失敗に対しては，独占禁止政策や消費者保護などの形で政府が市場に介入を行うが，介入の範囲には限界があり，かえって市場の失敗を助長してしまう場合もある（**政府の失敗**）。**規制緩和**を基調とした近年の経済政策は，こういった政府の介入がうまくいかないことに批判的な立場から実施されたものである。なお，例えば公害の除去費用のように，外部不経済によってもたらされる費用を当該企業に負担させる場合，これを外部不経済（社会的費用）の内部化という。

Answer! p.179 Exerciseの答え：② 市場において，価格の動きを仲立ちとして全体として需要と供給が自動的に調整されることを，アダム・スミスは「見えざる手」と表現した。政府の調整能力を表現したわけではない。

市場経済の機能と限界

7 独占の諸形態と特徴

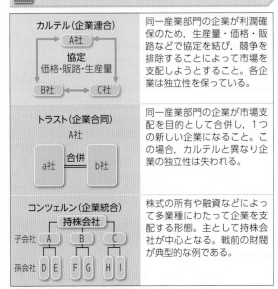

カルテル（企業連合）
A社
協定
価格・販路・生産量
B社 ← → C社

同一産業部門の企業が利潤確保のため，生産量・価格・販路などで協定を結び，競争を排除することによって市場を支配しようとすること。各企業は独立性を保っている。

トラスト（企業合同）
A社
合併
a社 b社

同一産業部門の企業が市場支配を目的として合併し，1つの新しい企業になること。この場合，カルテルと異なり企業の独立性は失われる。

コンツェルン（企業統合）
持株会社
子会社 A B C
孫会社 D E F G H I

株式の所有や融資などによって多業種にわたって企業を支配する形態。主として持株会社が中心となる。戦前の財閥が典型的な例である。

解説 カルテル・トラスト・コンツェルン 日本では，原則として**カルテル**や入札にあたっての談合は禁止されている。また，**トラスト**や**コンツェルン**は公正取引委員会への届出や審査が必要で，一定の取引分野において自由競争が実質的に制限を受けるような場合は排除措置命令が出される。いずれも独占禁止法（▶p.184 **11**）に基づき，公正取引委員会が監視等を行っている。なお，コンツェルンには多国籍企業が含まれることがあるが，一つの企業が複数の国で経営を行ったり，原材料調達や商品販路が複数の国にまたがっていたりするのも多国籍企業である。

8 市場の寡占化

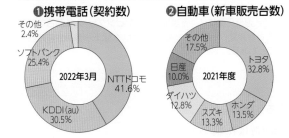

❶携帯電話（契約数）
その他 2.4%
ソフトバンク 25.4%
NTTドコモ 41.6%
KDDI(au) 30.5%
2022年3月

❷自動車（新車販売台数）
その他 17.5%
トヨタ 32.8%
日産 10.0%
ダイハツ 12.8%
スズキ 13.3%
ホンダ 13.5%
2021年度

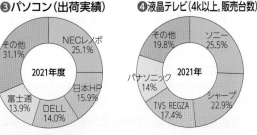

❸パソコン（出荷実績）
その他 31.1%
NECレノボ 25.1%
富士通 13.9%
DELL 14.0%
日本HP 15.9%
2021年度

❹液晶テレビ（4k以上，販売台数）
その他 19.8%
ソニー 25.5%
パナソニック 14%
TVS REGZA 17.4%
シャープ 22.9%
2021年

※占有率はいずれも国内
[❶総務省資料，❷各社決算資料より，❸MM総研資料，❹JEITA資料]

解説 生産の集中度 市場占有率（マーケットシェア）とは，ある企業の生産高あるいは売上高が同種商品の市場全体の生産高あるいは売上高に占める割合をいう。法などの規制によって新規の参入が妨げられてきたことによる独占・寡占市場もある。

9 寡占市場の価格の決まり方

●ビール大瓶1本の値段

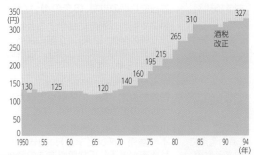

解説 価格は右肩上がり 寡占市場では，競争する生産主体の動向を互いに観察しやすく，価格や数量を合わせたり変化させたりしやすくなる。このような場合，特に価格は下落しにくくなり（**価格の下方硬直性**），消費者にとって不利益になることが多くなる。

10 非価格競争

方法	内容	影響
広告・宣伝競争	マスメディアを利用して自社製品・サービスのイメージアップをはかり，購買欲をかきたてる	●技術革新と結びついた品質競争は経済発展の原動力となる
サービス競争	アフターサービスや無料配達など	●宣伝費等の上乗せによる商品価格の上昇
製品の差別化	モデルチェンジなど，自社製品が他社よりもすぐれていることを印象づける	●購買欲を刺激し，不必要なものまで購入させる

●広告宣伝費ランキング（2020年度）

順位	会社名	(A) 広告宣伝費（億円）	(B) 売上高（億円）	A／B ×100 (%)
1	トヨタ自動車	4,708	299,300	1.57
2	サントリーホールディングス	3,859	25,892	14.9
3	ソニー	3,595	82,599	4.35
4	日産自動車	2,808	98,789	2.84
5	楽天	2,308	12,639	18.26
6	イオン	2,078	86,042	2.42
7	リクルートホールディングス	1,732	23,995	7.22
8	サントリー食品インターナショナル	1,507	12,994	11.59
9	セブン＆アイ・ホールディングス	1,359	66,444	2.05
10	マツダ	1,243	34,303	3.62

※連結決算ベース　[日経広告研究所「有力企業の広告宣伝費」]

解説 激しい非価格競争 寡占の状態では**管理価格**（▶p.182 **4**）のほかに，広告，宣伝やサービスなどの**非価格競争**が積極的に展開され，商品の差別化がはかられる。企業がテレビや雑誌などに広告を掲載するための費用は，例えば朝刊（全国紙）のモノクロ一面広告の場合約4,700万円かかる（読売新聞社による）。

経済

市場経済の機能と限界

Answer! p.181 Exerciseの答え：① 炭素税の課税額の分だけガソリンの価格が高くなるが，消費者（需要）の側に変化がないので，供給曲線だけが左に移動する。価格が上がることで数量が減少するので，均衡点は右上に移る。

183

11 独占禁止法の概要

独占・寡占に対する規制	私的独占の禁止（3条）独占的状態の規制（8条の4）など
経済力の集中に対する規制	事業支配力が過度に集中する会社の設立等の禁止（9条），企業による株式保有総量の規制（10条），合併の制限（15条）など
カルテルに対する規制	不当な取引制限の禁止（3条）国際的協定・契約の制限や国際カルテルへの参加禁止（6条）など
経済力濫用に対する制限	小売業者への販売価格指定，不当廉売（ダンピング），抱き合わせ販売など不公正な取引方法の禁止など（19条）

解説「経済の憲法」 独占禁止法は，公正で自由な競争を促し，経済の健全な発展を促進するための法律である。そのため，不当な経済力の集中や不公正な競争・取引について，規制や禁止事項が多く設けられており，**公正取引委員会**がこの法に基づいて監視や措置を行っている。なお，これらの規制などには適用除外制度があり，経営維持のための小規模事業者の協同組合の設立や，本やCDといった著作物の販売価格を指示する「再販売維持価格」といったものがそれに当たる。

持株会社（▶P.189 **8**）は，財閥復活の恐れがあるなどの理由で終戦直後から禁止されていたが，1997年に成立した改正独禁法で半世紀ぶりに解禁された。この改正法では，事業支配力が過度に集中する持株会社の設立は禁止されている。また，金融持株会社も97年に関連法が成立し，政令などの整備をへて翌98年に解禁された。

12 公正取引委員会

●法的措置件数と対象事業者等の数の推移

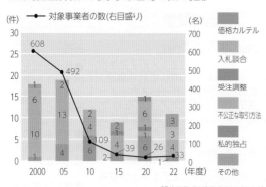

[『公正取引委員会年次報告』]

●近年のおもな事例

2020年12月	リニア中央新幹線の品川駅と名古屋駅の地下工事について，大手ゼネコン4社が受注予定者を入札前に話し合って決めていたとして，そのうち2社に対して総額約43億円の課徴金納付を命令した。
2021年9月	iPhone向けのアプリケーションを掲載するストアの運営にあたっているIT機器大手企業に対して，同社が指定する課金方法の使用等を義務付けることが私的独占に該当するとして，改善指示を行った。
2022年5月	自社が販売する即席めんについて，割引販売を行わないことに同意した小売業者にのみ商品を供給したことが不公正な取引方法にあたるとして，販売元企業に法的措置を採った。

解説 不当な市場支配の監視役 公正取引委員会は，独占禁止法で設置が規定されている行政委員会の一つで，自由で公正な経済活動を保証するため，企業などのこれらの法律に違反する行為を監視している。違反行為には，不当廉売（**ダンピング**），**入札談合**などの**不当な取引制限，不当な小売価格の拘束**などがあげられる。このようなことが発覚したり告発があった場合，公正取引委員会は排除命令や改善勧告などを発したり，時には刑事事件として検察庁に告発することもある。

13 情報の非対称性

Check! 情報の非対称性はなぜ市場の失敗を引き起こすのだろうか。

私たちが財やサービスを売り買いしている現実の市場では，供給側である売り手の方が商品やサービスに関する情報を多く持っている場合が多い。こうした売り手と買い手との間の情報の格差を，**情報の非対称性**という。

❶中古車や中古住宅の場合

車や家の状態については買い手よりも売り手の方が詳細な情報を持っている。ある中古車や中古住宅の値段に対する品質の良し悪しを，与えられた情報だけから買い手が正確に判断することは難しい。また，売り手は販売に不都合な商品の状態を隠すこともでき，実際の品質は購入してからわかることもあり，こうしたことが消費者問題につながることも多い（▶p.248）。こうした商品が取引される市場は，皮が厚いために中身の鮮度がわかりにくいレモンにたとえて，**レモン市**場と呼ばれる。

レモン市場では，売り手は粗悪品を高く売ろうとし，買い手は少しでも安く買おうとするか，買わなくなる。最終的には買い手がいなくなってしまい，市場自体が成り立たなくなってしまう。

❷保険の契約の場合

医療保険や生命保険の契約や保険料にかかわる健康状態は，一般的には保険というサービスの買い手である契約者の方が詳細に把握している。虚偽にならない範囲で必要のない事項であれば，自分の健康状態を詳細に伝える契約者はいないであろう。

解説 情報の非対称性と市場の失敗 情報の非対称性が大きければ大きいほど，**市場メカニズムがうまく機能せず，市場の失敗につながる**。反対に，情報の格差が存在しない完全競争市場においては，情報の非対称性は起こらない。

はみだしメモ 独占禁止法違反等で納付された課徴金は，2015年度からの5年間で総額およそ132億円にのぼる。納付された課徴金はすべて国庫に納入され，各種の公共サービスの予算として使われる。

3 現代の企業

DIGEST

1.企業の形態

①企業形態の種類 **1**

　a.私企業…個人企業・法人企業（株式・合同・合資・合名）

　b.公企業…国営企業（該当なし）・地方公営企業（水道・ガス）・独立行政法人

　c.公私合同企業…特殊会社・第三セクター

②会社企業の形態…2006年の会社法により改定 **2**

形態	特徴
株式会社	「所有と経営の分離」が原則だが，社員が株式を保有することもできる。
合同会社	会社法改正で新設。出資者は1名以上，社員の利益分配や権限を自由に決められる。
合資会社	無限責任社員と有限責任社員はそれぞれ1名以上，小規模な会社に多い。
合名会社	社員は1名以上，小規模な会社に多い。
有限会社	出資者は50名まで。＊会社法改正で制度廃止．現在は「特例有限会社」として株式会社の一形態とされている。

2.株式会社の経営と組織

①株式会社の特徴 **3**

　a.株式を発行して資金を調達 **4** **5**

　　出資者（株主）は出資額に応じて配当を得，出資額の範囲内で責任を負う（有限責任）

　b.所有（資本）と経営の分離…会社の所有者と経営者が違う（法人資本主義）

②株式会社の変容

　a.コーポレート・ガバナンス（企業統治）の強化 **6**

　　…株主の権限強化の主張→ディスクロージャー（情報開示）

　b.複合企業（コングロマリット）…異業種の企業を合併・買収（M&A **7** **11**）して複数の業種で活動

　c.持株会社…独占禁止法の改正（1997年）により解禁→企業の再編を加速 **8** **9** **10**

　d.多国籍企業…外国に子会社や系列会社を持ち世界的規模で活動する企業 **12**

3.企業の社会的責任（CSR）

①企業のCSRの例 **14**

　a.法令や企業倫理の遵守…安全な製品の提供などでの法令遵守（コンプライアンス）

　b.社会的貢献活動（フィランソロピー）や芸術・文化への支援活動（メセナ）など

②社会的企業…利潤の追求だけでなく，環境保全や途上国援助などを目的とする企業 **13**

日本の企業経営の課題を考えてみよう→ **Exercise** **15**

---

1 企業形態の種類

共通テスト
19

私企業	個人企業		個人商店，農家など
	法人企業	会社企業	株式会社，合同会社，合資会社，合名会社
		組合企業	農業協同組合，生活協同組合など
公私合同企業	特殊会社		日本たばこ産業（JT），日本電信電話（NTT）など
	第三セクター		地方の第三セクター鉄道など
公企業	国営企業		（現在の日本では該当するものがない）
	独立行政法人		国立印刷局，造幣局，都市再生機構など
	地方公営企業		市バス，上下水道，ガスなど

解説 企業形態の種類 1987年に日本国有鉄道が分割されてできたJR7社は，JTやNTTと同様に従業員が「みなし公務員」とされる**特殊会社**であった。現在本州3社と九州は政府持株のない民営企業となり，残りの3社は政府が全株を保有する**特殊法人**扱いとなっている（特殊会社と**独立行政法人**はいわゆる特殊法人には含まれない）。印刷と造幣は国営企業から特定独立行政法人に移行し，郵政三事業は公社化をへて2007年10月に民営化され，国有林野事業は一般会計の事業となったため，現在日本には国営企業は存在しない。上記にあるように，公私合同企業には特殊会社以外に第三セクターと呼ばれるものもある。国や地方公共団体と民間企業の両方が出資・経営する企業で，主に国鉄から民営化された地方鉄道があげられる。それ以外にも都市開発や観光産業にも見られるが，長引く不況や地方財政のひっ迫により破綻するケースも多くなっている。

経済

2 会社企業の分類と特徴

		出資者 （名称と責任）	持分譲渡	特徴
株式会社	公開会社	株主（出資額を限度に有限責任）	原則自由	従来の株式会社に近い。株式大量発行による大資本を予定。大企業に適している
株式会社	株式譲渡制限会社	株主（出資額を限度に有限責任）	原則制限あり。株主総会の承認が必要	従来の有限会社のしくみを取り入れ，全株式に譲渡制限をかけられる。敵対的買収などを阻止することができる
株式会社	特例有限会社	社員（出資額を限度に有限責任）。出資者は50人まで	社員相互では自由。株主以外は株主総会の承認が必要	従来の有限会社で，新設はできないが，存続はできる。中小企業に多い
合資会社		社員（出資も経営もする「無限責任社員」と出資だけの「有限責任社員」）。出資者はそれぞれ1名以上	無限責任社員は他の社員全員の承認が必要。有限責任社員は無限責任社員全員の承認が必要	小規模な会社に多い。有限責任社員には経営権を認めない
合名会社		社員（出資者が全員経営上の無限責任を負う）。出資者は1名以上	他の社員全員の承認が必要	家族・親族経営など零細・小規模な会社に多い
合同会社		社員（出資額を限度に有限責任）。出資者は1名以上（法人の出資も可）	他の社員全員の承認が必要	会社法により新設。定款で利益の分配や権限を出資比率にかかわらず自由に決められる。ベンチャー企業の設立に適している。

●会社法

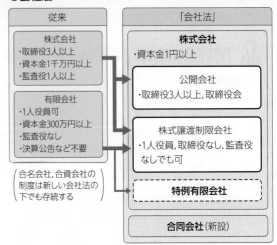

[［『朝日新聞』2005年6月29日などを参考に作成]

解説 会社企業には出資と経営の責任範囲による分類があり，**有限責任**と**無限責任**に大別される。有限責任の場合は，株式会社が倒産し，会社の債権者がその債権について100%の弁済を受けられない場合でも，株主は会社債権者に対して株式を引き受けた時に支払った金額以上のいかなる責任も負うことはない。これに対して無限責任の場合，合名会社であれば，会社の債権者はその債権の残額について連帯責任を負う各社員に請求できる。

なお，日本では株式会社が9割以上（特例有限会社を含む）を占めているが，2006年施行の会社法によって新設された合同会社も近年増えており，アマゾンジャパンなどが知られている。

3 株式会社のしくみ

共通テスト
20

●株式会社のしくみ

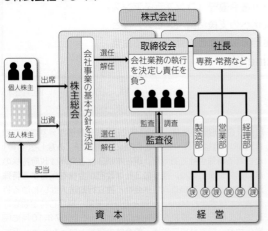

●株式会社の統治形態

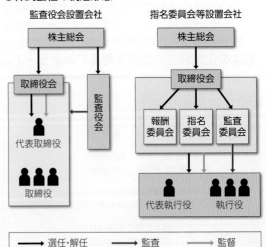

解説 **資本と経営の分離** 株主（資本家）は**株主総会**において取締役を選出し，選出された取締役は取締役会を構成し，具体的な経営方針を決めて実際の経営にあたる。このように資本所有者と経営者が分離していることを**資本と経営の分離**という。会社の売り上げが費用を上回って利益が出れば，株主は持っている株式の数に見合った配当金を得られる。また，株主は株式を売買することで利益を上げることも可能である。

186 **はみだしメモ** 「会社」を英語にするとCo.,Ltd.（Company Limited），Inc.（Incorporated）と表記するが，前者はイギリス流，後者はアメリカ流である。これらとCorporationは，一般的に有限責任会社（株式会社）を示すとされている。

4 株式

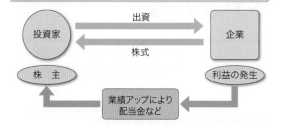

解説 株式 「株式（ストック・シェアー）」とは**株式会社**が必要とする事業資金を出資した「株主」の「持分」のこと，またその地位を表す「有価証券」のことでもある。2009年の改正商法の施行により，株式（株券）は電子化（ペーパーレス化）されている。

5 株式の保有

❶株式の所有単元数別分布

株主数 6,614万人	1~4単元 69.3%	5~49単元 27.0	50~999単元 3.4 1,000単元以上 0.3
株式数 32.9億単元	6.8 | 9.7	81.3	2.2%

注. 2021年度末現在。　　　　　　［『日本国勢図会2023/24』］

解説 株式の単位 2001年10月施行の改正商法で，企業が株式の売買単位を自由に決められる単元株制度が導入された。それまでは額面50円なら1,000株，5万円なら1株といったように額面総額が5万円に定められていた。

❷所有者別株式保有比率の推移

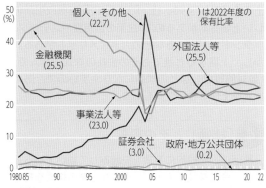

会計年度末現在。2000年度までは単位数ベース。2001年度から単元数ベース。
［東京証券取引所ほか『株式分布状況調査』］

解説 個人，外国人株主の増加 1990年のバブル崩壊後，金融機関の保有比率は低下の傾向にあり，外国人による保有比率が高まっている（日本人が国内の資金を運用していても，外国に籍をおく法人やファンドが取引主体であれば外国人投資家と分類される）。また，ネット専業の無店舗証券会社を通じて取引する個人投資家も増加している。しかし，日本の株式市場に見られる「持ち合い（政策保有株式）」の構造は2000年代に解消が進んだものの，2010年度以降は個人保有の比率は増加傾向にあるとは言えない。個人や外国人の投資家による企業への資本投下の環境がまだ整っていないのである。なお，2004年度の急激な変化は，一部の企業が大規模な株式の分割を行ったため。

6 コーポレート・ガバナンス

❶コーポレート・ガバナンスの比較

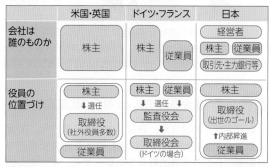

解説 コーポレート・ガバナンス 会社の支配あるいは統治のことで，株主の代理人として選ばれた経営者が会社運営を適切に行うように監視すること。より客観的に経営を監視できるように，会社と直接の利害関係を持たない独立した有識者や経営者などが社外取締役となるケースもある。社外取締役は，日本では2001年（と2002年）の商法改正により導入され，当該会社または子会社で社員や役員として勤務した経験がないことが選任の要件となる。また，戦後の日本企業は，法人間の株式持ち合い（▶P.189❿）と「所有と経営の分離」によって経営者は独立した権力となり，経営の責任の所在がわかりにくくなっている面もある。一方，株主権が確立されているアメリカでは，機関投資家の権限強化が進み，経営者に対する株主の支配権が強いといわれている。

❷内部統制

　企業内の不正防止を目的とした，特に経営活動についての会計基準に則った適正な開示のための管理体制のことを内部統制という。日本では2008年施行の金融商品取引法（日本版SOX法）において，全上場企業に義務付けられた。

❸ディスクロージャー（企業情報開示）の例

企業	特徴
京セラ	財務，法務，内部監査などの担当役員または部長職で構成する「ディスクロージャー委員会」を設置
クボタ	企画本部長を委員長とする「財務情報開示委員会」を設置
TDK	担当執行役員を委員長とする「情報開示諮問委員会」を設置
トヨタ	経理担当役員を委員長とする「情報開示委員会」を設置
キヤノン	経理，法務，広報の統括責任者と当該情報の管轄部門の責任者で構成する「開示情報委員会」を設置

解説 ディスクロージャー（企業情報開示） 企業が経営や財務内容を株主などの**ステークホルダー**（利害関係者）に公開すること。コーポレート・ガバナンスの観点から，ディスクロージャーを強化する動きが広がってきた。

❹ステークホルダー（利害関係者）

　企業の場合，出資者（株主）や経営者，従業員だけではなく，消費者や地域住民などの関わりのある者すべてがステークホルダーとなる。企業は株主だけではなく，ステークホルダーのものであるという考え方に立てば，企業の目的は利害関係者全体の利益の最大化となり企業は社会的責任を果たすことが重要となる。

経済

経済 株式と株式市場

なるほど

企業，特に「株式会社」は利益を得る目的で商品やサービスを提供するという経済活動を展開している。株式会社の創設や，会社の新規事業の展開には大きな資金が必要である。そのため株式会社は，「株（株式）」を発行し資金を多くの人から集めている。「株式」と「株式市場」についてみてみよう。

① 企業の資金調達方法，その1つは株式の発行

新「会社」の設立や，新製品の開発・商品化，工場の新設や設備投資など，「会社」はさまざまな場面で長期間にわたり多額の資金を必要とする。その資金の調達方法には2つある。

1つは銀行などの金融機関から借りること（これは銀行融資＝借金）であり，利息をつけて返済する「**他人資本**」である）。そしてもう1つは，必要な資金を小口に分割した「株式」を発行して多くの人（株主）から資金を出資してもらう方法である。株式は資金の返済が不要な「**自己資本**」となるので，「株式会社」は長期間その資金を安定して使うことができる。

必要な事業資金の調達

【直接金融】
株（株式）の発行 …… 自己資本
社債の発行 ………… 他人資本

【間接金融】
銀行（金融機関）からの借り入れ
………… 他人資本

② 株主と株主の三大権利

「**株主**」とは，出資した会社の所有権を表す分割された「**株式**」の持ち主であり，会社の「持ち主・オーナー」である。株主は出資額を限度に責任を負い（有限責任），出資額以上の債務返済の責任を負うことはない。

株主にはさまざまな権利が認められている。まず，①株主総会に出席して意見を述べ，重要な決議に投票できる議決権，②所有（出資）株数に応じて会社の利益を「配当」（年に1回か2回）としてもらえる配当請求権，③会社が解散した場合に残った財産を分配してもらえる残余財産分配請求権である。この他，株主には「**株主代表訴訟**」を提起する権利や，「**株主優待**」などの特典もある。

●持ち株の比率でかわる株主の権利

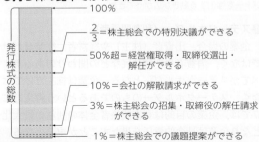

```
                    ┌─ 100%
                    │
              発     ├─ 2/3 ＝株主総会での特別決議ができる
              行     │
              株     ├─ 50％超＝経営権取得・取締役選出・
              式     │         解任ができる
              の     │
              総     ├─ 10％＝会社の解散請求ができる
              数     │
                    ├─ 3％＝株主総会の招集・取締役の解任請求
                    │        ができる
                    └─ 1％＝株主総会での議題提案ができる
```

③ 株式の売買と証券取引所

株（株式）を購入したい（株主になりたい）投資家は，証券会社（銀行も仲介役である）の窓口で株式を購入することができる。また，株主は持っている株を自由に売却（換金）することもできる。

こうした売買は証券取引所で行われ，現在，日本で最大の取引所は，**東京証券取引所**（東証）である。東証は，2013年1月に大阪証券取引所（大証）と合併し，持株会社である**日本取引所グループ**が設立された。東証には，4つの市場区分（第一部，第二部，マザーズ，ジャスダック）があったが，2022年4月に3つの市場（プライム市場，スタンダード市場，グロース市場）に再編された。

●「上場会社」と「非上場会社」

日本には株式会社が約250万社以上あるが，私たちはこれら全ての会社の株式を購入することはできない。株式を会社の縁故者や関連会社が保有している会社は，証券取引所に株式を「上場」していない「非上場会社（企業）」であることが多く，大企業にはその経営方針によって非上場にしている会社が多い。一方，上場会社は約3,900社。「上場」には証券取引所の厳しい上場基準があるので，企業の信用度やステータス，ブランド力が高まるなどの大きなメリットがある。しかし，上場すると誰でもその会社の株式を購入でき，「敵対的買収」などの標的になりやすいので，あえて株式を上場しない企業もある。

④ 「株価」とその変動

株価は，一般的に業績を先読みして動いている。例えば，今後業績がアップしそうな企業の株式を持っていれば，より多くの配当金が期待できるので，買い手が増えて株価が上昇する。つまり，現時点での業績ではなく，将来予測される業績がポイントになる。企業の新製品の発表や，他社との提携・合併など各種ニュースが報じられるだけで株価が動くことがある。

●株価の変動要因の例

株式市場の全体に関すること
金利や為替，政治，国際情勢，天候　　など
その企業自体に関係すること
企業業績，経営戦略，人気やブランド，新製品・新技術の開発　など

7 M&A（合併・買収）

M&Aとは，二つ以上の法人が一つになる企業合併（merger），および発行株式の過半数を取得して企業の支配権を握る買収（acquisition）のこと。よく知られている手法には，次のようなものがある。

テイク＝オーバー＝ビッド（ＴＯＢ）	株式公開買い付けによる買収。市場で大量に買い占めると株価が上昇するが，株価や株数を指定するので，予想外のコスト上昇は回避できる。
マネジメント＝バイ＝アウト（ＭＢＯ）	従業員や経営幹部が事業部門を一部買い取ったり，経営権を取得したりして独立する。
レバレッジド＝バイ＝アウト（ＬＢＯ）	買収しようとする企業の資産や将来の見込み利益を担保に資金を買い入れ，株式を買い集める。

●企業合併・買収（M&A）件数の推移

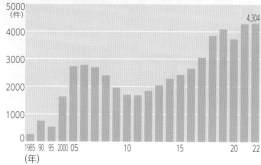

株式会社レコフデータによる。グループ内のM&Aは含まず。2021年のM&A件数は4,280件。マーケット別の内訳は，IN-IN（日本企業同士のM&A）は3,337件，IN-OUT（日本企業による外国企業へのM&A）は625件，OUT-IN（外国企業による日本企業へのM&A）は318件である。
［『日本国勢図会』より作成］

8 持株会社

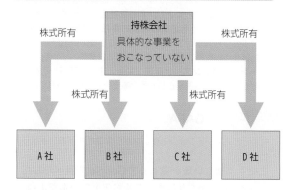

解説 **さらに強まる企業の支配形態** **持株会社**とは，複数の企業の株式を法人として保有し，株主として発言力や影響力を及ぼすことによって，経営を支配する会社である。純粋な持株会社は，自ら事業を行わず，株式の保有と運用のみを行う。日本では戦前の財閥を解体する面から1947年の独占禁止法制定以来，純粋持株会社が全面禁止されてきた。しかし，1997年12月に一般事業，1998年3月に金融業の持株会社が解禁され，業種や規模によって内閣総理大臣や公正取引委員会などの認可が得られれば設立できるようになった。持株会社は**ホールディングス（ＨＤ）**と呼ばれることがあり，これまでとは異なる枠組みでの企業集団を形成するところも増えている。

9 日本の企業集団

グループ名	みずほ	三井住友	三菱UFJ
メガバンク	みずほ銀行	三井住友銀行	三菱UFJ銀行
旧グループ	芙蓉系，第一勧銀系	三井系，住友系	三菱系，三和系
おもな企業	第一生命，日産自動車，日立製作所，資生堂，丸紅，旭化成，花王など	三井物産，住友商事，東芝，NEC，トヨタ自動車，三井住友建設など	明治安田生命，三菱商事，オリンパス，キリンビール，日立造船，京セラなど

解説 **「ケイレツ」の支配力** さまざまな分野の大企業からなる**企業集団**は，日本経済において大きな役割を果たしてきた。最近は銀行合併の進行により，旧グループの枠をこえた企業集団の再編成が進んでいる。親会社が子会社の株式を所有して行う**系列取引**，**株式持ち合い**などは企業集団の要である。

10 株式持ち合い

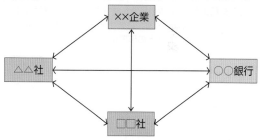

解説 **株式持ち合いの意義と現状** 株式持ち合いとは，取引関係にある企業が，相互に相手企業の株式を取得・保有して安定株主になることをいう。日本特有の企業慣習の一つで，金融機関と一般の企業が持ち合うパターンが典型例であり，企業の系列化や企業集団を形成する。主たる目的は，業務提携や資本提携により取引関係や経済面での協力関係を強化することである。2005年頃からは，各企業がいわゆる「**敵対的買収**」（会社の経営者の意思に反して株を買い占め，経営権を得る行為）に備える目的で株式持ち合いが進んだこともあったが，バブル崩壊以降は業績の悪い会社の株式を保有することを自社の決算に悪影響を与える経営上のリスクと考える企業が増えたことから，株式持ち合いを解消する動きが強まっている。

11 企業の買収防衛策

ポイズンピル（毒薬条項）	既存の株主に時価を大幅に下回る価格で株式を引き受ける権利を与える。一定の株式を買い占められた時に発動し，買収者の議決権を下げる。
ホワイトナイト（白馬の騎士）	買収対象の会社を，友好的な別会社・投資家に先に買収してもらう。
焦土作戦	優良な資産・事業を売却し，買収の魅力を下げる。
パックマンディフェンス	買収しようとしてきた企業に対して，逆に買収を仕掛ける。
ゴールデンパラシュート（黄金の落下傘）	買収によって経営陣が退職する際，多額の退職金を支払うことで，現金を流出させ買収コストを引き上げる。

［『最新時事キーワード』2007年版より］

経済

12 多国籍企業

●おもな国のGDPと多国籍企業の収益

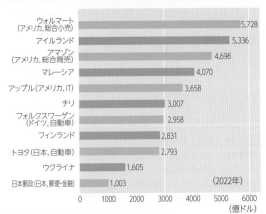

ウォルマート（アメリカ，総合小売）	5,728
アイルランド	5,336
アマゾン（アメリカ，総合商売）	4,698
マレーシア	4,070
アップル（アメリカ，IT）	3,658
チリ	3,007
フォルクスワーゲン（ドイツ，自動車）	2,958
フィンランド	2,831
トヨタ（日本，自動車）	2,793
ウクライナ	1,605
日本郵政（日本，郵便・金融）	1,003

（2022年）

0　1000　2000　3000　4000　5000　6000（億ドル）

注. 収益は売上高のほかに営業外収益などを含む。

［国際連合資料，Fortune『Global 500』より作成］

解説 国家に匹敵する経済主体 複数の国にわたって企業活動を行う**多国籍企業**は，世界の経済を左右する財力や影響力をもっているといえる。その多くは，さまざまなジャンルの子会社や事業をもつ**コングロマリット**の形態をとる。

13 社会的企業

共通テスト 23

●社会的企業の一例

グラミン銀行（バングラデシュ）	最貧困層の人たちに，数ドル程度の小額の事業資金を貸し，自立を促す小口金融（**マイクロクレジット**，▶p.345 ⑦）。**ムハマド・ユヌス**が創設，ノーベル経済学賞を受賞。
パタゴニア（アメリカ）	アウトドア衣料品などの販売をおこなう企業・ブランド。商品の素材は厳正な基準のもと選ばれており，環境にできる限り負荷のない商品づくりを徹底している。
ユーグレナ（日本）	ユーグレナを活用したヘルスケアやエネルギー・環境事業を展開する企業。グラミングループと合弁会社をつくり，バングラデシュの雇用向上にも取り組んでいる。
ボーダレス・ジャパン（日本）	社会問題をさまざまな切り口で解決しようとしている社会起業家が集まる企業。日本をはじめバングラデシュやミャンマー，ケニアなどでも事業を立ち上げている。
ネクストミーツ（日本）	「地球を終わらせない」をキャッチフレーズに，畜産による地球環境の負荷の軽減を目指し，代替肉の研究開発・商品販売を行っている。
ホテル・グレンツファール（ドイツ）	ベルリンにある40部屋程度のホテルだが，積極的に障がい者を雇用しているソーシャルファームが経営している。他のホテルと企業として競争している。

解説 社会的課題の解決を経営の中核に **社会的企業**（ソーシャルビジネス，ソーシャルエンタープライズ）とは，事業そのものが社会の課題解決に直接つながる企業である。経営的成功と課題解決の両立をめざす点で，事業内容とは直接関係しないCSR活動とは異なる。社会福祉，地域活性化，**フェアトレード**など分野は多岐にわたり，その多くが**ベンチャー企業**であったりNPO法人から派生したものであったりする。近年では，**SDGs**（▶p.346）や**サステナビリティ**の観点から，既存の企業においても社会貢献や社会的課題への取り組みが掲げられている。

14 企業の社会的責任

●企業の社会貢献の一例

日本マクドナルド	病気の子どもがいる家庭に向けて病院近くの宿泊施設の運営を支援
富士ゼロックス	弱視の子ども用の拡大教科書制作支援サービス
NTTドコモ	携帯電話を使う際のマナーやトラブルへの対処方法を啓発する「スマホ・ケータイ安全教室」の実施
ローム	学生のオーケストラや合唱団を各国から集めたコンサートの開催と，世界の音楽学校の交流と共同演奏などに対する支援
三菱地所	障がいのある子どもたちの絵画コンクール「キラキラっとアートコンクール」を主催

▲ 「キラキラっとアートコンクール」は，全国で優秀な作品を展示するだけでなく，社会福祉法人と協力し芸術著作物としてストックし，有料で貸し出すことにより障がい者自立のための援助にあてている。

解説 企業の社会的責任（CSR） 企業は製品やサービスを提供するだけでなく，雇用を創出する，法人税を納めるといった貢献をしている。さらに，文化・芸術活動への補助といったメセナやスポーツ振興やボランティア活動への貢献などのフィランソロピーといったことにより，利益を社会に還元することもある。このようなことを**企業の社会的責任**（CSR，"Corporate Social Responsibility"）という。CSRは企業の健全経営を前提とした社会への貢献であり，そのためには企業の内部統制（**コーポレート・ガバナンス**）が重要となる。また，SDGs達成への貢献もCSRの重要な要素として各企業で努力が続けられている。

アラカルト GAFA

Appleのスマートフォンを使いながら生徒たちがおしゃべりをしている。

生徒A：新しい服が欲しくてGoogleで調べたんだけど，このあたりに売ってるお店がないんだよね。

生徒B：Amazonにあるみたいだよ。

生徒A：ほんとだ。届いたらFacebookにアップしなきゃ。

　頭文字を取って**GAFA***（Google，Apple，Facebook，Amazon）と称されるこれらの現代の巨大IT企業は，その売り上げや利益も巨額である。一方で，これら少数の企業によって，個人や企業情報が管理・操作されてしまうのではないかという懸念もある。

*Microsoftを含めて**GAFAM**という場合もある。

はみだしメモ コングロマリットは，事業の多角化や経営リスクの分散化というメリットがある一方，経営資源が拡散するため，事業の集約力が低下するというデメリットがある。これを「コングロマリット・ディスカウント」という。

Exercise　日本の企業経営の特徴

❶日本企業における当期純利益処分の推移

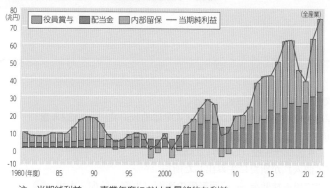

注. 当期純利益＝一事業年度における最終的な利益
　　内部留保＝当期純利益から役員賞与や配当金を引いたのの残りの部分

❷労働分配率の推移

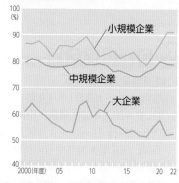

注. 労働分配率＝人件費が企業の付加価値額に占める割合

[❶❷財務省資料より]

問　**❶と❷の二つの資料から読み取れる内容を説明した文として，適切なものをすべて選びなさい。**

① 2000年以降，企業の当期純利益が増えるにつれて配当金は増大しているが，労働分配率は停滞または減少しており，企業の利益が労働者に十分にいきわたっているとはいえない。

② 2008年のリーマンショックなどの経験から，日本企業は危機対応のために内部留保を過剰に保有する傾向が強い。

③ 日本では，大企業よりも中規模企業や小規模企業の労働分配率が一貫して高く，平均賃金でも大企業より中小企業のほうが高い状態が続いている。

④ 企業規模にかかわらず，労働分配率は同様の上下動を繰り返す推移となる傾向にある。(解答は▶p.192)

15 起業までの流れ

```
経営理念の作成
事業目的を決定し，事業計画書を作成する。
事業計画書は，のちの資金調達の際に必要になる。
        ↓
商号の決定
会社の名前である商号を決める。
        ↓
定款の作成・認証
目的・商号などの基本的な事項を定款として定め，
公証人の認証を受ける。
        ↓
設立登記・届出
認証された定款などを法務局に提出する。
あわせて，各諸官庁への各種届出を行う。
```

起業は，アイデアの発見が出発点になる。起業のアイデアが見つかったら，ビジネスとしての実現可能性を検証する。「誰に」「何を」「どのように」の3つの視点でアイデアをまとめるとわかりやすい。これが事業目的（コンセプト）である。この実現のために作成するのが**事業計画書**である。

事業計画書は，収益や費用，必要な資金の量と調達の方法などを数値として具体化することで，起業後の事業進捗を客観的に評価することができる。また，事業計画書は，外部の協力者や資金提供者の理解と協力を獲得するためにも欠かせない。

十分な資金がない場合には，当然資金を調達する必要がある。銀行などの金融機関からの借入だけでなく，株式や社債を発行して資金を集めたり，事業内容によっては公的な支援を受けたりすることもできるかもしれない。また，近年では，インターネットを通じた**クラウドファンディング**（▶p.206 14 ）などの仕組みで資金を調達することも可能である。

●起業後の企業生存率の国際比較

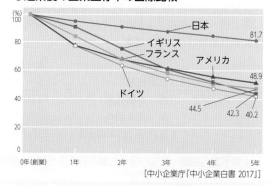

[中小企業庁『中小企業白書 2017』]

諸外国に比べて低いとはいえ，日本では，起業後5年時点でおよそ2割の企業が廃業していることになる。起業して自分の夢ややりたいことを実現することは大切だが，それを継続していくことも重要であるし難しいことがわかる。

はみだしメモ　日本政策金融公庫による「2020年度起業と起業意識に関する調査」では，新規開業の組織形態は個人企業が全体の85％以上を含め，法人企業の割合は15％に満たない。

p.189の答え　×

経済

4 経済成長と景気変動

┏━ DIGEST ━┓

1. 経済指標の種類 ①

①国内総生産（GDP）…1年間に一国内で生産された付加価値の合計
　　GDP＝国内の総生産額－中間生産物の生産額　　＊日本の実質GDPは約550兆円（2022年度）

②国民総所得（GNI）…1年間に一国全体で生産された付加価値の合計（自国民が生産したものが対象）
　　GNI＝GDP＋海外からの純所得　　＊国民総生産（GNP）と同値

③国民所得（NI）…1年間に国民（企業・個人）が新たに生み出した所得
　　NI＝GNI（GNP）－固定資本減耗－間接税＋補助金 → 三面等価の原則（生産・分配・支出）②
　　　＊国民純生産（NNP）＝GNI（GNP）－固定資本減耗

④名目値と実質値…GDPやGNI,NIには名目値と実質値がある ③
　　　　　　　　　額面通りのものが名目値，物価変動を考慮したものが実質値

2. フローとストック

①フローとストックの概念 ④
　a.フローの概念…一定期間における経済の流れ。GDPやGNIなど
　b.ストックの概念…ある時点で定義される数量（蓄え）。国富など

②国富（国民資本）…一国の一時点における過去からの資産の合計 ④
　　国富の内容　国富＝実物資産＋対外純資産　日本の国富　約3,858.7兆円（2021年末）
　　＊実物資産（有形資産）…個人の土地や住宅，企業の機械・原材料・製品，政府の建造物や所有地など
　　　貨幣や貯蓄，株式などの有価証券は入らない

3. 経済成長と物価

①経済成長…国民経済の量的規模の拡大のこと→国内総生産（GDP）や国民総所得（GNI）の年々の増
　　　　　　加で示される。

②経済成長率…一定期間における経済成長の進度・伸び率のこと。前年度GDPからの増加率で表す
　　＊日本の実質GDP成長率　1.5%（2022年度）

③インフレーション（インフレ）…物価の持続的な上昇。需要と供給のどちらに原因があるかで分類 ⑤

④デフレーション（デフレ）…物価の持続的な下落 ⑥

4. 景気の変動

①景気変動（景気循環）…資本主義経済において，経済が拡大する時期と縮小する時期が周期的に繰り返
　　　　　　　　　　　　される現象

②景気変動の四つの局面…好況（好景気）・後退・不況（不景気）・回復 ⑦

③恐慌…景気の後退が急激に現れ，不況が深刻となる現象（1929年の世界大恐慌）

④景気循環のパターン ⑧

	周　期	要　因
キチンの波（短期波動）	約3～4年	在庫投資
ジュグラーの波（中期波動）	約10年	設備投資
クズネッツの波（建築循環）	約20年	建設投資
コンドラチェフの波（長期波動）	約50年	技術革新

⑤景気動向指数…景気の現状把握や将来の予測のために作成された指標 ⑨

◆ FOCUS

❶国の豊かさを示す指標にはどのような要素が含まれているとよいだろうか。→なるほど **経済**

❷物価指数から日本の物価と景気の動向を捉えてみよう。→ ③ 経済 ▶Lab

Answer! p.191 Exerciseの答え：①，②　労働分配率は大企業よりも中規模企業や小規模企業のほうが一貫して高いが，平均賃金については読み取れない。また，労働分配率の上下動の傾向は，企業規模によって異なる。

1 国民所得の概念

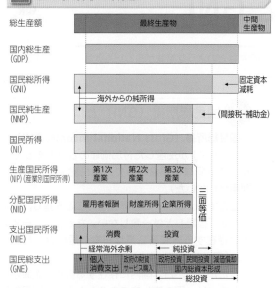

解説 **国民経済計算** 国家経済の指標は，生産額や消費額，所得といったさまざまな方向からとらえることができる。現在は2008年に国連が定めた基準（2008SNA）に各国が従って作成されている。上記の図はそれぞれの経済指標の関係を表しているもので，主に海外での経済活動を入れるかどうか，さらに生産か所得の側面から計算するかどうか，というように分類できる。

2 国民所得の三面等価

	項目	1970年 構成比	1980年 構成比	2021年 金額(兆円)	2021年 構成比
生産	第1次産業(農林水)	6.5	3.7	3.7	0.9
	第2次産業	44.0	38.2	87.5	22.3
	第3次産業	54.8	63.5	274.1	69.9
	帰属利子	-5.0	-5.3	-	-
	海外からの純所得	-0.3	-0.1	26.7	6.8
合計		100	100	**391.9**	**100.0**
分配	1雇用者報酬	53.1	66.8	288.7	73.7
	2財産所得	8.0	10.6	27.1	6.9
	3企業所得	39.9	22.6	76.1	19.4
合計		100	100	**391.9**	**100.0**
支出	民間最終消費支出	52.2	58.9	294.0	51.0
	政府最終消費支出	7.5	9.8	117.7	20.4
	国内総資本形成	39.1	32.2	140.6	24.4
	経常海外余剰	1.1	-0.9	23.7	4.1
	国民総支出	100	100	576.0	100.0
	調整項目(控除)	(千億円)	(千億円)	(兆円)	
	固定資本減耗	98.5	307.3	138.7	
	間接税-補助金+統計上の不突合	43.3	143.2	45.5	
合計		58.9	195.0	**391.9**	

※四捨五入のため端数が合わない箇所がある。
[内閣府「国民経済計算」より作成]

解説 **国民所得の三面等価** 国民所得は，ある国で一年間に個人と企業があらたに生みだした付加価値の合計である。生産・分配・支出の3つの面からとらえることができ，「生産された財・サービスはすべて消費され，余すところなく分配される」原則であるため，その値も等しくなる。

3 名目GDP，実質GDPとGDPデフレーター

Check! GDPデフレーターの意味や算出方法を確認したうえで，日本の物価動向を読み取ってみよう。

1990	名目GDP（実質GDP） リンゴ(100円)×10個+ミカン(50円)×6個=1,300円
	GDPデフレーター [名目GDP(1,300円)／実質GDP(1,300円)]×100=100❶
2000	名目GDP リンゴ(120円)×20個+ミカン(60円)×10個=3,000円
	実質GDP（物価変動の影響を取り除いた指標） リンゴ(100円)×20個+ミカン(50円)×10個=2,500円
	GDPデフレーター [名目GDP(3,000円)／実質GDP(2,500円)]×100=120❷

解説 **GDPデフレーター**は，国内で生産される財・サービス全体の価格をあらわした指標。1990年の価格を基準にとると，1990年の名目GDPと実質GDPとは一致する。それに対して，1990年の価格を基準にとったときの2000年の実質GDPは，リンゴとミカンの価格を90年に固定して計算される。したがって，2000年の名目GDPを実質GDPで割ると1.2という値が得られる。この1.2は物価が1990年から2000年にかけて1.2倍になったために，支出が増大した分である。この1.2を100倍したものを2000年のGDPデフレーターという。ここで100倍するのは，❶に示されているように，1990年のGDPデフレーターを100に基準化したためである。2000年のGDPデフレーターは1990年よりも物価が1.2倍になったことを示している。式で表せば，❷になる。

[岩田規久男『マクロ経済学』新世社をもとに作成]

●日本の名目GDP，実質GDP，GDPデフレーターの推移

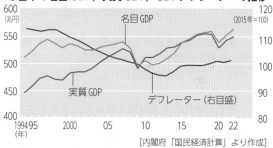

[内閣府「国民経済計算」より作成]

解説 バブル経済崩壊（▶p.223）以降の日本は**長期不況**に見舞われた。

4 フローとストック

共通テスト 19.20

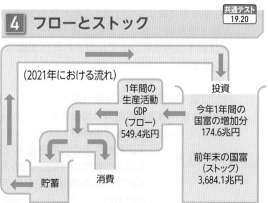

（2021年における流れ）
1年間の生産活動 GDP（フロー）549.4兆円
今年1年間の国富の増加分 174.6兆円
前年末の国富（ストック）3,684.1兆円
投資・消費・貯蓄

解説 一定期間における財貨やサービスの流れをみる**フロー**に対し，一定時点における資産の蓄積がストック。国民経済のレベルでは，**GDP**（国内総生産）や**NI**（国民所得）などがフローで，社会資本といった**国富**などがストックである。

経済

GDP と GNI

GDPやGNIは国家の経済力を表す指標である。これらの指標にはどのような意味があるだろうか。その意味を理解し，経済力が変動する要因とメカニズムについての理解を深めよう。

❶ 国内総生産（GDP）とは

国内総生産（Gross Domestic Product, GDP） とは，「ある国の国内で，ある一定の期間（たとえば1年）に生産されたモノとサービス」に関する統計である。しかし，国内で生産されたモノとサービスを単純に合計するだけでは国内総生産にはならない。

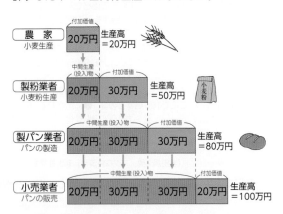

各生産段階の生産高から中間生産（投入）物を差し引いて付加価値を求め，各生産段階の付加価値を合計すれば，国内総生産が得られる。

まず小麦粉の生産段階をみると，小麦粉生産高50万円の中には農家が生産した20万円の小麦が含まれている。したがって，小麦粉の生産段階で新しく付け加えられた価値は，50万円の小麦粉生産高から20万円の小麦生産高を差し引いた30万円になる。この小麦粉生産段階で新しく付け加えられた価値30万円を，小麦粉生産段階における**付加価値**という。つまり，GDPは日本国内で新しく生み出された付加価値の総額といえる。

付加価値＝生産高－中間生産（投入）物
国内総生産＝各生産段階の付加価値合計
　　　　　＝小麦生産の付加価値20万円
　　　　　　＋小麦粉生産の付加価値30万円
　　　　　　＋パンの製造の付加価値30万円
　　　　　　＋パンの販売の付加価値20万円
　　　　　＝100万円

❷ 国民総所得（GNI）とは

国民総所得（Gross National Income, GNI） は一国の「国民」が生産した付加価値の合計である（2000年までは同様の概念として，国民総生産（GNP）が利用されていた）。

ここでの「国民」とは居住者のことを指し，かならずしも「国籍」とは一致しない。たとえば，日本の国内に存在する外資系企業は日本の居住者として扱われ，「国民」に該当する。

したがって，日本国内に存在する外資系企業が生産したモノは，国内総生産であるとともに，国民総所得にも含まれる。それに対して，国民総所得には含まれるが，国内総生産には含まれないものが存在する。

また逆に，国内総生産には含まれるが，国民総所得には含まれないものも存在する。

以上の関係をまとめると，下の表のようになる。

	①海外で働く日本人が受け取った所得	②日本で働く外国人が受け取った所得
国内総生産	含まれない	含まれる
国民総所得	含まれる	含まれない

国民総所得＝国内総生産＋①－②
　右辺の（①－②）は海外からの純要素所得と定義される。すなわち，海外からの純要素所得＝①－②
　左辺を最初の式の右辺に代入すると，
国民総所得＝国内総生産＋海外からの純要素所得

❸ 経済成長率

共通テスト
23

名目経済成長率（名目のGDPに基づいたもの）と実質経済成長率（実質GDPに基づいたもの）があり，実質経済成長率は経済の成長をより正確にはかることができる。

$$経済成長率＝\frac{本年度GDP－前年度GDP}{前年度GDP}×100$$

実質GDPの算出方法

$$実質GDP＝\frac{名目GDP}{GDPデフレーター}×100$$

名目GDPは物価上昇率を考慮しないGDP値
実質GDPはGDPデフレーターによって修正されたGDP値

GDPデフレーターは，商品やサービスの価格変動を示す指標。あらかじめ名目値と実質値を算出しておき，名目値を実質値で割ることによって算出する。（▶p.193 ❸ ）

読み解き》 GDPの限界

一九四三年に，都留重人は「『国民所得』概念への反省」と題する論文を書いている。……そこで彼が強調したのが，国民所得概念はあくまでも「交換経済妥当の概念」ということであった。つまり，たとえ経済的福祉に寄与しないような財・サービスであっても，それが市場において売買される限りは国民所得計算に組み込まれるし，たとえ経済的福祉に寄与するような財・サービスであっても，それが市場において売買されない限りは国民所得計算から除外される。……

財の次元において国民所得拡大の要因となりながら福祉的意義が疑わしい財が生産される事態を，都留は「無駄の制度化」と名付けている。……家計支出の中には，ある目的を達するためには少なければ少ないほど好ましいという「経費的項目に属する消費」がある。例えば，健康を損ねて薬品の服用が必要になったり治療が必要になったりすることに伴って支出が増え国民所得の増加につながるような消費がそれである。あるいは，治安の悪化が進んだために安全確保のために防犯装置の購入が増えて，それが結果的には国民所得を増やすといったケースがそれである。

（中村達也「経済学へのタイムトリップ
第6回　クズネッツと都留重人とガルブレイスと」）

TRY
GDPの指標としての限界はどのような点にあるだろうか。

④ GDPに代わる新たな指標

国民純福祉 NNW（Net National Welfare）

GDPでは計上されない余暇の増大などのプラス要素や，公害などのマイナス要素を計測して国民所得に加減し，豊かさの実感をより正確にはかる指標。

グリーンGDP

国内純生産から廃棄物や資源の枯渇などの経済活動に伴う環境悪化分を差し引いた指標。

国民総幸福 GNH（Gross National Happiness）

ブータン王国で採用されている指標。公正な社会経済発展，環境保全，文化保存，よい統治の四つの要素で構成されている。

ジェニュイン・セイビング（Genuine Saving）

世界銀行が開発した指標。国民総貯蓄から固定資本の消費を引き，教育への支出を人的資本への投資額として加えるとともに，天然資源の枯渇・減少分や二酸化炭素排出などによる損害額を引いて計算する。ジェニュイン・セイビングがマイナスとなることは，総体としての富の減少を示す。

Exercise

問1 日本のGDPに含まれるものを次のA〜Cからすべて選んだとき，その組合せとして最も適当なものを下の①〜⑧のうちから1つ選べ。

A　日本のプロ野球でプレーするアメリカ人選手に球団が支払った年俸

B　日本人アーティストがイギリスで行ったコンサートの興行収入

C　日本の温泉地を訪れた中国からの観光客が旅館に支払った宿泊料

① AとBとC　　② AとB　　③ AとC
④ BとC　　⑤ A　　⑥ B　　⑦ C
⑧ 日本のGDPに含まれるものはない

<2021年大学入学共通テスト 現代社会 第1日程>
（解答は▶ p.196）

問2 次の表は，ある国の経済状況（名目GDP，人口，GDPデフレーター，実質GDP，名目GDP成長率，実質GDP成長率）を示しており，通貨の単位にはドルを用いているものとする。なお，この国では，2015年と2016年の一人当たりの名目GDPが同じである。表中のa〜cに当てはまる数字の組合せとして正しいものを，下の①〜⑧のうちから一つ選べ。

	名目GDP（億ドル）	人口（百万人）	GDPデフレーター	実質GDP（億ドル）	名目GDP成長率(%)	実質GDP成長率(%)
2015年	500	b	100	500	＼	＼
2016年	a	47	94	500	-6	0
2017年	494	45	95	520	5	c

（注）2015年が基準年で，2015年のGDPデフレーターを100とする。数値は小数点以下を四捨五入している。
2015年の「＼」は値が明示されていないことを意味する。

① a 450　b 49　c 1
② a 450　b 49　c 4
③ a 450　b 50　c 1
④ a 450　b 50　c 4
⑤ a 470　b 49　c 1
⑥ a 470　b 49　c 4
⑦ a 470　b 50　c 1
⑧ a 470　b 50　c 4

<2021年大学入学共通テスト 政治・経済 第1日程>
（解答は▶ p.197）

5 インフレーション（インフレ）

❶インフレの種類

ディマンド・プル・インフレーション（需要インフレ） 総需要が総供給を上回って生じる。需要の側に原因	
財政 インフレ	財政支出の大幅増加により，有効需要が増加し，生じる。赤字インフレや公債インフレともいう
信用 インフレ	中央銀行のオーバーローンを頼りに銀行が過度の貸し付けを行ったり，信用創造で預金通貨が急激に膨張した場合などに有効需要が急増し生じる
輸出 インフレ	輸出増加で国内の商品の流通量が少ない上，通貨量が増えるために生じる
コスト・プッシュ・インフレーション（費用インフレ） 費用の増加が価格に転嫁されて生じる。供給の側に原因	
賃金 インフレ	賃金水準の高騰がコストを上昇させて生じる。
輸入 インフレ	輸入原材料の価格の上昇によって国内製品のコストが上昇して生じる。

❷インフレのメカニズム

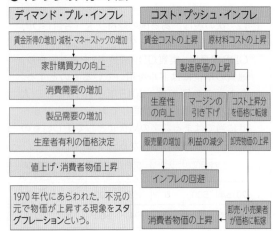

ディマンド・プル・インフレ	コスト・プッシュ・インフレ
賃金所得の増加・減税・マネーストックの増加	賃金コストの上昇／原材料コストの上昇
家計購買力の向上	製造原価の上昇
消費需要の増加	生産性の向上／マージンの引き下げ／コスト上昇分を価格に転嫁
製品需要の増加	販売量の増加／利益の減少／卸売物価の上昇
生産者有利の価格決定	インフレの回避
値上げ・消費者物価上昇	卸売・小売業者が価格に転嫁
1970年代にあらわれた，不況の元で物価が上昇する現象をスタグフレーションという。	消費者物価の上昇

❸程度による分類

クリーピング・インフレ （忍びよるインフレ）	年率2～3%の物価上昇率が継続
ギャロッピング・インフレ （駆け足インフレ）	年率10%程度の物価上昇率が継続
ハイパー・インフレ	物価が急上昇する超インフレ 第一次世界大戦後のドイツにみられた

❹インフレの影響

　インフレが続くと，土地など不動産を資産として保有する人は価格が上昇して有利になるが，年金生活者など所得の増加が困難な人々は不利になる。

解説 適度なインフレが理想 インフレーションは好況に転じる局面でおきやすい。賃金が上昇し私たちの財布の中身も潤うが，物価水準も上昇するために収入増加の効果がなくなってしまう。また，年金などの固定収入で生活している人にとっては実質的な収入減となるし，物価上昇が金利上昇を上回れば貯蓄も目減りする。インフレの調節は**中央銀行**の重要な役割である。しかし，管理通貨制度のもとではこの調節は難しく，第二次世界大戦前のドイツ，1990年代末のロシア，2000年代半ばのジンバブエでは**ハイパーインフレ**（超高率のインフレ）が起こった。

6 デフレーション（デフレ）

❶デフレスパイラルに陥って

　たとえば，海外で大量に商品を生産して日本で安く販売する「ユニクロ」現象にみられるように，内外価格差の是正などを通じて国際的に高い日本の物価を押し下げる効果があった。これは実質購買力を上げる「よい物価下落」の例である。

　しかし，デフレとはこのような部分的・一時的な物価下落ではない。広範囲にわたる物価下落の背景とともに，需要減退と消費低迷がある。また，価格競争が激化すれば，企業収益が伸び悩み，企業は新規の設備投資をためらい，社員の給料を減らし，そして給与の減った社員が消費を切りつめれば，モノは売れなくなり，企業収益は悪化する。そしてこの物価下落と景気後退の連鎖的な「らせん階段」のような悪循環が「デフレスパイラル」である。

❷デフレスパイラル

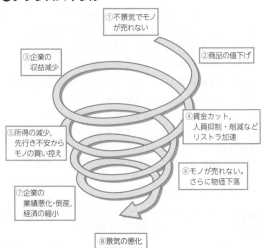

①不景気でモノが売れない
②商品の値下げ
③企業の収益減少
④賃金カット，人員抑制・削減などリストラ加速
⑤所得の減少，先行き不安からモノの買い控え
⑥モノが売れない。さらに物価下落
⑦企業の業績悪化・倒産，経済の縮小
⑧景気の悪化

❸デフレの影響

　住宅ローンなどの借金をしている人は，デフレの進行によって給料が下がってしまうと，毎月の借金の返済額は変わらないので，給料に占める返済時の割合は高くなる。借金をしている人には不利になるので，デフレ時には借金を早く返済したり，借金をしたりしないことである。また銀行などの金融機関からすると，お金を借りる人が少なくなるので，経営は厳しくなるといえる（経済活動が縮んでしまう）。

解説 企業の収益が悪化 デフレーションという物価水準の下落は，需要不足が原因である。メーカーは値下げしなくてはモノが売れないため，材料費や流通経費を切りつめる。それでも利潤が減り続ける場合，賃金のカットや人減らしなどの手段がとられる。しかし，失業者が増大すると需要がさらに不足するという悪循環がおきる。適切な**ポリシー・ミックス**によって**有効需要**を増加させることが必要になる。

Answer! p.195 Exercise問1の答え：③ 日本のGDPに含まれるのは，国籍を問わず，日本で働く人が日本で得た収入である。Bのコンサートは日本国外で行われているので，日本のGDPには含まれない。

経済 Lab 物価指数からみる日本経済

Check! 物価はどのように変化してきたのか, 傾向を読み取ってみよう。

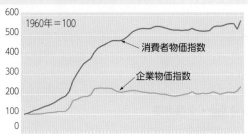

1960年＝100

[総務省統計局資料より作成]

生徒A：消費者物価指数は一貫して上昇していますが, 企業物価指数は80年代に入ってほとんど上昇していないと思います。

生徒B：消費者物価指数はモノとサービスの値段の指数ですが, 企業物価指数は基本的にはモノの値段の指数なので, サービスの値段は上がっていますが, モノの値段は80年以降ほとんど上がっていないということになると思います。

生徒A：それはなぜなのでしょうか？

先　生：一般に生産性が高い産業では価格は安くできるし, 逆に生産性が低い産業では価格は高くなる。もしそうだとすると, 日本では, サービス産業の生産性が低いので価格が高く, 逆に製造業の生産性が高いので価格が低いということになる。こういう考え方のことを生産性格差インフレーションというんだ。

生徒B：そうだとすると, 金融政策で物価を上昇させるというのは難しいということになるでしょうか？

先　生：そうかもしれないね。

8 景気循環の4つの波

名称と周期	内容
キチンの波 周期：3〜4年 （約40か月）	アメリカの経済学者キチンが発見。最も短期の循環で, 企業在庫の変動が原因。
ジュグラーの波 周期：7〜10年	フランスの経済学者ジュグラーが発見。設備投資の過不足の調整が原因。
クズネッツの波 周期：15〜20年	アメリカの経済学者クズネッツが発見。住宅（建築）投資が原因。
コンドラチェフの波 周期：約50年	ソ連の経済学者コンドラチェフが発見。4つの長期波動, 第1は産業革命, 第2は鉄道建設, 第3は電気・化学・自動車工業の発達, 現在は第4の技術革新が原因。

解説 景気循環の周期　様々な要因で周期的に変動する景気の循環を, それぞれの周期の提唱者の名前を冠した4つの波にまとめたのは**シュンペーター**である。彼は, 景気変動の主な要因を「**イノベーション（技術革新）**」に求めた。

7 景気変動の4つの局面

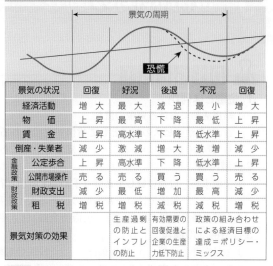

景気の周期

恐慌

景気の状況	回復	好況	後退	不況	回復
経済活動	増大	最大	減退	最小	増大
物価	上昇	最高	下降	最低	上昇
賃金	上昇	高水準	下降	低水準	上昇
倒産・失業者	減少	激減	増大	激増	減少
金融政策 公定歩合	上昇	高水準	下降	低水準	上昇
金融政策 公開市場操作	売る	売る	買う	買う	売る
財政政策 財政支出	減少	最低	増加	最高	減少
財政政策 租税	増税	増税	減税	減税	増税
景気対策の効果		生産過剰の防止とインフレの防止	有効需要の回復促進と企業の生産力低下防止	政策の組み合わせによる経済目標の達成＝ポリシー・ミックス	

解説 景気変動　世界恐慌（▶p.174**4**）に直面したイギリスの経済学者**ケインズ**（▶p.174**5**）は, 一国全体でみた供給量に比べて需要が不足していることが不況の原因と分析し（有効需要の理論）, 政府は財政政策・金融政策を通じて積極的に経済に介入すべきと考えた。

9 景気動向指数

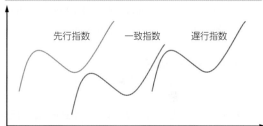

先行指数　一致指数　遅行指数

時間

❶景気動向指数の種類

DI	変化の大きさを見る指標。構成する指標の要素を合計することで求める。
CI	変化の方向性を見る指標。改善している指標の割合を算出して求める。

❷景気動向指数の系列

先行系列（11種）	新規求人数, 新設住宅着工床面積, 日経商品指数, 東証株価指数　など
一致系列（10種）	労働投入量指数, 有効求人倍率 鉱工業用生産財出荷指数, 営業利益　など
遅行系列（9種）	家計消費支出, 消費者物価指数 完全失業率, 法人税収入　など

解説 景気動向指数　景気動向指数には, DI（ディフュージョン・インデックス）とCI（コンポジット・インデックス）の2種類があり, 現在はCIが中心の公表形態となっている。景気に対して先行して動く先行系列は景気を予測する目的で使用されるのに対し, 景気に対して遅れて動く遅行系列は, 事後の確認に使用される。

Answer!　p.195 Exercise問2の答え：⑧　a：2016年の名目GDPは2015年の94％になる。b：2015年と2016年の1人当たりのGDPが同じになるように計算する。c：実質GDP成長率は本年のGDPを前年のGDPで割って1を引く。

197

5 金融機関の働き

📎 DIGEST

1. 金融とは何か

①経済活動における資金の流れ
- a. 財やサービスの対価として貨幣が支払われる **1**
- b. 資金の余っているところから足りないところへの融通 **2** → 金融市場

2. 金融市場

①金融市場…資金の貸し手と借り手の間で取引が行われる場→短期金融市場と長期金融市場 **6**
　　　　　　最近ではコール市場の役割増大　金利…元金に対する利子の割合。金融市場で決まる **4**

②企業の資金調達の区分 **5** … a. 直接金融（株式や社債の発行）　b. 間接金融（銀行からの借り入れ）

3. 金融機関の種類

①金融期間の分類…a. 中央銀行　　b. 民間金融機関　　c. 公的金融機関など

②銀行のおもな業務 **7** …a. 預金業務　　b. 貸出業務　　c. 為替業務　　d. 窓口販売

③銀行の信用創造…銀行は預金の一部を支払い準備として残し，残りを融資，貸出を繰り返すうち，最初の預金額の何倍もの預金通貨を創出し，預金額を上回る貸出を行うことができる **8**

4. 中央銀行（日本銀行）の役割

Exercise ⑰

①日本の中央銀行 **9** …a. 発券銀行　　b. 銀行の銀行　　c. 政府の銀行

②通貨制度 **9**
- a. 金本位制度…金を通貨の価値の基準とする制度 → 一国の通貨量は金の保有量に拘束される
- b. 管理通貨制度…通貨の発行量を政府と中央銀行の管理下におく通貨制度

③金融政策…日本銀行が通貨供給量（マネーストック **3** ）を調節して景気と物価の安定をはかる
　　　　　　代表的な手段は公開市場操作 **10**

5. 金融の新しい動向

自由化・国際化→金利および金融業務の自由化，資本の自由な国際間移動 **11**

①金融の自由化…金利の自由化（1990年代に進展），金融業務（銀行と証券・保険会社間）の自由化

②バブル崩壊と金融不安…多くの不良債権，自己資本比率の低下→ペイオフ本格実施（2005年）**11**

③金融システムの改革…不良債権と貸し渋りの発生→公的資金投入，金融庁発足，金融機関の合併 **11**

④日本版金融ビッグバン…1996年以降の金融制度改革（橋本龍太郎内閣が始める）
　　三つの原則…フリー（自由）・フェア（透明で信頼できる市場に）・グローバル（国際的な市場）

⑤金融技術の革新…a. フィンテック **13**　b. クラウドファンディング **14**

🔆 FOCUS

ワークブック ⑫

金融の機能と役割について考えてみよう

❶金融市場はどのような機能を果たしているか→ **2**　**5**　**6**

❷事業をおこなうための資金調達の方法にはどのようなものがあるか→ **5**　**14**

1 貨幣の4つの機能

交換手段	必要な品物を手に入れるための交換をスムーズに行う交換手段として。
価値尺度	商品の価値をはかる「モノサシ」（貨幣の量＝金額の大小）で商品の価値を表す。
支払手段	税金の納入や債務の決済として。
富の貯蔵手段	財産（富）の価値の維持。

解説 **貨幣（通貨）の種類**　現在日本で流通している現金通貨には**日本銀行券**（紙幣）と補助貨幣である硬貨があり，日本銀行が発行する紙幣に対して，硬貨は政府（造幣局）が発行する。紙幣も含めた通貨の流通高においては，硬貨の流通割合は5％未満と少なく，残りの95％は紙幣が占めている。

2 金融の循環

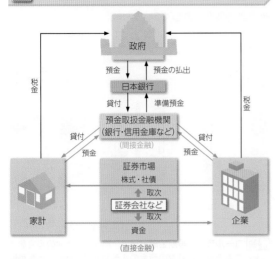

解説 企業は資金を調達するために，株式や社債の発行（**直接金融**），銀行からの借り入れ（**間接金融**）をおこない，家計は株式や社債の購入，銀行への預金や銀行からの借り入れをおこなっている。また，政府は国債の発行などによって資金を調達している。

3 マネーストック

Check! M₁のうち，割合が少ない通貨は何だろうか？

●2022年平均残高

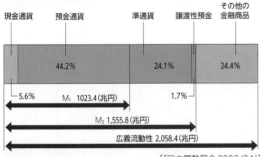

[『日本国勢図会 2023/24』]

広義流動性 M₃	M₂		M3 - ゆうちょ銀行の定期預金など
	M₁	現金通貨	日本銀行券発行高＋貨幣流通高
		預金通貨	要求払預金
	準通貨		定期預金＋据置預金＋定期積立＋外貨預金
	譲渡性預金		CD（譲渡性預金）
	その他の金融商品		金銭の信託，投資信託，国債など

[「日本銀行資料」より作成]

解説 **通貨量残高（マネーストック）** マネーストックは，金融機関（銀行）・中央政府の預金を除く，一般の法人や個人，地方公共団体などの通貨保有主体が保有する通貨量の残高のことで，**「世の中に出回っているお金の量」**といえる。2008年，郵政民営化によるゆうちょ銀行の発足を主な契機として，従来のマネーサプライ統計からマネーストック統計に変更された。これらの統計を見てもわかるように，**「世の中に出回っているお金」のうち私たちが目にする現金通貨は6％未満**と少ない。その他は普通預金や定期預金などである。

4 金利とその種類

　資金の貸し借りをする際に，資金の借り手は貸し手に対価（利子・利息）を支払う。金利とは，貸借された元金（金額）に対する利子の割合であり，金融市場での需要と供給によって決まる。

●金利の種類

❶期間による分類

短期金利	期間が1年未満で変動が激しい。日銀の金融政策によってコントロールされる。金融緩和の時は低く，金融引き締めの時には高くなる。例）無担保コール翌日物，預金金利，短期貸出金利など
長期金利	期間が1年以上の金融資産の金利のことで，主に債券の相場により決まる。長期貸出金利や公社債の利回りなど，企業への融資や個人ローンの金利に適用されるため経済への影響が大きい。例）長期国債，企業への融資，個人へのローンなど

❷利率の変動の有無による分類

固定金利	資金を借りている間，同じ利率が適用される
変動金利	資金を借りている間，一定期間ごとに利率が見直される

解説 **金利の変動要因** 短期金利はその時々の金融市場における資金需要や金融政策によって変動する。一方，長期金利は景気や為替などの将来の見通しや10年満期国債の利率を基準に変動する。

5 資金調達の種類

●金融の種類

外部金融	直接金融	企業が株式や社債などを発行することで，個人や企業から直接資金を調達する
	間接金融	資金調達者と資金提供者の間に銀行等の金融機関が介在し，間接的に資金を調達する
内部金融		自社内での，内部留保や減価償却費などによる資金調達

●資本の種類

自己資本	株式発行で調達した資金や利潤の内部留保など
他人資本	社債発行で調達した資金や金融機関からの融資など。負債ともいう

解説 直接金融においては，資金の調達者側の企業は株式や社債に投資してもらうので，財務内容を開示しなければならない（上場企業は情報開示のハードルが高い），株主の構成が変わると経営権にも影響するといったデメリットがある。一方，間接金融においての調達者側のデメリットは，融資を受けるために担保が必要なほか，金融機関の調達者側への経営関与が深まる，融資は先方の判断なので経営が悪化した時には融資を打ち切られる可能性があるといった点にある。

Challenge 保険会社は，契約者から保険料を預かって運用する際に投資や貸出を行うという点で，金融機関としての役割も持っているといえる。〇か×か。（▶p.201）

6 日本の金融市場

●金融市場の種類

長期金融市場（資本市場）	公社債市場	国・地方公共団体・企業などが外部資金を調達するために発行する有価証券を，募集し売り出す発行市場と，流通させるための流通市場とからなる。
	株式市場	企業が出資者を募る発行市場と，株主権を売買する流通市場からなる。株式は通常，各地の証券取引所で取引されるが，証券会社の店頭で取引される店頭市場もある。
短期金融市場		日々の営業活動の過程で，一時的に資金不足や資金余りが生じたとき，この市場を通して金融機関同士で短期の資金の貸借が行われる。

解説 金融市場は，資金の貸し手と借り手が結びつく「場」の総称であり，1年未満の短期資金が取り引きされる**短期金融市場**と，1年以上の長期資金が取り引きされる**長期金融市場**がある。短期金融市場は，日銀の公開市場操作（▶p.201 ⑩）の舞台として，金融調節の対象となっていて，経済主体間の短期資金の過不足を調節している。一方，長期金融市場における証券市場は，近年国債の発行量・流通量の増加で，急成長を遂げている。

●短期金融市場のしくみ

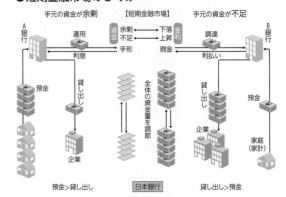

[『朝日新聞』2006年7月15日]

解説 **コール市場** 短期金融市場は，期間1年未満の資金を貸し借りする市場で，日々の資金の余剰や不足を調整するために利用される。金融機関同士の短期資金の貸し借りを「コール」と言うことから，この市場は「**コール市場**」と呼ばれ，ここでの短期金利が**コールレート**である。コールレートは，市場の資金量が需要に対して少なければ上昇し，多ければ下落する。

7 銀行のおもな業務

預金業務	当座預金	手形や小切手の支払いのための預金。主に企業の決済用に使われ，利息はつかない
	普通預金	預金の出し入れが常時可能。利息はつかないか低い
	貯蓄預金	自動支払いや受取りができない代わりに，一定額を維持すれば普通預金より高金利
	定期預金	預入期間が定められ，一定期間払い戻せない預金。金利は高い
貸出業務	手形割引	満期前の手形を，満期までの日数分の金利相当額を割り引いた上で換金する
	手形貸付	銀行を受取人とする約束手形を担保に資金を貸し付ける
	証書貸付	もっとも一般的な貸出方法で，手形の代わりに借用証書を取って貸し付ける
	当座貸越	当座預金の実際の残高以上の小切手振り出しを認めて，一定限度で貸し付ける
	コールローン	金融機関同士で行うごく短期間の貸付
為替業務	内国為替	現金を用いずに遠隔地の取引相手との決済を可能にする。金融機関を通した国内の個人間や企業間の振込や送金などを行う
	外国為替	国際間の資金の決済，送金などを行う。外国為替相場の変動に影響される
窓口販売	証券分野	投資信託，個人向け国債などの販売を行う
	保険分野	火災，生命，年金保険などの保険商品の販売を行う

解説 **さまざまな銀行の業務** 取引で生じた債権・債務関係を整理するのが決済業務（為替業務）である。これは，資金仲介や**信用創造**とともに，銀行のもっとも基本的な機能である。預金利息と貸し出し金利の金利差や手数料などが銀行の収益になる。また，銀行の窓口での，債券，投資信託，保険などの金融商品の販売による手数料は貴重な収入源となっている。

8 銀行の信用創造

共通テスト 22

日銀当座預金（支払準備率が10%の場合）

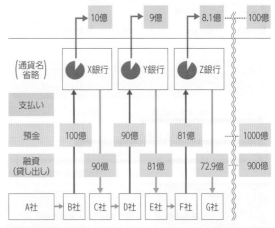

解説 **預金でお金を「創り出す」** 銀行は，家計や企業の資金借り入れ需要にあわせて貸し出しを行うことで，結果的に元の資金量の何倍もの預金通貨を新たに生み出すことができる。これを**信用創造**という。上の図は支払準備率が10%で，各銀行がそれに沿った準備金を中央銀行に預け，残りの預金はすべて融資に回した例である。X銀行は預金100億円のうち，支払い準備金10億円を除いた90億円まで貸し出せる。貸し出された資金は，再びY銀行に預金として振り込まれると，Y銀行はこれをもとに81億円まで貸し出せる。このようにして，最初の預金額×1／支払準備率，すなわち10倍（1000億円）まで預金を増やすことができる。900億円が信用創造されたのである。金融不安で銀行からの貸し出しが抑制されると，こうした資金の流れはうまれず，不安が連鎖的に拡大する（**信用収縮**）。なお，銀行の貸出業務は，実際に貸出先に現金を交付するのではなく，預金口座に貸出相当額を入金記帳する形で行われている。

はみだしメモ 英語でいう「bank」が日本に紹介されたのは幕末。江戸時代からの「両替屋」や「為替会社」という訳語があてられることが多かったが，「銀行」は中国での翻訳語をまねたものといわれている。

9 中央銀行の働き

●日本銀行の役割

① 「**発券銀行**」…日本銀行券（紙幣）を発行する（唯一の発券銀行）
② 「**政府の銀行**」…政府からの預金，国庫金の出納などを行う。国債事務の代行
③ 「**銀行の銀行**」…市中金融機関（個人や一般企業は対象外）と当座預金の出し入れ，貸し出し，国債や手形などの売買を行う

解説 **日本の中央銀行** **日本銀行**は，日本の**中央銀行**であり，唯一の**発券銀行**で，資本金1億円のうち55%を政府が出資する公私合同企業。日銀の最も重要な機能が，③「銀行の銀行」の役割を利用した**金融政策**（日銀の専権事項）であり，金融市場を通じて物価と景気を安定させる役割を担う。また，財務省の指示を受けて外国為替市場への介入を行うなどの役割もあるが，政府からの独立性をより高めるべく，1998年には改正日銀法が施行されている。

なお，各国の中央銀行には，アメリカのFRB（連邦準備制度理事会），イギリスのイングランド銀行，ドイツのドイツ連邦銀行などがある。

▶日本銀行本店

●通貨制度

金本位制度	・中央銀行の金保有量が通貨発行量を規制する ・紙幣は自由に金と交換できる（兌換銀行券）	長所：物価が安定しやすい 短所：国際収支の動向による金保有量の増減が景気の変動につながる
管理通貨制度	・中央銀行により法的に強制力を持たせた紙幣を発行する ・紙幣は金と交換できない（不換銀行券）	長所：通貨量の管理を通じた金融政策がとりやすい 短所：過剰な通貨発行によって，インフレを招きやすい

解説 **金本位制度**を最初に確立したのは19世紀初頭のイギリスである。日本は1897年に導入した。**世界恐慌**（▶p.174 **4**）の影響による金本位制度の崩壊以後は**ケインズ**（▶p.174 **5**）の提唱した**管理通貨制度**に移行していった。

●兌換紙幣

▲ 「此券引換に金貨拾圓相渡可申候（このけんひきかえにきんかじゅうえんあいわたしもうすべくそうろう）」と書かれている。所定の交換比率で金とかえることができた。

10 日本銀行の金融政策

Check! 日本銀行が行う金融政策とはどのようなものか？

●公開市場操作のしくみ

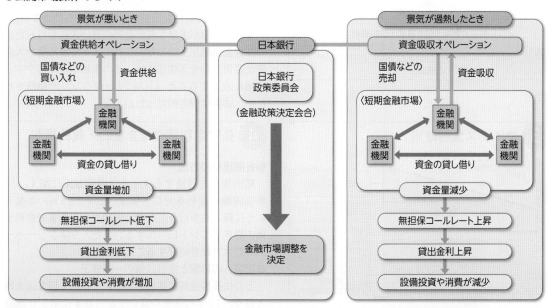

解説 不況の最大の問題は失業であり，好況のときに問題となるのは**インフレ**である。つまり，中央銀行は，失業率悪化には**金融緩和**，物価上昇には**金融引き締め**で対応するのである。日本銀行の金融政策は，物価や経済成長率の動向予測などに影響を受けながら変動する長期金利に気を配りつつ，頻繁に資金が流動する短期金利を調整しながら進められている。現在の日銀の金融政策は**公開市場操作**（**オープン・マーケット・オペレーション**）が中心である。なお，市中銀行が日銀に資金の一定割合を支払準備金として預ける割合（預金準備率）を上下させる**預金準備率操作**は，1991年以降行われておらず，公定歩合操作の意味も金利自由化で薄れ，名称自体使われなくなっている。

経済

なるほど経済　日本銀行の金融政策−異次元の金融緩和

21世紀に入ってからの日本経済は，物価が継続的に低下するというデフレに悩まされ続けることになった。しかし，デフレ脱却を巡っては専門家の間でも意見が分かれる事態になっている。このような中で，日本銀行はどのような金融政策を行っているのかをみてみよう。

① 非伝統的金融政策

年・月	政策
2001.3	ロンバート型貸出制度（補完貸付制度）導入 ・日銀が民間銀行に基準金利（以前は公定歩合と呼ばれていた）で，短期資金を低金利で安定的に融通する
2001.3〜2006.3	量的緩和政策 ・資金の量（日銀当座預金残高）を主たる操作目標とし，日銀当座預金残高を増やすことで市中の資金量を増やす
2009.12	10兆円規模の追加金融緩和実施
2010.10〜2013.3	包括的金融緩和（実質的なゼロ金利政策を継続） ・無担保コールレート翌日物の誘導目標を年0.1％程度から0〜0.1％程度に引き下げる「量的緩和」と，日銀自身がリスクのある資産を直接買い入れる「信用緩和」
2013.1〜	インフレターゲット政策 ・一定の物価上昇率（インフレ率）を設定して，目標の達成まで金融緩和政策を維持する。2013年の「アベノミクス」では，デフレからの脱却のため消費者物価の対前年比上昇率を2％とした
2013.4〜	量的・質的金融緩和（通称「異次元緩和」）　▶2
2016.2〜	マイナス金利政策 （マイナス金利付き量的・質的緩和）　▶3
2016.10〜	長短金利操作付き量的・質的緩和　▶4 ・金融市場調節による長短金利の操作（イールドカーブ・コントロール）とマネタリーベースの拡大の継続

② 量的・質的緩和

●異次元の金融緩和

2013年3月に，金融緩和によるデフレ脱却派の黒田東彦氏が日本銀行総裁に就任し，「異次元の金融緩和」が行われるようになった。この政策は，これまで類を見ないような量的規模での金融緩和と，金融調節の主な対象を従来の短期国債中心から株や土地をパッケージした証券に広げた質的な緩和が含まれる。

・2％程度の物価上昇の目標年限の設定
・マネタリーベースコントロールの採用
・購入する国債の年限長期化→長期金利への影響拡大
・購入する証券の種類拡大→株や土地市場への影響拡大

●量的緩和の拡大

デフレ対策には，世の中に出回っているお金の量を増やすことが有効だという考え方のもと，日銀は2013年から，市中銀行がお金を貸し出す元となる「マネタリーベース」（特に日銀当座預金）を急速に増やし始めた。しかし，世の中に出回っているお金の量自体はそれほど増加していない。物価上昇率も消費税の引き上げ時を除けば，日銀の目標を下回り続けていた。

一方，日銀が多様な有価証券の買い入れも行ったので，資産価格が上昇した。これによって富裕層や大企業が経済活動を活性化させ，その恩恵が中間層や中小企業に波及すること（トリクル・ダウン）が期待されたが，効果は限定的だった。

③ マイナス金利政策

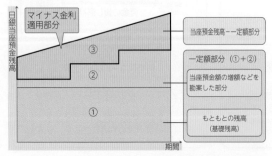

[日本銀行資料より作成]

金融機関が日銀に預けている当座預金のうち，一定額を超える部分（図中③）の金利をマイナスにする政策。金融機関が余分な準備預金を持たず，民間融資や金融市場での金融資産購入を促すことが期待された。

④ 長短金利操作付き量的・質的緩和

●金融緩和の方法

短期金利を調整するマイナス金利政策に加え，10年物国債の金利をゼロ％程度（上下0.25％）となるように買入れを行うことで，短期から長期まで金利全体の動きをコントロールする。また，マネタリーベースの拡大方針を継続することとした。

●市場への影響と金融政策の一部修正

とくに長期金利は本来の水準よりも低く抑え込まれており，10年物国債の買い手が付かずに取引が成立しない日もあるなど市場のゆがみも指摘された。

市場の機能を回復させるため，2022年末以降，金利の上限を段階的に緩和する修正が行われた。長期金利の上昇は企業の資金借入時の金利も押し上げるため，中小企業の経営に影響する可能性もある。

⑤ マネーストックとマネタリーベースの違い

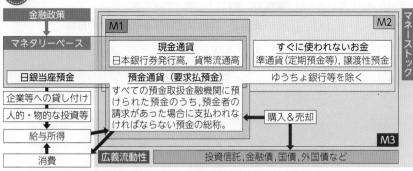

解説 **マネーストック**は，金融機関・中央政府を除いた経済主体（一般の法人や個人，地方公共団体など）が保有する通貨量の合計のこと。一方，**マネタリーベース**は，市中に出回っている現金通貨と日銀当座預金（各銀行が日本銀行に預けている預金）の合計のことで，日銀が直接操作できるお金を表している。

Exercise

問 資料６～８から読み取れる内容を説明した文として，適当なものを全て選んでみよう。

① 日本の金利は，バブル崩壊後の1990年代以降に大きく引き下げられ，その後きわめて低い水準が継続しているため，金利を引き下げる余地が小さくなっている。

② 銀行が資金を貸し出す際のもととなるマネタリーベースの変化率は大きく変動しても，市中で流通する貨幣量であるマネーストックは2020年になるまではあまり変化していない。

③ マネタリーベースは，アベノミクスによる量的質的緩和政策によって，2013年から急激に増加したため，金利が大きく低下した。

④ 2000年代後半になって，世界的に低金利政策を採っていることが分かるが，これは2008年からのアメリカ発の金融危機に対処するためのものと考えられる。

(解答は▶ p.205)

---

⑥ 金利の推移と金融政策

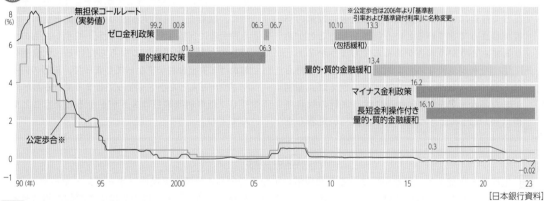

[日本銀行資料]

解説 金利が歴史的に見てすでに低水準にあるため，金利の低下によって景気対策を行う余地は少ない（▶ p.204 経済 lab）。そのため，量的・質的緩和などの非伝統的金融政策が必要となった。

---

⑦ マネタリーベースと貨幣量の増加率

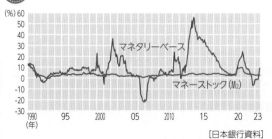

[日本銀行資料]

解説 2000年頃から，マネタリーベースが大きく増えてもマネーストックがそれほど増えなくなったのは，銀行の貸出先の資金需要が伸びないため，信用創造（▶ p.200 ⑧）が十分に働かないためと考えられる。

---

⑧ 各国の政策金利の推移

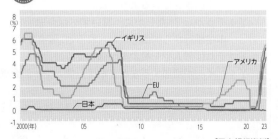

[日本銀行資料]

解説 アメリカ発の金融危機（**リーマン・ショック**）以降，世界的に低金利の状況が続いているが，そんな中でもアメリカが，2010年代後半に金利を引き上げたのは，非伝統的な金融政策から抜け出す「出口戦略」を試みているからである。

Check! なぜ，家計の財産所得が減少しているのか（資料2），資料1から考えてみよう。

資料1 長期金利の推移

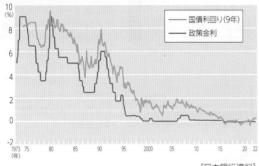

[日本銀行資料]

資料2 家計が受け取る財産所得の推移

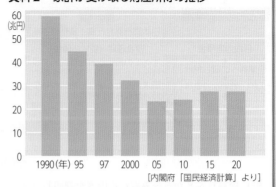

[内閣府「国民経済計算」より]

生徒A：日銀は長い間金利を非常に低い水準に維持する政策をとっています。なぜなのでしょうか？

先　生：一般に企業や家計はお金を借りて投資をしたり住宅を購入したりするから，金利が低いと企業は投資をしやすくなるし，家計は住宅を購入しやすくなる。もともと消費と比べると投資や住宅投資は景気に与える影響が非常に大きいから，日本銀行は低金利を維持することによって，長期間低迷している日本経済を活性化しようとしているんだ。

生徒B：最近ニュースや新聞で実は低金利政策の弊害が目立ってきているという報道を見たことがあります。どういう弊害があるんでしょうか？

先　生：金利が低くなると，家計が預貯金から得られる金利収入が減ってしまうよね。例えば，金利がまだ高かった90年代初頭には，家計の財産所得は40兆円以上あったけど，低金利が定着した

ここ20年くらいは20兆円〜30兆円程度になっている。家計の得ている所得がそれだけ減ってしまったということなんだ。賃金が増えていないことを考えれば，この財産所得の減少が消費に与える影響は非常に大きいことが想像できるよね。

生徒A：なるほど。

先　生：もう一つ，この低金利のおかげで金融機関，特に地方銀行の経営が非常に悪くなっているということがある。銀行というのは，預金者からお金を集めて，融資先にお金を貸して商売をしている。その時に，融資先に融資する際の金利（貸出金利）から預金者に支払う金利（預金金利）を引いたものが銀行の利益（利ざや）になるんだけど，低金利のおかげで貸出金利が下がってしまって，銀行の得る利ざやがどんどん小さくなってしまっているんだ。

生徒B：低金利政策もコストがかかるということなんですね。

Exercise

問 生徒Xと生徒Yは，日本銀行による金融政策の主な手段である公開市場操作（オープン・マーケット・オペレーション）について話し合った。次の会話文中の空欄　ア　・　イ　に当てはまる語句の組合せとして最も適当なものを，後の①〜④のうちから一つ選べ。

X：日本銀行は，買いオペレーションや売りオペレーションによって，個人や一般企業が保有する通貨量を変動させているようだね。

Y：そうかな？　たしかに，買いオペは金融　ア　の効果が期待できると言われているけど，日本銀行が市中銀行から国債を買い入れると，確実に増加するのは市中銀行が保有する日銀当座預金の残高だね。

X：それは個人や一般企業が保有する通貨量，つまり　イ　が増加すると考えてよいのかな。

Y：　イ　が増加するかどうかは，個人や一般企業の資金需要と市中銀行の貸出が増加するかどうかによるよ。

X：それなら，日本銀行の公開市場操作は　イ　を直接的に増減させるものではないということだね。

① ア 緩和　イ マネーストック　　② ア 緩和　イ マネタリーベース

③ ア 引締　イ マネーストック　　④ ア 引締　イ マネタリーベース

<2022年 共通テスト 政治・経済 本試>　（解答は▶p.206）

11 金融危機と金融再編

❶関連年表

1989.12	日経平均株価38915円（過去最高値）
1990.1	日経平均株価が下落を始める
1990.8	公定歩合を6.00％に引き上げ
1991.4	マネーサプライ増加率前月比3.7％
1991.6	日銀による「窓口指導」（市中銀行の貸し出しに対する規制）を廃止
1991.7	公定歩合を5.5％に引き下げ（この年4.5％まで引き下げ）
1991.10	預金準備率を引き下げ
1992.1	地価税導入
1992.4	公定歩合を3.75％へ（この年3.25％まで引き下げ）
1992.7	証券取引等監視委員会発足
1993.2	公定歩合を2.5％へ（この年1.75％まで引き下げ）
1995.4	公定歩合を1％に引き下げ
1995.9	公定歩合を0.5％に引き下げ，コールレートが公定歩合を下回り，金融政策の市場活用が進む
1996.7	住宅金融専門会社破綻，債権管理機構設立
1996.11	「日本版金融ビッグバン」策定（実施は98年）
1997.4	消費税を5％に引き上げ
1997.7	タイ・バーツ切り下げ，アジア通貨危機発生
1997.11	三洋証券，北海道拓殖銀行，山一證券破綻
1998.2	金融安定化関連法成立
1998.6	金融監督庁設置（2000年に金融庁へ改組）
1998.10	日本長期信用銀行破綻
1998.12	金融システム改革法施行（金融ビッグバンを推進）日本債券信用銀行破綻
1999.2	「ゼロ金利政策」開始 金融再生委員会による大手銀行への公的資金投入
2001.3	「量的緩和政策」導入 政府による「デフレ宣言」（2006.6まで継続）
2003.4	日本郵政公社発足
2005.4	ペイオフ解禁

❷日本版金融ビッグバン

●ビッグバン前

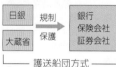

金融ビッグバン
・Free…規制緩和
・Fair…公平，公正な市場
・Global…海外にも門戸を開く

●ビッグバン後

- 保険料を自由に設定できる（1998年）
- 株式委託手数料を自由に設定できる（1998年）
- 外貨預金が自由化する（1998年）

国民にとっては
- 銀行窓口で生命保険の商品を購入できるなど，便利になる
- 自分のお金は自分で守る必要性がある

解説 「護送船団方式」からの転換 戦後の日本の金融システムは，護送船団方式とも呼ばれる政府の規制と保護政策の下で発展した。1980年代以降，金融の国際化への対応のために，金利の自由化をはじめとする金融の自由化，いわゆる「日本版金融ビッグバン」が進んだ。

❸金融不安

金融機関システムへの不安が高まる
・金融機関の貸し渋りや貸しはがしが横行し，資金調達が困難になった中小企業の倒産が相次ぐ ・決済や金融仲介といった金融機能が機能しにくくなる

解説 バブル期にずさんな融資をおこなっていた金融機関は，バブル崩壊後には多額の不良債権を抱え，破綻する銀行もあった。銀行の破綻処理手続きを定めたり，破綻を予防するために公的資金を導入できるようにしたり，預金保険機構を強化して預金者の預金を無制限に保証するなどの対策が講じられた。

❹金融再編

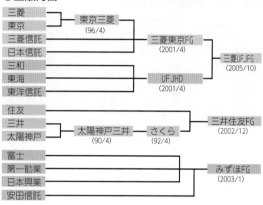

解説 3つのメガバンク 大手銀行が不良債権（▶p.224 9）の処理を中心とする経営の健全化を進める過程で，金融機関の大規模な合併・再編が行われ，**メガバンク**を軸とする三大金融グループが形成された。各グループは，銀行，証券会社，保険会社などの金融機関を子会社として支配，管理することを主業務とする**持株会社**の下で総合的な金融サービスを提供している。この金融持株会社は，1996年の日本版金融ビッグバンにともない**独占禁止法**の改正によって解禁されたものである。

❺預金保険制度のしくみ

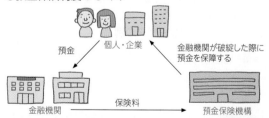

解説 ペイオフとは破綻した金融機関の代わりに**預金保険機構**が預金を払い戻す制度（預金払い戻し）。預金保険機構は1971年に設立され，同機構は政府・日本銀行・民間金融機関が共同出資し，加盟金融機関から集めた保険料から破綻した金融機関へ払い戻しされる。対象金融機関は都市銀行，地方銀行，第二地方銀行，信用金庫，信用組合，労働金庫などである。2005年4月からペイオフが全面解禁され，利息が付かない等の条件を満たす決済用預金のみが全面保護となる。それ以外の一般預金（普通預金，定期預金，定期積立など）は合算して**元本1,000万円**までと利息などが保護の対象となる。2010年9月に日本振興銀行が破綻し，ペイオフが初めて発動された。

Answer! p.203 Exerciseの答え：①，②，④ 資料7を見ると，マネタリーベースは2013年頃から急激に増加しているが，資料6をみると，同時期に金利は下がっていない。

205

12 金融商品のリスクとリターン

●リスクとリターンの関係

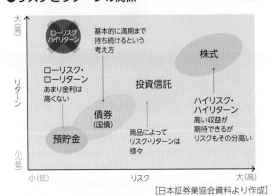

[日本証券業協会資料より作成]

●要注意な金融商品の広告例

（例１）特例付き定期預金のパンフレットに「満期のたびに金利が上がる」と書いてあったが，「中途解約すると違約金が発生し，元本を下回ることがある」とも書いてあった。

（例２）株式投資信託の広告に「利益増を確実にめざす」と大きく掲載されていたが，小さな字で「株式市場の動向によって利益は保障できません」と書いてあった。

解説 金融機関が販売する金融商品には，預金の利子よりも大きな利益を得ることができる反面，リスクも大きいという性質がある。ここでのリスクとは，一般的な「危険なこと」を指すのではなく，リターンの不確実性の度合いのことである。つまり，リスクが高いと言うことは，「大きな利益があるかもしれないが，それと同時に大きな損失があるかもしれない」ということになる。広告などを見る場合には，細かな内容まで確認することが重要である。

13 フィンテック

　FinTech（フィンテック）とは，金融（Finance）と技術（Technology）を組み合わせた造語で，金融サービスと情報技術を結びつけたさまざまな革新的な動きを指す。身近な例では，スマートフォンなどを使った送金もその一つである。

●フィンテックのサービスの例

決済・送金	スマートフォンやタブレットなどを利用した決済や送金
資産管理	複数の金融機関やクレジットカードの情報を一元管理
資産運用	人工知能（AI）を利用した資産運用のアドバイス
クラウドファンディング	インターネット上で資金提供者を募り，支援を受ける
保険	各種データを分析し，個人に適した保険を提案する

解説 IT取引の拡大 インターネットを活用した決済や金融，資産管理・運用等が広がる中，銀行など既存の金融機関を介しないインターネット技術「**フィンテック**」が進展してきている。**暗号資産**（仮想通貨）や**クラウドファンディング**がその主なものであるが，資金調達や資産管理にとどまらず，幅広い領域で新たなサービスが生まれてきている。

---

14 クラウドファンディング

ワークブック 12

❶クラウドファンディングのしくみ

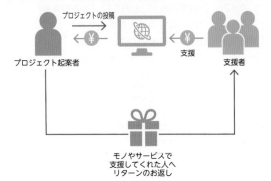

[小学館スタートアップゲートホームページより]

❷主なクラウドファンディングの種類

種類		リターン
非投資型	寄付型	原則なし
	購入型	モノや体験などの商品やサービス
投資型	ファンド型	事業成功による収益，商品やサービス
	貸付型	主に金利
	株式型	主に配当など

解説 クラウドファンディング クラウドファンディングとは，インターネットを通じて，自分のやりたいことやアイディアを具体的に発表し，趣旨に賛同する支援者から資金を募る仕組みのこと。実行者にとっては，金融機関や身のまわりの家族や友人だけに限らず幅広い層から資金を調達できるメリットがある。一方で支援者には，自分の融資や支援が，どのような内容に使われるのかがわかりやすく，満足感や安心感が得られやすいというメリットがある。

❸ソーシャルレンディング

　融資型のクラウドファンディングの一種で，ソーシャルレンディングの運営会社が，インターネットを通じて投資家から小口で広く資金を集め，企業など融資を必要とする先に貸し出す仕組み。インターネットで貸し手と借り手を結びつける融資の仲介サービス。

	メリット	デメリット
投資する側	比較的短期間で高い利回り 少額から可能	融資先の企業の貸し倒れや，運営会社の倒産
借りる側	資金調達が比較的容易	金利が高い

解説 ソーシャルレンディングのリスクとリターン 金融商品としてのソーシャルレンディングのリスクとリターンは，元本の保証がない分だけ債券より高く，毎日常に値動きがある分だけリターンを見込むことができる株式よりは低いとされる。日本におけるソーシャルレンディングの市場規模は，2017年時点で，クラウドファンディングにおける新規プロジェクト支援額1,700億円のうち約90％を占めている。しかし，クラウドファンディングもソーシャルレンディングも原則として自主的に行っていることなので，中には詐欺まがいのものもあったりする。十分な知識や調査が必要である。

Answer! p.204 Exerciseの答え：① 買いオペは市中銀行を通じて国債などを買い入れ，市中銀行の日銀当座預金に資金を投入する緩和策。その結果，市中銀行の貸出が増加し，個人や企業の通貨量（マネーストック）が増える。

金融の働き

手元に現金がなくても決済ができるキャッシュレス決済。クレジットカードやデビットカード，プリペイドカードなどに加え，電子マネーや，携帯端末上に表示するバーコードといった決済方法の多様化や，決済可能な場面の拡大によって，金融技術の革新とともに，キャッシュレス決済は新たな広がりを見せている。

① 仮想通貨（暗号資産）

◆法定通貨と仮想通貨の違い

	法定通貨	仮想通貨 （暗号資産）
発行主体	中央銀行，政府	存在しない
実体	紙幣や硬貨	なし （デジタルデータ）
発行量	上限なし	上限有り
信用	国が価値を裏付ける	ブロックチェーンの技術が担保
額面と価値	額面は一定。通貨価値は物価に連動して決まる	価格変動が大きい。価値は需要と供給によって決まる

ブロックチェーン 複雑な暗号技術を使って送金や取引の情報を記録することで仮想通貨の信頼性を支えるしくみ。取引内容を記録したブロックは，前後のブロックと鎖（チェーン）のようにつながることによってデータを共有することで改ざんを防ぐため，信頼性が高いとされている。

◆ビットコインの相場の推移

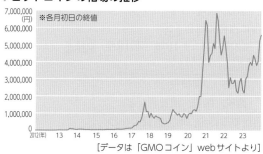

[データは「GMOコイン」webサイトより]

ビットコインに代表される暗号資産は，2022年時点で10,000種類以上あると言われている。これらの暗号資産は，法定通貨と異なり，国家や中央銀行によって価値が保証されるものではないため，投機対象となることによる価値の乱高下が起こりやすい。また，ITセキュリティの脆弱性により「流出」や「消滅」といったトラブルも発生することがある。

2021年に，エルサルバドルは世界で初めて法定通貨としてビットコインを認めた（それまでの法定通貨は米ドル）。日本政府はこの法定通貨化について，ビットコインを外国通貨とは認めない見解を示した。

解説 暗号資産についての利用者保護や，国際的な対応が迫られている中，日本では2017年4月より改正資金決済法が施行され，2019年には，暗号資産を扱う業者の登録制，マネーロンダリングなどの悪用防止，暗号資産取引による金融利益の税制強化などがあらためて法で定められた。

② キャッシュレス決済

◆キャッシュレス決済の種類
❶支払い方法による分類

前払い	事前に料金をチャージして利用する。基本的に，チャージしている金額の範囲内の利用 例）プリペイドカード，交通系・流通系の電子マネーなど
即時払い	利用と同時に，銀行口座から利用金額が自動的に引き落とされる 例）デビットカードなど
後払い	利用金額が後日請求される 例）クレジットカードなど

❷利用方法による分類

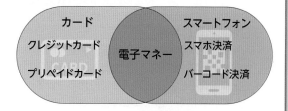

カード
クレジットカード
プリペイドカード
電子マネー
スマートフォン
スマホ決済
バーコード決済

◆キャッシュレス決済比率の国際比較

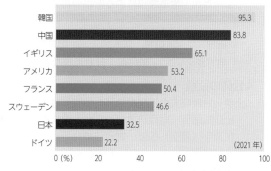

国	比率
韓国	95.3
中国	83.8
イギリス	65.1
アメリカ	53.2
フランス	50.4
スウェーデン	46.6
日本	32.5
ドイツ	22.2

（2021年）

[キャッシュレス推進協議会資料より]

解説 **日本におけるキャッシュレス決済** 消費者庁の調査によると，1年間に店舗で利用したことがあるキャッシュレス決済方法の中では，クレジットカードが75.1％と最も多く，次いでコード決済の64.1％となっている（2022年8月調査）。なお，現金は76.9％であることから，比較的治安の良い日本では，いまだ保有する現金で対価を支払う文化が根強いことがわかる。その上で，「新しい日常」が求めるキャッシュレス決済を普及させるためには，スマートフォンのロックやアカウント情報の管理，定期的な利用明細の確認といった自衛策が必要であり有効となる。

6 政府の役割と財政・租税

縦書き：財政・租税の役割と社会保障の充実・安定化

DIGEST

1.財政とは何か

①財政…政府の行う歳入（収入）と歳出（支出）の活動 [1]

②財政の機能 [2]

a.資源配分の調整…社会資本や教育・医療などの公共サービスの提供

b.所得の再分配…所得税の累進課税や社会保障関係の支出により所得格差を緩和する機能

c.経済の安定化 [3]

　裁量的財政政策（フィスカルポリシー）…財政操作による景気の調整

　自動安定化装置（ビルト・イン・スタビライザー）…状態に応じて自動的に景気が調整されるしくみ

| 不況時 | 税収減少・社会保障費支出増加→通貨量の増大を図ることで有効需要の拡大 |
| 好況時 | 税収増加・社会保障費支出減少→通貨量の減少を図ることで有効需要の縮小 |

d.ポリシー・ミックス…財政政策や金融政策などを組み合わせた経済政策

2.予算と財政投融資

①予算…国の会計は一般会計と特別会計（特定の事業を目的），政府関係機関予算に大別

a.一般会計予算…通常の歳入・歳出（2024年度　約112.1兆円） [4]

b.特別会計予算…特定の政府事業の収支（2023年度総額　約441.9兆円，純計額　約197.3兆円） [5]

②財政投融資計画…公的資金を使って産業の復興や社会資本の整備のための投融資 → 第二の予算 [6]

3.日本の租税の特徴

①租税…財政収入の中心。公正・中立・簡素の三原則

②租税の分類…直接税（納税者と担税者が同じ）と間接税（納税者と担税者が異なる） [7]

a.直間比率…直接税と間接税の比率　日本…58：42（2022年度） [8]

b.租税負担率…国税と地方税を合計した額が国民所得に占める割合 [9]

c.消費税…3％（1989年）→ 5％（1997年）→ 8％（2014年）→ 10％（2019年） [10] [11]

d.所得税…累進課税による所得の再分配 [12] [13] [14] [15] [16]

	直接税	間接税
国税	所得税，法人税 [17]，相続税など	酒税，関税，消費税など
地方税	住民税，自動車税など	自動車取得税，地方消費税など

4.公債の役割

公債…財政収入の不足を補うための債権，必要資金調達のための借金 [18] [19] [20]

a.建設国債…財政法で認められ，公共事業費などの財源に用いる（1966年度に初めて発行）

b.赤字（特例）国債…財政法で発行が禁止され，特例法を毎年制定して発行（1975年度に初めて発行）

c.国債依存度…一般会計予算で歳入の中に占める国債の割合31％，国債債務残高（1,105兆円，2024年当初）

d.財政の硬直化…歳出に占める国債費の割合が高く，予算の多くが国債の返済に使われると柔軟な財政
政策ができなくなる → プライマリーバランスの赤字 → 財政構造改革の必要

FOCUS

ワークブック [13]

持続可能な財政政策を考えてみよう

❶なぜ日本の歳出は拡大傾向にあり，税収は低迷しているのだろうか→ [4] [20]

❷この傾向が維持されると，将来どのような影響が生じるのだろうか→ なるほど経済

❸歳出減と歳入増は可能なのだろうか→p.216 Exercise

1 財政のしくみ

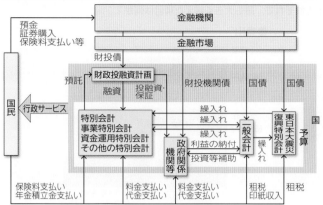

[『図説日本の財政』を参考に作成]

解説 行政機関やその他特定事業などに使われる経費の収支を総合して**財政**という。財政は，租税や債券によって徴収し，公共財・サービスの提供のために支出されるだけでなく，その過程で**資源配分調整，所得再分配，経済の安定化**といった機能もあわせもつ。

2 財政の機能

共通テスト 21.23

資源配分調整	民間の経済活動では供給されない公共的な財貨やサービス（**公共財**）を提供する。例）道路，上下水道などの社会資本の整備，警察，消防や外交などの民間ではまかなえないサービスの提供
所得再分配	経済社会における所得の分配の不均衡を調整する機能。所得が多くなれば税金も多くし（累進制），社会保障を通じて低所得者を保護する。
経済の安定化	税金の増減や財政支出の増減によって景気を安定化させる。**自動安定化装置（ビルト・イン・スタビライザー）や裁量的財政政策（フィスカルポリシー）による**

経済

3 経済の安定化

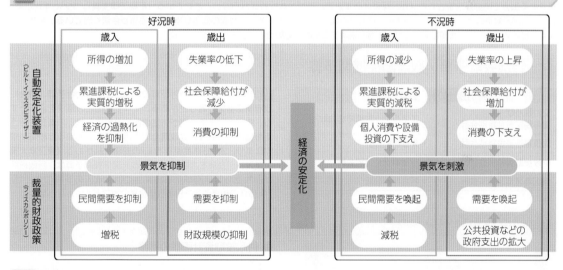

解説 経済安定化の手段 累進課税制度や雇用保険制度といったような，好況時には税収が増え，不況時には社会保障給付額が増えるように，予め制度化して景気や所得を安定化させることを**自動安定化装置（ビルト・イン・スタビライザー）**という。また，政策的に増減税したり公共投資を増減させたりすることを**裁量的（伸縮的）財政政策（フィスカルポリシー）**という。

Exercise

問 財政の役割A～Cとその内容の説明文ア～ウとの組合せとして最も適当なものを，下の①～⑥のうちから一つ選べ。

A 所得の再分配　　B 資源配分の調整
C 景気の安定化

ア 公共投資の規模を調整し，経済の大幅な変動を抑える。

イ 司法や防衛，上下水道など，市場では最適な供給が難しい財・サービスを提供する。

ウ 生活保護や福祉サービスの給付を行い，一定の生活水準を確保する

①A-ア　B-イ　C-ウ　②A-ア　B-ウ　C-イ
③A-イ　B-ア　C-ウ　④A-イ　B-ウ　C-ア
⑤A-ウ　B-ア　C-イ　⑥A-ウ　B-イ　C-ア

<2012年センター試験 政治・経済 追試>（解答は▶p.211）

（解答は▶p.211）

はみだしメモ 公共財の中でも，その便益が国境を越えて広がる世界的な安全保障システム，通貨・金融システム，自由貿易システム，インターネット，地球環境の保護，世界遺産などは国際公共財（グローバル・コモンズ）と言われる。

4 一般会計の歳入と歳出

●歳入

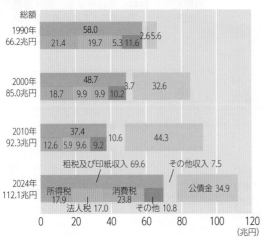

総額
1990年 66.2兆円
58.0 | 21.4 | 19.7 | 5.3 | 11.6 | 2.6 5.6

2000年 85.0兆円
48.7 | 18.7 | 9.9 | 9.9 | 10.2 | 3.7 | 32.6

2010年 92.3兆円
37.4 | 12.6 | 5.9 | 9.6 | 9.2 | 10.6 | 44.3

租税及び印紙収入 69.6　　その他収入 7.5

2024年 112.1兆円
所得税 17.9　法人税 17.0　消費税 23.8　その他 10.8　公債金 34.9

●歳出

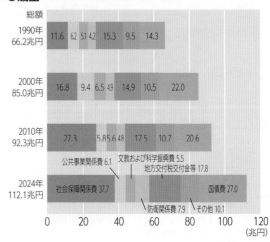

総額
1990年 66.2兆円
11.6 | 6.2 | 5.1 | 4.2 | 15.3 | 9.5 | 14.3

2000年 85.0兆円
16.8 | 9.4 | 6.5 | 4.9 | 14.9 | 10.5 | 22.0

2010年 92.3兆円
27.3 | 5.8 | 5.6 | 4.8 | 17.5 | 10.7 | 20.6

公共事業関係費 6.1　文教および科学振興費 5.5　地方交付税交付金等 17.8

2024年 112.1兆円
社会保障関係費 37.7　防衛関係費 7.9　その他 10.1　国債費 27.0

0　20　40　60　80　100　120（兆円）

[財務省資料より作成]

解説 財政は，政府の作成した予算に従って運営される。予算における収入のことを**歳入**，支出のことを**歳出**と呼ぶ。予算は国民の代表である国会で議論し決定されるほか，課税は必ず法律に基づかなければならないとされている（**租税法律主義**）。1990年代以降，しばしば不況対策の必要に迫られた日本の一般会計の歳入と歳出においては，**税収の低迷や高齢化の影響が色濃く出ている**。また，低迷する税収を補うために大量に発行された国債を返済するため，国債費の割合も高まっている。

5 特別会計予算・政府関係機関予算

特別会計の例（2023年度）	
交付税及び譲与税配布金特別会計	エネルギー対策特別会計
国債整理基金特別会計	年金特別会計
財政投融資特別会計	自動車安全特別会計
外国為替資金特別会計	特許特別会計

解説 財政には一般会計予算のほかに，**特別会計予算（特会）**，**政府関係機関予算**などがある。それぞれ国会の議決を必要とする。特別会計予算は国が特定の目的の事業を特定の資金で行うために設けられる。財政健全化や透明性を推進するため縮小傾向にあり，2023年度現在で13の特別会計がある（東日本大震災復興特別会計を含む）。また，政府関係機関予算は，行政機関から独立した政府が全額出資している法人の予算のことで，2008年の組織改変で日本政策金融公庫など4つとなった。

6 財政投融資のしくみ

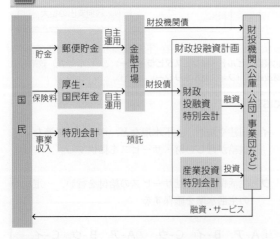

● 財政投融資計画額の推移

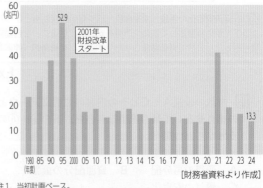

52.9
2001年 財政改革スタート
13.3

1980 85 90 95 2000 05 10 11 12 13 14 15 16 17 18 19 20 21 22 23 24（年度）

[財務省資料より作成]

注1．当初計画ベース。
注2．2020年度は新型コロナウイルス感染症等対策等の補正・弾力追加が50.5兆円

解説 **財政投融資**とは，財政投融資対象機関とよばれる特定の政府系金融機関，法人，団体等に資金を貸し付けたり，債券を発行したりして資金を調達することをいう。かつては郵便貯金や年金積立金が全額預託され，低金利で特殊法人などに貸し付けられていたが，2001年からは財投債や財投機関債を金融市場で発行して市場金利によって資金調達するように改革された。加えて，特殊法人改革により財投対象機関も少なくなり，近年の財政投融資計画額は改革以前の半分以下になっている。

7 日本の租税

●おもな租税の分類

国税	所得税	直接税	個人の所得にかかる税金
	法人税	直接税	法人の所得にかかる税金
	消費税	間接税	消費行為にかかる税金
地方税	住民税	直接税	住民の所得にかかる税金
	固定資産税	直接税	土地・家屋など固定資産にかかる市町村税
	事業税	直接税	法人の所得にかかる税金

●税率による分類

	特色	相当する税
比例税	法人の所得の大小に関係なく同率で課税される	法人税
累進税	所得額が大きいほど税率が高くなる。	所得税, 相続税, 贈与税
逆進税	課税対象額が大きくなるほど相対的に税率が低くなる	消費税など間接税一般

[石弘光『税制ウォッチング』中公新書より作成]

解説 租税は，所得が多い人ほど多くを負担するという意味での**垂直的公平**と，同じ所得額の人は等しい負担をするという意味での**水平的公平**を満たすことが条件になっている。そういう点では，所得の大小に関わらず一律に課税される消費税は，低所得者ほど負担が重くなること（**逆進性**）が問題になる。また，納税方法により直接税と間接税に大別される。

●国税と地方税の内訳（2024年度当初予算）

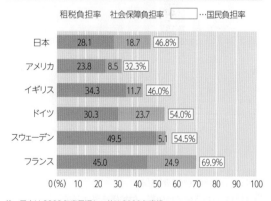

国税 69兆6,080億円 62.0%	地方税 42兆7,410億円 38.0%

直接税
- 所得税 17兆9,050億円
- 法人税 17兆460億円
- 相続税 その他

直接税
- 住民税 15兆846億円
- 固定資産税 9兆8,058億円
- 事業税 4兆8,268億円
- 自動車税 その他

間接税等
- 消費税 23兆8,230億円
- その他

間接税
- 地方消費税
- 軽油引取税 その他

租税総額 112兆3,490億円

[財務省資料より作成]

解説 **国税**は所得課税（所得税，法人税）と消費税の割合が非常に大きい。近年では，消費税率引き上げによって消費税の割合が非常に大きくなっている。地方税は住民税と固定資産税で5割を超えているが，地方消費税（消費税の地方税率分）の割合も高まっている。また，国税に比べて地方税の方が直接税の比率が大きいこともわかる。

---

8 国税の直間比率の国際比較

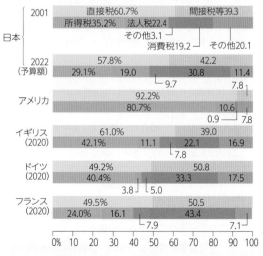

日本 2001
- 直接税60.7%　間接税等39.3
- 所得税35.2%　法人税22.4　その他3.1
- 消費税19.2　その他20.1

日本 2022（予算額）
- 57.8%　42.2
- 29.1%　19.0　9.7　30.8　11.4　7.8

アメリカ
- 92.2%
- 80.7%　10.6　0.9　7.8

イギリス（2020）
- 61.0%　39.0
- 42.1%　11.1　7.8　22.1　16.9

ドイツ（2020）
- 49.2%　50.8
- 40.4%　3.8　5.0　33.3　17.5

フランス（2020）
- 49.5%　50.5
- 24.0%　16.1　7.9　43.4　7.1

0% 10 20 30 40 50 60 70 80 90 100

注. アメリカは2019年10月～20年9月会計年度。イギリス，フランスは実績額。ドイツは決算額。

[『財政金融統計月報841号』]

解説 日本は**直接税**中心の税体系がとられている。しかし，近年，消費税率の引き上げや法人税率の引き下げにより，**間接税**の比率が高まりつつある。日本の2020年度実績額における国税＋地方税の直間比率は65：35となっている。

---

9 国民負担率の国際比較

租税負担率　社会保障負担率　□…国民負担率

日本	28.1	18.7	46.8%
アメリカ	23.8	8.5	32.3%
イギリス	34.3	11.7	46.0%
ドイツ	30.3	23.7	54.0%
スウェーデン	49.5	5.1	54.5%
フランス	45.0	24.9	69.9%

0(%) 10 20 30 40 50 60 70 80 90 100

注. 日本は2023年度見通し，他は2020年実績。
　　四捨五入のため合計が合わない場合がある。 [『日本国勢図会2023/24』]

解説 **租税負担率**とは，国税と地方税を合計した額が国民所得に占める割合のことをいう。この割合は1970年代なかばまでは18 ～ 21%前後の水準であったが，それ以降上昇して現在に至っている。国民所得に占める租税負担と社会保障負担の割合を足したものを「**国民負担率**」という。日本はヨーロッパ諸国に比べて国民負担率が低く，とりわけ租税負担率が低い。しかし，国債発行高が非常に大きいので，潜在的な国民負担率はヨーロッパ諸国と同程度になる。

Answer! p.209 Exerciseの答え：⑥　A：ウは社会保障給付なので，累進課税制度による税収による所得の再分配。B：イは公共財の供給による資源配分の調整。C：アは景気に合わせた公共投資による景気の安定化。

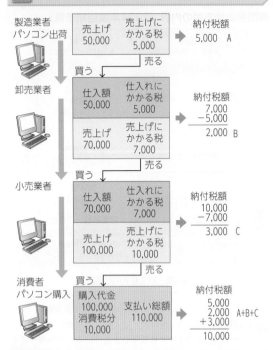

❶給与所得者の税額

[財務省資料]

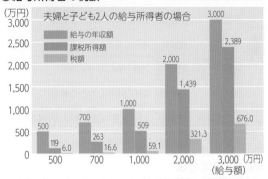

夫婦と子ども2人の給与所得者の場合

- 給与の年収額
- 課税所得額
- 税額

解説 消費税の最終的な負担者は消費者だが，税務署には各業者が納めるしくみになっている。売上高が1,000万円以下の業者は免税。この制度から生じる**益税**（消費者が払った税が事業者の収入になる）が問題になっている。

❷算出方法
（課税所得650万円の場合）

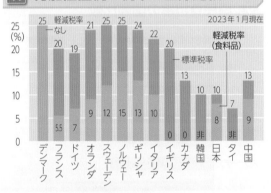

❸所得税の税率算出例

課税所得	税率
195万円以下	5%
330万円以下	10%
695万円以下	20%
900万円以下	23%
1,800万円以下	33%
4,000万円以下	40%
4,000万円超	45%

① 195万円×5％＝9万7,500円
② （330万円－195万円）×10％＝13万5,000円
③ （650万円－330万円）×20％＝64万円
①＋②＋③＝87万2,500円（税額）

解説 経済力に応じた課税の公平性　収入が増えるほど税率を引き上げていく**累進課税制度**は，戦後復興期の**シャウプ勧告**により実施された。課税対象となるのは，年収額から必要経費，諸控除額を差し引いた課税所得額であり，上記のような算出方法で所得税額が決まる。近年では業種間による所得捕捉率の格差は縮まっているが，健康保険料の納付金額や所得控除のあり方などにより新たな所得の格差が生じているといわれている。

2023年1月現在

※ 「0」の国は食料品についてゼロ税率が適用される。
「非」の国は食料品が非課税対象。
[財務省資料]

解説 誰もが払う付加価値税　**付加価値税**は間接税の一種であり，企業が製品やサービスの生産過程で新たに作り出した価値に対して課される。日本では1989年度に導入された消費税がこの一種であるが，主要国の中では低い水準である。一方，諸外国では付加価値税（消費税）は基幹税として主要な位置を占めている。なかでもEU諸国では，付加価値税率は15％以上にすることが義務付けられているが，食料品や燃料などの特定品目についてはゼロ税率や**軽減税率**を適用する国が多く，日本でも2019年の税率引き上げから初めて導入された。なお，付加価値税のもつ**逆進性**は税に対する不公平感を助長し，さらに「**所得の再分配効果**」を小さくしてしまうという指摘もある。

― 所得捕捉率 ―

給与所得者の所得は役所などにほぼすべて把握されるが，同じ所得でも業態が異なれば把握されない部分が発生し，所得税がかからない部分が生じる。これが**クロヨン**（9・6・4），**トーゴーサン**（10・5・3）などという所得捕捉率である。水平的公平を侵すものとして所得税を減らし消費税を増やすべきだという論拠となる。

給与所得者	9割	10割
事業所得者	6割	5割
農業所得者	4割	3割

Exercise

問 日本の租税に関する記述として最も適当なものを次の①～④のうちから一つ選べ。

① 連合国軍総司令部（GHQ）が招聘した使節団の勧告を受けて作られた税制と比べると，現在の税制のほうが，税収に占める直接税の比率が高い。

② 所得税の課税額は，所得の大きさに正比例して，高くなる。

③ 相続税には，資産所有の格差を是正する役割がある。

④ 消費税のような間接税は，税負担の垂直的公平を図るのに適した税であると言われている。

<2018年センター試験 現代社会 追試>（解答は▶p.214）

はみだしメモ 東日本大震災からの復興のため，2013年から2037年までの予定で「復興特別所得税」が徴収されることとなった。税率は徴収される所得税額の2.1％で，通常の所得税と合わせて徴収される。

13 所得の再分配

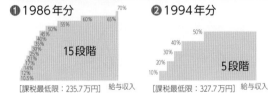

所得階級	100万円以下	100万円超〜200万円以下	200万円超〜400万円以下	400万円超〜700万円以下	700万円超〜1000万円以下	1000万円超
給与所得者数	8.2	26.2	32.6	16.0	6.6	10.4
所得金額	7.7	17.0	15.6	10.2		48.7
算出税額	6.7	9.3	8.5			72.6

※四捨五入のため100％にならない。

解説 所得格差の縮小のために グラフでは，所得が1,000万円を超えている人は所得者数の約10％程度だが，所得税額の70％以上を負担している。政府は所得税により高所得者から低所得者へ所得を再分配する政策をとり，社会的な不公平感が高まらないようにしている。**累進課税制度**は，所得の再分配がある程度自動的に行われる**ビルト・イン・スタビライザー**の一つである。

14 所得税の税率の推移

❶ 1986年分　70%　15段階　[課税最低限：235.7万円]　給与収入

❷ 1994年分　50%　40%　30%　20%　10%　5段階　[課税最低限：327.7万円]　給与収入

❸ 2006年分　37%　30%　20%　0%　4段階　[課税最低限：325.0万円]　給与収入

❹ 2015年分　45%　40%　33%　23%　10%　5%　7段階　[課税最低限：354.5万円]　給与収入

[財務省資料より作成]

解説 所得税の平坦化 所得格差が大きかった1950年代ころから1980年代までは最高所得税率が70％で15段階あったが，その後は引き下げられ，現在で5〜45％の7段階となっており，4,000万円を超える部分が最高税率（45％）となっている。

15 主要OECD諸国における最高所得税率の推移

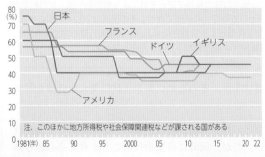

注．このほかに地方所得税や社会保障関連税などが課される国がある

[財務省資料より作成]

解説 グローバル化やICTの発展により，租税回避を目的とした資本の国際移動が容易になった。累進税率で高負担に直面した富裕層は，**タックスヘイブン**など低課税国に資産を移し，課税を免れる。このような状況下では富裕層に高率で課税しても，資本が国外に流出して税収が得られないため，各国政府は富裕層への高課税を重視しなくなった。

16 申告納税者の所得税負担率

(2020年分)

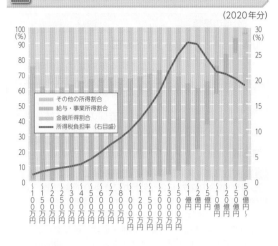

その他の所得割合
給与・事業所得割合
金融所得割合
所得税負担率（右目盛）

[国税庁資料より作成]

解説 申告納税制度とは，所得税や法人税など直接国税において，納税者が申告し税額が確定し，自ら納付するという制度である。個人事業主や企業は確定申告により所得課税などを納付する。一般的な給与所得者は，企業など給与支払者があらかじめ定められた税率に従って所得税などを差し引く**源泉徴収制度**が用いられているが，住宅ローンの減税制度や寄付行為を行った時，災害などで被害を受けた時などは，それとは別に確定申告を行わなければならず，場合によっては納付した税が還付される。

グラフを見るとわかるように，所得額が1億円までの個人・企業は給与・事業所得とその他の給与・報酬などの所得に関する申告納税が多いが，それ以上になると金融取引に関する所得の割合が大きい。高い納税者意識と正しい申告・納付が私たちに求められている。

17 法人税率の引き下げ

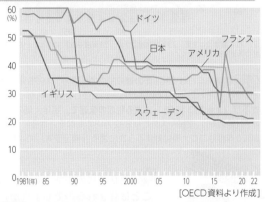

[OECD資料より作成]

解説 課税対象の企業規模や優遇制度などが国によって大きく異なるので一概には言えないが，実効税率（法人税以外の税も含めた課税の割合）の動きをみると，OECD加盟国のほとんどが10％以上下がっている。2000年代以降に頻発する世界的な不況から，国家経済基盤の強化と自国産業の保護，企業収益の確保を進めたことが主な要因と考えられる。タックスヘイブンや巨大IT産業の影響の問題もあり，OECDは2021年10月，国際税制の大改革をとりまとめた。これによって，売上が一定額を超える企業に適用される最低法人税率は2023年より15％となる。

はみだしメモ 配偶者の存在を考慮した税制上の仕組みとして，日本では配偶者（特別）控除がある。これに似た仕組みとしては，イギリスの婚姻控除，アメリカやドイツで選択できる夫婦単位課税，フランスの世帯単位課税などがある。

経済

18 公債の分類

公債の種類	内容
国債	発行者が国
建設国債	財政法第4条規定の公共事業などの特定の事業の資金調達を目的とした国債
特例（赤字）国債	一般財源確保のために特例法を制定して発行する国債
地方債	発行者が地方公共団体

解説 財政法第4条は国債の発行を原則禁止しているが，同条但し書き（国会の議決）により発行ができるのが建設国債である。特例国債は，財政法で発行が認められない場合に特例法を制定して発行される事実上の赤字国債である。また，国債の分類には償還期間によるもの（短期・中期・長期・最長期）や，発行目的によるもの（償還期日まで支出を繰り延べる**繰延債**，国庫の日々の資金繰りを賄うために発行される**融通債**）もある。

19 国債の保有者

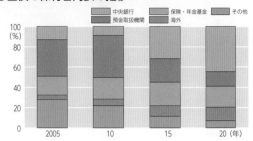

●国債の保有者内訳の推移

凡例：中央銀行／預金取扱機関／保険・年金基金／海外／その他

[日本銀行資料による]

解説 日銀による国債の直接引き受けは財政法で禁止されており，発行後1年経過したものは例外的に買い切りが認められている。日銀は2013年から，国債の買い入れを増やし金融緩和をはかった（▶p.202）。なお，海外投資家の保有率が低い（ほとんどが国内で買われている）ため，債券格付け機関の評価が低いにもかかわらず日本国債の価格暴落はおきていない。

20 一般会計税収，歳出総額及び公債発行額の推移

Check! 公債残高の推移をよみとってみよう。

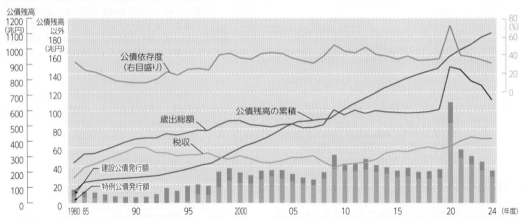

注．22年度までは決算，23年度は補正予算，24年度は政府案による。90年度の臨時特別公債，1994～96年の減税特例公債，2011年度の復興債，2012～13年度の年金特例公債を除く。

[財務省「日本の財政関係資料」より作成]

解説 国債の発行は1965年の建設国債で始まり，1975年にはそれまで禁止されていた一般財源の不足を補う赤字国債の発行を特例で認めた。それ以降80年代末から一時減少した時期もあったが，**バブル崩壊以降の長期不況とそれによる所得税や法人税の税率の引き下げ（▶p.213 16 17）による税収の低迷**で，毎年大量の国債が特例として発行され続けてきた。その残高は2024年度末で1,105兆円（見込み）。国民一人あたり892万円にもなる。さらに地方の債務を加えると1,302兆円にも及ぶ。公債発行額も増加傾向にあり，2020年度はコロナ禍に対する3次に渡る「補正予算」により，新規国債発行は過去最大の112.6兆円となった。

教えて先哲

ロールズ

Q 現在世代の生活水準の向上も重要ですが，そのために将来世代に莫大な負債を残すことは許されるのでしょうか。

A 権利や自由，機会，所得と財産などの社会的基本財は正義の二原理に則って現在世代の人々に分配されなければならない。だが，同時に将来世代のことを考える必要もあり，人々が原初状態で集まって無知のベールの背後で契約を行うさいに，そこで採択される原理は先行する全世代が従ってきたと彼らが望むようなものでなければならない。この考慮によって「正義にかなった貯蓄原理」がもたらされる。その具体的な貯蓄率は明示できないが，このように将来世代への貯蓄を考慮したうえで現在世代の生活水準の改善が行われる必要があるだろう。

Answer! p.212 Exerciseの答え：③　①現在の税制のほうが，間接税の比率が高い。　②所得税の課税は累進課税だが，税区分は7段階で所得に正比例はしていない。　④消費税は一律課税のため，垂直的公平を図るには適さない。

日本の財政は大丈夫？

21世紀に入ってからも日本経済の財政赤字の状態は続いており，国債の累積も深刻な問題となっている。財政赤字の現状や問題点を考えながら，将来世代の負担も考慮した公正な財政のあり方を考えてみよう。

① 日本の財政赤字の現状

2023年12月に決定した2024年度予算案では，歳出総額が112.1兆円となっており，12年ぶりに前年度を下回った。歳出は，社会保障関係費などの一般歳出67.3兆円，地方交付税交付金等17.8兆円，そして国債費27.0兆円で，前年当初比でおよそ2兆円の減額となった。また歳入では，税収が69.6兆円程度と見込まれており，不足財源を補う新規国債発行額は34.9兆円となっている。

この予算案において税収は歳入全体の7割程度に過ぎず，3割以上は国債発行による借金である。そして歳出の3割弱は過去の借金（国債）の返済やその利払いに充てられるのが現状だ。

●2024年度の一般会計予算案

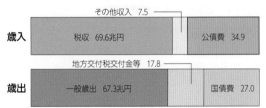

[財務省資料より作成]

② 財政赤字の問題点

共通テスト 19

①**財政の硬直化**：国債は国の借金であり，返済しなければならない。そのため国民が必要とする本来の用途に予算を振り分けられない

②**次世代にツケをまわす**：今の借金を返済するのは今の国民ではなく将来の国民であり，彼らには不公平感がつのる

③**国の信用度の低下**：現状の財政危機を放置すれば国家への信用度が低下する。そうなると国債は暴落し，財政破綻に陥る危険性がある

解説 **財政赤字の問題点** 返済どころか，借金膨張が止まらない状況にある日本。国債残高の膨張の理由として，バブル景気後の「平成不況」での深刻な税収不足，不況対策のための公共事業へのさかんな支出，行政の肥大化，高齢化の進展による年金や医療費など社会保障費の増大などがあげられる。一方で，日本の潜在的経済力の大きさ，技術力の高さ，国債の国内消費比率の高さなどから，今の段階での赤字はまだ心配に足らないとする意見もある。

③ プライマリーバランスは大赤字

◆**基礎的財政収支の赤字**　◆**基礎的財政収支の均衡**

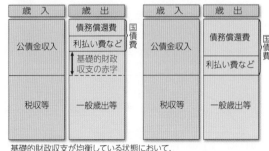

基礎的財政収支が均衡している状態において，
○金利＞成長率の場合，　○金利＝成長率の場合，　○金利＜成長率の場合，
債務残高／GDPは増加　　債務残高／GDPは一定　　債務残高／GDPは減少

解説 **基礎的財政収支**は**プライマリーバランス（PB）**とも呼ばれ，国の財政の健全性を表すバロメーターである。基本的には，国と地方がその年に返済しなければならない借金（国債費など）を除いた歳出が新たな借金（国債発行など）以外の収入を下回れば借金の膨張は抑えられる。プライマリーバランスが黒字ということは，税収その他の収入で国債費以外の歳出をカバーできることを意味する。

④ プライマリーバランスの国際比較

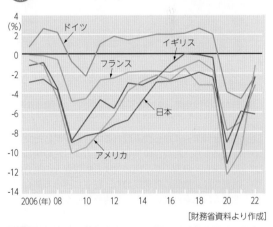

[財務省資料より作成]

解説 **リーマン・ショック**により，各国の財政赤字は急増した。これは景気回復を目指した財政出動のためであったが，一方でインフレや年金への影響を警戒する声も上がり，各国を財政再建へと向かわせた。とくにドイツは，大幅な歳出削減により財政を黒字化させ，その財政運営への信頼から，コロナ禍での歳出拡大も容認されやすい状況にある。

財政・租税の役割と社会保障の充実・安定化

 TRY!

新型コロナウイルス感染症の拡大にともなう財政支出の必要から，各国とも国債発行が多くなり，プライマリーバランスも悪化している。この状況下で，財政健全化を目指す手立てとしてどのようなことが考えられるだろうか。

歳出減と歳入増を考えながら複数の資料を読み解いてみよう

 持続可能な財政のためには，まずは多い費目から歳出を減らしていけばいいよね？

それよりも，税率の低い税の税率を上げて，歳入を増やせばいいんじゃない？

◆資料1　歳出の推移

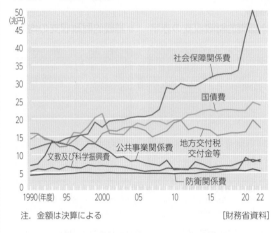

注. 金額は決算による　　　　　　　　[財務省資料]

◆資料3　税目別にみた税収の推移

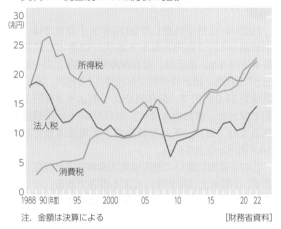

注. 金額は決算による　　　　　　　　[財務省資料]

◆資料2　政府の総支出・租税収入の国際比較

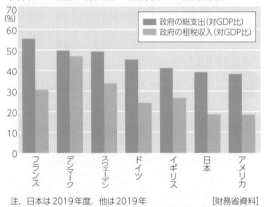

注. 日本は2019年度。他は2019年　　　[財務省資料]

◆資料4　租税負担率の国際比較

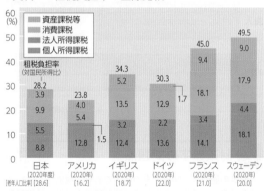

[財務省資料]

Step01：資料1〜4から読み取れる内容を説明した文として，適当なものを全て選んでみよう。
① 歳出のうち，社会保障関係費と地方交付税の増加傾向が特に顕著である。
② どの国も，政府の総支出に対する租税収入の割合は大体一定である。
③ 消費税は，景気の後退期でも，税収に占める割合が比較的安定している。
④ 老年人口比率が高いほど，租税負担率が高くなる傾向がある。

Step02：次の各文は，資料1〜4から読み取れる内容を説明したものである。各文の説明の内容が正しいとして，その背景を説明することができる資料との組合せとして適当なものを，1つ選んでみよう。
資料1　社会保障関係費が増加傾向にある。
資料2　政府の総支出に対する租税収入の割合が，日本は他国と比べてそれほど高くない。
資料3　法人税収は景気の後退期に落ち込む傾向がある。
資料4　租税負担率に占める個人所得課税の割合が，日本は他国と比べて低い。

①資料1と，p.272の⑭各国の高齢化の推移　　②資料2と，p.215の④プライマリーバランスの国際比較
③資料3と，p.213の⑰各国の法人税率の推移　　④資料4と，p.213の⑮主要OECD諸国における最高所得税率の推移

財政・租税の役割と社会保障の充実・安定化

財政再建を歳入増によって達成しようと考えるとき，検討されるのは税制改革である。安定的かつ公平な税収増のためには，どのような方策があるのだろうか。

◆ 論説……1

今の日本に必要なのは，「消費税増税」ではなく「消費税減税」です。……五年前の八％への税率アップを取り消して増税前の五％に税率を引き下げるという単純明快な方法によるべきです。これによってデフレから脱却でき，日本経済を成長軌道に乗せ，経済活性化により増収となり，財政健全化を図ることができるからです。

減税の財源は，法人税の減税措置の大きな恩恵を受けている大企業にもう少し「まともな税金」を払ってもらうことで十分賄えます。……

「日本の法人税は高い」と言われますが，高いのは「法定税率」という見かけの数字だけで，実際の税負担は極めて低いのです。しかも企業規模が拡大するほど負担率は低下しています。……

すぐに是正できる問題として，「租税特別措置による政策減税」と「受取配当金の課税除外」の二つを取り上げたいと思います。

まず「租税特別措置」とは，特定業種や研究開発の支援，地域振興といった政策目標を達成するために税制上の特例として税金を減らす措置で，「政策減税」とも称されます。

「租税特別措置」は，法人税に関するものだけでも八〇を超える項目があります。これは「隠れ国庫補助金」とも称され，大企業へ多く配分され，しかも安倍政権発足後に急激に肥大化しているのです。……

もう一つの大きな要因は，「受取配当金の課税除外」の制度です。配当金収入は，財務会計上は収益として計上されるものの，株式の一〇〇％を保有する完全子会社や持ち株比率が三分の一を超える関係会社からの株式配当金に関しては，税務上は全額が「益金」に算入されず，課税所得を算出する際に除外されます。……

これは，他社株式を多く保有する大企業に圧倒的に有利な制度です。……

消費税率の五％への引き下げによる消費喚起での経済活性化による税の自然増収と，企業課税の欠陥是正での増収による巨額の財源獲得で，社会保障の充実と財政再建への途筋が開かれるのです。

[富岡幸雄「日本は消費税ゼロでもやれる」
（『文藝春秋』2019年11月号）]

◆ 論説……2

社会保障・税一体改革では，五％の消費増税で一四兆円の税収があがるとされた。つまり，消費税一％が二・八兆円の税収を生むという計算だ。……

最大で約一一％の消費税を引きあげる，つまり，税率を（八％から）一九％にすることで，財政収支の改善と相当程度の対人社会サービスの自己負担の解消とが実現できることになる。……

現実的には，富裕層課税と同時に，税収調達力に富む消費税もセットで引きあげ，垂直，水平，双方の公平性を強化してゆく戦略が現実的だということになる。

ひとつのモデルケースを示してみよう。

富裕層の所得税を五％あげれば七〇〇〇億の税収がえられる。法人税率を現在の二三・二％から第二次安倍政権以前の水準である三〇％に戻せば三・四兆円の税収だ。あるいは，課税ベースをひろげたり，金融資産課税でこれを補完したりすることで，法人税率のあげ幅を引きさげつつ，同じ税収を得ることも可能である。

高齢化がまちがいなくすすむこれからを考えるうえで，相続税の強化は「風が吹く前に帆を張る」意味がある。もし，平均税率を五％あげれば，五〇〇〇～六〇〇〇億円の税収をあげることができるし，死亡者数の増が予想される今後を念頭におけば，税収はさらに増える。

これらの課税をすべてくみあわせてみると，総額で約四～五兆円の税収があがる。つまり，消費税のあげ幅を一・五～一・八％ほど抑えることができる計算となるわけだ。

もし，富裕層の増税をいっそう強めたければ，たとえば所得税の税率区分を一九九〇年代のなかば程度に戻すといった方法もあるだろうし，大企業向けの租税特別措置を思いきって圧縮する手もある。消費税とその他の税のパッケージは，それぞれの論者の主義主張に応じて決めていけばよい。……

以上の試案は大規模な増税案だが，これはあくまでもゴールである。税率を中期的，かつ段階的に引きあげていく方法を検討してもよいし，財政健全化の速度を緩め，負担率をもう少し軽くする方法もある。

[井手英策『幸福の増税論』岩波新書]

財政・租税の役割と社会保障の充実・安定化

TRY

①それぞれの論説の要旨を，100字以内でまとめてみよう。
②消費税の減税を通じて経済活性化が成し遂げられるのはなぜか，論説1の記述から読み取り，60字以内でまとめてみよう。
③消費税と富裕層課税を組み合わせる必要があるのはなぜか，論説2の記述から読み取り，60字以内でまとめてみよう。

Active Plus +　　財政支出の拡大は“絶対悪”なのか

読み解き》》　伸縮的財政論／機能的財政論

◆論説……1

　ケインズ革命までは，政治家も実業家も国の財政は均衡財政——つまり，政府の収入と支出とは一致している
のが一番よいと考えていた。なぜなら，そうすることによって財政は経済に対して中立的となり，自由な市場の
もたらす調和ある経済を乱すことがないとされていたからである。

　とくに，財政の赤字はインフレーションを招き，物価上昇は国民生活をおびやかす。したがって，財政赤字は
厳にいましめねばならない。これが，均衡財政至上主義の考えだった。ところが，Ｊ．Ｍ．ケインズ『雇用，利
子および貨幣の一般理論』（1936年）の登場は，こうした考えが誤りであることを明らかにした。遊休資本設
備があり，労働者が失業しているとき，もしも政府が赤字財政をとると，それだけ有効需要が増加する。それは，
何倍もの所得を増やし，失業をなくしてゆく。ただし，経済が活況を呈していたり，資源不足，その他の隘路（あ
いろ）が存在するときに赤字財政をとると，有効需要は増えるにもかかわらず，財の供給量は増えないために物
価のみが上がり，第一次世界大戦後のドイツのインフレーションのような激しいインフレーション，激しい物価
上昇をひきおこす。このようなときには，逆に，有効需要の過大を抑えるために，逆に黒字財政をとらねばなら
ない。このように，財政はときに赤字，ときに黒字をとり，経済の必要に応じて調整してゆかねばならない。か
くて，伸縮的財政という近代的な財政政策が切り開かれていったのである。

［伊東光晴・宮崎義一編『ケインズ　ハロッド』中央公論社］

◆論説……2

　「日本は財政危機であり，これ以上，財政赤字を拡大したら財政破綻する」「財政支出を拡大したいなら，将来の増
税により財源を確保しなければならない。それは将来世代にツケを回すことだ」。……それはすべて間違いです。そ
もそも，自国通貨を発行する政府が，自国通貨建ての国債について返済不能（デフォルト）になるはずがありません。
自国通貨を発行して返済すればいいからです。

　そして，日本政府は自国通貨「円」を発行し，日本国債はすべて円建てです。従って，デフォルトはあり得ない。
……もし政府が，公共投資をやり，税金を軽くし，財政赤字を拡大したら，どうなるか。……投資や消費が増え
て好景気になり，需要が供給より大きくなって，インフレになります。それでもなお，政府は公共投資をやり続
け，税金をもっと軽くし，財政赤字の拡大を続けたら，どうなるか。需要が大きくなりすぎて，供給がまったく
追いつかなくなり，高インフレになってしまいます。

　つまり，自国通貨を発行する政府が，財政赤字を無限に拡大し続けると，デフォルトにはなりませんが，供給
不足になり高インフレになってしまうのです。

　財政赤字を拡大し続けられない理由は，財政破綻するからでも，将来の世代へツケを残すからでもなく，供給
不足で，高インフレになってしまうからなのです。

　では反対に，財政赤字を縮小するとどうなるか。公共投資
を削減し，税金を重くすれば，投資や消費は減り，需要が抑
えられ，インフレは止まります。もっと財政赤字を減らせば，
需要不足（供給過剰）になって，ついにはデフレ不況になり
ます。需要不足の不況ですから，失業や倒産が増大します。

　まとめると，次のようになります。

　デフレを脱却し，失業者をなくしたければ，財政赤字を
拡大する。逆に，行き過ぎたインフレを抑えたければ，財
政赤字を縮小する。

　「財政赤字が悪。財政黒字が善」なのではなく，財政赤
字が経済に与える影響（物価や失業など）によって，財政
赤字の善悪を判断する。

　これが機能的財政論です。

［中野剛志他『マンガでわかる日本経済入門』講談社］

◆**資料1　日本の政府純債務，長期国債金利，GDPデ
フレーター，プライマリーバランスの推移**

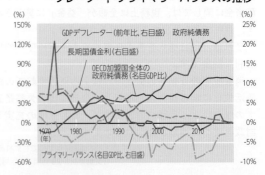

注．プライマリーバランスは，一般政府部門の貯蓄投資
バランスから財産所得収支を控除して算出。

［株式会社データ・マックスHPより作成］

TRY

①それぞれの論説の要旨を，70字以内でまとめてみよう。
②伸縮的（機能的）財政論の立場にたちながら，100字以内で日本財政の現状と課題をまとめてみよう。

Aさん　日本の財政赤字拡大の主因である社会保障支出の増大は，赤字国債の発行でカバーされています。そして，こうした財政構造は，高齢化の進展が避けられない以上，しばらく変わることはないと思います。この状況下でさらに財政支出拡大のための国債を積み上げたら，単純に将来世代の負担が増すのではと思います。

また，不況下でも税収が安定している消費税を減税すると，2010年以降上向いていた税収が減少して，プライマリーバランスの悪化を招くと思います。確かに不況下の増税はよくないと思いますし，とりわけ消費税は逆進性があるので格差の拡大を招く要因ともなりえますが，将来世代の負担を考えると，現在の世代が負担すべきかなと思います。　Bさん

Cさん　日本では長らく不況が続いていますので，財政支出の拡大や消費減税によって景気を上向かせ，経済成長をはかる必要があると思います。日本の政府債務残高（対・名目ＧＤＰ比）は諸外国と比べても突出していますけど，この状況下でもデフレ基調ということは，むしろ財政支出が不足しているのだと思います。

「将来的に利益や利便性を生み出すか」という視点に立った財政支出であれば，それは将来世代の資産につながりますので，単純な負担増とはならないのではないでしょうか。例えば日本の場合，防災インフラや技術革新につながる基盤の整備などが良いかもしれませんね。　Dさん

財政支出をしてインフレ基調になると，今度は景気の過熱を抑制する必要が生じます。インフレが行き過ぎないための財政支出の削減や増税を即座に実行できればよいですが…その時の政府の力に大きく依存することになりますね。仮にうまく制御できずにインフレ圧力が高まり続けると，国債金利も引きずられて上昇し，利払い費が増え，それを補填するために赤字国債の発行も増加して財政赤字が雪だるま式に増えてしまうのではと思います。一方，日銀の金融政策はインフレ率を引き上げる方向ではうまく作用しているとはいえませんが，インフレを抑え込む方向ではうまく作用するかもしれませんね。

Eさん

減税をすると，景気が上向くまで税収減は避けられないと思います。ただ，景気が上向けば，景気と連動する所得税や法人税の税収が自動的に増えるため，財政赤字は一定程度改善されると思います。ただ，上記2税はバブル崩壊後に減税政策が実施されてきたため，景気の高まりとともに税率の再検討が必要となるかもしれません。また，景気の高まりには日銀の金融政策が効果的に作用すると思います。　Fさん

財政・租税の役割と社会保障の充実・安定化

◆**資料2　OECD諸国の財政支出伸び率とGDP成長率**

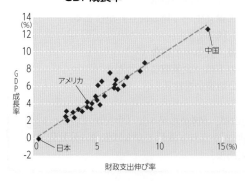

注．1997～2015年の伸び率の年換算
[ダイヤモンド・オンラインHPより作成]

◆**資料3　基礎的財政収支の主要項目の変動と赤字への寄与額**

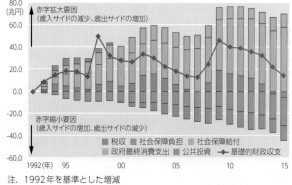

注．1992年を基準とした増減
[ニッセイ基礎研究所HPより作成]

▶▶▶ TRY!

①上記の主張を「財政の健全化をめざす主張」と「そうでない主張」に分類してみよう

②上の2つの資料（資料2と資料3）と直接関係している主張をそれぞれ1つずつ選んでみよう。

③上記の主張を並べ替え，「一連の議論の流れ」を完成させてみよう。

219

1 日本経済の歩みと近年の課題

📎 DIGEST

1.戦後日本経済の成長 8

①経済の民主化…連合国軍総司令部（GHQ）の民主化指示による

  a.農地改革…寄生地主制の解体，自作農の創設

  b.財閥解体…持株会社の解体・禁止，独占禁止法制定（1947年）

  c.労働組合の育成…労働三法（労働組合法・労働基準法・労働関係調整法）の制定

②戦後復興

  a.傾斜生産方式…石炭・鉄鋼・肥料などの基幹産業に原材料・資金を注入→生産力増強

  b.ドッジ・ライン…超均衡予算による緊縮財政，単一為替レートによる貿易振興などの経済安定政策

  c.シャウプ税制（勧告）…所得税などの直接税を中心とする税体系を提唱

  d.特需景気…朝鮮戦争（1950年〜1953年）→米軍による大量の物資需要→戦前水準の生産高の回復

③高度経済成長（1956年〜1973年）…年平均約10%の実質経済成長率

  a.国民所得倍増計画(1960年)…池田内閣が発表，10年で国民所得を2倍にする目標を打ち出す

  b.高度成長の要因…勤勉で優秀な労働力，国民の高い貯蓄率，国の産業優先政策，新技術の導入と民間企業の設備投資，国内市場の拡大，安価な原材料やエネルギー資源の輸入 1 2

  c.産業構造の高度化…第1次産業の比率の低下→第3次産業の比率の増大

            →経済のソフト化・サービス化の進展 4

④石油危機と低成長経済 6

  a.ニクソン・ショック…米国が金・ドル交換の停止を発表，その後1ドル308円に切り下げ

            →日本経済に打撃

  b.第1次石油危機（1973年）…輸入原油価格の高騰，急激な物価上昇→戦後初のマイナス成長

  c.第2次石油危機（1979年）…先進国でスタグフレーションの発生→日本は重厚長大型産業から軽薄短小型産業に転換 5 →年平均4〜5%の実質経済成長率の安定成長へ

2.日本経済の過熱と停滞 7

①プラザ合意とその影響…G5によるプラザ合意（1985年）ドル高の是正（アメリカの貿易赤字是正）

  a.円安・ドル高→円高・ドル安に→輸出産業中心に円高不況→日本企業の海外進出（空洞化）

  b.内需拡大型の政策…輸入拡大と貿易黒字の縮小をめざす

②バブル経済（1986年〜91年）…資産価格が経済の実態をはなれて上昇（株価と地価の異常な上昇）

  a.要因…低金利政策・内需拡大政策・金融の自由化

③バブル崩壊（1991年〜）

  a.地価・株価の高騰→公定歩合引き上げ，地価税の導入→地価・株価の急落

  b.銀行などの金融機関に回収不能な融資である不良債権が大量発生→「貸し渋り」が起こる

④長期不況（平成不況）（1991年〜2000年）…「失われた10年」 9

  a.経営の再構築（リストラクチャリング）→大幅な人員削減，失業率の悪化 10

  b.デフレ・スパイラル…賃金抑制⇒消費需要の低下→物価の下落→企業収益の悪化

  c.金融機関の救済…預金保険機構を通じて大手都市銀行へ公的資金を注入

  d.公共事業拡大→財政赤字の拡大，財政構造改革の課題

⑤規制緩和と構造改革…小泉政権(2001年成立)による構造改革，「官から民へ」，「中央から地方へ」 11

  a.郵政民営化法(2005年)…郵政3事業を民営化→日本銀行・ゆうちょ銀行・かんぽ生命に分社化

  b.非正規雇用者の拡大，賃金の引き下げ→「実感なき景気回復」

🔍 FOCUS

❶これからの日本経済の成長には何が必要か考えてみよう→ 12 Exercise

1 高度経済成長の要因

消費市場の拡大	戦後の農地改革と労働民主化で農民と労働者の地位と所得が向上し，消費が拡大
技術革新と設備投資	各企業は欧米諸国から技術を導入し，技術革新や設備投資を行った。活発な設備投資は「投資が投資を呼ぶ」波及効果を生む
高い貯蓄率	高い貯蓄率による豊富な預金を銀行は企業の設備投資資金として貸し出した
良質で安価で豊富な労働力	勤勉で優秀な農村の多くの若者が都会に出て企業に就職（集団就職）。企業は比較的安い賃金で雇うことができた
政府の産業保護・育成政策	政府は道路，港湾，鉄道，工業用地など生産関連社会資本を整備。また税制上の企業優遇措置を行った
安価な資源と固定為替相場	中東の安価な原油を大量輸入できた。また割安な固定相場制（1ドル＝360円）が輸出を増加させた
低い防衛費	憲法9条と安保条約により防衛費が低く抑えられたため，産業育成費をより増加できた

●高度経済成長のメカニズム

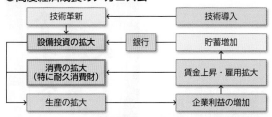

▶日本橋にかかる首都高速道路の建設工事（1963年）

4 産業構造の変化

●産業別就業人口割合と名目付加価値額構成比の推移

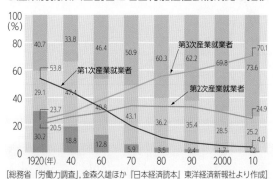

[総務省「労働力調査」，金森久雄ほか『日本経済読本』東洋経済新報社より作成]

解説 第1次産業が衰退し，第2次産業・第3次産業の比重が高まる産業構造の変化を**産業の高度化**ということがある。アメリカの社会学者ダニエル＝ベルは，第3次産業の就業者がすべての就業者の5割をこえたことを，**経済のソフト化・サービス化**と規定した。

2 家計貯蓄率の国際比較

●総貯蓄の対名目国民総生産比

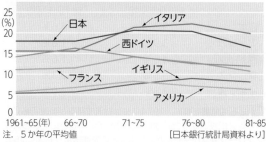

注．5か年の平均値　　[日本銀行統計局資料より]

解説 高い日本の家計貯蓄率 高度経済成長の要因となったのは，活発な民間設備投資であり，これを資金面から支えたのが高い貯蓄率であった。

3 耐久消費財の普及率

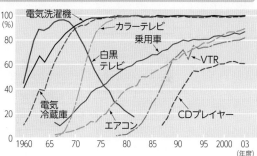

[内閣府「家計消費の動向」より]

解説 所得水準の上昇にともなって耐久消費財が多くの家庭に普及していった。1960年代には，白黒テレビ，電気洗濯機，電気冷蔵庫の「三種の神器」が，70年代には，カラーテレビ，自動車，クーラーの「3C」が一般家庭に普及した。

5 重厚長大から軽薄短小へ

●日本の輸出入の品目構成（1960～1990年）

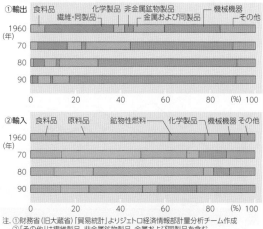

注．①財務省（旧大蔵省）「貿易統計」よりジェトロ経済情報部計量分析チーム作成
②「その他」は繊維製品，非金属鉱物製品，金属および同製品を含む

[ジェトロHP「日本の貿易統計・国際収支統計」]

解説 明治政府によって工業化が推進された日本は，次第に第2次産業の比率が高まり，戦後の高度経済成長とともに世界有数の工業国に発展した。第一次石油危機後には，重工業を中心とする「**重厚長大**」型産業から，自動車・電機・精密機械などの「**軽薄短小**」型産業へと転換することに成功した。

はみだしメモ　「集団就職列車」に乗った東北や新潟地方の中卒の若者たちは上野駅に降り立った。「金の卵」といわれた彼らこそが高度経済成長を支えた労働力で，彼らを歌った『あゝ上野駅』も流行した。

221

6 石油危機

●石油危機前後の実質成長率比較

	前10年平均	後10年平均
日本	9.3%	3.6%
アメリカ	3.9%	1.8%
西ドイツ	4.5%	1.6%
フランス	5.5%	2.3%
イギリス	3.3%	1.0%

解説 石油危機を境に，1974年には経済成長率が戦後初めての マイナス成長となった。物価の上昇と不況が同時に生じる**スタグフレーション**が生じたが，日本はどの先進国よりも早く75年 から景気を回復させた。

●石油危機（オイルショック）の相関図

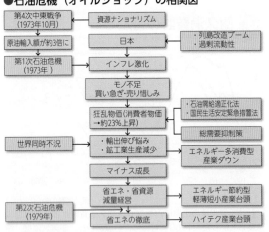

●物価の変動

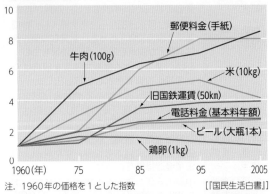

注. 1960年の価格を1とした指数　　　［『国民生活白書』］

解説 1960年の価格を基準にみると，石油危機後1980年代中 盤までは，物価の上昇率が高い品目が見られる一方で，1990年 代中頃からは，横ばいもしくは下落している品目も見られる。

▶石油危機の影響で，生活関連物資が相次いで高騰。買い占め，売り惜しみにより品切れとなったトイレットペーパーの再入荷の張り紙

8 戦後日本経済のあゆみ

| できごと | もはや戦後ではない（56） | 国民所得倍増計画（60・12） | OECD加盟（64・4） | ニクソンショック（71・8） | 第一次石油危機（73・2）・変動相場制に移行 | 戦後初のマイナス成長（73・10・74） | 第二次石油危機（79） | プラザ合意（85・9） | 消費税導入（89・4） |

実質GDP伸び率

消費者物価指数

| 内閣 | 鳩山 | 石橋・岸 | 池田 | 佐藤 | 田中 | 三木 | 福田 | 大平 | 鈴木 | 中曽根 | 竹下 | 宇野・海部 |

神武景気　鍋底不況　岩戸景気　オリンピック景気　構造不況　いざなぎ景気　景気動向指数（DI一致指数）

Challenge 石油危機後に産業構造の転換に成功した日本は，1970年代後半から80年代末まで，年平均の実質GDP成長率 が10%以上の安定成長を実現した。○か×か。（▶p.224）

7 プラザ合意からバブル発生と崩壊までの流れ

双子の赤字
（財政赤字・経常赤字）

↓ ドル高是正の必要性

1985年 G5 （先進5か国蔵相中央銀行総裁会議）

プラザ合意 （ドル高是正のため,ドル売りで協調介入）

急激な円高の進行 円高不況

超低金利政策 （日銀は公定歩合を引き下げ）

景気回復にもかかわらず低金利政策継続

| 銀行: ダブついた金の融資を拡大 | 民間: 借りた金で土地や株などへの投資拡大 |

地価・株価の異常な高騰 ……… バブル経済

↓ 経済の実態に不相応な地価・株価への強い懸念

| 日銀の金融引き締め | 政府による規制 |
| ・公定歩合を1989〜90年の1年間で2.5%から6%へ | ・不動産融資総量規制 ・地価税導入 |

↓ 不動産・株式投資への資金量の減少

地価・株価の大暴落 ……… バブル崩壊

プラザ合意
1985年, ニューヨークのプラザホテルで開かれた, 先進5か国蔵相中央銀行総裁会議（G5）での, ドル高是正のためのドル売りによる協調介入の合意

●株価と地価の動き

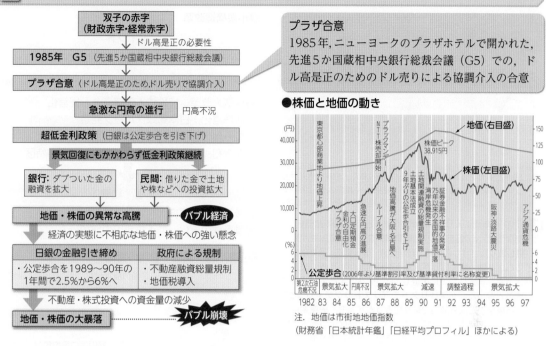

注. 地価は市街地地価指数
（財務省「日本統計年鑑」「日経平均プロフィル」ほかによる）

経済

解説 **プラザ合意**をきっかけに急速な円高が進み, 85年当時1ドル＝240円前後だった円相場は87年には1ドル＝140円となり, 日本経済は円高不況におちいった。プラザ合意による円高不況への対応として低金利政策がとられ, 日本経済は1986年11月には景気の底入れが確認されたが, 87年のアメリカの株価の大暴落（ブラックマンデー）によるアメリカ経済への配慮から, 日本政府は低金利政策を続けた。これにより, 余剰資金が土地や株式に向けられ, 地価や株価が高騰し, **バブル経済**が発生した。バブル経済による本来の経済活動に見合わない地価・株価の高騰をおさえるために, 金融引き締め・総量規制がとられ, 地価・株価は大暴落し, バブル経済は崩壊した。

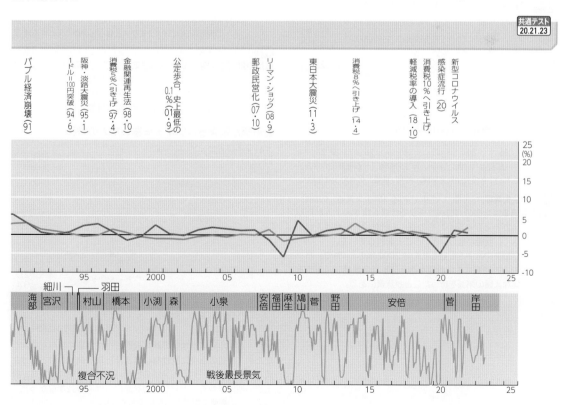

はみだしメモ 70年代の2度の石油危機で欧米経済が低迷するのを尻目に快走する80年代の日本経済は,「ジャパン・アズ・ナンバーワン」と称賛された。成功の原因は①終身雇用制,②年功序列型賃金,③企業内組合の日本型経営とされた。

9 「失われた10年」

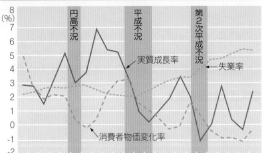

注. 89年と97年の消費者物価はそれぞれ消費税導入と消費税増税により
上昇率が高くなっている。 （出所）総務省，内閣府のホームページ
[岩田規久男『日本経済を学ぶ』ちくま新書]

解説 1990年代に入りバブルが崩壊すると，巨額の不良債権（回収不能な債権）の問題により金融機関は企業への貸出を制限した（**貸し渋り**）。「3つの過剰（過剰設備，過剰債務，過剰雇用）」に苦しむ企業は，資金繰りが困難となり倒産が相次ぎ，失業率が高まった。景気は急激に後退し，92年，93年と2年連続でゼロ成長となった。企業は**リストラ**（**リストラクチャリング**，経営の再構築）と海外進出で乗り切ろうとするも，失業率は上昇を続けた。96年にはいったん回復するが，97年の橋本内閣の財政構造改革政策（消費税増税と歳出カット）の影響で再び急激に冷え込んだ。加えて同年，アジア通貨危機も発生し，98年にはマイナス成長（戦後2度目）となり戦後最大の景気の落ち込みとなった。90年代の平均成長率は1％程度でまさに「失われた10年」といえる。

10 完全失業率と有効求人倍率

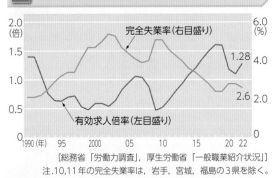

[総務省「労働力調査」，厚生労働省「一般職業紹介状況」]
注.10,11年の完全失業率は，岩手，宮城，福島の3県を除く。

解説 **完全失業率**は，労働力人口に占める「完全失業者」の割合。**有効求人倍率**は全国のハローワークで仕事を探す人1人あたり何件の求人があるかを示したもので，1倍を切る場合は人材の募集が少なく，就職が厳しいということを表している。
　失業率が最悪の数字を記録したのは2002年の5.4％で，バブル経済のもとで過剰な生産設備を抱え込んだ企業がリストラとして，大幅な人員の削減を行ったことが背景にある。

11 新自由主義・規制緩和・構造改革の推進

❶小泉構造改革

ポイント
「小さな政府」「官から民へ」「中央から地方へ」

主な政策
特殊法人改革：特殊法人の統廃合，民営化 郵政民営化：日本郵政グループ発足 三位一体の改革：国と地方の財政再建 規制緩和：製造業への派遣解禁，構造改革特区

影響・結果
戦後最長の景気拡大 労働条件の悪化，非正規雇用の増加

❷企業収益・賃金・雇用の変化

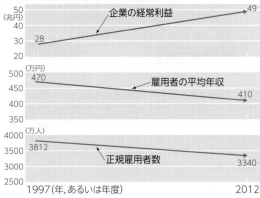

[山家悠紀夫『アベノミクスと暮らしのゆくえ』岩波書店]

解説 2002年初めから08年まで73か月という当時の「**戦後最長の景気拡大期**」（いざなみ景気）を迎え，平成不況から脱することになった。この時期に，自動車，電機などの輸出企業は過去最高益を上げたが，他方で，「最長の景気拡大」の恩恵を受けることのない国民多数には，「実感なき好景気」であった。

❸就職が決まらないまま卒業した人の推移

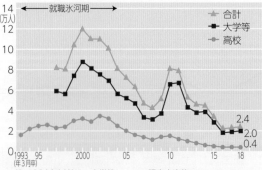

注.1996年以前は，大学等について調査未実施
[経済財政諮問会議資料より]

解説 バブル経済崩壊後の景気後退で企業が新卒採用を抑制したため，希望の職業に就けないまま非正規社員や無職となった現在30代半ばから40代半ばの世代（就職氷河期世代）は，非正規の期間が長く，十分な能力を身につける機会がなかったため安定した職業に就けていない場合も多い。

はみだしメモ 就職氷河期という言葉は求人情報誌を発行していたリクルートによる造語で，1994年の新語・流行語大賞では審査員特選造語賞を受賞している。　p.222の答え　×

なるほど経済 **日本経済の低迷を考える**

日本経済は，バブル経済崩壊以降の長期経済停滞を経て，2002年1月から戦後最長となる約6年間の景気拡大局面を迎えた。その後も，リーマンショックや東日本大震災による停滞を経て，再び約6年間に及ぶ景気の拡大期間があったとされるが，世論調査などの結果では，景気の拡大を実感している人は少ない。これはなぜなのだろうか。

✂ Exercise

問 資料1～4から読み取れる内容を説明した文として，適当なものを全て選んでみよう。

① 資料1にあるように，景況感DIも暮らし向きDIもマイナスのまま低迷しているのは，資料3に示される通り，時間あたり賃金の低迷を反映していると考えられる。

② 資料1の暮らし向きDIがマイナスのまま低迷した状態が続いていることは，資料2にある暮らしに大きな関わりのある家計消費成長率の伸び悩みと強い関連性があると考えられる。

③ 資料2と資料4を見比べると，2002年から2008年までや2012年から2018年までのような実質GDPの成長期には，労働分配率が上昇する傾向にあることが分かる。

④ 資料4を見ると，長期にわたって人件費総額が増えていないが，資料3にあるように時間あたり賃金が停滞しているためだと考えられる。

---

①景気と暮らし向き

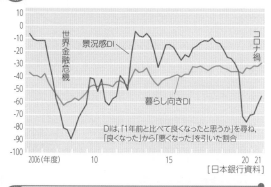

DIは，「1年前と比べて良くなったと思うか」を尋ね，「良くなった」から「悪くなった」を引いた割合

[日本銀行資料]

③OECD加盟国の時間あたり賃金

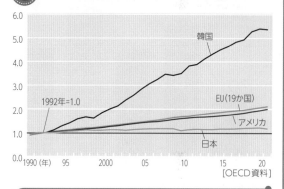

[OECD資料]

②実質GDP成長率と家計消費成長率

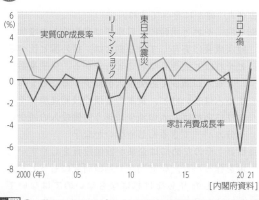

[内閣府資料]

④労働分配率と付加価値額・人件費

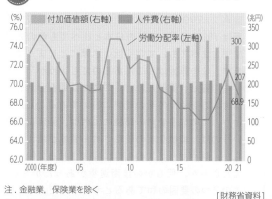

注．金融業，保険業を除く

[財務省資料]

解説 ①．暮らし向きDIがマイナスのまま低迷しているのは（**資料1**），生活の糧となる賃金が上昇しないためだと考えられる（**資料3**）。また，2020年はコロナ禍による経済不況で，景況感DIが急速に悪化した。

②．暮らし向きDIがマイナスのままということは，人々の生活が苦しくなっていると感じているということになる。そのため，生活を守るため消費支出を抑制していると考えられる。消費水準の低迷は，経済成長率を低下させる要因となる（**資料2**）。

③．戦後最長のいざなみ景気やその後の景気回復期でも，全体として労働分配率（▶p.191）は低下傾向にある。これは，この期間に賃金が上昇していないため（**資料3**）人件費総額が増えず，その分企業所得や財産所得の方が増加したためだと考えられる（**資料4**）。

④．人件費総額が増えていないのは（**資料4**），雇用者数そのものが増えないことも原因の一つである。さらに，日本の場合，雇用者の構成のうち，賃金水準の低い非正規雇用者の割合が増えたことも，**資料3**の賃金水準の停滞に影響を与えている。

資料1　日本の成長会計の推移

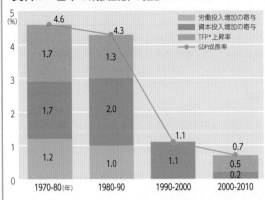

＊TFP（Total Factor Productivity）は，技術進歩や生産の効率化などを示す指標
注．各年代区分の平均値

［「JIPデータベース2015」より作成］

資料2　成長会計の国際比較

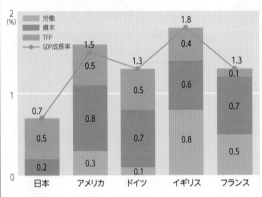

注．2000〜2015年の平均値

［「KLEMSデータベース2017」などより作成］

資料3　生産年齢人口と労働力人口の推移

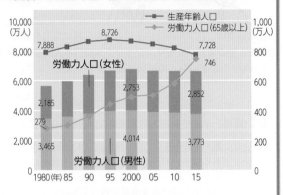

注1．2015年までは総務省「国勢調査」による。
注2．労働力人口は15歳以上，生産年齢人口は15〜64歳。

［総務省「労働力調査」，日本国勢図会などによる］

資料4　主要国における研究開発費総額の推移

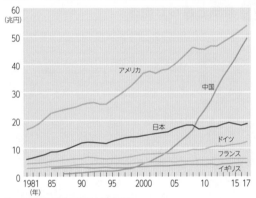

注．2010年基準，購買力平均換算。

［科学技術・学術政策研究所資料より作成］

生徒A：1990年代に入ってからの日本の経済成長率は1％前後で，以前の日本と比べても他の先進諸国と比べても，すごく低い水準にとどまっています。この原因はどこにあるのでしょうか？

先　生：難しい質問だけど，ここでは成長会計という考え方を使ってその質問に答えてみることにしよう。この成長会計の理論によれば，経済成長というのは，機械などの使用される資本が増えたからか，財やサービスの生産に投入される労働が増えたからか，何らかの技術進歩があったからか，この3つの要因の和であると考えるんだ。

生徒B：経済成長を供給側の要因から見ている感じでしょうか？

先　生：その通りだね。この成長会計のデータを見ると，90年代に入ってからの日本では，それ以前の日本と比べると，技術進歩の上昇率が非常に小さくなっていることがわかる。

生徒A：確かにそうですね。

先　生：それと同時に，日本では労働投入の増加が経済成長に寄与している割合は，諸外国と比べるとそれほど大きくないことも分かる。少子高齢化による人口減少で労働投入が減少することを心配する人は多いけど，資本の蓄積や技術進歩がそれなりにあれば，人口減少に伴う労働投入の減少は十分カバーできるんじゃないかな？

生徒B：そのためには企業が設備投資をしやすい環境を作ったり，研究開発や基礎研究にもっとお金を投入したりしなければならないのではないでしょうか？

先　生：その通りだね。イノベーションこそ経済成長の源泉なんだからね。

はみだしメモ　基礎研究の"基礎"とは，研究の性格によるもので，数学などの問題でみられるような基礎＝易しい，応用＝難しい，といった難易度ではない。実際，ノーベル賞受賞者からは基礎研究の重要性が度々指摘される。

Check! 所得格差の拡大はどのような影響をもたらすのだろうか。また，格差や貧困の是正にはどのような対策が必要だろうか。

経済のソフト化，サービス化（▶p.221 **4**）がすすんだ社会では，金融やITなど付加価値生産性の高い分野と，そうでない分野との間で賃金格差が大きくなる傾向がある。日本では同一労働・同一賃金原則（▶p.261 **27**）が根付いていないため，正規雇用と非正規雇用との間の格差も問題である。

格差の拡大，すなわち低所得層の拡大は，**消費の低迷や社会保障費の増大をまねき，経済成長にマイナス影響を与える。**そのような社会では，多くの人が将来の見通しをたてられず不安を抱くため，格差は社会の安定そのものを脅かすという議論もある。

◆ローレンツ曲線とジニ係数

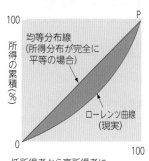

低所得者から高所得者に向かっての人数の累積を横軸に取り，所得の累積を縦軸に取った左のようなグラフを考える。所得分配が完全に平等な場合，OPは直線（均等分布線）となるが，現実には所得分配が完全に平等とはなり得ず，OPは曲線となる（**ローレンツ曲線**）。ローレンツ曲線は不平等になるほど均等分布線から離れ，図中の紫色の面積が大きくなる。直線OPより下の三角形の面積に対する，紫色の面積の比率を**ジニ係数**という。すべての人の所得が等しい場合，つまり格差がない時にはローレンツ曲線は均等分布線と一致するため0になり，格差が生じるにつれて，1に近い値を示すようになる。

❶ジニ係数の国際比較

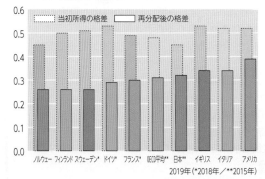

2019年（*2018年/**2015年）

[OECD資料などによる]

解説 再分配前の当初所得でみた日本のジニ係数は，OECD平均よりも低く，他国に比べて格差が小さいといえる。しかし，再分配後の所得でみると，日本のジニ係数は国際的に高い水準にある。このことは，**日本の再分配政策がうまく機能していない**ことを意味している。

❷年齢階級別に見た平均所得

[厚生労働省資料「所得再分配調査　令和3年」]

解説 60歳より上の年代では，再分配後の所得が当初所得を大きく上回っているのに対し，50歳台までの現役世代では，当初所得を下回っている。これは，日本の再分配政策が，年金など社会保障を中心としており，現役世代から高齢者への所得移転という性格が強いためである（▶p.273）。高齢者の所得保障の必要性を考えれば，これは当然の結果といえる。しかし，日本の現状において，「格差の是正」が必ずしも「社会全体の貧困の解消」を意味するわけではない，ということには注意したい。

❸子どもの相対的貧困率の推移

共通テスト **23**

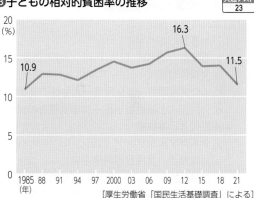

[厚生労働省「国民生活基礎調査」による]

解説 日本の**子どもの貧困率**は近年改善傾向にあるが，未だにOECD平均より高い。日本の貧困家庭には母子家庭が多く，結婚・出産の際に退職した女性が母子家庭になった場合，正規雇用への復帰が難しいといった事情が背景にある。また，低所得層の子どもは，進学・就労やそのための能力開発の機会が制約されやすい。生育環境に将来が左右されてしまうのである。

こうした**貧困の連鎖**の解消に向けて，**子どもの貧困対策推進法**が2013年に制定された（19年改正）。誰もが豊かに暮らせる社会をめざして，さらなる支援の充実が求められている。

▶無料または安価で食事や団らんの場を提供する社会的な取り組みの一つである「こども食堂」。

2 中小企業と農業

📎 DIGEST

1.日本の中小企業の現状と課題

(1)中小企業…中小企業基本法（1963年）による ①

  ①中小企業の地位…日本の事業所数358万社の99％以上，
　　　　　　　　　　　従業者数の約70％（2016年），
　　　　　　　　　　　製造業出荷額の約50％を占める ②

業　種	資本金	従業員
製造業	3億円以下	300人以下
卸売業	1億円以下	100人以下
サービス業	5,000万円以下	100人以下
小売業	5,000万円以下	50人以下

  ②日本経済の二重構造…大企業との賃金，生産性，収益率，
　　　　　　　　　　　資本装備率の格差 ③

  ③大企業の下請けと系列…継続的な取引関係に加え株式所有，役員派遣，資金などの関係があるもの ④ ⑤

  ④ニッチ市場での躍進…小規模でも高度な技術を持ち，世界でもトップシェアを占める企業もある ⑥

  ⑤地場産業…特定の産業を行う企業がある地域に集中している状態 ⑦

(2)中小企業の現状と課題

  ①ベンチャー企業…新技術や高度な専門技術をもとに創造的・冒険的な経営を展開している中小企業 ⑨

  ②社会的企業…環境保全や貧困層の自立支援などを目標に掲げる企業

  ③新興株式市場…ベンチャー企業の株式公開，資金調達の場

  ④事業承継問題…後継者の不在→補助金や税制による支援，起業希望者と事業譲渡者のマッチングの工夫 ⑧

  ⑤大規模小売店舗法の廃止と大規模小売店舗立地法の施行（2000年）→大手との競争により商店街が衰退

2.日本の農業の現状と課題

(1)日本の農業の現状 ⑩

  ①日本農業の変貌 ⑪

    a.農業基本法制定（1961年）→兼業農家（農業以外の収入が中心の農家）の増加

    b.食糧管理制度…1942年制定→米の過剰生産で赤字増大→95年廃止（新食糧法）

    c.米の生産調整…減反政策→食生活の変化や生産技術の進行で米余り→18年廃止

    d.人口流出と後継者不足→農業就職者の減少→中山間地域を中心に耕作放棄地が増加 ⑫

  ②国際化と日本農業

    a.ウルグアイラウンド（1993年）…コメの部分開放（ミニマム・アクセス）→99年に関税化へ移行

    b.新食糧法…食糧管理制度を廃止し，コメの流通を自由化

    c.食料自給率の低下…世界の主要国の中で食料自給率は最低クラス38％（2021年）⑬ ⑭

    d.食料・農業・農村基本法（新農業基本法）の制定（1999年）…農業の多面的機能(⑯)を確認，農業の持続的発展・農村の振興・食糧の安定供給をめざす→政策の見直し→減反政策の廃止，TPPの問題

    e.改正農地法（2009年）…株式会社やNPO等が原則的に農地を借りることが可能に

    f.戸別所得補償（2010年）…農産物の販売価格が生産費を下回る場合，政府が差額を補助金で支給
　　　　→2013年度より経営所得安定対策として実施

  ③食の安全性と農業の再生…遺伝子組み換え作物 ⑰，BSE問題などへの対策→食品安全基本法（2003年），トレーサビリティ・システム（生産履歴情報のチェック）の導入 ⑰

    a.地産地消…地元の消費者が地元の農家から直接農作物を購入

    b.6次産業…生産者自身が農産物の流通・販売を同時に行う業態 ⑱

    c.スマート農業…ロボットやICT，AIなどの先端技術と農業との融合（アグリテック）によって，農業の生産性向上，高収益化の可能性を目指す ⑲

🔅 FOCUS

❶中小企業はどのような分野で活躍し，新たな市場を開拓しているのだろうか→ ⑥

❷今後の日本の農業には何が必要か考えてみよう→ ⑬ 〜 ⑮ ⑯ ⑱ ⑲

1 中小企業の定義と形態

業種	従業員規模	資本金規模
製造業・建設業	300人以下	3億円以下
卸売業	100人以下	1億円以下
サービス業	100人以下	5,000万円以下
小売業	50人以下	5,000万円以下

解説 中小企業は1963年に制定された**中小企業基本法**によって，資本金か従業員数のいずれか一方に当てはまる企業を中小企業と定義している。中小企業基本法は1999年に改正され，それまでの大企業との格差の是正から，創業と経営革新の促進に努める企業への支援と基本理念が見直された。これは，新たなアイデアや独自の技術を活かして新事業に取り組むベンチャー企業（▶P.230 9）による日本経済の活性化への期待がある。

2 日本経済における中小企業の地位

❶企業数・従業者数（2016年）

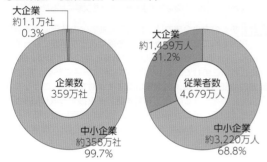

❷製造業（2016年）
※付加価値額は2015年

	1〜300人	301人以上
企業数	99.5%	0.5%
従業者数	65.3	34.7
付加価値額	47.5	52.5

❸卸売業（2016年）
※付加価値額は2015年

	1〜100人	101人以上
事業所数	99.3%	0.7%
従業者数	72.2	27.8
付加価値額	59.9	40.1

［❶❷❸中小企業庁『中小企業白書 2021』］
※四捨五入のため100％にならない項目がある

解説 中小企業は全企業数の約99％，従業員数では70％前後，付加価値額も50％前後を占め，日本経済の基盤を支えている。

3 大企業と中小企業の比較

Check! 大企業と中小企業とではどのような違いがあるか，またその原因は何か？

●賃金・生産性・設備投資率の規模別格差
（製造業・2018年）

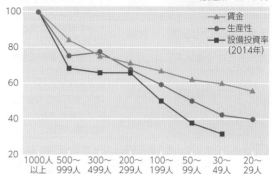

注．賃金は従業者1人あたり現金給与総額（年間）。生産性は従業者1人あたり付加価値額（年間）。設備投資率は従業者1人あたり有形固定資産総額（年末現在）。グラフは従業者1,000人以上規模の事業所を100とした指数を用いた比較。

［経済産業省『工業統計調査』より作成］

解説 従業員数1,000人以上の企業を100として20〜29人の企業と比較すると，賃金で6割未満となっている。この1つの要因として，**設備投資率の低さが労働生産性の格差を生み出し，それが賃金格差につながっている**といえる。このように大企業と中小企業の生産性や賃金，資本力など様々な面での格差を「**二重構造**」という。

4 中小企業の形態

独立企業	大企業にはない技術を駆使する企業ベンチャービジネス，地域の特性を生かした地場産業など
下請企業	親企業からの注文を受けて，その生産工程の一部を請け負う企業
系列企業	大企業からの資金面での提供や，経営面・人事面などで結びついた企業

5 下請け構造

●下請けの概念図

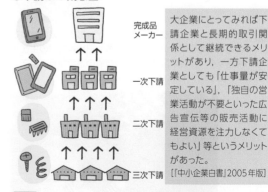

大企業にとってみれば下請企業と長期的取引関係として継続できるメリットがあり，一方下請企業としても「仕事量が安定している」，「独自の営業活動が不要といった広告宣伝等の販売活動に経営資源を注力しなくてもよい」等というメリットがあった。
［『中小企業白書』2005年版］

解説 大企業と中小企業は系列や下請けの関係になっていることが多く，下請けの場合，不況になると減産にともない，発注が削減されたり，製品単価を引き下げられたりするなど，景気の調整弁として利用される。

Challenge 日本の中小企業は，度重なる不況の影響や後継者不足による事業承継の問題などから，全企業数のおよそ8割程度までその割合を減らしてきている。○か×か。（▶p.231）

6 世界でトップシェアを占める日本の中小企業の製品

Check! 中小企業はどのような分野で活躍しているのだろうか。

製　　品	世界シェア	製造会社
単結晶の製造装置	70%	クリスタルシステム （山梨県北杜市）
小型，極小ベアリング	70%	北日本精機株式会社 （北海道芦別市）
ケミルミネッセンス アナライザー	ほぼ100%	東北電子産業株式会社 （宮城県仙台市）
光ディスク修復装置	90%	株式会社エルム （鹿児島県南さつま市）
アクリルパネル	50%以上	日プラ株式会社 （香川県木田郡）

解説 中小企業を取り巻く状況が厳しい一方で，日本には，規模は小さくても，高度なモノ作り技術によって世界に躍進する中小企業が多数存在する。これらの企業は，**ニッチ**（「隙間」や「くぼみ」の意味をもつ英語のNicheが語源）分野に特化し，知名度は低いが他社にはない技術を生かして，大企業などの強力なライバルと競うことなく，安定した業績を維持している。

▲日プラが手がけた，世界最大規模のアクリルパネルを誇るドバイ水族館

7 地場産業

共通テスト 22

タオル
（愛媛県今治市）

カバン
（兵庫県豊岡市）

メガネのフレーム
（福井県鯖江市）

スプーン・フォーク
（新潟県燕市・三条市）

解説 **地場産業** 特定の産業を行う企業が，ある地域に集中している状態を地場産業という。伝統産業や日用雑貨品の生産が中心の場合が多く，生活習慣の変化や技術の進歩から，現在では厳しい状況におかれている。

▲今治市（愛媛県）産の今治タオル

8 中小企業の事業承継問題

Check! 企業の休廃業・解散，倒産件数の推移はどのようになっているか？

●企業の休廃業・解散，倒産件数の推移

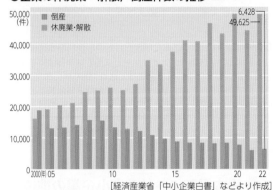

[経済産業省「中小企業白書」などより作成]

注.休廃業は，特段の手続きをとらず，資産が負債を上回る資産超過状態で事業を停止すること。解散は，事業を停止し，企業の法人格を消滅させるために必要な清算手続きに入った状態になること。

解説 多くの中小企業では，経営者の高齢化の進行による後継者不在のために事業を次世代に引き継ぐことが困難になってきており，「大廃業時代」が迫りつつあると言われている。現在，廃業においこまれている中小企業の5割は黒字であると言われ，**資金的な問題以上に，後継者の問題は深刻である**。こうした状況に歯止めをかけるため，「事業承継」を支援する取り組みが増えてきている。そのうちの一つが，社内や親族に引き受け手がいない場合でも，M&A（合併・買収）で親族以外が事業を継ぐというものである。

9 ベンチャー企業

共通テスト 19

▲都内のロボットベンチャー企業が開発したスマートマスク。スマートフォンと接続し，音声入力，翻訳などでコミュニケーションをサポートする。

解説 **ベンチャー企業**とは，創造力や開発力をもとに，新技術や高度な知識を軸にして大企業では実施しにくい新しい領域のビジネスを展開する中小企業をさす。ベンチャーブームが起こった1990年代後半から各地に新興株式市場が設立され，資金が必要な企業が，資金調達の場として株式市場を利用しやすくなっており，新興市場での上場企業数は増加傾向にある。一方で，日本ではあまり見られないが，非上場のベンチャー企業の中には，企業評価額が10億ドル以上のユニコーン企業と呼ばれるものがある。

はみだしメモ　「日プラ」は2014年度に，中国・珠海のチャイムロング横琴海洋王国の幅39.6m×高さ8.3m×厚さ65cmのアクリルパネルで自らのドバイ水族館の記録を更新した。

10 戦後農業の歩み

年	事項
1942	**食糧管理法**施行
46	**農地改革**
57	八郎潟（秋田県）干拓開始
61	**農業基本法**施行
69	自主流通米制度開始
70	総合農政基本方針変更， 米の生産調整（**減反政策**）開始
87	生産者米価・消費者米価引き下げ
88	自主流通米の割合が5割を超える
91	牛肉・オレンジ輸入自由化
93	冷害で米の緊急輸入，**ウルグアイ・ラウンド**農業合意
94	米の輸入部分開放（最低輸入義務量）
95	食糧管理法廃止，**新食糧法**施行
99	米の関税化，新農業基本法施行
2001	食品不安（食中毒・BSEなど）
10	農業者戸別所得補償制度導入（13年より経営所得安定対策）
18	**減反政策廃止**，「**TPP11**」発効

①農家戸数の推移

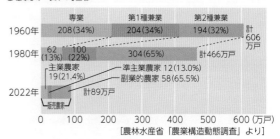

[農林水産省「農業構造動態調査」より]

②農業就業人口構成の推移

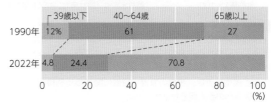

[農林水産省「農林業センサス」，「農業構造動態調査」より]

解説 戦後，農地拡大によって農業生産力は向上したが，**高度経済成長**の過程で専業農家は減少し，兼業化していった。政府は，自立農家の育成，食糧管理制度で米価の保障を図ったが成功しなかった。その上，農家は農産物の輸入自由化と**減反政策**によって打撃を受けた。赤字続きの食管制を廃止する**新食糧法**は，**ウルグアイ・ラウンド**を背景として制定されたものである。

農家の定義

販売農家……経営耕地面積が30アール以上または農産物販売金額が50万円以上の農家

主業農家……農業所得が主で，調査期日前1年間に自営農業に60日以上従事している65歳未満の世帯員がいる農家

準主業農家…農外所得が主で，調査期日前1年間に自営農業に60日以上従事している65歳未満の世帯員がいる農家

自給的農家…経営耕地面積30アール未満かつ農産物販売金額が年間50万円未満の農家（約83万戸，2015年）

③日本経済の中の農業

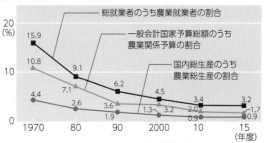

[農林水産省『平成28年度食料・農業・農村の動向 参考統計表』]

解説 若年層は都市へ流出し，農家数は減少し続け，農業従事者の減少・高齢化が進んでいる。さらに農業所得の激減・農村の疲弊など，日本の農業は危機的な状況にある。

11 農業政策の転換

●旧農業基本法（1961年施行）

理 念	農業の発展と農業従事者の地位向上
政 策	自立的経営農家の育成 食糧管理制度による米・麦の価格安定 農産物の選択的拡大
特 徴	生産性向上を図り農工間所得の格差を是正する 国が農産物価格の安定に寄与する

結 果

①自立的経営農家の育成が進まない
②輸入自由化の拡大で自給率が低下する
③食管会計の赤字が進行する

●新農業基本法（1999年施行）

理 念	食料の安定供給と農業の多面的機能
政 策	輸入と備蓄を組み合わせ自給率向上 食料の合理的価格への安定供給 中山間地域への支援（国土保全）
特 徴	市場原理を導入し価格競争のもとで食料の安定供給をめざす 農村のもつ環境保全や文化の伝承機能を評価する

改正新食糧法（2004年4月〜）

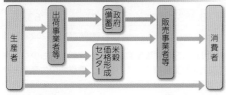

➡ 政府が管理する米の流れ　　➡ 民間業者が関与する米の流れ

解説 1961年に日本の農政の支柱となる農業基本法が制定されたが，食料自給率の低下や農業従事者の高齢化の中で行きづまり，1999年に**食料・農業・農村基本法（新農業基本法）**が成立した。一方，主食である米の生産・流通・価格の政府一括管理方式をとる食糧管理制度を廃止し，米の流通や価格を市場原理にゆだねる**新食糧法**が1995年に施行され，2004年には届け出があれば，誰でも自由に米を販売できるようになった。

経済

はみだしメモ 1960年代になると，父親は出稼ぎや勤めで外に行き，若者は都会へ就職したことから，じいちゃん・ばあちゃん・かあちゃんの「三ちゃん農業」が農村における普通の姿になった。

p.229の答え　×

231

12 耕作放棄地面積の推移

凡例：
- 耕作放棄地面積
- 耕作放棄地率（右目盛）

注. 耕作放棄地面積率は，耕作放棄地面積÷（経営耕地面積＋耕作放棄地面積）×100
[農林水産省「農林業センサス」ほか]

解説 耕作放棄地とは，以前耕作していた土地で，過去1年以上作物を栽培せず，この数年の間に再び栽培する考えのない土地のこと。農業従事者の減少により農地は荒廃し，耕作放棄地は増え続けてきた。この課題を解決するため，2009年に成立した改正農地法では，農地の取得・貸借に関する規制緩和がなされ，農業への参入促進がはかられた。

13 食料自給率の低迷と要因

❶主要先進国の食料自給率（供給熱量ベース）

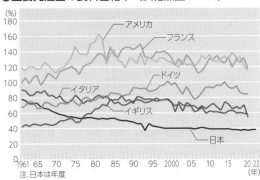

注. 日本は年度

❷日本の品目別自給率

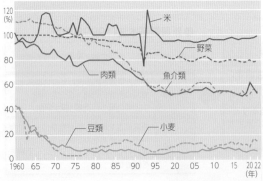

[❶❷農林水産省資料より]

解説 食料自給率の低下傾向が続いている主な理由は「食の欧米化」だと農水省はみている。「ごはんに魚や野菜」という食事から肉食中心に変わったことで，トウモロコシなどの飼料の輸入が増加した。長期的にみて世界の食料価格は上がるとみられており，日本政府は食料自給率の向上に向け総合政策をまとめようとしているが，即効性のある対策が見当たらない状況である。

14 増える輸入農産物

❶おもな品目別輸入率の推移

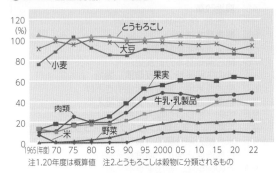

注1.20年度は概算値　注2.とうもろこしは穀物に分類されるもの

❷米の国内生産量と輸入量の推移

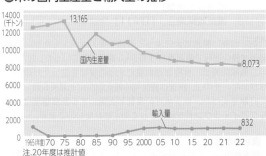

注.20年度は推計値

[❶❷農林水産省「食料需給表」]

解説 1991年に牛肉・オレンジの自由化がはじまり，輸入枠を撤廃して関税化された。1993年には，GATTのウルグアイ・ラウンドの合意に基づいて，米の一部部分開放が決定され，現在，年間77万トンの外国米をMA米（**ミニマムアクセス米**）として輸入している。このような**グローバル化の中で，TPP11**（▶P.334 2）への参加にともなう関税の撤廃・引き下げで外国産の安い農産物と競争することで国内農産物の価格が下落し，農家の所得にも打撃を与えるという懸念もある。

15 日本と各国の農業生産性

2021年	農林水産業就業人口（万人）	対総就業人口比（%）	国土面積に占める農地の割合（%）	※付加価値総額に対する農林水産業割合（%）	※穀物生産量（万t）
日本	210	3.2	11.7	1.0	1,190
アメリカ	265	1.7	41.3	0.9	45,263
イギリス	34	1.0	70.8	0.8	2,237
フランス	71	2.5	52.0	1.9	6,688
ドイツ	53	1.3	46.4	0.9	4,236
オーストラリア	32	2.4	46.0	3.4	5,108
中国	18,353	24.4	55.2	7.6	63,207

[『世界国勢図会 2023/24』]

解説 日本の農林水産業従事者数は他国と比較しても少なくないが，**7割以上が兼業農家**である。また，**農作物の生産量も少なく，生産力は低い**。この生産性の低下は日本農業の競争力の弱まりにつながっている。

はみだしメモ 1954年学校給食法により，パンと脱脂粉乳による学校給食が実施された。まず児童から米食偏重を「是正」し，「粉食を奨励」してパン食中心にするためであった。背景にアメリカの余剰農産物・「小麦売り込み戦略」があった。

16 農業の多面的機能

Check! 農業には食料の生産のほか，どのような機能があるだろうか。

▲稲刈りの体験学習（新潟県南魚沼市）

解説 農業の多面的機能　農業や農村がもつ，**食料や農産物の生産や供給に関わる機能以外の，国土や環境を保全する機能，農地や農村の景観が安らぎをもたらす機能，伝統や文化の伝承の場となる機能**などを農業の多面的機能という。

17 食の安全

●トレーサビリティ

トレーサビリティは，生産・飼育，処理・加工，流通・販売の各段階の情報を追跡して知ることができるしくみ。2001年に国内初の牛海綿状脳症（BSE）が発生したのを契機として牛トレーサビリティ法が成立し，インターネットを通じて国内の牛と輸入牛の生産履歴を調べることができるようになった。

●遺伝子組み換え食品とゲノム編集食品

遺伝子組み換え食品	ゲノム編集食品
遺伝子を操作し品種改良をした農作物を使った食品。品種改良によるメリットの一方，健康への影響や遺伝子操作を受けた生物の生態系への流出の影響が懸念される	遺伝子を編集することで，品種改良を短期間で効率よく進めることができる。人為的ミスで違う遺伝子を切断してしまう可能性もあるとの懸念もある

●世界の遺伝子組み換え作物の作付面積の推移

200
(百万ha)　　　　　　　　　　　　　190.4
150
100
50
0　1.7
1996　2000　05　10　15　19(年)
[ISAAA資料より作成]

解説 日本では，遺伝子組み換え作物が「全原材料のうち上位3品目に入り，かつ，占める重量の割合が5％以上のもの」には表示義務がある。一方，ゲノム編集食品には，安全性審査や食品表示の必要はないとされている。なお，日本では商業的な遺伝子組み換え作物は栽培されていないが，海外ではアメリカやブラジル，アルゼンチンなどおよそ30か国で栽培されている。

18 6次産業化

現在の農林漁業が直面している，高齢化や人材不足・価格の低迷による所得の減少・耕作放棄地の増加などの多くの問題を解決するために，また，地域経済の活性化を図るための施策の1つとして6次産業化が提唱されている。

6次産業化とは，1次産業である農林漁業が生産だけでなく，生産物に付加価値を与えるため，2次産業である食品加工や3次産業の流通・販売に参入し，生産・加工・流通・販売を一体化する取り組みを指す。1次，2次，3次を掛け合わせるという意味で，6次産業化と呼ばれる。

所得向上
（付加価値・利益）
雇用の場の創出
地域の活性化

1次産業 × 2次産業 × 3次産業 ＝ 6次産業
生産　　　　加工　　　流通・販売
農林漁業者が生産・加工・流通（販売）を一体化

[政府広報オンラインなどを参考に作成]

解説 6次産業化には，商品の付加価値を高め，利益をあげることで所得が向上したり，雇用が創出されたり，地域が活性化したりするというというメリットがある。一方，農家が食品加工や営業販売まで行うという経営の多角化によって，衛生管理や他社との競合，初期投資などの問題もあると言われている。

19 スマート農業

近年，ロボットやICT，AIなどの先端技術を活用した**スマート農業**が注目されている。

自動で作物を収穫してくれるロボットがあれば，労働力を節約できる。栽培環境のデータを収集・解析できるセンサリング技術を導入すれば，質の高い生産を一定しておこなうことができる。科学技術の活用により，農業の生産性が向上するのである。

▲自動でリンゴを収穫するロボット

こうした農業と先端技術との融合（**アグリテック**）により，若者の農業に対するイメージが変わり，後継者不足の解消にもつながる可能性がある。人口減少社会における持続的発展を目指すという点で，農業は非常に重要な分野であり，ベンチャー企業の活躍も期待されている。

経済

はみだしメモ 輸入品の大豆，トウモロコシでは遺伝子組み換え作物が9割以上を占めている（2018年推計）。国が「安全」と評価したものが流通するが，商業栽培開始からまだ約25年のため「長期間食べ続けた場合の安全性」を懸念する声もある。

233

3 公害防止と環境保全

DIGEST

1.公害とはなにか

公害…外部不経済，市場の失敗の一例

①経済成長と公害 **1**

　a.原点…足尾鉱山鉱毒事件…日本初の公害事件（古河鉱業）栃木県の渡良瀬川流域（田中正造代議士）**2**

　b.典型七公害…大気汚染・水質汚濁・土壌汚染・騒音・振動・悪臭・地盤沈下 **6**

　c.公害問題の深刻化…高度経済成長→工業化・都市化の進展→産業公害・都市公害の発生

②四大公害訴訟…原告全面勝訴→公害対策の前進（1960年代後半）**4**

	水俣病 **3**	四日市ぜんそく	イタイイタイ病	新潟水俣病
発生地域	熊本県水俣湾	三重県四日市市	富山県神通川流域	新潟県阿賀野川流域
被告企業	チッソ	昭和四日市石油など	三井金属鉱業	昭和電工
原因物質	有機水銀	亜硫酸ガス	カドミウム	有機水銀

2.公害対策の進展

①公害対策基本法（1967年）の制定→典型七公害を規定，公害14法の制定

②環境庁の設置（1971年）…公害対策行政の一元化→環境省へ（2001年）

③環境基本法（1993年）の制定→公害対策基本法を発展，持続可能な社会の構築をめざす **7**

④環境アセスメント法（1997年）の制定…公共事業や地域開発を行う際に及ぼす影響を事前に調査・
　　　　　　　　　　　　　　　　　　予測・評価する制度→計画の変更や修正も可能 **9**

⑤被害者救済制度 **8**

　a.汚染者負担の原則（PPP）…公害を発生させた企業が，公害防止の費用を負担すべきとする制度

　b.環境基準設定…濃度規制から総量規制へ→有害物質の排出量を一定量以下とする規制

3.大量廃棄社会から循環型社会への転換

①大量廃棄社会

　a.ごみ問題…家庭から出る一般廃棄物，工場などから出る産業廃棄物の不法投棄 **10** **12**

　b.ダイオキシン…ごみの焼却によって発生→1999年にダイオキシン類対策特別措置法が制定

　c.現代の公害…ハイテク・IT産業における洗浄剤としての有機溶剤による地下水汚染，アスベストに
　　　　　　　　　よる健康被害→アスベスト健康被害救済法（2006年）**11**

　d.放射性廃棄物の処分問題 **13**

②循環型社会への転換…持続可能な社会を作るために資源の循環をはかる **14**

　a.循環型社会形成推進基本法（2000年）の制定…3R（リデュース・リユース・リサイクル）の取り組み

　b.リサイクル関連法…容器包装リサイクル法，家電リサイクル法，自動車リサイクル法
　　　　　　　　　　　ゼロ・エミッション（廃棄物ゼロをめざす取り組み），デポジット制

　c.マイクロプラスチックによる海洋汚染問題→プラスチック製品の使用規制へ **15**

4.地球規模の環境問題

…地球温暖化，オゾン層の破壊，酸性雨，森林破壊と生物多様性の減少，砂漠化

①国連環境開発会議（1992年）…「持続可能な発展（開発）」の理念を提唱 **16**

②パリ協定（2015年）…温室効果ガスの排出量を今世紀後半までに実質ゼロにする目標 **17** **19**

③ESG投資（環境や社会へ貢献する投資）の広がり **20**

④再生可能エネルギー活用の推進 **18** …自社電力を100%再生可能エネルギーにする「RE100」

FOCUS

❶環境保全と経済発展は両立するのか考えてみよう→ 経済 Lab

1 日本の公害年表

年	事項
1890	栃木県渡良瀬川流域に足尾銅山の鉱毒被害
1906	谷中村，渡良瀬遊水地造成のため強制廃村（藤岡町に編入）
56	水俣病公式発見
65	新潟県で第二水俣病の発生確認
67	四日市ぜんそくと新潟水俣病の患者提訴／公害対策基本法制定
68	イタイイタイ病患者が提訴へ／**大気汚染防止法**制定
69	水俣病患者が提訴へ
71	環境庁発足
73	公害健康被害補償法制定
80	滋賀県で合成洗剤追放条例が施行
81	**大阪空港公害訴訟**，最高裁判決
86	名古屋新幹線騒音訴訟，最高裁で和解
93	**環境基本法**制定（公害対策基本法は廃止）
97	**環境アセスメント法（環境影響評価法）**制定
99	ダイオキシン類特別措置法制定
2000	香川県豊島の不法投棄事件で調停が成立
01	環境省発足
04	水俣病関西訴訟で最高裁判決
05	アスベストによる健康被害（翌年，石綿被害救済法が施行）
09	水俣病救済法が成立
13	国連環境計画，「水銀に関する水俣条約」を熊本で採択／イタイイタイ病が全面解決。
17	水銀に関する水俣条約の発効

足尾銅山跡（栃木県）▶

2 日本の公害の原点　足尾鉱毒事件

栃木県，足尾銅山から排出された鉱毒が，渡良瀬川下流の農地数万ヘクタールを汚染し，莫大な農産物，魚介類の被害や健康障害を引き起こした。

抵抗運動の先頭に立った田中正造は，足尾鉱毒事件を国会で追及，1901年には天皇直訴にまでおよぶ。谷中村の遊水地化に反対した正造は村に移住し，鉱毒問題の解決に生涯をささげた。

1973年に足尾銅山が閉山されたが，日本の「公害の原点」と言われている。

▲田中正造（1841～1913）足尾鉱毒事件を解決するために奔走した地元選出の衆議院議員。

経済

3 水俣病

[熊本県環境生活部水俣病対策課「はじめて学ぶ水俣病」より]

水俣病の原因は，チッソの工場から排出されたメチル水銀が魚介類に蓄積され，これを住民が食べ続けたことにある。

1977年に定められた水俣病認定基準は極めて厳しく，2009年制定の水俣病被害者救済特別措置法（水俣病特措法）でも，救済対象地域が限られている。救済されない潜在被害者は10万とも20万ともいわれ，「最終解決」には程遠い。

4 四大公害訴訟

訴訟	四日市ぜんそく	イタイイタイ病	新潟水俣病	水俣病
症状	気管支ぜんそく・慢性気管支炎・肺機能低下など	多発性の病的骨折をおこして「イタイイタイ」を連発	神経性の知覚・運動障害，発病後の死亡事例多数	新潟同様の事例のほか，胎児性水俣病が多数発生
発生地域	三重県四日市市	富山県神通川流域	新潟県阿賀野川流域	熊本県水俣市・鹿児島県出水市など
原因	排出された硫黄酸化物や窒素酸化物	亜鉛製錬副産物のカドミウム	工場廃液中の有機水銀	工場廃液中の有機水銀
提訴	1967年9月1日	1968年3月9日	1967年6月12日	1969年6月14日（第1次）
被告	三菱化成・三菱油化・三菱モンサント化成・昭和四日市石油・中部電力・石原産業	三井金属鉱業（神岡鉱業所）	昭和電工（鹿瀬工場）	チッソ（水俣工場）
判決	1972年7月24日津地裁四日市支部で原告勝訴。複数企業の共同不法行為を認定	1972年8月9日名古屋高裁金沢支部の控訴審で原告勝訴	1971年9月29日新潟地裁で原告勝訴。挙証責任は被告企業にあるとの見解	1973年3月20日熊本地裁で原告勝訴。工場の過失責任と賠償義務を認定
原告数	12人	第一審31人，控訴審34人	77人	138人（第1次）
賠償額	約8800万円	約1億4800万円	約2億7000万円	約9億3700万円

解説 これら**四大公害**の訴訟では患者側が全面勝訴したが，補償額は被害の大きさに比べると小さかった。そのため，行政の責任は問われなかったものの，**公害健康被害補償法**にもとづいて被害者への補償が実施された。

Challenge 日本の公害が高度経済成長期に全国的に広がった理由の一つとして，産業構造の変化の中で，政府が産業・経済発展を優先させたために，企業の行動を規制することに消極的であったことがあげられる。○か×か。（▶p.237）

5 公害病認定患者数

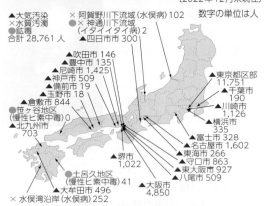

〔2022年12月末現在〕

▲大気汚染　×阿賀野川下流域（水俣病）102　数字の単位は人
×水質汚濁　×神通川下流域
●鉱毒　　　（イタイイタイ病）2
合計 28,761 人　×四日市市 300

▲吹田市 146
▲豊中市 135
×尼崎市 1,425
▲神戸市 509
▲備前市 19
▲玉野市 18
▲倉敷市 844
●笹ヶ谷地区
（慢性ヒ素中毒）0
▲北九州市 703
▲大牟田市 496
×水俣湾沿岸（水俣病）252
●土呂久地区（慢性ヒ素中毒）41
▲堺市 1,022
▲大阪市 4,850
▲東京都区部 11,751
▲千葉市 190
▲川崎市 1,126
▲横浜市 335
▲富士市 328
▲名古屋市 1,602
▲東海市 266
▲守口市 863
▲東大阪市 927
▲八尾市 509

注. 数値は公害健康被害補償法の認定患者数で，地方自治体認定の患者は含まない。同法は改定によって1988年3月1日をもって第1種地域（大気汚染の地域）の指定が解除されたため，新たな患者の認定は以後なされていない。

〔環境省『令和5年版 環境・循環型社会・生物多様性白書』〕

解説 近年の患者数は微減傾向であるが，これは「ぜんそく」のような原因物質と特異的関係がない疾病について公害健康被害補償法の指定地域解除がおこなわれ，新規患者の認定がなくなったためである。

6 公害苦情処理件数の推移

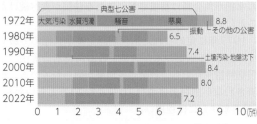

典型七公害

年	大気汚染 水質汚濁 騒音 悪臭	件数
1972年		8.8 その他の公害
1980年	振動	6.5
1990年		7.4 土壌汚染・地盤沈下
2000年		8.4
2010年		8.0
2022年		7.2

0 1 2 3 4 5 6 7 8 9 10〔万件〕

〔『公害苦情調査』〕

解説 公害は環境基本法で定義されている（**典型七公害**）。「その他の公害」で多数を占めるのは不法投棄の苦情である。有毒物質は微量であっても長期蓄積による複合作用が懸念される。

7 環境基本法

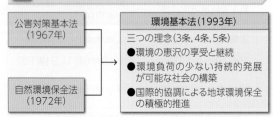

公害対策基本法（1967年）
自然環境保全法（1972年）
→
環境基本法（1993年）
三つの理念（3条, 4条, 5条）
●環境の恵沢の享受と継続
●環境負荷の少ない持続的発展が可能な社会の構築
●国際的協調による地球環境保全の積極的推進

解説 **公害対策基本法**（1967年施行）は，当時深刻化する公害対策という視点から制定され，現在の環境基本法のもととなる。典型七公害を明示的に定義し，**汚染者負担の原則**や環境基準を定めた。1972年には，貴重な自然環境を保全するために自然環境保全法が制定された。そして地球規模の環境問題の深刻化を背景に，地球環境保全の視点から公害対策基本法を廃止し，自然環境保全法の一部を取り込んだ形で，1993年に環境基本法が環境政策の基本法として制定された。

8 環境保全や公害防止のための基本的な考え方

●**汚染者負担の原則**　環境保全に必要な費用は環境汚染を引き起こした汚染者に負担させるべきとする原則。経済開発協力機構（OECD）が1972年に提唱し，現在では世界各国で環境保護の基本となっている。

●**無過失責任の原則**　原因企業に故意や過失がなくても公害被害が発生すれば賠償責任を負う考え方。故意または過失による損害賠償責任（過失責任主義）をとる従来の法原則では，公害被害者の救済が不十分との判断から採用された。

●**濃度規制・総量規制**　公害を予防するため，一定濃度以上の汚染物質を排出させない規制を濃度規制，汚染物質排出の総量に対する規制を総量規制という。濃度規制では希釈すればいくらでも汚染物質を排出可能となり，特に汚染源が集中する地域では環境改善につながらない。そのため，工場等に許容排出量を割り当て，濃度とともに絶対量でも規制する。

9 環境アセスメント

●**環境アセスメントの流れ**

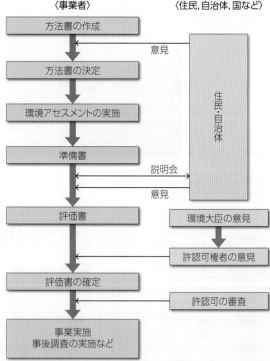

〈事業者〉　　　　　〈住民, 自治体, 国など〉

方法書の作成 ← 意見
↓
方法書の決定
↓
環境アセスメントの実施
↓
準備書 ←→ 説明会 / 意見
↓
評価書 ← 環境大臣の意見 → 許認可権者の意見
↓
評価書の確定
↓
許認可の審査
↓
事業実施 事後調査の実施など

住民・自治体

解説 **先進国でもっとも遅い法制化**　**環境アセスメント**は施策や事業が環境に及ぼす影響を事前に評価することで，1969年にアメリカで最初に法制化された。日本では1970年代後半から地方自治体が環境アセスメント条例を制定し，各種開発事業のアセスメントを実施していた。しかし，国としての統一的な制度はなかった。開発事業の遅れを心配する経済界や関係省庁の反対のためである。1993年に環境基本法が制定されたことを契機に，1997年に**環境アセスメント法**（**環境影響評価法**）が制定された。先進国では最も遅い法制化であった。

はみだしメモ 事業者は環境アセスメントを誠実に行うことが期待されているが，実際には「手続きを経ればよい」，結論が決まっていてそれに「合わせる」だけのアセスメント＝「アワスメント」の事例が多くみられる。

10 ごみの排出量と最終処分場の容量

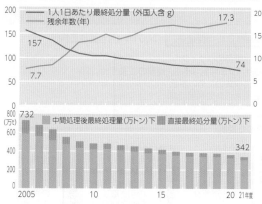

[環境省「環境・循環型社会・生物多様性白書」より作成]

解説 1人1日当たりの最終処分量は減少してきている。しかし、最終処分場には限界があり、いずれは一杯になってしまう日が来ることは避けられない。

11 現代の公害

●**ハイテク汚染** 先端技術（ハイテク）産業が引き起こす環境汚染。発がん性、遺伝毒性のあるトリクロロエチレンやテトラクロロエチレンなど有機塩素系洗浄剤が半導体製造工場などから大量に排出され、地下水、土壌、大気などの汚染を引き起こす。全国のハイテク工業地域に広がっている。トリクロロエチレンやテトラクロロエチレンは自然界のなかで分解されにくい物質で、水や土壌が汚染されるとなかなか元に戻らないうえ、ジクロロエチレンというさらに毒性の強い物質に変化することがわかっている。

●**アスベスト** アスベストは石綿ともよばれる繊維状の鉱石で、防火性・防音性・断熱性などに優れ、学校などの建築物や鉄道車両などに使用されていた。しかし、1960年代には、アスベストを大量に吸い込むことで、肺がんなどを発症することが判明、日本では2004年にアスベストが1％以上含まれる製品の製造と使用が禁止された。また、政府は2006年に石綿による健康被害の迅速な救済を図ることを目的とした**石綿健康被害救済法**を制定した。

解説 日本におけるアスベストの規制は遅れ、完全に使用禁止となるのは2006年だった。このため、工場労働者や、近隣住民に健康被害が多発、各地で訴訟が提起された。2014年、最高裁は大阪の泉南地域でのアスベスト被害について、国の責任を認める判決を下した。

▲大阪府の高校でのアスベスト除去作業の様子

経済

12 不法投棄問題

●**不法投棄の現場**

解説 廃棄物処理法に定められた処分場以外に廃棄物を廃棄することを**不法投棄**という。廃棄物の量が中間処理場の処理能力を上回っていること、処理する為に高額の費用がかかることから、不法投棄をする業者が後を絶たない。多くの場合、①誰が捨てたかわからない、②撤去費用が高額、③撤去費用を誰が負担するか決まらないなどの理由から、そのまま放置されることも少なくない。2017年度末時点で不法投棄産業廃棄物の残存量が最も多いのは千葉県で、およそ400万トンにのぼる。

13 核のゴミ

●**使用済み核燃料再処理工場**（青森県六ヶ所村）

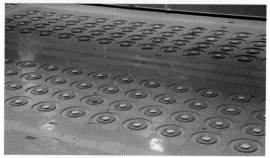

●**フィンランドの処分場**

▲**オンカロ** フィンランドのオルキルオト原発の敷地内にトンネル状に掘られた使用済み核燃料の最終処分場「オンカロ」。地下455mより深くに、10万年以上封じ込めておく。

解説 フィンランドは安定陸塊に属する「バルト楯状地」であり、地震も少なく地盤が安定している。そのため放射性廃棄物を地下に埋設することができる。一方で日本は地震や火山活動が活発で、安定した地層を見つけるのは困難である。使用済み燃料を再処理・再利用する核燃料サイクル構想についても、リスクやコストの高さなど問題が多く、いまだ実現には至っていない。脱炭素化への機運が高まり、原発をベースロード電源と目する意見もあるが、放射性廃棄物の問題は先送りされている。

14 循環型社会の法体系

循環型社会形成推進基本法（2001年1月完全施行）

廃棄物処理法（2004年改正施行）
(1)廃棄物の排出抑制
(2)廃棄物の適正処理（リサイクル含む）
(3)廃棄物処理施設の設置規定
(4)廃棄物処理業者に対する規制
(5)廃棄物処理基準の設定

資源有効利用促進法（2001年4月全面改正施行）
(1)再生資源のリサイクル
(2)リサイクル容易な構造・材質の工夫
(3)分別収集のための表示
(4)副産物の有効利用促進

（個別物品の特性に応じた規制）

容器包装リサイクル法（2000年完全施行）
○容器包装の市町村による分別収集
○容器の製造・容器包装の利用業者による再商品化

家電リサイクル法（2001年完全施行）
○廃家電4品目を小売店等が消費者より引き取り
○製造業者等による再商品化

食品リサイクル法（2001年完全施行）
○食品の製造・加工・販売業者が食品廃棄物などの再生利用

建設リサイクル法（2002年完全施行）
○工事の受注者が建築物の分別解体など
○建設廃材の再資源化も規定

自動車リサイクル法（2005年完全施行）
○関係業者が使用済み自動車の引き取り，フロンの回収
○製造業者等がエアバッグ，シュレッダーダストの再資源化

小型家電リサイクル法（2013年完全施行）
○使用済小型電子機器等の再資源化を促進するために制定

グリーン購入法（2001年完全施行）
○国等の公的機関が率先して環境への負荷が少ない製品・サービス（環境物品等）の調達を推進するとともに，環境物品等に関する適切な情報提供を促進する

解説 循環型社会形成推進基本法では，「3Rの原則」①**リデュース**（廃棄物を出さない）②**リユース**（再利用）③**リサイクル**（再生利用）が採用され，それでも残る廃棄物については安全で適正な最終処分を行うことが定められている。例えば，レジ袋を断ってマイバッグを使うのはリデュース，リターナブルびんを利用するのはリユースにあたる。

15 プラスチックごみ問題

近年，プラスチックごみによる海洋汚染が問題となっており，微少な**マイクロプラスチック**（5mm以下）が食物連鎖を通じて生態系にも影響を及ぼすと懸念されている。プラスチックは自然環境の中で紫外線や風化などによって小さくなったり細かくなったりはするが，分解されないため，半永久的に自然界に残ることになる。2050年には，海洋のプラスチックゴミの量が，魚の量を超えるという推計もある。

また，これまで先進国のプラスチックごみを輸入してきた中国や東南アジア諸国が輸入規制を導入したため，ごみが行き場を失っており，プラスチックの排出抑制と代替素材の利用を進める「脱プラスチック」の動きが世界各地で見られる。

●プラスチック製品削減の取り組みの一例

地域・企業	取り組み
EU加盟国	プラスチック製レジ袋の消費量を2019年までに2010年比で80%削減
スターバックス社（アメリカ）	2020年までに，世界で展開する全店舗で，プラスチック製使い捨てストローの使用を中止
すかいらーく（日本）	日本の外食大手で初めて，プラスチック製ストローの中止を決定。グループ全業態で2020年まで順次

アラカルト レジ袋有料化

日本はプラスチックごみのリサイクル率が80%以上とされているが，ごみを焼却して発電などを行うサーマル・リサイクルの割合が高く，この方法は，温室効果ガスが発生するため，欧米ではリサイクルと認められていない。

世界的な「脱プラスチック」の動きにあわせて，日本でも2020年7月からレジ袋の有料化が始まった。対象は，商品を運ぶ持ち手のついたプラスチック製の袋で，紙袋や布袋，スーパーで生鮮食品を入れる袋のほか，生分解性プラスチック製の袋などは対象外である。これにより，スーパーでのレジ袋辞退率は57%と10年前の倍以上になった。一定の成果が認められる一方で，プラスチックごみ全体に占めるレジ袋の割合は2～3%に過ぎず，効果は限定的だという指摘もある。

▲レジ袋有料化を知らせるチラシ

はみだしメモ 平成25年4月からスタートした「小型家電リサイクル法」は家電リサイクル法と異なり，対象品目や回収方法，回収にかかる消費者の費用負担を各自治体が独自に定めている。

16 地球環境保全への動き

年	事項
1972	スウェーデンのストックホルムで国連人間環境会議開催。「**かけがえのない地球**（only One Earth）」をスローガンに「**人間環境宣言**」採択 **国連環境計画**（UNEP）を設立
87	環境と開発に関する世界委員会が報告書を発表、「**持続可能な開発（発展）**」の考え方を提唱
92	ブラジルのリオデジャネイロで**国連環境開発会議（地球サミット）**開催 ・気候変動枠組み条約採択
97	**気候変動枠組条約第3回締約国会議（COP3，温暖化防止京都会議）** ・京都議定書採択
2002	南アフリカのヨハネスブルグで持続可能な開発に関する世界首脳会議開催
15	国連持続可能な開発サミットで「**持続可能な開発目標（SDGs）**」策定 **気候変動枠組条約第21回締約国会議（COP21），「パリ協定」**採択

17 地球温暖化対策とパリ協定

●各国の二酸化炭素排出量の推移

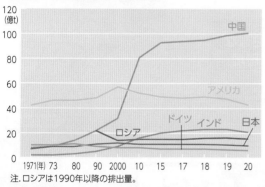

注.ロシアは1990年以降の排出量。

［総務省資料などより作成］

●各国の温室効果ガス排出削減目標

アメリカ	2025年に26％〜28％削減（2005年比）
EU	2030年に少なくとも40％削減（1990年比）
ロシア	2030年に少なくとも25〜30％削減（1990年比）
日本	2030年度に2013年比26％削減（2005年度比で25.4％削減）
中国	2030年までにGDP当たり排出量60〜65％削減（2005年比）
インド	2030年までにGDP当たり排出量33〜35％削減（2005年比）

解説 京都議定書からパリ協定へ 1997年の地球温暖化防止京都会議で採択された**京都議定書**では先進国のみに法的拘束力のある削減枠が課されていた。しかし，新興国の台頭によって，中国やインドは主要排出国となり，すべての国に削減を促す枠組みが不可欠のものとなった。こうした中，2015年12月に締結された（発効は2016年11月，日本も同月に批准）**パリ協定**では，途上国も含めたすべての国に削減義務が課されている。

18 再生可能エネルギー

太陽光発電	シリコン半導体等に光が当たると電気が発生する現象を利用し，太陽電池で直接電気に変換する
風力発電	風の力で風車を回し，その回転運動を発電機に伝えて電気を起こす
水力発電	水の重さと勢いで水車を回し，その回転運動を発電機に伝えて電気を起こす。大規模なダムを設置する「ダム式」のほか，河川や水路の流れを利用する小水力発電の「流れ込み式」などがある
地熱発電	高温の熱水が蓄えられている地熱貯留層から，熱水・蒸気を取り出し，タービンを回して発電する
バイオマス発電	化石資源を除く，動植物に由来する有機物を，エネルギー源として利用する

▲太陽光発電所は世界中で建設が進んでいる。写真は中国山西省のパンダの形をした太陽光発電所

▲洋上風力発電は用地買収や騒音の問題も解消できるメリットがある。写真はデンマークの首都コペンハーゲン沖合の洋上風力発電所

解説 再生可能エネルギー 再生可能エネルギーとは，化石燃料以外のエネルギー源のうち永続的に利用できるものを利用したエネルギーのこと。風力・太陽光発電の発電コストは世界全体で低下傾向にある。発電電力量に占める自然エネルギーの比率もスウェーデン，ポルトガル，デンマークでは50％以上，スペイン，イタリア，ドイツでは30％以上になっている（2019年）。一方で，日本の太陽光発電は建設費が高く，また風力発電は大量生産による低価格化が進まず，送電網に接続するための工事費負担金も非常に高いといった，コストの面で課題がある。

経済

はみだし メモ　COP（コップ）とは，締約国会議（Conference of the Parties）の略。環境問題に限らず，多くの国際条約の中で，その加盟国が物事を決定するための最高決定機関として設置されている。

239

Visual 1 地球環境の危機

navi 広大な宇宙にあって，私たちの住める星は地球しかない。つまり，私たちは，宇宙に浮かぶただ1つの宇宙船「地球号」の乗組員なのである。しかし，人間の経済活動の拡大によって環境が悪化し，「地球号」の機能に異変が生じている。

3 酸性雨

酸性雨など越境大気汚染は，1960年代からヨーロッパや北米などで発生してきたが，こんにちでは東アジア地域で深刻になっている。

▶**東アジアにおける酸性雨の状況** pH値が低いほど酸性度が強く，一般に5.6以下を酸性雨という。 環境省資料による

1 地球温暖化の影響

近年，大規模な森林火災，干ばつによる水不足や農作物被害，集中豪雨による大洪水などが世界各地で多発している。

▲**森林火災** 南カリフォルニア。温暖化による乾燥が被害拡大の原因のひとつとされる。

温室効果ガス

砂漠化

酸性雨

さまざまな地球環境問題

森林の減少

砂漠

4 森林の減少の影響

世界の森林面積は約40億haで全陸地面積の約30％を占めるが，毎年678万ha減少している（1990〜2010年までの平均）。

森林減少の大きな国
（1990〜2010年）

国	万ha/年
ブラジル	276.6
インドネシア	120.6
ナイジェリア	41.0
ミャンマー	37.2
ジンバブエ	32.7
スーダン	32.2
ボリビア	28.0
メキシコ	27.4
アルゼンチン	27.0
オーストラリア	26.0

（0 100 200 300 400 万ha/年）

◀**南アメリカやアフリカ，東南アジアなど熱帯地域での減少が激しい。** FAO資料による。

◀**絶滅の危機にあるサル** 地球上の生物の約半分が熱帯林に生息しており，森林破壊によって多くの種が絶滅に追いやられる。

▲**後退する氷河** ペルー。過去40年で50％以上が消失した。

▶**熱帯林の伐採** ブラジルのアマゾンにおける1990年と2000年の衛星写真。おもに先進国による商業利用のために伐採されている。

ロシア
モンゴル
中国
韓国
日本
ベトナム
フィリピン
ミャンマー
タイ
マレーシア
インドネシア

▲中国の大気汚染

5 砂漠化

砂漠化の影響を受けやすい乾燥地域に暮らす人々は20億人に及び，その90％は発展途上国の人々である。砂漠化は，食料の供給不安や水不足などの原因となる。

▲中国の植林　砂漠の拡大を防ぐため，国家政策として植林が進められている。

◀黄砂の影響でかすむ大阪市　森林減少や砂漠化が黄砂の被害を拡大するとされる。

オゾン層の破壊

酸性雨

砂漠化

酸性雨

砂漠

森林の減少

森林の減少

砂漠

▲洪水
タイ。2011年から2012年にかけてかつてない大洪水が発生し，甚大な被害が発生した。

▲干ばつによる農作物被害
ケニア。2011年には東アフリカで1200万人が食料不足に陥った。

オゾン層の破壊

温室効果ガス

◀紫外線対策をとる子ども
オーストラリア。日焼け止めや帽子などによって強い紫外線を避ける。

2 オゾン層の破壊

先進国では，1990年代以降，オゾン層破壊物質の生産が廃止された。この結果，オゾン層破壊に歯止めがかかってきたが，地表に届く有害紫外線の被害はなお深刻である。

オゾンホールの最大面積の推移

3500
(万km²)
3000
2500
2000
1500
1000
500
0

最大面積

南極大陸の面積
(1400万km²)

1980　85　90　95　2000　05　10　15(年)

◀近年は縮小傾向にあり，今世紀半ばには1980年ごろの水準まで回復すると見られている。気象庁資料による。

study

▶今後も森林伐採をおこなうべきだろうか。経済活動を優先する立場と環境保全を優先する立場に分かれて話し合ってみよう。

19 環境税（炭素税）と政府の取り組み

●環境税が温室効果ガスを減らす仕組み

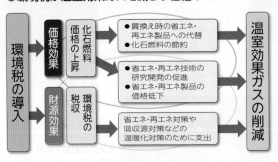

●主な炭素税導入国の税率推移及び将来見通し

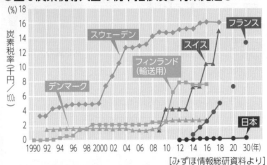

[みずほ情報総研資料より]

解説 環境税とは，生産や消費の際に汚染を伴う財などに課税することにより，結果的に環境汚染物質の排出を削減することを目的とした税金。化石燃料の使用量に比例して課す炭素税については，フィンランドが1990年に導入した後，欧州では現在13か国が導入している。日本でも2012年に導入されたが，税率が1炭素トン当たり289円と2010年に導入したインドよりも低い。

20 企業の取り組みとESG投資

◀RE100に加盟するイオンの店舗に取り付けられた太陽光発電パネル。

●RE100
　近年，グローバル企業が積極的に脱炭素化に取り組み始めた。異常気象などが重大な経営リスクとの判断からである。その一つの例が，RE100への加盟である。RE100には，事業運営を100％再生可能エネルギーで調達することを目標に掲げる企業が加盟する。現在BMW，アップル，ナイキなど260社が加盟。

●ESG投資
　環境（Environment），社会（Social），企業統治（Governance）に配慮している企業を重視・選別して行う投資。2006年に国際連合が，投資家がとるべき行動として責任投資原則を打ち出し，ESGの観点から投資するよう提唱した。

経済 Lab　環境保全と経済発展

Check!　経済発展と環境への負荷にはどのような関係がみられるだろうか。

●環境クズネッツ曲線

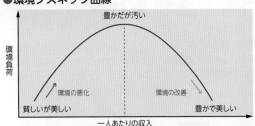

生徒A：多くの新興国では深刻な環境汚染がしばしば社会問題になっています。

生徒B：確かにそうですが，多くの国では経済発展が進むと，環境に対する規制がより厳しくなったり，環境汚染を防止する技術が採用されたりして，問題は自然と改善していくように思います。日本でも高度成長期には，大気汚染や土壌汚染などの環境汚染が非常に大きな問題になっていましたが，対策が取られた現在ではそのような問題が報道されることはほとんどなくなりました。

先　生：経済発展の初期段階では環境汚染は進行していくけれど，経済発展がさらに進むと環境汚染は逆に改善されていく，まさにそれこそが環境クズネッツ曲線の意味していることだね。

生徒A：ただ，環境汚染と言っても色々ありますが…

先　生：いい質問だね。環境クズネッツ曲線は，確かに自分の健康に明らかに悪影響を与えることが分かるような水質汚染物質や大気汚染物質に関してはある程度成り立っていることが分かっているのだけれど，温室効果ガスなど自分の健康に悪影響を与えることがそれほど自明ではないような物質に関しては，成り立っていないのではないかと言われているんだ。水質汚染や大気汚染に関しては一人一人が切実な問題として捉えて対策を求めるけれど，地球温暖化に関しては必ずしもそうではないからね。

生徒B：だからこそ温室効果ガスの削減は各国が個別に取り組むのでは不十分で，グローバルに各国が協調して取り組まなければならないということになるのでしょうか？

先　生：その通りだね。

はみだしメモ　二酸化炭素に次いで地球温暖化に及ぼす影響が大きな温室効果ガスがメタンだ。メタンは，湿地や池，水田で枯れた植物が分解する際に発生したり，家畜の「げっぷ」にも含まれたりしている。

4 消費者問題

DIGEST

1.消費者問題の広がり

①消費者問題 **1**…a.欠陥商品・有害商品・薬害 **3** b.悪質商法 **6** c.誇大広告や不当表示
d.多重債務や自己破産 **13** e.情報の非対称性による商品情報の格差 など

②消費者主権…生産のあり方を決定する最終的な権限は消費者にあるとする考え
→現実には十分には機能していない（依存効果・デモンストレーションなど）
→「自立した消費者」としての自覚を持つ必要性

③消費者の「4つの権利」（消費者運動の基本理念）…アメリカのケネディ大統領が提唱（1962年）**5**
a.安全を求める権利 b.知らされる権利 c.選択できる権利 d.意見を聞いてもらう権利

④消費者運動…消費者問題の解決・防止をめざす運動→生活協同組合などの商品テスト運動など **2**

2.消費者保護行政

①消費者保護基本法（1968年）…消費者保護の基本的枠組み→2004年に「消費者基本法」に改正 **4**
国に「国民生活センター」，地方に「消費生活センター」の設置→消費者への情報提供

②保護政策

a.クーリング・オフ制度…購入後でも一定期間内であれば書面での契約の撤回ができる制度 **7**

b.製造物責任法（PL法）（1994年制定）…製品の欠陥により損害を受けた場合，製造者に故意・過失
の有無を問わず賠償の責任を負わせる考えにもとづく **8**

c.無過失責任…賠償責任は故意・過失があった場合に問われるが，PL法では無過失責任主義を採用

d.消費者契約法（2001年施行）…総合的な消費者被害の防止，救済策の確立をめざす→2018年の改
正で,契約の解除ができる「不当な勧誘行為」の範囲が拡大され,「困
惑する状況で結んだ契約」の取り消しが可能に **9**

e.消費者庁の設置（2009年）…消費者行政の一元化をめざし内閣府の外局として設置 **10**

3.消費者の自覚と責任

①グリーンコンシューマーの視点…環境に配慮した商品を選択する **11**

②キャッシュレス社会・カード社会の到来 **12** **13** **14**

FOCUS

ワークブック 14

消費者の権利と責任について考えてみよう

❶契約によってどのような責任が生じるのだろうか→ なるほど経済，巻頭特集④

❷消費者としてどのような点に注意すべきか→ **6** **12** **13** **14** アラカルト

市場経済の機能と限界／多様な契約と消費者の権利と責任

1 消費生活相談

❶全国の消費生活相談件数の推移

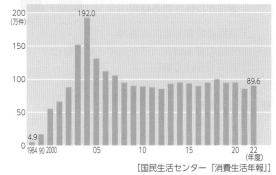

[国民生活センター『消費生活年報』]

❷相談内容の推移

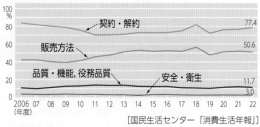

[国民生活センター『消費生活年報』]

解説 消費者問題とは 財・サービスの最終消費者として，何らかの不快感や被害を被ること。環境汚染や健康被害，欠陥商品問題，契約問題など，その内容は多岐に及ぶ。

年	事　項
1947	**独占禁止法**・食品衛生法制定
51	日本生活協同組合連合会（日本生協連）結成
55	森永ヒ素ミルク中毒事件発生
62	サリドマイド事件発生
68	**消費者保護基本法**制定，カネミ油症事件発生
69	チクロ問題発生（使用禁止）
70	カラーテレビ不買運動（二重価格問題） スモン病問題発生（キノホルム販売中止） 国民生活センター設立
71	農林省，DDTの全面禁止
73	石油危機で物不足，狂乱物価
74	日本消費者連盟（日消連）発足
75	マルチ商法被害者対策委員会設置
83	サラ金規制法公布
85	豊田商事など悪徳商法続出
88	消費税導入（89年実施）
94	**製造物責任法（PL法）**成立
96	病原性大腸菌〇（オー）157による食中毒発生
2000	雪印乳業集団食中毒事故発生 **消費者契約法**制定
01	国内で初めてBSE感染牛発見
04	三菱ふそうによる欠陥車隠し問題 **消費者保護基本法**が**消費者基本法**に
07	石屋製菓，赤福などで食品の偽装表示が横行
09	消費者庁の創設，消費者委員会の設置
12	消費者安全調査委員会設置
13	食材の偽装表示が相次ぎ発覚
16	三菱自動車による燃費データ偽装発覚
18	振り袖販売・レンタル業者の「はれのひ」が成人式当日に突然休業し，新成人が被害を受ける
19	消費税増税（原則10％），軽減税率（8％）の導入
22	改正民法施行，成年年齢が18歳以上に

事件名・被害者数	事件の内容	事件への対応
森永ヒ素ミルク中毒事件 被害者数 12,131名 （うち130名死亡）	1955年，西日本一帯で乳幼児が発熱，下痢，発疹，死亡する奇病が発生。森永乳業で製造していた粉ミルクにヒ素が混入していたことが原因	1974年，森永は被害者の恒久救済を約束する「ひかり協会」を設立し，和解成立
サリドマイド事件 認定被害児 309名	1962年以降，大日本製薬発売のサリドマイド（つわり予防の睡眠薬）を服用した母親から奇形児が出生	1961年，西ドイツで薬害発生。使用禁止即刻日本へ通知。62年出荷停止。74年会社・国が過失を認め和解成立。なおサリドマイドは特定のガンに有効だとして，再認可された
カネミ油症事件 届出者 14,320名 認定患者 1,832名 （うち126名死亡）	1968年，西日本一帯で，吐き気，下痢，発熱患者が発生。カネミ倉庫製造の食用油に，パイプの細孔から混入したPCB（熱触媒用）が原因とされるが，最近の研究ではダイオキシンが原因といわれる	被害者が国を相手に起こした7つの民事裁判のうち2つで勝訴。仮払金約27億を受取ったが，1987年に最高裁で会社との和解が成立。しかしそのため原告に仮払金の返還義務が生じた
スモン事件 被害者数 約11,000名	1955年頃，下痢，下半身麻痺，視力障害の病気が全国的に発生。キノホルム（整腸剤）服用が原因。亜急性脊髄視神経症の英字頭文字をとってスモン病といわれる	1970年，キノホルムの販売使用禁止。78年の金沢地裁以降，各地で原告勝訴。その後次々と和解が成立

解説 戦後の消費者問題は，復興期の食料や日用品の不足，粗悪品改善運動にはじまり，高度経済成長期の大量生産・大量販売下での商品の欠陥，その被害の拡大，80年代以降の金余り現象下での悪徳商法の多発，欠陥隠しや産地偽装など，消費者軽視の流れの中にある。

消費者保護基本法（1968年）
・消費者保護中心の消費者政策

2004年　改正

消費者基本法
・消費者の権利と自立の支援
→保護の対象から，権利の主体へ

解説 1968年に制定された，「消費者法の憲法」と位置づけられた**消費者保護基本法**は，2004年に改正され**消費者基本法**となった。消費者保護基本法では，消費者を権利の主体とはしない「保護の対象」というスタンスであったが，消費者基本法ではこれを大きく転換し「権利の主体」であることを明確に規定している。

　1962年にアメリカのケネディ大統領が特別教書で4つの考え方を打ち出した。1975年には，同じアメリカのフォード大統領が，5つめの権利を追加した。
　その後，国際消費者機構（CI）は，これらの権利をまとめるとともに，5つの責務も提唱している。

●**消費者の権利**

4つの権利
①**安全である権利**
②**知らされる権利**
③**選択できる権利**
④**意見が反映される権利**

▲ケネディ大統領

⑤消費者教育を受ける権利
⑥生活の基本的ニーズが保障される権利
⑦救済を受ける権利
⑧健全な環境の中で働き生活する権利

●**消費者の責務**
①批判的意識　②自己主張と行動　③社会的関心
④環境への自覚　⑤連帯

Challenge アメリカのケネディ大統領が消費者保護のために打ち出した「四つの権利」の影響を受けて，日本でも1968年に消費者基本法が制定され，これに伴って消費者庁が設置された。〇か×か。（▶p.246）

6 おもな悪質商法（問題商法）

名称 おもな商品サービス	おもな勧誘手口	名称 おもな商品サービス	おもな勧誘手口
振り込め詐欺 金銭（示談金・賠償金）	家族を装い，交通事故や借金，痴漢などを理由にその示談金などの名目で必要だからと，お金を振り込ませる悪質な犯罪行為。	**アンケート商法** 化粧品，エステ，美顔器	「アンケート調査」を口実に近づき，「このままではシミ・シワになる」などと不安をあおって化粧品を売りつけたり，商品・サービスを売りつける。
マルチまがい商法 健康食品，浄水器，化粧品	販売組織に加入し，購入した商品を知人などに売ることによって組織に勧誘し，それぞれがさらに加入者を増やすことによってマージンが入るとうたう商法。	**催眠商法（SF商法）** 布団類，電気治療器，健康食品	「くじに当たった」「新商品を紹介する」といって人を集め，締め切った会場で台所用品などを無料で配り，得した気分にさせ，異様な雰囲気の中で最後に高額な商品を売りつける。
ネガティブオプション 雑誌，ビデオソフト，新聞，単行本	商品を一方的に送りつけ，消費者が受け取った以上，購入しなければならないと勘違いして支払うことをねらった商法。福祉目的をうたい，寄付と勘違いさせて商品を買わせることもある。	**点検商法** 床下換気扇，布団，浄水器，耐震工事	点検をするといって家に上がり込み，「床下の土台が腐っている」「布団にダニがいる」「白アリの被害がある」などと不安をあおって新品や別の商品・サービスを契約させる。
キャッチセールス 化粧品，美顔器，エステ，絵画	駅や繁華街の路上でアンケート調査などと称して呼び止め，喫茶店や営業所に連れて行き，契約に応じない限り帰れない雰囲気にして商品やサービスを契約させる。	**アポイントメントセールス** アクセサリー，絵画，サービス会員	「抽選に当たったので景品を取りに来て」「特別モニターに選ばれた」などと有利な条件を強調して電話で呼び出し，商品やサービスを契約させる。
資格商法 行政書士などの資格を取得するための講座	「受講すれば資格が取れる」などと勧誘し，講座や教材の契約をさせる。さらに「資格を取得するまで契約は続いている」，逆に「契約を終わらせるための契約を」といって別の契約をさせる被害も増えている。	**デート商法** アクセサリー，絵画	出会い系サイトや電話，メールを使って出会いの機会を作り，デートを装って契約させる商法。異性間の感情を利用し，断りにくい状況で商品を勧誘する。契約後は行方をくらますことが多い。

7 クーリング・オフ制度

●いつまでなら解約できる？

販売方法	期間	適用対象
訪問販売	8日間	すべての商品・サービス
電話勧誘販売		
特定継続的役務提供		
連鎖販売取引（マルチ商法）	20日間	すべての商品・サービス及び権利
内職・モニター商法		

●クーリング・オフできないもの

- ・店舗に出向いて購入したもの
- ・3,000円未満で現金購入したもの
- ・通信販売で購入したもの（インターネットも含む）
  - →ネットショッピングなどには，「一定期間であれば返品可能」な商品もあるが，これらは法的に保障されたものではなく，企業が自発的に行っているものである。

●どんな手続きが必要？

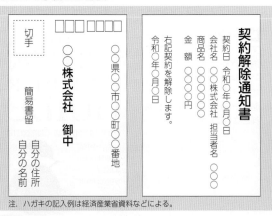

注. ハガキの記入例は経済産業省資料などによる。

① 書面（ハガキなど）や電磁的記録（メールなど）でおこなう
② その契約を解除することを書き，ハガキの両面コピーやメールの送信記録を保存する
③ ハガキの場合は，簡易書留など発送記録が残る方法で販売会社に送付する。
④ 分割支払い契約の場合，クレジット会社にも通知。
⑤ 支払い済み代金や受け取った商品がある場合は，返金や商品引き取りを希望する旨も明記する。
＊コピーや各種記録はたいせつに保管する。

解説 **クーリング・オフ**　「買うつもりはなかったのに買う契約をしてしまった」場合，一定期間内に必要な手続きをすれば無条件で解約できる制度が**クーリング・オフ**である。特定商取引法は，生鮮食料品などを除くすべての商品・サービスをクーリング・オフの対象と規定している。クーリング・オフは書面の交付日から起算する（「契約日」ではないことに注意）。

はみだしメモ　ある悪徳訪問販売会社元社長が告白した。会長の口癖は「相手に不要なものでも，相手に嫌われても，騙しても，脅しても，とにかく売れ」。社員の合言葉は「どうせ誰かに騙されるんだ。それなら俺たちが騙してやろう」。

経済

8 製造物責任法（PL法）

製造物の欠陥で身体や財産に損害が生じた場合，製造者が消費者に対する賠償責任を負うことを規定した法律。1995年施行。無過失責任の原則に基づくこの法律の施行により，製造者の故意や過失による不法行為を消費者が立証する必要がなくなり，欠陥があった事実さえ認定されれば救済を受けられるようになった。

事件の概要	訴訟額
2歳1か月の男児がこんにゃく入りゼリーを食べようとして，のどに詰まらせ窒息死 被告：食品製造販売会社	5,945万円
デジタルカメラの欠陥で，海外旅行中に撮影した489枚の写真がすべて不良になった 被告：カメラ製造会社	489万円
副作用が少ないという新しいタイプの抗がん剤による副作用（間質性肺炎）により死亡 被告：国・薬製造輸入販売会社	3,850万円

9 消費者契約法で救済が受けられる事例

❶不実告知
「新品です」と説明されたが，実際は中古品だった

新品です。
実は中古品

❷断定的判断の提供
「絶対もうかる」と勧誘され購入した外国債が，円高になって大損した

必ずもうかります。

❸不利益事実の不告知
隣に高層ビルが建つ計画を知らされずに，家を買ってしまった

日当たりいいですよ。

❹不退去
販売員に深夜まで自宅へ居すわられ，仕方なく契約した

いつまで居るのかな…。

❺監禁
帰りたいのに，商品を購入するまで帰らせてくれない

途中で帰れません。

解説 消費者契約法は，民法その他の規定では対応できないような契約をめぐるトラブルから消費者を守る目的で制定された。クーリング・オフが非適用の事例にも適用される。2018年の改正では，契約の解除ができる「不当な勧誘行為」の範囲が広げられ，「困惑する状況で結んだ契約」の取り消しを可能にする規定が盛り込まれた。

10 消費者庁

●消費者庁発足後の消費者行政

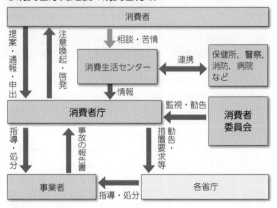

解説 消費者庁は消費者行政の司令塔を目指し，2009年9月に内閣府の外局として設置された。消費生活センターなどに寄せられる情報を集約し，事故原因などを分析する。各省庁に勧告して製品を回収させたり，業者の立ち入り検査を行ったりする。

11 グリーンコンシューマー

①必要なものを必要な量だけ買う
②使い捨て商品だけではなく，長く使えるものを選ぶ
③包装はないものを最優先し，次に最小限のもの，容器は再使用できるものを選ぶ
④作るとき，使うとき，捨てるとき，資源とエネルギー消費の少ないものを選ぶ
⑤化学物質による環境汚染と健康への影響の少ないものを選ぶ
⑥自然と生物多様性をそこなわないものを選ぶ
⑦近くで生産・製造されたものを選ぶ
⑧作る人に公正な分配が保障されるものを選ぶ
⑨リサイクルされたもの，リサイクルシステムのあるものを選ぶ
⑩環境問題に熱心に取り組み，環境情報を公開しているメーカーや店を選ぶ

[『グリーンコンシューマーになる買い物ガイド』（小学館）より]

解説 グリーンコンシューマーとは，環境に配慮した消費行動をする人のこと。1988年にイギリスで出版された，『グリーンコンシューマー・ガイド』が発祥とされている。

グリーンコンシューマー・ガイド▶

はみだしメモ 製造物責任法では，無体物であるソフトウェアは対象とならないが，ソフトウェアの不具合を原因とした，ソフトウェアを組み込んだ製造物による事故は対象となることがある。

p.244の答え ×

12 クレジットカード

　クレジットカード発行枚数は2億9,531万枚に達し（2021年3月末，日本クレジット協会），成人1人当たり2.8枚所有していることになる。現在，クレジットカードによる決済は国民消費支出の約4分の1を占めており，個人消費に不可欠なものとなっている。

●クレジットカードのしくみ

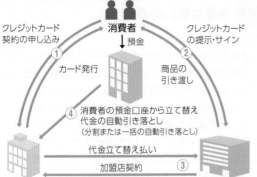

　クレジットカードの使用法は①クレジットカードによるショッピング（買い物）と②クレジットカードによるキャッシング（借金）がある。無担保で「商品先取り・支払い後回し」という便利さを持つカードは，手元にお金がなくてもカードを提示するだけで簡単に商品や現金を手に入れることができる。

　しかし，「後払い」とは結局は借金（利子をつけて返済する）と同じことである。しかも便利で手軽に利用できる分，金利も高い。カードによるショッピングは，一括払いの場合は金利はゼロだが，分割払いの場合は12～15％程度にもなる。キャッシングの場合は18～20％とさらに高くなっている。

解説 2022年から施行される改正民法では，成人年齢が18歳に引き下げられるため，18歳になると親の同意なしにクレジットカードの契約が可能となる。クレジットカードは気軽にショッピングやキャッシングができるため，過度の利用によって，返済困難に陥る利用者もいる。カードの無計画な利用が多重債務，さらには自己破産という最悪の事態をもたらす危険がある。クレジットカードの契約に際しては，その利便性だけではなく，危険性なども十分に意識しておく必要がある。

13 自己破産

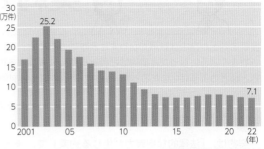

[最高裁判所「司法統計」]

解説 自己破産は借金が多くなり返済不能となった債務者自身が裁判所に債務放棄・破産を申し立てることをいう。自己破産に追い込まれた人の多くが，クレジットカードや消費者金融（サラ金とも呼ばれる）を無計画に利用している。無担保，無保証で簡単にお金を貸してくれる代わりに金利は高く，たった数年で何倍にも膨れ上がる。やがて自分の収入では返済できなくなると，複数のクレジット会社・ローン会社から借金返済のための借金を繰り返す多重債務者となり，自己破産にいたる危険性がある。

14 フィッシング詐欺

事例　通信業者からIDの再手続きのメールが届き，住所，名前，カード会員番号などを入力して返信した。その後，クレジット会社から身に覚えのない60万円ものインターネット・ショッピング代金の請求がきた。

　フィッシング詐欺とは，実在の銀行やクレジットカード会社などを装ったメールを送りつけ，これらのホームページとそっくりの偽サイトに誘導し，暗証番号やクレジットカード番号などの個人情報を不正に入手する行為をいう。不正に入手した個人情報を悪用し，他人になりすまして買い物をしたり，金銭をだまし取ったりする。金融機関（銀行，保険，カード会社など）が，メールでカード番号や暗証番号を聞いてくることはない。不審なメールを受信したら，直接電話で金融機関に確認しよう。

アラカルト 携帯代滞納で「ブラックリスト」入り!?

　高額なスマートフォンの普及にともない，携帯端末代を分割払いで購入した若者を中心に，携帯代金を滞納するケースが急増している。携帯電話端末代は「実質0円」とうたわれても，実際は0円ではなく，通信料とともに端末機代の分割払いである「ローン契約」も月々の請求に含まれる。ローンを組んだ場合，顧客情報が「信用情報機関」に登録される。ある一定期間返済が滞ると，「事故情報」として登録されてしまう。大手信用情報機関の「CIC」によると，端末代の返済が3か月以上滞り，いわゆる「ブラックリスト」に登録される件数が，2015年3月時点で約376万件にのぼった。代金が支払えず，ただ「携帯電話を止められた」という感覚でしかなくとも，間違いなく「ローン滞納」である。社会人になって，クレジットカードを作ろうとしても審査に落ちたり，車のローンも組めなかったりと，生活に不便が生じることになる。

はみだしメモ　被害件数450万人にも上った個人情報流出事件のYahoo!BB顧客情報漏えい事件では，1人あたり6千円の損害賠償が認められた（2006年，大阪地裁）。損害賠償の総額は27億円。個人情報の扱いは責任をともなう。

247

なるほど経済 契約とは？

当事者同士が自由な意思でかわすことができる契約。2022年4月から改正民法が施行され，18歳になれば契約がひとりでできるようになった。契約はどのようにして成立するのだろうか。また，契約が成立しない場合や，そもそも無効な契約とはどのようなものだろうか。契約の流れや消費者契約の実際を見ながら，契約を結ぶ場合の留意点を確認しよう。

1 契約とは

契約は，「法律的な拘束力が生じる約束」で，誰と，どんな内容，条件，形式（口約束でも書面でも）で結ぶかは自由である。契約をする双方の自由な意思で行える（**契約自由の原則**）。

●契約の流れ

承諾 ← 契約の成立 → 申し込み

かしこまりました。

これください。

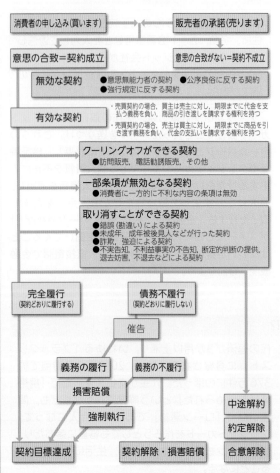

2 消費者契約の実際

❶消費者被害の拡大

消費者はさまざまな商品やサービスを購入し，支払いや借金の契約を交わしている。契約の内容をよく理解していないために買い物トラブルに巻き込まれたり，悪質商法の被害にあったりする消費者が続出している。契約は売り手と買い手が対等な立場で自由な意思に基づいて行われるというのが法律上の前提だが，現実には双方の間には，商品の内容や品質，複雑な契約の条件などについての情報や交渉力で大きな格差がある。買い手は売り手の説明や表示，宣伝などに頼るしかなく，売り手がうその説明をしてもその場で正しいのかどうかを判断できない（**情報の非対称性**，情報格差）。

また勧誘や契約締結の説得技術と経験をもつ売り手は素人の買い手に対して強い交渉力を持っているため「不本意な契約をさせられてしまった」「契約を断らせてもらえなかった」などの消費者被害がおきている（交渉力格差）。こういった事態に対応するために，**消費者契約法**など**消費者保護**法制の整備が必要となる。

❷未成年者の契約

未成年者が契約をする場合は，親権者や未成年後見人である**法定代理人**の同意が必要（ただし，ただで物をもらう場合や，おこづかいの範囲内など，未成年者でもひとりで契約ができる場合もある）で，その同意がない契約は取り消すことができる。これを未成年者取消権といい，成年（成人）になると，この未成年者取消権がなくなる。2018年に改正された民法が施行される2022年4月からは「年齢が18歳をもって成年」となり，18歳になれば契約も自分ひとりでできるようになった。

解説 消費者被害の現状をみると，十代に比べて二十代前半の若者の相談件数の増加が顕著で問題が多い。これは，十代（改正民法施行後は18歳未満）は未成年者取消権が認められているため，悪質な業者が取引を控えるためではないかと指摘されている。民法の改正によって成年年齢が引き下げられれば，より多くの若者が悪質業者のターゲットになり，消費者被害は増加するのではないかと危惧されている。特にSNSを利用した，「顔が見えない相手」との取引には注意したい。成人となったばかりの若者が消費者被害にあわないような消費者教育の拡充や，被害に対する救済手段が望まれている。

[国民生活センター『くらしの豆知識』を参考に作成]

③ 契約に関するQ&A

共通テスト 19

◆Q1 承諾書を偽造したら？

A：高額商品の購入時に未成年なので親の承諾書を求められたが，反対されているので承諾書を偽造した。このような場合は，**未成年者の保護が及ばなくなるので，契約を取り消せなくなる。**

◆Q2 相手方におどされたら…？

A：購入予定の商品を，親に反対されたので購入をやめることを店主に伝えたら，「他の人に売る機会を失ったから，2倍の金額を弁償しろ」とおどされたので親に承諾書を書いてもらっている。このような，**強迫（何らかの害悪を加えるとおどして，相手方に恐怖心を生じさせて契約を結ぶこと）による契約は，取り消すことができる。**

④ フリマアプリに気を付けよう

❶フリマアプリトラブル相談件数の推移

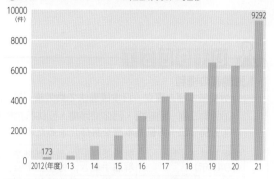

❷契約当事者の年度別・年代別相談件数

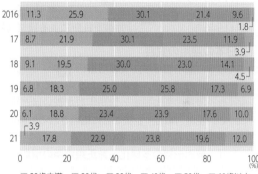

年度	20歳未満	20代	30代	40代	50代	60歳以上
2016	11.3	25.9	30.1	21.4	9.6	1.8
17	8.7	21.9	30.1	23.5	11.9	3.9
18	9.1	19.5	30.0	23.0	14.1	4.5
19	6.8	18.3	25.0	25.8	17.3	6.9
20	6.1	18.8	23.4	23.9	17.6	10.0
21	3.9	17.8	22.9	23.8	19.6	12.0

❸フリマアプリでのトラブルの事例

　フリマアプリで「新品で未使用」と紹介されていたブランドTシャツを購入した。だが，届いたTシャツを見ると偽物のようで，ボールペンの落書きもあり，新品でもなかった。売主と交渉し，返品に応じてもらえることになったので，郵送したところ，「偽物を送り返してきた」と難癖をつけられ，返金されない。フリマアプリの運営会社にも相談したが，「お客様同士で解決して欲しい」と言われた。

[❶❷❸国民生活センター資料より]

解説 インターネット上で物品売買を気軽に行うことができるスマートフォン用のフリマアプリは，気軽に取引が行えることもあり，利用者数が増えている。しかし，**フリマアプリ**はあくまでも「取引の場」を提供しているにすぎず，実際の取引は主に個人間で行われるため，トラブルになる事例も少なくない。商品の売買契約はあくまでも売り主（出品者）と買主（購入者）の間で直接成立しているため，アプリ運営会社は契約の当事者にはならず，トラブルについても当事者同士で解決する必要がある。

多様な契約と消費者の権利と責任

5 労働問題と雇用

📎 DIGEST

1.労働者の権利

(1) 労働基本権の確立…日本国憲法で勤労権（第27条）と労働三権（第28条）を保障

   ①労働三権（団結権・団体交渉権・団体行動権）…ただし公務員には制限あり 1 4

   ②労働三法…労働基本権を具体化するために制定

労働基準法 2 (1947年)	労働条件 3 の最低基準を規定…1日8時間，1週40時間原則，賃金，休日・休暇，解雇手続き，労働基準監督機構の設置など
労働組合法 5 (1945年)	団結権・団体交渉権の保障。正当な行為には刑事上・民事上の免責，不当労働行為 8 の禁止
労働関係調整法 9 (1946年)	労使関係の調整・争議予防と早期解決，労使の自主的な調整と解決 労働委員会による調整（斡旋・調停・仲裁），争議行為…ストライキ，サボタージュ

2.日本の雇用の変容

①日本の雇用慣行…三大雇用慣行 10

  a．終身雇用制…採用されたら定年まで同じ会社に勤める→労使協調関係→リストラの進行

  b．年功序列型賃金…勤務年数が長いほど賃金上昇→人件費の上昇→能力給や年俸制の導入

  c．企業別組合…企業ごとに組織される労働組合（欧米は産業別組合）6 →雇用の多様化で組織率低迷 7

②労働市場の変化（雇用の流動化）

  a．雇用形態の多様化…非正規雇用の増加，全労働者の約36.7％（2,064万人，2021年）11 12

  b．労働者派遣法(1986年)…派遣業種の自由化(1999年改正)，全ての業務で派遣期間3年(2015年改正) 14

  →労働審判制度導入（2006年）15，労働契約法の改正 16

3.こんにちの労働環境

①年間総労働時間…約1,600時間（ドイツ，フランスは約1,300～1,400時間）17 18

               日本：サービス残業（時間外手当の出ない残業)が多い，年次有給休暇の取得率が低い 19

②過重労働…過労死（KAROSHI）に至ることもある 20

③賃金格差…正規社員と非正規社員間の格差拡大 21 （日本の水準は国際的にも低い）22

④労働生産性…日本は主要国の中でも低い 23　　⑤男女格差…賃金や機会の格差など 24

   →日本におけるワーク・ライフ・バランスの実現を妨げている

4.労働環境の改善に向けた取り組み

①男女雇用機会均等法（労働に関連した男女の格差是正）25

②育児・介護休業法 26　　③働き方改革関連法 27

5.働き方の変化

時間や場所にとらわれない働き方，雇われない働き方

※その他の重要課題

①外国人労働者…増加傾向→長時間労働，低賃金のケースも多く，人権問題につながるケースも 28

②技術革新…AI（人工知能）の進展による雇用代替，AIの活用はワーク・ライフ・バランスの実現にも 29

🔍 FOCUS

ワークブック 15

日本の労働をめぐる現状と課題をとらえ，ワーク・ライフ・バランスの実現を考えてみよう

❶日本の労働環境の現状と課題を捉えよう→ 11 12 17 ～ 19 21 ～ 24 p.258 Exercise

❷労働環境の改善に向けた取り組みや働き方の多様化を考えよう→ 25 ～ 27 なるほど経済

❸ワーク・ライフ・バランスの実現に必要な施策を考えよう→ Active

1 労働三権と労働基本権

❶憲法と労働法の法体系

		関連する労働法
憲法第27条	勤労権 (第1項)	職業安定法 (1947年), 障害者雇用促進法 (1960年), 雇用対策法 (1966年), 高齢者雇用安定法 (1971年), 雇用保険法 (1974年), 労働者派遣法 (1985年), 中小企業労働力確保法 (1991年)
	勤労条件の基準 (第2項)	労働基準法 (1947年), 最低賃金法 (1959年), 家内労働法 (1970年), 賃金確保法 (1986年), 育児・介護休業法 (1991年), 労働時間等設定改善法 (2005年), 労働契約法 (2007年)
	児童の酷使禁止 (第3項)	児童福祉法 (1947年), 児童扶養手当法 (1961年)
憲法第28条	労働三権 (団結権・ 団体交渉権・ 団体行動権)	労働組合法 (1945年), 労働関係調整法 (1946年), 国家公務員法 (1947年), 地方公務員法 (1950年), スト規制法 (1953年)

❷労働三権の行使

団結権
・労働組合の結成
・労働条件改善要求
・不当労働行為禁止

要求

団体交渉権
・使用者と交渉
・労働協約締結

決裂

団体行動権
・労務の停止 (ストライキ)
・サボタージュ (怠業)

解説 労働者は使用者から理不尽な取り扱いを受けるなど弱い立場に立たされてきた。日本国憲法では社会権の理念に立ち、労働者の人権を保障するため、憲法第27条で勤労権、第28条で**団結権**, **団体交渉権**, **団体行動権** (争議権) の**労働三権**が規定された。これらを合わせて「労働基本権」という。また、労働基本権を具体化するために、労働条件の最低基準を定めた**労働基準法**, 労働争議の予防・調整・解決に関して定めた**労働関係調整法**, 労働三権を具体的に保障するための法律である**労働組合法**の**労働三法**が定められている。

2 労働基準法のおもな内容

章	条	項目	内容
1 総則	1	労働条件の原則	人たるに値する生活の保障 (最低基準であり, 向上への努力が必要)
	2	労働条件の決定	労働者と使用者が対等の立場で決定する
	3	均等待遇	労働者の国籍・信条又は社会的身分による差別禁止
	4	男女同一賃金の原則	女子を理由に賃金差別の禁止
	5	強制労働の禁止	精神又は身体の自由を拘束しての利益取得禁止
2 労働契約	15	労働条件の明示	労働契約の際, 賃金・労働時間などを明示
	19	解雇制限	業務上の負傷・疾病及び出産による休業期間及び, その後30日間の解雇禁止
	20	解雇の予告	解雇の予告は, 少なくとも30日前とする
3 賃金	24	賃金の支払	賃金は月1回以上, 一定の期間に通貨で直接全額で支払う
	26	休業手当	使用者の責による休業には, 賃金の60%を支払う
4 労働時間その他	32	労働時間	休憩時間を除き1週間に40時間以内, 1日8時間とする
	34	休憩	6時間を超える場合最低45分, 8時間を超える場合で最低1時間の休憩保障
	35	休日	毎週最低1回の休日保障
	36	時間外及び休日労働	労働組合, 又は, 労働者の過半数の代表者との書面による協定で可能
6 年少者・女子	56	最低年齢	満15歳未満の児童の労働禁止
	61	深夜業	満18歳未満の深夜 (午後10時から午前5時) の労働禁止
	65	産前産後	産前6週間, 産後8週間の休業を保障する
8 災害補償	75	療養補償	業務上の負傷・疾病にともなう療養費は使用者が負担する
9 就業規則	89	作成・届出の義務	10人以上の企業は, 就業規則を作成し行政官庁に届け出る
11 監督機関	97	監督組織	厚生労働省に労働基準主管局を置き, 都道府県労働局および労働基準監督署に労働基準監督官を置く

●労働基準法の改正

1997年改正(▶ p.260. 25)

○女性について時間外・休日労働及び深夜労働の規制撤廃

1998年改正

○労働契約期間の延長
○裁量労働制の適用業務の拡大
○変形労働時間制の規制緩和

2003年改正

①解雇ルールの整備・深刻化
　→解雇は客観的に合理的な理由を欠く場合無効
②有期雇用の期間制限緩和 (1年→3年)
③企画業務型裁量労働制の手続緩和

2008年改正

①時間外労働に対する割増賃金率の引き上げ
②法定割増賃金率の引き上げ
　(1)月60時間を超える法定時間外労働に対して, 割増賃金率を25%以上から50%以上に
　(2)労使の合意により, 割増賃金の代わりに有給休暇で取得可能
③時間単位での年次有給休暇
　○労使協定により, 1年に5日分を限度に年次有給休暇を時間単位で取得可能

解説 1947年に制定された労働基準法は労働条件の最低基準を定めたものである。2008年の改正では、週60時間以上労働する労働者の割合が30歳代で20%と高く、働き盛り・子育て世代の長時間労働を抑えることを目的として、労働者の健康確保と**ワーク・ライフ・バランス** (仕事と生活の調和▶ p.256,p264) がとれた社会の実現が目指された。

はみだしメモ 春闘とは「春季闘争」の略。日本では春季にほとんどの労使間で賃金交渉が行われ、労働組合のない企業でもほぼそれに準じる水準で新しい賃金が決定される。欧米にはない日本独特の慣行で、その発生は1955年とされる。

3 労働条件の決定

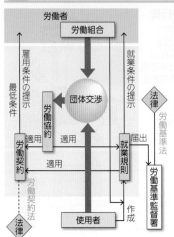

労働者 → 労働組合
雇用条件の提示／最低条件 ← 団体交渉 → 就業条件の提示
労働協約（法律）
適用 ← 労働契約 → 適用
就業規則 ← 届出 → 労働基準監督署
使用者 → 作成
労働基準法
労働契約法（法律）

労働協約 労働組合と使用者との団体交渉で合意した労働条件

労働組合 ＋ 合意 ＋ 使用者

就業規則 労働者の意見を聞いて使用者が定める労働条件

労働者 ← 提示 ← 使用者

●労働協約・就業規則・労働契約の関係

上位 → 優先
- 憲法
- 労働基準法
- 労働協約
- 就業規則
- 労働契約

上位の規定に反する規約や規則は無効

解説 労働契約で取り決める内容は，労働基準法の基準に達していない時には無効となり，労働基準法の基準が適用される。また，就業規則や労働協約を下回る労働契約は交わせない。

解説 **労働契約**とは，労働者が使用者に対して賃金などの対価を得るかわりに労務を提供することを約束する契約のことをいう。本来，どのような条件で働くかは，個々の労働者と使用者の合意によって自由に決定されるべきであるが，個別的な合意では労働者に不利な条件になりかねない。そこで，立場の弱い労働者を保護するために労働組合が使用者と交渉し，労働条件に関する**労働協約**を結ぶことができる。

4 公務員の労働基本権

区別		団結権	団体交渉権	団体行動権（争議権）
民間労働者	一般	○	○	○
	船員	○	○	○
	公益事業	○	○	○
	電気・石炭事業	○	○	○
公務員 国家公務員	現業公務員＊	○	○	×
	一般職	○	△	×
	警察職員	×	×	×
	刑務官	×	×	×
	海上保安庁	×	×	×
	自衛隊員	×	×	×
地方公務員	公営企業	○	○	×
	一般職	○	△	×
	警察職員	×	×	×
	消防職員	×	×	×

注．○は「あり」，△は「協約締結権なし」，×は「なし」。＊印は国有林野のほか印刷・造幣などの特定独立行政法人。

解説 **争議権の禁止** 日本では，公務員も労働者とされているが，全体の奉仕者であり職務の公共性を重視する必要から，公務員の労働基本権は制限され，特に，争議権は一切禁止されている。

5 労働組合法のおもな内容

目的	労使対等の促進により労働者の地位向上	
労働組合	条件	・労働者主体の（連合）団体で，労働条件の改善や経済的地位の向上が主目的 ・使用者からの影響や援助を受けない
	活動	・労使の団体交渉，労働協約の締結，争議行為（刑事・民事の免責）
不当労働行為		使用者の労働組合への介入禁止
	禁止事項	・労働組合員であることを理由とする不利益な取り扱い ・組合への不加入，脱退を雇用条件とする ・団体交渉を拒む
労働委員会		公正な労働関係の確保
	主業務	・労働組合の資格審査 ・労働争議の斡旋・調停・仲裁 ・不当労働行為の審査・原状回復命令

解説 1945年に制定された**労働組合法**は，労働者の地位向上を目的に原則としてすべての労働者に団結権，団体交渉権，団体行動権の労働三権を具体的に保障したものである。

Exercise

問 労働基準法の内容についての記述として最も適当なものを，次の①～④のうちから一つ選べ。

① 時間外労働に対する割増賃金についての基準の定めがある。
② 退職金の額についての基準の定めがある。
③ 休憩時間の長さについての定めはない。
④ 男女同一賃金についての定めはない。

<2009年センター試験 政治・経済 追試> （解答は▶p.254）

はみだしメモ 日本プロ野球選手会は1985年に労働組合として資格認定された。日本のプロ野球12球団に所属する日本人選手全て（一部の外国人選手を含む）が会員となっている。

6 労働組合の種類

種類	形態	特徴
産業別組合	同じ産業で働く全労働者が組織する組合	欧米で主流の労働組合の形態。はじめは職業別に組織されていたものが大規模な産業別組合に発展した
職業別組合	熟練労働者たちが同一職種・職業で組織した組合	イギリスにはまだ見られるが，日本ではほとんど見られない
企業別組合	企業ごと，または事業所ごとに組織する組合	日本の労働組合のほとんどがこの形態。終身雇用制などの日本的雇用形態によって発展してきた

7 労働組合員数と組織率

❶労働組合員数及び推定組織率の推移

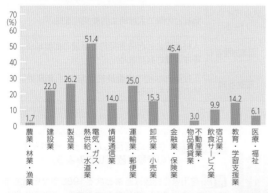

[❶❷とも厚生労働省「令和3年度労働組合基礎調査」]

❷産業別労働組合推定組織率（2021年）

[**解説**] 労働組合加入率＝組織率は低下する一方である。この要因として，組織率の高い製造業の労働者が減り，組織率の低いサービス業の労働者が増加していること（産業構造の変化），正規雇用の減少と非正規雇用の増大という雇用形態の変化などがあげられる。一方，労働組合の組織率が低下する中で，アルバイトや契約社員が待遇改善を求めて労働組合を結成し加入するケースが増えてきている。

8 不当労働行為

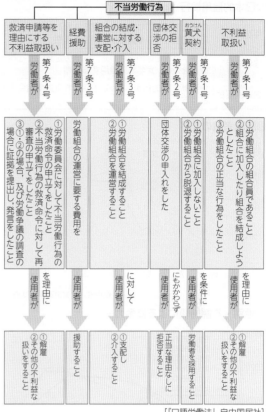

[『口語労働法』自由国民社]

[**解説**] 使用者が組合活動に干渉したり，組合員に対して差別したり，団体交渉を拒否するなどの行為は**不当労働行為**として禁止されている。また，正当な争議行為で損害が生じても，損害賠償の責任を問うことはできない（**民事免責**）。さらに，労働組合に加入しないという条件つきで契約を結ぶこと（黄犬契約）も不当労働行為として禁止されている。

9 労働関係調整法と労働争議の処理

共通テスト 20

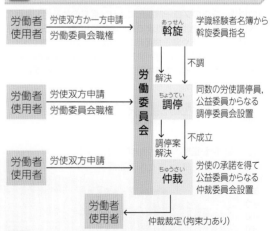

[**解説**] 労働争議の解決は，労使当事者の自主的解決が建前であるが，紛争がこじれ当事者間の意思疎通がうまくいかなくなった場合には，第三者である**労働委員会**（中央，地方労働委員会があり，各労働者，使用者，公益人各同数の代表委員で構成）が斡旋・調停・仲裁をおこなって労使の仲介に乗り出す。

はみだしメモ アメリカでは，黄色い縞のある犬は臆病であると考えられており，使用者の圧力に屈して契約を結ぶ労働者に対して非難と軽蔑の意味を込めて「黄色い犬」と呼んだ。黄犬契約という名は，そのことに由来する。

経済

10 日本的経営の崩壊

❶日本的雇用慣行

年功賃金	年齢と学歴に応じて賃金が規定され，勤続年数に応じて基礎となる賃金が上昇する形態
終身雇用	新規学卒者を定期採用して，同一の企業内で社員教育を行い，定年まで雇用する形態
企業別組合	企業単位で従業員によって組織される労働組合のあり方

❷転職者数の推移

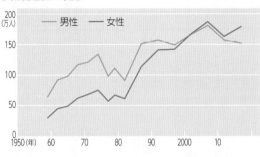

[総務省「就業構造基本調査」]

❸性別・年齢階級による賃金カーブ

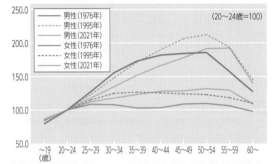

[内閣府『労働経済白書』]

解説 新規採用すれば定年まで解雇しないという**終身雇用制**，勤続年数や年齢を基準とする**年功序列型賃金**は日本的雇用形態を象徴するものであった。しかし，1990年代に入り，バブル経済の崩壊，経済のグローバル化により，経営の効率化・合理化を求められた企業は，それまでの日本的雇用慣行からの変革を迫られ，リストラや非正規雇用の増加などの雇用形態の変化，業績や成果に基づいて給与を決定する成果主義や年俸制の採用などを行った。近年，成果主義についてはその拡大にブレーキがかかってきている。

11 いろいろな雇用形態

Check! 雇用形態に着目しながら，それぞれの推移を確認してみよう。

●雇用形態別雇用者数（年平均）

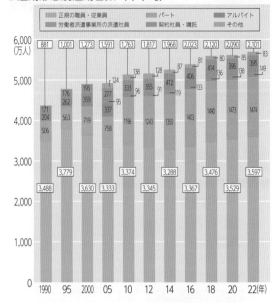

[総務省「労働力調査（詳細集計）」]

注1．図表中，線囲みは，「正規の職員・従業員」と「正規以外の職員・従業員」の数である。
注2．2008年以降のパートはアルバイトを含む。

解説 増え続ける非正規雇用　1990年代なかば以降，グローバルな競争の激化や労働法制の規制緩和を背景に，**企業は人件費の削減を目的として正規雇用を削減し，非正規雇用の活用を進めた**。非正規雇用増加による社会的影響として①仕事を通じた教育・訓練が進まず，労働者の熟練の水準が低下すること，②低所得・不安定性による将来への不安から，少子化（晩婚化・非婚化）が加速することが懸念されている。

●非正規雇用の形態

アルバイト・パート	会社との間で入社時に労働契約を結ぶ
派遣労働者	人材派遣会社と労働契約を派遣の都度結ぶ。職場は派遣された会社
契約社員	正社員とは別の労働契約を結ぶが，業務委託契約のときもある

12 雇用形態別雇用者増減数の推移

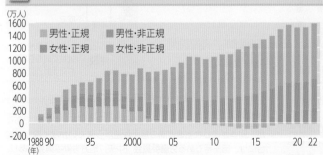

注1．1988年を基準（0）とした増減数。2011年は補完的推計値。
注2．2001年までは労働力特別調査（2月調査）による。
[総務省「労働力調査」]

Check! 性別に着目しながら，それぞれの推移を確認してみよう。

解説 雇用者の総数は基準となる1988年から増加傾向が続いているが，内訳をみてみると，1990年代後半から，増加の半数以上は非正規雇用によるもので，特に，女性の非正規雇用者の増加幅が比較的大きい。この背景には，**家庭内の役割分担意識がいまだ根強いこと**に加え，**長期不況にともなう家計補助的労働の増加**などもあげられる。

雇用と労働問題

p.252 Exerciseの答え：①　労働基準法では，時間外労働の割増賃金についての基準，休憩時間の長さ，男女同一賃金についての定めはあるが，退職金の額についての定めはない。

13 パートタイム労働法

対象	1週間の所定労働時間が同じ事業所に雇用される通常の労働者と比べて短い労働者。「契約社員」「嘱託」などの名称で雇われていても適用される
趣旨	短時間労働者（パートタイム労働者）の雇用管理の改善などの促進を図るため，差別的取り扱い禁止の対象者を拡大する
おもな内容	無期契約の短時間労働者との制限が撤廃され，職務内容・人材活用の仕組みが通常の労働者と同一であれば適用
	短時間労働者の納得性を高めるための措置を新設

解説 パートタイム労働者とは，フルタイム労働者（正規従業員）より労働時間・労働日数が短い労働者をいう。あまりに低いパートタイム労働者の労働条件を適正化するため，1993年にパートタイム労働法が制定された。2018年には，雇用形態にかかわらない公正な待遇の確保を目指す改正がなされた（2020年施行。パートタイム・有期雇用労働法に名称変更）。同一労働同一賃金に向けたガイドラインも検討されているが，実効性をもつかは今後の課題である。

14 派遣契約と労働者派遣法の歴史

●派遣契約のしくみ

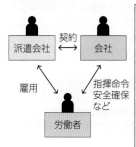

●労働者派遣法の歴史

1985年	労働者派遣法成立（1986年施行）。専門13業種のみ派遣可。派遣期間原則1年。最大3年
1996年	専門10業種追加。専門26業種となる
1999年	禁止業務以外のすべての業種で派遣解禁
2004年	製造業で派遣解禁。ただし期間は1年。専門26業種は期間制限撤廃
2007年	製造業派遣期間最大3年に緩和
2012年	違法派遣に労働契約申込みみなし制度（2015年施行）。日雇い派遣の原則禁止
2015年	一部の専門業務を除いて最長3年であった派遣受け入れ期間の制限を原則として全ての業務に適用。すべての労働者派遣事業を許可制に
2020年	職務内容（業務や責任の程度）が同一である場合，派遣労働者と正社員との間に不合理な待遇格差を設けることを禁止

解説 **派遣労働**とは，派遣元企業と雇用契約を結び，派遣先の企業が仕事の指揮命令・安全確保をおこなうものである。2015年の改正では，企業側は派遣される人を代えればその業務について派遣社員をずっと受け入れられるようになり，派遣労働の固定化が懸念されている。2020年の改正では同一労働同一賃金が目指されたが，基準があいまいという指摘もある。

15 労働審判制度

●労働審判制度

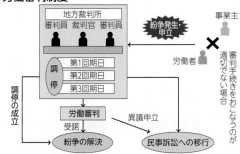

●民事上の個別労働紛争相談件数の推移

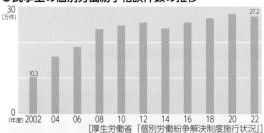

[厚生労働省「個別労働紛争解決制度施行状況」]

解説 解雇，賃金未払いなどのトラブルを労働者が個別に事業者と争う個別的労働紛争は，行政機関による調停が不調に終われば，民事訴訟に持ち込むしかないが，裁判はお金も時間もかかるため，解決をあきらめる人も多かった。そこで，地方裁判所で短時間に解決をはかる**労働審判制度**が2006年4月より導入された。労働審判制度は，民間から選ばれた2人の労働審判員と裁判官1人の計3人で審判を下す。申し立ては地方裁判所でおこない，審議は原則3回で終了する。

16 労働契約法

労働契約法は就業形態の多様化，個別労働紛争の増加に対応して，雇用契約の基本的なルールを定めている。労働契約の締結・変更にあたって，対等の立場の合意原則を明確化した。

労働契約の締結	対等の立場の合意原則を明確化，契約内容の理解を促進（情報の提供），契約内容をできるだけ書面で確認
労働契約の変更	合意原則の明確化，一方的な就業規則の変更により労働者に不利益な変更ができない
労働契約の継続・終了	客観的に合理的な理由がなく，社会通念上相当でない場合の解雇は無効
有期労働契約	契約期間中はやむを得ない事由がある場合でなければ解雇できないことを明確化，契約期間が必要以上に細切れにならないよう使用者に配慮を求める

●労働契約法改正（2013年）有期労働契約の新ルール

Ⅰ	無期労働契約への転換　有期労働契約が更新され5年を超えたときは，労働者の申し込みにより，期間の定めのない（無期）労働契約に転換できる。
Ⅱ	「雇止め法理」の法定化　労働者保護の観点から，最高裁判例で確立した「雇止めすることに客観的に合理的な理由がなく，社会通念上相当でない場合は雇止めを認めない」というルール（雇止め法理）を法定化。
Ⅲ	不合理な労働条件の禁止　有期と無期の契約労働者との間で，不合理な労働条件の相違を禁止。

解説 有期労働契約は，パート労働，派遣労働をはじめ，いわゆる正社員以外の労働形態に多く見られる。ヨーロッパなどでは，基本的に無期契約であり，有期労働者の雇用の際には，なぜ有期でなければならないかの理由を求められる「入口規制」があるが，日本にはない。

ワーク・ライフ・バランスって何？

　日本の社会は，人々の働き方に関する意識や環境が社会経済構造の変化に必ずしも適応しきれておらず，仕事と生活が両立しにくい現実に直面している。そこで，国民一人ひとりがやりがいや充実感を感じながら働き，家庭や地域生活などにおいても，人生の各段階（子育て期，中高年期など）に応じて多様な生き方を選択できる社会の実現のために，2007年にワーク・ライフ・バランス憲章が策定された。憲章で目指されている社会のあり方は以下の3つ。

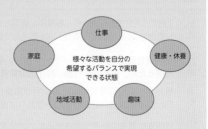

❶働く人々の健康が保持され，家族・友人などとの充実した時間，自己啓発や地域活動への参加のための時間を確保できる社会	❷経済的自立を必要とする者（特に若者）がいきいきと働くことができ，かつ，経済的に自立可能な働き方ができ，結婚や子育てに関する希望の実現などに向けて，暮らしの経済的基盤が確保できる社会

❸性別や年齢などにかかわらず，誰もが自らの意欲と能力を持って様々な働き方や生き方に挑戦できる機会が提供されており，個人の置かれた状況（子育てや親の介護が必要な時期など）に応じて多様で柔軟な働き方が選択でき，なおかつ公正な処遇が確保されている社会

雇用と労働問題

17 年間総実労働時間の推移（事業所規模30人以上）

Check! 年間総実労働時間と年間所定外（時間外）労働時間の傾向をそれぞれ読み取ってみよう。

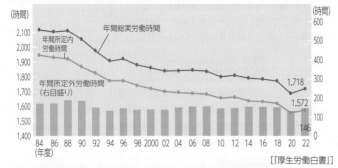

［『厚生労働白書』］

注 1. 総実労働時間及び所定内労働時間は，年平均月間値を12倍したものである。
　 2. 所定外労働時間は，総実労働時間から所定内労働時間を引いて求めた。
　 3. 2004年から2011年までの数値は「時系列比較のための推計値」を用いている。

解説 年間総実労働時間が減少傾向にある背景には，**非正規雇用者の増加**（▶p.254 **11**，**12**）のほか，近年の**働き方改革**（▶p.261 **27**）の浸透がある。この十数年大きな変化は見られないが，統計には表れない「サービス残業」が問題となっている。

18 年間総実労働時間の国際比較

Check! 主要先進国のなかで日本はどのような位置づけにあるか。

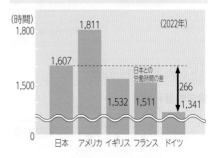

［OECD資料］

解説 日本の年間総実労働時間は減少しているが，欧州各国との差は埋まっておらず，その背景には**働き方や労働に対する意識の違い**も影響している。

19 有給休暇

Check! 日数や取得率に着目しながら，日本の位置づけや現状を確認しよう。

●有給休暇の国際比較（2022年）

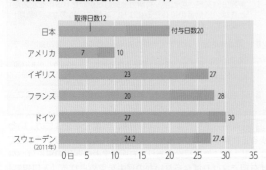

［エクスペディア・ジャパン「有給休暇国際比較調査」］

●日本人の年次有給休暇の取得状況

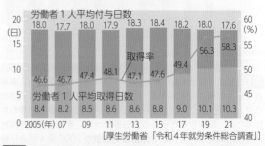

［厚生労働省「令和4年就労条件総合調査」］

解説 日本人が休みを取らない理由として，「人手不足」「仕事量の増大」「緊急時のために残しておきたい」「同僚への気兼ね（仕事をする気がないと思われたくない）」などがあげられる。

はみだしメモ 長期休暇や休暇の過ごし方を意味するバカンス（ヴァカンス）。語源はフランス語の「vacances」で，フランスでは法律で最大5週間の連続休暇が認められている。

20 身心への負担・ストレス

●過労死・過労自殺などの労災補償状況

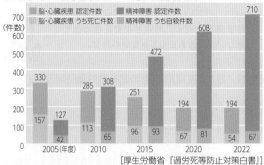

[厚生労働省『過労死等防止対策白書』]

解説 長時間労働や仕事によるストレスなどを原因とする脳・心臓疾患，精神障害・自殺に関する労災請求事案が増加し，これらは**過労死**や過労自殺ともよばれ，社会問題となっている。2014年には過労死等防止対策推進法が制定された。

●パワー・ハラスメントの類型

身体的な攻撃	精神的な攻撃
暴行・傷害	脅迫・侮辱・ひどい暴言
人間関係からの切り離し	過大な要求
隔離・仲間外し・無視	業務上不要な作業や遂行不可能な作業の強制
過小な要求	個の侵害
程度の低い仕事しか命じないか，仕事を与えない	私的なことに過度に立ち入る

解説 **パワー・ハラスメント**とは，職務上の地位などの職場内での優位性を背景に，業務の適正な範囲を超えて，精神的・身体的苦痛を与え職場環境を悪化させる行為をいう。2019年にはハラスメント規制法が成立し，パワー・ハラスメントを防止する対策を初めて企業に義務付けた。

21 雇用形態別の賃金格差

Check! 正規・非正規に着目しながら，年収のボリュームゾーンをそれぞれ確認しよう。

●仕事からの収入（2020年平均）

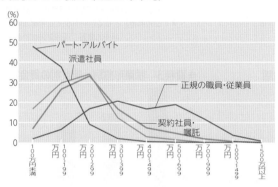

[総務省統計局「労働力調査」]

解説 日本の非正規雇用者の多くは**単純労働に従事する**ことが多いため，結果として賃金のボリュームゾーンが低位に位置している。非正規雇用者の増加もあいまって，正規の職員との間の賃金格差の固定化も懸念される。

22 賃金水準の国際比較

Check! 18も踏まえながら，日本の位置付けを確認しよう。

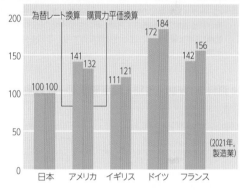

(注) イギリスのみ2019年

[『データブック国際労働比較』ほか]

解説 日本の賃金水準の位置付けは，2000年代以降，**長期にわたるデフレとそれに伴う非正規雇用の増加の影響**もあり，大きく変わっていない。

23 労働生産性の国際比較

Check! 2つの労働生産性の違いを把握した上で，日本や主要国の位置付けを確認してみよう。

❶労働生産性（2021年）

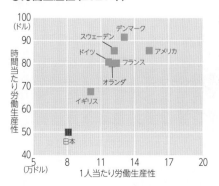

❷1人当たり労働生産性とGDP（2021年）

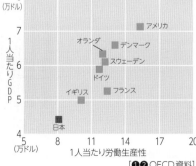

[❶❷OECD資料]

解説 労働生産性は，就業者1人当たりもしくは，就業時間1時間当たりの成果を，付加価値をベースとして計算する。近年では，より短い時間で成果を生み出せているかという点で，時間当たり労働生産性が用いられる傾向がある。**単純労働に従事する低賃金の非正規雇用者の増加**や，減少傾向にあるとはいえ主要諸外国と比較すると依然として**長い労働時間**が背景にある。

はみだしメモ 80年代後半，海外メディアは初めて，過労死をローマ字表記で紹介し，「経済戦争の戦死者」として過労死した，ある工場労働者を取り上げた。現在過労死は，辞典にも掲載されるほどの国際語として定着している。

257

非正規労働者の増加に着目しながら複数の資料を読み解いてみよう

雇用の流動化が進んで，非正規雇用が増えると，職業選択の機会が増えるよね。

非正規雇用だと，待遇とか安定性の面で厳しい部分もあるんじゃないのかな。

◆ 資料1　年間総実労働時間の推移（パートタイム労働者を含む／左）と就業形態別年間総実労働時間及びパートタイム労働者比率の推移（右）

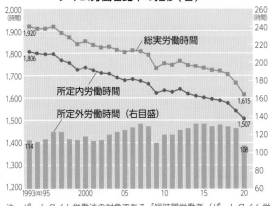

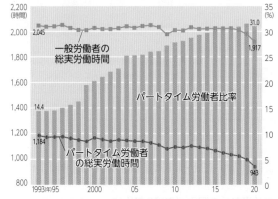

注．パートタイム労働法の対象である「短時間労働者（パートタイム労働者≒非正規雇用労働者）」は，「1週間の所定労働時間が同一の事業所に雇用される通常の労働者の1週間の所定労働時間に比べて短い労働者」とされている。「パートタイマー」「アルバイト」「嘱託」「契約社員」「臨時社員」「準社員」など，呼び方は異なっても，この条件に当てはまる労働者であれば，「パートタイム労働者」としてパートタイム労働法の対象となる。　　　　　　　　　　　　　　　　　　　　　　　　　　　　　　　　　　　　　　［厚生労働省「毎月勤労統計調査」］

◆ 資料2　年齢・性別・雇用形態別一般労働者の総支給額

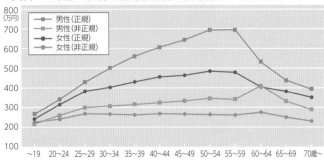

注．総支給額とは，会社が従業員に支払うすべての金額のこと。基本給をはじめ，各種手当（交通費や残業手当，住宅関連手当など）が含まれる。
［厚生労働省「令和3年　賃金構造基本統計調査」］

◆ 資料3　就業形態別・男女別の賃金格差

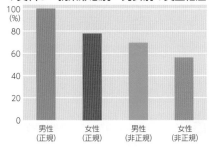

注．男性（正規）を100とした比較
［厚生労働省「令和3年　賃金構造基本統計調査」］

◆ 資料4　実質賃金指数の推移

［厚生労働省「令和2年　賃金構造基本統計調査」］

◆ 資料5　正規・非正規の雇用者数及び賃金の推移

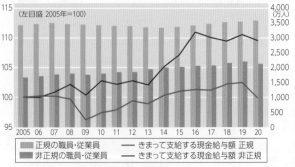

注．賃金は一般労働者の「きまって支給する給与額」の指数。
［厚生労働省「賃金構造基本統計調査」，「労働力調査」］

◆ 資料6　主要先進7か国の時間当たり労働生産性の順位の変遷

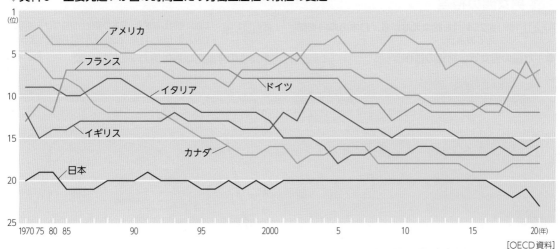

[OECD資料]

◆ 資料7　目的別にみた日本とアメリカのICT投資

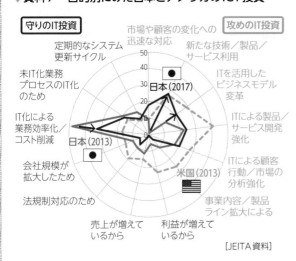

[JEITA資料]

◆ 資料8　業務におけるICT活用度とルーチン業務の相対的な多さ

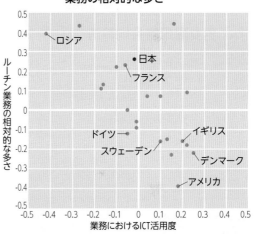

注. ルーチン業務とは，パターン化された比較的単純な業務のこと　　[総務省『令和元年版 情報通信白書』]

Step01：各資料から読み取れる内容を説明した文章として，適当でないものをすべて選んでみよう。
① 日本全体の総実労働時間は減少傾向にある。
② 日本の総支給額は，就業形態を問わず50-54歳でピークをむかえる傾向がある。
③ 2005年以降，非正規雇用労働者の賃金は緩やかな上昇傾向にあるが，正規雇用労働者の賃金は低迷している。
④ 日本の時間あたり労働生産性は他の主要国と比べると低く，その要因の1つには長時間労働の常態化が挙げられる。
⑤ ICT投資を目的別にみると，日本は業務の効率化，アメリカはサービス開発の強化をそれぞれ最優先に掲げてきたことがわかる。

Step02：下記の文章の論拠となっている資料をすべて選び，【　】内に資料番号を記入してみよう（論拠は1つとは限らない）。また，そもそも誤っている場合は，【　】内に×を記入しよう。
① 日本の賃金指数が下降傾向にある要因の1つには，賃金水準の低い非正規雇用労働者の比率の上昇があげられる。
② 日本全体の総実労働時間の減少には，非正規雇用労働者の比率の上昇が大きく影響している。
③ 一般労働者の時間あたり労働生産性は，この40年間で大きく変化していない。
④ 日本のルーチン業務は，ICTの導入等によるコスト削減といった形よりも，非正規雇用労働者の拡大による賃金コストの削減といった形で代替された可能性が示唆される。

【①：　　　　　　　　　】【②：　　　　　　　　　】【③：　　　　　　　　　】【④：　　　　　　　　　】

24 男女間の格差

Check! ▶ p.254 12 も踏まえながら，日本の傾向を捉えてみよう。

●主な国の男女賃金格差の推移

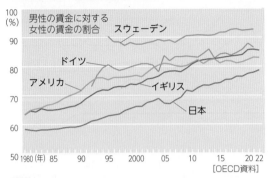

男性の賃金に対する女性の賃金の割合
スウェーデン
ドイツ
アメリカ
イギリス
日本
[OECD資料]

解説 男女雇用機会均等法の制定・改正が賃金格差の縮小に影響している一方で，**男性の非正規雇用労働者の増加**も背景の1つとしてあげられる。

Check! ▶ 年齢に着目しながら，日本の変化や位置づけを確認してみよう（p.254 12，p.260 25 26 も確認しよう）

●女性の年齢階級別労働力率の国際比較

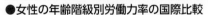

共通テスト 22

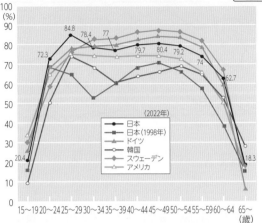

(2022年)
日本
日本 (1998年)
ドイツ
韓国
スウェーデン
アメリカ

15〜19 20〜24 25〜29 30〜34 35〜39 40〜44 45〜49 50〜54 55〜59 60〜64 65〜 (歳)
[OECD資料]

解説 妊娠・出産を機に退職し，育児が落ち着いた時期から再び就職する女性が多いと，労働力率は「M字カーブ」を描く。元々，日本では30代の労働力率の低さが目立っていたが，近年は**育児支援制度の拡充など**もあり，改善傾向にある。

25 男女雇用機会均等法

共通テスト 22

	募集・採用・配置・昇進・	制裁処置	職場のセクハラ防止
1985年制定	女性を男性と均等に取り扱う努力義務	紛争解決の援助や調停，行政指導	規定なし
1999年改正	男性との差別禁止規定	是正勧告に従わない場合，企業名を公表	（女性への）セクハラ防止を企業の配慮義務とする
2007年改正	性別を理由とした差別禁止，間接差別（注）を禁止	上に加え，事業主の虚偽報告には罰金を科す	男性も対象となり，企業に必要措置を義務づける
2014年改正	間接差別の範囲を拡大	変更なし	セクハラの予防・事後対応の徹底
2017年改正	妊娠・出産などに関するハラスメント（いわゆるマタハラ等）防止措置義務を新設		
2020年改正	セクハラの被害を相談した労働者に対する不利益な取り扱いを禁止。自社の社員が社外でセクハラをした場合，被害者側からの事実確認などへの協力（努力義務）		

注）採用に当たって身長・体重や体力を条件にしたり，転動の可否を昇進の条件にしたりするなど，実質的に性別を理由とする差別となるおそれがあるもの

解説 **男女雇用機会均等法**の99年の大幅改正と同時に，**労働基準法**の女性労働者に関する時間外・休日労働，深夜業の制限（女子保護規定）が撤廃された。2007年改正では，男女双方への差別が禁止された（性別を理由とした差別禁止）。**セクシャル・ハラスメント**（セクハラ）については，14年には，異性に対してだけでなく，同性に対する言動もセクハラに含まれるとされ，16年には性的少数者（LGBT）に対する言動もセクハラの対象となった。**マタニティ・ハラスメント**（マタハラ）は，妊娠や出産，育児を理由とした退職や降格などの不利益な扱いや嫌がらせのことを指す。男女雇用機会均等法は，事業主にこのような不利益な扱いを禁じ，16年には，マタハラ防止措置義務が新設された。一方，最高裁は14年10月，妊娠による降格は均等法違反だとの初の判断を示した。

26 育児・介護休業法

育児	介護	制度の概要
○		育児のための休業（子が1歳に達するまで。一定の条件下では最長2歳まで延長）
○		未就学児の看護のための休暇（年5日）
○		短時間勤務（子が3歳に達するまで）
○		時間外労働の免除（子が3歳に達するまで）
○		育児目的の多目的休暇制度（努力義務）
	○	要介護状態にある家族の介護のための休業（対象家族1人につき，通算93日）
	○	家族の介護のための休暇（年5日）
	○	短時間勤務（最長3年間）
	○	時間外労働の免除（介護の必要がなくなるまで）
○	○	深夜勤務の制限
○	○	育児・介護を理由とした嫌がらせ（マタハラ・パワハラ）防止規定

解説 1992年の育児休業法で，男女の育児休業が義務化された。95年には**育児・介護休業法**と改称。介護休業制度が導入されるなど大幅に改正された。2009年の改正では，短時間労働制度（1日6時間）が義務化され，父母ともに育児休業を取得する場合，休業取得可能期間が1歳2か月まで延長された（従来1歳まで）。16年の改正は，育児や介護による離職を防止し，仕事と育児・介護を今まで以上に両立しやすくすることを目的としている。マタハラやパタハラ（パタニティー・ハラスメント。育児休業等を取得する男性に対する嫌がらせ）に対する防止措置義務も新設され，育児休業等の取得等を理由とする不利益取扱いの禁止や妊娠・出産，育児休業，介護休業等を理由とする嫌がらせ等の防止措置が義務付けられた。17年の改正では，育休期間の延長に加えて，育児目的休暇が新たに設けられた。また，育児休暇や介護休暇の取得者に対して不利益な扱いを禁じているが，実際には解雇や雇い止めなどの問題が発生している。

雇用と労働問題

はみだしメモ 1998年の日本の「M字カーブ」の谷の底は，30〜34歳（52.6％）だが，さらに20年ほどさかのぼった1975年では，25〜29歳（42.6％）が底となっており，谷の深さだけではなく底の位置も変わっていることが分かる。

Check! 「労働時間」や「格差」の是正に関係する法律や諸制度の内容を捉えよう。

●働き方改革関連法 （2018年成立，19年より順次施行）

①労働基準法	残業時間の上限規制／高度プロフェッショナル制度（高プロ）／年休取得促進
②じん肺法	産業医・産業保健機能の強化
③雇用対策法	働き方改革の理念を定めた基本法「労働施策総合推進法」に改称
④労働安全衛生法	研究開発職と高プロ社員への医師の面接指導
⑤労働者派遣法	同一労働・同一賃金
⑥労働時間等設定改善法	勤務間インターバル制度導入の努力義務
⑦パートタイム労働法	同一労働・同一賃金。「パート有期法」に改称
⑧労働契約法	有期雇用を理由とした不合理な労働条件の禁止規定を⑦に移す

解説 政労使のトップである総理大臣・連合会長・経団連会長の三者が働き方改革実現会議（2017年）で合意したのが，**残業の上限規制による長時間労働の是正と同一労働・同一賃金による正規・非正規の雇用格差の縮小**である。しかし政府は法案化にあたって，裁量労働制（▶p.262）の拡大と**高度プロフェッショナル制度**の新設も目指した。

❶高度プロフェッショナル制度

年収が1,075万円以上であり，金融ディーラーやコンサルタント，研究開発職など一部の専門職に就く労働者を労働時間規制から完全に外す制度。

●労働時間に関する規制 （○：受ける，×＝受けない）

	一般労働者	高度プロフェッショナル	管理職
法定労働時間	○	×	×
時間外割増賃金	○	×	×
休憩	○	×	×
休日	○	×	×
深夜割増賃金	○	×	○

解説 「仕事の成果に対して賃金を払う」という点では，裁量労働制（▶p.262）と似通っている。本制度が適用されると，定時や残業といった概念すら消失するため，労働者は自由な時間に出社・退社することが可能となるほか，成果さえ上げれば労働時間の短縮も実現しうる。ただし，適用によって生じる危険性もある。例えば，成果自体が曖昧な時は労働者にとって不利な制度となりうるし，仕事がうまくいっていない時は長時間労働や休日出勤を合法的に強いられる可能性もある。そもそも，本制度はジョブ型雇用（▶p.263）を想定したものであり，メンバーシップ型（▶p.263）のように職務内容が無限定な労働者に適用されれば，大きな問題を引き起こしかねない。

❷残業上限規制

特別条項を結んでも残業の限度時間を月100時間未満にすることが明確に定められた制度。

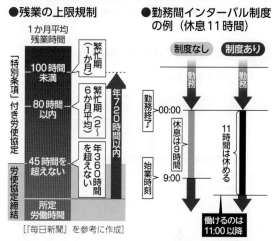

●残業の上限規制

●勤務間インターバル制度の例（休息11時間）

［『毎日新聞』を参考に作成］

解説 残業は，法律上は原則禁止だが，労使が協定（36協定）を結べば，月45時間，年間360時間まで残業を命じられるようになる。さらに，36協定に特別条項を設ければ，限度時間を超えて残業が可能になる。今回の法改正では，この限度時間に100時間という上限が設けられた。しかし，100時間という数字は過労死（▶p.257 20）認定基準が根拠であり，過労死寸前の長時間労働を容認しかねないとの懸念は根強い。さらに，長時間労働が多く見られる自動車運転業務，建設業務，医師などに対する適用は現状見送られている。また，欧米諸国での導入が進む「勤務間インターバル制度（仕事を終えてから次に仕事を始めるまでに一定の休息時間を確保する制度）」の導入が努力目標とされた。

❸同一労働・同一賃金

基本給・賞与その他の待遇について，正規社員と非正規社員の間の不合理な差別を禁止する制度。

●正規社員と非正規社員の賃金格差

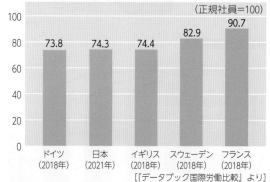

（正規社員＝100）

ドイツ（2018年）	日本（2021年）	イギリス（2018年）	スウェーデン（2018年）	フランス（2018年）
73.8	74.3	74.4	82.9	90.7

［『データブック国際労働比較』より］

解説 政府が示したガイドラインでは，正規社員と非正規社員の「どのような待遇差が不合理か」が実例とともに示されており，諸手当については待遇差を認めていないことが多いため，格差是正の効果が期待される。一方，格差是正の名目のもと，とくに正規社員と非正規社員の職務内容が曖昧な企業において，正規社員の賃金・諸手当が下方修正される危険性もある。

経済

雇用と労働問題

はみだしメモ 株式会社リクルートキャリアが2020年に行ったアンケートによると，「ジョブ型雇用」導入は全体のおよそ12％。導入率は従業員規模が大きいほど高く，従業員5,000人以上でおよそ20％という状況である。

261

政府が打ち出した「働き方改革」は，労働者が置かれた個々の事情に応じ，多様な働き方を選択できる社会の実現を目指している。労働者が選択できる多様な働き方にはどのようなものがあるのだろうか。「時間」，「場所」，「会社や組織への所属」といった観点から，多様な働き方の現状を確認し，自分にとってどのような働き方が望ましいか，考えてみよう。

1 時間にとらわれない働き方

❶フレックスタイム制

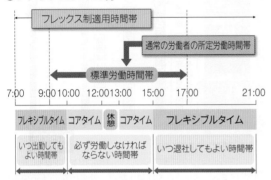

フレキシブルタイム	コアタイム	休憩	コアタイム	フレキシブルタイム
いつ出勤してもよい時間帯	必ず労働しなければならない時間帯			いつ退社してもよい時間帯

解説 **フレックスタイム制**とは，始業と終業の時刻を自由に決定でき，1日に働く時間もある程度自分で決められる制度である。フレックスタイム制の導入によって，効率的な時間配分による生産性の向上が期待される。なお，導入に際しては，就業規則等への規定と，労使協定で制度の基本的枠組みを定める必要があり，時間外労働の取り扱いも通常とは異なるものになる。なお，フレックスタイム制を導入したからといって，図にあるようなフレキシブルタイムやコアタイムを必ずしも設ける必要はない。

❷裁量労働制

◆ **裁量労働制の類型**

専門業務型	研究開発・情報処理システムの分析・設計・取材など専門的な職種。労使協定が必要。
企画業務型	経営の中枢部門で，企画・立案・調査・分析業務に従事する労働者。労使委員会の決議が必要。

解説 **裁量労働制**とは，業務が大幅に労働者に任される一定の業務に就く労働者について，労働時間の計算を実労働時間ではなくみなし労働時間によって行うことを認める制度である。近年は残業代不払いの抜け道に利用される例がみられる。特に専門業務型の裁量労働制は，残業代の支払いを免れるための手段として，使用者に利用される危険性がある。そこで，その対象業務は，労働基準法施行規則によって定められ，さらに詳細な業務内容が指定（通達）されている。

❸変形労働時間制

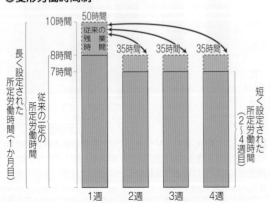

◆ **変形労働時間制度の導入状況（2022年）**

変形労働時間制を採用している企業	変形労働時間制の種類（複数回答）		
	1年単位	1か月単位	フレックスタイム制
64.0%	34.3%	26.6%	8.2%

[厚生労働省「令和4年就労条件総合調査の概況」]

解説 **変形労働時間制**とは，1か月単位（他に1年や1週間単位）に，その間の平均労働時間が週40時間以内に収まれば，特定週に40時間を超えて働くことが可能な制度であり，統計上はフレックスタイム制もこれに含まれる。事前に労働日や労働時間を明示することが条件となっている。

② 場所にとらわれない働き方

●テレワークの形態

テレワークの形態は多様である。導入によって，通勤時間を長くかけずに済むことや，子育てや介護と仕事の両立が可能になることなどがメリットとされる。

在宅勤務	出勤や出社をせずに，自宅で仕事をする。
サテライトオフィス	本来の勤務先とは異なる施設を利用する。
モバイルワーク	携帯端末を利用して，移動中や喫茶店などで仕事をする。

解説 テレワークとは，「tele（離れた所）」と「work（働く）」をあわせた造語で，時間や場所に囚われない柔軟な働き方のこと。2020年の新型コロナウイルスの感染予防を機に，テレワークを採用する企業は一気に増えた。大企業では8割以上で採用されたのに対し，中小企業では5割程度に留まったとされる。その理由として，インターネット環境やOA機器の整備状況，セキュリティ対策などに格差がみられたことが挙げられる。また，非正規社員には在宅勤務が認められない例や，テレワーク中のハラスメント被害も報告されているなど，課題も多い。導入にあたっては，慎重な制度設計が求められる。

③ 組織に所属しない働き方

●フリーランス，ギグワーカー

特定の会社や組織に所属せず，個人で仕事を請け負う働き方であるフリーランスが注目を集めている。職種もエンジニア，デザイナーなど多岐にわたり，時間や場所にとらわれない自由な働き方と，自分の能力を最大限に生かせることが魅力とされる。近年は出前や宅配のサービスであるウーバーイーツの配達員など，空き時間を利用したギグワーカーとも呼ばれる働き方も急速に拡大している。労働の自由度が高い一方で，収入が不安定（不十分）であったり，スキルアップや成長ができず将来の展望がもてなかったりと，悩みも多く聞かれる。

▲ウーバーイーツの配達員

解説 このような「雇われない働き方」において，働き手は労働法の適用外となり，労災保険や雇用保険などの保護が受けられない。そのため，取引先企業との力関係によって不利な契約を結ばされたり，報酬が不払いとなったり，ハラスメントの被害にあうこともあるなど，課題も多い。現在，厚生労働省において論点整理がおこなわれているところであり，働き方によらない中立的な社会制度や就労環境の整備が待たれる。

●ジョブ型雇用とメンバーシップ型雇用

	ジョブ型	メンバーシップ型
導入している国	日本以外の諸外国で多い	日本で多く見られる
仕事の内容	会社に入る段階で決まっている（どのような仕事を行うのかは雇用契約で定められており，その範囲内で労働者は責任と義務を負い，使用者は権限を持つ）	入社時には決まっていない（雇用契約には，どのような仕事を，どこでどれだけ行うのかなどは定められていない）
異動・転勤	基本的にはない	どちらもある
賃金	仕事の内容，責任，権限などで完全に決まっている（同じような仕事であれば同じような賃金＝同一労働同一賃金）	会社の大小，入社年次や性別，年齢などが大きく影響する（同じような仕事でも，会社の規模や年齢が異なれば賃金は大きく異なる＝職能給）

注．ジョブ型，メンバーシップ型の整理は濱口桂一郎氏による。

メンバーシップ型は「入社」（会社に入る）と呼ぶにふさわしい雇用形態

ジョブ型は「就職」（職に就く）と呼ぶにふさわしい雇用形態

解説 長時間労働の問題やワーク・ライフ・バランス（▶p.256）の欠如など，日本における働き方の問題の多くは，日本の雇用のあり方が**メンバーシップ型**であり，職務内容が明確に定まっていないことがその原因なのではないかという意見がある。それゆえ，日本における働き方も，欧米のような**ジョブ型**に徐々に移行していくべきであると考える人も多い。

Active ワーク・ライフ・バランス（WLB）の実現を考える

仕事と生活の両立が難しい日本では，多様な生き方を選択できる社会の実現のためにワーク・ライフ・バランスの実現が欠かせない。日本の労働の現状と課題を整理しながら，ワーク・ライフ・バランスについて考えてみよう。

雇用と労働問題

読み解き 》 ワーク・ライフ・バランスを考える

●視点1

現代の私たちが持つ生きづらさや閉塞感は，生きるためにはお金が必要であり，そのお金を得るために社会が私たちに要求することの理不尽さからきている。

例えば，私たちが生きている社会は，生きるためには長時間の賃金労働に従事せよと要求する一方で，子どもが熱を出したときに保育園に迎えに行こうとする労働者は要らないということがしばしばある。この場合，社会が私たちに要求しているのは，単に生きるためには賃金労働に従事せよ，ということだけではなく，子どもが欲しければ二人親家庭を築き維持し，フルタイムで働くのはそのうち一人にせよ，ということである（昨今，格差や貧困が急にメディアに取り上げられるようになったが，それはこのような社会の要請に従っても貧困から抜け出せない人が増えてきたからであり，このような社会の要請に従わない人々の格差や貧困は昔からあった）。つまり，私たちは，家族のあり方，働き方について自由に選択できるのではなく，社会が要請する制約のなかに生きている。

[山森亮『ベーシック・インカム入門』光文社新書]

●視点2

生活や健康と両立できる雇用システムこそが持続可能なシステムであり，日々のワーク・ライフ・バランス確立が重要な課題である。もちろん企業のみでワーク・ライフ・バランスを達成できるわけはなく，育児休業制度の拡充，保育所・放課後クラブの量的・質的整備，介護休業制度の充実，といった社会政策上の工夫が不可欠である。とくに雇用政策としては，労働基準監督機能の強化，労働基準法違反時の罰則強化など，健康を害するまで野放しとなっている長時間労働を短縮するための全般的な制度強化による企業への働きかけが必要となっている。長時間労働規制（三六協定の在り方）の見直し，持ち越せずに消えてしまう未消化有給休暇をどのように扱うべきかについても議論を深める必要がある。

さらに，日々のワーク・ライフ・バランス回復のために，子育て，介護，あるいは自らの教育・訓練のために，正規雇用者が短時間労働を望めば，それが権利として可能となるような仕組みについても検討する必要がある。

[駒村康平，山田篤裕『希望の社会保障改革』旬報社]

◆諸外国の取り組み

柔軟な働き方という言葉には，多様な労働スタイルの実現と就業先や職種が変わる可能性が大きいという二つの意味が含まれている。これらを実現する上では，仮に職を失った場合でも，次の仕事につきやすいように支援するという**積極的労働市場政策**が求められる。

例えば，**積極的労働市場政策**で有名なデンマークでは，1990年代から何度か制度改革がおこなわれてきた。失業者に向け，個人の能力にあわせた職業訓練や斡旋からはじまり，さらに人的資本の開発という社会投資の観点からの教育支援も強化された。これらの一連の改革で，雇用政策と生活安定化の社会政策との連携がはかられてきたことで，企業による解雇規制の緩和による不安定に対処してきた。このような労働市場のあり方は，**フレキシキュリティ**とよばれている。

しかし，積極的労働政策を整備したとしても，不況期には企業による労働需要自体が縮小してしまうため，新たに職をみつけることがむずかしくなる。この問題に対処するために，ヨーロッパ諸国では，一人あたりの労働時間を短くすることで，より多くの人たちが職につけるようにする**ワークシェアリング**とよばれる政策がとられた。とくに，オランダでは政府と，経済界，労働組合との間で合意をはかり，「ボルダーモデル」とよばれるワークシェアリングが導入された。ここでは，フルタイム労働とパートタイム労働の間の労働時間による賃金差別がなくなり，**同一労働同一賃金**の原則が採用された。こうしたこともあって，パートタイム労働者の比率が，非常に高まりつつあるとの指摘もある。

◆デンマークのフレキシキュリティ

柔軟な労働市場
解雇規制を緩和
正規⇔非正規の移動も容易

失業は恐怖ではない

産業構造の調整が容易になり，経済成長を刺激。社会保障財源にも好循環がおよぶ。

労働力の質を高める

手厚いセーフティネット
失業給付が充実

教育訓練を受けないと失業給付金が出ない

積極的な雇用政策
次の仕事に移るための教育訓練プログラムが充実

[『週刊東洋経済』2008年10月25日号による]

>>> TRY!

①WLBの実現をはばむ障壁を，視点1・2から読み取ってみよう。 ②日本でWLBを実現するためにはどのような施策が必要だろうか。p.256～263の内容や上記の「諸外国の取り組み」を踏まえながら，自分の考えを100文字以内でまとめてみよう。

28 外国人労働者

❶外国人労働者数の推移

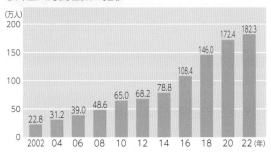

［厚生労働省「外国人雇用状況の届出状況」］

解説 外国人を雇用する企業が着実に増加している。なかでも，直接雇用（企業において直接に雇用契約を交わして労働者を雇っている場合のこと）はしないけれども，派遣や請負といった間接雇用の形で外国人を雇用している企業が多い。

❷産業別外国人労働者数（2022年）

［厚生労働省「外国人雇用状況報告結果」］

解説 産業別の割合をみると，製造業が多くなっているが，その割合は減少傾向にある。外国人技能実習制度は，外国人が日本の技術・技能・知識を修得するのを支援するものである。しかし，現実には，安いコストで外国人労働者を雇用したいという企業が「研修」を悪用し，長時間労働を強いるなどの例が多い。

❸外国人技能実習制度

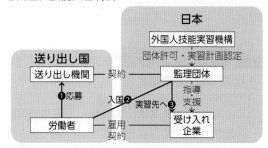

解説 外国人技能実習制度は，外国人が日本で働きながら技術を学び，それを母国の発展に生かしてもらうという国際貢献を目的として，1993年に始まった。ベトナムや中国，フィリピンなどアジアの国からの実習生が，建設業や食品加工業，農業，介護の分野で技術を学んでいるが，途上国の人材育成といった本来の目的を離れて，実習生本人も「出稼ぎ」だと思っているケースも少なくない。

また，低賃金・長時間労働，賃金未払いなどの問題もあり，毎年何千人もの実習生が失踪している。国際的にも「強制労働」「搾取」「虐待」などの言葉で強く批判されている。

❹新たな在留資格「特定技能」

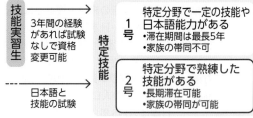

［『朝日新聞』2018年10月12日より作成］

解説 日本国内の労働力人口の不足を背景として，2019年に新たな在留資格となる「特定技能」が導入された。介護・外食・建設業といった14業種に，制度開始から5年間で最大34.5万人の受け入れを見込む。この制度は技能実習制度を前提にしており，同様の人権侵害が起こるのではないかという指摘もある。外国人の労働者・生活者としての権利が守られるように，各種の制度の整備が必要である。

29 技術革新と雇用

●将来の雇用の移動

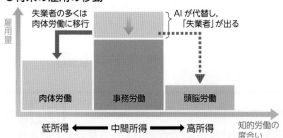

［井上智洋『AI時代の新・ベーシックインカム論』光文社新書より作成］

▲人口知能（AI）に代替されやすい事務労働で職を失った失業者は，AIに代替されにくい肉体労働や頭脳労働の業種に移行するとみられる。一般的に，肉体労働の雇用量は多いが所得は低い。一方，頭脳労働の所得は高いが，高い能力を求められ，雇用量も少ない。

Check! AIの進化は雇用や労働のあり方にどのような影響を与えるだろうか。

解説 AIやロボットに人間の職が奪われる可能性が現実味を帯び，雇用への影響が心配されている。日本では約50％の仕事が失われるとの予測もある。ただし，すべての仕事がAIに代替されるわけではない。AIやロボットに代替されやすいのは，情報や数値を処理する職業，単調で規則的な作業を行う職業である。一方で，創造的な知性や不規則な事態に対応する能力が求められる職業，他者とのコミュニケーションが重視される職業は代替されにくいとされる。また，AIの活用により新たな商品やサービス，雇用が生まれる可能性もある。AIに定型業務を任せることで，生産性が向上する。人口減少社会において，社会の発展と個人のワーク・ライフ・バランスを両立するために，AIをはじめとする技術革新が重要である。

6 社会保障

DIGEST

1.社会保障制度の発展

①世界の社会保障のあゆみ **1**

  a.エリザベス救貧法（1601年）   b.疾病保険法（1863年）   c.ベバリッジ報告（1942年）

②社会保障制度の類型 **2** **3** ＊日本はaとbの混合型で租税と社会保険料を財源にする

  a.イギリス・北欧型   b.ヨーロッパ大陸型   c.アメリカ型

2.日本の社会保障制度の特徴

①基本理念…日本国憲法第25条の生存権

②国民皆保険・皆年金（1961年）…すべての国民が何らかの健康保険と年金保険に加入していること。

                国民健康保険法（1958年），国民年金法（1959年）で実現

③社会保障の四つの柱 **4**

  a.社会保険…国民が疾病・老齢・失業などにあった場合，一定の基準で現金や医療サービスなどを給付。

        日本では医療 **5**・介護 **8**・年金 **6** **7**・雇用・労災の5種類がある

  b.社会福祉…生活に不安をかかえる児童・高齢者・障がい者などに対し施設やサービスなどの支援を行う

  c.公的扶助…生活に困窮している人々に対し，国が税金で支援する制度。生活保護法による8つの扶助

  d.公衆衛生…国民の健康の維持・増進をはかることを目的とする

④少子高齢社会への対応…日本は2005年より人口が減少する人口減少社会になった（総人口の減少）

  a.少子化…生まれてくる子どもの数が相対的に少なくなる現象→生産年齢人口の減少

            合計特殊出生率（1人の女性が一生の間に産む子どもの数） **9** **10**

    ［対策］→エンゼルプラン策定（1995年より，99年新プラン策定）…保育体制の充実，子育て支援など

  b.高齢化…65歳以上の人口が7％をこえると高齢化社会，14％以上は高齢社会（国連の定義）

          日本は2005年に20％を超え，2015年に25％の超高齢社会に突入 **13** **14** **15**

    ［対策］…ゴールドプラン策定（1989年）ホームヘルパー，特別養護老人ホームなどの充実

3.社会保障制度の課題

社会保障関係費，給付費の増大 **16** **17** **18** **19**

①年金保険の財源…高齢化の進展で財源不足と給付水準の低下が予想される→現役世代の負担増

②年金の制度的不統一や給付の格差…負担や給付に大きな格差 **20** →基礎年金制度の導入（1986年）

③急増する高齢者の医療費…老人保険制度による医療費の一部負担（1983年）→後期高齢者医療制度に

              よる75歳以上への新制度の導入（2008年） **22**

④社会福祉をめぐる問題

  a.ノーマライゼーション…高齢者や障がい者と健常者が区別されることなく，共生できる社会が望まし

    い社会だとする考え **25**

    バリアフリー…障がい者や高齢者の生活上の障壁(バリア)を除去すること

    ユニバーサルデザイン…健常者・障がい者を問わず全ての人が使いやすいよ

              うに設計されたデザイン

  b.障害者の雇用…障害者雇用促進法（1987年）で企業に対して積極的な雇用を求める **23** **24**

⑤格差社会への対応…生活保護などのセーフティネットの構築 **27** **28** **29**

FOCUS

ワークブック **16**

少子高齢化の進展によって生じている諸課題を捉え，これからの社会保障のあり方を考えてみよう

❶日本の少子高齢化の現状を捉えよう→ **9**～**15**

❷少子高齢化の進展を踏まえ，日本における負担と給付の現状を捉えよう→ **3**，**16**～**19**，**22**，p.275 **Exercise**

❸今後の社会保障のあり方を考えてみよう→ **Active**

1 社会保障制度のあゆみ

年	事項
1601	（英）**エリザベス救貧法**制定
1874	**恤救**（じゅっきゅう）**規則**制定
83	（独）**疾病保険法**制定（世界初の社会保険制度）
84	（独）労働者災害保険法制定
89	（独）老齢・疾病保険法制定
1911	（英）国民保険法制定（失業保険の始まり）
17	（ソ）国家社会保険制度開始
19	ILO（国際労働機関）設立
22	**健康保険法**制定（27年施行）
35	（米）**社会保障法**（ニューディール政策の一環）
42	（英）**ベバリッジ報告**
44	ILO第26回総会「フィラデルフィア宣言」採択
46	生活保護法制定（旧法）
47	**労災保険法**，**児童福祉法**，**失業保険法**制定
49	**身体障害者福祉法**制定
50	**生活保護法**（新法）制定
52	ILO102号条約（社会保障の最低基準）
58	**国民健康保険法**全面改正（国民皆保険）
59	**国民年金法**全面改正（国民皆年金）
60	精神薄弱者福祉法制定（**知的障害者福祉法**に改称）
63	**老人福祉法**制定
64	母子福祉法（81年に**母子及び寡婦福祉法**に改称）
74	**雇用保険法**制定（失業保険法廃止）
82	老人保健法制定（老人医療費有料化，無料制度崩壊）
84	健康保険法改正（被保険者本人1割負担に）
85	国民年金法改正（基礎年金制度導入）
86	老人保健法改正（患者の自己負担増加）
95	**育児・介護休業法**制定
97	**介護保険法**制定（2000年施行）
2006	医療制度改革関連法制定
08	後期高齢者医療制度開始
10	障害者自立支援法→総合支援法（2013年）
	（米）医療保険制度改革法（オバマケア）
13	生活保護法改正，生活困窮者自立支援法，プログラム法（社会保障制度改革の実施スケジュール）
15	子ども子育て支援新制度（認定こども園など）
16	年金制度改革法成立

▨▨▨ は社会福祉六法といわれるもの。

❶ エリザベス救貧法

　世界初の公的扶助制度。①両親が子どもを養育できないとき，その子どもに仕事を与え，②資産がなく，生計をたてる職のない者に仕事を与え，③貧困者に仕事の材料——亜麻，大麻（帆布やロープの材料），羊毛，糸，鉄などを与え，④仕事のできない労働不能者を救済する，などの内容。大量の貧民と浮浪者を救済するために制定され，産業革命の進展に伴い1834年に改正された。

❷ 飴と鞭の政策

　鉄血宰相とよばれた**ビスマルク**（独：1815 ～ 98）は，1878年「社会主義鎮圧法」を成立させ，徹底した労働運動・社会民主主義・社会主義・共産主義を弾圧した。その一方で，一連の社会保険を制定した。1883年の疾病保険法，1884年の業務災害保険法及び1889年の老齢・廃疾保険法である。この弾圧と懐柔の二面政策を，「飴と鞭の政策」という。

❸ 社会保障法

　ニューディール政策（▶ p.174 **4**）の一環として，連邦政府による老齢年金，州政府による失業保険や公的扶助制度などを定めた。「社会保障」の文言を初めて使用した法律でもある。

❹ ベバリッジ報告

　チャーチル内閣の元で経済学者**ベバリッジ**（英：1879 ～ 1963）が提出した報告書。すべての国民に，権利としての最低限度の生活水準（**ナショナル・ミニマム**）を保障することを目的とした，「ゆりかごから墓場まで」といわれる社会保障の基礎を作った。

経済

解説「**社会保障**」**の歴史**　「社会保障」の概念の成立は第一次世界大戦後であるが，その発生は浮浪者等生活窮民を恩恵的に救済しようとした1601年のイギリスの**エリザベス救貧法**である。日本で社会保障が国民の権利として定着するのは，憲法第25条に生存権が規定されてからのことである。

Exercise

問　社会保障の発展に大きな影響を与えた法律や報告A～Cと，その内容に関する説明ア～ウとの組合せとして正しいものを，下の①～⑥のうちから一つ選べ。

　A　エリザベス救貧法（イギリス）　B　社会保障法（アメリカ）　C　ベバリッジ報告（イギリス）

　㋐　大恐慌を契機に高齢者や失業者を対象とした社会保険制度を整備した。

　㋑　ナショナル・ミニマム（国民の最低限度の生活水準）の保障を求めた。

　㋒　公的扶助の先駆けといわれる。

①A-ア　B-イ　C-ウ　　②A-ア　B-ウ　C-イ　　③A-イ　B-ア　C-ウ
④A-イ　B-ウ　C-ア　　⑤A-ウ　B-ア　C-イ　　⑥A-ウ　B-イ　C-ア

<2016年大学入学センター試験 政治・経済 本試>（解答は▶ p.269）

はみだしメモ　労働者に対する初の社会保障制度を導入した，鉄血宰相ビスマルクの「鉄血」の由来は，「帰せられるもの目下の大問題（ドイツ統一）は演説や多数決ではなく，鉄と血によってのみ解決される」という彼の言葉からきている。

2 社会保障の国際比較

❶社会保障のモデル

分類	特徴
租税中心型（普遍主義モデル） 北欧・イギリス	租税中心・平等志向が強い給付
社会保険中心型（社会保険モデル） ドイツ・フランス	社会保険中心・所得に比例した給付
市場重視型（自助努力モデル） アメリカ	民間の保険中心・国家の介入を最小限にする

解説 日本は当初，ドイツ型モデルを取り入れて社会保障制度を整備していった。その後，北欧・イギリス型の要素も取り入れ，ドイツ・フランス型（大陸型）と北欧・イギリス型の中間的な形と言われている。

❷社会保障費の財源構成

	被保険者拠出	事業主拠出	国庫その他の公費負担	その他
日本（2021年度）	24.3%	21.9	40.4	13.3
アメリカ（1995年度）	22.1%	25.7	39.1	13.1
イギリス（2005年度）	15.5%	34.2	50.5	1.6
ドイツ（2005年度）	27.7%	35.0	35.6	1.7
フランス（2005年度）	20.9%	44.7	30.6	3.8
スウェーデン（2005年度）	8.8%	41.0	48.0	2.3

0% 10 20 30 40 50 60 70 80 90 100

※四捨五入のため100％にならない場合がある

[国立社会保障・人口問題研究所「社会保障費用統計」など]

4 日本の社会保障制度

部門	おもな制度		内容
社会保険	医療保険	健康保険　国民健康保険 日雇労働者健康保険 船員保険　各種共済組合	疾病・負傷・分娩・老齢・死亡・失業や労働災害などに際して適用される。給付は現金または現物（治療その他）。保険料は加入者負担（ただし被用者分は使用者が半額負担原則）。国民保険・年金は定額，被用者保険・年金は賃金に比例して算出される。国は事務費などの一部を負担
	年金保険	厚生年金　国民年金	
	雇用保険	雇用保険　船員保険	
	労災保険	労働者災害補償保険 船員保険	
	介護保険	介護保険	
公的扶助	生活保護	生活扶助　教育扶助 住宅扶助　医療扶助 出産扶助　介護扶助 生業扶助　葬祭扶助	生活に困窮する国民に対して最低限度の生活を保障し自立を助長することを目的にしている。全額公費負担
社会福祉	児童福祉，母子福祉 老人福祉，身体障害者福祉 知的障害者福祉		児童・老人・身体障害者・母子家庭などの生活保護・施設の利用や相談・援助などを提供。全額公費負担原則
公衆衛生	保健医療	結核予防，予防接種 伝染病予防，精神衛生	国民の健康保持と環境整備が目的。公共サービスの提供。全額公費負担
	環境政策	上下水道，公害対策	

解説 日本の社会保障制度は，憲法第25条の理念に基づき，社会保障，公的扶助，社会福祉，公衆衛生の4部門からなる。

3 国民負担率の国際比較

❶国民負担率　　❷社会保障給付費

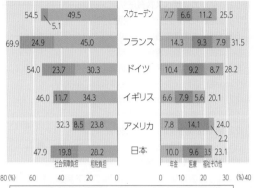

注1．国民負担率は対NI比，2020年（日本は2020年度）。
注2．社会保障給付費は対GDP比，2019年。

[国立社会保障・人口問題研究所「社会保障費用統計」など]

解説 日本の社会保障給付費がGDPに占める割合は，先進国の中でもかなり低く，医療や年金に比べて，その他の給付割合が欧米諸国と比べてかなり低い水準にある。

Exercise

問 日本の社会保障には四つの柱となる制度（社会福祉，公的扶助，社会保険，公衆衛生）がある。社会保障の制度A～Dとその内容を説明した記述ア～エの組合せとして最も適当なものを，下の①～⑥のうちから一つ選べ。

A　社会福祉　　　B　公的扶助
C　社会保険　　　D　公衆衛生

ア　児童や心身障害者などへ施設・サービス等を提供する制度であり，費用は主として租税によって賄われている。

イ　高齢者に介護サービスを提供したり，失業時に所得を保障したりする制度であり，費用は主として拠出金と租税によって賄われている。

ウ　予防接種や食品の安全性の管理など，国民の健康を維持するための制度であり，費用はすべて租税によって賄われている。

エ　生活困窮者に最低限の生活を保障するための制度であり，費用はすべて租税によって賄われている。

①A-ア　B-エ　C-ウ　D-イ
②A-イ　B-ア　C-ウ　D-エ
③A-ア　B-ウ　C-イ　D-エ
④A-ア　B-エ　C-イ　D-ウ
⑤A-イ　B-エ　C-ア　D-ウ
⑥A-イ　B-ウ　C-ア　D-エ

<2003年 センター試験 現代社会 本試>（解答は▶p.270）

はみだしメモ アメリカの医療費は非常に高額である。例えば，ニューヨークでは，腕骨骨折で1日入院手術で1万5千ドル（約150万円），貧血による入院2日で2万ドル（200万円），救急車を呼ぶにも約3万円ほど請求される。

5 医療保険制度

制度名		対象者	保険者	加入者数	一部負担
被用者保険	健康保険 協会けんぽ	中小企業被用者	全国健康保険協会	4,030万人	3割 ただし，義務教育就学前は2割 70歳以上75歳未満2割（現役並み所得者は3割）
被用者保険	健康保険 組合	大企業被用者	健康保険組合 1,388	2,838万人	
被用者保険	3条2項被保険者	日々雇い入れられる者	全国健康保険協会	1.6万人	
被用者保険	船員保険	船員	全国健康保険協会	11.3万人	
被用者保険	共済組合	国家公務員	20共済組合	869万人	
被用者保険	共済組合	地方公務員	64共済組合		
被用者保険	共済組合	私学教職員	1事業団		
国民健康保険		農業者 自営業者など	市町村 1,716 国保組合 160	市町村 2,537万人 国保組合 268万人	
国民健康保険		被用者保険の退職者	市町村 1,716		
後期高齢者医療制度		75歳以上の者，65歳以上75歳未満の寝たきり状態の者	（運営主体）後期高齢者医療広域連合 47	1,843万人	1割（現役並み所得者は3割）

注．2023年4月現在。ただし，保険者は2022年3月末現在。
[『厚生労働白書』より]

●医療保険のしくみ

解説 医療保険は1961年に国民皆保険制度が実施され，国民全員がいずれかの医療保険制度に加入する。医療保険は，サラリーマンが加入する被用者保険と，自営業者・サラリーマンOBなどが加入する国民健康保険，75歳以上の方が加入する後期高齢者医療制度に大別される。さらに被用者保険は，サラリーマンが加入する健保組合と協会けんぽ，公務員が加入する共済組合などに分かれている。しかし医療費がかかる高齢者人口が増え，国民の医療費が年々膨れ上がり，少子高齢化が進む現在，この仕組みそのものを続けることが難しい状況にある。

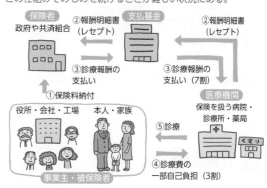

6 年金制度

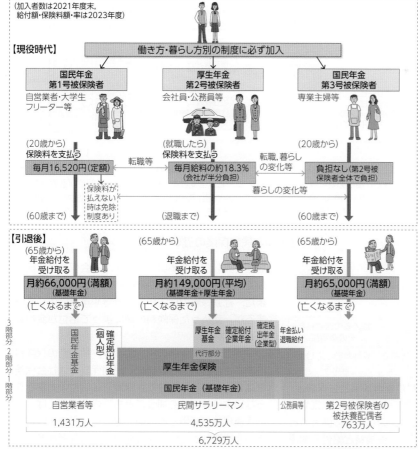

（加入者数は2021年度末，給付額・保険料額・率は2023年度）

[厚生労働省資料より作成]

●障害を負って働けなくなったとき

月約120,900円
（障害基礎年金1級・子2人の場合）

●生計維持者（夫）が亡くなったとき

月約104,400円
（遺族基礎年金・子2人の場合）
※各受給額は条件によって異なる

解説 1959年の国民年金法の制定により，20歳以上の全国民が公的年金に加入する国民皆年金制度がとられている。20歳以上の全国民が加入する基礎年金（国民年金）と，それに上乗せする形で会社員などが加入する厚生年金の二階建てとなっており，厚生年金加入者の扶養対象となっている配偶者は保険料を払わなくても国民年金を受け取れる。基礎年金部分の費用の2分の1は国庫負担で，残りは保険料である。受給資格期間は，2017年8月より，25年以上から10年以上に短縮された。受給要件を満たした一定年齢に達すると老齢基礎年金が支給される。

Answer! p.267 Exerciseの答え：⑤ エリザベス救貧法は公的扶助の先駆けといわれている。アメリカの社会保障法は大恐慌を契機に整備された。ベバリッジ報告はナショナル・ミニマムの保障を目的としている。

7 賦課方式と積立方式

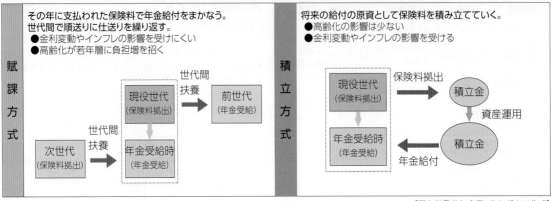

その年に支払われた保険料で年金給付をまかなう。
世代間で順送りに仕送りを繰り返す。
●金利変動やインフレの影響を受けにくい
●高齢化が若年層に負担増を招く

将来の給付の原資として保険料を積み立てていく。
●高齢化の影響は少ない
●金利変動やインフレの影響を受ける

[厚生労働省年金局HPなどより作成]

解説「肩車」型社会　日本の年金は元々**積立方式**だったが，現在は**賦課方式**を基本としており，年金を支払った残りに当たる積立金は年金管理運用独立行政法人（GPIF）が運用している。過去は多くの現役世代が1人のお年寄りを支える「胴上げ」型社会だったが，現在は3人の現役世代が1人のお年寄りを支える「騎馬戦」型社会と言われている。40年後には，1人の現役世代が1人のお年寄りを支える「肩車」型社会になるという。

8 介護保険制度

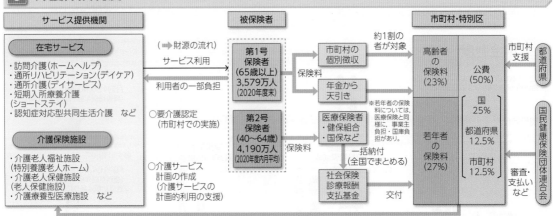

[『厚生労働白書』より]

解説 2000年に**介護保険法**が施行され，**介護保険制度**がスタートした。40歳以上は全員保険料を支払うが，サービスの対象者は65歳以上か40〜64歳で老化が原因の病気で介護が必要になった人である。サービスを受けるには市区町村での認定が必要である。施行後初めての2005年の改正では，①新予防給付の導入，②施設利用の際の食費や居住費の自己負担，③介護の予防や権利擁護の相談機能を持つ地域包括支援センターの新設，④サービスの質の向上（情報開示の標準化，ケアマネジメントの見直し）が行われた。

ア・ラ・カ・ル・ト 社会保険と民間保険の違い

	社会保険	民間保険
保険者	国や各市区町村	民間の保険会社
加入	原則加入が強制	任意
財源	保険料＋税	加入者の保険料とその運用益
保険料と給付の関係	保険料は年齢や所得によるが，給付は一定	保険料額に応じた給付額

保険には，国や市区町村が運営する社会保険と，民間企業などが運営する民間保険がある。病気やケガ，老齢や失業といった生活上のリスクに備えるという点では同じだが，財源や，保険料と給付の関係などで異なる点も多い。例えば，社会保険は原則として加入が強制だが，民間保険の加入は任意である。また，社会保険の保険料は，所得や年齢に応じて決まるが，支払った保険料の額によって給付が変わることはない。

一方で，民間保険の給付金額は，契約者の保険料の額によって異なる。また，民間保険では社会保険をはじめとする公的な社会保障では給付の対象とならないような部分を補うこともできる。例えば，公的医療保険が適用されない先進医療などを受けたときの治療費などを保障する保険や特約などがある。

Answer! p.268 Exerciseの答え：④　社会福祉は児童や障害者などへの施設・サービス等の提供。公的扶助は生活困窮者のための生活保障。社会保険は介護サービスの提供や所得保障。公衆衛生は国民の健康維持のための制度。

[9] 出生数と合計特殊出生率

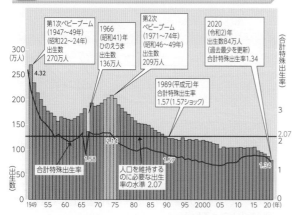

[厚生労働省「人口動態統計」]

解説 合計特殊出生率とは，出産可能年齢（15～49歳）の女性に限定し，各年齢の出生率を足し合わせ，一人の女性が生涯に平均何人の子どもを産むのかを推計したものである。2.07を下回ると人口を維持できないとされている。

[10] 各国の合計特殊出生率の推移

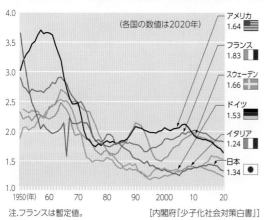

注.フランスは暫定値。　[内閣府『少子化社会対策白書』]

解説 少子化は多くの先進国が抱える問題であるが，出生率が比較的高い水準にあるフランスやスウェーデンでは，家族手当等といった経済的支援のみならず，仕事と子育てが両立しやすくなる環境を整備する「両立支援」が比較的早い段階で行われてきており，政府の少子化政策の影響は大きいといえる。

[11] 出生率低下の原因に関する国民調査

●子どもを増やしたくない理由

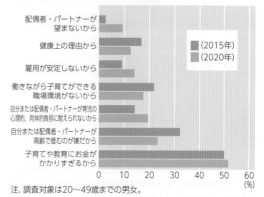

注. 調査対象は20～49歳までの男女。

[内閣府「少子化社会に関する国際意識調査」]

解説 子どもを増やさない理由について，男女ともに**「子育てや教育にお金がかかりすぎるから」**をあげる人が最も多く，経済的負担の大きさを挙げる人が多い。また，**「働きながら子育てできる職場環境がないから」「雇用が安定しないから」**など，雇用と労働に関わる理由を挙げる人も少なくない。

[12] 晩婚化と非婚化

●年齢別未婚率の推移

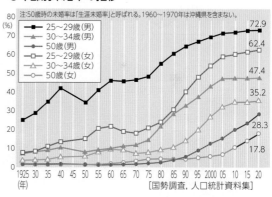

[国勢調査，人口統計資料集]

解説 1975年以降，平均初婚年齢は男女とも上昇している（2020年は男性31.0歳，女性29.4歳）。**女性が結婚・出産しても継続して就業することが困難な社会では，結婚・出産をリスクとしてとらえ，結果として晩婚化や非婚化が進んだ。近年では男性にも新たな要因が指摘され，雇用や賃金が不安定な非正規雇用に就く若者の増加により，晩婚化・非婚化を招いている**と考えられている。

経済

Exercise

問 日本政府が少子化対策として行っている施策に関する記述として適当でないものを，次の①～④のうちから一つ選べ。

① 保育所の施設を拡充して，待機児童の問題を解消する。

② 女性労働者の時間外・休日労働を禁止して，子育てのための時間を増やす。

③ 妊娠・出産を機に離職した女性が，子育て後に再就職できる機会を増やす。

④ 職場で父親が育児休暇を容易に取得できるような環境を整える。

<2007年 センター試験 現代社会 本試>　（解答は ▶ p.273）

Check! p.271 ⑨ を踏まえながら下の ⑬〜⑭ を読み解き，「高齢化の進展」，「日本の高齢化の速度」をそれぞれ捉えてみよう。

⑬ 日本人の平均寿命の推移

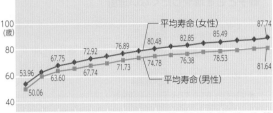

[厚生労働省「簡易生命表」「生命表」より]

解説 平均寿命とは0歳の平均余命のことである。世界の平均寿命は男性70.8歳，女性75.9歳で，日本の女性の平均寿命は世界1位となっている（2019年）。**日本人の平均寿命が延び続けている背景には，医療技術や公衆衛生の充実のほか，健康意識の高さや食習慣などがある。**

⑭ 各国の高齢化の推移

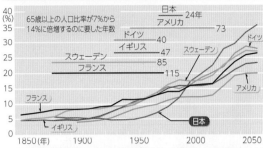

[国立社会保障・人口問題研究所『人口の動向－日本と世界』より]

解説 **1970年代から90年代にかけての出生数の低下と，同じ1970年代からの出生率の断続的な低下傾向が平均寿命の伸びとあいまって，日本の高齢化のスピードは各国に比べてきわめて速いものとなっている。**

⑮ 人口の構成予想

共通テスト 19

❶日本の人口構成の推移

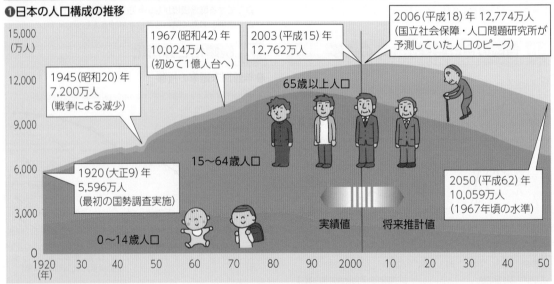

[総務省統計局「国勢調査」，国立社会保障・人口問題研究所「日本の将来推計人口」]

❷日本の人口ピラミッド

1980   2030

男 女   男 女

人口（万人）   人口（万人）

[国立社会保障・人口問題研究所「日本の将来推計人口」]

解説 日本は2005年を境に本格的な人口減少時代に突入したといえる。今世紀末には約6,000万人（中位予測）という「人口半減社会」になると推計されている。一方，高齢化率は上昇を続け，2055年の65歳以上人口割合は40.5％となり，2.5人に1人が65歳以上となるとみられている。こうした急激な人口減少は，人口構造にゆがみをもたらす。労働力が減少し消費が落ち込み経済が停滞する，高齢者比率が上昇することで社会保障給付や負担の面で現役世代の負担が増加するなど多くの問題を抱えることとなる。高齢化に向かい始めた1980年頃は労働人口7,800万人で1,060万人を支えたが，2030年にはおよそ4,500万人で3,400万人を支えることになる。（2017年4月推計）

はみだしメモ 1906年と1966年に出生率が低いのは，「ひのえうま（丙午）生まれの女性は気性が激しすぎて夫を不幸にする」という迷信により，ひのえうまの年の結婚を避けたり，出産を控える人が多いという風潮によるものである。

16 日本の社会保障関係費の推移

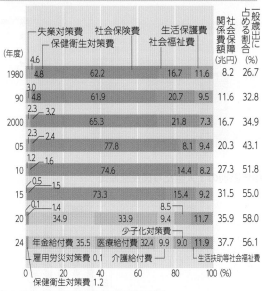

注 1．四捨五入のため100％にならない場合がある。
　 2．2009年度において，社会保障関係費の区分見直しを行っている。
　 3．2024年度は予算。　　　　　　　　　　　　　[財務省資料]

解説 高齢化が進み，2024年度には社会保障関係費の約7割を年金給付費と医療給付費が占めている。また，「貧困層」の拡大により，社会保障関係費の約1割を生活扶助費等が占めている。

17 日本の国民負担率と財政赤字

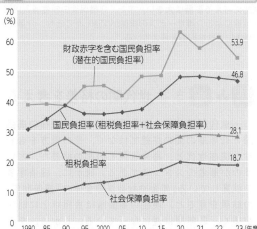

注．2021年度までは実績，2022年度は実績見込み，2023年度は見通しである。
　　　　　　　　　　　　　　　　　　　　[財務省資料]

解説 **国民負担率**とは，国民所得に占める租税負担の比率と年金や医療保険などの社会保障負担の比率の合計のことである。諸外国に比べ，国民負担率は低く，「**小さな政府**」となっていると言える。一方，国民負担率に財政赤字分を付加したものを潜在的国民負担率とよぶ。日本は，諸外国に比べ納めた租税や社会保険料が社会保障サービスとして還元される率が低い「低負担低福祉」の社会であるといえる。

18 日本の社会保障給付費の推移

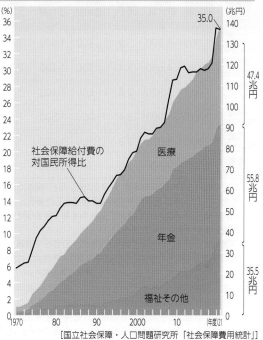

[国立社会保障・人口問題研究所「社会保障費用統計」]

解説 社会保障給付費から医療や介護の自己負担分を除いた部分のうち，国が負担した分が一般会計の歳出（▶p.210 4）における**社会保障関係費**に該当する。

19 社会保障給付費の国際比較

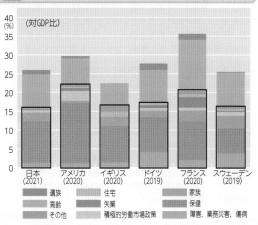

注．（ ）内は年度　　　　　　　　　　[OECD資料による]

解説 日本の社会保障は諸外国と比べて高齢者に手厚く，現役世代や若者に薄いと言われており，遺族や高齢といった人生後半に関わる社会保障給付が多い。また，社会保障給付費がGDPに占める割合がそれほど変わらないアメリカやイギリスと比較しても，給付費全体に占める高齢者向けの給付割合が日本は高い。

20 年金制度の課題

●世代ごとの保険料負担額

保険料と給付の単位：万円

2015年の年齢(生年)	厚生年金			国民年金		
	保険料負担額①	年金給付額②	倍率②/①	保険料負担額①	年金給付額②	倍率②/①
70歳(1945年)	1,000	5,200	5.2	400	1,400	3.8
60歳(1955年)	1,400	4,600	3.4	500	1,200	2.3
50歳(1965年)	1,900	5,300	2.8	800	1,400	1.8
40歳(1975年)	2,400	5,900	2.4	1,000	1,500	1.5
30歳(1985年)	2,900	6,800	2.3	1,100	1,700	1.5
20歳(1995年)	3,400	7,900	2.3	1,300	2,000	1.5

注1.厚生年金は，同年齢の夫婦で，夫は20歳から60歳まで厚生年金に加入し，妻はその間第3号被保険者とした場合。
注2.国民年金は，20歳から60歳まで国民年金第1号被保険者で保険料を納付するとした場合。
注3.保険料負担額及び年金給付額は65歳時点の価格に換算したものを物価上昇率を用いて現在価格（2014年時点）に換算。

[厚生労働省資料より作成]

解説 現在の高齢者は，若い世代と比べて，払った保険料に対して多く年金を受け取れるとされ，それが若者の年金不信の一因といわれている。公的年金の保険料は，戦後の経済混乱期に負担能力に応じた低い水準からスタートし，生活に余裕が出るにつれて徐々に引き上げられてきた。保険料水準が低かった世代が受給するころには，高度経済成長を経て，年金額もその時代の物価や賃金に合う水準に引き上げられた。このため，今の高齢者は負担に対する給付の割合が高くなる。また，格差の問題を深刻にしたのが少子化で，1人の高齢者を支える現役世代の人数が減れば，負担は重くなり格差は大きくなる。しかし，今の高齢者の現役時代は年金制度が充実しておらず，個人で老齢の親を養うのが一般的であった。また，生活に余裕がない時代は低い保険料率でも負担感は強く，これを負担率のみで比較した単純な損得論で見るのは適当ではないとも言われている。

21 税方式と社会保険方式

	税方式	社会保険方式
基本的な仕組み	・個人での保険料拠出不要 ・国内在住年数等の要件で一律支給 →「公助」の考え方	・一定期間の拠出が必要 ・拠出額に応じた給付 →「自助」を通じた「共助」の考え方
特徴	・恩恵的な役割が強い ・企業の役割が不明確	・権利的な性格が強い ・企業の役割の明確な位置づけ
負担者	・現役世代と高齢世代	・現役世代のみ
給付	・社会保険方式と比べて，低水準になりやすい	・税方式と比べて，満額給付は高水準にしやすいが，保険料拠出が不十分だと低年金に
所得制限	・行われやすい	・基礎年金にはなじまない

解説 日本の年金制度は**社会保険による賦課方式**（▶p.270 **7**）が基本となっている。賦課方式は負担と給付の関係が明確になるが，保険料の滞納や未納の問題がある。一方で，税方式は支給の格差や，保険料の滞納や未納の問題が解決できるが，年金の財源をすべて税金でまかなうためには大幅な増税が避けられないという問題がある。

22 医療費・介護費の問題

Check! どの項目が今後最も増えるのだろうか。

❶社会保障給付費の見通し

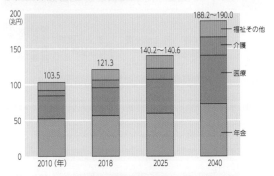

❷年齢別の1人当たり国民医療費

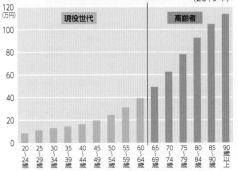

[❶❷厚生労働省資料などより作成]

解説 高齢者の医療費は現役世代に比べて高い（現役世代の平均の約5倍）ため，**高齢化による老人医療費の増加が医療費の増加に与える影響は大きい。**また，介護保険の制度導入以降，事業者による介護サービスの提供が加速したことが，介護費用の増大に大きな影響を与えている。

読み解き ≫ 世代間の格差を考える

　…世代間格差が本当に重要なのは，現在の高齢層と若年層の間の格差ではなく，その両方を合わせた現在世代と，将来世代との間の格差だ，というのが筆者のスタンスである。確かに，経済学者の試算している，年金や社会保障全体の「損得勘定」の結果を見ると，現在の高齢層は負担以上に給付が多く，若年層は逆になっている。しかし，その差をどう判断するかについては，高齢層がこれまで果たしてきた貢献などを考えると，やはり微妙なところがある。

　それ以上に重要なのは…高齢層向けの給付拡大に対して若年層が負担の引き上げを受け入れず，負担を将来世代に先送りしている点である。この点では，現在の高齢層と若年層の間には深刻な世代間対立は発生していない。

[小塩隆士『18歳からの社会保障読本』ミネルヴァ書房]

はみだしメモ 年金保険料の納付にも時効はあり，2年を過ぎると，時効により納めることができなくなる。また，手違いで保険料を納めすぎたときも，2年以内に還付請求をしないと，時効によって請求できなくなる。

複数の資料から日本の社会保障を概観してみよう

日本は現役世代の負担が多い割に，給付が薄い気がするんだよね。

でも，日本の負担割合は，他の国と比べて本当に多いのかな。

◆ 資料1　社会保障をめぐる負担と給付

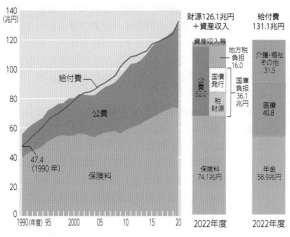

給付費が上昇を続ける一方で，保険料を負担する現役世代が減少したため，あいつぐ保険料率の引き上げにもかかわらず，保険料収入が頭打ちになるようになった。そのため，両者の差を埋める公費負担は増大しつつある。

［財務省『日本の財政関係資料』］

◆ 資料2　高齢化率と社会保障の給付規模の国際比較

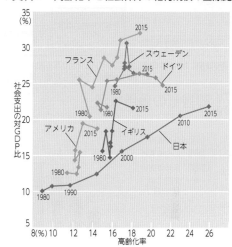

［厚生労働省『令和2年版厚生労働白書』］

◆ 資料3　実質可処分所得の推移とその増減要因

注.2012年10-12月期を起点とした累積伸び率，寄与度

［内閣府資料］

◆ 資料4　主要国世帯あたり平均可処分所得

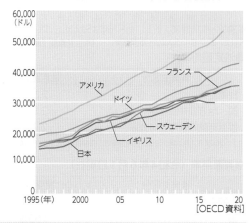

［OECD資料］

Step01:各資料から読み取れる内容を説明した文章として，適当なものをすべて選んでみよう。
①日本の社会保障に必要な財源に占める公費は，税収だけではなく，国債によってもまかなわれている。
②高齢化が著しい日本の社会支出（対GDP比）は北欧諸国を上回っているため，支出のための余力は多少あるといえる。
③日本の実質可処分所得は諸外国と比べて低迷しており，とくに社会保障負担と物価上昇が大きな下げ原因となっている。

Step02:下記の文章の論拠となっている資料をすべて選び，【　　】内に資料番号を記入しよう。また，文章がそもそも
　　　誤っている場合は，【　　】内に×を記入しよう。
　　（論拠は1つとは限らない／本ページだけではなく，p.214,268,273の資料を論拠に据えている可能性もある）
①社会保障給付費が増加する一方で税収は伸び悩んでいるため，現役世代の負担や国債発行の増加が懸念される。
②日本の現役世代の負担は増加傾向にある一方で，現役世代（人生前半）への給付は国際的にみて低い。
③高齢化が進んでいるにもかかわらず，所得に占める「国民負担率」は主要先進国の中でも決して高いとは言えない。
④日本の国民負担率を欧州諸国並に引き上げると，可処分所得の下げ圧力がさらに強まる可能性がある。
【①：　　　　　　　】【②：　　　　　　　】【③：　　　　　　　】【④：　　　　　　　】

財政・租税の役割と社会保障の充実・安定化

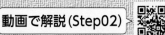

23 障害者の数

障害者総数1,160.2万人		うち在宅　1,110.9万人 (95.7%)
		うち施設入所　49.3万人 (4.3%)
身体障害者 (児) 436.0万人	知的障害者 (児) 109.4万人	精神障害者 614.8万人
在宅身体障害者 (児) 428.7万人 (98.3%)	在宅知的障害者 (児) 96.2万人 (87.9%)	外来精神障害者 586.1万人 (95.3%)
施設入所身体障害者 (児) 7.3万人 (1.7%)	施設入所知的障害者 (児) 13.2万人 (12.1%)	入院精神障害者 28.8万人 (4.7%)

注. 身体障害者 (児) には高齢者施設に入所している身体障害者は含まれていない。

[厚生労働省『令和5年版 厚生労働白書』]

24 障害者の雇用状況

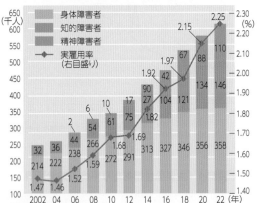

※2002～12年は56人以上、14～16年は50人以上、18～20年は45.5人以上、22年は43.5人以上の民間企業。[厚生労働省『厚生労働白書』]

●法定雇用率

事業主区分	法定雇用率
民間企業	2.5%
国, 地方公共団体等	2.8%
都道府県の教育委員会等	2.7%

注1. 2024年4月以降　注2. 民間企業は, 従業員40人以上が対象

●実雇用率 (令和4年6月1日現在)

事業主区分	実雇用率
民間企業	2.25%
国	2.85%
都道府県の教育委員会等	2.27%
独立行政法人など	2.72%

[厚生労働省資料より]

解説 **障害者雇用促進法**では, 社会連帯の理念に基づき, 事業主に対し常時雇用する従業員の一定割合 (法定雇用率, 民間企業の場合は2.3%) 以上の障害者を雇うことを義務付けている (令和4年6月時点での法定雇用率達成企業の割合は48.3%)。2010年に改正障害者雇用促進法が施行し, 中小企業における障害者雇用の促進や短時間労働に対応した雇用率制度の見直しが規定された。また, 2016年施行の改正法では, 障害者に対する差別の禁止, 精神障害者・発達障害者も雇用義務対象範囲とされた。さらに, 中央省庁による障害者雇用の水増し問題をうけ, 障害者手帳の確認を義務づける改正法が2019年6月に成立した。

25 ノーマライゼーション

ノーマライゼーションは障害者と健常者が分け隔てなく, すべての人々が一緒に家庭や地域のなかで日常生活を送り, 助け合いながら暮らす社会が健全で正常な社会であり, 一般社会で普通に生活が送れるような環境づくりを目指す考え方。そのために, 私たちの身の回りの品物から街づくりまで, 日常生活における物理的, 社会的, 制度的, 心理的なバリア (障壁・不便さ) を取り除くための対策を**バリアフリー**という。近年, バリアフリーのみならず, 年齢や性別, 言語などを問わず, すべての人々に使いやすい設計を目指す**ユニバーサルデザイン**の考え方も重視されている。

●バリアフリー

高齢者や障害者などの自立した日常生活や社会生活を確保するために, 社会生活をしていく上で障壁 (バリア) となるものを除去 (フリー) すること。物理的, 社会的, 制度的, 心理的な障壁, 情報面での障壁などすべての障壁を除去するという考え方である。2006年12月には, それまであった建築物を対象としたハートビル法と公共交通機関が対象である交通バリアフリー法を統合した法律として**バリアフリー新法**が施行され, 旅客施設や道路, 建設物などの移動などの円滑化基準に適合させる義務や努力義務が定められた。

▶ 駅構内のスロープと
2段手すり

●ユニバーサルデザイン

障害の有無, 年齢, 性別, 人種等にかかわらず多様な人々が利用しやすいように, あらかじめ都市や生活環境をデザインする考え方である。

●ユニバーサルデザイン7つの原則

1. 誰でも使えて手にいれることができる (公平性)
2. 柔軟に使用できる (自由度)
3. 使い方が簡単にわかる (単純性)
4. 使う人に必要な情報が簡単に伝わる (わかりやすさ)
5. 間違えても重大な結果にならない (安全性)
6. 少ない力で効率的に, 楽に使える (省体力)
7. 使うときに適当な広さがある (スペースの確保)

▲わかりやすさを重視した、ピクトグラム (絵文字) を使った案内表示 (羽田空港)

はみだしメモ "バリアフリー (barrier free) "は日本などの非英語圏のいくつかの国で使われる語で, 英語の日常会話では同様の概念を"accessibility"や"handicapped accessible"などの語を使って表現する。

26 ワーキングプアの広がりと最低賃金制度

❶年収200万円以下の給与所得者数・比率

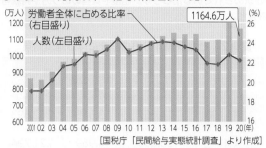

[国税庁「民間給与実態統計調査」より作成]

❷最低賃金の国際比較

(2023年1月：時給，円換算額は2023年1月適用額。日本銀行資料による)

フランス	イギリス	アメリカ	韓国	日本
1,634円 (11.27ユーロ)	1,596円 (9.50ポンド，23歳以上の一般労働者)	1,030円 (7.25ドル)	1,008円 (9,620ウォン)	961円

[『データブック国際労働比較』]

解説 **ワーキングプア（働く貧困層）**とは，仕事についているが貧困状態にある人のことをいう。年収200万円以下の労働者は1100万人を超え，このうち年収100万円以下の労働者は約400万人である。かつては，最低賃金で働く人の多くは学生アルバイトや主婦のパートなど，家計の補助として働く人たちだった。このため，最低賃金の低さが，深刻な問題として認識されにくかった。地域によっては，最低賃金で働くよりも，生活保護を受けた方が，給付水準が高いという逆転現象までおきた。

27 公的扶助（生活保護）

●生活保護の原則

申請保護の原則	本人や同居の親族からの申請で開始
基準及び程度の原則	本人の年齢・性別・世帯構成・所在地域に基づく
必要即応の原則	保護は実際のニーズに応じて有効かつ適切に行う
世帯単位の原則	保護は世帯を単位として行われる

解説 **公的扶助（生活保護）**は生活に困窮した人に対して，憲法第25条の理念に基づき，「**健康で文化的な最低限の生活**」を保障する制度。貧困に陥っても，最低限の生活ができるように保護するセーフティネット（安全網）である。

28 生活保護水準の具体例

❶支給される保護費のイメージ

最低生活費	
年金，児童扶養手当等の収入	支給される保護費

※収入としては，就労による収入，年金等社会保障給付，親族による援助等が認定される。

❷生活扶助基準額の例

(令和4年4月1日現在)

	東京都区部等	地方郡部等
標準3人世帯（33歳，29歳，4歳）	158,760円	139,630円
高齢者単身世帯（68歳）	77,980円	66,300円
高齢者夫婦世帯（68歳，65歳）	121,480円	106,350円
母子世帯（30歳，4歳，2歳）	190,550円	168,360円

※児童養育加算等を含む。

[厚生労働省資料]

解説 生活保護費は，年齢や世帯構成，居住地域などに応じて，厚生労働大臣が定める基準で計算される最低生活費と収入を比較して，収入が最低生活費に満たない場合に，その差額が保護費として支給される。実施機関は都道府県と市，および福祉事務所を設置する町村で，国が4分の3，自治体が4分の1の費用を負担している。最低生活費は地域や世帯構成により異なり，生活扶助のほか，必要に応じて，住宅扶助，医療扶助等が支給される。

29 生活保護の現状

❶生活保護の受給状況

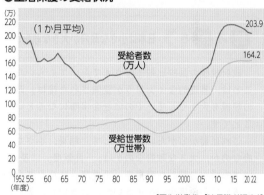

[厚生労働省「被保護者調査」]

❷世帯類型別被保護世帯の構成比の推移

	高齢者世帯	母子世帯	傷病・障害者世帯	その他の世帯
1980年	30.3%	12.8	46.0	10.9
1990年	37.2%	11.7	42.9	8.1
2000年	45.5%	8.4	38.7	7.4
2010年	42.9%	7.7	33.1	16.2
2020年	55.5%	4.6	24.8	15.0

注．端数四捨五入のため100%にならない。

[厚生労働省「福祉行政報告例」「被保護者調査」]

解説 減少傾向にあった受給者数は，所得格差の拡大などによって1990年代後半以降急増し，2013年には集計が始まった1951年以降最多の216万人を記録した。世帯別では，高齢化に伴って高齢者世帯の割合が増加しているが，近年の不況による失業者の増加からその他の世帯の割合も増加している。

Active 　少子高齢社会の社会保障はどうあるべきか

少子高齢化が進むこれからの日本の社会保障はどのようなものが求められているだろうか。制度や負担のあり方や持続可能性を踏まえた上で，これからの社会保障政策について考えてみよう。

◆資料1　政府に対する信頼と給付の普遍性

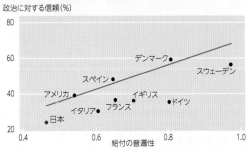

注. 給付の普遍性は2000年代半ばのデータ，政府に対する信頼は2007年のデータ.
[佐藤滋・古市将人『租税抵抗の財政学』岩波書店 より]

◆資料2　社会保障4分野の拡充に伴う経済効果

	生産効果 （億円）	GDP （粗付加価値） （億円）	雇用効果 （人）
医　療	24,657	13,615	262,893
保育衛生	25,699	14,969	221,794
社会保険・社会福祉	25,899	14,877	263,764
介　護	25,196	15,801	278,891
4分野合計	101,451	59,262	1,027,342

注. 国・自治体合わせて公的資金を1兆円投入した場合の波及効果。1,000万円以下，少数点以下は四捨五入。
[自治体問題研究所資料より作成]

財政・租税の役割と社会保障の充実・安定化

読み解き　日本は小さな政府か大きな政府か

　政府規模の国際比較で押さえておいてもらいたいことは，基礎的なインフラが整備された後は，政府の規模を大きくしていくのは社会保障になるということです。

　これは動かしがたい事実でして，結局，小さな政府なのか，大きな政府なのかは，「貢献度」に基づいて市場が分配した所得を「必要度」に応じて分配し直している度合いが小さいか，大きいか，家計における人びとへの充足を個々の家計の責任に強く求めるかどうかで決まっているわけです。そして日本は，社会保障が小さいだけではなく，少し信じられないかもしれませんが，社会保障以外の政府支出も小さな国なわけです。
……

　始めから，日本の政府の規模は小さい，日本の公務員は少ない，そして日本の国民負担率は低い，ところがどこをどう間違えたのか，日本人の常識はすべてが逆方向ですり込まれているわけです。……北欧やフランスのような高福祉の国を実現するためには，高負担しなければなりません。そして，中福祉ならば中負担，低福祉ならば低負担……では，日本の今はどの位置にいるでしょうか？

[権丈善一『ちょっと気になる社会保障　知識補給 増補版』勁草書房]

読み解き　社会保障は経済成長を支えるか

　長い間，経済政策や企業活動に関わる人たちにとっては，社会保障は「負担」だというのが常識でした。しかし，社会保障は経済のメカニズムの中に組み込まれていますから，もちろん負担という側面もありますが，他方で，国民経済を支えている，あるいは経済活動それ自体の一つという側面もあると言えます。

　……特に医療，介護，子育て支援などのサービス給付は，まさにサービスですから，それ自体が付加価値を生みますし，雇用も生みます。

　少子高齢化社会の日本には，医療，介護の大きなニーズがあります。女性の就労と子育て環境の整備のため保育サービスのニーズもあります。ニーズに見合ったサービスを提供することはビジネスの基本です。そこに成長の種があります。医療，介護，のニーズは大都市だけではなく，地方にも同じようにあるため，地方の雇用を創出します。また，子育て支援は安定的で継続的な雇用を創出し，現役世代の所得が増加することで内需を支える消費が生まれ，かつ，人口減少に歯止めをかけることもできます。

[香取照幸『教養としての社会保障』東洋経済新報社]

TRY

①日本人が逆方向ですり込まれている常識とはどのようなものだろうか。
②なぜ，社会保障が経済成長を支えることになるのだろうか。

▶▶▶ TRY!

①日本＝小さな政府という左の主張の論拠となる資料を，資料集の中から可能な限り多く選出してみよう。
②日本の社会保障のあり方について，「少子高齢化」「負担」「給付」「財政」「日本経済の今後」といった観点に立ちながら，自分の考えを100字以内でまとめてみよう。

Active Plus+

ベーシック・インカム

誰もが一律にもらえるなら，公平ですし，世代間の不公平感もなくなる

生活に困っていない人にまで一律で支給する必要はないと思います

生活のために長時間働く必要がなくなるので，ワーク・ライフ・バランスが実現するのではないでしょうか

生活するのに困らなくなると、みんな働く意欲がなくなるのでは？

◆資料1　ベーシック・インカムと他の所得保障との違い

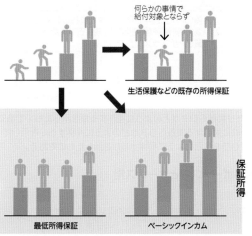

何らかの事情で給付対象とならず

生活保護などの既存の所得保証

保証所得

最低所得保証　　　ベーシックインカム

[大阪府保険医協会ホームページを参考に作成]

◆資料2　諸外国での導入・検討事例

年	国	
2016	スイス	全国民を対象とした制度導入についての国民投票が実施 →賛成23％，反対77％で否決
2017	フィンランド	失業手当受給者から無作為抽出された2000人を対象に，失業手当と同額の約7万円を毎月支給 →対象者の労働意欲に変化は見られず
2019	アメリカ	カリフォルニア州北部ストックトン市で，毎月約54,000円を24ヶ月間支給する米国初の社会実験開始 →受給者におけるフルタイム労働者の割合が増加するなど，一定の成果が見られた
2020	ドイツ	無作為抽出された120人に約15万円を3年間毎月支給 →実験中

[各種報道資料を参考に作成]

▶▶▶ TRY!

①あなたはベーシック・インカムを日本で導入することについて賛成ですか，反対ですか。
②ベーシック・インカムを日本で導入することができるかどうか，話しあってみよう。

読み解き≫ ベーシック・インカムを考える

●視点1

　この仕組みでは，全ての人にお金が支給されるため，生活保護を受けられずに餓死する悲劇も「消えた年金」問題もない。苛酷な環境で働いている労働者は過労死する前に仕事を辞められるし，そもそも企業側も社会保険の使用者負担から解放されるので，一人の人を長時間働かせるより雇用を増やすかもしれない。……

　無条件給付の特徴とともにベーシック・インカムがもつもう一つの特徴は，それが個人単位で給付されることである。現行の所得保障の仕組みは家族単位で考えられているものと個人単位で考えられているものが混在しているが，ベーシック・インカムの導入は個人単位中心の所得保障への大きな一歩となる。

[山森亮『ベーシック・インカム入門』光文社]

●視点2

　君は，ベーシック・インカムとして，月額でいくらくらい必要だと思いますか？　と尋ねてみました。彼曰く，10万円。では，10万円を1億2千万人の国民に配るといくらになると思う？　と問うと，彼は12兆円と即答，さすがです。そこで，ベーシック・インカムで1か月に必要となる12兆円を12か月配るとすると？そして，今年の国税収入は？　と問うと，彼はすかさず，144兆円の財源が必要で，今年の税収はおよそ50兆円と回答。……その144兆円には医療，介護，保育，教育などの現物給付の支出も入っていないよね，というと彼はごもっともと。

[権丈善一『ちょっと気になる社会保障 知識補給 増補版』勁草書房]

●視点3

　しかし，ベーシック・インカムにたいするもっとも強い違和感は，ベーシック・インカムにより，人びとは「真に自由」になり，「やりたい仕事」をするようになるという理想的な労働観，すなわち，自分自身の適性や「やりたい仕事」を人びとは初めから知っているという前提である。しかし，逆にベーシック・インカムにより，人はさまざまな職業を経験する機会がなくなるのではないか。さまざまな職との出会いと挫折，技能の蓄積・修練にともなうさまざまな試練の意義について，ベーシック・インカムを支持する論者は，楽観的な労働者像をもっているのではないか。むしろわれわれは，ディーセントな（編修部注：尊厳ある）労働の保障により，人々が社会とかかわり，さまざまな経験をすることにより，社会連帯が強くなると考えている。

[山田篤裕，駒村康平『希望の社会保障改革』旬報社]

財政・租税の役割と社会保障の充実・安定化

日本経済のこれまでと今後 QR

戦後，長期にわたって成長を続けてきた日本経済は，21世紀になって人口減少と少子高齢化が進むなかで，どのような道筋を選択することになるのだろうか。

① 日本経済のあゆみ

◆**資料1　実質GDP・1人当たり実質GDPの推移とその将来**

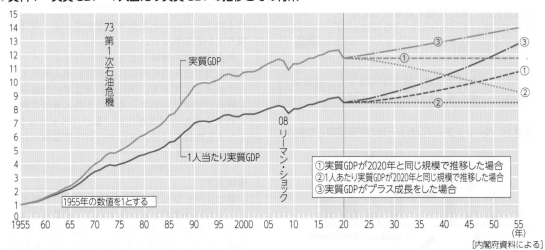

① 実質GDPが2020年と同じ規模で推移した場合
② 1人あたり実質GDPが2020年と同じ規模で推移した場合
③ 実質GDPがプラス成長をした場合

[内閣府資料による]

|解説| ①は，実質GDPが2020年と同じ規模で推移した場合に，1人当たり実質GDPがどのように推移するかを示したものである。②は，1人当たり実質GDPが2020年と同じ規模で推移した場合に，それに対応する実質GDPはどのように推移するかを示したものである。③は，実質GDPがプラス成長をした場合に，1人当たり実質GDPはどのように推移するかを示したものである。

現在の日本は，GDPでみると，アメリカ，中国につぐ世界で第3位の位置にある（2020年）。**資料1**で示されているのは，名目GDPの推移ではなく，物価上昇分を調整した実質GDPの推移である。石油危機やリーマン・ショックや新型コロナ禍などの影響で前年を下まわる実質GDP水準となったことも何度かあったものの，日本経済は長期的には成長のプロセスをたどってきた。1955年の実質GDPの水準を基準（＝1）とすると，2020年時点でおよそ11倍にまで成長したことがわかる。

ただし，生活の豊かさをみるためには，実質GDPそのものではなく，それを人口で割り算した1人当たり実質GDPの大きさでみたほうがいい。GDPは国民の間に分配されて所得となり，その所得をもとに生活が営まれるからである。戦後の日本では2008年まで人口がふえ続けてきた。そのため1人当たり実質GDPの成長は，実質GDPの成長よりもゆるやかで，同じ期間でおよそ8倍の水準に達している。

◆**資料2　人口ボーナス期とオーナス期**

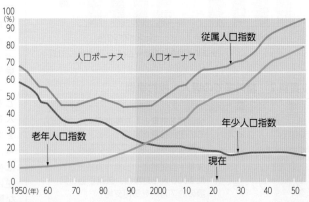

[総務省資料および国立社会保障・人口問題研究所『日本の将来推計人口』による]

|解説| 人口ボーナス期とは，生産年齢人口（15〜64歳）が，従属人口（0〜14歳＋65歳以上の人口）の2倍以上ある状態のこと。1960年前後から1990年代初頭までこの状態にあった日本では，急速な工業化とそれにともなう所得増・消費増が実現し，高度経済成長が進展した。一方，人口オーナス期とは，働く世代（生産年齢人口）よりも支えられる世代（従属人口）が多くなる状態を指す。この時期では，消費や貯蓄率が低迷して経済成長率の低下傾向が顕著となるほか，働く世代によって支えられる社会保障制度の維持の困難化といった問題も生じる。人口オーナス期においては，少子化対策といった人口構成それ自体を改善する対策も重要であるが，同時に従前の労働のあり方（低い生産性，長時間労働など）も見直していく必要がある。

② 今後の方向

ところで，今後の日本経済は，どのような道筋を選択すればよいのだろうか。まず，日本の人口は，21世紀のなかばには9,000万人を割り，世紀末には約4,700万人にまで減少すると予測されている。もしも1人当たり実質GDPを2020年の水準で維持する場合には，図からわかるように，実質GDPそのものは減少してもいいことになる。

しかし，問題はそれほど単純ではない。

第一に，人口全体のなかで65歳以上の人の占める高齢化率は，28.7％（2020年）で，世界的にも突出している。さらに，今世紀の後半には，40％をこえると予測されている。高齢化にともなう費用（年金や医療や介護などの費用）をまかなうための財源を確保するためにも，ある程度の成長は不可欠であろう。また，生産年齢人口の減少および高齢化を踏まえて，労働の形も変えていく必要がある（**資料2**）。第二に，政府の累積債務がすでにGDPの2倍をこえている。それに対処するためには，ある程度の成長はやはり必要であろう。第三に，1990年代にはいって日本経済はバブルが崩壊し，それ以降現在にいたるまでデフレ不況という長期の低迷が続いており，平均実質賃金は，1997年以降低下し続けている。ちなみに，日本の1人当たりGDPは，OECD諸国のなかでは第23位に位置している（2020年／**資料3**）。こうした状況を脱するためにも，やはり経済成長は必要であろう。

◆ **資料3** 主要先進7か国の国民1人当たりGDPの順位の変遷

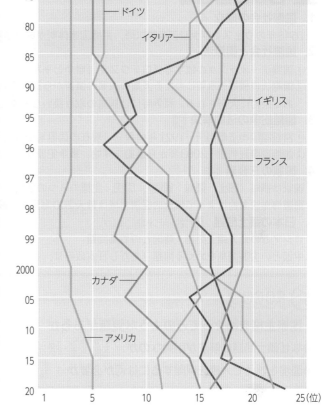

[OECD資料による]

◆ **資料4** 「よりよい暮らし指標」（2018年）

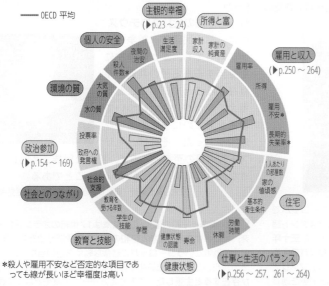

＊殺人や雇用不安など否定的な項目であっても線が長いほど幸福度は高い

[OECD資料による]

Check! OECD平均と比べながら，日本の特徴を読み取ってみよう。

ところで，わたしたちの暮らしの豊かさは，GDPや1人当たりGDPなど，一つの指標だけでは十分に表現するのはむずかしい。そこでOECD（経済協力開発機構）は，GDPで表現される所得の高さだけではなく，仕事と生活のバランス，環境の質，健康状態など，11の領域を総合的に指標化した「より良い暮らし指標」を発表している（**資料4**）。国際社会においてSDGs（持続可能な開発目標）の実現をめざすとともに，国内においても，より総合的な視点から生活を見直すことが求められている。

1 国際社会における政治と法

DIGEST

1. 国際社会の成立
1648年のウェストファリア条約以降，主権国家体制が成立 `1` `2`

2. 国際社会と国際法
①国際法…オランダの法学者グロチウスが『戦争と平和の法』で国際法の必要性を主張 `1`
②国際法の種類…永年にわたる多数の国家の慣習から認められる国際慣習法と国家間の文書による合意である条約に大別される。戦争時には捕虜の取り扱いなどを定めた戦時国際法が形成されてきた `3` `4`

3. 国際紛争の法的解決 `5`
①常設国際司法裁判所…1921年に設立（現在の国際司法裁判所にその任務は引き継がれている）
②国際刑事裁判所…2003年から活動を開始。戦争犯罪など個人の犯罪を裁く

4. 国家の三要素 `7`
国家は領域（領土，領海，領空），国民，主権の3つの要素からなる
国連海洋法条約によって排他的経済水域は最大200海里まで設定できる

5. 日本の領土問題 政治がわかる
ロシアとの北方領土問題，韓国との竹島問題
中国との尖閣諸島をめぐる問題（ただし日本政府は，領有権の問題は存在しないという立場をとる）

FOCUS

ワークブック `18`

国家主権をめぐってどのような課題があるか
❶なぜ領土問題は解決が困難なのか→ `7` `8` 政治がわかる
❷国境を越えて人権を保障するには何が必要か→ `4`

`1` 国際社会と国際法

Check! ▶ 国際社会や国際法はどのように生まれてきたのだろうか。

❶ウェストファリア条約

解説 ヨーロッパにおける主権国家体制の確立　ヨーロッパでは17世紀前半，神聖ローマ帝国（ドイツ）内のプロテスタント諸侯とカトリック諸侯の宗教的対立に近隣諸国が介入した**三十年戦争**という大規模な戦争が起きた。**1648年，ヨーロッパの大半のヨーロッパ諸国が参加した国際会議によってウェストファリア条約**が結ばれ，三十年戦争は終結した。これらの出来事を通じて主権国家による国際秩序が形成される国際社会ができてきた。

❷「国際法の父」グロチウス

私は，諸人民間に，戦争の開始に対しても，また戦争中にも妥当するある種の共通法が存在することを確実なことと考えていたが，これについて著書を著すのに多くの重要な理由があった。それは，キリスト教世界の至るところで，野蛮な民族さえ恥じるような放埒な戦争の遂行が見られることである。

[大沼保昭編著『資料で読み解く国際法』東信堂より]

解説 『戦争と平和の法』　この文章は17世紀のオランダの法学者，グロチウスの『戦争と平和の法』の冒頭部分である。彼は，三十年戦争というヨーロッパの悲惨な戦争を目の当たりにして，その緩和のためには戦時中であっても国家が守るべき一定の法が存在すると主張した。この考え方が一つの基礎となって**国際法**が発展していった。

はみだしメモ 神学者でもあったグロチウスは神学論争に巻き込まれ，さらに指導者とみなされて終身刑となり投獄された。その後パリに亡命し，その地で『戦争と平和の法』を完成させた。

国家主権と領土問題

2 国際社会と国内社会

国際社会		国内社会
主権国家など	構成者	個人など
ない。ただし，国連や関係国間で条約などが制定される	立法機関	議会があり，憲法や法律が制定される
ない。国連など国際的な機構がその役割を果たすことがある	行政機関	内閣があり，法律を執行する
国際司法裁判所があり，限定的・任意的な機能を果たす	司法機関	裁判所があり，法に基づいて強制力を伴い判断を下す
国際刑事警察機構の下各国警察が連携して国際犯罪を防止する	警察	国家権力に基づき強制力を持った警察がある

解説 条約と国際的な機関は増加 国内社会では各国の国家権力に基づいて組織や法が作られ，強制力を持つ統治が行われている。国際社会では条約を結んだり，国際的な組織に加盟する国家に対して強制力を伴った措置を実施したりすることが可能になる。

3 国際法の種類

Check! 国際法は種類によって，どのような違いがあるのだろうか。

内容面	平時国際法	通常の国際関係において適用され，国籍，国家領域，海洋，人権，紛争解決などを規定する
	戦時国際法	戦争時の国際関係において適用され，戦争の手続き，方法，捕虜の取り扱いなどを規定する
成立・形式面	条約	国家間の文言による合意事項で，協定・協約・宣言・検証・覚書なども同じ意味を持つ
	国際慣習法	永年の多数の国家の慣習により形成されたもの

解説 国際慣習法 国際法は主権国家間の外交，通商，紛争について規定するものとして発展してきたが，グローバル化によって企業や個人も国際法の権利や義務の主体に含むという流れがみられる。**条約は批准などの手続きを行った国家のみが内容に拘束されるが，国際慣習法はすべての国家に適用されると考えられている。**公海がどこの国の支配にも属さず，航海，通商，漁業などのために自由に使用することができるという**公海自由の原則**が好例である。なお，公海自由の原則は国連海洋法条約に規定されるなど，国際慣習法の条約化も進んでいる。

4 主な多国間条約

Check! 条約は時代によって，どのような傾向があるのだろうか。

分野	条約名	締結	日本批准	内容
国際関係	国際連合憲章	1945年	1956年	国連の設立目的・組織・機能などを定めた国際組織の憲法
	外交関係に関するウィーン条約	1961年	1964年	在外公館・外交官の保護や外交使節の特権など
人権	難民条約	1951年	1981年	迫害を受けるおそれがあるため祖国を逃れた人々の保護
	国際人権規約	1966年	1979年	世界人権宣言の内容を条約として具体的に保障
	人種差別撤廃条約	1965年	1995年	人種，皮膚の色，民族・種族的出身に基づく差別禁止
	女性差別撤廃条約	1979年	1985年	男女の実質的平等のために性差別の撤廃をめざす
	子どもの権利条約	1989年	1994年	18歳未満の子どもの権利を保障し，保護者の責任を明記
領域	国際民間航空条約	1944年	1953年	締約国の領域上の空間での主権を確認
	南極条約	1959年	1961年	領有権，請求権を禁止すること，科学的調査の自由
	宇宙条約	1967年	1967年	宇宙空間の探査と利用の自由，大量破壊兵器配置の禁止
	国連海洋法条約	1982年	1996年	領海設定，公海自由の原則，海洋での各国の行動原則
環境	ラムサール条約	1971年	1980年	水鳥とその生息地として国際的に重要な湿地の保護
	世界遺産条約	1972年	1992年	世界の文化遺産・自然遺産を未来にのこす財産として保護
	ワシントン条約	1973年	1980年	絶滅のおそれのある野生生物の種の国際取引を規制
	気候変動枠組条約	1992年	1992年	二酸化炭素を減らし，地球温暖化を防止

解説 国際法の対象範囲が拡大 国際法とは主として対等な主権国家間の関係を規律するルールであるが，**国際組織，企業，個人，NGOに関するものも増えてきている。**条約は当事国間の合意によって成立するが，一般的には署名，批准（各国の立法機関が国内法に基づいて最終確認と同意をすること），批准書の付託という段階がある。

アラカルト 国際法と国内法，どっちが優位？

条約や規約などの国際法と，日本国憲法や日本の法律の優劣関係について，どのように考えられているのであろうか。まず，法律や，法律よりも下位の命令や規則などについては，条約が優先することが定着している。憲法との関係では，一般的には憲法の方が条約よりも優位であると考えられている。ただし，ポツダム宣言やサンフランシスコ平和条約のような国家の根幹を形成する条約は憲法より優越するという見解が有力である。

はみだしメモ 国連海洋法条約は，地球上の71％を占める海における国家の権利と義務を定義した「海の憲法」とも呼ばれているものだが，アメリカは加盟していない。深海底における開発の権利が課題になっている。

283

国際

国家主権と領土問題

5 国際司法裁判所と国際刑事裁判所

Check! 国際的な問題を法に基づいて平和的に解決する仕組みはどうなっているか。また，その課題は何か。

●国際司法裁判所のしくみ

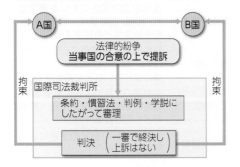

●国際刑事裁判所のしくみ

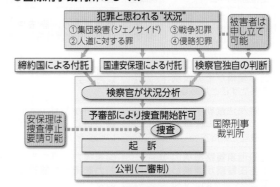

国際司法裁判所(ICJ)		国際刑事裁判所(ICC)
1921年設立の国際連盟の機関である常設国際司法裁判所が前身で，1945年に設立	設立	2003年に設立。国際連合の一機関ではない。
国連総会と安保理で選出し任期9年の15名	判事	地域ごとに定数が割り振られ，任期9年の男女半々合計18名
国家間の紛争の法的・平和的解決	目的	国際的に重大な犯罪を行った個人の訴追・処罰
紛争当事国双方が国際司法裁判所に裁判を付託することで審理が開始され，判決は当事国を拘束する。国連などからの付託に応えて法的拘束力のない勧告的意見を出すことも可能	方法・内容	集団殺害など人道上の重大な犯罪にかかわった個人が検察官などにより逮捕，起訴され二審制で裁判が行われる

解説 国際紛争の法的解決 国内の裁判はその国の憲法や法律に照らして判決が下されるが，**国際司法裁判所**は条約など国際法が審理に大きく影響する。国際司法裁判所は一審制で控訴は認められておらず，判決に従わないと国連安保理による制裁措置がある。法的拘束力を持って紛争解決に役立つ機関であるが，当事国双方が同意せず，片方が拒否し続けると裁判を始められないことが問題点となっている。他方，**国際刑事裁判所**は国連とは別の組織であり，加盟国が世界の約2/3に止まっている。特にアメリカ，中国，ロシアといった大国が未加盟という問題点がある。

アラカルト 日本への勧告

日本が国際捕鯨取締条約に違反して南極海で大規模な捕鯨を行っているとして，オーストラリアが国際司法裁判所に提訴した。同裁判所は，日本の調査捕鯨は科学的でないとして，調査捕鯨の中止を命じる判決を言い渡した(2014年)。日本が同裁判所での裁判の当事国となり，判決を受ける初の事例であった。

6 世界で活躍するNGO

アムネスティインターナショナル	1961年に設立され，政治的中立の立場から様々な人権侵害問題に取り組んでいる。特に，死刑制度反対の活動は有名
国際赤十字	各国の赤十字社などの総称。1863年，戦場での負傷者保護を目的に設立され，現在は災害被災者の救援や医療・保健活動に取り組む
国境なき医師団	1971年に設立され，世界各地の災害被災地，紛争地に医師や看護師を派遣し救急医療分野の活動を行う
核兵器廃絶国際キャンペーン	2007年，各国政府に対して核兵器禁止条約の交渉開始・支持を訴える活動を行う目的で設立されたNGOの連合体
気候変動ネットワーク	1989年に設立され，現在，世界の約2/3の国，1,000を超える環境保護団体から構成され，地球温暖化防止に取り組む

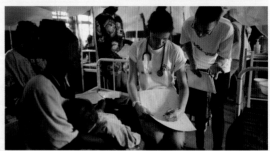

▲中央アフリカで医療活動を行う国境なき医師団

解説 活動を拡大させるNGO 国際社会では主権国家だけでなく国際的な機構，多国籍企業，そして，**NGO（非政府組織）**が大きな存在感を持つようになってきた。NGOは人権保護，平和構築，医療，環境など**人間の安全保障**に関する分野で活動し，非常に大きな役割を果たしている。**対人地雷禁止条約**や**核兵器禁止条約**の発効はNGOの取り組みが中心となった好例であり，その取り組みがノーベル平和賞受賞として評価された。

284

はみだしメモ 現在，ICJやICCなど重要な国際機関が置かれ平和と司法の国際都市となっているオランダのハーグ市は，1899年と1907年に開かれた万国平和会議の開催地になったことが出発点となっている。

7 国家の領域

Check! 国家の領域はどのような構成になっているか。また，それらはどのように定められているのだろうか。

❶主権国家の要素と領域

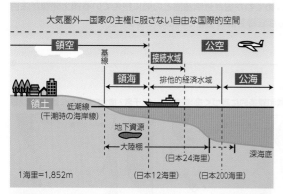

【解説】**領域** 国家の領域は領土，海洋に面している国家は領海，領土と領海上の空域である領空から成り立っており，国家主権が及ぶ場所である。領海ではすべての国に対して無害通航権が原則として認められるが，領空については領空国の排他的主権が強まり，領空侵犯にならないように当該国に飛行計画を提出することが一般的になっている。

❷排他的経済水域

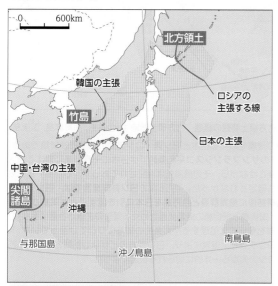

●排他的経済水域の面積上位国

国名	排他的経済水域の面積	国土比
アメリカ	762万km²	約0.8倍
オーストラリア	701万km²	約0.9倍
インドネシア	541万km²	約2.8倍
ニュージーランド	483万km²	約17.9倍
カナダ	470万km²	約0.5倍
日本	447万km²	約11.7倍

【解説】**排他的経済水域** 沿岸国が海洋と海底下の資源の調査，開発，保存，管理などの経済活動に主権，排他的管理権を持つ水域のことである。排他的経済水域の外側は特定の国家の主権に属さない**公海**で，航行，漁業などのために自由に使用できる。

❸沖ノ鳥島問題

▲満潮時も海面から出る岩の周囲に鉄製の消波ブロックを積み上げ，特殊コンクリートで護岸を保全している。岩は人が数人乗れる程度の大きさであり，構造物の陰に隠れている。

【解説】**島か岩か** 日本最南端の島である沖ノ鳥島は，1931年に日本領となり，東京都小笠原村に属する。干潮時にはサンゴ礁が海上に広く出るが，満潮時には小さな岩がわずかに海面から出る程度となる。**国連海洋法条約**には「自然に形成された陸地で満潮時においても水面上にある」という島の定義があり，日本政府はこれを根拠に沖ノ鳥島を島としている。この島がなくなると約40万km²の排他的経済水域を失うことになるため，1988年から護岸工事を実施し，排他的経済水域の維持が図られた。他方，中国は同条約に「人間の居住…を維持することができない岩は，排他的経済水域を…有しない」という部分を基に，沖ノ鳥島の周囲に排他的経済水域は設定できないと主張している。

8 中国の海洋進出

Check! 領土問題は，どのような理由から生じているのだろうか。

【解説】**資源と安全保障** 南シナ海にある**パラセル(西沙)諸島**と**スプラトリー(南沙)諸島**は複数の国々が領有を主張している。この地域は**水産資源に加え，近年，石油など豊富な地下資源の埋蔵**が確認されている。スプラトリー諸島領有をめぐっては2016年に常設仲裁裁判所が中国の主張する境界線(九段線)は国際法上根拠がないとの判断を下した。しかし，人工島を建設して実効支配を強化する中国と近隣諸国は対立を深めており，米中対立の火種の一つにもなってきた。

国際

国家主権と領土問題

はみだし メモ 天体を含むすべての宇宙空間は，1967年発効の宇宙条約によって，どの国家も領有権を主張することはできないとされている。ただし，空域と宇宙空間の境界については明確な規定は定められていない。

政治がわかる 日本の領土問題

 ワークブック 18

近年，北方領土や尖閣諸島にかかわる新たな動向が見られ，改めてわが国が近隣諸国との間に抱えている領土問題が注目されている。日本の領土問題にはどのようなものがあり，どんな経緯を重ねてきているのだろうか。

1 北方領土問題

❶関連年表

年	できごと	
1855	日露和親条約で国境線画定	A
1875	樺太・千島交換条約	B
1905	ポーツマス条約で南樺太が日本領に	C
1945	ヤルタ秘密協定，ポツダム宣言 ソ連が北方四島を占領	
1946	ソ連が北方四島を自国領に編入	
1951	**サンフランシスコ平和条約** 日本が千島列島と樺太の領有を放棄	D
1956	**日ソ共同宣言** 平和条約締結後に歯舞群島，色丹島の返還を約束	
1993	細川・エリツィン首脳会談で東京宣言発表 平和条約締結に向けて努力	
2010	メドヴェージェフ大統領が国後島を初訪問	
2018	安倍・プーチン首脳会談で二島返還協議	

A 日露和親条約に基づく国境線

B 千島・樺太交換条約に基づく国境線

C ポーツマス条約に基づく国境線

D サンフランシスコ平和条約に基づく国境線

▲スポーツで交流する中高生　2017年，色丹島。北方四島に住むロシア人との相互訪問による交流で理解と友好を深める取り組みが行われている（ビザなし交流）。

解説 北方領土問題の経過　北方領土問題は，色丹島，歯舞群島，国後島，択捉島の帰属をめぐる日本と旧ソ連・ロシア間の領土帰属問題である。1951年の**サンフランシスコ平和条約**では日本に千島列島に対する請求権を放棄させながら，その帰属先は明記されておらず，しかも千島列島の範囲も確定されなかった。1956年の**日ソ共同宣言**では，旧ソ連が平和条約締結後に歯舞群島と色丹島を日本に引き渡すことが同意された。しかし，国後島と択捉島の帰属問題をめぐる両国の主張が合意に至らず，領土問題を最終的に処理する平和条約の締結については至っていない。ロシアのウクライナ侵攻により，日ロ双方のビザなし訪問と，平和条約交渉はロシア側から一方的に切られる状況になった。

❷国際的な取り決めにおける北方領土の取り扱い

	カイロ宣言	ヤルタ秘密協定	ポツダム宣言	サンフランシスコ平和条約
関係国	米・英・中	米・英・ソ	米・英・ソ	日米を含む49か国
関連する部分	日本は暴力などで略取した地域から追い出される	千島列島はソ連へ引き渡される	日本の主権は本州などと「小諸島」に限られる	千島列島についてのすべての権利を放棄する
日本の主張	北方四島は日本が暴力などで略取した地域に該当しない	この協定は日本に知らされていない。米は公式文書と認めていない。協定は最終決定ではない	米英中の決定した「小諸島」が明確ではない	どこの国が領有するかは定まっていない。千島列島の範囲も定まっていない
ロシアの主張	千島列島は日本が暴力で略奪した地域である	米英の同意を得て千島列島はソ連のものとなった	日本はこの宣言を受諾している	この条約で日本は千島列島を放棄している

解説 北方四島は日本固有の領土　第二次世界大戦中と戦後の国際的な取り決めや冷戦の影響によって問題が複雑化しているが，日本政府は樺太・千島交換条約以降，千島列島には北方四島は入っておらず，一貫して日本固有の領土であると主張している。

❷ 竹島問題

年	できごと
1905	日本が竹島を島根県に編入
1951	**サンフランシスコ平和条約** 日本が放棄すべき地域に竹島は含まれず
1952	韓国が**李承晩ライン**を設定 竹島を韓国領に編入
1954	韓国が灯台や無線施設の建設，官憲の常駐を開始
1965	**日韓基本条約** 竹島の帰属は棚上げ
2005	島根県が「竹島の日」条例を制定 韓国の慶尚北道が「独島の月」制定
2012	韓国の李明博大統領が竹島に上陸

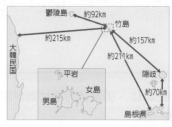

▲**竹島に常駐する韓国の警備隊** 宿舎や監視所，灯台，接岸施設などを構築し，日本側の接近を厳重に警戒している。

日本の主張	韓国の主張
・韓国の歴史文書の記載は信憑性が低い ・江戸時代から日本は竹島を利用していた ・1905年の閣議決定に対して韓国からの抗議はなかった ・GHQの指令は領土の最終決定ではない ・サンフランシスコ平和条約において，竹島は日本領土であると認められており，米国をはじめ国際社会の承認を受けている	・古来より韓国領との歴史文書が多数ある ・江戸時代に鳥取藩に属さないとの回答書がある ・1877年の日本の太政官指令（政府公式文書）で独島は自国領ではないとある ・1905年の日本の閣議決定は朝鮮の植民地化の流れで行われており無効 ・戦後，GHQは日本の領域から独島を切り離している

解説 竹島問題の歴史 竹島は韓国名で**独島（トクト）**と言う。日本政府は1905年に島根県に竹島を編入し，日本の領土であると宣言した。一方，韓国は1952年に軍事境界線である**李承晩ライン**を設定し，竹島を自国の領土であると宣言。その後，実効支配を続けている。韓国では竹島（独島）の領有問題に対する関心は大変高く，日本の朝鮮半島植民地支配の歴史と絡めて考えられている。日本は韓国に対して**国際司法裁判所**に付託するよう呼び掛けているが韓国側は応じていない。

❸ 尖閣諸島問題

年	できごと
1895	明治政府が無人島であった尖閣諸島を沖縄県に編入
1952	**サンフランシスコ平和条約** アメリカの施政下に入る
1968	尖閣諸島周辺の海底調査により**石油・天然ガス資源の存在を確認**
1971	中国，台湾（中華民国）が尖閣諸島の領有を主張
1972	**沖縄の日本返還**で尖閣諸島も日本の領土に
2010	尖閣諸島沖合で海上保安庁巡視船と中国漁船が衝突
2012	**日本政府が尖閣諸島を国有化**
2013	中国が尖閣諸島を含めた地域を防空識別圏に設定
2016	中国の軍艦が尖閣諸島周辺海域を航行

◀**尖閣諸島** 周辺海域は好漁場であり，1900年代初頭から漁業が盛んであった。

日本の主張	中国の主張
・日本固有の領土であることは歴史的にも国際法上も明らか ・尖閣諸島は台湾の一部になったことはない ・尖閣諸島に関しては領有権の問題は存在していない	・釣魚島は明の時代に発見され，台湾の付属島嶼である ・尖閣諸島は中国の大陸棚に存在しており，中国大陸と不可分である

解説 東シナ海の石油・天然ガス資源をめぐる争い 1895年に日本政府が**無主地の先占**の原則に基づいて領土編入措置を取り，平穏かつ継続的に実効支配してきた。中国が尖閣諸島の領土領有を主張し始めたのは，この地域の海底に石油・天然ガス資源があることが判明した1970年頃からである。2010年9月には東シナ海の尖閣諸島沖合いで海上保安庁の巡視船に中国の漁船が衝突する事件が発生して以降，この問題が注視されるようになってきた。北方領土・竹島問題と異なり，尖閣諸島に関しては領有権の問題はないというのが日本政府の立場であり，現在，この地域は日本が実効支配している。尖閣諸島問題はナショナリズム的な意味合いよりも，石油・天然ガス資源の確保という経済的な点が大きいという見方もある。

2 国家安全保障と国際連合

DIGEST

国際平和の維持と安定のために，国際連合には何が求められているか

1. 国際連盟の登場と崩壊
①第一次世界大戦前の安全保障 **1**
　勢力均衡政策により軍拡競争が激化，国際緊張を招く
②国際連盟の発足 **2**
・アメリカ大統領ウィルソンが提唱した14か条の平和原則に基づいて，1920年に発足
・勢力均衡政策に代わり集団安全保障体制を採用
　→第二次世界大戦を防げず崩壊

2. 国際連合の安全保障体制と国際協力体制
①国際連合の発足 **2** **4**
・1945年6月サンフランシスコ会議で調印された国際連合憲章に基づく
・武力行使を全面的に禁止，平和に対する脅威を認定し強制措置をとる **9** **10**
　→安全保障理事会が国際社会の平和と安全の維持に責任を持つ **6**
　　5の常任理事国と10の非常任理事国で構成 **7** **8**
②機構 **3**
・主要機関（総会，安全保障理事会，経済社会理事会，信託統治理事会，国際司法裁判所，事務局）と経済社会理事会の専門機関などから構成
　→世界的な課題に対して取り組みをおこなう

3. 国際連合の課題
①平和維持のあり方…国連軍の創設，安保理の役割，PKO
②財政問題…活動規模に対する財源の確保，分担金未払い問題 **11**
③安保理改革…常任理事国数の拡大，拒否権の制限など **12**

1 勢力均衡から集団安全保障へ

❶第一次世界大戦勃発前の国際関係

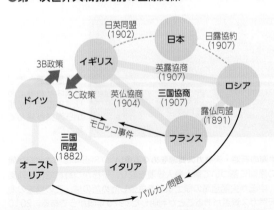

解説 三国協商と三国同盟　19世紀以降の欧州では，ある一国が超大国となって欧州全体を支配するような脅威にならないように，各国が軍拡に努めた。また，利害が一致する国家が必要に応じて**同盟**を組み，勢力の拮抗状態を保つことで安全保障を図る**勢力均衡（バランス・オブ・パワー）**政策がとられた。

❷集団安全保障体制の誕生

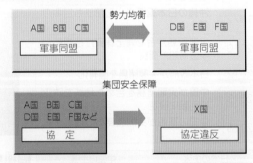

解説 勢力均衡から集団安全保障へ　ウェストファリア条約以降も近隣諸国と軍事同盟を結んで自国の安全を維持しようとする流れは続いた。**勢力均衡方式**に基づくヨーロッパ諸国の軍事同盟の強化は，第一次世界大戦を引き起こした。その反省から，対立国も含めて多くの国が協定を結び，協定に違反した国に対して集団的に制裁を加える**集団安全保障**の考え方が生まれた。

はみだしメモ　同盟は，共通の脅威に対する協力関係について書面上で約束したもの。協商は，条約や書面を結ばない国家間の緩やかな協力関係のこと。協約は，国際法に基づいて定められた公式な国家間の合意であるとされる。

2 国際連盟から国際連合へ

❶国際連合成立までの歩み

1914年7月	第一次世界大戦勃発
1918年1月	**アメリカ大統領ウィルソンが平和14か条を発表** 国際平和機構の設立が提唱された
1919年 1月〜6月	**パリ講和会議** 対ドイツ講和条約であるヴェルサイユ条約の第1編が国際連盟規約となっている
1920年1月	国際連盟成立
1939年9月	第二次世界大戦勃発
1941年8月	**大西洋憲章** ローズヴェルト米大統領とチャーチル英首相が国際連合の基本的な構想をまとめる
1942年1月	連合国共同宣言 ローズヴェルト米大統領がUnited Nations(連合国)という名称を初めて使用
1944年 8月〜10月	**ダンバートン・オークス会議** 米・英・中・ソの代表が集まり，国際連合憲章の原案を作成
1945年2月	**ヤルタ会談** 米・英・ソの首脳が集まり，常任理事国となる**五大国に拒否権を付与**することを決定
1945年 4月〜6月	**サンフランシスコ会議** 連合国が参加して**国際連合憲章**を採択
1945年	国際連合成立

●ウィルソンの14か条

①調和の公開，秘密外交の廃止
②公海の自由
③平等な通商関係の樹立
④軍備縮小
⑤植民地の公正な措置
⑥ロシアからの撤兵とロシアの自由選択
⑦ベルギーの主権回復
⑧アルザス・ロレーヌのフランスへの返還
⑨イタリア国境の再調整
⑩オーストリア＝ハンガリー帝国内の民族自決
⑪バルカン諸国の独立保障
⑫トルコ支配下の民族の自治保障
⑬ポーランドの独立
⑭国際連盟の設立

解説 集団安全保障体制の実現 ウィルソン大統領の尽力により，1920年に国際連盟が設立された。しかし，アメリカ合衆国は連邦議会の反対によって国際連盟に加入していない。

▲ウィルソン

▲太西洋憲章をまとめたローズヴェルト米大統領（左）とチャーチル英首相（右） 領土不拡大，民族自決，安全保障など，8項目からなる世界平和回復のための基本原則を定めた。

▲サンフランシスコ会議での国際連合憲章署名 50か国の代表が参加し，ダンバートン・オークス会議で提起された国際連合憲章を採択して国際連合の設立が決定された。

❷国際連盟と国際連合の比較

	国際連盟（本部ジュネーブ）	国際連合（本部ニューヨーク）
加盟国	原加盟国42か国，最大59か国（1934年）	原加盟国51か国，193か国（2023年）
組織	総会…全加盟国で構成	総会…全加盟国で構成
	理事会…4常任理事国（日・英・仏・伊）と4非常任理事国	安全保障理事会…5常任理事国（米・英・ソ（ロ）・仏・中）と任期2年の10非常任理事国
	事務局・常設国際司法裁判所	事務局・経済社会理事会（54理事国，任期3年）・信託統治理事会・国際司法裁判所，その他多くの専門機関
表決方法	総会・理事会ともに**全会一致制**	総会…**多数決制**，重要事項は3分の2以上
		安全保障理事会…9理事国以上，手続事項以外は常任理事国を含む9理事国以上の賛成で表決（5常任理事国は**拒否権**をもつ）
制裁手段	勧告と経済制裁のみ	勧告，経済的制裁に加えて**軍事的制裁措置**

解説 国際連盟の意義 国際連盟は第一次世界大戦の反省に立って創設された，史上初の常設的かつ一般的な国家連合組織であった。**総会，理事会，事務局**が主要機関で，**常設国際司法裁判所，国際労働機関(ILO)**とも密接な関連を持った。軍事的な措置は規定していなかったことに加え，アメリカが未加盟で，1930年代に主要国が脱退するなどして組織が弱体化し，世界大戦の再発を防げなかった。

はみだしメモ ローズヴェルト大統領は，戦時・有事を理由としてアメリカ政治史上で唯一の4選を果たした。後に憲法が改正され，大統領は2期までと定められている。

国際

事務局
The Secretariat

●機能
国連運営に関する一切の事務を担当。事務総長は総会に年次報告をおこなう

国際司法裁判所
The International Court of Justice (ICJ)

●構成・機能
総会と安保理が選出する15人の裁判官（同一国で1人、任期9年）が国際紛争を平和的に処理

信託統治理事会
The Trusteeship Council

●構成・機能
安保理と同じ5理事国で構成。信託統治領の行政監督を担当していたが、11の地域で最後に残ったパラオ諸島が独立したため現在は活動していない

安全保障理事会
The Security Council

●構成
常任理事国……米・英・仏・露・中の5か国
非常任理事国……10か国
●機能
国際紛争の平和的解決をめざす勧告、経済封鎖や軍事的措置をともなう制裁など。ただし、憲章に基づく正式な国連軍は一度も組織されていない
●表決
手続事項……9理事国以上の賛成
実質事項……常任理事国を含めた9理事国以上の賛成。常任理事国が1国でも反対すると不成立（大国一致の原則＝拒否権）

軍事参謀委員会
常設委員会およびアドホック機関
平和維持活動など
国連平和構築委員会

関連機関　国際原子力機関（IAEA）
　　　　　化学兵器禁止機関（OPCW）
　　　　　国際刑事裁判所（ICC）

▲国連総会会議場

◀国連のシンボルマーク。オリーブの木と北極上空から見た地球をデザインしている。

総　会
The General Assembly

●構成
全加盟国（2021年12月末現在193か国）
●機能
通常総会……毎年9月の第3火曜日に招集し、約3か月間審議
特別総会……安全保障理事会または加盟国の過半数の要請によって事務総長が招集
緊急特別総会……特別総会と同じ条件、24時間以内に招集
●表決
1国1票の投票権、一般事項は出席投票国の過半数、重要事項は3分の2以上の賛成で議決し、安保理や加盟国に勧告
●公用語
英語、フランス語、中国語、ロシア語、スペイン語、アラビア語の6言語

総会が設置した機関

国連児童基金（UNICEF）
国連難民高等弁務官事務所（UNHCR）
国連貿易開発会議（UNCTAD）
国連開発計画（UNDP）
国連環境計画（UNEP）
国連大学（UNU）
世界食糧計画（WFP）　など

主要委員会
常設委員会およびアドホック機関
人権理事会その他機関

経済社会理事会
The Economic and Social Council

●構成・機能
54の理事国（任期3年、毎年3分の1を改選）が経済・社会・文化・教育・衛生などについて報告と勧告

常設委員会
地域委員会

機能委員会

統計委員会
人口開発委員会
社会開発委員会
女性の地位委員会
麻薬委員会
など

専門機関

世界気象機関（WMO）
万国郵便連合（UPU）
世界知的所有権機関（WIPO）
国際労働機関（ILO）
国連食糧農業機関（FAO）
国連教育科学文化機関（UNESCO）
世界保健機関（WHO）
国際復興開発銀行（IBRD）
国際通貨基金（IMF）など

関連機関　世界貿易機関（WTO）

解説 国連の専門機関　国際連合は**総会、安全保障理事会、経済社会理事会、信託統治理事会、国際司法裁判所、事務局**の6つの主要機関からなっている。また、国際連合には多くの専門機関があるが、法的には国連とは別個の主体性を有する独立した国際組織と捉えられている。専門機関は政府間の協定によって設けられた国際組織で、国連憲章に基づいて国連と連携関係を結ぶことになっている。2013年のノーベル平和賞は、関連機関である化学兵器禁止機関（OPCW）が受賞した。

●国連事務総長とは

　国連事務局の長としての最高責任を負う事務総長は、安全保障理事会の勧告に基づいて総会が任命する。任期は5年。行政の処理だけでなく、国際的な平和と安全を脅かすと認められる事項について、安保理の注意を促す権限を与えられており、国際紛争の調停に乗り出すこともある。なお、事務総長は五大国（米・英・仏・露・中）以外から選ぶ慣行が定着している。国際連合憲章の精神を体現し、大国中心に傾きがちな安保理をけん制する役割が期待されているからである。

解説 国連の顔として　国連の主席行政官で事務局の長として重要な政治的な立場を担っている。なお、国連憲章に任期の定めは示されていないが、最長でも2期で退いている。

▲グテーレス（ポルトガル）
第9代事務総長

国連本部は見学が可能（有料）で、ガイドの説明を聞きながら総会会議場などを見ることができる。また、ギフトショップでは国連郵便局で使える国連切手なども購入することができる。

4 国際連合の歩み

年	事務総長	できごと
1945		**国連憲章**発効，国際連合成立
1946		第1回総会開催，ソ連が安保理で初の拒否権行使
1947	リー	パレスチナ分割決議案可決
1948		**世界人権宣言**採択，第一次中東戦争で初めてPKO派遣
1950		朝鮮戦争勃発で「平和のための結集」決議
1951		**国連難民高等弁務官事務所（UNHCR）**設置
1956	ハマーショルド	初の国連緊急特別総会開催，日本が国連に加盟（80番目）
1960		植民地独立付与宣言採択
1962		キューバ危機に際して事務総長，米ソ対立を調停
1964	ウ・タント	第1回**国連貿易開発会議（UNCTAD）**開催
1965		国連憲章改正（安保理，経済社会理事会の議席拡大），**人種差別撤廃条約**採択
1966		**国際人権規約**採択
1968		**核拡散防止条約（NPT）**採択
1971		中華人民共和国が国連に加盟し台湾が脱退
1972	ワルトハイム	**国連人間環境会議**で人間環境宣言採択
1973		東・西ドイツが国連加盟
1974		**新国際経済秩序（NIEO）樹立宣言**採択，国連世界人口会議
1978		第1回国連軍縮特別総会
1979		**女性差別撤廃条約**採択
1984		国際人口会議
1987	デクエヤル	安保理がイランイラク戦争停戦決議採択
1989		**子どもの権利条約**採択
1990		イラクのクウェート侵攻に対して安保理がイラク制裁決議
1991		韓国と北朝鮮が国連加盟
1992		**国連環境開発会議（地球サミット）**で環境と開発に関するリオ宣言採択
1993	ガリ	国連世界人権会議
1994		国際人口開発会議
		信託統治理事会が活動停止
1996		**包括的核実験禁止条約（CTBT）**採択
2000		**国連ミレニアム・サミット**→翌年，ミレニアム開発目標（MDGs）策定
2002	アナン	**環境開発サミット**
2006		安保理が北朝鮮とイランに制裁決議，障害者権利条約採択
2009		安保理が「核のない世界」を目指す決議採択
2012	潘基文	**国連持続可能な開発会議**
		パレスチナをオブザーバー国家に格上げ
2015		**持続可能な開発目標（SDGs）**策定
2017		**核兵器禁止条約**採択
2022	グテーレス	ロシアがウクライナに軍事侵攻，ロシアの人権理事会理事国資格停止

解説 国連の活動範囲 国際連合の最大の目的は「国際の平和及び安全を維持すること」である。地域紛争に際しては**緊急特別集会**を開催したり，**安全保障理事会**で対応をしてきた。また，国連は世界的な経済格差の解消，人口問題，地球環境問題，難民救済，子どもや女性など様々な立場の人権の向上などに取り組んでいることが年表を通して読み取れる。

5 国際連合の加盟国の推移

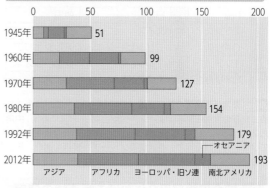

[国際連合資料より]

解説 全世界的な組織へ 設立当初51か国だった加盟国数は，1960年代にアフリカ諸国の独立によって大きな伸びを示した。また，1990年代初頭にはソ連が解体し新国家が多数誕生したことによって増加している。永世中立国のスイスも2002年に加盟し，ほぼすべての国が加盟する組織となった。

6 紛争解決の手続き

紛争の発生

国連憲章第6章（33～38条）　**紛争の平和的解決**
安全保障理事会が以下のことを行う
・紛争当事国に対する交渉，調停，司法的解決などの要請（33条）
　→これらの要請が不調に終わった場合，紛争当事国は安全保障理事会への紛争解決を安全保障理事会へ付託する義務を負う（37条）
・紛争地域に対する調査（34条）
・解決条件の勧告（37条）

↓ **紛争が解決できない場合**

国連憲章第7章（39～51条）　**平和に対する脅威，平和の破壊及び侵略行為に関する行動**
・安全保障理事会は平和に対する脅威や侵略行為の存在を決定し，勧告を行う（39条）
・勧告や41・42条の措置を取る前に暫定措置を当事国に要請する（40条）
●**非軍事的措置**…安全保障理事会が経済制裁，交通，通信，運輸などを含む外交関係断絶を加盟国に要請（41条）
●**軍事的措置**…安全保障理事会は軍事的行動を取ることができる（42条）
●**国連軍の創設**…安全保障理事会の要請に基づき，加盟国が特別協定によって兵力を安保理に提供（43条）

解説 安全保障理事会 国際連合はその目的である「国際の平和及び安全の維持（憲章1条）」の役割を安全保障理事会に委ねている。また，国際紛争は平和的手段によって解決すべきとする原則を掲げている（同33条）。他方，平和的解決が失敗すれば，強制措置が取られることになる。安保理の常任理事国が拒否権を発動し安保理が機能不全になった際は**緊急特別総会**を開催できる規定がある。なお，国連憲章に基づく国連軍は現在まで設置されたことはない。

国際

7 安全保障理事会の構成国（2024年）

常任理事国	中国	非常任理事国	日本	韓国
	フランス		スイス	スロベニア
	イギリス		モザンビーク	アルジェリア
	ロシア		マルタ	シエラレオネ
	アメリカ		エクアドル	ガイアナ

解説 非常任理事国の決定方法 毎年半数の5か国が改選される。現在の非常任理事国はアジア・太平洋2，アフリカ3，中南米2，西欧など2，東欧1となっており，地域バランスを考慮している。再任は不可で，各地域のグループが候補を選び，総会で3分の2以上の支持で承認されるまで選挙する。

8 安全保障理事会における拒否権の使用

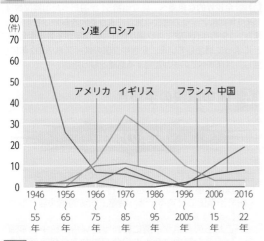

解説 5大国一致の原則 常任理事国の5か国が1つでも拒否権を行使すると決議が成立しない仕組みを安保理は採用している。これは大国が足並みを揃えることで実効性のある決議と行動を保証することにもつながるが，**冷戦中は対立する米ソが拒否権行使を多用した**ため，安保理が紛争解決に対して有効に機能しない弊害が目立った。近年も超大国アメリカの方針に対してロシア，中国が反発して拒否権を行使するケースが目立つ。

9 「平和のための結集」決議

●緊急特別総会が開催された事案の例

1956，1967年	第二次，第三次中東戦争
1956年	ソ連のハンガリー侵攻
1980年	ソ連のアフガニスタン侵攻
1980，1982年	パレスチナ問題
2022年～	ロシアのウクライナ侵攻

解説 侵略への迅速な対応 「平和のための結集」決議は，安保理の常任理事国が拒否権を発動し，足並みが揃わない事態になった時，国連総会にその機能を代行させるもので，常任理事国の拒否権を無効にする機能を総会に提供したものと考えることができる。この議決がなされたきっかけは1950年の朝鮮戦争であり，アメリカの提案でなされた。また，総会が閉会中の場合も要請後24時間以内に**緊急特別総会**が招集できる手続きが定められた。

10 平和維持活動（PKO）の働き

❶活動中のPKO（2022年10月現在）

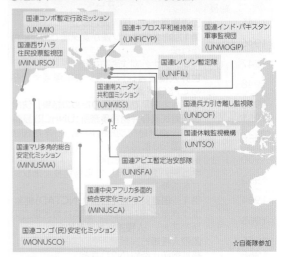

☆自衛隊参加

❷PKOの役割の変化

第一世代	時期	冷戦期
	内容	紛争当事者が停戦に合意した後，停戦監視，兵力の引き離しなどを行う
	具体例	国連パレスチナ休戦監視機構（現在も継続中）
第二世代	時期	冷戦終結後
	内容	停戦監視や兵力の引き離しに加えて，地雷の除去，難民・避難民の保護，選挙の監視，治安維持，社会資本の整備などを幅広く行う
	具体例	国連カンボジア暫定統治機構
第三世代	時期	冷戦終結後
	内容	停戦が合意されていない紛争地域で武力を用いて安全な環境を創出することを目的とした活動を追加した。1992年，当時のガリ事務総長による「平和への課題」により，重武装した平和強制（執行）部隊が組織された
	具体例	第二次国連ソマリア活動
第四世代	時期	21世紀以降
	内容	第3世代PKOの失敗を踏まえ，武力行使を抑制し，国連の専門機関やNGOと連携を図りながら現地の平和構築や復興支援を行う
	具体例	国連南スーダン共和国ミッション

解説 役割の多様化 国連の**平和維持活動（PKO）は国連憲章に規定がなく**，国連憲章第6章の平和的解決と第7章の強制行動の中間的な性格を持っているので「**6章半活動**」と言われる。1948年の第一次中東戦争後の停戦監視のための派遣以降，世界各国から軍事・警察要員が現地に派遣され，紛争解決を間接的に支援してきた。PKOには兵力の引き離しを任務とする軽武装の**平和維持軍（PKF）**と停戦監視を任務とする非武装の停戦監視団などから組織されている。PKOは紛争当事国の受け入れ同意，中立性の保持，自衛以外の武器使用の禁止を原則としてきたが，紛争の複雑化によって全ての紛争当事者の同意がなくても派遣するなど変化している。さらに，近年の活動は，停戦監視だけでなく，様々な関係組織と連携しながら人道・復興支援に力を入れるようになってきた。

11 国連の財政

●分担金（2022～24年）

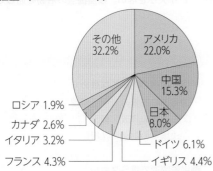

その他 32.2%
アメリカ 22.0%
中国 15.3%
日本 8.0%
ドイツ 6.1%
イギリス 4.4%
フランス 4.3%
イタリア 3.2%
カナダ 2.6%
ロシア 1.9%

［国際連合資料より］

●PKO予算

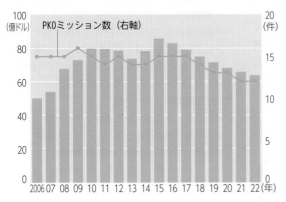

PKOミッション数（右軸）

［国際連合資料より］

解説 加盟国で負担 国連の財政規模は通常予算で約30億ドルである。これは東京都の一般会計予算の17分の1程度という規模である。予算は加盟国がその経済規模などに応じて負担する分担金でまかなわれている。日本は世界第3位の分担金の金額を拠出している。他方，PKO予算は稼働しているミッションの数にもよるが約70億ドル規模で推移しており，安保理の常任理事国は通常予算の分担率よりやや高く割り当てられている。

アラカルト 国際機関で働くには

国連では，各国の分担金比率や人口をもとに望ましい職員数を提示しているが，日本の職員数はその半分にも達しておらず，積極的な登用が国内外から期待されている。

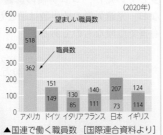

（2020年）
望ましい職員数
職員数
▲国連で働く職員数 ［国際連合資料より］

アメリカ 518/362　ドイツ 151/149　イタリア 130/85　フランス 140/111　日本 207/73　イギリス 124/114

国連をはじめとする国際機関のうち，専門職で働くには，語学力に加えてその職種に関係する修士号と関連する職歴が必要で，ハードルはかなり高い。他方，外務省は各機関に若手人材を派遣し，キャリアを積んで正規採用につなげる「JPO派遣制度」を実施している。また国連も，大学卒業者であれば職歴がなくても応募できる「国連事務局YPP」という制度や，各機関の学生インターン受け入れを行っている。

12 安全保障理事会の改革

2022年，国連総会はロシアのウクライナ侵攻を非難し，ロシア軍の撤退を求める決議を採択したが，事態は好転していない。世界平和の維持に主要な責任を負う安全保障理事会で，常任理事国であるロシアが拒否権を行使し，実効的な対応がとれないからである。安保理が今後どのようにあるべきか，改めて議論されている。

▲安保理でオンライン演説するウクライナのゼレンスキー大統領

❶安全保障理事会の問題点

加盟国の主権の不平等	常任理事国のうち1か国でも拒否権を行使すると議決案が通らない。この特権を一部の国にのみ認めているのは，加盟国の平等に反する。
安保理構成国の地域的偏在	欧米に偏っており，第二次世界大戦後に独立国が急増し，加盟国の過半数を占めるアジア・アフリカ諸国の意見が反映されづらい。
世界情勢とのかい離	国連創立から約80年が経過し，日本やドイツといった第二次世界大戦敗戦国から経済大国となった国や，インドやブラジルなど急成長している大国の意見が反映されづらい。

❷安保理改革案（2005年国連総会）

G4（日本，ドイツ，インド，ブラジル）案

・常任理事国　5か国→11か国
（新常任理事国は日本，ドイツ，インド，ブラジル＋アフリカから2か国）
・非常任理事国　10か国→14か国
・合計　15か国→25か国
・拒否権　新常任理事国は15年間凍結

解説 2005年の常任理事国入り運動は「挫折」 安保理改革には国連総会における全加盟国の3分の2以上の賛成と，全常任理事国を含む3分の2以上の批准が必要である。常任理事国になることで国際社会の重要な決定に常時参加できるようになり，得られる情報も増えることが期待できる反面，「平和憲法」との整合性や財政負担の増加などの課題もある。

◀安保理改革の会合に先立ち握手するG4外相（2014年9月当時）

Active 模擬国連を体験してみよう

　世界的課題の解決には，各国が立場の違いを踏まえつつ協力していくことが欠かせない。模擬国連の活動を通して，さまざまな世界的課題の解決に向けた具体的な方策を考えてみよう。

1 模擬国連とは

　模擬国連は，参加者が世界各国の大使になりきり，国連での会議を模擬的におこなう活動である。あるテーマについて，自分の個人的な意見ではなく，担当した国の大使としての立場から，交渉をおこない，決議案をまとめていく。決議案は複数の国の賛同が得られないと提出できない。したがって，大使は自国の利益（国益）を考慮しながらも，決議案に賛同してもらえる国を増やすために交渉や演説をおこなっていくことが大切である。

　模擬国連の参加者は，テーマについて，すでに制定されている実際の条約や国際的な会議の動向などを調べて理解しておくことが必要である。また，自分が担当する国についても，関連する国内の法律や政策を調査し，決議案がその国にどのような影響を与えるのかを予測しつつ提案をしていくことが重要である。

　他国の立場に立って物事を考えてみることは，国際政治において重要ですね

　本格的な模擬国連には，準備のために多くの時間がかかります。今回は児童労働をテーマとして，シンプルな構成で検討しましょう

●模擬国連の基本的な進め方
　①各国の主張の表明・整理
　②決議案の作成・修正
　③決議案の討議・採択

●模擬国連で養うスキル
　・客観的な情報を収集する力
　・多角的視野による分析力
　・論理的思考に基づく方針策定能力
　・論理的組み立てによる説明力交渉力
　・検証結果から的確な軌道修正できる応用力
　　　　　　　[ユネスコ・アジア文化センター資料]

●模擬国連で扱うテーマ例
　気候変動　水問題　地雷問題　宇宙利用
　安全保障理事会改革　エネルギー安全保障
　核軍縮　サイバー戦略　食料安全保障
　ジェンダー平等　武器移転　死刑問題
　　　　　　　　　　　　　　　　　　　　　など

2 具体例—児童労働の解決に向けて

❶児童労働とは何か
　ILOの定義によると児童労働とは15歳未満（途上国は14歳未満）の子どもが働くこと，18歳未満の危険で有害な労働のことを指す。「教育を受けることを妨げる労働」，「健康的な発達を妨げる労働」，「有害で危険な労働」，「子どもを搾取する労働（子ども兵士，人身売買，売春など）」に1つでもあてはまるものが児童労働である。

❷児童労働の現状はどうなっているのか
　全世界で児童労働の被害を受けている子どもの数は1億6000万人（男子9700万人，女子6300万人）と推計されている(2020年，ILO UNICEF)。これは世界の子ども人口（5〜17歳）の約10人に1人の割合である。今世紀初頭，2億人以上いたのが一貫して減少していたが，コロナ禍の影響で増加に転じている。なお，児童労働の約半数は子ども兵士や人身売買など有害で危険なものである。

▲レンガ工場で働く子ども（スーダン）と子ども兵士（ソマリア）

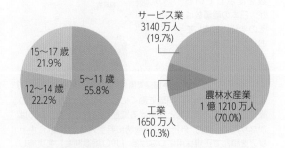

▲児童労働に従事する子どもの年齢（左）と産業別児童労働者の割合（右）　2020年。ILO/UNICEF資料による。

国際社会におけるわが国の役割

❸児童労働はどの地域でおこなわれているのか

かつては先進国が工業化する過程で児童労働問題が存在した。現在は9割以上が途上国で発生している。

(2020年)

欧州中央アジア
830万人
(5.7%)

南北アメリカ
830万人
(4.3%)

アラブ諸国
240万人
(5.8%)

アフリカ
9220万人
(21.6%)

アジア太平洋
4870万人
(5.6%)

[ILO/UNICEF資料による]

❹なぜ児童労働が発生するのか

①貧困

親の収入が不安定，親の失業など親の収入だけでは家計が成り立たない

②インフラストラクチャーと社会保障制度の未整備

通学できる学校がない（不足している）。病気や失業に対する保障がない。水汲みに時間がかかる，など

③法制度の未整備

法律はあっても国民に周知されていない。法律を機能させる体制がない（罰則がない）

④子どもを働かせる慣習

教育の重要性に対する認識が薄く，子どもは働かせて自立させるという考え方が残る地域がある

⑤子どもの扱いやすさ

子どもは大人より安く働かせ，命令に対しても従順に従う特徴が悪用されている

児童労働は人権の観点からも重大な問題がありそうですね

❺児童労働はどんな影響を及ぼすのか

・子どもに対して

教育を受ける権利を中心とした人権の侵害，子どもの心身の健全な発達を妨げる

・児童労働がある国に対して

子どもの教育の機会を奪うことが社会全体の生産性を下げる。子どもの健康や寿命に悪影響が出る

・世界経済に対して

児童労働によって製造された安価で違法な商品が，合法的に製造された商品よりも価格競争力を持ち，公正な価格競争を妨げる

❻児童労働に関する国際的な取り決め

①最低年齢条約　（ILO138号条約）

・児童の健康を害する労働の禁止

・児童の就業は義務教育終了年齢以降とし，15歳を下回ってはならない

②最悪の形態の児童労働条約　（ILO182号条約）

・15歳以上18歳未満の児童は「最悪の形態」の労働を禁止する

・「最悪の形態」とは児童の人身売買，子ども兵士，債務奴隷，売春，ポルノ製造，薬物の生産・取引など

・批准国は刑罰を含む効果的な実施の措置をおこなう

③児童の権利に関する条約

経済的な搾取からの保護，危険で有害な労働からの保護（32条），初等教育の義務化と無償化（28条）

国際機関，企業，市民，NGOなどさまざまな主体が解決に向けて取り組むことができますが，今回は各国政府ができることを検討してみましょう。

TRY

①以下から担当する国を選ぼう。そして，その国情をふまえつつ児童労働問題に対する姿勢などについて調べてみよう。

　日本　　アメリカ　　ドイツ　イギリス　　インド　　バングラデシュ　　ベトナム　　ガーナ

②以下のポイントに留意しながら，担当国の政府としての決議案を検討してみよう。

・児童労働で誰がどんな利益を得て，誰がどんな不利益を受けているか

・児童労働によって製造されている物は何か

・児童労働に関する条約の批准状況はどうか

・国内の児童労働の現状，国内法，就学状況はどうか

・児童労働発生国の貧困の原因は何か

・児童労働発生国の貧困克服をどのように進めるか

・児童労働発生国の教育をどのように充実させるか

・児童労働被害者の保護や社会復帰をどう進めるか

・政府は児童労働に関わる経済取引をどのように規制するか

・政府は市民やNGOをどのように啓発，支援していくか

③各国の意見や決議案をもとに議論して，各国の賛同が得られる決議案をとりまとめてみよう。

▲児童労働問題・教育の重要性についての活動で2014年ノーベル平和賞を受賞したマララ氏，サティヤルテイ氏

295

3 冷戦終結後の国際政治

DIGEST
国際平和を脅かす問題にはどのようなものがあるか

1. 東西冷戦の構図
①冷戦体制の成立…アメリカとソ連を中心とする東西両陣営の対立 **1**

西側	トルーマン・ドクトリン（1947） マーシャル・プラン（1947） NATO（北大西洋条約機構）（1949）	対立⇔	コミンフォルム（1947） COMECON（1949→1991解体） WTO（ワルシャワ条約機構）（1955）	東側

②冷戦の激化…ベルリン封鎖（1948年），朝鮮戦争（1950〜53年）で米ソは厳しく対立。
　　　　　ベトナム戦争（1965〜75年）**2** **3** **4**

2. 国際社会の陣容の変化
①第三世界の出現…欧米資本主義勢力（第一世界），社会主義勢力（第二勢力）に属さない国々 **6**
　アジア・アフリカ会議（バンドン会議）が開催され平和十原則を採択(1955年)
　非同盟諸国首脳会議が開催される(1961年)
②多極化の進展…1962年のキューバ危機を契機にして米ソの緊張緩和（デタント）が進展 **5**
　日本，西独の経済成長，ベトナム戦争でのアメリカ敗戦，中ソ対立など米ソ二極体制から多極化へ **7**

3. 冷戦後の国際社会
①冷戦終結　1985年　ソ連にゴルバチョフ政権が誕生しペレストロイカ（改革）を推進 **9**
　　　　　　1989年　マルタ会談で米ソ首脳が冷戦の終結を宣言
　　　　　　1990年　東西ドイツが統一し，1991年末にはソ連崩壊と独立国家共同体の創設
②冷戦後の時代 **10** **11** **12** **13** **14** 政治がわかる
　・地域・民族紛争が頻発…ユーゴスラビア，ルワンダなど
　・同時多発テロ事件が発生(2001年)→「対テロ戦争」としてアフガニスタン侵攻やイラク戦争
　・「アラブの春」…2010年以降，中東で展開された民主化運動→シリア内戦など不安定な状況が続く
　・ロシアによるウクライナ侵攻（2022年）

1 冷戦体制の確立

❶鉄のカーテン演説

　バルト海のステティンからアドリア海のトリエステまでヨーロッパ大陸を横切る鉄のカーテンが降された。
　このカーテンの裏側には，中欧・東欧の古くからの国々の首都がある。ワルシャワ，ベルリン，プラハ，ウィーン，ブダペスト，ベオグラード，ブカレスト，ソフィア，これらの有名な全ての都市とその周辺の住民は，ソヴィエト圏内にあり，何らかの形で，ソヴィエトの影響下にあるばかりか，ますます強化されつつあるモスクワからの厳しい統制を受けている。

▲チャーチル英首相
（任1940〜45,51〜55）

[細谷千博ほか『国際政治ハンドブック』有信堂]

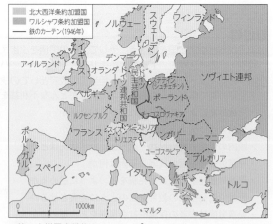

▲第二次世界大戦後のヨーロッパ

解説 ヨーロッパの分断　1946年3月，イギリスのチャーチル元首相がアメリカのフルトン市で行った演説で，冷戦の到来を予想させた。ソ連外交の秘密主義や共産主義諸国の閉鎖性を鉄のカーテンと表現して非難し，資本主義陣営の連携を訴えた。

はみだしメモ 第二次世界大戦中にイギリスの首相を務め，鉄のカーテン演説で知られるチャーチルは，その格調高い演説と世界大戦を題材としたノンフィクション文学作品により，ノーベル文学賞を受賞している（1953年）。

わが国の安全保障と防衛

❷冷戦の構造

西側諸国（資本主義陣営）		東側諸国（社会主義陣営）
トルーマン・ドクトリン…1947年。アメリカによる共産主義の封じ込め政策	政治	コミンフォルム…1947年。ソ連圏の共産的イデオロギー統一のための国際組織
マーシャル・プラン…1947年。欧州経済の復興を目的とした援助計画	経済	経済相互援助会議（COMECON）…1949年。社会主義国の国際分業体制確立をめざした協力機構
北大西洋条約機構（NATO）…1949年	軍事	ワルシャワ条約機構（WTO）…1955年

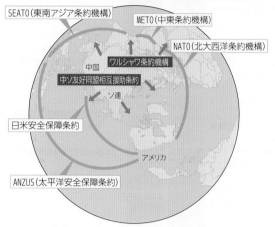

解説 Cold War　冷戦とは第二次世界大戦後のアメリカを中心とする**資本主義**陣営とソ連を中心とする**社会主義**陣営の厳しい対立状態を指す。米ソが直接戦火を交えることは無かったが、核兵器を抱えた「**恐怖の均衡**」を背景として代理的な局地紛争が度々発生した。米ソ双方が陣営をまとめるために政治、経済、軍事の各分野で結びつきを強めていった。

❸ベルリン封鎖

1948年6月から約1年間、西ベルリンと西ドイツを結ぶ地上交通をソ連が遮断した事件。西ドイツの通貨改革による東側の経済混乱を恐れたためで、西側は空輸で物資を補給して対抗した。

▲物資補給の米軍機に歓声をあげる西ベルリンの子ども達

解説 東西冷戦の象徴　大戦の敗戦国ドイツは、米ソ英仏によって東西ドイツに分断された。そして、ベルリンも4か国によって分割占領されたため、旧東ドイツ領域内に資本主義陣営（米英仏）の占領支配する西ベルリンが陸の孤島のような形で存在するようになった。1948年、ソ連が西ドイツから西ベルリンに通じる交通路を遮断した（**ベルリン封鎖**）ため、米英仏は西ベルリン市民のため約1年にわたり生活必需品の空輸を続けて対抗した。なお、ベルリンでは東ベルリンから西ベルリンへの人口流出が続いていたため、1961年、東ドイツが西ベルリンを囲む**ベルリンの壁**を突如建設し、ベルリン市民の往来が不可能となった。

---

2 戦後国際政治の構造

❶1945〜1960年代初頭…冷戦構造成立

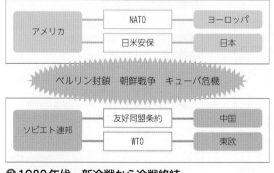

❸1980年代…新冷戦から冷戦終結

❷1960年代中盤〜1970年代…デタント・多極化

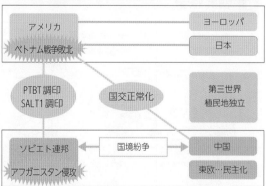

解説 米ソの地位の相対的な低下　1950年代中ごろまでには、米ソの両大国が同盟国との関係を強固にして、強大な地位を築いた。しかし、第三世界各国の独立の増加、地域統合の進展に加え、ソ連は離反する同盟国に弾圧を加えることで関係が悪化し、アメリカはベトナム戦争の敗北などで国際的な地位が相対的に低下し、1980年代後半の冷戦終結へと向かっていった。

はみだしメモ　ベルリンの壁の建設は1961年8月13日の深夜に開始され、その日のうちに有刺鉄線で東西ベルリン間の往来は不可能となった。その後、石造りやコンクリート壁の建設が行われ、総延長は155kmにもなった。

国際

③ 戦後国際政治の流れ（1）

米	年	資本主義陣営	社会主義陣営	ソ連	中国	第三世界
第一次冷戦（米ソ対立）　「雪どけ」　第二次冷戦　緊張緩和　新冷戦	1945	米, 原爆開発　第二次世界大戦終結　国際連合成立		スターリン	毛沢東	[1946]インドシナ戦争勃発（〜54年）
	1946	「鉄のカーテン」演説				
	1947	トルーマン・ドクトリン発表 ◀ コミンフォルム結成				
		マーシャル・プラン発表				
	1948		▷ ソ連, ベルリン封鎖			[1948]イスラエル共和国成立,
	1949	NATO（北大西洋条約機構）成立 ◀ COMECON（経済相互援助会議）結成				第1次中東戦争勃発（〜49年）
		ドイツ連邦共和国成立 ◀ ドイツ民主共和国成立				
			ソ連, 原爆保有, 中華人民共和国成立			
	1950		中ソ友好同盟相互援助条約調印			
		▷ 朝鮮戦争 ◀				
	1951	サンフランシスコ平和条約, 日米安保条約締結			毛沢東	[1952]エジプト革命
	1954	- - - - - - - - ジュネーブ休戦協定調印 - - - - - - - -		マレンコフ		[1954]平和五原則発表
	1955	- - - - ジュネーブ四巨頭会議（米・英・仏・ソ） - - - -		ブルガーニン		[1955]アジア・アフリカ会議（バンドン会議）で平和十原則発表
		METO（中東条約機構, 59年にCENTO）成立 ◀ ワルシャワ条約機構成立				[1956]第2次中東戦争勃発
	1959	- - - - - - - - 米ソ首脳会議 - - - - - - - - キューバ革命		フルシチョフ		[1960]「アフリカの年」
	1961	ベルリンの壁構築			劉少奇	[1961]第1回非同盟諸国首脳会議開催
	1962	▷ キューバ危機 ◀ 中ソ論争				
	1963	- - - - - 部分的核実験禁止条約調印（米・英・ソ） - - - - -				[1964]第1回国連貿易開発会議（UNCTAD）開催
	1965	▷ 米, 北ベトナムを爆撃（ベトナム戦争勃発） ◀				[1967]第3次中東戦争勃発
	1966	中国で文化大革命始まる				
	1967	EC（ヨーロッパ共同体）発足				
	1968	- - - - - - 核拡散防止条約調印- ソ連・東欧軍, チェコ侵入		ブレジネフ	毛・林体制	
	1971	米, ドル防衛策	中国, 国連加盟			
	1972	- - 米中共同声明, SALT I 調印（米・ソ）, 日中共同声明 - -			毛沢東	[1973]第4次中東戦争勃発
	1973	第1次石油危機　東西ドイツ国連同時加盟 - - - - - -				[1975]ベトナム戦争終結
	1975	第1回先進国首脳会議開催（仏, ランブイエ）				
	1978	- - - - - - - 日中平和友好条約 - - - - - - -			華国鋒	[1979]イラン革命
	1979	米中国交樹立 - - ソ連, アフガニスタンに侵攻				
		- - - - - - - SALT II 調印（米・ソ） - - - - - - -		アンドロポフ		[1980]イラン・イラク戦争勃発
	1983	米軍, グレナダに侵攻	ソ連, 大韓航空機撃墜事件	チェルネンコ	胡耀邦	（〜88年）
	1987	- - - - - - - INF全廃条約調印（米・ソ） - - - - - - -				

米大統領欄：トルーマン／アイゼンハワー／ケネディ／ジョンソン／ニクソン／フォード／カーター／レーガン

解説 ヤルタからマルタへ　第二次世界大戦末期のヤルタ会談で戦後国際秩序の枠組みができ, 大戦終結後すぐに米ソの二大国が対立する冷戦構造を形成し, マルタ会談で冷戦終結が宣言されるまで維持された。他方, 冷戦が終わるまでに植民地のほとんどは独立した。

④ 朝鮮戦争

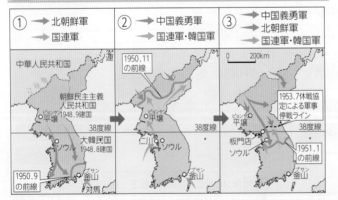

① → 北朝鮮軍　→ 国連軍
② → 中国義勇軍　→ 国連軍・韓国軍
③ → 中国義勇軍　→ 北朝鮮軍　→ 国連軍・韓国軍

解説 アジアにおける熱戦　第二次世界大戦後の朝鮮半島は北緯38度線を境にして米ソによって分割占領され, 1948年に**大韓民国**と**朝鮮民主主義人民共和国**（北朝鮮）が成立した。1950年, 朝鮮半島の統一を画策する北朝鮮が, ソ連・中国の後ろ盾を得て韓国に侵入して朝鮮戦争が勃発した。国連安保理ではソ連が欠席する中, 韓国を支援する「国連軍」（中心は米軍）の派遣が決まったが, 中国も北朝鮮を支援する義勇軍を派遣した。この戦争で死者は数十万人に達し, 1953年に停戦が合意されたが, 現在でも休戦状態が続いている。朝鮮戦争の影響で, 資本主義陣営は**東南アジア条約機構**結成など軍備強化がなされ, 社会主義諸陣営も**ワルシャワ条約機構**を結成して対抗した。

⑤ キューバ危機

年	できごと
1902	キューバ共和国独立
1959	キューバ革命
	カストロがアメリカと強い結びつきを持ったバティスタ独裁政権を打倒して**社会主義革命**を断行
1961	アメリカとキューバが国交断絶
1962	**キューバ危機**発生＝核戦争寸前の事態

アメリカ ミサイル基地撤去を要求, キューバを海上封鎖	ソ連・キューバ ミサイル基地を建設しアメリカをけん制

→ソ連側がアメリカの要求を受諾して危機回避

解説 核戦争の危機　米ソの緊張関係は一気に高まり, **核戦争寸前の緊張した事態**に陥った。この事件の翌年, 米ソ間に**ホットライン（直通電話）**が設けられ, 部分的核実験停止条約の成立など米ソ平和共存に向かっていった。

はみだしメモ　キューバ危機でソ連のミサイル基地撤去は, 正規の外交ルートを通じてではなくソ連国内のテレビ放送によって発表された。それはアメリカが戦争開始を発表するのではというソ連首脳の憶測・誤解のためと言われている。

6 米ソ二極化から多極化の時代へ

❶第三世界の登場

▲アジア・アフリカ会議に集まる各国首脳

平和五原則	平和十原則
①領土保全と主権の相互承認 ②不侵略 ③互いの内政に対する不干渉 ④平等と互恵 ⑤平和的共存	①基本的人権と国連憲章の原則の尊重 ②すべての国の主権と領土保全の尊重 ③人種の平等およびすべての国の平等 ④他国の内政不干渉 ⑤国連憲章による自国防衛の権利 ⑥他国に圧力を与えないこと ⑦他国の領土保全と政治的独立の尊重 ⑧国際紛争の平和的手段による解決 ⑨相互の利益と協力の促進 ⑩正義と国際義務の尊重

解説 旧植民地諸国の独立 1954年に中国の周恩来首相とインドのネルー首相が**平和五原則**を取り交わした。その翌年，インドネシアのバンドンにアジア，アフリカの29か国が参集して**アジア・アフリカ会議**（バンドン会議）が開催され，平和五原則を土台とした**平和十原則**が発表された。この流れを受けて1950年代後半以降，民族自決権確立の動きと合わせて途上国が相次いで独立を勝ち取っていった。このように，アジア，アフリカ，ラテンアメリカの途上国グループを指す「第三世界」が形成された。また，1961年にベオグラードで米ソいずれの陣営にも公式には加わらない25か国が集い，第1回非同盟諸国首脳会議が開催された。

❷米ソ両陣営内の変化

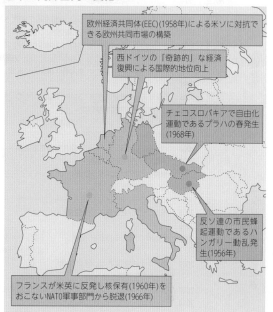

欧州経済共同体(EEC)(1958年)による米ソに対抗できる欧州共同市場の構築

西ドイツの「奇跡的」な経済復興による国際的地位向上

チェコスロバキアで自由化運動であるプラハの春発生(1968年)

反ソ連の市民蜂起運動であるハンガリー動乱発生(1956年)

フランスが米英に反発し核保有(1960年)をおこないNATO軍事部門から脱退(1966年)

解説 多極化する世界 大戦後，米ソ両陣営は政治・経済・軍事面でそれぞれ同盟関係を構築して対立を深めた。しかし，1960年代以降，資本主義陣営では欧州の連携進化に伴う地位向上，経済大国化した日本・西ドイツの影響力増大によって，アメリカの相対的な地位低下がみられた。他方，社会主義陣営ではソ連のフルシチョフ首相が1956年に打ち出した方針により中ソの政治路線対立や東欧諸国での反ソ運動が発生し，陣営内部の動揺が見られた。そのような中，ベトナム戦争終結を模索していたアメリカのニクソン大統領が中国を訪問し，米中関係の改善を図った。

7 インドシナ戦争（ベトナム戦争）

年	できごと
1945	ベトナム民主共和国（北ベトナム）独立宣言 →東南アジア初の社会主義国家成立。旧宗主国のフランスと対立
1946	フランスが北ベトナムの独立を拒否して**第一次インドシナ戦争**が勃発
1954	インドシナ戦争休戦協定（ジュネーブ休戦協定） ベトナムは北緯17度線で南北に分断
1955	ベトナム共和国（南ベトナム）成立 フランスの傀儡政権だったベトナム国がアメリカの支援を受けて継承
1965	アメリカが北ベトナムを空爆し**ベトナム戦争（第二次インドシナ戦争）**勃発 ソ連勢力の拡大を恐れるアメリカが南ベトナムの軍事支援を開始
1973	ベトナム和平協定調印 アメリカがベトナムからの撤退完了
1975	ベトナム戦争終結 北ベトナムが南ベトナムの首都サイゴン（現ホーチミン市）を占領
1976	ベトナム社会主義共和国成立 南北ベトナムが統一

中国軍侵攻(1979年)
ハノイ
ラオス　ベトナム
ビエンチャン
統一前の軍事境界線
内戦(1979〜91年)
カンボジア
プノンペン　ベトナム軍侵攻(1978年)
サイゴン（現ホーチミン）

▲ベトナム戦争でアメリカ軍の爆撃から逃れて川を渡るベトナム人家族（沢田教一撮影）

解説 アメリカ建国史上初の敗戦 ベトナム戦争は冷戦中，最大規模の戦争であり，その後の世界に大きな影響を与えた。直接的な軍事介入を行ったアメリカは軍事支出が財政を圧迫し，その後，国際基軸通貨であるドルの信用不安（1971年のニクソンショック）を引き起こす一因となり，政治的影響力も低下した。また，アメリカ国内だけでなく世界各地で**反戦運動**が盛り上がりを見せた。他方，統一を達成したベトナムが1978年から隣国**カンボジアに侵攻**したことに対して，ベトナムと中国が対立を深める（中越戦争）など社会主義陣営にも変化が生じた。

はみだしメモ ベトナム戦争をテーマとした映画は当事国アメリカを中心に非常に多く，戦争に批判的な視点で制作されたものが多数を占める。代表的なものに『地獄の黙示録』，『プラトーン』，『7月4日に生まれて』などがある。

299

米	年	資本主義陣営	社会主義陣営	ソ連	中国	第三世界
ブッシュ	1989	米ソ首脳マルタ会議	ベルリンの壁崩壊, 東欧革命, 天安門事件	ゴルバチョフ		[1990]イラク, クウェート侵攻
	1990	東西ドイツ統一				[1991]湾岸戦争
	1991	START I 調印（米・ソ）	コメコン・ワルシャワ条約機構解体			
			ソ連共産党解体, ソ連邦消滅			[1993]イスラエルとPLOが 暫定自治に調印
		南北朝鮮国連同時加盟				
クリントン	1992		ユーゴスラビア紛争	エリツィン (以後ロシア)	江沢民	[1994]ルワンダ紛争 南アフリカ, マンデラ政権 樹立
	1993	ソマリアへ多国籍軍派遣　START II 調印（米・ロ）				
	1995	仏, 南太平洋で核実験再開				[1998]インド・パキスタンが核実験 を実施
	1996	国連でCTBT採決				
	1999	NATO軍, ユーゴスラビア空爆				[2001]イスラエル軍, パレスチナ 自治区へ侵攻
	2000	南北朝鮮首脳会談				
ブッシュJr.	2001	米国で同時多発テロ事件 米英などアフガニスタン空爆		プーチン		[2002]東ティモールがインドネシア から独立
	2002	ロシアがNATOに準加盟				[2003]イラク,フセイン政権崩壊
	2003	米英, イラクを攻撃（イラク戦争）				[2006]北朝鮮が核実験を実施 イスラエルがガザ地区に侵攻
	2006					
	2008	北朝鮮の「テロ支援国家」解除	ロシアがジョージア（グルジア）侵攻 チベットの暴動を中国政府が鎮圧		胡錦濤	[2008]イスラエルがガザ地区を空爆 コソボがセルビアから独立宣言
オバマ	2009	オバマ大統領「核のない世界」演説, ノーベル平和賞受賞		メドヴェージェフ		[2009]北朝鮮, 再び核実験実施
	2010	新START条約調印・発効（米・ロ）				[2011]「アラブの春」発生
	2014		ロシアがクリミア侵攻			[2013]北朝鮮, 3回目の核実験
	2015	アメリカとキューバの国交回復				[2016]北朝鮮が4,5回目の核実験
トランプ	2017	北朝鮮が「テロ支援国家」に再指定		プーチン	習近平	[2017]北朝鮮が核実験とICBM 発射実験
	2018	米朝首脳会談				[2018]南北朝鮮首脳会談
	2019	INF全廃条約が失効				[2023]イスラエル軍とガザ地区の
バイデン	2021	米軍がアフガニスタンから撤退				ハマスが大規模な軍事衝突
	2022		ロシアがウクライナ侵攻			

米の欄左側：冷戦終結 / アメリカの単独行動主義

解説 唯一の超大国アメリカの変化　冷戦終結後, ソ連が崩壊し, アメリカが世界で唯一の超大国の地位を得た。しかし, 民族紛争・地域紛争の頻発に加え, テロや核開発国への対応, 中国の台頭など, 冷戦終結後30年を経た国際政治は安定を見出せていない。

9 冷戦の終結

●冷戦終結の要因

（中央縦書き）全廃条約からマルタ会談への流れ　東欧革命への不介入, およびINF（中距離核戦力）

ソ連側
①停滞した政治・経済を立てなおす必要性
ペレストロイカとよばれる諸改革
（グラスノスチ＝情報公開による党支配の緩和, 多党制の採用, 自由経済の導入など）
②軍事負担の巨大化に歯止めをかける必要性
（アフガニスタンからの撤兵など）

↓

①②と関連した長期的ビジョンの必要性
（緊張緩和を主調とする「新思考外交」, 東欧の社会主義国家も「衛星国」から対等なパートナーと位置づけるなど）

アメリカ側
①巨額の財政赤字を解消する必要性
（レーガン大統領が採用した軍拡路線からの転換, 反ソ勢力への軍事援助見なおしなど）
②国際経済の変化に対応する必要性
（日本との経済摩擦解消, 統合をつよめる欧州や台頭する東アジア諸国への対応, ロシア・東欧圏の市場開拓など）

↓

①②と関連した長期的ビジョンの必要性
ソ連との対決色をうすめる一方で弱体化した経済も立てなおし, 超大国としての覇権奪還をめざす

▲マルタ会談（1989年12月）　一連の東欧諸国の民主化に続いて, ベルリンの壁が崩壊した直後に地中海のマルタ島で行われた米ソ首脳会談。共同記者会見で冷戦終結を宣言した。

解説 冷戦終結　ソ連のアフガニスタン侵攻（1979年）により緊張緩和（デタント）が途絶え, 米ソが再び対立する新冷戦の時代となった。しかし, 米ソ両国は経済的, 軍事的な行き詰まりが見られた。そこで, ソ連国内における改革（ペレストロイカ）や, 中距離核戦力全廃条約調印（1987年）など米ソは歩み寄りを見せ, その流れの中でマルタ会談が実現して冷戦終結が実現した。その後ソ連では, 民族自立を求める動きが強まり, バルト三国（エストニア, ラトビア, リトアニア）の独立宣言などを経て, 1991年にソ連は解体し, 独立国家共同体（CIS）が発足した。

はみだしメモ　マルタは憲法に「マルタは, 非同盟の政策を堅持し, 軍事同盟への参加を拒否することにより, すべての国の平和, 安全, 社会の進歩を積極的に追求する中立国である」と定められており, 冷戦終結の舞台として象徴的だった。

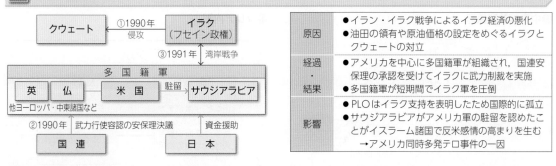

10 湾岸戦争

原因	●イラン・イラク戦争によるイラク経済の悪化 ●油田の領有や原油価格の設定をめぐるイラクとクウェートの対立
経過・結果	●アメリカを中心に多国籍軍が組織され，国連安保理の承認を受けてイラクに武力制裁を実施 ●多国籍軍が短期間でイラク軍を圧倒
影響	●PLOはイラク支持を表明したため国際的に孤立 ●サウジアラビアがアメリカ軍の駐留を認めたことがイスラーム諸国で反米感情の高まりを生む →アメリカ同時多発テロ事件の一因

解説 国際社会が一致団結して対応 冷戦終結直後の1990年8月，イラクの**フセイン政権**がクウェートを侵略した。国連安保理はイラクに対して撤退要求を決議したが，イラクは従わなかった。そこで，米ソを含む安保理常任理事国が一致して武力制裁に賛成し，多国籍軍のイラク派兵が実施された。

11 アメリカ同時多発テロと「対テロ戦争」

年	できごと
2001年	**アメリカ同時多発テロ事件発生**（9月11日） 飛行機がハイジャックされ，アメリカの経済，政治，軍事拠点がテロの標的になる。ブッシュ大統領は国際テロ組織の**アル・カーイダ**の犯行と断定
2001年	アメリカとイギリスを中心とする有志連合諸国がアフガニスタン侵攻。**アフガニスタンのタリバン政権**はアル・カーイダをかくまっているとして報復攻撃
2002年	ブッシュ米大統領が議会で「悪の枢軸」演説。**イラン・イラク・北朝鮮は大量破壊兵器を保持するテロ支援国家**であると断定→大量破壊兵器は発見されず
2003年	**イラク戦争開始** 国連安保理の承認を得ずにアメリカ軍が中心となって**フセイン政権**打倒を目指してイラクに武力侵攻。フセイン大統領は同年末に拘束され，3年後に死刑執行
2004年	アフガニスタンで新憲法公布 大統領選挙を経て同年12月に新政権が発足
2006年	イラクで正式政府が発足
2011年	アル・カーイダのウサマ・ビンラディンがアメリカ軍により殺害。アメリカ軍がイラクから完全撤退してイラク戦争が終結
2014年	「イスラーム国」樹立宣言 イスラーム過激派組織**イスラーム国(IS)**がイラク・シリアに建国を宣言。米軍などが武力行使を行い，2017年にISの一掃が完了
2021年	アメリカ軍がアフガニスタンから撤退完了（8月）

解説 アメリカの単独行動主義 同時多発テロ事件と「対テロ戦争」は，アフガニスタンへの報復攻撃には国際社会から支持が集まっていた。しかし，テロを未然に防ぐため**大量破壊兵器**を保有しているとされたイラクへの武力介入に対しては国際社会からの疑念が出され，アメリカの**単独行動主義（ユニラテラリズム）**が強まった。タリバン政権とフセイン政権は米軍などの武力行使によって短期間で崩壊したが，両国の治安や政治は非常に不安定で，アメリカは長期間この地域に関与し続ける状況に陥った。アフガニスタンでは米軍撤退後，タリバンがアメリカの支援を受けたガニ政権から武力で権力を奪った。

12 アラブの春

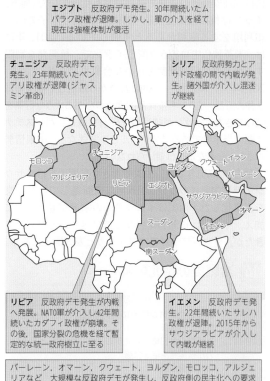

エジプト 反政府デモ発生。30年間続いたムバラク政権が退陣。しかし，軍の介入を経て現在は強権体制が復活

チュニジア 反政府デモ発生。23年間続いたベンアリ政権が退陣（ジャスミン革命）

シリア 反政府勢力とアサド政権の間で内戦が発生。諸外国が介入し混迷が継続

リビア 反政府デモ発生が内戦へ発展。NATO軍が介入し42年間続いたカダフィ政権が崩壊。その後，国家分裂の危機を経て暫定的な統一政権樹立に至る

イエメン 反政府デモ発生。22年間続いたサレハ政権が退陣。2015年からサウジアラビアが介入して内戦が継続

バーレーン，オマーン，クウェート，ヨルダン，モロッコ，アルジェリアなど 大規模な反政府デモが発生し，反政府側の民主化への要求に対し様々な対応が行われた。このうちバーレーン，ヨルダン，モロッコでは憲法改正が実現した

■ ：政権が崩壊した国　■ ：反政府デモが起きたおもな国
■ ：政権に対して諸外国が制裁を行なった国

解説 民主化運動のその後 2010年末チュニジアに始まり，その後中東諸国に拡大した民主化運動は**アラブの春**と呼ばれる。腐敗した長期独裁政権，貧富の格差の拡大や経済の停滞に不満を抱いた国民が**ソーシャルメディア**を利用して連帯し，長期独裁政権を退陣に追い込んだ国もあった。しかし，民主化が評価されていたチュニジアでも権威主義的な改憲が行われるなど，その後，内戦や強権的な政権に逆戻りした国も多い。

国際

国際社会におけるわが国の役割

はみだしメモ 湾岸戦争において，多国籍軍の航空部隊が光学センサーなどを通してモニターに映し出されたイラクの建造物や兵器を正確に空爆する様子は，テレビゲームにたとえて「ニンテンドー・ウォー」とも呼ばれた。

13 新たな展開を見せる中東情勢

●中東情勢関係図

```
←→  対立
──  協調・支援・友好
```

●シリア内戦

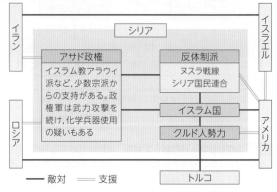

```
──  敵対    ──  支援
```

●イランの核開発問題

イランは2002年以降，核開発が疑われ，2006年には国連安保理の議決で経済制裁も受けていた。他方，イランは核拡散防止条約（NPT）に則り原子力の平和利用をする権利があると主張している。2015年には，米英独仏中ロの6カ国とイランで，核開発を制限する代わりに経済制裁を緩める合意を結んだ。しかし，2018年，アメリカが一方的に合意から離脱して経済制裁を強めると，イランも核兵器開発につながるような行為を続けてきた。イランが核兵器を保有すれば，パレスチナ問題の当事者であるイスラエルとの関係など，中東情勢のさらなる不安定化は避けられない。

他方，2023年3月，中東で大きな影響力を持つサウジアラビアとイランが2016年以来断絶していた国交を正常化した。両国はイスラームの宗派が違うことに加え，イランは核開発疑惑などでアメリカと対立してきたが，サウジアラビアはアメリカと友好関係にある。

シリア内戦は，アラブの春がシリアに波及し，アサド政権が2011年に反政府デモを厳しく弾圧したことから始まった。多くの難民が発生し，現在も深刻な人道危機が続いている。また，内戦の解決を難しくしてきたのがロシア，アメリカなど諸外国の介入である。ロシアはアサド政権，アメリカは反体制派の立場から，武力攻撃を行ってきた。しかし，アメリカが中東への関与を控えるようになり，アサド政権側の優勢が揺るがない状況になってきた。この変化を受け，2023年，アラブ連盟は12年ぶりにシリアの復帰を決定した。シリア国内での抗争は終わっていないが，アサド政権にとっては国際社会復帰の一歩となった。

解説 アラブ連盟　元々は1945年にイスラームとアラビア語を共通の土台とする7か国で始まった組織で，現在は21か国とPLO（パレスチナ解放機構）が加盟する。アラブ人共通の利益を重視しているが，中東戦争，湾岸戦争など重要な問題で加盟国間の協調が図れず，この地域の紛争を解決する力は弱い。

14 冷戦後の南北朝鮮

年	できごと
1991	**韓国と北朝鮮が国連に同時加盟。「南北非核化共同宣言」**採択
1994	北朝鮮の**金日成**国家主席が死去。北朝鮮とアメリカが核開発凍結を合意
2000	**南北首脳会談**
2003	北朝鮮がNPTを脱退。6か国協議開始
2005	**北朝鮮が核保有を宣言。6か国協議の共同宣言に核放棄を盛り込む**
2011	北朝鮮の**金正日**総書記が死去し，**金正恩**に権力が移譲
2016	北朝鮮が核保有宣言
2018	**米朝首脳会談**を控え北朝鮮が核実験とICBMの発射中止，核実験場の廃棄を宣言，**南北首脳会談で朝鮮半島の非核化などを目指す板門店宣言に合意**
2020	板門店宣言により設置された南北共同連絡事務所を北朝鮮が破壊

▲ 2018年の南北首脳会談で軍事境界線を越えて握手をする韓国の文在寅大統領（右）と北朝鮮の金正恩朝鮮労働党委員長（左）

解説 難航する朝鮮半島の非核化　2000年の史上初の**南北首脳会談**は，北朝鮮との一致点を見出すことに前向きな融和政策（太陽政策）を目指す金大中大統領が北朝鮮を訪問することで実現した。その後，**北朝鮮がNPTを脱退**して核実験やミサイル発射実験を相次いで行い，国際社会は国連安保理の経済制裁などで対抗した。2018年の**南北首脳会談・米朝首脳会談**で，朝鮮半島の非核化に向けた合意は見られた。しかし，北朝鮮は非核化に向けた動きは鈍く，北朝鮮が非核化を経済援助や在韓米軍の撤退の要求を引き出すための手段にしているだけとの指摘もある。

はみだしメモ　韓国の金大中と盧武鉉政権の約10年間に採られた対北朝鮮への宥和的な外交政策は，イソップ寓話の『北風と太陽』にちなんで太陽政策と呼ぶ。軍事力よりも人道面での支援や文化交流で南北朝鮮統一を目指した。

縦書き（左端）：国際社会におけるわが国の役割

政治がわかる ロシアとウクライナの対立

2022年2月，ロシアが隣国ウクライナに侵攻を開始してから2年が過ぎた。ロシアとウクライナは元々どんな関係を持つ国なのだろうか。また，なぜ今回のような紛争になったのだろうか。

① ウクライナとロシアのつながり

ウクライナとロシアは歴史的にとても近い関係にある。中世にさかのぼれば，モスクワなどヨーロッパロシアからウクライナに至る一帯にキーウ大公国という国があった。また，1922年のソ連成立によってウクライナはソ連の一部になり，ロシア化が進んだ。

現在のウクライナの人口の約2割はロシア人であり，国内ではロシア語の使用も保証されている。今回の紛争で激戦地となっているウクライナ東部はロシア人が多く住んでいる。また，石炭・鉄鉱石の資源が豊富で，ソ連時代から工業地帯となっていた。

② ロシアによるクリミア半島併合

黒海に位置するクリミア半島は，ロシアにとっては黒海を通じて地中海にアクセスできる拠点で，軍事的に大変重要な地域である。1991年のソ連の解体の際にも，ロシアはクリミア半島の領有を主張したが，結局，ウクライナの領土として残されたという経緯がある。

黒海への出口を失ったロシアは，ウクライナと契約してここにロシア海軍基地を置いてきた。しかし，2014年にウクライナで反政府革命（尊厳の革命・マイダン革命）が発生して親欧米政権が成立したことをきっかけとして，ロシアがクリミア半島に侵攻した。そして，クリミア自治共和国の議会は，ウクライナ国会の反対にもかかわらずロシアへの併合をめぐる住民投票を強行し，併合賛成が9割を超えた。そこで，クリミア自治共和国の議会は直ちにウクライナからの独立を宣言し，ロシアはクリミア併合の手続きを行った。ウクライナは対抗措置として，CIS（独立国家共同体）からの離脱を行った。

③ ロシアによるウクライナ侵攻

●侵攻の理由についてのロシアの主張

①ロシア人とウクライナ人はルーツを同じくする民族同士である
⇒プーチン大統領はウクライナ大統領選の際に親ロシア派候補を応援した ⇒ウクライナ大統領選挙で親欧米の候補が当選すると，クリミア半島の併合を強行した
②ロシア系住民が多いウクライナ東部で，ウクライナ軍の攻撃からロシア系住民を守る必要がある
⇒2014年，ロシア系住民が多い東部ではウクライナから分離独立の動きがあった。ロシアによるウクライナ侵攻後の2022年9月，「ロシアへの併合を問う住民投票」がロシア支配地域で行われ，結果を受けてロシアが併合を一方的に宣言した。
③北大西洋条約機構（NATO）がロシアを敵視している。NATOは「東方拡大しない」という約束をロシアとしたのに，それを破った
⇒ロシア側が主張する「約束」は文書に残っておらす，NATO加盟国は否定している ⇒ロシアはヨーロッパ側から攻められた歴史があり，安全保障の面でロシアの西側に位置する国々を味方に付け緩衝地帯にする意識がある ⇒ロシアの西隣にあるウクライナがNATOに加盟することは認められない

◀ 住民投票の結果を受け，歓喜するクリミア住民

ロシアの攻撃を受け，崩落したウクライナの建物▶

4 軍拡競争と軍備縮小

DIGEST

国際平和を脅かす問題にはどのようなものがあるか

1. 核軍拡競争と核抑止
- ・大量破壊兵器であり，市民を巻き込んだ大量殺戮が可能 **1** **2** **3**
- ・核抑止論…核兵器の特別な破壊力がかえって戦争を抑止する力となるという考え
  - →冷戦時代，米ソは核抑止論に基づき核開発競争によって恐怖の均衡をおこなった **6**

2. 軍備管理と核軍縮への歩み **4** **5**
①キューバ危機 (1962年) からデタント (緊張緩和) へ
部分的核実験禁止条約 (PTBT) …米・英・ソが調印 (1963年)
核拡散防止条約 (NPT)…米・英・ソと非核保有国53か国が調印 (1968年)
SALT (戦略兵器制限交渉) Ⅰ・Ⅱ…米・ソ調印 (Ⅰは1972年，Ⅱは1979年)
②ソ連でゴルバチョフ書記長就任 (1985年)→新思考外交，冷戦終結に向かう
中距離核戦力 (INF) 全廃条約…米・ソ調印 (1987年)
③冷戦終結 (1989年)
戦略兵器削減条約 (START) Ⅰ・Ⅱ…米・ロ調印 (Ⅰは1991年，Ⅱは1993年)
包括的核実験禁止条約 (CTBT) 調印 (1996年)…米中などが批准せず未発効
④21世紀の動向
新戦略兵器削減条約 (新START)…米・ロ調印 (2010年)
核兵器禁止条約調印 (2017年)…2021年発効
⑤反核運動の動き **7** **10**
国際的な反核の署名運動，科学者による反核宣言，被爆者による核廃棄への願い

3. 核兵器以外の軍備 **11** **12**
化学兵器禁止条約 (1993年)，対人地雷全面禁止条約 (1997年)，**クラスター爆弾禁止条約** (2008年) など
＝一般市民を巻き込む危険性がある非人道的な兵器であり，製造や使用が禁止された

1 原子爆弾・核実験による被害

●峠三吉『原爆詩集』

『序』

ちちをかえせ
ははをかえせ
としよりをかえせ
こどもをかえせ
わたしをかえせ
わたしにつながる
にんげんをかえせ
にんげんの
にんげんのよのあるかぎり
くずれぬへいわを
へいわをかえせ

『八月六日』

あの閃光が忘れえようか！
瞬時に街頭の三万は消え
圧しつぶされた暗闇の底で
五万の悲鳴は絶え渦巻くきいろい煙がうすれると
ビルデイングは裂け，橋は崩れ
満員電車はそのまま焦げ
涯しない瓦礫と燃えさしの堆積であった広島
やがてぼろ切れのような皮膚を垂れた
両手を胸に
くずれた脳漿を踏み
焼け焦げた布を腰にまとって
泣きながら群れ歩いた裸体の行列 （以下略）

解説 原子爆弾の被害を語り継ぐ　作者の峠三吉は，広島で爆心地から3キロ程度離れた自宅で被爆した。その後，知人や親戚を探し歩くなかで見た惨状が，この詩集の原型になっている。朝鮮戦争においてアメリカ軍が原子爆弾の使用を検討しているともいわれる情勢に対して，詩を通じて原爆の惨禍と平和への強い希望を訴えた。

はみだしメモ 長崎の原爆被害については，医師であった永井隆の随筆『長崎の鐘』がある。長崎医科大学の助教授だった永井が破壊された長崎市街の様子や市民の姿を記録したもので，戦後の物資不足のなかでベストセラーとなった。

	広島では		長崎では	
被災者	死者	118,661人	死者	73,884人
	行方不明	3,677人	負傷者	74,909人
	重傷	30,524人	罹災者	120,820人
	軽傷	48,606人		
	当時の人口	320,061人	当時の人口	210,000人
建物	全焼	55,000戸	全焼	11,574戸
	半焼	2,290戸	全壊	1,326戸
	全壊	6,280戸	半壊	5,509戸
	半壊	3,759戸	罹災家屋	18,409戸

[『広島・長崎の原爆災害』『長崎市政65年史』より]

▲原爆投下直後の長崎市（浦上天主堂付近）

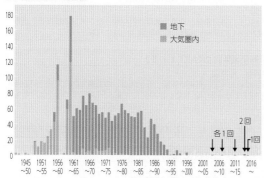

▲原爆投下翌月の広島市（旧広島産業奨励館付近）

解説 被爆者の受ける差別 第二次世界大戦中，アメリカは原爆製造を目指す**マンハッタン計画**を極秘に進め，開発に成功した核兵器を原爆と広島と長崎に投下した。原爆は通常兵器に比べて桁違いの被害をもたらし，広島・長崎合わせて約6割の市民が被災し，4人に1人が亡くなった。生き残った被爆者は，ガンや白血病など放射線による障がいや病気に苦しむとともに，長い間の生活苦や結婚・就職など社会の様々な場面で被爆者であることを理由として差別に苦しんだ。また，被爆者は国の**原爆症認定**が極めて限られていることの改善を求めて訴訟に取り組んでいる。他方，被爆者は日本人だけでなく，当時日本に強制連行されていた韓国・朝鮮の人なども多くいることを忘れてはならない。

3 核実験と被害

❶実験回数の推移

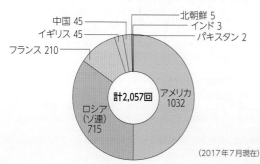

❷核実験による被害

◀ビキニ環礁
での核実験

ビキニ環礁で
被爆した第五
福龍丸▶

計2,057回

アメリカ 1032
ロシア（ソ連）715
フランス 210
イギリス 45
中国 45
北朝鮮 5
インド 3
パキスタン 2

（2017年7月現在）

[ストックホルム国際平和研究所資料より作成]

解説 冷戦の終結とともに急減 1963年の**部分的核実験禁止条約**以降，核実験は大気圏内から地下へ，そして，**包括的核実験禁止条約**の採択によって臨界前実験やシミュレーション実験へと移った。世界では2,000回を超える核実験が行われている。

解説 第五福龍丸事件 核実験は放射能汚染だけでなく，多くの被爆者を生み出し，自然環境の破壊をもたらす。1954年，現在のマーシャル諸島共和国にあるビキニ環礁でアメリカが水爆実験を行い，マグロ漁船，**第五福龍丸**が被爆した。乗組員一人が被爆のため亡くなり，「原爆（放射能）マグロ」の大量廃棄や風評被害も起きた。この事件をきっかけとして，反核運動が全国規模で盛り上がり，翌年第1回**原水爆禁止世界大会**が開かれた。なお，ビキニ環礁の核実験場跡は2010年，ユネスコ**世界遺産**に登録された。

4 軍拡・軍縮の歩み

年	できごと
1945	アメリカが広島と長崎に原爆投下
1949	ソ連が初の核実験
1950	ストックホルム・アピール
1952	国連に軍縮委員会創設，イギリスが初の核実験
1954	アメリカが太平洋のビキニ環礁で水爆実験を行い第五福龍丸が被爆
1955	ラッセル・アインシュタイン宣言，第1回原水爆禁止世界大会が広島で開催
1957	第1回パグウォッシュ会議開催
1957	国際原子力機関 (IAEA) 設立
1960	フランスが初の核実験
1963	米英ソ，部分的核実験禁止条約 (PTBT) に調印
1964	中国が初の核実験
1968	米英ソ，核拡散防止条約 (NPT) 調印
1972	米ソ，弾道弾迎撃ミサイル (ABM) 制限条約調印
1972	米ソ，戦略兵器制限条約 (SALTⅠ) 調印
1979	SALTⅡ調印
1983	アメリカが戦略防衛構想 (SDI) 発表
1987	米ソ，中距離核戦力 (INF) 全廃条約調印
1991	米ソ，戦略兵器削減条約 (STARTⅠ) 調印
1992	中国とフランスがNPTに加盟
1993	米口，STARTⅡ調印，化学兵器禁止条約調印
1996	包括的核実験禁止条約 (CTBT) 調印
1996	国際司法裁判所の勧告的意見 (▶ p.308)
1997	対人地雷全面禁止条約調印
1998	インドとパキスタンが核実験
1999	アメリカ議会がCTBTの批准を否決
2000	ロシアがCTBTを批准
2002	米口，戦略攻撃戦力削減条約 (モスクワ条約) 調印
2006	北朝鮮が初の核実験
2008	クラスター爆弾禁止条約調印
2010	米口，新戦略兵器削減条約 (新START) 調印
2013	武器貿易条約署名
2015	イランの核協議で最終合意
2016	北朝鮮4,5回目の核実験と「核保有宣言」G7外相会議「広島宣言」とオバマ米大統領広島訪問
2017	国連で核兵器禁止条約を採択
2018	アメリカがイラン核合意から離脱
2019	米口，中距離核戦力 (INF) 全廃条約が失効
2021	核兵器禁止条約が発効
2023	ロシアが新START履行停止を一方的に表明

解説 米ソ(口)の核軍縮 1962年の**キューバ危機**で米ソは核戦争寸前の事態に陥った。これを受けて翌年，**PTBT**が調印され，その後，核大国である米ソ二国間の交渉が本格化した。**SALT**や**INF全廃条約**は核兵器自体ではなく運搬手段であるミサイルの削減や廃棄であったが，冷戦終結後の**START**では核兵器自体の削減が目指された。2018年には，米トランプ政権が**INF**全廃条約の離脱を表明し，条約が失効したが，バイデン政権は2021年に**新START**の5年間延長を決定しロシア側も合意した（2023年にロシアが履行停止を表明）。他方，この間，中国や北朝鮮の軍拡が進んでおり，米口以外の国も含めた核軍縮の枠組みが求められている。

部分的核実験禁止条約 (PTBT)
●主な内容，加盟国
大気圏・水中・宇宙空間における核実験の禁止。地下核実験は禁止されていない。米・英・ソが調印。182か国が署名，157か国が批准 (2016.3現在)。
●問題点
地下核実験は禁止されず，すでに地下核実験が可能となっていた米ソに有利な取決めだとしてフランス・中国が不参加。その後，フランス・中国も地下核実験に移行し，1980年の中国を最後に大気圏内核実験は行われていない。

核拡散防止条約 (NPT)
●主な内容，加盟国
1970年発効。米・英・仏・ソ・中の5か国のみに核兵器の保有を認める。非保有国が新たに核兵器を持つことと，核保有国が非保有国に核兵器を譲渡するのは禁止。非保有国は国際原子力機関 (IAEA) と保障措置 (査察) の協定を結ぶ。
●問題点
核保有国は「誠実に核軍縮交渉を行う義務」が規定されているにすぎず，米ソは核保有数を増加させていた。新たな核保有国の出現を阻止することに対しては有効とされてきたが，1995年のNPT無期限延長を決定後に，インドとパキスタンが核保有を宣言した。インド・パキスタン・核保有が確実視されるイスラエルが条約に不参加。北朝鮮は2003年に脱退。

戦略兵器制限条約 (SALTⅠ・Ⅱ)
●主な内容，加盟国
米ソが戦略核弾頭 (長距離核) の運搬手段の総数に上限を設定する条約。米ソの核戦力の均衡を実現することが目的だった。
●問題点
SALTⅡはソ連のアフガニスタン侵攻などが原因でアメリカ議会の承認を得られず発効せず。1986年にはアメリカが条約の上限を上回る核配備をした。

中距離核戦力 (INF) 全廃条約
●主な内容，加盟国
米ソが戦域核弾頭 (中距離核) の運搬ミサイルを全廃する条約。廃棄状況を確認するための査察についても定められた。
●問題点
核弾頭そのものは対象外とされ，廃棄されなかった。米ソは核弾頭を運搬手段から取り外して保有し続け，核弾頭数は削減されなかった。

戦略兵器削減条約 (STARTⅠ・Ⅱ)
●主な内容，加盟国
核運搬手段に加えて，戦略核弾頭 (長距離核) の廃棄を含んだ史上初の条約で，STARTⅠでは米ソともに6,000発に削減。STARTⅡでは2007年末までに3,000～3,500に削減。抜き打ち査察も導入。
●問題点
ミサイル防衛 (MD) については制限なし。STARTⅡは未発効のまま無効。

包括的核実験禁止条約 (CTBT)
●主な内容，加盟国
地下核実験を含むあらゆる核実験を禁止する条約。ただし，核分裂の連鎖反応が起こる前の臨界前核実験は禁止されていない。発効には核研究用・発電用の原子炉がある44か国の批准が必要である。
●問題点
米中などが未批准のため発効していない。インド・パキスタン・北朝鮮は署名しておらず，核実験を繰り返す北朝鮮に対応できない。

新戦略兵器削減条約 (新START)
●主な内容，加盟国
2018年2月までに，米口の戦略核弾頭を1,550発に削減。ICBM (大陸間弾道ミサイル) の配備数は米口各800基を上限とする。相互査察を導入。
●問題点
射程距離の短い戦術兵器の削減についての規定がなく，配備から外した核弾頭を廃棄する義務がない。

核兵器禁止条約
●主な内容，加盟国
核兵器の使用・威嚇，開発，実験，製造などの全面禁止。
●問題点
米口など核保有大国，アメリカの「核の傘」にある国々が反対している。

はみだしメモ 「いかなる状況下でも核兵器が2度と使われないこと」を明記した国連総会の共同声明に，日本は国内世論を受け2013年初めて署名した。従来，アメリカの核抑止政策と一致しないという理由で署名を拒んできた。

5 非核地帯の増加と核の広がりの現状

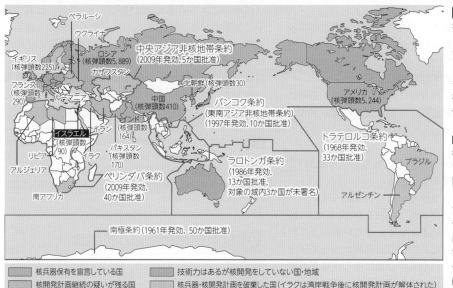

- ■ 核兵器保有を宣言している国
- ■ 核開発計画継続の疑いが残る国
- ■ 技術力はあるが核開発をしていない国・地域
- ■ 核兵器・核開発計画を破棄した国（イラクは湾岸戦争後に核開発計画が解体された）
- （注）イスラエルは核保有が疑われている。

[核弾頭数は2023年3月現在，米国科学者連盟資料より]

解説 北朝鮮が2006年に地下核実験を実施し，核兵器の保有を宣言している国は8か国となった。インドやパキスタンは「五大国の核兵器を温存したまま他国の核保有を禁じようとするNPT（**核拡散防止条約**）の論理は説得力がない」と主張している。なお，南極・南太平洋・ラテンアメリカ・アフリカ・東南アジア・中央アジアについては非核地帯設定に関する条約が実現しているが，北東アジアやヨーロッパにおいては構想段階にとどまっている。

6 安全保障のジレンマ

●安全保障のジレンマ（恐怖の均衡）の構造

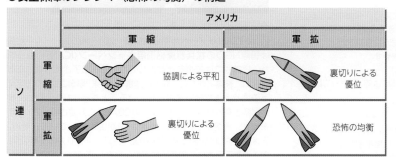

		アメリカ	
		軍縮	軍拡
ソ連	軍縮	協調による平和	裏切りによる優位
	軍拡	裏切りによる優位	恐怖の均衡

解説 **相互不信と信頼醸成** 両国とも軍縮に向けて行動するのが最善であることを理解しながらも，「もしも」のことを考えると最善の手を取ることができない。安全保障にはこのようなジレンマが存在する。かつてアメリカとソ連が際限のない軍拡競争に陥ったのも，同じ理由である。相互不信から生じる恐怖の均衡に対しては，お互いの信頼関係を構築していくほかない。

はみだしメモ 安全保障のジレンマによる相互不信の事例としては，冷戦期のアメリカとソ連のほかに，第一次世界大戦前のイギリスとドイツ，2000年代以降のアメリカと中国などが挙げられる。

7 反核運動の開始

❶ストックホルム・アピール(1950年)

　われわれは，人民にとっての恐怖と大量殺害の兵器である，原子兵器の絶対禁止を要求する。

　われわれは，この禁止措置の履行を確保するための，厳格な国際管理の確立を要求する。

　われわれは，どのような国に対してであれ，最初に原子兵器を使用する政府は，人道に対する罪を犯すものであり，戦争犯罪者として取り扱われるべきであると考える。

　われわれは，世界中のすべての善意の人々に対し，このアピールに署名するよう求める。

❷ラッセル・アインシュタイン宣言(1955年)

　人類に立ちはだかる悲劇的な状況を前に，私たちは，大量破壊兵器の開発の結果として生じている様々な危険を評価し，末尾に付記した草案の精神に則って決議案を討議するために，科学者が会議に集うべきだと感じています。……最も権威ある人々は，水爆を使った戦争は人類を絶滅させてしまう可能性があるという点で一致しています。もし多数の水爆が使用されれば，全世界的な死が訪れるでしょう——瞬間的に死を迎えるのは少数に過ぎず，大多数の人々は，病いと肉体の崩壊という緩慢な拷問を経て，苦しみながら死んでいくことになります。

解説 **反核運動の広がり**　米ソの核軍備による国際的な緊張の高まりを受けて採択された**ストックホルム・アピール**は世界の5億人が署名した。**ラッセル・アインシュタイン宣言**は，著名な学者11名によるもので，核使用の危険性を強く警告した。そして，この宣言が世界各国の科学者が核廃絶に取り組む**パグウォッシュ会議**の設立へとつながっていった。

8 国際原子力機関 (IAEA)

設立の経緯	アイゼンハワー米大統領の1953年，国連総会での「平和のための原子力」演説をきっかけとして，国連の自治機関として1957年設立
目的	原子力の平和利用を進め，原子力が平和利用から軍事的利用に転用されることを防止する
組織	加盟国は176か国，本部はウィーン(オーストリア)総会，35か国の理事国による理事会，事務局
任務	・原子力の平和的利用の研究や実用化を奨励し，情報の交換を促進する ・保障措置協定…ウランやプルトニウムが平和的利用から軍事的利用に転用されないように保障措置を実施する。 ・1997年の追加議定書により，保障措置協定で未申告だった活動の申告を義務付けるとともに，未申告施設への補完的な査察を行う
課題	・追加議定書の締約国を増やす 　(2021年現在140か国) ・テロ組織など非国家主体によるグローバルな核拡散への対応 ・NPT未加盟国に対応できない

解説 **「核の番人」**　近年イランや北朝鮮などの核開発が安全保障上の大きな課題となる中で，IAEAの保障措置強化だけでなくNPT非加盟国・脱退国の対応も急務である。

9 国際司法裁判所の勧告的意見

　核兵器による威嚇または使用が，一般的には武力紛争に適用される国際法の諸規定，とくに国際人道法の原理と規定に反することになる。しかし，国際法の現状及びこの法廷が把握できる事実の諸要素に照らし，国家の存亡そのものがかかっているような極限的な自衛状況での核兵器による威嚇や使用が合法か違法かについて明確な結論を出すことはできない。

[国際司法裁判所勧告的意見(1996年)より]

解説 **核の威嚇・使用は原則国際法違反**　この勧告的意見は，世界保健機関(WHO)から，核兵器と自然環境や健康への影響とのかかわりを問われて出されたものである。勧告的意見に法的拘束力はないが，核廃絶に向けた国際世論の発展には貢献している。

10 核兵器禁止条約と被爆者

　今年7月7日，世界の大多数の国々が核兵器禁止条約の採択に賛成した時，私は喜びでいっぱいになりました。私はかつて人類の最悪の側面を目撃しましたが，その日は最良の側面を目撃したのです。私たち被爆者は72年の間，禁止されることを待ち続けてきました。これを核兵器の終わりの始まりにしようではありませんか。

　責任ある指導者であれば，必ずやこの条約に署名するに違いありません。署名を拒否すれば歴史の厳しい審判を受けることになるでしょう。彼らのふるまいは大量虐殺につながるのだという現実を抽象的な理論が覆い隠すことはもはやありません。「抑止力」とは，軍縮を抑止するものなのだということはもはや明らかです。私たちはもはや恐怖のキノコ雲の下で暮らすことはありません。

[サーロー節子さんによるノーベル平和賞受賞演説(抄)]

▲授賞式の様子。被爆者のサーロー節子さん(中央)も演説した

解説 **ICANがノーベル平和賞受賞**　2017年のノーベル平和賞は国際NGOの**核兵器廃絶国際キャンペーン(ICAN)**に贈られた。授賞式では被爆者代表としてサーロー節子さんも演説をおこない，被爆者がNGOなどと連携し，平和構築における国際交渉の場で大きな役割を果たしていることが示された。なお，核兵器禁止条約は採択から4年後の2021年に発効され，2023年末現在，署名は93か国，批准は69か国に達している。他方，アメリカやロシアなどの核保有国，そして，アメリカの「核の傘」の下にある日本はこの条約に署名・批准していない。

はみだしメモ　1953年，アイゼンハワー米大統領の「平和のための原子力」演説の翌年に日本では原子力発電の研究予算が初めて計上された。他方，この年は第五福竜丸事件も起き，原発開発と反核運動が同時期に進んでいった。

11 核兵器以外の兵器

❶対人地雷

▲対人地雷　プラスチック製で金属探知機に反応しない

地雷で足を失った少年▶（アフガニスタン）

対人地雷全面禁止条約（オタワ条約）

[採択] 1997年　　　[発効] 1999年
[批准国数] 164か国（2022年現在）
[内容] 対人地雷の使用，開発，生産，貯蔵，保有，移譲などの行為の禁止。対人地雷の廃棄。地雷の除去や地雷の被害者への支援の促進。地雷対策のための資金・技術支援の促進。
[問題点] 世界有数の地雷保有国や輸出国のアメリカ，ロシア，中国，インドなどの大国が署名・批准していない。

[解説] **安価，無差別性，非人道性，半永久性**　地雷は地中に埋められ，上からの圧力で爆発する。地雷は値段が安く，設置も容易なため内戦などで大量に埋設された。種類は対人地雷と対戦車地雷に大別することができる。軍人だけでなく民間人も無差別に被害に遭わせる点や，死亡させない程度の傷を負わせることで敵の負担を増すことを狙った点で「悪魔の兵器」と呼ばれている。被害者の約7割は民間人で，特に，子どもの犠牲者が多い。国際NGO**地雷禁止国際キャンペーン**の活動が実を結んで**対人地雷全面禁止条約**（オタワ条約）が採択・発効されて以降，世界全体の地雷の数は減少傾向にあるが，現在も約5000万個が地中に埋まっていると推定されている。

❷クラスター爆弾

クラスター爆弾（投下型の一例）

高空から本体（容器）を投下
（長さ2.3メートル，重さ430キロ。子爆弾約200個がつまっている）

上空100〜1,000メートルで散布した子爆弾の内部におさめた鉄片（300ぐらい）が飛び散り，広域にわたって破壊する

子爆弾

地表や地中などに不発弾が残る

民家などにも被害

『『朝日新聞』2007年2月23日』

クラスター爆弾禁止条約（オスロ条約）

[採択] 2008年　　　[発効] 2010年
[批准国数] 111か国（2023年現在）
[内容] クラスター爆弾の使用，開発，生産，保有，移譲などの行為の禁止。クラスター爆弾の廃棄。犠牲者やその家族の支援を締約国の義務として明文化。
[問題点] アメリカ，ロシア，中国などの大国が署名・批准していない。

[解説] **「第二の地雷」**　クラスター爆弾は，通常の爆弾と同じくらいのケースに数個から数百個の子爆弾が入った爆弾である。空中で子爆弾が拡散し広範囲に撒き散らされる。また，子爆弾の10%〜40%が不発弾となって地雷と同様の被害をもたらす。被害者のほとんどが一般市民である。

12 武器の輸出入

●武器輸入額の割合（2018〜22年）

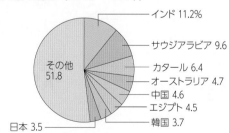

インド 11.2%
サウジアラビア 9.6
カタール 6.4
オーストラリア 4.7
中国 4.6
エジプト 4.5
韓国 3.7
日本 3.5
その他 51.8

●武器輸出額の割合（2018〜22年）

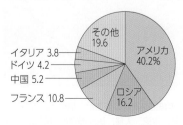

アメリカ 40.2%
ロシア 16.2
フランス 10.8
中国 5.2
ドイツ 4.2
イタリア 3.8
その他 19.6

[ストックホルム国際平和研究所資料より作成]

▲日本で初めて開催された総合武器見本市（2019年）　イギリスやアメリカなど26か国178社が参加し，日本企業は61社がブースを構えた。

[解説] **「死の商人」**　「死の商人」とは営利目的で軍需品を製造・販売する人物や組織に対する蔑称である。兵器の輸出大国はアメリカをはじめとした国連安保理**常任理事国**であり，なかには紛争当事者へ販売する企業もある。他方，兵器の輸入国は経済力をつけてきたアジア諸国の増加が目立っている。

5 異なる人種・民族との共存

DIGEST

国境を越えて人権を保障するには何が必要か

1. 植民地支配と人種主義

①公民権運動…1950 ～ 60年代にアメリカで起きた，有色人種差別に対する抵抗運動 **2**
→公民権法によって黒人の社会進出が保障された

②アパルトヘイト（人種隔離政策）の廃止…南アフリカでおこなわれていた黒人差別に対して国際的な批判が高まり，1991年に廃止
→反アパルトヘイト指導者のマンデラが黒人として初の大統領に就任

・近年は黒人に対する暴力・差別的扱いに対する運動（Black Lives Matter）の運動がみられる

2. 多発する人種・民族問題 **1** **4**　　　**Visual**

①パレスチナ問題…パレスチナ地域をめぐるアラブ人とユダヤ人の争い。1948年のイスラエル建国に端を発し，アラブ諸国との間に4回にわたる中東戦争が発生した。現在もなお紛争が続いている

②旧ユーゴスラビア紛争…クロアチア人，セルビア人，ムスリムによる紛争。民族浄化と言われる虐殺が発生。コソボでは対立が激化し，1999年，NATOが人道的介入としてユーゴスラビアを空爆

③その他…ルワンダ内戦，クルド人問題，スーダン・ダルフール紛争，ロヒンギャ問題など

3. 難民問題 **5**

①難民…人種，宗教，国籍，政治的意見などを理由に迫害を受ける恐れにより国籍国の外にいる人
迫害を受けながらも国内で避難生活を余儀なくされる国内避難民も多い

②ノン・ルフールマンの原則…難民の強制追放・送還を禁止とする原則。難民条約に定められている

③国連難民高等弁務官事務所(UNHCR)…難民・避難民の保護をおこなう国際機関

1 世界の人種・民族問題

※赤文字は継続しているもの

解説 一つの民族だけで構成される国家を単一民族国家というが，その例は極めてまれで，実際には複数の民族から構成される多民族国家が大多数である。ある国内や複数の国々にまたがって発生する人種・民族紛争は，宗教，言語，人種，民族の違いなどに差別や主導権争いなどが複雑にかかわりあって発生し，中には分離独立運動に発展するものもある。

はみだしメモ 人種とは皮膚の色や毛髪など身体的特徴で分類される集団で，民族とは言語や生活習慣といった文化的特徴で分類される集団のこととされる。ただし，実際の分類においてはあいまいな面も多い。

2 公民権運動

> 私には夢があるのです。……わが子4人が，いつの日にか，皮膚の色によってではなく，人間の中身によって評価されるような国に住めるようになる夢が。

▲**マーチン・ルーサー・キング**（1929〜68）　公民権運動の活動家でキング牧師と呼ばれる。1964年にノーベル平和賞を受賞したが，テネシー州メンフィスで暗殺された。彼の誕生日1月15日は，のちにアメリカ国民の祝日となった。

[解説]**公民権運動**　アメリカでは白人によるアフリカ系アメリカ人（黒人）など有色人種に対する差別的な扱いが合法的に行われていた。1950年代半ばから，黒人が中心となり，人種による差別の撤廃，法の下の平等，制約されてきた権利の獲得を目指す**公民権運動**を展開した。その結果，人種差別などを禁止する**公民権法**が制定された（1964年）。他方，黒人に対する蔑視や暴力，構造的な差別は残っており，近年では**Black Lives Matter運動**が注目を集めている。

3 アパルトヘイト

年	できごと
1923	アフリカ民族会議（ANC）結党 反アパルトヘイト，黒人人権擁護の活動を開始
1948	国民党がアパルトヘイト政策を強化 非合法化されたANCは武力闘争を展開へ
1973	国連総会でアパルトヘイト犯罪条約採択 国際的にアパルトヘイトへの批判が高まる
1991	**デクラーク大統領**がアパルトヘイト関連の法律を全廃する
1994	**マンデラ**が大統領に就任 南アフリカ初の普通選挙でANCが第一党になり白人支配が終了

▲**黒人専用バス**　白人と同じバスに乗ることは許されなかった。

[解説]**アパルトヘイト**　イギリスは南アフリカを支配する過程で黒人に対する人種差別的な政策を進め，第二次世界大戦後，**アパルトヘイト**政策が強化された。1980年代から経済制裁などアパルトヘイトに対する国際的な批判が強まり，**デクラーク**大統領は長く投獄されていた反アパルトヘイト指導者**マンデラ**を釈放して対話を進め，1991年にはアパルトヘイト政策は撤廃された。

国際

4 ユーゴスラビア紛争

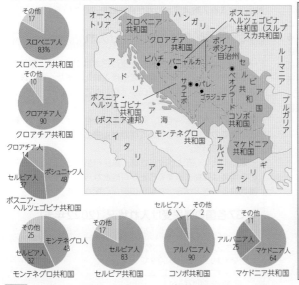

年	できごと
1945	ユーゴスラビア連邦共和国成立
1989	冷戦終結
1991	スロベニアとクロアチアが独立宣言
1992	ボスニア・ヘルツェゴビナが独立宣言。内戦が深刻化。セルビアとモンテネグロが新ユーゴスラビア連邦を結成
1994	NATO軍がボスニアのセルビア人勢力に対して空爆を実施（〜1995）
1998	ユーゴスラビアのセルビア人治安部隊がコソボ解放軍に対して掃討作戦を展開
1999	NATO軍がユーゴスラビア空爆を実施
2003	ユーゴスラビア連邦がセルビア・モンテネグロに国名変更
2006	モンテネグロがセルビア・モンテネグロから独立宣言
2008	コソボがセルビアから分離独立宣言

[解説]**人道的介入の是非**　冷戦終結後，各民族が独立に向けた動きを見せたことにともない，内戦が激化して多数の死傷者や難民が発生した。ボスニア・ヘルツェゴビナでは，地域内のセルビア人が敵対するムスリムのボシュニャク人を暴力的に排除する事態は**民族浄化**と表現された。また，**コソボ紛争**ではNATO軍が残虐行為を食い止めるため国連決議を経ずにユーゴスラビアを空爆したが，**人道的介入**に値しないという批判が出た。コソボ共和国は2008年にセルビア共和国からの独立を宣言したがセルビア共和国は承認せず，中ロなど国内で分離独立運動を抱える国の中には独立を承認していない国もある。

[はみだしメモ] ローザ・パークス，キング牧師，マルコムXといった指導者によって注目を集めたアメリカの公民権運動は1964年の公民権法制定に結実するが，世界的にもその翌年に人種差別撤廃条約が国連で採択されている。

5 難民問題

❶難民条約（難民の地位に関する条約）（抄）

〔採択 1951年7月28日　発効 1954年4月22日〕

第1条〔定義〕 …人種，宗教，国籍若しくは特定の社会的集団の構成員であること又は政治的意見を理由に迫害を受けるおそれがあるという十分に理由のある恐怖を有するために，国籍国の外にいる者…

第3条〔無差別〕 締約国は，難民に対し，人種，宗教又は出身国による差別なしにこの条約を適用する。

第23条〔公的扶助〕 締約国は，合法的にその領域内に滞在する難民に対し，公的扶助及び公的援助に関し，自国民に与える待遇と同一の待遇を与える。

第33条〔追放及び送還の禁止〕 1　締約国は，難民を，いかなる方法によつても，人種，宗教，国籍若しくは特定の社会的集団の構成員であること又は政治的意見のためにその生命又は自由が脅威にさらされるおそれのある領域の国境へ追放し又は送還してはならない。

▲隣国の国境に向けて移動するシリア難民　2020年。

解説 難民条約　第二次世界大戦では多数の難民が発生し，国際社会が協力して取り組むべき課題として認識されるようになった。世界人権宣言14条は「すべて人は，迫害を免れるため，他国に避難することを求め，かつ，避難する権利を有する」と明記している。この権利を保障する目的で**難民の地位に関する条約**（1951年）と**難民の地位に関する議定書**（1967年）が採択され，通常，この2つを合わせて**難民条約**という。難民条約1条には難民の定義が書かれており，同33条には難民の強制追放・送還の禁止を定めた**ノン・ルフールマンの原則**が書かれている。なお，難民・避難民の保護を行う国際機関として**国連難民高等弁務官事務所（UNHCR）**がある。

❷世界の難民数の推移（各年末現在）

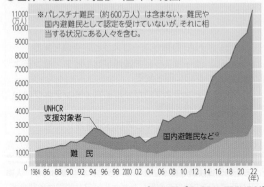

※パレスチナ難民（約600万人）は含まない。難民や国内避難民として認定を受けていないが，それに相当する状況にある人々を含む。

[UNHCR「GLOBAL TRENDS」]

❸難民の主な発生国と受入国（2022年末）

[UNHCR資料による]

❹国内避難民の主な発生国（2022年末）

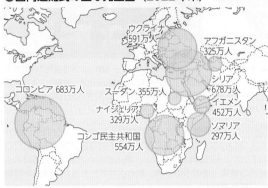

[UNHCR「GLOBAL TRENDS」]

解説 急増する国内避難民　難民は紛争発生国で多く発生し，近隣諸国が受け入れ国となる傾向がみられる。他方，難民条約における難民の定義には該当しないが，国内で避難生活を余儀なくされる**国内避難民**が急増しており，双方を含めると1億人を超えている（2022年）。他方，すでに難民としてキャンプなどで生活している者を別の国が受け入れる**第三国定住制度**による難民受け入れ人数はアメリカが過半数を占めている。

アラカルト　日本の難民受け入れ

インドシナ難民の大量発生を受け日本は1981年に難民条約を批准し，インドシナ難民を受け入れた。また，国連難民高等弁務官として緒方貞子氏が活躍したこともあり，日本はUNHCRへの拠出金上位国である。また，2010年から第三国定住も開始した。他方，難民認定数と割合が大変低く，難民申請者の人権保護も含めて課題が指摘され「難民鎖国」とも言われている。

2023年，入管法が改正され，難民申請中でも3回目以降の申請者は強制送還することが可能となった。難民として保護されるべき人が守られない事態が心配される。

●G7各国の難民受け入れ状況（2022年末）

国	人数
ドイツ	1,895,113人
フランス	612,934人
アメリカ	363,059人
イタリア	296,181人
イギリス	146,789人
カナダ	65,841人
日本	3,366人

[UNHCR「GLOBAL TRENDS」]

はみだしメモ　国連総会で国連難民高等弁務官に選出され，1991年から3期10年にわたり活躍した緒方貞子氏は，元大学教授であった。現場に足を運んでUNHCRのスタッフがより活動しやすいように組織を改革し，難民救済に尽力した。

Visual 2 パレスチナ問題

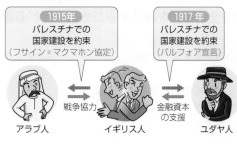

navi パレスチナとは, ヨルダン川西岸から地中海沿岸までの地域をいう。この地の支配をめぐって, ユダヤ教徒のユダヤ人とイスラームのアラブ人(パレスチナ人)との間で, 対立が続いている。

▶エルサレム ユダヤ教の聖地とイスラームの聖地が隣接する。近くにはキリスト教の聖地もある。

第一次世界大戦中のイギリス外交

1915年	1917年
パレスチナでの国家建設を約束 (フサイン=マクマホン協定)	パレスチナでの国家建設を約束 (バルフォア宣言)

アラブ人 ⇄ 戦争協力 イギリス人 金融資本の支援 ⇄ ユダヤ人

◀イギリスはアラブにもユダヤ人にも建国を約束し, その後, 大量に流入したユダヤ人と先住のアラブ人(パレスチナ人)との衝突が激しくなった

イスラエルの領土と占領地域の変遷

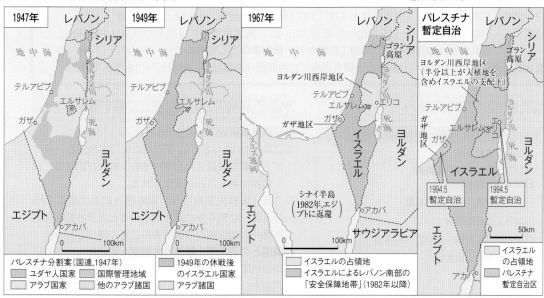

1947年 レバノン／シリア／地中海／テルアビブ／エルサレム／ガザ／死海／ヨルダン／エジプト／アカバ／0 100km

1949年 レバノン／シリア／地中海／テルアビブ／エルサレム／ガザ／死海／ヨルダン／エジプト／アカバ／0 100km

1967年 レバノン／シリア／ゴラン高原／地中海／ヨルダン川西岸地区／テルアビブ／エルサレム／エリコ／ガザ地区／死海／イスラエル／ヨルダン／スエズ運河／シナイ半島(1982年, エジプトに返還)／エジプト／アカバ／サウジアラビア／0 100km

パレスチナ暫定自治 レバノン／シリア／ゴラン高原／地中海／ヨルダン川西岸地区(半分以上が入植地を含めイスラエルの支配下)／テルアビブ／エルサレム／エリコ／ガザ地区／死海／イスラエル／ヨルダン／1994.5 暫定自治／1994.5 暫定自治／エジプト／アカバ／0 50km

- パレスチナ分割案(国連, 1947年) / ユダヤ人国家 / 国際管理地域 / アラブ国家 / 他のアラブ諸国
- 1949年の休戦後のイスラエル国家 / アラブ諸国
- イスラエルの占領地 / イスラエルによるレバノン南部の「安全保障地帯」(1982年以降)
- イスラエルの占領地 / パレスチナ暫定自治区

▲1948年, ユダヤ人がイスラエル建国を宣言し, これに反発したアラブ諸国との間で第1次中東戦争が勃発した。この結果, イスラエルは1947年の国連の分割案よりも大きな領土を獲得した。イスラエルは, 1967年の第3次中東戦争でも勝利し, ヨルダン川西岸やガザ地区などを占領した。1993年にパレスチナ暫定自治協定が結ばれ, パレスチナ人による自治が始まったが, エルサレムの帰属や占領地のユダヤ人入植問題などで対立が続いている。

▶インティファーダ イスラエルによる占領が続くなか始まったパレスチナ人による抵抗運動(民衆蜂起)。当初はイスラエル軍への投石が中心だったが, ロケット攻撃などもおこなうようになり, 過激化していった。

- 1973 ●第4次中東戦争
- 1987 ●第1次インティファーダ発生
- 1993 ●イスラエル, PLO相互承認
  - パレスチナ暫定自治協定 (オスロ合意) 調印
- 2000 ●第2次インティファーダ発生
- 2003 ●アメリカなど, 新和平案提示
- 2005 ●イスラエル, ガザ入植地から撤退
- 2006 ●パレスチナ立法議会選挙で, イスラーム原理主義組織ハマスが勝利
- 2007 ●ハマスがガザ地区を制圧
- 2008 ●イスラエル軍, ガザ地区へ侵攻
- 2018 ●アメリカ, 大使館をエルサレムに移転
- 2022 ●選挙でパレスチナ強硬派が勝利。ネタニヤフ元首相が政権に復帰
- 2023 ●ガザ地区を支配するハマスとイスラエル軍の大規模軍事衝突が発生

→分離壁 イスラエルが「テロからの自衛」を理由としてヨルダン川西岸地区に建設している壁。パレスチナ人の移動や生活を妨げている。国際司法裁判所は, 壁の建設は国際法違反だとしている。

国際

6 国際平和と日本

DIGEST

憲法の平和主義のもと，日本の安全と平和を維持するために，何が必要か考えよう

1．戦後の日本外交
①日本外交の三原則…国連中心，自由主義諸国との協調，「アジアの一員」としての立場の堅持
②国際社会への復帰
・西側諸国とサンフランシスコ平和条約を結んで独立を回復
・ソ連と日ソ共同宣言を結び国交を回復し，国連加盟実現
→平和条約は未締結で北方領土問題は進展せず

2．アジア諸国への責任と協力
①東南アジア諸国…ビルマ，フィリピン，インドネシアなどと賠償協定を締結（1950年代後半）
②日中関係…日中共同声明で国交正常化が実現（1972年）。中華民国（台湾）とは国交断絶
③日韓関係…日韓基本条約で国交正常化が実現（1965年）。請求権問題は「完全かつ最終的に解決」とされたが，慰安婦問題，徴用工問題などが懸案事項として残る
④北朝鮮問題…2002年に初の日朝首脳会談を実施。拉致問題は進展せず，国交正常化もできていない

1 戦後日本外交のあゆみ

年	できごと（赤字は近隣諸国関係）
1945	ポツダム宣言受諾
1951	サンフランシスコ平和条約，日米安全保障条約調印
1956	日ソ共同宣言　国際連合加盟
1957	日本外交三原則発表
1958	国連安保理の非常任理事国に初選出
1960	日米安全保障条約改定
1965	日韓基本条約
1968	小笠原諸島返還
1972	沖縄返還　日中共同声明
1975	第1回サミット（先進国首脳会議）に出席
1978	日中平和友好条約調印
1996	日米安保共同宣言
2002	第1回日朝首脳会談
2004	第2回日朝首脳会談

解説 独立と近隣諸国との国交回復　サンフランシスコ平和条約の会議には中国は招待されず，ソ連と東欧諸国は調印を拒否したため，講和条約は資本主義（西側）諸国との片面講和となった。また，アメリカとは日米安保条約を結び，軍事的な結びつきを強めていく。ソ連との国交回復は日ソ共同宣言によってなされた。交渉は北方領土問題で難航し，平和条約ではなく共同宣言という形となった。韓国とは日韓基本条約で国交回復し，韓国が朝鮮にある唯一合法的な政府であるとした。中国とは1972年のニクソン米大統領訪中をきっかけとして，日中共同声明が出され，中華民国（台湾）に代わって中華人民共和国を合法な政府と承認した。

2 近隣諸国との国交樹立に関する取り決め

❶日韓基本条約（1965年6月署名）
第2条　1910年8月22日以前に大日本帝国と大韓帝国との間で締結されたすべての条約及び協定はもはや無効であることが確認される。
第3条　大韓民国政府は，国際連合総会決議第195号（Ⅲ）に明らかに示されているとおりの朝鮮にある唯一の合法的な政府であることが確認される。

❷韓国との請求権・経済協力協定　第2条
両締約国は，両締約国及びその国民の財産，権利及び利益並びに両締約国及びその国民の間の請求権に関する問題が，1951年9月8日にサンフランシスコ市で署名された日本国との平和条約（中略）に規定されたものも含めて，完全かつ最終的に解決されたこととなることを確認する。

❸日ソ共同宣言（1956年10月署名）
1　日本国とソ連との間の戦争状態は，この宣言が効力を生ずる日に終了し，両国の間に平和及び友好善隣関係が回復される。
4　ソ連は国際連合への加入に関する日本国の申請を支持するものとする。
9　日本国及びソヴィエト社会主義共和国連邦は，両国間に正常な外交関係が回復された後，平和条約の締結に関する交渉を継続することに同意する。ソ連は日本国の要請にこたえかつ日本国の利益を考慮して，歯舞群島及び色丹島を日本国に引き渡すことに同意する。ただし，これらの諸島は，日本国とソ連との間の平和条約が締結された後に現実に引き渡されるものとする。

❹日中共同声明（1972年9月調印）

1　日本国と中華人民共和国との間のこれまでの不正常な状態は，この共同声明が発出される日に終了する。

2　日本国政府は，中華人民共和国政府が中国の唯一の合法政府であることを承認する。

5　中華人民共和国政府は，中日両国国民の友好のために，日本国に対する戦争賠償の請求を放棄することを宣言する。

解説 **近隣諸国との国交正常化**　日本の国連加盟に対してソ連は拒否権を行使していたため，ソ連との国交回復は国連加盟のために不可欠だった。他方，大戦で大きな被害を与えた韓国と中国との国交回復には，賠償問題に加えて「正当な政府」の承認が大きな課題であった。朝鮮半島では韓国を合法的な政府と承認したため北朝鮮とは国交がない。中国については，日本の独立回復後，中華民国（台湾）と国交を開いた。しかし，**日中共同声明**で中華人民共和国を中国の唯一の合法政府と承認したため中華民国とは国交を断った（人的・経済的交流は継続）。

③ 戦後補償問題

❶日韓請求権問題

①当時，植民地支配を違法とする国際法は存在しないので不法行為ではない。
　従って，韓国に賠償金は出さない

②韓国の経済協力のための経済協力（無償3億ドル，有償2億ドル）を提供する。

→両締約国及び国民の請求権に関する問題は「**完全かつ最終的に解決**」

❷徴用工問題に対する日本政府の立場

・日韓請求権協定でお互いに請求権を放棄している
・交渉過程で「戦争による被徴用者の被害に対する補償」も含むとした
・韓国政府も日本から受け取った経済協力には強制動員に関する苦痛を受けた歴史的被害の補償も含むことを再確認した（2005年）
→元徴用工への慰謝料支払いを日本企業に命じる（2018年）
　韓国大法院判決は日韓請求権協定に違反

▲日本企業への損害賠償請求を認めた判決を喜ぶ元徴用工らの団体

解説 **徴用工問題**　日本は戦時中，植民地の朝鮮半島から強制的な徴用を行い鉱山などで労働させた。日本政府は請求権協定を守らない韓国側に問題があるとしている。他方，元徴用工が求めているのは補償ではなく，徴用という不法（違法）行為をした企業に対して慰謝料を求める（損害）賠償であり，個人の請求権は消滅しないという考え方も存在している。

4 北朝鮮による拉致問題

❶拉致問題の経過

1970年代　北朝鮮による日本人拉致事件が発生

1990年	拉致問題が国民に広く認知される 拉致被害者家族による救出活動が本格化
2002年	日朝首脳会談 北朝鮮が13名の拉致を初めて公式に認め，5名が帰国
2004年	日朝首脳会談 拉致被害者の家族5名が帰国
2010年代	日朝協議で拉致問題再調査合意（進展なし） 北朝鮮による核・ミサイル開発強行で日朝関係悪化

◀日朝首脳会談
日本人拉致問題の存在が事実として公式に確認され，国交正常化交渉の再開や核問題などを協議していくことが合意された。

❷日朝双方の主張

●　北朝鮮による拉致被害者死亡の証拠は捏造で信用できない。拉致問題の調査，被害者の一刻も早い帰国を求める

拉致したのは13人。死亡者8人を除く生存者5人は返した（拉致問題は解決済み）

解説 **様々なルートを通して解決を求める**　日本政府が北朝鮮による拉致被害者と認定したのは17名であるが，北朝鮮による拉致が濃厚とされる被害者は相当数に上ると指摘されている。日本政府は北朝鮮に対して様々な規制措置を実施し，拉致問題の再調査，被害者の即時帰国を要求している。また，国連や日米韓といった多国間交渉による取り組みを継続している。他方，北朝鮮は核・ミサイル実験を繰り返し，日本に規制措置解除を要求している。

ⓐⓡⓐⓚⓐⓡⓣ 村山談話

　戦後50年にあたる1995年の終戦記念日に，村山内閣が閣議決定した村山談話は，「植民地支配」と「侵略」を認めて，反省と謝罪を述べているところに特徴がある。その後の内閣でもこの立場を継承し，外国政府との和解の基礎として引用されることが多い。

村山富市首相（当時）▶

はみだしメモ　国連開発計画（UNDP）が提唱した「人間の安全保障」（→p.344）の理念を踏まえ，1999年には日本の主導によって国連に「人間の安全保障基金」が創設され，様々な国連活動の資金にあてられている。

1 国際経済のしくみ

DIGEST

1.自由貿易と保護貿易 [2][3][4]

①国際分業の利益

先進国間の分業…水平的分業　　先進国の工業製品⇔発展途上国の一次産品…垂直的分業

②貿易のあり方

自由貿易…国家の統制を受けない貿易…イギリスのリカードの比較生産費説

保護貿易…国家が関税や輸入制限で自国の産業を保護…ドイツのリストが主張

2.国際収支 [5]

国際収支…国家間における1年あたりの経済取引額を集計したもの

国際収支表　経常収支＋資本移転等収支－金融収支＋誤差脱漏＝0

A　経常収支 ──	── 貿易・サービス収支（貿易収支，サービス収支）
	── 第一次所得収支（雇用者報酬，投資収益，その他第一次所得）
	── 第二次所得収支（一般政府，一般政府以外）
B　資本移転等収支	
C　金融収支 ──	── 直接投資，証券投資，金融派生商品，その他投資，外貨準備
D　誤差脱漏	

3.外国為替と外国為替市場 [6][7][8][9][10]

外国為替…国家間の貿易取引や資金取引の決済をおこなう方法

・為替レート…異なる外貨の交換比率…その変動が経済に大きく影響

FOCUS

ワークブック [20]

グローバル化する世界で経済格差や貧困を解消するためにはどのような取り組みが必要か

❶公正で公平な国際貿易の実現について考えてみよう→ [2][3][4]

1 貿易のネットワーク

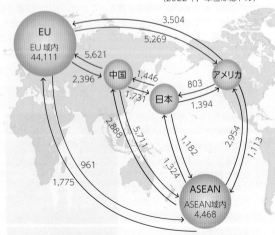

（2022年，単位は億ドル）

EU
EU域内
44,111

3,504
5,269
5,621
2,396
中国
1,446
803
アメリカ
1,731
日本
1,394
2,888
5,711
1,182
2,954
1,324
1,113
961
1,775

ASEAN
ASEAN域内
4,468

[ジェトロ「世界貿易マトリクス・輸出額」を参考に作成]

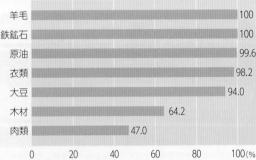

●日本における主な資源の対外依存度

	(%)
羊毛	100
鉄鉱石	100
原油	99.6
衣類	98.2
大豆	94.0
木材	64.2
肉類	47.0

※羊毛は2014年，鉄鉱石は2019年，原油・大豆・木材・肉類は2020年度，衣類は2021年

[財務省貿易統計などより作成]

解説 国と国との物資のやり取り　国はそれぞれの地理的条件や発展段階によって，資源や製品が不足する。貿易を通じて，各国はお互いの不足を補いあっている。各国の結びつきは強まっており，世界の貿易額も年々高まっている。

はみだしメモ　世界貿易は拡大を続けている。2001年の世界全体の輸出額は約6兆ドルだったが，2020年には約17兆ドルとなっている。世界中で国境をこえた活動や調達が活発になっていることを示している。

② 自由貿易と保護貿易

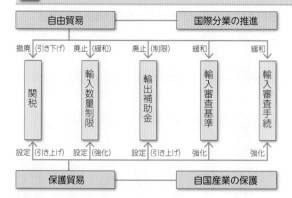

自由貿易			国際分業の推進		
撤廃（引き下げ）	廃止（緩和）	廃止（制限）	緩和	緩和	
関税	輸入数量制限	輸出補助金	輸入審査基準	輸入審査手続	
設定（引き上げ）	設定（強化）	設定（引き上げ）	強化	強化	
保護貿易			自国産業の保護		

解説 自由な貿易とは何か 各国は貿易によって自国に不足する財を手に入れられるため，貿易を進めることでより豊かな生活を送ることができると考えた。そのため，今日の国際貿易は，政府による規制を加えずに自由に貿易をおこなうことが重要とされる。GATTやWTOは自由貿易を推進することを目的としている。

▲リカード（1772～1823）

イギリス産業革命と同じ時代に生きた古典派経済学者。アダム＝スミスの『諸国民の富』に影響を受け，**比較優位**という考え方を用いて自由貿易を主張した。これは，当時のイギリスにとって有利な考え方でもあった。

▲リスト（1789～1846）

当時後進国であったドイツに生まれた経済学者。工業国として発展途上にあったドイツにおいて，経済発展段階にはそれぞれの国によって違いがあることを主張した。保護貿易政策をとり，発展途上の産業を守るべきだと考えた。

③ 比較生産費説

共通テスト 20

リカードは，生産費を労働量で表し，投入された労働量が少ない方が生産費が安くなると考えた。そして，各国がそれぞれの国の中で相対的に安い製品に特化して生産し，各国間でそれぞれ得意な分野の製品を交換（貿易）することによって，双方の国が利益を受けると考え，自由貿易の利点を説いた。この考え方を比較生産費説という。

● **次の例を用いて比較生産費説を考えてみよう。**

検証1 世界にアメリカと日本の2か国しかないとする

	オレンジを1トンつくるのに必要な人数	自動車を1台つくるのに必要な人数
アメリカ	3人	6人
日本	2人	2人

日本のほうがオレンジも自動車も少ない人数，つまり少ない労働量（費用）でつくることができる

➡ 日本はアメリカに対して絶対優位を持っている

リカード以前の考え方では，「アメリカと日本は貿易しないほうがよい」という結論に達していた。

これとは別の考え方を明らかにしたのが，リカードの比較生産費説である。

検証2 アメリカでも日本でも労働者は自動車工場かオレンジ農園のどちらかですでに働いている状態だとする。アメリカがオレンジ1トンを増産しようと思ったら，自動車をつくっている労働者の中から3人をオレンジの生産に回すことになる。つまり，オレンジ1トンを増産するのにかかる費用は，自動車1/2台分となる。

	オレンジを1トン増産したときにかかる費用	自動車を1台増産したときにかかる費用
アメリカ	自動車1/2台	オレンジ2トン
日本	自動車1台	オレンジ1トン

アメリカはオレンジに関して日本に比較優位である
日本は自動車に関してアメリカに比較優位である

アメリカでは日本と貿易をする前は，自動車1台をつくるのにオレンジ2トン分の生産をやめざるを得なかった。ここで日本と貿易を始めたら，日本では自動車1台をオレンジ1トン分でつくれるのだから，オレンジ2トン分よりも安い値段で自動車を売ってくれるだろうと考えた。

［飯田泰之『世界一わかりやすい経済の教室』を参考に作成］

Exercise

問 以下の 1 ～ 4 に入る数字をそれぞれ答えなさい。
A国とB国におけるX財とY財の生産における労働量が右表のようであるとする。このとき，X財に対するY財の交換比率が 1 ÷ 2 以上で 3 ÷ 4 以下であれば貿易がおこなわれ，両国が貿易の利益を得ることができる。

	X財1単位の生産に必要な労働量	Y財1単位の生産に必要な労働量
A国	80	90
B国	120	100

<青山学院大学・改題> （解答は▶p.319）

❶水平的分業と垂直的分業

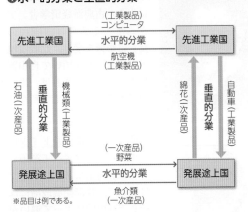

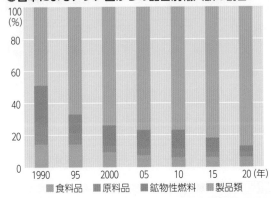

[財務省貿易統計による]

解説 先進国と途上国の間の貿易 国際分業には，先進工業国間で，工業製品を交換しあう水平的分業と，先進工業国と発展途上国が工業製品と一次産品（原材料や食料）を交換する垂直的分業がある。近年は先進工業国間の貿易が著しく増大し，発展途上国は一次産品の生産にかたよったモノカルチャー経済から抜け出せず，貿易も停滞している。そのため発展途上国の輸出額が世界の輸出額に占める割合は約3割に過ぎず，産油国やNIEsを除く低所得国の輸出は減少傾向で，慢性的な貿易赤字に悩んでいる。

解説 変化するアジア各国 かつては，日本はアジア各国から輸入する品目は，食料品や原材料，石炭などの鉱物性資源が大きな割合を占めていた。近年は日本企業がアジア各国に進出したり，各国経済が発展した結果，衣類や電化製品などが輸入されるようになっており，水平的分業が進んできている。

アラカルト　先進諸国と保護貿易

　現代の国際貿易は自由貿易が基本となっている。しかし近年，先進国の間では保護貿易的な考え方が見え隠れしている。とくにアメリカのトランプ政権は「米国人の雇用を生み，米国でつくられた米国製品を買うのに米国人の税金を使う」と保護主義に近い考え方を表明した。かつては発展途上国が主張した保護貿易を，先進国が主張する背景はどのようなものなのだろうか。

　ひとつは，国内事情である。たとえば安価な食料品が大量に輸入されれば，国内で農業や畜産業を営む人たちは深刻な打撃を受けることになるため，保護政策を選択することになる。もうひとつは，国際関係である。急速に国力をつけて経済的な覇権を握ろうとする中国に対して，トランプ政権は警戒を隠さなかった。中国からの輸入品に高関税をかけて圧力をかけようとしたのはその表れである。

●高関税措置の応酬が続いた国際貿易関係（2018年）

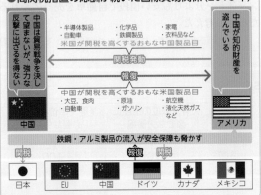

読み解き　関税を考える

　関税はその始まりにおいては，財政収入を目的とするものであった。このような目的の関税を財政関税という。いまでは国内産業の保護を目的とする保護関税が主である。その保護関税に関連して「国境関税」という概念がある。国境関税とは，輸出入に関して講じられる，あらゆる措置の総称である。保護関税も国境措置のひとつである。一方，輸入禁止や数量制限などのように，関税ではない輸出入に関する国境措置を「非関税障壁」という。

　こうした国境措置については，農業分野と工業分野との間の利害対立がつねに問題となる。関税その他の国境措置がタックス・イーター（注）と関わりをもつのは，この利害対立の場面においてである。日本の場合，農業分野は保護主義を求め，工業分野は自由貿易を求める。

　<u>国境措置を講じて国内の産業を保護することには一長一短がある。外国製品の影響から保護しようとするあまり，かえって国際競争力の喪失につながるケースもある。</u>

（注）タックス・イーター…国民の税金を食い荒らし日本経済の屋台骨を蝕む存在

[志賀櫻『タックス・イーター　消えていく税金』岩波新書より]

TRY
・国境措置にはどのようなものがあるか，調べてみよう。
・下線部について，国境措置による国内産業の保護が国際競争力の喪失につながるケースとはどのようなものか，考えてみよう。

はみだしメモ 企業が生産工程の最適化を図るために，複数国にまたがって財やサービスの供給・調達をおこなって国際生産分業を進める形態は，グローバル・バリュー・チェーンと呼ばれている。

5 国際収支

❶国際収支統計の項目

経常収支＋資本移転等収支－金融収支＋誤差脱漏＝0

単位（兆円）

			2005	2022
経常収支			18.7	11.5
	貿易・サービス収支		7.7	-21.2
	貿易収支	＜モノの輸出入による受け取りと支払い（輸出・輸入）の収支＞	11.8	-15.7
		例）日本の自動車会社がアメリカに自動車を輸出する		
	サービス収支	＜輸送・旅行・通信・建設・保険・金融・情報などの収支＞	-4.1	-5.4
		例）日本で働くビジネスマンがヨーロッパのホテルに滞在して料金を支払う		
	第一次所得収支	利子配当の受け取りなど		
		例）アメリカにある日本法人の工場から日本の本社に配当が支払われた		
	雇用者報酬	例）日本に住んでいる人が海外で働いて報酬をもらった	11.9	35.2
	投資収益	例）海外にある子会社が日本の本社に収益金を送った		
	その他第一次所得	例）海外で天然ガスを採掘するために税金を支払った		
	第二次所得収支	無償の輸出や外国向けの金銭贈与		
	一般政府	例）日本政府が外国に無償で食料援助を行った	-0.8	-2.5
	一般政府以外	例）外国で働いている人が，賃金を本国の家族に送金した		
資本移転等収支		外国政府に対する債務免除，外国の資本形成に使われる無償援助など	-0.5	-0.1
金融収支		ある国が外国に保有する資産（対外資産）と外国がある国に保有する資産（対外負債）の状況をまとめたもの	16.3	6.5
	直接投資	例）日本の家電メーカーがタイに工場を建設した	5.2	17.0
	証券投資	例）日本の投資家がカナダの食品会社の株を購入した	1.1	-19.3
	金融派生商品	例）日本の投資家がトウモロコシの先物取引をした	0.8	5.1
	その他投資	例）日本人が外国の銀行に預金をした	6.8	10.7
	外貨準備	例）政府や日本銀行がどのくらいの外貨を持っているのかという値	2.5	-7.1
誤差脱漏		統計上の誤差を記録	-1.8	-4.9

注1：2005年の計数は，国際収支マニュアル第5版準拠統計を第6版の基準により組み替えたもの。
注2：四捨五入のため，合計に合わないことがある。

解説 国際収支統計 国際収支は1年間に行われた，ある国の国内で生活している人・法人と，海外で生活している人・法人との国際的な経済取引をまとめたものである。大きくは，モノの取引とお金の取引に分けて考えることができる。

❷国際収支統計の見方

国際収支表を見るためのポイントを整理しました。

ポイント1 複式簿記の考え方に近い書き方をします。貿易・サービス収支に関する取引は，金融収支の取引としても同時に記帳しなければならないというように，取引を二面的に見るというルールに基づいて書くということなのです。

ポイント2 所得収支を第一次と第二次とに分けて記帳するルール。基本的に対価を伴う場合は第一次所得収支に記帳します。伴わない場合には，次のポイント3のように分類されます。

ポイント3 ポイント2の中で，対価を伴わない場合にはそれが資本財か消費財のどちらになるのかを見ましょう。前者の場合には資本移転等収支に，後者の場合には第二次所得収支に記帳します。

解説 お小遣い帳とは違う 国際収支表は複式簿記の原理に似ており，一つの取引をモノの動きとお金の動きという二面から同時に見るという考え方のもと記帳されている。

❸日本のおもな国際収支の推移

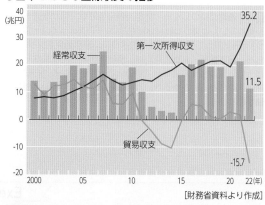

[財務省資料より作成]

解説 経常収支の黒字と貿易収支の赤字 日本は長らく貿易収支の黒字によって経常収支の黒字を維持してきたが，近年は第一次所得収支の大半を占めるようになった。これは海外投資の収益増加が要因である。2011年以降は，円安傾向と火力発電用の液化天然ガス輸入量の増加によって貿易収支が一時的に赤字に転じていた。

Answer! p.317 Exerciseの答え：A国の機会費用（X財1単位を得るために犠牲にするY財）は80/90，B国の機会費用は120/100となるので，□1は80，□2は90，□3は120，□4は100がそれぞれ入る。

国際

6 外国為替のしくみ

　為替とは，離れた地域間の債権・債務の決済を，現金を直接輸送することなしに金融機関等の仲介によって行う手段のことである。

　為替による決済のうち，国境を越えて行われたり，異なる通貨の交換をともなったりするものを**外国為替**という。モノの輸出入や外国証券の売買などの国際取引は，通常，外国為替によって現金を移動することなしに決済される。

解説 外国為替　この例では輸出業者A社は，輸出代金を直接自分で取り立てずにC銀行を通じてD銀行がB社から取り立てる。A社は船積み書類を提示して輸出手形をC銀行に買い取ってもらうことによって，自国通貨で代金を受け取ることができる。なお，信用状（L／C）とは，輸入者の信用を銀行が保証するもので，輸出者が確実に代金を回収できるようにするために用いられる。

日本
- C銀行（輸出手形買取銀行）
- ④信用状通知
- ⑥手形買取依頼
- ⑦代金
- 輸出業者A社（債権者）

③信用状発行
⑧船積み書類，手形送付
⑪C銀行の口座に代金を入金

アメリカ
- D銀行（輸出手形取立銀行）
- ②信用状発行依頼
- ⑨手形提示
- ⑩代金支払い
- 輸入業者B社（債務者）

①売買契約
⑤商品
船積み　受け取り

7 外国為替市場

　外国為替市場は株式市場のように取引をする人たちが一同に集まる市場ではなく，「対顧客市場」と「銀行間市場（インターバンク市場）」の2つから成っている市場である。

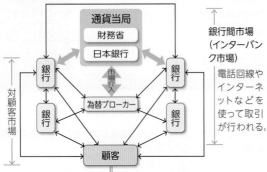

通貨当局
- 財務省
- 日本銀行

市場介入
為替ブローカー

銀行間市場（インターバンク市場）

電話回線やインターネットなどを使って取引が行われる。

対顧客市場
銀行
顧客

個人，輸出入業者，商社，機関投資家など

解説 通貨交換のしくみ　外国為替市場では「何かを売って何も買わない」というわけにはいかない。「円を売ってユーロを買う」「円を買ってドルを売る」のように，必ず通貨を交換する。なお，**日本銀行**（▶p.201）は，極端な円高・円安にならないように外貨取引をおこなっている。これがいわゆる「日銀の市場介入」である。このとき，政府・日銀が保有している**外貨準備**が使われる。

8 外国為替相場

　外国通貨の売買は外国為替市場で行われ，外貨と自国通貨との需要と供給の関係によって為替相場（レート）が変動する（変動為替相場制）。

円が欲しい人（需要）が多ければ（＝「円買い」と言う）円高となる（円の価値が上がる）	円を売りたい人（供給）が多ければ（＝「円売り」と言う）円安となる（円の価値が下がる）

●外国為替相場変動の要因

国際収支説	為替レートは，国際収支で決まるという説。具体的には，日本がアメリカとの貿易で利益を上げてドルがたくさん入ってきたとする（経常黒字）。このドルを円にかえるためにドル売り円買いを行う。このような時に円買いの需要が高まると円高になる。
購買力平価説	同じ商品を購入するのに，日本では円でいくら，アメリカではドルでいくら必要かを比較して，通貨の購買力によって相場が定まっていくと考える。
ファンダメンタルズ説	経常収支や物価などその国の経済の基礎的条件（ファンダメンタルズ）の健全さに応じて通貨が強くなると考える。
内外金利差要因説	国内と外国とで金利に大きな差がある場合，資金の移動が生じる。 日本の金利＜アメリカの金利 …日本からアメリカへの投資増大⇒円安・ドル高 日本の金利＞アメリカの金利 …アメリカから日本への投資増大⇒円高・ドル安

解説 為替レート変動の要因　為替レートが変動する要因は専門家でも突き止めることは難しいとされている。その様な中でもここにあげたような要因が複雑にからみ合って変動しているといわれている。

Exercise

問　国際収支と外国為替相場についての記述として最も適当なものを一つ選べ。
①自国の通貨高を是正するために通貨当局が為替介入を行うことは，外貨準備の増加要因になる。
②自国の通貨高は，自国の輸出を促進する要因になる。
③貿易収支の黒字は，自国の通貨安要因になる。
④自国への資本流入が他国への資本流出を上回るほど増加することは，自国の通貨安要因になる。

<2017年センター試験 政治・経済 追試>（解答は▶p.322）

はみだしメモ　外国為替市場は24時間眠らない。あなたが日本にいて早朝ならばウェリントンやシドニー，午前中ならば東京とシンガポール，夕方ならばフランクフルトにロンドン，深夜ならばニューヨークの市場で通貨交換が行われている。

9 円高・円安のメカニズム

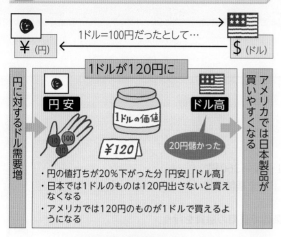

1ドル=100円だったとして…

1ドルが120円に

円に対するドル需要増

円安　1ドルの価値　¥120　ドル高

20円儲かった

アメリカでは日本製品が買いやすくなる

・円の値打ちが20%下がった分「円安」「ドル高」
・日本では1ドルのものは120円出さないと買えなくなる
・アメリカでは120円のものが1ドルで買えるようになる

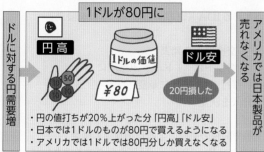

1ドルが80円に

ドルに対する円需要増

円高　1ドルの価値　¥80　ドル安

20円損した

アメリカでは日本製品が売れなくなる

・円の値打ちが20%上がった分「円高」「ドル安」
・日本では1ドルのものが80円で買えるようになる
・アメリカでは1ドルでは80円分しか買えなくなる

解説 1円当たり何ドルになるのか？　円高と円安については，円を基準に考えるとわかりやすくなる。1ドル＝100円ということは，1円＝0.01ドル。これが1ドル＝120円になったとしたら，1円＝0.0083ドルに下がり，もらえるドルが少なくなるということで「円安」となる。一方，1ドル＝80円になったとしたら，1円＝0.0125ドルとなる。多くのドルをもらうことができ，円の価値が高くなったのだから「円高」となる。外国為替の変動には，さまざまな要因が働く。

10 輸出企業と円高・円安

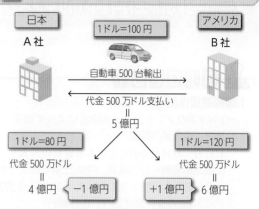

日本　A社　　1ドル=100円　　アメリカ　B社

自動車 500 台輸出

代金 500 万ドル支払い ＝ 5 億円

1ドル=80円　　　　　　　　　1ドル=120円

代金 500 万ドル ＝ 4 億円　　−1 億円

代金 500 万ドル ＝ 6 億円　　＋1 億円

［上野泰也『No1エコノミストが書いた世界一わかりやすい為替の本』を参考に作成］

●主要企業の想定為替レートと円高の影響額

	ドルの想定為替レート（円）	1円の円高が年間の営業利益に与える影響額（億円）
トヨタ自動車	125	450
日産自動車	130	120
ホンダ	125	100
村田製作所	137.37	50
三菱自動車	129	30
オリンパス	140	11
東芝	120	6
パナソニック	130	13

［2023年,各社決算資料より］

解説 円高になると輸出型企業は悲鳴をあげる　同じ自動車を海外に輸出しているのに，為替レートが変わると，日本の輸出企業の受け取る金額が変わってしまう。取引通貨の中心はドルであるため，企業はどのタイミングで円とドルを交換するのかが収益を考える上で大きなポイントになる。自動車メーカーの中には，国内生産の約半分を海外に輸出している会社もある。円高状況下では，人件費の高騰などを理由に生産拠点が海外へ移動し，**産業の空洞化**が加速する。

11 ビッグマック指数でみる通貨価値

　モノの値段を国際比較しようとすると，背景となる制度や統計の取り方に違いがあるため，単純にはいかないことが多い。しかし，世界中のどこでもほぼ同じ品質でコストもあまり変わらないと思われるもの，例えばマクドナルドのビッグマックで考えてみるとどうだろうか？右の数字は，イギリスの経済誌『エコノミスト』が発表している「**ビッグマック指数**」。アメリカで5.58ドルのビッグマックは，日本では450円（ドル換算で3.17ドル）。450÷5.58＝80.65より，アメリカでの1ドルは81円くらいの価値をもっている計算になる。この数値と実際のレートを比較して円のモノを買う力（つまり購買力）をドルの購買力と比較して円高か円安かといった通貨価値をみるのである。（円高と言われた2011年ごろの実際のレートは1ドル＝75〜85円の幅で推移し，ビックマック指数は78.6。円の購買力はドルの購買力と比較してほぼ同程度であったといえる。）

国	ビッグマックの値段（カッコ内はドル換算）	ビッグマック指数	実際の対ドル比	現在の通貨価値
アメリカ	5.58ドル	-	-	-
中国	25元（3.50ドル）	4.48	7.14	37.3%安い
EU	5.28ユーロ（5.80ドル）	0.95	0.91	4.3%高い
日本	450円（3.17ドル）	80.65	142.08	43.2%安い
韓国	5,200ウォン（4.08ドル）	931.9	1,274.65	26.9%安い

（注）2023年7月発表値
(http://www.economist.com/big-mac-index)

解説 購買力平価　「同じ価値をもつものは同じ値段になるはず」という考え方にもとづいて算出される指標を，**購買力平価**という。購買力平価と**為替レート**が同じであれば，同じモノの値段が日本と外国とで極端にちがう現象（いわゆる**内外価格差**）は生じない。実際の購買力平価は，もっとたくさんのモノやサービスを取りあげて計算される。ちなみに日本のビックマックの価格は2009年以降320円が続いていたが，2023年7月の時点で450円に上昇している。

はみだしメモ イギリスの『エコノミスト』誌は，スターバックスコーヒーのトールラテ指数という数値も発表している。それぞれの土地の物価や所得水準等を分析した結果としての価格は，経済の実態そのものを表しているという指摘が多い。

2 国際経済体制の変化

▲ DIGEST

1. 国際通貨体制 **1**
…1944年のブレトンウッズ協定によって設立
- ① IMF（国際通貨基金）
  - a. 目的…為替相場の安定による貿易の拡大
  - b. 固定相場制…各国通貨の交換比率を固定　例　1ドル＝360円
  - c. 金・ドル本位制…金1オンス＝35ドルを交換，ドルを基軸通貨（キーカレンシー）に
- ② IBRD（国際復興開発銀行，世界銀行）
  - a. 第二次世界大戦後の復興支援…比較的穏やかな条件で長期の融資を行う
  - b. 発展途上国を対象とした開発支援
    …低所得国向けに低利での融資や無償支援を中心とするIDA（国際開発協会）などを設立

2. 国際通貨体制の変容 **4** **5**
- ① ニクソン・ショック…（1971年）…アメリカが金・ドル交換停止を発表
- ② スミソニアン協定（1971年）…固定相場制の維持，ドル切り下げ　1ドル＝308円に
- ③ キングストン体制（1976年）…1973年に変動相場制に移行，1976年に承認
- ④ プラザ合意（1985年）…G5で各国がドル売りの協調介入を決定

3. 国際貿易体制 **2** **3**
GATT（関税と貿易に関する一般協定1947年）…輸入制限や関税の撤廃による自由貿易の推進
　　1964～1967年ケネディラウンド→1973～79年東京ラウンド→1986～94年ウルグアイラウンド
　　→1995年WTO（世界貿易機関）設立→2001年～ドーハラウンド

4. 南北問題
南北問題…先進国と発展途上国の経済格差，これにともなう政治的・経済的問題 **6** **7** **8** **9** **10**
累積債務問題が深刻化（デフォルト，リスケジュール）。**11**
南南問題…発展途上国間（産油国やNIEsと後発開発途上国）における経済格差 **12**

5. サミット（主要国首脳会議）**13**
1975年にフランスのランブイエで，米・英・仏・日・西独・伊の参加で始まる。
1976年にカナダ，1998年にロシアが加わり8か国（2014年にロシアが参加停止となって以降は7か国）

6. G7（主要7か国財務相・中央銀行総裁会議）**14**
1986年以降毎年数回開催
1999年よりインドネシア，トルコ，中国，オーストラリア，EUなどを加えたG20も開催

◎ FOCUS

公平な国際経済体制や公正な貿易のあり方とは，どのようなものだろうか

❶戦後の国際経済体制は，どのように形成されたのか→ **1** **2** **3** **4**

❷先進国と途上国にはどのような課題があるのだろうか→ **6**

❸公正な貿易を進めるために，どのような検討が必要だろうか→ **Active**

グローバル化する世界で経済格差や貧困を解消するためにはどのような取り組みが必要か

❶公正で公平な国際貿易の実現について考えてみよう→ **6** **7** **8** **9** **10** **11** **12** **Active**

読み解き

Answer! p.320 Exerciseの答え：①　日本の場合，自国の通貨高を是正するための為替介入は，円売りドル買いである。
その結果，ドルの外貨準備が増加することになる。

1 ブレトンウッズ体制

Check! 戦後の国際経済の復興は，どのようにはかられていったのだろうか。

ブレトンウッズ協定

大恐慌後，閉鎖的なブロック経済の広がりによって世界の貿易・経済が縮小し，第二次世界大戦を招いたことを反省し，1944年7月にアメリカ・ニューハンプシャー州で開催された会議で締結された。戦後の世界経済体制の安定化を目指したもの

IMF（国際通貨基金）
1945年発足　加盟190か国（2023年10月現在）

①為替相場の安定促進と競争的為替切下げの回避
- ドルを基軸通貨（金１オンス＝35ドルの金本位制）とした固定相場制を維持する
- 71年の金とドルの交換停止（ニクソン・ショック）を契機に，73年には主要通貨が変動相場制に移行し，この機能はなくなった

②外国為替制限の除去
- 輸入および為替の自由化を促進する

③国際収支の不均衡国に短期資金を融資
- 現在もっとも重視されている機能で，IMF提案の経済プログラムを実施することを条件に，外貨準備高補填のための融資を行う（短期に金融緊縮を迫るため，対象国の政情不安や社会の不安定を招き，想定どおりの経済効果をあげられないという指摘もある）
- 97年のアジア通貨危機ではタイ・インドネシア・韓国など，08年の金融危機ではハンガリー・ウクライナ・アイスランドなどに融資

IBRD（国際復興開発銀行，世界銀行）
1945年発足　加盟189か国（2023年10月現在）

①第二次世界大戦後の復興支援
- 資本市場から資金を調達し，比較的穏やかな条件で長期の融資を行う

②発展途上国を対象とした開発支援
- 低所得国向けに低利での融資や無償支援を中心とするIDA（国際開発協会）を設立
- 他にも世界銀行のグループ組織としてIFC（国際金融公社），MIGA（多国間投資保証機関）などがつくられた

解説 IMFとIBRD　第二次世界大戦後の世界経済は次のような課題を抱えていた。ひとつは国際経済の中で為替相場を安定させなければいけないということ。さらに，復興開発を目的とした長期資金を供給する仕組みを整えなければいけないということである。前者を実現させるためにIMFが，後者を実現させるためにIBRDが設立されたのである。

2 GATT（関税と貿易に関する一般協定）

Check! 世界貿易の拡大は，どのような原則によって進められていったのだろうか。

●GATT・WTOのラウンド交渉

回	期間	参加国	概要
第1回	1947年	23	初期の交渉ではもっぱら締約国の関税引き下げが対象だったが，次第に関税以外の貿易関連ルールの必要性が高まってきた
第2回	1949年	13	
第3回	1950～51年	38	
第4回	1956年	26	
第5回	1960～61年	26	
第6回	1964～67年	62	ケネディラウンド交渉 工業製品の関税を35％引き下げ
第7回	1973～79年	102	東京ラウンド交渉 工業製品の関税を平均33％引き下げ。非関税障壁の軽減・撤廃が合意される
第8回	1986～94年	123	ウルグアイラウンド交渉 農産物の自由化促進，知的財産権のルールを策定，サービス貿易の拡大，WTOの設置を合意
第9回	2001年～	152	ドーハラウンド交渉 （ドーハ開発アジェンダ） 農産物の貿易をめぐって，輸出国グループと補助金で農業を保護してきた国々と発展途上国グループとで議論が進まない状況

●GATTの三原則

自由	関税の引き下げ・撤廃や関税によらない貿易制限（非関税障壁）の除去。ただし国際収支が赤字に陥った場合と国内産業保護のため，例外的に貿易の数量制限を行うことができる
多角	関税・非関税障壁の交渉は，当事国間ではなく，ラウンドと呼ばれる多国間交渉を原則とする
無差別	**最恵国待遇** （特定の国に与えた最も有利な貿易条件を，全GATT加盟国に与える） **内国民待遇** （輸入品への国内税や規制は，国産品に対する処遇と同等にする）

解説 GATTの精神　1947年，自由・多角・無差別を原則とするGATT（関税と貿易に関する一般協定）が発足した。GATTはIMF・IBRDを補完して，1995年まで自由貿易の原則を規定してきた。

　歴史的に振り返ると，1930年代の世界的大恐慌が発生した時に，資本主義各国は輸入品に高関税をかけて保護貿易政策を採用した。これが世界経済を縮小させて，国際対立を深めて第二次世界大戦が勃発する一因となった。GATTにはこのような過ちは二度とおこしてはならないという精神が込められている。

はみだしメモ　世界銀行の融資を受けて日本につくられたものには，東海道新幹線，首都高速道路や黒部第四ダムがある。また，IMF専務理事は欧州から，世界銀行総裁はアメリカから選出される傾向が強い。

国際

3 WTO（世界貿易機関）

●組織

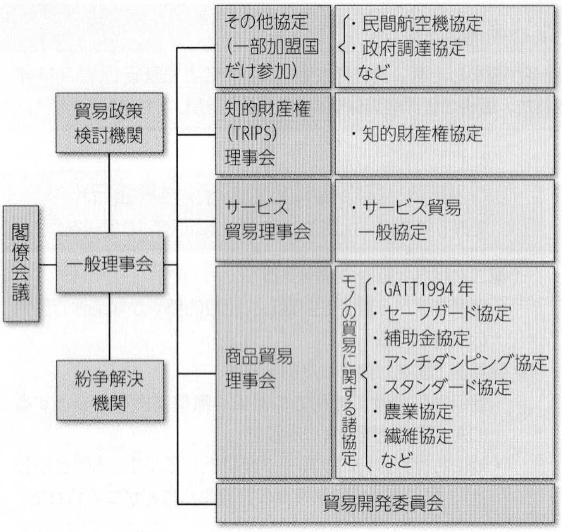

●紛争処理手続

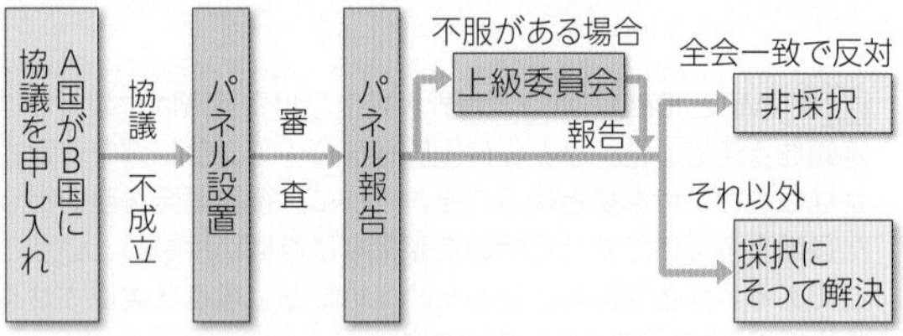

●GATTとWTOの比較

	GATT	WTO
対象	モノ	モノだけでなくサービス貿易（旅行・金融・保険・通信など），知的財産権（特許など）まで拡大
紛争処理能力	弱い	強い（パネル〈審査委員会〉を設置。パネル報告は強制力がある最終決定と位置づけられ，必ず従わなければならない）
罰則規定	調印国の１国でも反対があれば，対抗措置は実施できない	全加盟国の反対がないかぎり，対抗措置を実施することができる。

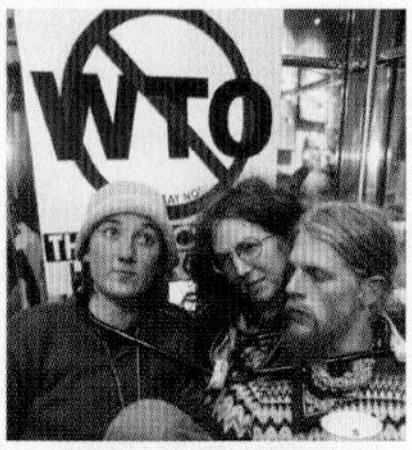

▲シアトルのホテル前で抗議の座りこみをするNGO（非政府組織）

解説 GATTとWTO　GATTは正式な国際機関ではなく，多国間協定に過ぎず，紛争解決の取り決めも不十分だったため，貿易紛争の発生を十分に抑止できなかった。この反省から，1994年にウルグアイラウンドの最終合意で，国際機関としてのWTOへと発展させることが決定された。大きな違いは，新たにサービス貿易や知的財産権についての国際ルールが確立されたことである。また，加盟国間の紛争処理にも強い権限が与えられた。しかし，自由貿易自体が一部先進国に有利に働くため，南北間の経済格差を助長しているだけだと反発する発展途上国なども存在する。

4 国際通貨制度の変遷

制度	体制	年	おもな出来事
		1929	世界大恐慌（暗黒の木曜日）ニューヨーク株式市場大暴落
		1930年代	各国の金本位制崩壊，ブロック経済化…高率関税，為替ダンピング，輸入制限，貿易縮小
		1939	第二次世界大戦（～45）
固定相場制	ブレトンウッズ体制	1944	**ブレトンウッズ協定**調印…IMF・IBRD設立決定
固定相場制	ブレトンウッズ体制	1945	IMF設立…47年3月に業務開始 IBRD設立…46年6月に業務開始
固定相場制	ブレトンウッズ体制	1948	GATT（関税及び貿易に関する一般協定）発効
固定相場制	ブレトンウッズ体制	1949	日本が1ドル＝360円の単一為替レートに
固定相場制	ブレトンウッズ体制	1952	日本がIMF（5月），IBRDに加盟（8月）
固定相場制	ブレトンウッズ体制	1955	日本がGATT締約
固定相場制	ブレトンウッズ体制	1960	米国がドル防衛政策を発表
固定相場制	ブレトンウッズ体制	1964	日本がIMF8条国に移行，OECD加盟
変動相場制	ブレトンウッズ体制	1971	8月，ニクソン大統領が**金・ドル交換停止**を含む新経済政策を発表**（ニクソン・ショック）**。12月，ワシントンのスミソニアン博物館で会議を開催
固定相場制	スミソニアン体制		
変動相場制	スミソニアン体制	1973	**先進国の変動為替相場制への移行**…スミソニアン体制の崩壊
変動相場制	スミソニアン体制	1975	IMFが金の公定価格制廃止を決定
変動相場制	キングストン体制	1976	キングストン会議で変動相場制の承認
変動相場制	キングストン体制	1978	米国のドル不安定，日本は円高が進む IMF第2次改正協定発効…各国の相場制設定
変動相場制	キングストン体制	1985	米・英・仏・独・日の蔵相・中央銀行総裁会議で**プラザ合意**…ドル安円高を誘導
変動相場制	キングストン体制	1987	**ルーブル合意**…円高ドル安の行き過ぎを防止するために協調介入で為替相場の安定を求める
変動相場制	キングストン体制	2002	ユーロの流通が開始

●金・ドル本位制［1947～71］
金とドル，ドルと各国の通貨をリンクさせ，金とドルの交換（金1オンス（31.1g）＝35ドル）を米国が保障，各国は自国通貨の平価維持義務がある
円：1ドル＝360円
ポンド：1ポンド＝2.8ドル
ドイツマルク：1ドル＝4.2ドイツマルク

●外国為替レートの固定化は，その国の経済力の変化が生じた場合，維持が困難になる宿命にあった。ベトナム戦争で疲弊したアメリカは，基軸通貨としてのドルを支える余力がなくなってしまったため，金とドルの交換停止に追い込まれた。結局73年3月，各国とも固定相場制の維持は不可能と判断し，変動相場制に全面的に移行，ブレトンウッズ体制に終止符が打たれた。

●新通貨制度であるスミソニアン体制が合意された。金1オンス＝38ドル，1ドル＝308円などが決まったが，73年2～3月に主要通貨が変動相場制に移行し，崩壊した。

●固定相場制のほかに，変動相場制を正式承認するとともに，金の公定価格を廃止することが合意された。これをキングストン体制という。

はみだしメモ　ニクソン・ショックと呼ばれるアメリカのニクソン大統領の電撃的な発表は，周りにストレートに影響を与えないよう，日曜日を選んだといわれている。さらにその日は夏休みで，議会も休会だったそうだ。

5 円相場の動き

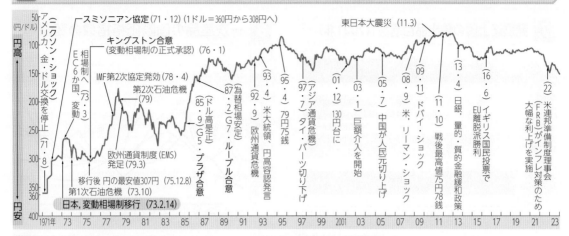

円・ドル相場の動き 1949年にGHQが1ドル=360円の固定為替レートを設定してから1971年の**ニクソン・ショック**までの**ブレトンウッズ体制**（固定為替相場制）の下では、各国の中央銀行が為替相場を固定相場にするためにレートの安定をはかることが義務付けられていた。1973年からは変動為替相場制に移行し、円ドル為替レートも大きく変動している。

6 南北格差

❶世界の1人当たりGNI Check! 所得の高低に、国や地域ごとの偏りはあるだろうか。

凡例
1人当たりGNI（国民総所得, 2021年）
- 高所得国（13,206ドル以上）
- 上位中所得国（4,256〜13,205ドル）
- 下位中所得国（1,086〜4,255ドル）
- 低所得国（1,085ドル以下）
- 資料なし

[世界銀行「世界開発指標」より]

❷南北間の格差（乳児死亡率）

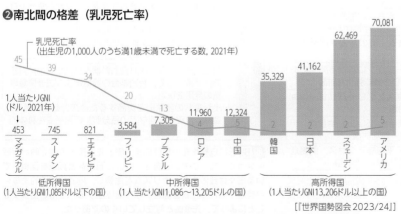

乳児死亡率
（出生児の1,000人のうち満1歳未満で死亡する数, 2021年）

| | 45 | 39 | 34 | 20 | 13 | 4 | 5 | 2 | 2 | 2 | 5 |

1人当たりGNI（ドル, 2021年）

マダガスカル	スーダン	エチオピア	フィリピン	ブラジル	ロシア	中国	韓国	日本	スウェーデン	アメリカ
453	745	821	3,584	7,305	11,960	12,324	35,329	41,162	62,469	70,081

低所得国（1人当たりGNI1,085ドル以下の国）／中所得国（1人当たりGNI1,086〜13,205ドルの国）／高所得国（1人当たりGNI13,206ドル以上の国）

[『世界国勢図会2023/24』]

解説 国民所得から見る格差 所得の高い国々は北半球に集中しており、南半球の発展途上国との経済格差がしばしば問題になっている（南北問題）。低所得国においては衛生面も重大な課題である。発展途上国は植民地体制を基本とする世界経済システムから脱却するために、天然資源に対する主権を主張したり、一次産品の価格安定化を求めたりしている。

はみだしメモ 「円は360度だから1ドル=360円になった」というのは事実ではない。実際は330円程度で検討されていたが、冷戦構造のなか日本の復興を急務としたアメリカ国務省の主導で、360円という円安基準が決定されたという。

経済のグローバル化と貧困・格差

7 発展途上国の輸出品目割合（2021年）

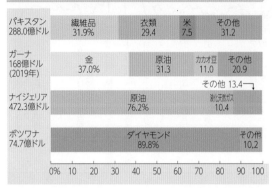

パキスタン 288.0億ドル	繊維品 31.9%　衣類 29.4　米 7.5　その他 31.2	
ガーナ 168億ドル (2019年)	金 37.0%　原油 31.3　カカオ豆 11.0　その他 20.9	
ナイジェリア 472.3億ドル	原油 76.2%　液化天然ガス 10.4　その他 13.4	
ボツワナ 74.7億ドル	ダイヤモンド 89.8%　その他 10.2	

0% 10 20 30 40 50 60 70 80 90 100

[『世界国勢図会 2023/24』]

解説 **モノカルチャー経済** モノは「単一の」という意味で，一国の産業構造がごく少数の一次産品（農林水産物や鉱物資源）に偏っている状態をいう。第二次世界大戦以前から欧米の植民地であった発展途上国が特定の一次産品の生産を強要されたことにはじまる。

8 一次産品の国際価格指数の変動

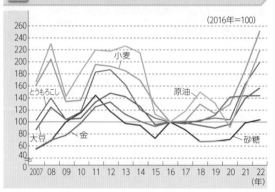

(2016年=100)

小麦、とうもろこし、原油、大豆、金、砂糖

2007 08 09 10 11 12 13 14 15 16 17 18 19 20 21 22 (年)

[IMF資料による]

解説 **一次産品の価格** 工業製品生産に特化している先進国と一次産品生産に特化している発展途上国との格差が問題になってきた。一次産品は，交易条件が不利になる傾向があること，価格が短期的に見ると不安定であるということ，そして工業製品に比べると飛躍的な成長の可能性が少ないという点に問題がある。

9 経済格差是正へのとりくみ－UNCTAD

回	年・開催地	おもな内容
1	1964 ジュネーブ	プレビッシュ報告「援助より貿易を」。援助目標を国民所得の1％に設定
2	1968 ニューデリー	一般特恵関税制度合意，援助目標をGNP比1％に設定
3	1972 サンチャゴ	援助目標を政府開発援助（ODA）のGNP比0.7％に設定。「援助も貿易も」
4	1976 ナイロビ	一次産品総合計画（IPC）採択，一次産品市場の安定的拡大をはかる
5	1979 マニラ	UNCTADを新国際経済秩序樹立に関する主要交渉機関として確認
6	1983 ベオグラード	先進国による貿易規制の漸次撤廃を審議。先進国不況で実質的成果なし
7	1987 ジュネーブ	累積債務問題，「一次産品共通基金」などを討議
8	1992 カルタヘナ	「貧困撲滅委員会」を新設。先進国の保護主義政策禁止を訴える
9	1996 ヨハネスブルグ	一次産品共通基金・途上国間経済協力を強化
10	2000 バンコク	グローバリゼーションの恩恵をすべての諸国が享受，8分野の行動計画採択
11	2004 サンパウロ	WTOへの発展途上国の加盟を円滑化すべきと指摘
12	2008 アクラ（ガーナ）	グローバリゼーションにおける開発のあり方，UNCTADの機能強化を討議
13	2012 ドーハ	開発を中心に据えたグローバリゼーションをテーマに討議
14	2016 ナイロビ	持続可能な開発目標（SDGs）や投資，デジタルエコノミー等を討議
15	2021 ブリッジタウン	ワクチンへの不平等なアクセス，債務危機，気候変動の危機などを討議

解説 **国連貿易開発会議**（UNCTAD）は非同盟諸国会議と発展途上国の南の国々によって設置され，南北問題解決のために役割を果たしてきた。

10 資源ナショナリズム

●石油輸出国機構（OPEC）

目的	(1) 加盟国の石油政策の調整及び一元化 (2) 国際石油市場における価格の安定を確保するための手段を講じる (3) 生産国の利益のための着実な収入の確保
加盟国	（原加盟国）イラン，イラク，クウェート，サウジアラビア，ベネズエラ （その他の加盟国）カタール，リビア，アラブ首長国連邦，アルジェリア，ナイジェリア，エクアドル，アンゴラ，ガボン，赤道ギニア，コンゴ共和国（2018年6月時点）

解説 国際石油資本と呼ばれるメジャーが開発から販売まで総合的に手がけているという状況の下，石油価格の下落を防ぐために石油輸出国が設立した機構がOPEC。資源ナショナリズムという考え方を具体化したものである。

●新国際経済秩序（NIEO）

目的		(1) 発展途上国の国際社会での地位の改善 (2) 国際経済の安定と発展
概要	宣言	・各国は，自国の天然資源を保護するため国有化及び所有権を自国民に移転する権利を有する。 ・生産者同盟は開発途上国の発展に役立つ ・開発途上国の交易条件改善のための価格リンク ・経済全分野における開発途上国のための特恵的取扱い
	行動計画	・最近の経済変動により最も影響を受けた諸国に対する救済策として，特別基金の設置および国連緊急事業の発足を決定 ・上記宣言の諸原則を実施するための分野別（貿易，金融，食糧，原料などの諸分野）の諸措置を具体的に規定

解説 石油危機をきっかけに産油国と先進国との対立軸が明確になってきた。このことをきっかけに石油など資源を保有している国々は資源ナショナリズムを主張し，同時に経済的主権の平等を中心とした新国際経済秩序を確立するべきだと主張することによって，先進国と対立していくのであった。

はみだしメモ 世界では，6人に1人が1日約100円で生活し，1日1食で服も買えないほど貧しい暮らしをしており，毎年1,000万人以上の子どもが5歳まで生きられず，約7,000万人の子どもが小学校にも通えないでいるという。

11 累積債務問題

● 世界各国の対外債務残高と対GNI比の状況（2021年）

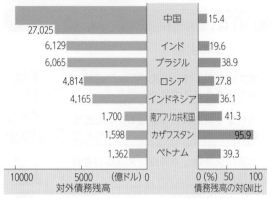

国	対外債務残高（億ドル）	債務残高の対GNI比（%）
中国	27,025	15.4
インド	6,129	19.6
ブラジル	6,065	38.9
ロシア	4,814	27.8
インドネシア	4,165	36.1
南アフリカ共和国	1,700	41.3
カザフスタン	1,598	95.9
ベトナム	1,362	39.3

[『世界国勢図会2023/24』]

解説 累積債務問題 1970年代におきた国際的なカネ余りの状況から、発展途上国が海外から借り入れを行い、急速な開発を進めてきたことが背景にある。**債務総額の対GNI比率が高いほど問題は深刻であると捉える傾向があり、債務返済の繰り延べ（リスケジューリング）が行われている。**

12 南南問題

● 1人当たりの国内総生産（2021年）

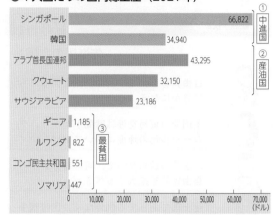

国	（ドル）	グループ
シンガポール	66,822	① 中進国
韓国	34,940	① 中進国
アラブ首長国連邦	43,295	② 産油国
クウェート	32,150	② 産油国
サウジアラビア	23,186	② 産油国
ギニア	1,185	③ 最貧国
ルワンダ	822	③ 最貧国
コンゴ民主共和国	551	③ 最貧国
ソマリア	447	③ 最貧国

[『世界国勢図会2023/24』]

解説 発展途上国は、 ①工業が発達していった国々、②石油資源を持つ国々、③飢餓や累積債務などの貧困から脱却し切れていない国々といったような三つのグループに分かれていった。南北問題の南側の国々の中で起こったこのような問題は**南南問題**といわれている。

国際

経済のグローバル化と貧困・格差

13 サミット（先進国首脳会議）

▲サミットに出席する各国首脳（当時）2023年。

年	開催地	概要
2021	コーンウォール（イギリス）	新型コロナウイルス感染症からの「より良い回復」を達成するための経済回復、ジェンダー平等のほか、外交、保健、環境問題、さらに中国の人権問題や地政学的課題などについて議論
2022	エルマウ（ドイツ）	ロシアのウクライナ侵攻と、それにともなう食料危機やエネルギーの価格高騰といった問題への対応などについて議論。ウクライナからもゼレンスキー大統領がオンラインで参加した。
2023	広島（日本）	生成系AIの発展にふれ、「広島AIプロセス」の検討を決定。気候変動やウクライナ情勢などに関する国際協調を掲げ、核軍縮をめざす「広島ビジョン」も採択された。

[外務省ウェブページを参考に作成]

解説 国際情勢への対応 1970年代、通貨・貿易・エネルギーなどの諸問題に対する政策協調を、首脳レベルで議論する場が必要であるとの認識が先進国の間に生まれた。そこで、1975年にパリ郊外のランブイエにおいて、日本・アメリカ・イギリス・フランス・西ドイツ（現在はドイツ）・イタリアの6か国による第1回サミットが開催された。

14 G20

G20

G7

🔴 日本　🇺🇸 米国　🇬🇧 英国

ドイツ　フランス　イタリア　カナダ

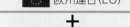

欧州連合（EU）

＋

新興国など

BRICS

ロシア　中国

インド　ブラジル　南アフリカ

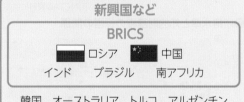

韓国　オーストラリア　トルコ　アルゼンチン

インドネシア　サウジアラビア　メキシコ

＋

国際機関や招待国も参加

国連、国際通貨基金（IMF）、世界銀行

世界貿易機関（WTO）……

解説 国際経済問題の議論の場 経済のグローバル化が進むなかで、危機への対応と国際金融システムを議論するためには急速に経済成長している新興国を加えた首脳会合をおこなう必要性が認識された。世界経済の安定的かつ持続可能な成長の達成に向けて協力することを目的として、毎年1回開催されている。

Active 公正な国際貿易とは何か

国際貿易は，自由貿易を基本として営まれている。しかし各国の状況はさまざまであり，貿易のあり方をめぐっては対立も繰り返されている。公正な国際貿易のルールとはどのようなものだろうか。

経済のグローバル化と貧困・格差

観点・視点
Point of View

先進国の主張 ▶ ✕ ◀ 途上国の主張

自由貿易を推進すれば，途上国もさらに豊かになる

すでに発展している先進国と同じルールを強要されるのは不公平だ

多国間の貿易交渉は時間がかかり，グローバル化の速度についていけない

これまで規制の外で発展していた先進国に，より厳しいルールを課すべきだ

二国間の貿易交渉で，可能な分野から自由貿易を拡大するべきだ

二国間交渉は，力の強い先進国が有利な形態だ

途上国であっても例外なく，国際競争上のルールを守るべきだ

医薬品などの知的財産権の保護は，国情に沿って緩和されるべきだ

✓ 振り返りチェック　p.323 ②GATT（関税と貿易に関する一般協定），p.325 ⑥南北格差，
p.326 ⑨経済格差是正への取り組み-UNCTAD

先進国の主張

❶先進国と途上国の貿易額

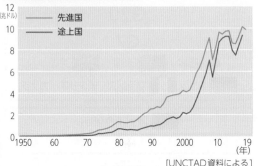

[UNCTAD資料による]

❷所得水準と知的財産権の保護の関係

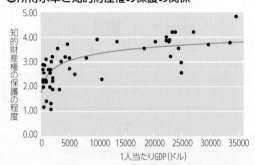

[経済産業研究所資料による]

解説 自由貿易において先進国が先に利益を得たのは事実であるが，近年は途上国も同様に利益を受けているため，自由貿易をさらに進展させていくことは世界経済の発展につながるものである（❶）。一方，知的財産権の保護については途上国での取り組みが遅れている。途上国は保護されるだけの立場であってはならない（❷）。

途上国の主張

❸世界の国・人口・GNI（国民総所得）の分布（2021年）

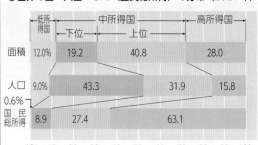

	低所得国	中所得国下位	中所得国上位	高所得国
面積	12.0%	19.2	40.8	28.0
人口	9.0%	43.3	31.9	15.8
国民総所得	0.6%	8.9	27.4	63.1

注. 低所得国は1人あたりGNIが1,085ドル以下，中所得国のうち下位は1,086ドル以上4,255ドル以下，上位は4,256ドル以上13,205ドル以下，高所得国は13,206ドル以上の国。『世界国勢図会2023/24』による]

❹地域別FTAの発効件数（2022年時点）

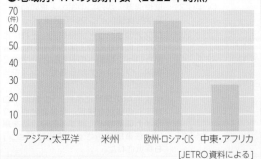

[JETRO資料による]

解説 途上国の貿易額が拡大しているのは事実だが，途上国は先進国よりも人口が多い一方で国民所得は圧倒的に少ない。先進国と同じ条件で貿易取引をおこなうことは不公平である（❸）。さらに，自由貿易協定は先進国が先行して取り組んでおり，後発である途上国が参入するのは不利な状況である（❹）。途上国への保護は必要である。

共通テスト
23

貿易は，ただ単に財やサービスを取引するだけのものではない。企業の利益と人命，国内産業の保護と自由化など，考え方が対立するものもある。それぞれを比較しながら，これからの貿易に必要な原則を考察してみよう。

◆ 医薬品の知的財産権と人命

近年医学の進歩は目覚ましく，抗生剤をはじめとする多くの薬によって人々はより健康的な生活を享受できるようになった。一方で，低中所得国と呼ばれる国々には，いまだに財政的余裕がないために，多くの人が治療に必要な医薬品を手に入れられない状況に置かれている。

この医薬品のアクセス（低中所得国の人たちが医薬品を入手できること）と医薬品の値段の関係についてはもう20年以上も国際保健の分野で議論されているが，いまだ十分な解決策がなく国際会議の度に，世界各国が議論を交わしている。（中略）

さかのぼること1990年代，この頃世界ではHIV/AIDSが爆発的に流行していた。当時，HIVの治療薬として注目を浴びていた抗レトロウイルス（ARV）3剤併用療法は，一人当たり年間150万円以上，とても低中所得国に住む人が手の出せる価格ではない。各国政府の中には，自国で薬を製造して安価に販売しようとの試みもあったが，これを阻んだのが世界貿易機関（WHO）が参加各国に参加を強制していた，「貿易関連知的財産権協定（TRIPS協定）」である。このTRIPS協定は，知的所有権を守る特許制度を国際的に推進するものであったが，次第にこのTRIPS協定が公衆衛生に負の影響を与えていると大きな批判にさらされることとなった。

結局，2001年に「WTOの各加盟国は，国民の健康が危機にさらされた場合，医薬品の特許に関して強制実施権を発動することができること，国民の健康上の危機に関する判断は各国がその主権に基づいて自ら判断できること」を定めた「ドーハ宣言」が採択された。

このドーハ宣言の採択により，世界で1,500万人以上の人がエイズ治療にアクセスできるようになるなど一定の成果があった。一方で，近年はWTOという従来の枠組みに加え，TPP等の様々な貿易枠組みが登場しており，その都度医薬品のアクセスと医薬品の知財保護やそれに伴う医薬品価格は常に議論にのぼる。

（THE POVERTIST
「途上国での薬を巡る課題－医薬品アクセスと知財の関係」
https://www.povertist.com/ja/generic-med-ip/）

◆ 自由貿易が「幼い産業」の未来を奪う？

幼い子どもたちが一人前になるには，大人たちの保護が必要で，政府のさまざまな子育て支援もその手助けとなる。とくに生まれてまもない乳幼児は，家族のみならず社会全体で保護するべきで，そのことに異論を唱える読者はいないであろう。では，保護の対象が幼児ではなく幼稚な産業だったらどうだろうか。現在は高コストなどで競争力がなく，自由貿易では外国との競争に勝てずに利益を生み出せないが，経験を積めば将来は保護がなくても利益を生み出す見込みがある有望な産業を「幼稚産業」と呼ぶ。これまで，貿易の本質が相互に利益をもたらす交換活動であり，自由貿易にはさまざまなメリットがあることを述べてきた。また，同時に，保護貿易の問題点も指摘してきた。しかし，これまでの議論では，現在の保護が，現時点では経済にマイナスになるとしても，将来はより大きな利益を生み出すことにつながるという視点が欠けていた。逆にいえば，自由貿易が現時点では利益を生んだとしても，それが将来の経済を支える有望な産業の芽をつむことになるのだとしたら，長期的には損失をもたらすおそれがある。自由貿易のメリットを認めたとしても，潜在的な比較優位産業を育てることを目的とした期限付きの保護貿易政策であれば，一定の合理性があるように思われる。「産業が育つまで」という条件付きであれば，海外からの輸入を一時的に制限することは正当化されるだろうか。

将来有望な産業を，外国からの競争から一時的に保護し，それにより国内で育てようとする政策を，「幼稚産業保護政策」という。幼稚産業保護政策は，保護貿易を正当化する有力な根拠として広く支持を得ており，実際に各国で採用されてきた。……

しかし，輸入制限を通じた国内産業の育成が正当化されるためには，越えなければならないハードルがいくつかある。……

チェック1　本当に有望な産業に育つのか……
チェック2　その産業は育てる価値があるのか……
チェック3　政府が幼稚産業を育てる必要があるのか……

（椋 寛『自由貿易はなぜ必要なのか』有斐閣）

経済のグローバル化と貧困・格差

TRY

①貿易関連知的財産権協定（TRIPS協定）はどのようなことを目的として定められたものか，医薬品との関係をまとめてみよう。
②医薬品へのアクセスをめぐって，ドーハ宣言によって何が可能になったのか，まとめてみよう。
③公平な貿易のあり方はどのようなものか，帰結主義と義務論の考え方に立って考えてみよう。

3 経済のグローバル化と金融危機

DIGEST

経済のグローバル化によってどのような問題が生じているか

1.グローバル化する経済

①経済のグローバル化…ヒト・モノ・カネ・情報が地球規模で急速に移動する **1**

②金融活動の規制緩和…1980年代以降に進展

…国境をこえた資本取引，地球規模での金融機関の活動

→国際金融市場の成長，デリバティブ取引が急拡大 **2**

2.国際金融市場と金融危機

①ヘッジファンド…巨額資金を集めて通貨，株式，商品などに投資し，利益を分配するある種の投資信託

…本拠地をタックス・ヘイブンにおき，租税の負担を回避 **5**

②通貨危機の発生

国内の金融市場が未整備な新興国に資金が急激に流入

→バブル経済の発生

→その国の成長鈍化などの予想が支配的になると，資金が一斉に引き上げられる

→通貨価値が急激に下落する（通貨危機）

例：1997年のアジア通貨危機など **3**

③金融危機の発生

・サブプライムローンを組み込んだ債券価格が暴落し，世界の投資家に大きな損失 **4**

→大手証券会社のリーマン・ブラザーズが破綻して世界的な金融危機に発展（リーマン・ショック）

3.世界経済の安定をめざして **6**

①国際的な資本取引への課税の検討

②リーマンショック後の金融規制のあり方

---

1 国際的な資本移動の増加

●世界の対外直接投資の推移

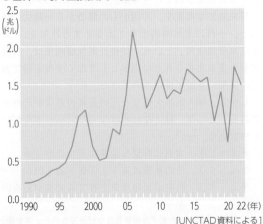

[UNCTAD資料による]

解説 拡大する国際金融取引 対外直接投資とは，国外で事業活動をおこなうために他国の企業を買収したり生産設備などに投資したりすること。1980年代以降の進展した金融活動の規制緩和，1990年代から旧社会主義圏の市場経済化と世界経済への統合が進んだこと，さらに情報通信技術の発達とともに国際金融取引は著しい拡大を遂げている。

2 金融派生商品（デリバティブ）

●デリバティブ取引の種類

・先物…将来の売買を現時点で約束する

・オプション…あらかじめ決めた価格で売買するかを選択する権利

・スワップ…将来の金利変動リスクを管理する

●先物取引の例

10万円ならギリギリ買える…今はお金がないけど，すぐに値上がりするかもな…

¥100,000

来月の給料で必ず払いますので，そのときに10万円で売ってください（値下がりしたとしても，値上がりして買えなくなるよりはマシだ）

わかりました（値上がりするかも知れないけど，在庫を持ち続けて値崩れする危険を抱えるよりはマシだ）

解説 取引に保険をかける 金融商品は価格が上下するため，将来における価格変動の危険性（リスク）を低下させることなどを目的に，金融派生商品（デリバティブ）が作り出された。リスクを最小限にしながら金融商品の売買をおこなえるのである。

はみだしメモ デリバティブ取引は最新の金融技術であるイメージをもつが，江戸時代に大坂堂島の米市場で行われていた帳合米取引（米の売買価格を収穫前に決めておく取引）は，先物取引の原型ともいえるものである。

③ アジア通貨危機

❶アジア通貨危機の構造

| 日本などの先進国から企業が進出 | ヘッジファンドの積極投資 |

資本　輸出　　投資　資金

タイ　工業化政策のため積極的に外貨を導入

バブル経済

ヘッジファンド* 資金が海外に引きあげる

タイバーツ暴落, アジア諸国にも通貨危機が広まる

＊ヘッジファンド…富裕層など限られた人を対象に大口の資金を集め, 専門家であるファンドマネージャーが積極的な運用をおこなって高い収益をめざす商品やその担い手のこと

❷アジア諸国の経済成長率

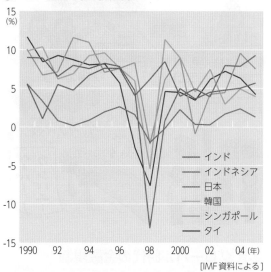

凡例：インド／インドネシア／日本／韓国／シンガポール／タイ

[IMF資料による]

解説 バーツの急落　アジア通貨危機は, 1997年にタイの通貨バーツが機関投資家による投機的な売買の対象となって暴落し, アジア全域に波及した通貨・経済危機。これによってタイ・インドネシア・韓国の経済は大きな打撃を受け, IMF管理下に入った。

国際

④ サブプライムローン

❶サブプライムローン問題の広がり

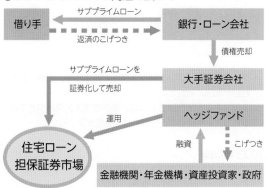

❷主要国・地域の実質経済成長への影響

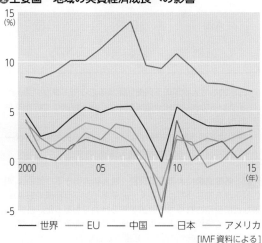

凡例：世界　EU　中国　日本　アメリカ
[IMF資料による]

❸証券化のしくみ

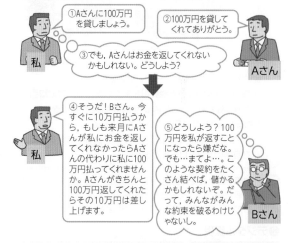

①Aさんに100万円を貸しましょう。
②100万円を貸してくれてありがとう。
③でも, Aさんはお金を返してくれないかもしれない。どうしよう？
④そうだ！Bさん。今すぐに10万円払うから, もしも来月にAさんが私にお金を返してくれなかったらAさんの代わりに私に100万円払ってくれませんか。Aさんがきちんと100万円返してくれたらその10万円は差し上げます。
⑤どうしよう？100万円を私が返すことになったら嫌だな。でも…まてよ…。このような契約をたくさん結べば, 儲かるかもしれないぞ。だって, みんながみんな約束を破るわけじゃないし。
私／Aさん／Bさん

このように, 返済不能になる人が特別に多くならない限り, Bさんはそれなりの儲けが得られるのです。さらに「お金を返してもらう権利」という証券が収益をあげなかった場合のための保険も登場したのでBさんのような人は安心して「お金を返してもらう権利」の証券を買うことができたのです。

[飯田泰之『経済の教室』2013より作成]

解説 隠されたリスク　アメリカの金融機関は, 低所得者向けの住宅ローンであるサブプライムローンなどリスクの高い債権を証券化し, 高い利回りで発行した。しかし, 住宅バブルが崩壊するとそれらの金融商品は不良債権となり, リーマン・ブラザーズなどの投資銀行が次々と破綻し, 国際的な経済危機にまで発展した（**リーマン・ショック**）。

はみだしメモ　一般にハイリスク証券にはハイリターンが, ローリスク証券にはローリターンが予測されるが, 様々な金融商品が組み合わされることによって, 「ローリスクハイリターン」に見えてしまったのが「サブプライムローン」である。

5 タックス・ヘイブン（租税回避地）

●法人税率の低い国・地域（2020年）

0%	バハマ，バヌアツ，英領バミューダ諸島，英領バージン諸島，英領ケイマン諸島，仏領サン・バルテルミー島　など
5.5%	バルバドス　　　8%　トルクメニスタン
9%	ハンガリー，モンテネグロ
10%	アンドラ，ブルガリア，キルギスタン，パラグアイ，カタール，ジブラルタル，ボスニア・ヘルツェゴビナ　など

解説 **ヘイブン＝避難所**　法人税などの税率が極めて低かったり，様々な規制が緩かったりする。さらに，金融機関に口座を持っている人の情報が秘密にされていて，誰がどのくらい資産をもっているか極めてわかりにくいことも多い。このような政策をとる地域の多くは小規模で自国産業に乏しいという共通点がある。税をなくすことで多くの企業や富裕層がやってきて高額な消費が期待され，地域の雇用につながる可能性もでてくる。税を取るよりも有益だという考え方がこの政策の背景にある。

6 グローバル時代の金融規制

❶金融取引税

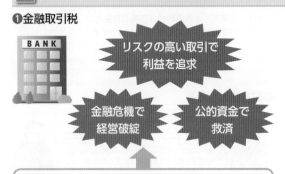

・金融機関の取引に対して一定の税率をかける
　→取引回数が増えると税負担も多くなるため，短期取引が繰り返されることによる市場の混乱を回避できる
・複数国が国際的に共同して租税を導入する
　→課税権力が国家の枠を超えるので，国際的な資金移動を有効にコントロールできる

解説 **政策手段としての課税**　EUで導入が承認された金融取引税は，税収目的ではなく金融取引を規制する画期的な税制度である。ただし反対する加盟国もあり，実現はしていない。

❷デジタル課税

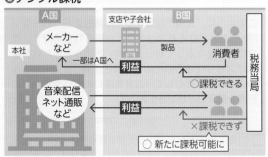

解説 **課税権は誰にあるか**　国際的な法人税のルールは「企業の本社・支社・工場などの恒久的施設・拠点がある国で課税する」というものだったが，デジタルの財・サービスはインターネット上で取引されるため，課税権の所在が課題となっていた。

❸法人税の国際的な最低税率の設定

これまで

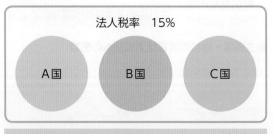

・タックス・ヘイブンを利用することによって，企業本国の利益が他国に流れてしまう
・多国籍企業を誘致するために，各国の法人税率の引き下げられることを通じて，全体の法人税収が減少していた

2023年以降

法人税率　15%

A国　　B国　　C国

・国際的な法人税率の下限を設定することで，タックス・ヘイブンへの利益流出や法人税率の引き下げ競争に終止符を打つ
・今後は経済活動の実態がない租税回避目的の企業（ペーパーカンパニー）の乱用防止も議論

解説 **各国協調による国際課税**　法人税の引き下げ競争は課税の公平性を損なうだけでなく，必要なインフラ整備や感染症対策などに使用されるべき財源を奪う行為でもあった。各国の協調によって国際課税ルールが形成されつつあることは，グローバル時代の金融規制における転換点でもある。

はみだしメモ　企業の外国移転を防ぐため，法人税率を他国と競い合いながら下げ，最終的に税収がなくなってしまうのではないかという危機感を表した言葉を「底辺への競争」という。

4 地域経済統合と新興国

📎 DIGEST

公正で公平な国際貿易の実現について考えてみよう

1.地域経済統合

①貿易自由化の協定 **1**

　　FTA（自由貿易協定）…特定の地域や国家間で，主に物品やサービスの貿易自由化をめざす協定

　　EPA（経済連携協定）…FTAに加えて，投資や人の移動も含んだ連携をめざす協定

②おもな地域経済統合 **2** **3** **4**

　・APEC（アジア太平洋経済協力）…1989年結成

　・AFTA（ASEAN自由貿易地域）…1993年設立

　・NAFTA（北米自由貿易協定）…1994年に設立，再交渉の末2018年にUSMCAとして締結

　・TPP（環太平洋経済連携協定）…2006年に4か国加盟で発効。日本は2013年に交渉参加を表明。
　　　　　　　　　　　　　　　　2018年に「CPTPP」として発効

2.EU（欧州連合）

①EUの歩み **5** **6** **7**

　1952年　ECSC（欧州石炭鉄鋼共同体）の結成…重要資源の共同管理

　1967年　EC（欧州共同体）が発足…ECSCなどを統合

　1993年　マーストリヒト条約が発効してEU（欧州連合）が発足

　1999年　共通通貨ユーロが導入（2002年から流通開始）

　2009年　リスボン条約発効…EUの新基本条約

②EUの課題 **8**

　・財政問題…ギリシャ危機をはじめ，財政赤字の国も少なくない

　・加盟国拡大による域内格差…豊かな西欧・北欧，経常収支赤字が続く南欧，低所得国が多い東欧

　・イギリスの脱退

3.新興国経済の動向と課題

①中国…「世界の工場」から「世界の市場」へと急成長 **9**

　　　　一帯一路構想によりアフリカやアジアの国々のインフラ整備

　　　　国内の経済格差，政治的不安定などの課題 **11**

②その他新興国…BRICS（ブラジル，ロシア，インド，中国，南アフリカ）の台頭 **10**

　　　　　　　アジア各国も高い経済成長を記録している

国際

経済のグローバル化と貧困・格差

1 地域経済統合のパターン

①自由貿易地域
（数量制限や関税はない）

D国に対しては各国の関税がそれぞれ適用される

A国　B国　C国

②関税同盟
（数量制限や関税はない）

D国に対しては統一関税が適用される

A国　B国　C国

③通貨同盟
（共通通貨を導入し統合はさらに深化）

A国　B国　C国

中央銀行のもとで統一金融政策

💨 さらにすすむとサービスや投資に関する
規制も自由化（いわゆる共同市場）

●自由貿易の対象

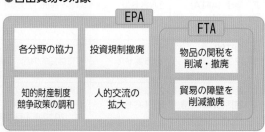

EPA		FTA
各分野の協力	投資規制撤廃	物品の関税を削減・撤廃
知的財産制度競争政策の調和	人的交流の拡大	貿易の障壁を削減撤廃

解説 地域経済統合の種類　地域経済統合にはさまざまなパターンがあるが，これには「無差別・多角主義」というGATT・WTOの原則と矛盾する部分があるため，さまざまな条件をつけて閉鎖的なブロック経済を形成しないよう運用されている。

 **はみだしメモ** 経済統合の形態としては，歴史的に関税同盟が古い。プロイセンを中心として1834年に結成されたドイツ関税同盟は，その最も成功した例とされている。

② おもな地域経済統合（2023年12月現在）

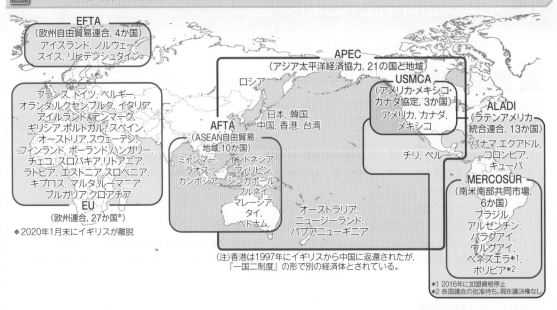

EFTA
（欧州自由貿易連合，4か国）
アイスランド，ノルウェー，
スイス，リヒテンシュタイン

フランス，ドイツ，ベルギー，
オランダ，ルクセンブルク，イタリア，
アイルランド，デンマーク，
ギリシア，ポルトガル，スペイン，
オーストリア，スウェーデン，
フィンランド，ポーランド，ハンガリー，
チェコ，スロバキア，リトアニア，
ラトビア，エストニア，スロベニア，
キプロス，マルタ，ルーマニア，
ブルガリア，クロアチア
EU
（欧州連合，27か国*）
＊2020年1月末にイギリスが離脱

APEC
（アジア太平洋経済協力，21の国と地域）

ロシア

日本，韓国，
中国，香港，台湾

AFTA
（ASEAN自由貿易
地域，10か国）
ミャンマー，インドネシア，
ラオス，フィリピン，
カンボジア，シンガポール，
ブルネイ，
マレーシア，
タイ，
ベトナム

オーストラリア，
ニュージーランド，
パプアニューギニア

USMCA
（アメリカ・メキシコ・
カナダ協定，3か国）
アメリカ，カナダ，
メキシコ

チリ，ペルー

ALADI
（ラテンアメリカ
統合連合，13か国）
パナマ，エクアドル，
コロンビア，
キューバ

MERCOSUR
（南米南部共同市場，
6か国）
ブラジル，
アルゼンチン，
パラグアイ，
ウルグアイ，
ベネズエラ*1，
ボリビア*2

（注）香港は1997年にイギリスから中国に返還されたが，
「一国二制度」の形で別の経済体とされている。

＊1 2016年に加盟資格停止
＊2 各国議会の批准待ち，現在議決権なし

	組織名 [発足年]	域内人口／GDP （2022年）	概要
欧州	欧州連合 (EU) [1993]	4.5億人 16.6兆ドル	1967年に前身となる欧州共同体（EC）が結成され，1993年に発効したマーストリヒト条約によって欧州連合（EU）が発足した。域内格差やイギリスの離脱などの困難もあるが，さらに複数国が加盟をめざしている。
欧州	欧州自由貿易連合 (EFTA) [1960]	0.1億人 1.4兆ドル	欧州経済共同体（EEC）に対抗してイギリス，スウェーデン，ノルウェー，デンマーク，オーストリア，スイス，ポルトガルの7か国で結成したが，EUへの加盟・脱退で現在は4か国。工業製品の貿易制限の撤廃をおもな目的として結成。EUよりゆるやかな結合。
欧州	欧州経済地域 (EEA) [1994]	4.5億人 17.2兆ドル	スイスを除くEUとEFTA加盟国で構成。モノ，サービス，ヒト，資本の自由な移動を目的とした共同市場だが，共通域外関税や共通農業政策などは導入されていない。
北米	アメリカ・メキシコ・ カナダ協定 (USMCA) [2018]	5.0億人 29.0兆ドル	1994年に北米自由貿易協定（NAFTA）として発足し，域内貿易及び投資の自由化をめざす。2017年から再交渉が行われ，域内の部品を一定割合使った製品を非関税にする「原産地規則」の強化などを含む「アメリカ・メキシコ・カナダ協定」が署名された。
中南米	ラテンアメリカ 統合連合 (ALADI) [1981]	5.8億人 5.2兆ドル	中南米自由貿易連合（LAFTA）を改組して発足。加盟各国の経済開発の促進と，最終的に中南米共同市場の達成をめざす。
中南米	南米南部共同市場 (MERCOSUR) [1995]	3.1億人 2.7兆ドル	**発展途上国間の自由貿易ブロック**として初めての共同市場を設立。域内で90％の品目の関税撤廃と，域外で85％の品目に対し，平均14％の共通関税を設定する。
アジア・太平洋	アジア太平洋 経済協力 (APEC) [1989]	29.4億人 61.5兆ドル	当初「開かれた地域協力」を掲げて，日・米・ASEAN諸国など12か国でスタート。他地域の経済ブロック化に対抗し，地域の多国間経済協力関係の強化を図る。先進国は2010年に，途上国は2018年に域内関税を撤廃した。
アジア・太平洋	ASEAN自由貿易 地域 (AFTA) [1992]	6.8億人 3.6兆ドル	1992年のASEAN首脳会議で創設に合意。ASEAN経済協力基本協定や共通効果特恵関税協定などを採択。2006年には域内の関税引き下げに加え，製品の共通認証制度拡充，サービス分野の自由化，人の移動の円滑化，証券取引所の連携などに合意。2015年には，域内でモノ・サービス・人・カネの移動を完全に自由化する**ASEAN経済共同体（AEC）**が創設された。
アジア・太平洋	CPTPP [2018]	5.8億人 14.6兆ドル	アジア太平洋地域においてモノの関税だけでなく，サービス，投資の自由化を進め，さらには知的財産，金融サービス，電子商取引，国有企業の規律など，幅広い分野で21世紀型のルールを構築する経済連携協定。
アジア・太平洋	地域的な 包括的経済連携 (RCEP) [2022]	23.0億人 29.4兆ドル	世界経済・貿易の約3割を占め，工業製品を中心に全体の関税撤廃率は91％に上る。経済の発展段階が異なる多様な国々が参加しているのが特徴。2020年11月に合意したのち，2022年1月に発効した。
アフリカ	アフリカ連合 (AU) [2002]	13.9億人 2.7兆ドル	1963年にアフリカ諸国独立支援のため創設されたアフリカ統一機構（OAU）が新機構として発足。EUにならって共通議会，裁判所，単一通貨導入などをめざす。その後継組織としてアフリカ連合（AU）が発足し，55か国・地域が参加している。

はみだし メモ アフリカ連合の議論のひとつに，アフリカ合衆国構想がある。アフリカ連合の発足はこの構想に向けた動きのひとつであるが，実際は紛争や内乱，飢餓問題などの解決を優先するべきだとして，進展はしていない。

3 日本のFTA・EPA（2023年12月現在）

締結済み／署名済み　　交渉妥結　　交渉中　　CPTPP参加国

CPTPP

CPTPP 参加国
日本
ブルネイ
ベトナム
マレーシア
シンガポール
オーストラリア
ニュージーランド
カナダ
メキシコ
ペルー
チリ
イギリス

EU
イギリス
スイス
GCC*
トルコ
モンゴル
韓国**
カナダ**
タイ
ベトナム
日中韓
RCEP
アメリカ
フィリピン
ブルネイ
メキシコ
インド
マレーシア
コロンビア
シンガポール
ASEAN全体***
ペルー
インドネシア
チリ
オーストラリア

*　バーレーン，クウェート，オマーン，カタール，サウジアラビア，アラブ首長国連邦（交渉延期）
**　交渉中断中
***　投資サービス交渉実質合意

[外務省資料より作成]

国際

●日本のEPA締結国・地域

EPA締結国・地域	発効年月	EPA締結国・地域	発効年月
シンガポール	2002年11月	ベトナム	2009年10月
メキシコ	2005年 4月	インド	2011年 8月
マレーシア	2006年 7月	ペルー	2012年 3月
チリ	2007年 9月	オーストラリア	2015年 1月
タイ	2007年11月	モンゴル	2016年 6月
インドネシア	2008年 7月	CPTPP	2018年12月
ブルネイ	2008年 7月	EU	2019年 2月
フィリピン	2008年12月	アメリカ	2020年 1月
ASEAN全体	2008年12月～	イギリス	2021年 1月
スイス	2009年 9月	RCEP	2022年 1月

●主要国・地域のFTAカバー比率（2022年3月末）

- アメリカ　44.0
- EU（域外貿易のみ）　44.0
- 韓国　77.0
- 中国　48.0
- 日本　77.0

0　20　40　60　80　100（%）

[『世界国勢図会2023/24』]

解説　日本のFTA戦略　日本は長らくGATTやWTOの原則である多角主義をとってきたが，1990年代末以降はFTAやEPAの締結に動いている。締結によって輸出入市場が拡大するという直接的なメリットのほか，経済的な相互関係を深めることによって相手国との政治的信頼感も生まれ，日本のグローバルな外交的影響力や利益を拡大することにつながると考えられたためである。

4 メガFTAの進展

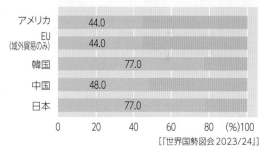

日欧EPA

経済規模	20.9兆ドル
人口	5.7億人
国・地域数	28

高い自由化水準と，知的財産の保護や電子商取引の円滑化など高水準のルールを誇る。ただし，紛争解決と投資家保護については隔たりが大きく，EPAの協議からは切り離された。2019年2月に発効。

TTIP

経済規模	42.1兆ドル
人口	7.8億人
国・地域数	28

2013年に交渉を開始したが，多くの協議分野で隔たりが大きい。トランプ政権が誕生した2017年に合意なく交渉が中止された。

日中韓FTA　韓国　カナダ
EU　アメリカ
中国　日本　メキシコ
ASEAN*　ペルー
オーストラリア・ニュージーランド　チリ

RCEP

経済規模	29.4兆ドル
人口	23.0億人
国・地域数	15

2022年に発効されたが，当初交渉に加わっていたインドは参加を見送った。工業品や農林水産品の関税削減・引き下げのほか，データの流通や知的財産など20の分野で共通ルールを設ける。

*シンガポール，ブルネイ，ベトナム，マレーシアがCPTPPに参加

2006年にシンガポールなど4か国が締結した経済連携協定を土台に，2010年にアメリカ，2013年に日本が参加して12か国で交渉が進められた。2015年には大筋合意に至ったが，2017年にアメリカが離脱を表明，成立が危ぶまれた。残る11か国で協議を再開し，「TPP11」として大筋合意・署名。2018年12月に発効した。モノの関税だけでなく，サービス・投資の自由化や，知的財産・金融サービス・電子商取引など，幅広い分野で高水準のルールが構築されることになる。2023年，イギリスの加入が決定した。

CPTPP

経済規模	14.6兆ドル
人口	5.8億人
国・地域数	12

解説　自由貿易の進展　経済規模や参加国が広範な貿易協定をメガFTAと呼ぶことがある。多くの国で関税や制度を揃えることで，ひとつの市場としてまとめていくことができる。参加国が多すぎると，国情の違いから意見がまとまらなくなる可能性もある。

はみだしメモ　一般にFTAは両国が署名し議会で批准されると発効する。日本の最初のFTAの相手は，主要貿易相手国でもあるシンガポールであった。シンガポールは東南アジア諸国との関係を深めるための大切なパートナーである。

5 ヨーロッパ統合の歩み

年		おもな出来事
1952		欧州石炭鉄鋼共同体（ECSC）設立
1958		欧州経済共同体（EEC）と欧州原子力共同体（EURATOM）設立
1960		欧州自由貿易連合（EFTA）発足
1967		ECSC, EEC, EURATOM統合, 欧州共同体（EC）発足
1973		ECにイギリス，アイルランド，デンマークが加盟し9か国となる（拡大EC）
1979		欧州通貨制度（EMS）発足
1981	EC	ギリシャがECに加盟し10か国に
1986		スペイン，ポルトガルがECに加盟し12か国に
1987		単一欧州議定書発効…1992年末までにヒト・モノ・資本・サービスの域内移動の自由化をめざす
1990		東西ドイツ統一…旧東ドイツECに編入
1992		欧州連合条約（マーストリヒト条約）に全加盟国が調印。経済統合だけでなく政治統合もめざす
1993		マーストリヒト条約発効で欧州連合（EU）発足…ヒト・モノ・資本・サービスの移動が自由になる
1995		スウェーデンなどがEUに加盟し15か国に
1997		アムステルダム条約調印…全会一致方式から多数決制に
1998		欧州中央銀行（ECB）創設
1999		共通通貨ユーロ導入
2001		ニース条約調印
2002		ユーロ現金流通開始
2004		東欧10か国がEUに加盟し25か国に
2007	EU	ルーマニア，ブルガリアがEUに加盟し，27か国に。スロベニアがユーロ導入，ユーロ参加13か国
2008		マルタ，キプロスがユーロ導入，ユーロ参加15か国
2009		スロバキアがユーロ導入，ユーロ参加16か国 リスボン条約発効…EUの新基本条約
2011		エストニアがユーロ導入，ユーロ参加17か国
2013		クロアチアがEUに加盟し，28か国に
2014		ラトビアがユーロ導入，ユーロ参加18か国
2015		リトアニアがユーロ導入，ユーロ参加19か国
2016		イギリス，EU離脱を問う国民投票で離脱派が勝利
2017		イギリス，EUに離脱を通知し交渉開始，20年に離脱
2023		クロアチアがユーロ導入，ユーロ参加20か国

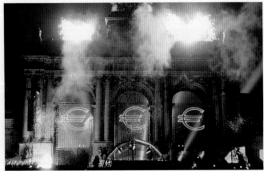

▲ユーロの流通開始を祝う式典（2002年）

解説 対立から協調へ　EUの母体となったのは欧州石炭鉄鋼共同体（ECSC）である。これはフランスとドイツの間で伝統的な対立の要因となっていた石炭と鉄鋼の生産を共同管理するもので，他のヨーロッパ諸国の参加も歓迎するものだった。このECSCの成功が，ヨーロッパの経済統合に弾みをつけたといえる。その後，外交や安全保障，単一市場など共通政策の幅を広げ，多くの国が参加する地域統合体に成長した。

6 EUのしくみ（主要機関）

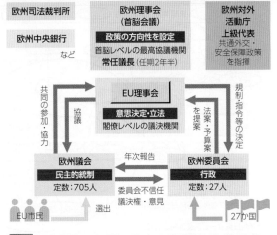

解説 EUの機構は，民主的に選ばれた欧州議会，加盟国を代表する閣僚によって構成された欧州連合理事会，各国の元首や首脳で構成される欧州理事会等の機関で成り立っている。

7 EUの変遷

■ 1995年時点加盟15か国　■ 2004年加盟10か国
■ 2007年加盟2か国　　■ 2013年加盟1か国
■ 加盟交渉中5か国　　☆ ユーロ参加国（20か国）

（注）イギリスは2020年に離脱

◀イタリア発行のユーロ硬貨（右はイタリアの代表的な芸術家レオナルド＝ダ＝ヴィンチが描いた人体図のデザイン）

解説 EUの統合　現在のEUは，経済を中心に統合している。これに加えて，安全保障政策や警察，刑事司法協力等幅広い協力を目指している。総人口はアメリカの1.6倍，日本の3.9倍，GDPもアメリカの1.1倍，日本の3.2倍と国際経済に多大な影響力を持つ。リスボン条約により欧州理事会常任議長（通称EU大統領）と外務・安全保障政策上級代表（通称EU外相）が設置され，政治面での統合も進みつつある。各国の政治・経済状況を踏まえて，どのように協調していくのかが課題である。

はみだしメモ　ユーロ硬貨は，片面は各国共通のデザインになっているが，もう一方の面は発行国がデザインを自由に決めることができる。君主の顔が描かれているものもあれば，共和国等では建物が描かれている場合もある。

8 EUの課題

❶域内格差

●1人あたり名目GDP（2023年）

- 40,000ドル〜
- 20,000〜40,000ドル
- 10,000〜20,000ドル
- 〜10,000ドル

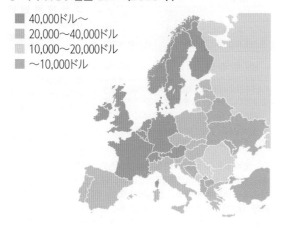

[IMF資料による]

●EU予算における受益と負担（2018年）

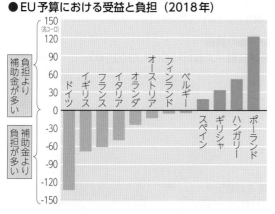

[欧州委員会資料による]

解説 北欧と西欧・南欧・東欧の格差 加盟国が拡大するにつれて、域内の経済格差が顕著になってきた。ドイツなどの西欧・北欧諸国は製品輸出が好調で、経済的に潤っている。一方で南欧・東欧諸国は製造業も停滞しており、その経済力の差はEU予算の受益と負担にも表れている。

❷財政問題

●財政収支の対GDP比率

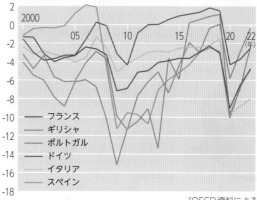

- フランス
- ギリシャ
- ポルトガル
- ドイツ
- イタリア
- スペイン

[OECD資料による]

●ギリシャ危機

共通テスト 19

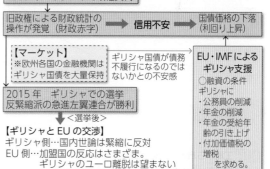

2009年 ギリシャで政権交代
↓
旧政権による財政統計の操作が発覚（財政赤字） → 信用不安 → 国債価格の下落（利回り上昇）

【マーケット】
※欧州各国の金融機関はギリシャ国債を大量保持
→ ギリシャ国債が債務不履行になるのではないかとの不安感

2015年 ギリシャでの選挙
反緊縮派の急進左翼連合が勝利
↓ ＜選挙後＞

【ギリシャとEUの交渉】
ギリシャ側…国内世論は緊縮に反対
EU側…加盟国の反応はさまざま。
ギリシャのユーロ離脱は望まない

EU・IMFによるギリシャ支援
○融資の条件
ギリシャに
・公務員の削減
・年金の削減
・年金の受給年齢の引き上げ
・付加価値税の増税
を求める。

解説 厳しい財政運営 ユーロ加盟時には、年間の財政赤字をGDP比3%以下にするなど厳しい条件がある。一方、ギリシャでは2009年の政権交代をきっかけに巨額の財政赤字が発覚した。金融市場では、ギリシャが債務不履行になるのではないかという不安が高まり、ギリシャ国債が急落した。さらに2011年以降、財政赤字と債務不履行がスペイン、ポルトガルやイタリアなどにも波及して危機を招いた。一元化された通貨・金融政策に対して、各国の主権とされる財政政策にEUがどこまで介入できるかが今後の課題である。

❸イギリスの離脱

▲国民投票で勝利宣言をするEU離脱派

●難民のおもな移動経路

- イギリス
- シェンゲン協定の圏内
- ドイツ
- バルカンルート
- オランダ
- イタリア
- トルコ
- ギリシャ
- モロッコ
- 地中海ルート
- シリア
- リビア

▲地中海を渡る難民

シェンゲン協定…協定域内における国境管理を廃止した協定。協定加盟国で一度入国審査を受ければ、他の加盟国には自由に移動できる。

解説 EUからの離脱 イギリスでは移民の増加への対応をはじめ、EUの枠内では主体的な決定ができないことに不満が募っていた。国民投票によってEUからの離脱が決定され、2020年1月に完全離脱を果たした。離脱後にイギリスはEUと自由貿易協定を結んだので経済的な打撃は少なかったとされる。また、現在のところ離脱が続くような事態は見られない。

はみだしメモ 2016年にイギリスでおこなわれたEU離脱の是非を問う国民投票は、残留派が48.11%、離脱派が51.89%の僅差での決着だった。投票率は72.21%であり、棄権が少なければ結果は変わっていたかも知れない。

9 中国経済の動向

❶中国の改革・開放

改革	農村における人民公社制度の改革…上納義務のほかは自由に生産活動ができる仕組みを全国に広げ、人民公社を解体
開放	対外開放…全土的な社会主義計画経済のなかに沿海部を中心に資本主義の拠点をつくり、それを拡大していく方式。経済特別区として深圳、珠海、厦門、汕東の4地区を設定した。

解説 先富論 革命路線から近代化路線へと舵を切った鄧小平は、「先に豊かになれる人や地域から豊かになり、富裕層が貧困層を援助する」という先富論を説いた。中国は急激な経済成長を遂げることになるが、貧困層の援助は行きわたらず、国内の格差が深まっていった。

▲鄧小平

❷中国の成長
●国内総生産の推移

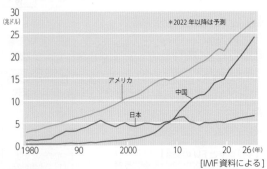

[IMF資料による]

解説 工場から市場へ 豊富な労働力を安価に供給できる中国には、海外から多くの企業が進出して工業製品を大量生産したことから「世界の工場」と呼ばれた。その後、13億の人口と中産階級の所得向上によって「世界の市場」としても期待される。

❸「一帯一路」構想

解説 「一帯一路」構想 2013年に習近平国家主席が提唱した東アジア、西アジア、ヨーロッパを陸と海の2つの道で結ぶ経済圏構想。2017年5月に習主席の主導で開催された「一帯一路」の推進を目指す首脳会議には29か国が参加した。この構想の背景には、中国経済の減速と、日本などがTPPの交渉を進めていたことを受け、中国主導の別の経済圏づくりを目指したことがある。構想されているルートでは、鉄道、高速道路、パイプライン、港湾施設などの社会資本や情報網の整備を掲げている。これによって、貿易や投資が活発化することが期待されるが、中国が経済的に台頭することへの警戒感も指摘されている。

❹アジアインフラ投資銀行（AIIB）の創設

ADB		AIIB
1966年, マニラ	設立年・本部	2015年, 北京
68カ国・地域	加盟国数	103カ国・地域
浅川正嗣（日本）	総裁	金立群（中国）
282億ドル	年間融資額（2020年）	100億ドル
①日本（12.8%）②米国（12.8%）③中国（5.5%）	主要国投票権のシェア	①中国（26.6%）②インド（7.6%）③ロシア（5.4%）

注.加盟国数は2021年末時点。投票権シェアは2020年時点。

解説 アジアインフラ投資銀行（AIIB）は、アジアのインフラ整備に低い金利で投資する国際金融機関で、中国が創設を提唱した。バングラデシュの天然ガス施設、インドネシアのダム等の融資を承認している。全資本金のうち約30％を中国が占め、重要議案の採決では中国が事実上の拒否権を握っている。日本とアメリカは、中国が過大な発言権を持つことへの懸念と、同じ目的の**アジア開発銀行（ADB）**を主導する立場にあることから、参加に慎重な姿勢をとっているが、AIIBには、ヨーロッパの主要国であるイギリスやドイツ、フランスに加えて、ADBに参加していないブラジルや南アフリカ、ロシアが加盟している。

現在、ADBはAIIBと協力・補完関係を構築したいという姿勢も見せるようになっている。

❺中国の課題
●地区別一人当たりGDP（2020年）

■ 90000元〜
■ 60000〜90000元
■ 50000〜60000元
■ 〜50000元

[中国統計年鑑による]

●大気汚染でかすむ北京市

解説 経済成長の光と影 中国は改革・開放政策のもとで経済成長を遂げてきたが、沿岸部を中心とする富裕層と内陸などの貧困層との所得格差は極めて大きくなっている。また都市部の大気汚染も危機的な水準にあり、環境保全のための政策が求められている。

はみだしメモ 新型コロナウイルスの感染対策として工場の操業停止措置が取られていた時期は、北京市の大気汚染が改善して青空が戻った。しかし経済活動再開とともに大気の汚染状況は再び悪化している。

10 成長する新興国経済

❶世界の実質成長率の推移（国・地域別寄与度）

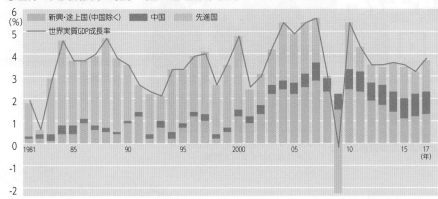

[『通商白書』による]

共通テスト 21

解説 世界経済をリードする新興国 世界の経済成長において各国・地域がどの程度貢献しているのかを分析すると，2000年ごろから新興・途上国の割合が高くなってきている。新興・途上国の成長要因としては，海外からの投資の受け入れや設備投資などで活発な動きを見せたことがある。

❷BRICS諸国の経済成長率の推移

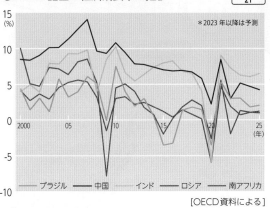

[OECD資料による]

解説 既存の国際経済体制への対抗 ブラジル，ロシア，インド，中国，南アフリカから構成されるBRICSは，人口や豊富な資源を背景に成長を続けてきた。近年は資源価格の下落を受けて成長に陰りも見えるが，IMFや世界銀行などの欧米中心のシステムに対抗して，新興国向けに融資をおこなう新開発銀行を設立するなど，新しい基盤を作ろうとしている。

❸ASEAN諸国の経済成長率の推移

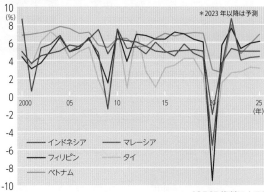

[OECD資料による]

解説 中国依存からの脱却 ASEAN諸国は，中国の人件費上昇による製造業拠点の移転が米中貿易摩擦を契機に加速し，高い経済成長を遂げている。なかでもベトナムは，1986年以降にドイモイ（刷新）政策として社会主義路線の見直しや積極的な外資の受け入れなど大胆な対外経済開放をおこなっており，ASEAN諸国のなかでもとくに注目されている。

11 アメリカによる対中認識の変化

●アメリカと中国の輸出額の推移と対中認識

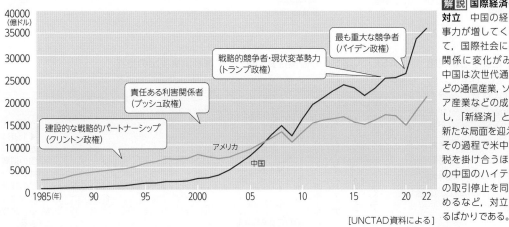

[UNCTAD資料による]

解説 国際経済の新たな対立 中国の経済力や軍事力が増してくるにつれて，国際社会における力関係に変化がみられる。中国は次世代通信技術などの通信産業，ソフトウェア産業などの成長を加速し，「新経済」と呼ばれる新たな局面を迎えている。その過程で米中は報復関税を掛け合うほか，特定の中国のハイテク企業との取引停止を同盟国に求めるなど，対立は激化するばかりである。

Visual 3 世界経済の動向

navi 世界の貿易額のうち，アメリカと中国だけで20%程度を占めている。超大国である両国の動向は世界経済にも大きな影響を及ぼす。いま，世界経済にはどのような課題があるのだろうか。

▲相対する中国の習近平国家主席とアメリカのバイデン大統領

2 中国経済の動向

中国は世界一の工業付加価値生産国である。輸出入総額でも世界一であり，周辺国やアフリカなどにも積極的に投資を行うことで影響力を及ぼそうとしている。中国の通貨である人民元も国際決済の場でシェアを伸ばしつつある。

1 アメリカ経済の動向

アメリカは名実ともに世界経済の中心である。しかし，中国経済の台頭を強く警戒しており，米中の摩擦は貿易戦争ともいわれる激しい応酬になっている。

世界の自由貿易圏

アメリカの相手国別貿易収支

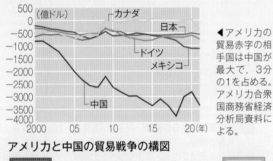

◀アメリカの貿易赤字の相手国は中国が最大で，3分の1を占める。アメリカ合衆国商務省経済分析局資料による。

アメリカと中国の貿易戦争の構図

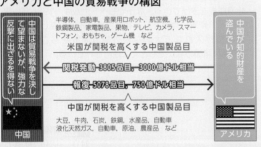

半導体，自動車，産業用ロボット，航空機，化学品，鉄鋼製品，家電製品，果物，テレビ，カメラ，スマートフォン，おもちゃ，ゲーム機　など

米国が関税を高くする中国製品目

関税発動 3805品目　3000億ドル相当
報復 5078品目　750億ドル相当

中国が関税を高くする中国製品目

大豆，牛肉，石炭，鉄鋼，水産品，自動車，液化天然ガス，自動車，原油，農産品　など

中国は貿易戦争を決して望まないが，強力な反撃に出ざるを得ない

中国が知的財産を盗んでいる

中国 / アメリカ

262821
EUへ 2723
6.4% 5.0億人
USMCA　アメリカ
GDP 億ドル
％
世界人口に占める割合
2021年。IMF資料などによる
億ドル
輸出額
2021年。ジェトロ資料などによる

MERCOSURへ 380
アメリカへ 607
アメリカへ

MERCOSUR
4.0% 3.1億人
22931

3 成長する新興国

2000年代以降，中国では人件費の高騰や労働条件をめぐる紛争が生じたことにより，各国企業は中国以外の国に投資を分散させている。米中貿易戦争やコロナ禍の供給網再編で，「脱中国」の流れが加速している。

ASEAN諸国への直接投資の伸び

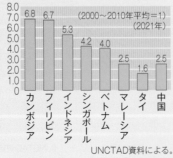

（2000～2010年平均＝1）
（2021年）

カンボジア 6.8　フィリピン 6.7　インドネシア 5.3　シンガポール 4.2　ベトナム 4.0　マレーシア 2.5　タイ 1.6　中国 2.5

UNCTAD資料による。

家計消費支出の推移

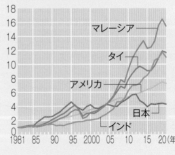

マレーシア／タイ／アメリカ／日本／インド

◀1981年を1としたもの。ASEAN諸国の消費支出の伸びはアメリカや日本などの先進諸国の水準を大きく上回っている。世界銀行資料による。

主要国の工業付加価値額

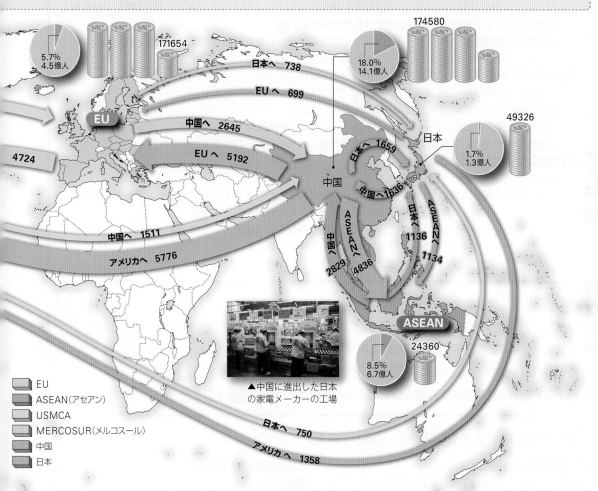

(兆ドル)
4.0
3.5 — 中国
3.0
2.5
2.0 — アメリカ
1.5 — インド
1.0 — ドイツ — 日本
0.5
0

1970 75 80 85 90 95 2000 05 10 15 20(年)

国際連合資料による。

中国の輸出入総額の推移

(兆ドル)
7
6 — 輸出額
5 — 輸入額
4
3
2
1
0

1990 95 2000 05 10 15 2021(年)

UNCTAD資料による。

▲**デジタル人民元** 中国政府は法定デジタル通貨の開発と実証実験を進めている。デジタル人民元をデジタル通貨の基軸通貨にすることで，国際経済における中国の影響力強化を狙っているとされる。

5.7%
4.5億人
171654

174580
18.0%
14.1億人

49326
1.7%
1.3億人

日本へ 738
EU へ 699
中国へ 2645
EU へ 5192

4724

中国へ 1511
アメリカへ 5776

EU

日本へ 1659
日本
中国
中国へ 1636

日本へ 1136
ASEANへ 1134

ASEAN
中国へ 2829
ASEANへ 4836

8.5%
6.7億人
24360

ASEAN

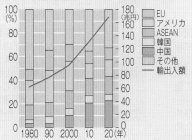

▲中国に進出した日本の家電メーカーの工場

EU
ASEAN(アセアン)
USMCA
MERCOSUR(メルコスール)
中国
日本

日本へ 750
アメリカへ 1358

4 日本と世界経済とのつながり

貿易の相手国として，中国など新興国の比率が高まっている。また，グローバル化の進展により，海外での現地生産が増えるなど，わが国の製造業のあり方にも変化をもたらしている。

日本の主要貿易相手国・地域の推移

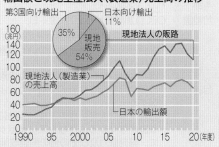

(%)
100
80
60
40
20
0

1980 90 2000 10 20(年)

EU
アメリカ
ASEAN
韓国
中国
その他
—— 輸出入額

(兆円)
180
160
140
120
100
80
60
40
20

▲アメリカの占める割合が減少する一方，中国などの割合が増加している。財務省資料による。

輸出額と現地生産法人（製造業）売上高の推移

第3国向け輸出 35%
日本向け輸出 11%
現地販売 54%
現地法人の販路

(兆円)
160
140
120
100
80 — 現地法人（製造業）の売上高
60
40
20 — 日本の輸出額

1990 95 2000 05 10 15 20(年度)

▲原材料の調達や販路が多様になった結果，海外で現地生産する製造業の売上高は，日本の輸出額を超える規模になった。経済産業省資料による。

5 ODAと経済協力

✎ DIGEST

1.貧困克服のための国際協力

- ・開発援助委員会（DAC）などによる国際協調 **1**
- ・ODA（政府開発援助）による援助 **2**
- ・ミレニアム開発目標（MDGs）…2000年の国連ミレニアム・サミットで採択，2015年までに貧困と飢餓の撲滅など8項目の世界が達成すべき目標を策定。**3**
- ・持続可能な開発目標（SDGs）…MDGsで未達成の部分と新たな課題を設定した目標「持続可能な開発のための2030アジェンダ」を策定。2015年9月国連で採択 **3**

2.日本のODA **2**

- ・金額的には世界3位（2021年）であるが，アジアに偏重
- ・贈与比率が低く，GNI比も目標の0.7％に遠く及ばない
- ・1992年にODA大綱決定→2003年に見直し→2015年開発協力大綱閣議決定
  …他国の軍が関わる非軍事目的の支援を援助対象に含める方針を打ち出した

3.貧困削減への新たな動き

- ・絶対的貧困…1日2.15ドル未満で生活する人々
- ・人間の安全保障…人間の生にかけがえのない中枢部分を守り，すべての人の自由と可能性を実現 **4**
- ・フェアトレード…公正な貿易を通じて現地の継続的な経済発展をめざす **6**
- ・マイクロクレジット…貧しい人々に無担保で少額の融資をする金融サービス **7**
- ・BOPビジネス…開発途上国のBOP層を対象とした持続可能なビジネス。金銭的援助だけではなく，自立も促す **8**

◉ FOCUS

ワークブック **20**

グローバル化する世界で経済格差や貧困を解消するためにはどのような取り組みが必要か

❶公正で公平な国際貿易の実現について考えてみよう→ **1** **6**

❷国際機関や国などはどのような取り組みをしているだろうか→ **1** **2** **3**

❸企業や私たちにできる取り組みはどのようなものだろうか→ **3** **6** **8**

1 国際機関による貧困削減への取り組み

❶開発援助委員会（DAC）

設立	1961年（前進となるDAGは1960年）
形態	経済協力開発機構（OECD）の下部組織
本部	パリ（フランス）
加盟国	OECD加盟国から29か国＋EU
目的	・対途上国援助の量的拡大とその効率化を図る ・加盟国の援助の量と質について定期的に相互検討をおこなう ・贈与ないし有利な条件での借款の形態による援助の拡充を共通の援助努力によって確保する ・持続可能な開発目標の達成，援助に依存する国がなくなるような将来に貢献するために，開発協力及びその他の関連政策を促進

❷国連開発計画（UNDP）

設立	1966年
形態	国連総会が設置した機関
本部	ニューヨーク（アメリカ）
加盟国	193か国・地域（すべての国連加盟国）
目的	・貧困の撲滅，不平等と排除の大幅是正 ・持続的な開発プロセス，包摂的で効果的な民主的ガバナンス，強靱な社会の構築 ・国連児童基金（UNICEF），国連人口基金（UNFPA）をはじめとする32の国連機関などからなる国連開発グループ（UNDG）の議長を務め，各機関の活動を主導・調整

解説 国際的な協力体制 経済協力開発機構（OECD）は，その設立条約として世界経済の発展，世界貿易の拡大，発展途上国の健全な成長への貢献を掲げている。途上国における貧困削減は，まさに世界で解決をめざすべき課題なのである。

はみだしメモ DACはODAによる援助を受ける国・地域を示したリストを作成している。一人当たりGNIを基準に4つのグループに分けてあり，3年連続で最高位の所得グループに該当すると援助対象から外れることになる。

2 ODA（政府開発援助）

❶DAC（開発援助委員会）加盟国のODA援助額推移

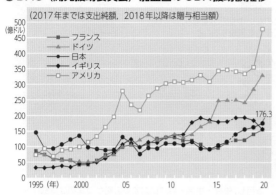

（2017年までは支出純額，2018年以降は贈与相当額）

フランス／ドイツ／日本／イギリス／アメリカ

176.3

❷DAC諸国における政府開発援助実績の対国民総所得（GNI）比

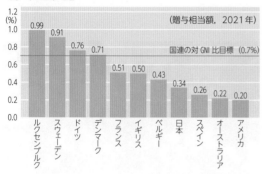

（贈与相当額，2021年）

国連の対GNI比目標（0.7%）

ルクセンブルク 0.99／スウェーデン 0.91／ドイツ 0.76／デンマーク 0.71／フランス 0.51／イギリス 0.50／ベルギー 0.43／日本 0.34／スペイン 0.26／オーストラリア 0.22／アメリカ 0.20

❶❷❸ [外務省『ODA白書』]

解説 日本と諸外国との政府開発援助の比較　1990年代は世界第1位の金額を維持していたが，しだいに減額され，現在は世界第3位の規模。GNI比率は先進国の平均以下で国連の目標値にも及んでいない。また，日本のODAはアジア諸国を中心とした借款の比率が高いことが特徴であったが，近年はアフリカ諸国に対する無償贈与の割合が徐々に高まってきている。

❸日本のODA実績

				2020年	2021年
政府開発援助	二国間	贈与		54.7	56.8
			無償資金協力	30.7	32.6
			技術協力	24.0	24.2
		政府貸付等		77.1	80.4
		計		131.8	137.2
	国際機関に対する出資・拠出等			30.8	39.2
	計			162.6	176.3

（贈与相当額ベース，億ドル）

解説 ODAは援助の仕方で大きく二つに分けることができる。①発展途上国を直接支援する**二国間援助**と②国際機関を通して支援する**多国間援助**である。二国間援助には「**贈与**」と「**政府貸付**」がある。前者は無償で発展途上国を支援するもので無償資金と技術協力に分けられる。後者は発展途上国の返済を前提にしているもので**円借款**や**有償資金協力**とよばれている。多国間援助はユニセフや世界銀行に向けての拠出や出資などがある。

❹日本のODA政策の指針

		旧ODA大綱	開発協力大綱（新大綱）
途上国のインフラ整備・貧困解消		○	○
ODA「卒業国」		△（制限あり）	○
他国軍	民生目的・災害救助	✕	○
	軍事目的		✕

解説 ODA大綱から開発協力大綱に　2015年に，日本政府はそれまでの「ODA大綱」を12年ぶりに改定し，「開発協力大綱」として閣議決定した。新しいODA政策の枠組みは，開発協力大綱で政府の開発援助の理念や原則等を定めたうえで，個別分野における日本の援助の基本方針と具体的取り組みを示すことになった。また，開発援助大綱では，これまで事実上禁じられていた他国軍に向けての援助が，非軍事目的に限り認められることになった点が注目されており，軍事目的に転用される恐れが指摘されている。さらに，「わが国の平和と安全の維持，繁栄の実現といった国益の確保に貢献する」として，「国益」という言葉が明記された。

3 ミレニアム開発目標と持続可能な開発目標

●ミレニアム開発目標の8つの目標

おもな目標とターゲット	
目標1	極度の貧困と飢餓の撲滅
目標2	初等教育の完全普及の達成
目標3	ジェンダー平等推進と女性の地位向上
目標4	乳幼児死亡率の削減
目標5	妊産婦の健康の改善
目標6	HIV／エイズ，マラリア，その他の疾病の蔓延の防止
目標7	環境の持続可能性確保
目標8	開発のためのグローバルなパートナーシップの推進

●持続可能な開発目標の17のゴール

SUSTAINABLE DEVELOPMENT GOALS

解説 貧困と飢餓の撲滅　国連は貧困削減を世界的課題の第一に位置付けており，2000年の国連ミレニアムサミットで「国連ミレニアム宣言」が採択された。それらを基にまとめられたのが「ミレニアム開発目標」で，2015年末を達成期限として8つの目標と具体的指針が定められていた。貧困の削減は達成されたが未達成のものも多かったため，国連は2015年の持続可能な開発サミットにおいてそれらを包括的に再構成し，2030年までに達成すべき課題を「**持続可能な開発目標**」（SDGs）として採択した（▶p.346）。

はみだしメモ　カンボジアで東西に分断されていた主要道路が，日本の無償資金協力によってつくられた橋によってつながり，その橋は「きずな橋」と名付けられた。その橋によって，農産物の産地と首都との交通が改善された。

4 人間の安全保障

人間の安全保障
人間の生にとってかけがえのない中枢部分を守り,
すべての人の自由と可能性を実現すること

紛争テロ

貧困

災害・環境破壊

栄養失調

恐怖からの自由

欠乏からの自由

社会サービスの欠如

感染症　経済危機

保護と能力強化

インフラの未整備

解説 人間の生存と尊厳を守る　人間の安全保障は,人間一人ひとりに着目し,生存・生活・尊厳に対する広範かつ深刻な脅威から人々を守り,それぞれの持つ豊かな可能性を実現するために,保護と能力強化を通じて持続可能な個人の自立と社会づくりを促す考え方である。1990年代からUNDP『人間開発報告』などで示された概念で,伝統的な「国家の安全保障」の概念と相互補完関係にある。

5 国際協力とNGO

Q：NGOとはなんですか。

A：貧困,飢餓,環境など,世界的な問題に対して,政府や国際機関とは違う"民間"の立場から,国境や民族,宗教の壁を越え,利益を目的とせずにこれらの問題に取り組む団体のことです。

　NGO(エヌ・ジー・オー)とは,英語のNon-governmental Organizationの頭文字を取った略称で,日本では「非政府組織」と訳されています。NGOという用語は国連の経済社会理事会から生まれてきたという背景があり,各国政府代表者と区別する意味で,「Non-governmental(政府でない)」が使われました。

　NGOには,途上国の貧困問題に取り組む国際協力NGOや地球環境問題に取り組む環境NGO,他にも

▲NGOによるガーナの子どもへの食糧支給(写真提供：プラン・ジャパン)

平和協力や人権問題に関わるNGOなど,関わる問題ごとに役割が異なります。

[国際協力NGOセンター(JANIC)資料より]

解説　国際協力をおこなうNGOの活動の対象分野は,開発・環境・人権・平和の4つに大きく分けることができる。

6 フェアトレード

●取引の好循環・悪循環

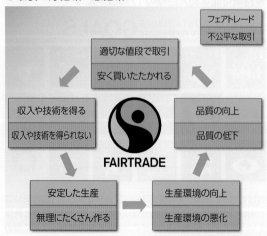

フェアトレード／不公平な取引

適切な値段で取引／安く買いたたかれる

収入や技術を得る／収入や技術を得られない

品質の向上／品質の低下

FAIRTRADE

安定した生産／無理にたくさん作る

生産環境の向上／生産環境の悪化

[『毎日新聞』2013年4月29日より]

　フェアトレードとは「公正な貿易」のことで,発展途上国で生産された原料や製品を適正な価格で買うことをいう。発展途上国の生産者は立場が弱く,安く買いたたかれることが多いことが背景にある。

　安全で公正な労働環境や賃金,児童労働や性差別をしていないことなどの基準を満たした商品には,国際フェアトレードラベル機構の認証ラベルを貼ることができる。

　フェアトレードをおこなうことで,生産者側の生活改善や経済的自立を助けることができる。また,消費者側にも,認証された品質の高い商品を安心して手にできるメリットがある。

解説 公平貿易　フェアトレードは1960年代から徐々に広まりはじめた。公正な貿易というこの活動は,一般市民が参加しやすい身近な国際協力として普及している。援助する側の負担も少なく,継続的な援助が期待できる活動である。

　はみだしメモ　フェアトレードによって入手可能な商品には,コーヒー・紅茶・チョコレート・カカオ・スパイス・ハーブ・ワイン・コットン・切り花製品・アクセサリー・花束など,さまざまなものがある。

国際社会におけるわが国の役割

7 マイクロクレジット

マイクロクレジットとは，貧困のない世界をめざして貧しい人々に無担保で少額の融資をおこなう金融サービスのことをいう。

バングラデシュでムハマド・ユヌスが設立したグラミン銀行が広く知られている。設立当初は無担保で融資することなど無謀であるという声もあったようだが，「最初の一歩を踏み出すための資金さえあれば，商売を始めて利益を得ることができる」との信念の下で運営されている。物

▲グラミン銀行初代総裁のユヌス氏

資の贈与よりも生産活動に資金を貸し出す方が，自立のための生活基盤を確立することができ，貧困からの脱却に有効であるとの考えによる。

近年では，融資（クレジット）のみならず，貯蓄や保険など，広範な金融（ファイナンス）サービスもおこなわれるようになってきたため，マイクロファイナンスとも呼ばれている。

●マイクロファイナンスのしくみ

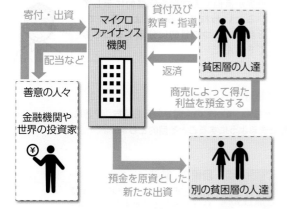

8 BOP ビジネス

❶ユニリーバの石鹸販売

ユニリーバはロンドンに本拠地をおくメーカーである。同社は石鹸販売を通じてインドにおける衛生環境の改善をめざした。

▲ユニリーバの石鹸で手を洗うインドの子どもたち

インドの農村部では手洗いの習慣がなく衛生状態が悪かったため，下痢による死者が多数出ていた。そこでユニリーバは現地の女性住民を対象に衛生教育をおこなう一方，彼女らを販売員として雇い入れた。これによって地域における衛生環境を改善するとともに，雇用の創出，女性の社会進出を後押しするなど，会社と現地社会に多大な利益をもたらした。

❷住友化学のマラリア対策

アフリカ地域はマラリアに苦しんでいた。マラリアは蚊が媒介する感染症で，現在も世界では約40万もの人が亡くなっている。

住友化学は，防虫剤を練りこんだ糸を原料にした蚊帳である「オリセットネット」を開発した。さらにその製造技術を現地企業に無償供与して，現地生産をお

▲オリセットネットを製造するタンザニアの労働者

こなうことにした。これによって，蚊によるマラリアの媒介を防ぐだけではなく，現地の雇用機会を創出することにもなった。

解説 ビジネスとしての貧困削減 BOPとは「Base of the Pyramid」または「Bottom of the Pyramid」などと呼ばれる，最下層の低所得者層を指す。BOPビジネスとは，主に開発途上国のBOP層を対象とした持続可能なビジネスのことである。多国籍企業などがNGOや援助機関と提携して，現地のBOP層のニーズに対応した商品を開発・販売する。単に援助をするだけではなく，現地社会の自立や発展も促す点に特徴がある。

教えて先哲
ロールズ

Q 貧困や格差の課題をどうすべきか？ 国内の相対的な貧困や，他国における絶対的貧困に関して，倫理的にはどのように考えるべきでしょうか。

A 国内においては正義の二原理を適用すべきであり，貧困や格差は格差原理や公正な機会均等原理に従って改善されなければならない。すなわち，最も恵まれない人々の状況が改善される限りで富の再配分がおこなわれたり，平等な教育機会や職業選択の平等の保障がなされたりする必要がある。

一方，他国の絶対的貧困に関しては，同じ格差原理を適用してグローバルな富の再配分をおこなう必要はないが，それぞれの国が適切な発展を遂げるための経済的・技術的な援助をおこなう義務があると考えられる。 　　　　　　　　　　（『万民の法』第8原理）

はみだしメモ　ムハマド・ユヌスとグラミン銀行は，底辺からの経済的および社会的発展の創造に対する努力を理由として，2006年にノーベル平和賞を受賞している。

国際

国際社会におけるわが国の役割

Active SDGsとは

ここまで学習してきたように，世界には解決すべき様々な課題がある。国際社会は地球的課題の解決を「持続可能な開発目標」として定め，行動を進めている。その内容を知り，持続可能な社会の形成に必要なものは何か，考えてみよう。

観点・視点

Point of View

持続可能な開発目標（SDGs）とは

▲ SDGsの採択を記念してプロジェクションマッピングされた国連本部ビル

SDGs（Sustainable Development Goals：持続可能な開発目標）は，「誰一人取り残さない（leave no one behind）」持続可能でよりよい社会の実現を目指す世界共通の目標です。2015年の国連サミットにおいて全ての加盟国が合意した「持続可能な開発のための2030アジェンダ」の中で掲げられました。2030年を達成年限とし，17のゴールと169のターゲットから構成されています。

これらの目標は，各国政府による取り組みだけでは達成が困難です。企業や地方自治体，学術機関や市民社会，そして個人に至るまで，すべてのひとの行動が求められている点がSDGsの大きな特徴です。

〔外務省資料より〕

SDGsって言葉をよく目にするようになりましたけど，具体的にはどのような目標があるのでしょうか

世界が直面する課題を網羅的に示しているといわれているんだよ。そして，それらは5つの目的に分類することもできるんだ

People（人間）

あらゆる形態と次元の貧困と飢餓に終止符を打つとともに，すべての人間が尊厳を持ち，平等に，かつ健全な環境の下でその潜在能力を発揮できるようにすることを目的とします。

目標1　貧困
あらゆる場所あらゆる形態の貧困を終わらせる

目標2　飢餓
飢餓を終わらせ，食料安全保障及び栄養の改善を実現し，持続可能な農業を促進する

目標3　保健
あらゆる年齢のすべての人々の健康的な生活を確保し，福祉を促進する

目標4　教育
すべての人に包摂的かつ公正な質の高い教育を確保し，生涯学習の機会を促進する

目標5　ジェンダー
ジェンダー平等を達成し，すべての女性および女児のエンパワーメントをおこなう

目標6　水・衛生
すべての人々の水と衛生の利用可能性と持続可能な管理を確保する

世界中の人々が幸せに暮らすためには，貧しさや飢えに苦しむ人たちの問題を解決することが重要です

そのように安全な環境があってはじめて，教育や男女平等といった社会的な課題にも対応していけるのですね

Prosperity（豊かさ）

すべての人間が豊かで充実した生活を送れるようにするとともに，自然と調和した経済，社会および技術の進展を確保することを目的とします。

 目標7　エネルギー
すべての人々の，安価かつ信頼できる持続可能な近代的なエネルギーへのアクセスを確保する

 目標8　経済成長と雇用
包摂的かつ持続可能な経済成長およびすべての人々の完全かつ生産的な雇用と働きがいのある人間らしい雇用を促進する

 目標9　インフラ，産業化，イノベーション
強靭なインフラ構築，包摂的かつ持続可能な産業化の促進およびイノベーションの推進を図るアクセスを確保する

 目標10　不平等
国内及び各国家間の不平等を是正する

 目標11　持続可能な都市
包摂的で安全かつ強靭で持続可能な都市及び人間居住を実現する

> 豊かさって，お金で測れるものだけではないと思います。将来自分がやりたいことを実現できるような，そんな社会が真の意味で豊かだといえるのでないでしょうか

Planet（地球）

持続可能な消費と生産，天然資源の持続可能な管理，気候変動への緊急な対応などを通じ，地球を劣化から守ることにより，現在と将来の世代のニーズを充足できるようにすることを目的とします。

 目標12　持続可能な消費と生産
持続可能な消費生産形態を確保する

 目標13　気候変動
気候変動及びその影響を軽減するための緊急対策を講じる

 目標14　海洋資源
持続可能な開発のために，海洋・海洋資源を保全し，持続可能な形で利用する

 目標15　陸上資源
陸域生態系の保護，回復，持続可能な利用の推進，持続可能な森林の経営，砂漠化への対処ならびに土地の劣化の阻止・回復及び生物多様性の損失を阻止する

> 人間のことだけではなく，動植物はもちろん地球そのもののことも考えて行動していく必要があるのですね

> 破壊された自然環境や絶滅した動植物は取り返しがつきませんから，将来世代のことも考えることが大切です

Peace（平和）

恐怖と暴力のない平和で公正かつ包摂的な社会を育てることを目的とします。

 目標16　平和
持続可能な開発のための平和で包摂的な社会を促進し，すべての人々に司法へのアクセスを提供し，あらゆるレベルに効果的で説明責任のある制度を構築する

Partnership（パートナーシップ）

すべての人々の参加により，このアジェンダの実施に必要な手段を動員することを目的とします。

 目標17　実施手段
持続可能な開発のための実施手段を強化し，グローバル・パートナーシップを活性化する

 TRY!

・SDGsに定められている17のゴールのなかから，最も興味のあるものを選び，調べてみよう。

SDGsの実現に向けて

navi

2030年を達成期限とするSDGsだが，依然として多くの目標が未達成である。また，国内の状況が改善していても，他国には負の影響を与えているという可能性もある。各国の具体的な課題や取り組みから，SDGsの実現に向けてどのような方策が求められるか，考えてみよう。

5 ジェンダー平等を実現しよう

ジェンダー

あらゆる分野で女性の社会進出は進んだが，十分な男女平等が実現されたとは言えない。政治・経済・学術などさまざまな分野で残る格差を解消するためには，クオータ制のような制度・政策面の整備だけでなく，「女子は理系科目ができない」「男がお金を稼ぐべき」といった固定観念も見直していく必要がある。

各国のSDGs達成度

1 貧困をなくそう

貧困

世界には，1日2.15ドル未満で暮らす絶対的貧困層が6.8億人存在している（2018年）。

貧困は保健・衛生，教育などさまざまな課題の原因ともなる。先進国でも，国内での相対的貧困や，感染症，紛争による生活状況の悪化などの問題があり，全世界的・多面的なアプローチによる解決がめざされている。

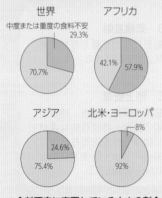

世界
中度または重度の食料不安 29.3%
70.7%

アフリカ
42.1% 57.9%

アジア
24.6% 75.4%

北米・ヨーロッパ
8% 92%

▲食料不安に直面している人々の割合
（2021年推計値）

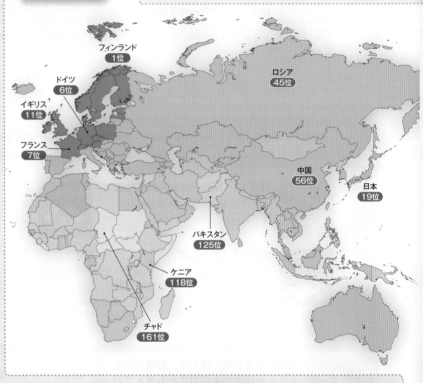

フィンランド 1位
ロシア 45位
ドイツ 6位
イギリス 11位
フランス 7位
中国 56位
日本 19位
パキスタン 125位
ケニア 118位
チャド 161位

1人当たり名目GDP（2019，左軸）
妊産婦死亡率（2017，右軸）
※出生10万人当たりの死亡数

（ドル）70000 60000 50000 40000 30000 20000 10000 0
（人）600 500 400 300 200 100 0

東アジア・太平洋
中央アジア
東欧・中央アジア
西欧
ラテンアメリカ・カリブ海諸国
北アフリカ
中東・北アフリカ
北米
南アジア
サハラ以南アフリカ

▲1人当たりGDPと妊産婦死亡率　発展途上国では医療体制が十分に整備されておらず，出産の現場に専門医が立ち会えないケースも少なくない。妊産婦死亡の背景には，貧困による慢性的な栄養不良に加え，女性の立場が弱く若年での結婚・出産が多いこともある。そのため，女性の自立を可能にする教育・経済的支援も含めた多面的な取り組みが求められる。

▲チャドにトルコの支援で掘られた井戸　トルコの慈善団体が主導する支援により，チャド国内で約50万人が清潔で安全な水へのアクセスを得た。途上国への国際支援には，ODAなど国家主導の支援はもちろん，NGO，NPOといった民間の取り組みが大きな役割を果たしている。

研究者に占める女性の割合の国際比較（グラフ）

(%)0 10 20 30 40 50 60

- ラトビア
- イギリス
- アメリカ
- スウェーデン
- フランス (2017年)
- ドイツ
- 日本 (2021年)

▲パキスタンの仮設学校で学ぶ少女　パキスタンでは，女子教育に対する無理解や貧困から，100万人以上の女子が学校に通えていない。日本政府もNGOと連携し，学校環境の整備を支援している。

◀研究者に占める女性の割合の国際比較
2019年。女性研究者の数は増えつつあるが，男性と比べるとその割合は未だ低い。特に日本は17.5%と，OECD諸国のなかで最低水準にある。『男女共同参画白書 令和4年版』による。

12 つくる責任 つかう責任　持続可能な消費と生産

大量の生産・消費・廃棄をおこなう従来型の経済発展は，天然資源への依存度を高め，エネルギー資源の枯渇や気候変動といった問題を招いた。また，廃棄物をめぐる問題も深刻である。たとえば，世界では毎年約13億トンもの食品が廃棄されており，これは年間生産量の約3分の1にあたる（2020年，FAO）。廃棄物の削減・再利用を，一人ひとりが進めていく必要がある。

プラスチックごみで遊ぶ▶
ライオンの子ども　ケニア

▲廃棄予定の食品を集めて無償提供するフードバンク　イギリス。フードバンクは，食品ロス削減とともに，困窮者支援の側面も持つ。

（地図）

アメリカ
41位

- 80〜
- 70〜80
- 60〜70
- 50〜60
- 〜50
- データなし

（2022年。各国のSDGsの取り組みを100点満点で数値化したもの。『Sustainable Development Report』による）

17 パートナーシップで目標を達成しよう　「誰一人取り残さない」ために

先進国は人権や環境に対する高い意識から，SDGs達成度において良い結果を残している。しかし，先進国で売られる商品が途上国での劣悪な労働環境で製造されていたり，先進国のごみが途上国に輸出され処理されていたりする場合もある。こうした事実は，SDGsが目標とする豊かさを達成するために，弱い立場の人々を犠牲にしていないか，考える必要を喚起している。

#SUSTAINABLEFASHION

日本で売られている衣服の約98%が海外からの輸入です。

日本のファッション産業によるCO₂排出量は，原材料調達および製造段階で90%以上を占めており，ファッション産業を持続可能にする為には海外での環境負荷の実態把握とその削減が重要です。

環境省

▲サステナブルファッションの概念を紹介する環境省のイラスト　日本の衣類廃棄物は年間50万トンを超えると推計され，そのうちリサイクルされているのは5%にすぎない。環境省は，ファッション産業の環境負荷を周知し，生産・着用・廃棄に至るプロセス全体で人や環境に配慮するサステナブルファッションへの転換を呼びかけている。

原宿に店舗をオープンした中国のアパレルブランド▶
「SHEIN」　価格の安さや品ぞろえの豊富さから人気を集めるが，工場における低賃金労働などの問題が指摘されている。

TRY!
SDGsの目標のなかから最も興味のあるものを選び，その現状・課題を示すものや解決に向けて参考になる資料類を探してみよう。

Visual 5 エネルギー資源の動向

1 エネルギー資源の産出国と消費国

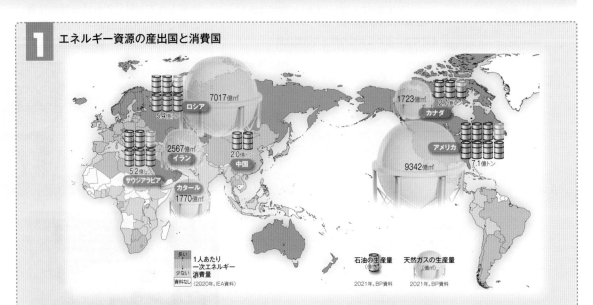

ロシア 7017億㎥　5.4億トン

イラン 2567億㎥

サウジアラビア 5.2億トン

カタール 1770億㎥

カナダ 1723億㎥　2.7億トン

アメリカ 9342億㎥　7.1億トン

中国 2.0億トン

1人あたり一次エネルギー消費量（2020年，IEA資料）
多い／少ない／資料なし

石油の生産量（億トン）2021年。BP資料

天然ガスの生産量（億㎥）2021年。BP資料

石油や天然ガスなどの化石燃料は，産出地がかたよっているため，多くの紛争の原因となってきたが，その構図は現在も変わらない。化石燃料は燃焼時に多くの温室効果ガスを排出することから，化石燃料の使用を控える動きが世界的に進んでいる。しかし，欧州の天然ガス供給不足と価格高騰により，安価な石炭使用への回帰も一部にみられている。

2 エネルギーの現状

各国の一次エネルギー構成（2020年）

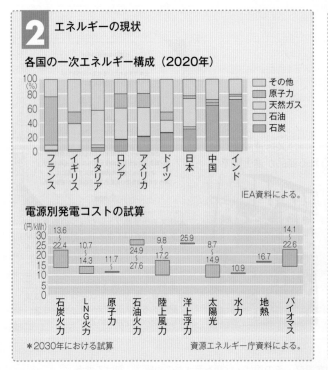

その他／原子力／天然ガス／石油／石炭

フランス／イギリス／イタリア／ロシア／アメリカ／ドイツ／日本／中国／インド

IEA資料による。

電源別発電コストの試算

（円/kWh）

	石炭火力	LNG火力	原子力	石油火力	陸上風力	洋上浮力	太陽光	水力	地熱	バイオマス
上	13.6	10.7	11.7	9.8	25.9	8.7			14.1	
	22.4	14.3		24.9	17.2	14.9	10.9	16.7	22.6	
下				27.6						

＊2030年における試算　資源エネルギー庁資料による。

3 資源を海外に依存する日本

日本国内で必要とされるエネルギーのうち，自給できるのは10％程度である（2017年）。自給率の向上は，安全保障の点からも重要な課題となっている。

石油の中東依存度

その他 8.3%
石油輸入量 1.2億トン
中東91.7%

▲石油の9割強を中東に依存している。
2021年。BP資料による。

天然ガスの輸入先

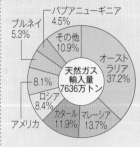

パプアニューギニア 4.5%
ブルネイ 5.3%
その他 10.9%
オーストラリア 37.2%
天然ガス輸入量 7636万トン
ロシア 8.4%
アメリカ 8.1%
カタール 11.9%
マレーシア 13.7%

◀2011年の福島第一原発事故以降，火力発電用の天然ガス輸入量が増えている。2020年度。経済産業省資料による。

4 原子力発電所の広がり

フランスやロシア，中国など原発推進国がある一方で，ベルギーやドイツなどのように段階的に原発を閉鎖する「脱原発」を決定した国もある。安全性のほか，廃炉や放射性廃棄物の処分などの課題も多い。

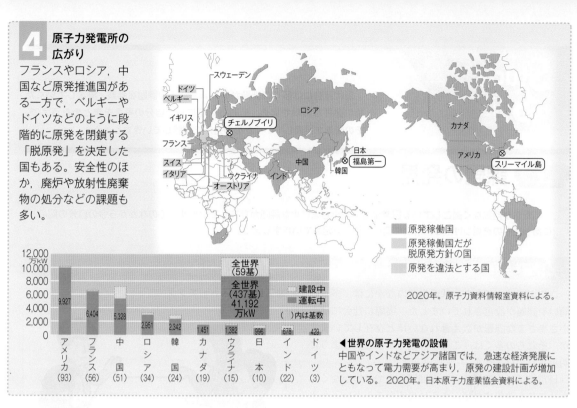

凡例：
- 原発稼働国
- 原発稼働国だが脱原発方針の国
- 原発を違法とする国

2020年。原子力資料情報室資料による。

全世界（59基）
全世界（437基）41,192万kW

建設中
運転中
（ ）内は基数

アメリカ（93）	9,927	
フランス（56）	6,404	
中国（51）	5,328	
ロシア（34）	2,951	
韓国（24）	2,342	
カナダ（19）	1,451	
ウクライナ（15）	1,382	
日本（10）	996	
インド（22）	678	
ドイツ（3）	429	

◀世界の原子力発電の設備
中国やインドなどアジア諸国では，急速な経済発展にともなって電力需要が高まり，原発の建設計画が増加している。2020年。日本原子力産業協会資料による。

5 おもな再生可能エネルギー

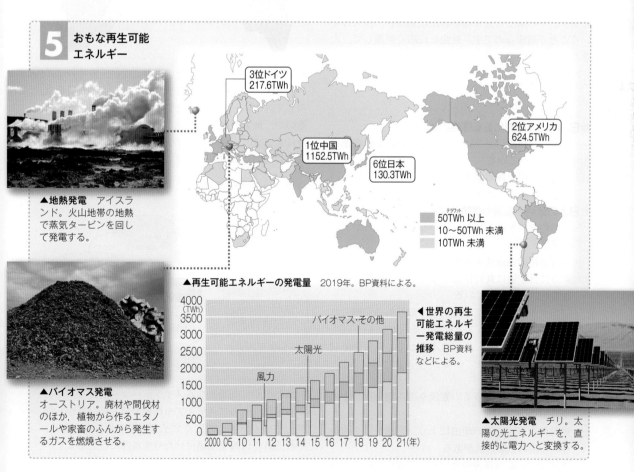

▲地熱発電　アイスランド。火山地帯の地熱で蒸気タービンを回して発電する。

▲バイオマス発電　オーストリア。廃材や間伐材のほか，植物から作るエタノールや家畜のふんから発生するガスを燃焼させる。

3位ドイツ 217.6TWh
1位中国 1152.5TWh
6位日本 130.3TWh
2位アメリカ 624.5TWh

凡例：
- 50TWh 以上
- 10〜50TWh 未満
- 10TWh 未満

▲再生可能エネルギーの発電量　2019年。BP資料による。

◀世界の再生可能エネルギー発電総量の推移　BP資料などによる。

風力
太陽光
バイオマス・その他

（TWh）2000 05 10 11 12 13 14 15 16 17 18 19 20 21（年）

▲太陽光発電　チリ。太陽の光エネルギーを，直接的に電力へと変換する。

現代社会には多くの課題があります。その課題を考察・解決していくために必要な資料を集め，それらを基にして自分の考えをまとめたうえで，その成果を発表していくための方法を確認していきましょう。

I 課題の発見

　私たちが何気なく過ごしている日常にも，大小さまざまな課題が存在しています。そのなかから今の自分の関心にあったものを見つけ出し，解決に向けた検討を始めていきましょう。

▶ 課題を発見する

　ここまで進めてきた公共の学習のなかには，多くの問いや課題が設定されていました。実際に社会には大小さまざまな課題が数えきれないほど存在していますが，それらの多くは「ここが課題です」というように明示されていません。

　日常生活でも学校でも，大問題とまではいかなくても「ここを改善すれば，さらに良くなる」といったような具合に，あらゆる場面に課題が隠されていると言えます。そのような見えない課題に気づき，探究していくことが重要なのです。社会をに広く見渡して，大きな視点から物事を検討することが求められます。

● 日常生活の場面にある課題の例
・近所に食料品店がないため，足の悪い高齢者が買い物に困っている
・登校時に川を渡る必要があるが，橋が遠いため回り道しないといけない

● 日本の政治・経済の課題の例
・政治的な無関心が広がっている一方で，政治家の不祥事が相次いでいる
・地方都市の過疎化が進み，限界集落とも言われるように将来的に共同体としての維持が困難と思われる地区も出てきている
・フルタイムで働いても生活に十分な賃金を得られない，ワーキングプアと呼ばれる人がいる
・少子高齢化がさらに進行するなかで，社会保障制度の将来が危ぶまれている

● 世界的な課題の例
・紛争などによって多くの難民や国内避難民が生じている
・絶対的な貧困などの理由により，児童労働を強いられる経済状態の国がある
・地球温暖化や海洋汚染といった環境問題も深刻度を増している

▶ 課題を絞り込む

● ブレインストーミング

　テーマに関して自由に発言をおこない，多くのアイディアを生み出すための方法。まずは質よりも量を重視して，ユニークな発想を集めることがポイントになるので，他人の発言を否定したり批判したりしないようにします。出されたアイディアをさらに発展させるように検討するのも有効です。

● マインドマップ

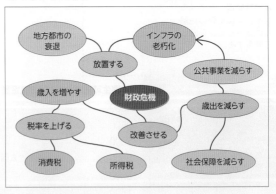

　紙の中心に課題となるメインテーマを配置し，そこから連想されるアイディアや情報を線で結びながら展開していく方法。幅広くアイディアを生み出したり，それぞれの情報を関連付けたりする際に役立ちます。

Ⅱ 自分の考えを整理する

課題が発見できても，やみくもに解決策を探していては時間をかけてもなかなか進みません。自分の頭の中にあるアイディアなどを可視化することで自分の考えを整理して，探究の道筋をつけることが重要です。

探究の計画を立てる

自分なりの課題を発見したら，それを探究するための計画を立てていきましょう。簡単な計画書を作成すると，これからするべきことが具体的になります。

①探究課題の設定
…どのような社会的な課題に向き合っていくのか

②仮説を立てる
…その課題を解決するためにどのような方法が考えられるか

…その結果，どのようなことが期待されるか

③調査方法
…仮説を立証するためにどのような資料が必要になるか，それらをどこで調べるか，いつまでにおこなうか　など

計画は思い通りに進まないことも多く，探究を進めていくなかで仮説が成立しなくなることもあります。そのようなときにはいったん立ち止まって，計画全体の見直しをおこなうことも重要です。

自分の考えたことを可視化する

自分の頭の中にあるアイディアなどを可視化することで自分の考えを整理して，探求学習の道筋をつけることが重要です。考えを整理する方法としては，以下のようなものがあります。

●クラゲチャート

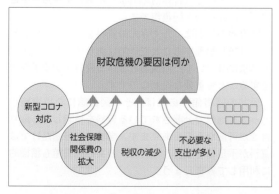

クラゲの頭の部分に課題を記入し，それらに対する根拠や原因などを下の円に記入していく方法。すべての枠を埋める必要はなく，足りない場合は増やしても構いません。アイディアを関連付けたり要約したりする際に役立ちます。

●バタフライチャート

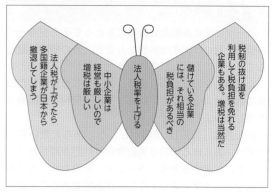

用紙の中央に書き込んだトピックについて，賛成と反対それぞれの意見を持つ人の気持ちになって，片側に賛成と強い賛成，逆側に反対と強い反対の意見を書き入れる方法。あるトピックについて多面的に考察する際に役立ちます。

●ロジックツリー

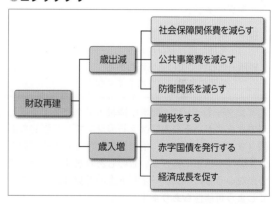

解決するべき課題を出発点として，それを解決するにはどのような方法が考えられるか，さらにその方法を実現するには何が必要か，という関係を展開していく方法。課題の解決に向けたより具体的な発想を組み立てていく際に役立ちます。

思考ツールは考えを整理するために役立つものですが，これらのツールを完成させることが目的にならないようにしましょう。

Ⅲ 情報の収集

私たちの周りには，参考となる多くの情報がありますが，発信源によって、その情報には特徴があります。「何を調べるのか」というテーマを明確にしたら，調査プランを立てて情報を探していきましょう。

どうやって資料を探す？

テーマに関する複数の資料にあたってそこから一つの傾向を見つけ出す帰納的な方法と，仮の結論を設定して，それにあった具体的な事例（資料）を探すといった演繹的な方法があります。あらかじめ想定した結論に合わせようとして，結論に反する資料を意図的に無視しないようにしましょう。

私たちは，「公正」な情報がどこかにあると思いがちですが，あらゆる情報は発信者の「意図」が隠されていることに注意する必要があります。そのため，どの情報源でも，メディアリテラシーが必要であることにかわりはありません。

また，情報を使用する場合は，情報源とした書名やＵＲＬなどを必ず付記しましょう。

情報源ごとの特徴

●インターネット

> **長所**…情報に速報性がある
> 　　…多様な意見が存在する
> **短所**…信頼性に欠ける情報もある
> 　　…特定の意見に流されやすくなる

インターネットは，簡単に情報へアクセスすることができますが，その内容は玉石混交です。意図的な誤報（フェイク）のほか，信頼性に欠けるものや，個人の体験談や感想に過ぎないものもあります。また，気づかないうちにインターネット上の意見に飲み込まれてしまう可能性もあります。

まずは公的機関の調査やそこで紹介されているウェブサイト，または新聞社の記事を参考にしていくのがよいでしょう。

●書籍

> **長所**…比較的，情報に信頼がおける
> 　　…図書館のレファレンスサービスを利用して，効率的に情報収集ができる
> **短所**…改訂されておらず，情報が古くなっている可能性がある

書籍は著者や出版社名が明記されている分，責任も明確であるため，インターネットの情報より信頼性は高いですが，なかにはヘイト本と呼ばれるような内容がかたよった主義主張の本もあるので注意が必要です。

他の本から引用されている情報については，可能な限り出典元にさかのぼって調べてみましょう。また，時事的な問題について調べるときには，いつ出版された書籍なのかも確認しましょう。

●新聞

> **長所**…世の中の動きを広い視野でみられる
> 　　…情報に速報性がある
> **短所**…以前に報じられた記事が実態に合わなくなっている可能性がある

新聞は発行日から日が経つと「賞味期限切れ」になってしまうと考えるのは大きな間違いです。過去の出来事が，その当時にどう報道されたかを確認することも重要です。同時に，その時点では正しい情報でも，社会情勢の変化などによって現在は不正確な内容になっていることもありますので注意しましょう。

学校の図書館にも数か月分の新聞が保存されていることもありますが，縮刷版や各新聞社がインターネット上で提供しているデータベースを活用することができます。

近年，各紙の論調が鮮明になっており，多様な見方を確保するためには複数の新聞の読み比べをするとよいでしょう。

「これについて調べたい」と思っても，手掛かりとなる資料がなければ検討のしようがありません。そこで頼りになるのが図書館です。

図書館の役割は，たくさんの資料を見やすく使いやすく分類し整理することだけではありません。利用者の請求に基づいて，所蔵されている資料を探す手助けをすることも重要な役割なのです。

公共の図書館であれば，その図書館にない資料であっても他館で公開されている資料を検索して，取り寄せが可能なものもあります。学校の図書館だけでは資料が不足してしまう場合は，公共の図書館も積極的に利用してみましょう。

Ⅳ 資料の読解

資料を集めたら，それらを適切に読解したり分類したりする必要があります。また，グラフや図にすることで視覚的にわかりやすくなり，分析がしやすくなることもあります。

資料のどこに注目するか

提供されている資料は，読解のポイントが示されているとは限りません。資料のもつ意味を的確に見抜いて活用していくことが重要です。たとえば以下のような観点から，読解の検討を進めていきましょう。

- ・一番大きな数値や小さな数値
- ・複数のグループに分けたときの傾向
- ・時系列の統計で，数値が大きく上下しているところや傾向が変わったところ
- ・複数の国を時系列で比較した統計で，順位が入れ替わるところ　　　　　　　　　など

資料をどのように提示するか

探し出した統計も，そのままでは数値の集合体に過ぎません。それをグラフ化することで統計のもつ意味をわかりやすく表現することも重要です。

● **帯グラフ**…複数の統計を並べて表現するため，構成比の比較に向いている

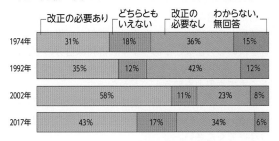

● **円グラフ**…円を全体として各要素を角度や面積で表現するため，構成比の把握に向いている

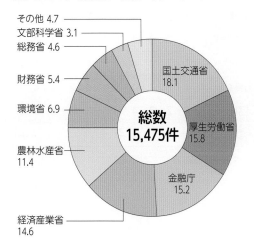

● **折れ線グラフ**…時系列などを表現できるため，変化量の把握に向いている

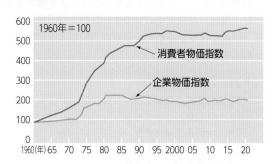

● **棒グラフ**…データを棒の高さで表現するため，大小の比較に向いている

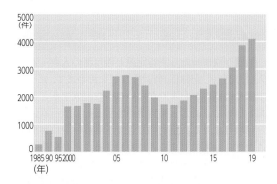

● **散布図**…縦軸と横軸に別々の統計を取ってデータが当てはまるところに点を打ち，両者に関係があるかどうかを確認する

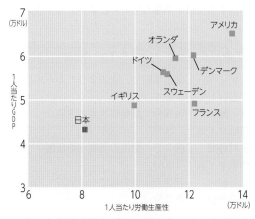

この他にも多種多様なグラフがあります。ただし，デザインに凝りすぎると逆に見づらくなることもありますので，十分注意しましょう。

Ⅴ ディベートをしてみよう

ディベートとは，一つのテーマについて反対・賛成の立場に分かれて主張をたたかわせ，中立的に判断する審判をいかに説得するかを競う討論ゲームです。これまでの学習の成果をディベートで試してみましょう。

テーマ（論題）を決めよう

効果的なディベートをするためには，まず適切なテーマ（論題）の設定が必要です。世間で話題性が高く，賛否両論がはっきりしている政策論題がよく取り上げられます。

ディベートのテーマ例
- 日本の死刑制度は廃止すべきか
- 原子力発電を推進すべきか
- 道州制を導入するべきか
- 外国人労働者を受け入れるべきか
- 日本は捕鯨を禁止するべきか
- 感染症対策として私権制限を可能にするべきか
- サマータイムを導入するべきか

など

チームを作り，論理を構築しよう

論題が決まったら，肯定派と否定派の人数，審判の人数,司会者,記録係,時計係などを決めます。チームは，主張や性別のかたよりがないように編成することが望ましいので，必ずしも自分の主張と同じチームになるとは限りません。反対の立場でディベートに参加することで，論題に対する考察が深まることが期待されます。

ここでは，5〜6人で一つのチームを作って肯定・否定を競う例を考えてみましょう。各チームは，テーマに関する資料を調べ，主張の要点や論拠をまとめます。また，相手チームに対する質問や，相手方の反論に対する反駁を準備しておくとよいでしょう。

ディベートをやってみよう

ディベートは基本的に，次のようなルールに基づいて進行していきます。

立　論　　　各5分：論題に対する主張
作戦タイム　3分
反対尋問　　各3分：相手の論拠への反論
作戦タイム　3分
反　駁　　　各3分：反対尋問への回答
最終弁論　　各3分
判　定

ディベートでは，自説の正当性を主張するだけではなく，相手側に対する尋問や，尋問に対する反駁が大きな鍵となります。尋問や反駁を適切におこなうことによって，相手の主張の根拠をゆるがし，自分たちの主張を補強することにもつながるからです。

ディベートの結果をまとめよう

判定には審判一人ひとりが挙手評決する方法や，判定結果とその理由を記した用紙を審判から集めて，勝者を決める方法などがあります。審判は自分の主張に引きずられた判定をしてはいけません。ディベートはあくまで説得力を競うものだからです。

各チームは判定に一喜一憂するのではなく，ディベートの経験をまとめ，議論の展開力や表現力の向上につなげてください。

評価基準	肯定側					否定側				
立論	1	2	3	4	5	1	2	3	4	5
反対尋問	1	2	3	4	5	1	2	3	4	5
反駁	1	2	3	4	5	1	2	3	4	5
最終弁論	1	2	3	4	5	1	2	3	4	5
話し方	1	2	3	4	5	1	2	3	4	5
合計得点	点					点				

▲ディベートの採点表の例

Ⅵ プレゼンテーションをしてみよう

プレゼンテーションとは，研究の成果や論文にまとめた内容を聞き手に伝え，発表者の考えや意見を提案する活動です。構成を工夫し，資料や道具を効果的に使い，魅力的なプレゼンテーションをしましょう。

発表の準備をしよう

発表では，その主題が明確になっていなければなりません。そのため，①発表の目的(情報の提供，問題分析，新たな提案)，②示したい課題と結論，③聞き手の状況(どのような知識や関心があるか)などを確認することが大切です。調べたことすべてを発表したい気持ちはわかりますが，最も伝えたい主題を簡潔にまとめることを心がけましょう。

発表のプログラムをたててみよう

次に発表全体のプログラム（構成）を考えます。まず発表時間を配分し，グループ発表の場合は役割分担なども決めてください。発表の構成もさまざまですが，ここでは10分で発表を構成する例を紹介します。

まず，前置き（2分）では発表の背景と目的を示します。本論（6分）では，調査・研究内容の報告やそれに基づく考察や主張をおこないます。その際，さまざまな発表用資料を用いると効果が上がります。そして結論（2分）では，発表内容の再確認をして，提案内容を強調していくことになります。

レジュメや資料を用意しよう

レジュメとは，発表内容の要約のことです。これを用意することで，聞き手にとっては発表の概要がつかめるとともに，発表者にとっても，内容の骨子を確認できます。

レジュメには，口頭では説明しにくい図や地図，グラフや写真などの補足資料を添付しておくと効果的です。レジュメのかわりに，模造紙にデータを書き込んではり出すと，聞き手の視線を引き付けることができます。

パワーポイントなどのプレゼンテーションソフトを用いる場合には，スライドの枚数が多くなり過ぎないように，また，一つのスライドのなかに情報を詰め込みすぎて文字が小さくならないように注意しましょう。プレゼンテーションソフトは無料で提供されているものもあります。このようなツールが必須なわけではありませんが，活用も検討してみましょう。

●よいプレゼン資料の例

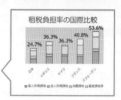

○スライド内の情報が多すぎず，文字の大きさも適切である
○色を使い過ぎていない
○グラフや写真などの資料を，適宜用いる

●悪いプレゼンの資料の例

×伝えたいことを盛り込み過ぎて，文字が小さい
×多くの色が使われていて，どこが重要な情報なのかわかりづらい
×文字装飾やアニメーション効果が多すぎる

リハーサルと本番

プレゼンテーションをおこなう前に，練習も兼ねたリハーサルは必要です。どのくらい時間がかかるか，資料を示すタイミングはどうかなどを確認するとともに，聞き手の立場から問題点を洗い出し，構成を見直します。先ほどは発表時間を10分に設定しましたが，説明したいことを盛り込んでいくと，あっという間に時間が超過してしまうものです。

本番では大きな声でゆっくりと，単調にならないように話しましょう。相手の反応を見ながら，身振りや手振り，アイコンタクトを入れてもいいでしょう。問いかけやクイズを取り入れ，聞き手に参加してもらう方法もあります。

本番のあとは，発表の内容に説得力があったか，わかりやすい説明になっていたか，聞きやすさはどうであったか，といった観点から講評を受けることにより，プレゼンテーション能力をさらに高めていくことができます。

小論文の書き方

小論文とは，社会問題・社会事象について分析を加えたうえで，自分の見方・考え方を述べるものである。そのため，小論文には自分の主張について読み手を納得させるような説得力が求められる。小論文にどのように取り組んだらよいのだろうか。

1 小論文とは何か？

作文	・自分自身の体験・感想を書く ＊自己PRに近い ・感覚的・情緒的でも可
小論文	・根拠・理由を示し，主張・意見を書く ＊説明的文章 ・論理的かつ客観的

　小論文は大学入試において，特に学校推薦型選抜（推薦入試）や総合型選抜（AO入試），あるいは一部の一般選抜（一般入試）で出題される。では，同じ文章表現である作文とはどのような点が異なるのだろうか。

　作文は「自己PR・自己紹介」に近い。すなわち，自分の体験や心境，感想を述べた文章を書き，文章の流れや表現のうまさなどが評価のポイントとなる。一方，小論文は，「説明的文章」と同様のものといえる。すなわち，与えられたテーマ・課題について，自分の意見や考えを述べ，その意見がなぜ正しいのかということを客観的な根拠や理由をあげて論理的に示したものである。したがって，論理的な主張や結論，説得力の高さが評価のポイントとなる。

文章全体が「意見」と「根拠・理由」という構造になっていなければ小論文とはいえないんだ

2 小論文の出題形式

　小論文の出題パターンは，大別すると次の3つである

課題文型	・要約…課題文を読んで論旨を要約する。 ・論述…要約をふまえ，論題に対して自分の意見や考えを述べる。 （例）次の文章を読み，筆者の主張を200字程度で要約しなさい。 筆者の主張に対するあなたの考えを400字程度で述べなさい。
テーマ型	与えられたテーマについて，自分の意見や考えを述べる。 （例）○○について，あなたの考えを600字程度で述べなさい。
資料読み取り型	図表やグラフなどの資料を読み取って分析した結果をまとめ，それに対する自分の意見や考えを述べる。 （例）○○について，下の資料から読み取れることをふまえ，あなたの考えを600字程度で述べなさい

3 論文の構成とは何か？

　段落とは意味や内容のまとまりのことで，文章を構成するうえで非常に大切な役割をもつ。小論文では，「序論」「本論」「結論」という三段構成が基本となる。

序論 全体の約 10～20%	導入と問題提起。課題の明示。問題を提起し，それに対する主張や考え方の方向性を示す
本論 全体の約 60～70%	問題提起に対する主張の根拠を，課題文・資料から読み取れること，分析をしてわかった事実などをもとに述べていく。そして，自分の主張の正しさを客観的に証明する
結論 全体の約 10～20%	自分の意見のまとめ。本論の証明や理由づけをもとにして自分の主張（意見）を明確に述べる

4 小論文の手順，時間配分（90分の場合）

①問題文・課題文・資料などの読み取り（約15～20分）
　まず，問題文をよく読んで，何が問われているのかを的確に把握する。
　次に，課題文や資料などを読み込む。文章であれば，要約のポイントとなるような文・語句などにマークを入れると，あとでまとめるときに役に立つ。資料などからは，とくに述べておく必要がある点についてメモしておくとよい。

②構成案の作成（約20～25分）
　結論までの構成の流れを箇条書きにしてまとめ，考える。
　序論-本論-結論の構成の見通しをしっかりとつけておこう。

③文章に書き起こす（約30分）
　②で作成した構成案にもとづいて，文章化していく。以下の点について，注意する。
●自分の立場を明確にし，なぜその立場であるのか，理由を明示できるようにする。
●自分の主張を述べるときには，客観的な根拠を示しながら，論理の筋道を通して明快に述べる。
●自分の主張がもつ問題点についても述べる。想定できる反論について論評する。

④推敲（約15～20分）
　書き起こした文章を読み直し，必要な場合は，表現や文章を修正して改善する。

・要求された文字数を守る（○○字以内：指定字数の９割以上は書く／○○字程度：指定字数のプラスマイナス１割の範囲に収める
・一人称は「私」に統一し，「自分」や「僕」は用いないようにする
・敬体（「です・ます調」）は使用せず，常体（「だ・である調」）を使う
・口語体（話し言葉）は使用せず，文語体（書き言葉）を使う
・カタカナ語は適切な日本語表現がある場合には用いないようにする。また，もともと日本語である言葉をカタカナで表記することも避ける
・俗語・流行語・若者言葉，「！」「？」「…」などの記号は使用しない
・省略表現や略語は用いないようにする（公的機関名や条約名を用いる際は注意が必要）。ただし，問題文のなかに使用されている表記であれば，そのまま用いても問題はない
・数字は，縦書きの場合は漢数字を使用する。一方，横書きの場合は英数字を使用する。英数字は１マスに２文字で書く
・アルファベットは，大文字は１マスに１文字，小文字は１マスに２文字書く

政府による各種の政策によって，私たちの生活は大きく左右される可能性がある。そのため，政府による経済活動への介入は，バランスが重要である。では，どのようなバランスが望ましいのだろうか。
　政府の介入が積極的であれば，雇用の創出や社会保障の充実が期待されるが，税負担が重くなるほか，市場による健全な競争が妨げられるなど自由が損なわれる危険もある。一方，政府の介入が消極的であれば，税負担が軽くなるほか経済活動の自由は確保されるが，社会保障の削減により貧富の格差が拡大するおそれがある。
　所得格差などの社会的な問題を個人の責任とする主張もあるが，国民は生存権として，一生を通じて最低限の暮らしを営み，人間としての尊厳をもって生存し，生活する権利をもつ。政府は，国民の生存権の保障を第一に考えて，各種の政策を立案することが望ましい。

書き始めは一字下げ，段落替えの時は必ず改行一字下げをおこなうようにする

句読点・（ ）・「 」などはそれぞれ一字として数える。ただし行の先頭に句読点・）・」を置いてはいけない。もし行頭にくる場合は前行の最後のマスに文字と一緒に書く

自分の意見や主張を述べる時は「〜と考える」や「〜だ・である」と断定する。「〜と思う」という表現は，自信のなさそうな文となるため，避ける

一文は長くなりすぎないようにする。長くなると主語と述語の対応関係がわかりにくくなり，読み手に伝わりづらくなってしまう

制限時間を必ず守ろう。未完成の状態で提出すると大幅な減点となってしまう。また課題文型の場合，筆者の主張を「 」を使わないで引用し，自分の主張であるかのように書くことは厳禁だ。表現や文章が似ているものは引き写しとして扱われ，実際の試験では採点されない場合もあるよ

●表記について
・字数は句読点などを含めて厳守されているか
・文体は統一されているか
・楷書（丁寧な文字）で書かれ，文字の大きさや濃さは適切か
・漢字や送り仮名，助詞などの使い方に誤りはないか
・主語と述語が正確に対応しているか
・一文は簡潔であり，同じ語句や表現の重複化が避けられているか
・具体的で，読み手にわかりやすい表現となっているか

●内容について
・要約の場合，課題文の内容・主旨が正確にまとめられ，述べられているか
・自分の主張・意見がはっきりと述べられているか
・主張・意見を裏づけるための客観的な事実や根拠が明確に提示されているか
・全体の構成が論理的で説得力があるか
・主張に独創性があるか，書き手の問題意識の高さを読み取ることができるか（独断的・感情的な意見や態度はマイナス）

財政再建について，次の文章を読んで後の問いに答えなさい。

歳出減を優先させる

　日本政府の歳出総額は2008年以降100兆円程度で推移しており，財政再建のためには歳出の削減が不可避である。近年の一般会計予算でとくに大きな割合を占めるのは，国債の償還費を除けば，社会保障関係費と地方財政費である。

　社会保障関係費に関しては，2019年度には一般会計予算に占める割合が33.6%にも達しており，その抑制が差し迫った課題となっている。とくに高齢化にともなう医療費と介護費の伸びが非常に大きい。

　地方財政費に関しては，地方公共団体のなかには歳入のうちの自主財源である地方税が30%に満たないところも多く，地方交付税や国庫支出金などの国の財源に大きく依存しているという現状がある。

歳入増を優先させる

　現在日本の債務残高のGDPに対する比率はOECD加盟国中最悪の水準にあり，歳入の増加を図ることは差し迫った課題である。

　OECDが日本に提言しているのは，消費税率を引き上げるという増税策である。これは日本の消費税率がOECD加盟国中では比較的低水準であるのに対して，所得税率や法人税率はそれほど低い水準ではないからであろう。

　これに対して経済成長率を引き上げない限り，財政再建を実現するのは不可能という意見もある。一般に経済成長は税率を引き上げなくても税収を自動的に増加させるが，ここ20年の日本の経済成長率は平均して1%程度である。このような現状を考えれば，経済成長を図りつつ，ある程度の増税をおこなうことが現実的な対応なのかもしれない。

問1：歳出減，歳入増，それぞれの考え方を90字以内でまとめなさい。
問2：財政再建のためにはどのような方法が望ましいか，あなたの考えを350字以内で述べなさい。

課題文型の書き方

●要約のポイント
・課題文の論理展開に沿った内容にする
・筆者の考えの中心となる文を見極める
・自分の考えや感想を加えず，筆者の意見を正確にまとめる

●要約の手順

①課題文全体に目を通し，内容を把握する
　＊繰り返し登場するキーワードに印をつけておくとよい

↓

②段落ごとに重要な記述をみつけ，簡潔にまとめる
　＊段落のない文章の場合は，まず段落に分ける

↓

③②でまとめた内容から具体例や体験談をあげている箇所は除いて，「筆者の意見」のみを取り出す

↓

④③で取り出した内容を組み合わせ，制限字数にあわせて全体の流れや文と文の関係を整える
　＊200字以内の要約文であれば，段落を分ける必要はない

筆者の意見と関連しないことや課題文の趣旨から外れたことを書いた場合は減点となるため，課題文が与えられている意義を考えて取り組もう

模範解答例

【問1の解答例】

　国債償還費を除き，歳出のなかで大きな割合を占める社会保障関係費と地方財政費が，主な削減の対象になる。とくに高齢化にともなう医療費と介護費の伸びは大きいので，見直しが不可欠である。（89字）

　経済成長による税収の自然増を図るため，経済成長政策をおこなう一方で，増税をする必要がある。その際，所得税や法人税よりも，他国と比べて低い水準にある消費税率の引き上げが考えられる。（89字）

【問2の解答例】

　日本の財政は，高齢化にともなう社会保障費の伸びによって歳出が増加する一方で，歳入が伸び悩んでいる。このため累積債務が増大しており，財政再建が求められている。
　歳出を抑制するためには，富裕層や働く意欲のある高齢者への年金支給を削減する一方で，育児や教育などの人生前半への社会保障を充実させ，高齢社会の進行を抑えていく必要がある。また，歳入を増加させるためには，成長戦略をとって，税収の自然増を図る必要がある。さらに，個人や企業には能力に応じた税負担を求めるとともに，他国に比べて低い租税負担率を高めていくことも必要である。
　いずれにせよ，個人や企業には大きな変化が求められるため，政府への信頼が不可欠の条件となる。改革を進めるためには，国民が積極的な政治参加によって，合意形成をしていかなければならない。（350字）

SDGsの目標11「住み続けられるまちづくり」を達成するために，どのような取り組みや対策が必要だと考えますか。あなたの考えを具体的に600字程度で述べなさい。

テーマ型の書き方

●解答の手順

①何が問われているのか，問題の趣旨を理解する
＊問題には「出題した意図・理由」がある。的外れな小論文を書かないために，「なぜその問題が取り上げられたか」を考えて書くことが重要

②自分の主張を明確にし，論文の方向性を決める
＊自分の意見を的確に相手に伝えるためには，言葉の正確な意味と用法を理解して使用することが大切である

③主張を証明するための客観的な知識・情報を整理する
＊「定義」「例」「経験や体験」「証明するための理由や根拠」を考えよう
＊多角的な視点を取り上げよう
→地域社会の防災体制の整備には，地域コミュニティへの若い世代の参加や協働関係の構築が必要である。若い世代を地域に呼び込むための取り組みとしては，企業誘致の推進や地域での暮らしの魅力を紹介するイベントの企画・開催，旅行をしながら，現地の産業の手伝いをして報酬を得たり，地域の人々と交流したりする「おてつたび」などがあげられる。

④❶序論＝問題提起・主張，❷本論＝根拠を提示，❸結論＝まとめ で構成する
＊全体の流れを整理して，筋道が通っていることを確認する
❶序論：住み続けられるまちづくりの達成には，地域への若い世代の人口移動を促すことが求められる。
❷本論：若い世代を地域に呼び込むために，さまざまな工夫や取り組みが求められ，おこなわれている。
❸結論：若い世代が居住して活躍できるような地域社会となっていくことが求められ，そのための取り組みや対策が必要である。

⑤丁寧に楷書で書く

⑥漢字の誤り，わかりづらい表現，読みにくい字，文字数などをチェックする

解答のヒント

与えられたテーマに対する根拠や構成を考えることが難しい場合は，テーマに関連するキーワードを多様な視点からできる限りあげることも有効だ。たとえば「『幸せ』とは何か」というテーマが与えられた場合，「嬉しい・豊か・連帯・安心・平和…」といったキーワードを思いつくだけメモしてみる。また，対義語にあたる「悲しい・貧しい・孤独・不安・争い…」といったキーワードも論文を展開するうえで重要な言葉になる。ある程度キーワードが出揃ったら，求められている内容を想定して候補を選び出そう。

上記の作業は文章を書き出す前におこなう必要がある。文章を書きながら構成を考えようとすると，主張がずれたり根拠が曖昧になったりしてしまうおそれがある。主張と根拠を明確にし，それらを支えるキーワードを用意したうえで作成に臨むようにしよう

模範解答例

　住み続けられるまちづくりの達成には，持続可能な地域社会の実現が必要であり，そのためには地域への若い世代の人口移動を促すことが求められる。
　近年，気候変動に伴う自然災害のリスクが高まっており，地域における避難所の開設や運営といった防災体制の整備が迫られている。そのためには，地域コミュニティに若い世代がいて，地域の活動に参加し，協力し合う関係性が形成される必要があるが，若い世代をどのように地域に呼び込むかが課題となる。そのような課題に対する取り組みとして，例えば地域の産業の振興とそのための税制改革や，企業を誘致する活動を進めることが考えられる。加えて，地方に暮らしながら都市部の企業の業務に従事するリモートワークの積極的な普及や，自然あふれる地域での暮らしの魅力を紹介するイベントの企画・開催等の取り組みもあげられる。近年は，旅行をしながら，現地の産業の手伝いをして報酬を得たり，地域の人々と交流したりする「おてつたび」といった取り組みもおこなわれている。
　これらの取り組みを通じて，地方に若い世代が流入することで，世代をこえたつながりや多様な人々の交流がうまれ，防災体制の構築だけでなく，経済や文化などの活性化も期待できる。住み続けられるまちをつくっていくためには，若い世代が居住して活躍できるような地域社会となっていくことが求められ，そのために若い世代の流入を促すような取り組みや対策が必要である。（600字）

これからの日本の社会保障制度のあり方について，下の資料から読み取れることをふまえ，あなたの考えを600字程度で述べなさい。

◆資料1　政策分野別社会支出の国際比較（2017年度）

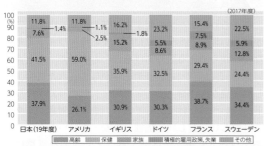

[国立社会保障・人口問題研究所資料による]

◆資料2　社会保障の国際比較

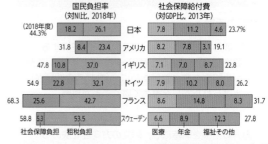

[厚生労働省資料などより作成]

資料読み取り型の書き方

●解答の手順

①何が問われているのか，問題の趣旨を理解する

②掲載資料から，その特徴や与えられたテーマに関わる情報を読み取って，その内容をまとめる
＊国際比較の資料の場合は，日本の特徴を各国と比較して読み取ろう
＊読み取った情報から，課題やその背景について考察しよう

③②で読み取った情報をふまえ，テーマに対する自分の考えや主張を明確にする

④自分の考えや主張を説明，論述する
＊自分の考えや主張が，資料が示す内容（課題）に対応しているかを意識しよう

求められるのは資料から情報を読み取る力と，そこから課題の解決策などを考察・構想し，自分の考えを論述する力だ。資料から読み取った内容の説明だけで終わらないように気をつけよう

模範解答例

　資料1をみると，日本の社会支出は，高齢の割合が37.9%と他国に比べて高いが，家族や積極的雇用政策，失業の割合は低い。つまり，日本では高齢者向けの社会保障が手厚いが，一方で子育て世代や若い世代への社会保障は薄いといえる。

　近年，日本では少子化が進んでいるため，その課題を解決するためにも，子育て支援をはじめとする若い世代への保障を手厚くする方向に転換していくことが重要だと考えられる。一方で，これからも高齢社会は進行するため，高齢者向けの政策も不可欠だろう。国民が負担に納得感をもつという観点からも，高齢者にも若い世代にも目を向けた，全世代型の社会保障が必要だと考える。ただし，日本は財政が深刻な状態にあり，社会保障のための財源の確保も課題となっている。

　資料2の社会保障負担と租税負担を合わせた国民負担率をみると，日本はアメリカについで低い。広い意味での福祉を充実させるには，相応の負担が必要になる。よって，負担を引き上げることを考える必要があるのではないか。そのためにも，ほかの先進国と比べて税率の低い消費税率を引き上げることが望ましいと考える。消費税は，景気にあまり左右されない安定的な財源でもある。

　社会保障は国民の生存権を保障するための制度である。誰もが人間らしく生きられる社会を実現するためにも，フランスやスウェーデンのように，高負担高福祉型の社会保障制度を構築する必要があると考える。（593字）

日頃から注意すること

　自分の考えや主張を考察・構想し，論述するためには，知識を日々習得していくことが重要である。そのために，以下のことを実践してみよう。

●新聞や出版物に目を通す
　新聞を読む際には，まず社説やコラム欄を読んでみよう。また，『現代用語の基礎知識』（自由国民社）などの出版物を活用することで，時事問題に関する知識の幅を広げることができる。

●ニュース番組やニュースサイトから情報を得る
　その日の出来事や事件の要点を知ることができる。入試では，マスメディアが大きく取り上げたニュースに関するテーマが出題される可能性がある。連日報道される話題については，その背景や経緯を把握しておこう。

大学入学共通テストには，各科目で学んだ知識・技能や，思考力・判断力・表現力を問う問題が出題される。なかには，グラフや表などの図版資料を読み取る問題や，原典などの文字資料を読み取る問題もある。ここでは，共通テストの特徴をつかむとともに，実際の設問を確認して，問題の形式や内容を把握しておこう。

1 共通テストの特徴

● 共通テストの出題科目

教科	出題科目
公民	公共，倫理／公共，政治・経済
	地理総合，歴史総合，公共

・それぞれ，33～34問を60分で解答する
・「公共，倫理」「公共，政治・経済」ともに大問6つのうち2つ（25点分）が「公共」の問題となる
・「公共，倫理」と「公共，政治・経済」の「公共」は共通問題となる
・「地理総合，歴史総合，公共」は3つのうち，2つを選択解答する
　→「公共」は大問4つで計16問を解答する
・選択する際の注意点
　①「公共，倫理」と「公共，政治・経済」の組み合わせを選択することはできない
　②「地理総合，歴史総合，公共」を選択した者は，選択解答した問題の出題範囲の科目と同一名称を含む科目の組み合わせを選択することはできない

● 共通テストの出題形式

共通テストの小問の出題タイプは，大別すると次の3つである

知識を確認する問題	おもに教科書・資料集の太字の用語や，その意味の理解を問う。資料を読み取る問題や，思考力を問う問題を解く際の基礎ともなる。
資料を読み取る問題	グラフや表に示されたデータ，原典資料などを読み取る（資料が複数にわたる場合もある）。また，読み取った内容と，既存の知識を結びつけて考察する問いもある。
思考力を問う問題	既存の知識や，新たに得た知識を組み合わせて考察する。具体的には，現実社会の諸課題を解決するための方策を，多様な考え方の共通点や相違点をふまえて構想したり，ある状況の影響や結果を考察したりする問いがある。

● 「地理総合，歴史総合，公共」の「公共」における出題内容の内訳（2022年公表の試作問題における内訳）

・知識を確認する問題：約2割
・資料を読み取る問題：約4割
・思考力を問う問題：約4割
＊出題された資料は，グラフや表などの統計や図，生徒のメモ，レポートなど

● 「公共，倫理」の出題内容の内訳

・知識を確認する問題：約4割
・資料を読み取る問題：約4割
・思考力を問う問題：約2割
※「公共」分野に比べると，「倫理」分野は知識を確認する問題が多い印象
※出題された資料は，先哲の原典資料や官公庁の報告書，絵画資料，生徒が作成したメモ・レポートなど

● 「公共，政治・経済」の出題内容の内訳

・知識を確認する問題：約2～3割
・資料を読み取る問題：約4～5割
・思考力を問う問題：約2～3割
※出題された資料には，生徒のメモや発表原稿もあるが，グラフや表に示された官公庁・国際機関の統計や，図，年表などがメインであるため，統計資料の読み取りに慣れておく必要がある。

・多くの場合，先生のもとで生徒同士が対話しながら課題を解決したり，探究したりする場面が設定されている。

公共は，いずれの科目を選択しても，入試科目に含まれるということですか？

そうだよ。だから，公共で扱われる倫理，政治，経済，国際分野の学習にしっかりと取り組むことが大切なんだ。

「地理総合，歴史総合，公共」は，3つのうちの2つを選ぶんですね。

そうなるね。ただし，「地理総合，歴史総合，公共」を受験科目としない大学もあるから，注意が必要だよ。各大学の入試要項をきちんと確認しておこう。

問2 生徒Xたちは，日本とヨーロッパのOECD加盟国について，次の図1・図2を示しながら「日本は出産・子育て支援策として，保育サービスなどの『現物給付』の充実を図る必要がある。」という提案を行うことにし，事前に他のグループに説明したところ，後のア〜エのような意見が他の生徒からあった。

　ア〜エのうち図1・図2を正しく読み取った上での意見の組合せとして最も適当なものを，後の①〜⑥のうちから一つ選べ。 6

図1 「現金給付」対GDP比と合計特殊出生率　図2 「現物給付」対GDP比と合計特殊出生率

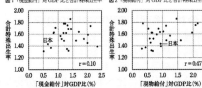

（注）　「現金給付」対GDP比及び「現物給付」対GDP比とは，家族関係政府支出「現金給付」及び「現物給付」の支出額のGDPに対する比率を表す。rは相関係数を示す。
（出所）　図1・図2ともOECD.Stat（"OECD Web ページ）の2017年の統計により作成。

ア　日本よりも合計特殊出生率が低いすべての国は，「現金給付」対GDP比が日本より低いため，「現金給付」より「現物給付」の充実に重点を置く提案に賛同する。

イ　「現金給付」対GDP比と合計特殊出生率には強い相関があるため，「現物給付」より「現金給付」の充実に重点を置くべきである。

ウ　「現物給付」対GDP比が日本より低くても合計特殊出生率が1.60を超える国々があるため，「現物給付」の充実を提案する前に諸外国の状況を調査してはどうか。

エ　「現物給付」対GDP比と合計特殊出生率との因果関係は示されていないため，「現物給付」の充実を提案するためには別の資料も準備した方がよい。

① アとイ　　　② アとウ　　　③ アとエ
④ イとウ　　　⑤ イとエ　　　⑥ ウとエ

◆解答の手順

Step ❶：日本の出産・子育て支援策として，「現金給付」「現物給付」のどちらの充実が，合計特殊出生率と相関関係にあるかを，二つの散布図から読み取る問題である。相関係数の基本として，横軸と縦軸に正の相関（r＝1が最も強い）がある場合，右肩上がりの散布図となり，負の相関（r＝−1が最も強い）がある場合，右肩下がりの散布図となる。相関がみられない図1の「現金給付」（r＝0.10）と比べて，図2の「現物給付」（r＝0.47）には弱い正の相関がみられるが，一方が原因で他方が起こるという因果関係を示しているとまではいえない。

Step ❷：ア「『現金給付』対GDP比が日本より低い」は，1国を除き日本より対GDP比が高いため，誤り。イ「『現金給付』対GDP比と合計特殊出生率には強い相関がある」は，r＝0.10と強い相関は見られないため，誤り。ウ「『現物給付』対GDP比が日本より低くても合計特殊出生率が1.60をこえる国々がある」「『現物給付』の充実を提案する前に諸外国の状況を調査してはどうか」はいずれも正しい。エ「『現物給付』対GDP比と合計特殊出生率との因果関係は示されていない」「『現物給付』の充実を提案するためには別の資料も準備した方がよい」はいずれも正しい。したがって，選択肢⑥が正解となる。

難しそうな二つの図を読み取らなければいけないんですね。

「相関係数」は数学Ⅰで学習する内容だね。このような教科横断的な問いも出題されるから，すべての教科の学習をおろそかにしてはいけないんだ。

選択肢を見てみると，二つの資料を見比べて，そこから読み取った情報を組み合わせて判断しなければならないものもありますね。

読み取るべき内容も多いから，読み取る箇所を間違えないように気をつけよう。

グラフなどの資料を読み取るときに気をつけるべきことは何だろう？

◆読み取りのポイント
・それぞれの選択肢がどの資料に関するものかを確認したうえで，選択肢に対応した箇所を読み取る。
・グラフの種類を確認し，グラフから読み取れること，読み取れないこと，全体の傾向を理解する。
・散布図においては縦軸と横軸のデータの相関関係の有無に着目する。

◆グラフの種類ごとのポイント
・棒グラフの場合
　➡数値が大きいもの・小さいものは何か，数値はどのように変化しているか
・折れ線グラフの場合
　➡数値はどのように変化しているか，数値が変化している背景や原因は何か
・円グラフ・帯グラフの場合
　➡割合が高いもの・低いものは何か，割合はどのように変化しているか

問7　下線部⑫に関して，次の**資料**は，「倫理」の授業中に，先生が配付したもので
ある。後の**ア〜エ**のうち，**資料**で示されているニヒリズムの発生過程の具体例
として当てはまるものはどれか。当てはまるものをすべて選び，その組合せと
して最も適当なものを，後の①〜⑥のうちから一つ選べ。　15

資料

○ニーチェの遺稿から
　心理学的状態としてのニヒリズムは，まず第一に，いっさいの出来事の
なかに実際には存在しないひとつの「意味」をさがし求め，その結果その
探求者がついに気力を失うにいたった場合に生じざるをえないだろう。
　（中略）
　これらすべてに共通しているのは，なにかあるものは過程そのものによっ
て達成されるはずだという考え方である。——そしていまや生成で目差
されているものはなにもないし，達成されるものもなにもないという事態が
はっきりする……かくしてニヒリズムの原因としてのいわゆる生成の目
的に関し幻滅することになる。この幻滅はひとつのまったく特定の目的に
関しても，また一般的に，全「発展」に関わるこれまでのあらゆる目的仮
説が挫折したという洞察に関しても同じように起こる。（——人間はもは
や生成の協力者ではなく，いわんや生成の中心点などではない）

ア　歴史的出来事は意味をもつが，それは解釈の仕方によって変化するので確
定できず，そこに客観的意味を見いだそうと努力するとき，その試みは失敗
してニヒリズムが到来する。

イ　この世界は神によって創造され，世界の歴史は神の摂理に導かれて目的に
向かって進むという信仰が失われたとき，世界の出来事や人生の意味が見失
われてニヒリズムが到来する。

ウ　科学的研究によって開発される製品には，その最初の使用目的が平和的な
ものであっても軍事的目的に転用可能なものがあるため，科学への信頼が失
われてニヒリズムが到来する。

エ　実存としての人間には予定められた本質がないため，自ら生きる目的を
主体的に設定するが，目的達成までの道のりは険しいため，努力する気力が
失われてニヒリズムが到来する。

① イ　　　　　　　② ウ　　　　　　　③ アとウ
④ イとエ　　　　　⑤ アとイとエ　　　⑥ アとウとエ

先哲の原典資料が出題されています
ね。なんだか難しそうです。

教科書や資料集に掲載されていな
い原典資料が出題される場合もあ
るよ。問題の形式も，資料のみか
ら読み取るもの，身に付けた知識
と組み合わせて読み取るものなど，
さまざまなんだ。

どうすれば解けるようになります
か？

先哲の思想を学ぶときは，キーワー
ドに注目することが大切だ。初め
て読む原典資料であっても，思想
家に関連するキーワードを見つけ
られれば，読み取りやすくなるよ。

原典資料を読み取るときに気をつけ
るべきことは何だろう？

◆解答の手順

Step ❶：まずは資料を見て，その内容を読み取る。
一つ目のパラグラフでは，ニヒリズムは存在しない
ひとつの「意味」をさがし求め，探求者が気力を失っ
た場合に生じるとある。二つ目のパラグラフでは，
なにかあるものは目的に向かって生成発展する，と
いう考え方に幻滅することがニヒリズムの原因だと
述べている。ニーチェのキーワードとして，価値を
否定する虚無主義である「ニヒリズム」（19世紀に
なると，ヨーロッパを支配したキリスト教道徳の価
値が失われる状況に陥った）をふまえると，主張を
とらえやすくなる。

Step ❷：次に，資料の内容に合う選択肢を選ぶ。もっ
ともらしく書かれている選択肢であっても，資料の
本文に書かれていない場合は誤りである。イは正し
い。ア「歴史的出来事に客観的な意味を見いだす」，
ウ「科学的研究の軍事的転用」，エ「実存としての
人間には本質がない」，はいずれも本文で述べられ
ていない。したがって，選択肢①が正解となる。

◆読み取りのポイント

・キーワードに着目する
　➡主張とその根拠をつかみやすくなる
・対比や例示に着目する
　➡キーワードがもつ意味をより深く理解しやす
　　くなる
・接続詞に着目する
　➡文の論理をつかみやすくなる

＊複数の原典資料を読み比べて，主張の共通点や
　相違点を明らかにすることも重要である。その
　場合にも，上の読み取りのポイントに着目して
　読み比べると，理解しやすくなる。

＊資料集 p.58 の Exercise ②に取り組んで，思想
　家の原典資料を読み取る力を身に付けよう。

問1 下線部ⓐについて，生徒**X**は，第二次世界大戦後の日本経済の歩みを調べ，次の**ア〜ウ**のグラフを作成した。これらは，それぞれ 1970 年代，1990 年代，2010 年代のいずれかの消費者物価指数の変化率（対前年比）と完全失業率との推移を示したものである。グラフの横軸は「年」を表し，10 年間について 1 年ごとの目盛り間隔となっている。このとき，これらを年代の古いものから順に並べたものとして正しいものを，後の①〜⑥のうちから一つ選べ。 15

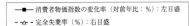

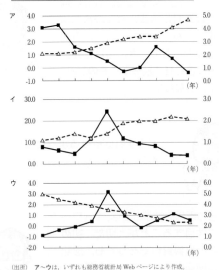

（出所）**ア〜ウ**は，いずれも総務省統計局 Web ページにより作成。

① ア→イ→ウ ② ア→ウ→イ ③ イ→ア→ウ
④ イ→ウ→ア ⑤ ウ→ア→イ ⑥ ウ→イ→ア

完全失業率の推移をみると，アとイは右肩上がりだけど，ウは右肩下がりになっていますね。

良いところに気が付いたね。アとイは失業者が増えているから，景気が悪化する出来事が起こった年代だと推測できるよ。

日本経済の歩みについては，授業で学習しました。

日本経済における大きな出来事がどの年代に起こったのか，時系列であげられるよう，知識を整理できるといいね。

知識と資料の読み取りを組み合わせるときに気を付けることって何だろう？

◆解答の手順

Step ❶：各折れ線グラフの数値の変化のうち，変化の大きい部分に着目し，変化の背景や原因を日本経済の歩みと関連させて考察する。完全失業率とは，働く意欲のある人（労働力人口）のうち，仕事を探しても仕事に就くことのできない人（完全失業者）の割合のことである。

Step ❷：消費者物価指数の変化率を示す左目盛が 10％刻みのイでは，20％をこえた年がある。これは，1973 年の第一次石油危機の影響により，消費者物価指数が約 23％上昇した 1974 年を示していることから，イは 1970 年代である。次にアでは，消費者物価指数の変化率が 4 年間，右肩下がりになっている。これは，バブル経済崩壊後の 1991 年以降を示していることから，アは 1990 年代である。ウでは，消費者物価指数が 3％をこえた年がある。これは，2014 年に消費税率を 8％に引き上げた 2010 年代である。緩やかな経済成長と若年人口の減少による人手不足で，完全失業率は低水準となっている。したがって，選択肢③が正解となる。

◆知識と資料読解を組み合わせる際のポイント

・資料において大きな特徴がある部分に着目し，その読解に役立つ知識を的確に結び付ける。
・知識はキーワードや用語の形で整理して覚えておく。
＊知識と資料読解を組み合わせた問題は，知識を必要としない資料問題に比べて難易度が高く思えるが，知識さえあればむしろ易しい。

◆探究型の問題を解く際のポイント

・現実社会の諸課題を探究する場面設定の問題を解くには，どのような課題が存在しているかをあらかじめ知っておく。
・課題解決に際しては，一面的ではなく，多面的・多角的な視点や立場を理解する。
＊資料集の Active や別冊ワークブックに取り組んで，現実社会の諸課題について考察してみよう。

日本国憲法 〔公布 1946（昭和21）年11月3日 / 施行 1947（昭和22）年 5月3日〕

解説 日本国憲法は，連合国軍最高司令官（GHQ）の指導と助言の下に起草され，大日本帝国憲法の改正案として帝国議会に付議され，1946（昭和21）年11月3日に公布された。前文と11章103箇条からなり，大日本帝国憲法にかわって1947（昭和22）年5月3日から施行された。「国民主権」「基本的人権の尊重」「恒久平和主義」を三大基本原理としているほか，地方自治の保障等についても規定し，徹底した民主主義の原理を打ち出した。憲法改正が一般の法律より厳格な手続きを必要とする硬性憲法である。

上 諭

朕は，日本国民の総意に基いて，新日本建設の礎が，定まるに至つたことを，深くよろこび，枢密顧問の諮詢及び帝国憲法第73条による帝国議会の議決を経た帝国憲法の改正を裁可し，ここにこれを公布せしめる。

天皇　裕仁		国 務 大 臣	斎藤隆夫
昭和21年11月3日		逓 信 大 臣	一松定吉
内閣総理大臣兼		商 工 大 臣	星島二郎
外 務 大 臣	吉田　茂	厚 生 大 臣	河合良成
国 務 大 臣　男爵	幣原喜重郎	国 務 大 臣	植原悦二郎
司 法 大 臣	木村篤太郎	運 輸 大 臣	平塚常次郎
内 務 大 臣	大村清一	大 蔵 大 臣	石橋湛山
文 部 大 臣	田中耕太郎	国 務 大 臣	金森徳次郎
農 林 大 臣	和田博雄	国 務 大 臣	膳　桂之助

日本国憲法

日本国民は，正当に選挙された国会における代表者を通じて行動し，われらとわれらの子孫のために，諸国民との協和による成果と，わが国全土にわたつて自由のもたらす恵沢を確保し，政府の行為によつて再び戦争の惨禍が起ることのないやうにすることを決意し，ここに主権が国民に存することを宣言し，この憲法を確定する。そもそも国政は，国民の厳粛な信託によるものであつて，その権威は国民に由来し，その権力は国民の代表者がこれを行使し，その福利は国民がこれを享受する。これは人類普遍の原理であり，この憲法は，かかる原理に基くものである。われらは，これに反する一切の憲法，法令及び詔勅を排除する。

日本国民は，恒久の平和を念願し，人間相互の関係を支配する崇高な理想を深く自覚するのであつて，平和を愛する諸国民の公正と信義に信頼して，われらの安全と生存を保持しようと決意した。われらは，平和を維持し，専制と隷従，圧迫と偏狭を地上から永遠に除去しようと努めてゐる国際社会において，名誉ある地位を占めたいと思ふ。われらは，全世界の国民が，ひとしく恐怖と欠乏から免かれ，平和のうちに生存する権利を有することを確認する。

われらは，いづれの国家も，自国のことのみに専念して他国を無視してはならないのであつて，政治道徳の法則は，普遍的なものであり，この法則に従ふことは，自国の主権を維持し，他国と対等関係に立たうとする各国の責務であると信ずる。

日本国民は，国家の名誉にかけ，全力をあげてこの崇高な理想と目的を達成することを誓ふ。

第1章　天皇

第1条（天皇の地位・国民主権） 天皇は，日本国の象徴であり日本国民統合の象徴であつて，この地位は，主権の存する日本国民の総意に基く。

第2条（皇位の世襲と継承） 皇位は，世襲のものであつて，国会の議決した皇室典範の定めるところにより，これを継承する。

第3条（天皇の国事行為と内閣の助言・承認及び責任） 天皇の国事に関するすべての行為には，内閣の助言と承認を必要とし，内閣が，その責任を負ふ。

第4条（天皇の権能の限界と，国事行為の委任） 天皇は，この憲法の定める国事に関する行為のみを行ひ，国政に関する権能を有しない。

●上諭

朕 天子（ここでは天皇）の自称。「われ」の意で用いる。なお，公文書における天皇の署名・押印は「御名御璽」と表記される。

枢密顧問 ▶p.376（第56条）

諮詢 ▶p.376（第56条）

裁可 議会の協賛による法案や予算権に天皇が許可を与えること。形式として署名し押印した（御名御璽）

●前文

協和 心をあわせて仲よくすること。

恵沢 めぐみうるおうこと。

惨禍 悲惨なできごと。

主権 国家を支配する最高・独立の権力。国家の統治権。国家の政治のあり方を最終的に決める権利。

信託 信用してまかせること。

権威は国民に〜享受する アメリカ大統領リンカーンが1863年ゲティスバーグでおこなった演説にある，「人民の，人民による，人民のための政治（統治）」と同じ原則を示している。

享受 受けとること。

法令 法律，政令，省令，規則，条例など。

詔勅 ▶p.376（第55条）

恒久 いつまでも変わらないこと。永久。

崇高 気だかく尊いこと。

信義 約束を守り務めをはたすこと。

専制 独断で思いのままに事を決めること。

隷従 奴隷的な従属。

偏狭 度量のせまいこと。偏見，差別，排他主義などを含意。

●第1条

象徴 形にあらわれないものを，それと何らかの意味で相通じる具体的な形のあるもので表現すること。鳩が平和を，白が純潔をあらわすなど。シンボル。

主権の存する日本国民の総意に基く 天皇の地位は主権者である日本国民全体の意思によって左右されることを示す。

●第2条

世襲 子が親の財産，地位などを代々継ぐこと。

皇室典範 皇位継承，皇族，摂政，皇室会議など皇室に関する事項を規定した法律。旧法を改める形で1947（昭和22）年に制定。▶p.375（第2条）

●第3条

国事行為 天皇が国家機関としておこなう形式的・儀礼的行為。

② 天皇は，法律の定めるところにより，その国事に関する行為を委任することができる。

第5条(摂政) 皇室典範の定めるところにより摂政を置くときは，摂政は，天皇の名でその国事に関する行為を行ふ。この場合には，前条第1項の規定を準用する。

第6条(天皇の任命権) 天皇は，国会の指名に基いて，内閣総理大臣を任命する。

② 天皇は，内閣の指名に基いて，最高裁判所の長たる裁判官を任命する。

第7条(天皇の国事行為) 天皇は，内閣の助言と承認により，国民のために，左の国事に関する行為を行ふ。

1 憲法改正，法律，政令及び条約を公布すること。
2 国会を召集すること。
3 衆議院を解散すること。
4 国会議員の総選挙の施行を公示すること。
5 国務大臣及び法律の定めるその他の官吏の任免並びに全権委任状及び大使及び公使の信任状を認証すること。
6 大赦，特赦，減刑，刑の執行の免除及び復権を認証すること。
7 栄典を授与すること。
8 批准書及び法律の定めるその他の外交文書を認証すること。
9 外国の大使及び公使を接受すること。
10 儀式を行ふこと。

第8条(皇室の財産) 皇室に財産を譲り渡し，又は皇室が，財産を譲り受け，若しくは賜与することは，国会の議決に基かなければならない。

第2章　戦争の放棄

第9条(戦争の放棄と戦力の不保持・交戦権の否認) 日本国民は，正義と秩序を基調とする国際平和を誠実に希求し，国権の発動たる戦争と，武力による威嚇又は武力の行使は，国際紛争を解決する手段としては，永久にこれを放棄する。

② 前項の目的を達するため，陸海空軍その他の戦力は，これを保持しない。国の交戦権は，これを認めない。

第3章　国民の権利及び義務

第10条(日本国民たる要件) 日本国民たる要件は，法律でこれを定める。

第11条(基本的人権の享有・永久不可侵性) 国民は，すべての基本的人権の享有を妨げられない。この憲法が国民に保障する基本的人権は，侵すことのできない永久の権利として，現在及び将来の国民に与へられる。

第12条(自由及び権利の保持責任・濫用禁止) この憲法が国民に保障する自由及び権利は，国民の不断の努力によつて，これを保持しなければならない。又，国民は，これを濫用してはならないのであつて，常に公共の福祉のためにこれを利用する責任を負ふ。

第13条(個人の尊重) すべて国民は，個人として尊重される。生命，自由及び幸福追求に対する国民の権利については，公共の福祉に反しない限り，立法その他の国政の上で，最大の尊重を必要とする。

第14条(法の下の平等，貴族制度の否認，栄典の授与) すべて国民は，法の下に平等であつて，人種，信条，性別，社会的身分又は門地により，政治的，経済的又は社会的関係において，差別されない。

② 華族その他の貴族の制度は，これを認めない。

③ 栄誉，勲章その他の栄典の授与は，いかなる特権も伴はない。栄典の授与は，現にこれを有し，又は将来これを受ける者の一代に限り，その効力を有する。

第15条(公務員選定罷免権，公務員の本質，普通選挙・秘密投票の保障) 公務員を選定し，及びこれを罷免することは，国民固有の権利である。

② すべて公務員は，全体の奉仕者であつて，一部の奉仕者ではない。

③ 公務員の選挙については，成年者による普通選挙を保障する。

④ すべて選挙における投票の秘密は，これを侵してはならない。選挙人は，その選択に関し公的にも私的にも責任を問はれない。

第16条(請願権) 何人も，損害の救済，公務員の罷免，法律，命令又は規則の制定，廃止又は改正その他の事項に関し，平穏に請願する権利を有し，

● **第5条**
摂政　天皇にかわって代理をつとめる職。天皇が満18歳未満のとき，または精神的・身体的理由で国事をおこなうことができないとき，皇室会議が決定する。

● **第7条**
政令　内閣の制定する命令。
官吏　政府の仕事をする役人の旧称。現在は国家公務員。
信任状　外交官の正当な資格を証明する文書。
認証　正当な手続きでなされたことを公に証明すること。
大赦　恩赦の一つ。政令で罪の種類を定めていっせいに有罪言い渡しの効力を消滅させるもので，刑の執行は免除，有罪の判決も免訴となる。
特赦　恩赦の一つ。特定の者に対する有罪の言い渡しが効力を失い，刑の執行が免除される。
栄典　名誉をあらわすために与えられる位階・勲章など。
批准　条約を最終的に承認する手続き。
接受　受け入れること。

● **第8条**
賜与　身分の高い者から下の者に与えること。

● **第9条**
希求　願いもとめること。
威嚇　おどすこと。
交戦権　①戦争をする権利，②交戦状態で交戦国に国際法上認められる権利，③両者を含むとする説がある。

● **第11条**
基本的人権　人間が生まれながらに有している権利。人種・信条・身分などによって政治上・経済上・社会上の差別を受けないこととして，アメリカ独立宣言やフランス人権宣言などで確立された権利。
享有　生まれながらにもっていること。

● **第12条**
濫用　みだりに用いること。
公共の福祉　社会全体の共同の幸福。

● **第14条**
信条　個人の信仰・世界観・思想など固く信じている事がら。
門地　家柄。家系。
華族　明治憲法下で公・侯・伯・子・男の爵位をもった人々とその家族。

● **第15条**
罷免　職務をやめさせること。免職。
普通選挙　身分・性別・教育・信仰・財産・納税などをもって選挙権の制限的要件としない選挙。制限選挙に対するもの。

● **第16条**
請願　国民が法律に定められた手続きにより，国または地方公共団体の機関にその希望を願い出ること。

何人も，かかる請願をしたためにいかなる差別待遇も受けない。

第17条（国及び公共団体の賠償責任） 何人も，公務員の不法行為により，損害を受けたときは，法律の定めるところにより，国又は公共団体に，その賠償を求めることができる。

第18条（奴隷的拘束及び苦役からの自由） 何人も，いかなる奴隷的拘束も受けない。又，犯罪に因る処罰の場合を除いては，その意に反する苦役に服させられない。

第19条（思想及び良心の自由） 思想及び良心の自由は，これを侵してはならない。

第20条（信教の自由，国の宗教活動の禁止） 信教の自由は，何人に対してもこれを保障する。いかなる宗教団体も，国から特権を受け，又は政治上の権力を行使してはならない。
② 何人も，宗教上の行為，祝典，儀式又は行事に参加することを強制されない。
③ 国及びその機関は，宗教教育その他いかなる宗教的活動もしてはならない。

第21条（集会・結社・表現の自由，通信の秘密） 集会，結社及び言論，出版その他一切の表現の自由は，これを保障する。
② 検閲は，これをしてはならない。通信の秘密は，これを侵してはならない。

第22条（居住・移転・職業選択の自由，外国移住・国籍離脱の自由） 何人も，公共の福祉に反しない限り，居住，移転及び職業選択の自由を有する。
② 何人も，外国に移住し，又は国籍を離脱する自由を侵されない。

第23条（学問の自由） 学問の自由は，これを保障する。

第24条（家族生活における個人の尊厳と両性の平等） 婚姻は，両性の合意のみに基いて成立し，夫婦が同等の権利を有することを基本として，相互の協力により，維持されなければならない。
② 配偶者の選択，財産権，相続，住居の選定，離婚並びに婚姻及び家族に関するその他の事項に関しては，法律は，個人の尊厳と両性の本質的平等に立脚して，制定されなければならない。

第25条（生存権，国の社会保障義務） すべて国民は，健康で文化的な最低限度の生活を営む権利を有する。
② 国は，すべての生活部面について，社会福祉，社会保障及び公衆衛生の向上及び増進に努めなければならない。

第26条（教育を受ける権利，義務教育） すべて国民は，法律の定めるところにより，その能力に応じて，ひとしく教育を受ける権利を有する。
② すべて国民は，法律の定めるところにより，その保護する子女に普通教育を受けさせる義務を負ふ。義務教育は，これを無償とする。

第27条（勤労の権利と義務，勤労条件の基準，児童酷使の禁止） すべて国民は，勤労の権利を有し，義務を負ふ。
② 賃金，就業時間，休息その他の勤労条件に関する基準は，法律でこれを定める。
③ 児童は，これを酷使してはならない。

第28条（勤労者の団結権・団体交渉権・その他の団体行動権） 勤労者の団結する権利及び団体交渉その他の団体行動をする権利は，これを保障する。

第29条（財産権） 財産権は，これを侵してはならない。
② 財産権の内容は，公共の福祉に適合するやうに，法律でこれを定める。
③ 私有財産は，正当な補償の下に，これを公共のために用ひることができる。

第30条（納税の義務） 国民は，法律の定めるところにより，納税の義務を負ふ。

第31条（法定手続の保障） 何人も，法律の定める手続によらなければ，その生命若しくは自由を奪はれ，又はその他の刑罰を科せられない。

第32条（裁判を受ける権利） 何人も，裁判所において裁判を受ける権利を奪はれない。

第33条（逮捕に対する保障） 何人も，現行犯として逮捕される場合を除いては，権限を有する司法官憲が発し，且つ理由となつてゐる犯罪を明示する令状によらなければ，逮捕されない。

第34条（抑留・拘禁に対する保障） 何人も，理由を直ちに告げられ，且つ，直ちに弁護人に依頼する権利を与へられなければ，抑留又は拘禁されない。又，何人も，正当な理由がなければ，拘禁されず，要求があれば，その理

●第17条
不法行為 意図的に，または不注意による違法な行為によって，他人の権利を侵害し損害を生じさせる行為。その損害に対して賠償をする責任がある。

●第18条
苦役 苦しい労働。強制的な労働またはそれに準ずるような隷属状態。

●第20条
信教の自由 宗教を信じる自由と信じない自由を含む。

●第21条
結社 人びとが集まって共同の目的を達するために組織した団体。
検閲 思想や報道・通信・出版物などを国や地方公共団体などの公権力が事前に内容を強権的に検査すること。思想統制の手段とされる。

●第24条
婚姻 結婚すること。夫婦になること。
配偶者 夫婦の一方からみた他方のこと。
相続 受けつぐこと。一定の親族的身分関係のある者の間において，その一方の死亡によって，財産的権利・義務の一切を承継すること。

●第25条
部面 いくつかに分けたうちのある面。

●第26条
普通教育 国民あるいは社会人として，また人間として，一般共通に必要な知識・教養を与える教育。専門教育や職業教育に対比される概念で，日本では小・中学校9年間の義務教育をさす。

●第27条
酷使 むごくつかうこと。こきつかうこと。

●第29条
正当な補償 おぎないつぐなうこと。「正当な補償」の範囲については，完全な補償とする説と合理的に算出された相当な補償とする説がある。

●第31条
法定手続 適正な法の手続きによらなければ生命・自由・財産を奪われないという考え方。1215年にイギリス国王が署名したマグナ=カルタ（大憲章）以来主張された。

●第33条
司法官憲 司法上の権限をもっている公務員。広義には検察官・警察官・裁判官をいうが，狭義には裁判官のみをさす。
令状 逮捕状，勾引状，勾留状などの強制処分を内容とする書状。裁判官が発布する。

●第34条
抑留 身体の自由を拘束すること。逮捕後の留置などをいう。
拘禁 留置場・刑務所などで比較的長期に身体の自由を拘束すること。

由は，直ちに本人及びその弁護人の出席する公開の法廷で示されなければならない。

第35条(住居の不可侵)　何人も，その住居，書類及び所持品について，侵入，捜索及び押収を受けることのない権利は，第33条の場合を除いては，正当な理由に基いて発せられ，且つ捜索する場所及び押収する物を明示する令状がなければ，侵されない。

②　捜索又は押収は，権限を有する司法官憲が発する各別の令状により，これを行ふ。

第36条(拷問及び残虐な刑罰の禁止)　公務員による拷問及び残虐な刑罰は，絶対にこれを禁ずる。

第37条(刑事被告人の権利)　すべて刑事事件においては，被告人は，公平な裁判所の迅速な公開裁判を受ける権利を有する。

②　刑事被告人は，すべての証人に対して審問する機会を充分に与へられ，又，公費で自己のために強制的手続により証人を求める権利を有する。

③　刑事被告人は，いかなる場合にも，資格を有する弁護人を依頼することができる。被告人が自らこれを依頼することができないときは，国でこれを附する。

第38条(供述の不強要，自白の証拠能力)　何人も，自己に不利益な供述を強要されない。

②　強制，拷問若しくは脅迫による自白又は不当に長く抑留若しくは拘禁された後の自白は，これを証拠とすることができない。

③　何人も，自己に不利益な唯一の証拠が本人の自白である場合には，有罪とされ，又は刑罰を科せられない。

第39条(遡及処罰の禁止・一事不再理)　何人も，実行の時に適法であつた行為又は既に無罪とされた行為については，刑事上の責任を問はれない。又，同一の犯罪について，重ねて刑事上の責任を問はれない。

第40条(刑事補償)　何人も，抑留又は拘禁された後，無罪の裁判を受けたときは，法律の定めるところにより，国にその補償を求めることができる。

第4章　国会

第41条(国会の地位・立法権)　国会は，国権の最高機関であつて，国の唯一の立法機関である。

第42条(両院制)　国会は，衆議院及び参議院の両議院でこれを構成する。

第43条(両議院の組織)　両議院は，全国民を代表する選挙された議員でこれを組織する。

②　両議院の議員の定数は，法律でこれを定める。

第44条(国会議員及び選挙人の資格)　両議院の議員及びその選挙人の資格は，法律でこれを定める。但し，人種，信条，性別，社会的身分，門地，教育，財産又は収入によつて差別してはならない。

第45条(衆議院議員の任期)　衆議院議員の任期は，4年とする。但し，衆議院解散の場合には，その期間満了前に終了する。

第46条(参議院議員の任期)　参議院議員の任期は，6年とし，3年ごとに議員の半数を改選する。

第47条(選挙に関する事項の法定)　選挙区，投票の方法その他両議院の議員の選挙に関する事項は，法律でこれを定める。

第48条(両院議員兼職の禁止)　何人も，同時に両議院の議員たることはできない。

第49条(議員の歳費)　両議院の議員は，法律の定めるところにより，国庫から相当額の歳費を受ける。

第50条(議員の不逮捕特権)　両議院の議員は，法律の定める場合を除いては，国会の会期中逮捕されず，会期前に逮捕された議員は，その議院の要求があれば，会期中これを釈放しなければならない。

第51条(議員の発言・表決の無責任)　両議院の議員は，議院で行つた演説，討論又は表決について，院外で責任を問はれない。

第52条(常会)　国会の常会は，毎年1回これを召集する。

第53条(臨時会)　内閣は，国会の臨時会の召集を決定することができる。い

●第35条
押収　証拠品などを強制的に取得すること。
各別の令状　犯人や証拠品を特定する令状のこと(「だれでも」「何でも」という一般令状を禁止する趣旨で特記してある)。

●第36条
拷問　肉体に苦痛を加えて自白をしいること。

●第37条
審問　くわしく問いただすこと。

●第38条
供述　裁判官・検察官・司法警察職員などの尋問に応じて，被告人・被疑者・証人などがおこなう陳述。

●第39条
遡及処罰の禁止　実行時に適法であった行為は，法律が変わってもさかのぼって処罰されることがないという原則。
一事不再理　一度判決が確定した事件について，再び裁判をおこなわないという原則。

●第41条
国権　国家の権力。国家の支配・統治権。
唯一の立法機関　文字通り，国会による以外の立法は原則として許されないことを示す。例外として，議院および最高裁判所の規則制定権，内閣の政令制定権，地方公共団体の条例制定権がある。

●第45条
衆議院解散　任期満了前に，内閣が衆議院議員全員の資格を失わせる行為。

●第46条
半数を改選　248名のうち124名を改選する。全員交替制の衆議院に比べ継続性がつよい。

●第49条
国庫　財産権の主体としての政府をさす名称。
歳費　議員に対して支払われる報酬のこと。

●第52条
常会　通常国会のこと。毎年1月中に開かれ，会期は150日間。

づれかの議院の総議員の4分の1以上の要求があれば，内閣は，その召集を決定しなければならない。

第54条（衆議院の解散と総選挙，特別会，参議院の緊急集会） 衆議院が解散されたときは，解散の日から40日以内に，衆議院議員の総選挙を行ひ，その選挙の日から30日以内に，国会を召集しなければならない。

② 衆議院が解散されたときは，参議院は，同時に閉会となる。但し，内閣は，国に緊急の必要があるときは，参議院の緊急集会を求めることができる。

③ 前項但書の緊急集会において採られた措置は，臨時のものであつて，次の国会開会の後10日以内に，衆議院の同意がない場合には，その効力を失ふ。

第55条（議員の資格争訟） 両議院は，各々その議員の資格に関する争訟を裁判する。但し，議員の議席を失はせるには，出席議員の3分の2以上の多数による議決を必要とする。

第56条（議院の定足数，議決方法） 両議院は，各々その総議員の3分の1以上の出席がなければ，議事を開き議決することができない。

② 両議院の議事は，この憲法に特別の定のある場合を除いては，出席議員の過半数でこれを決し，可否同数のときは，議長の決するところによる。

第57条（会議の公開と秘密会，会議録，表決の記載） 両議院の会議は，公開とする。但し，出席議員の3分の2以上の多数で議決したときは，秘密会を開くことができる。

② 両議院は，各々その会議の記録を保存し，秘密会の記録の中で特に秘密を要すると認められるもの以外は，これを公表し，且つ一般に頒布しなければならない。

③ 出席議員の5分の1以上の要求があれば，各議員の表決は，これを会議録に記載しなければならない。

第58条（役員の選任，議院規則，懲罰） 両議院は，各々その議長その他の役員を選任する。

② 両議院は，各々その会議その他の手続及び内部の規律に関する規則を定め，又，院内の秩序をみだした議員を懲罰することができる。但し，議員を除名するには，出席議員の3分の2以上の多数による議決を必要とする。

第59条（法律案の議決，衆議院の優越） 法律案は，この憲法に特別の定のある場合を除いては，両議院で可決したとき法律となる。

② 衆議院で可決し，参議院でこれと異なつた議決をした法律案は，衆議院で出席議員の3分の2以上の多数で再び可決したときは，法律となる。

③ 前項の規定は，法律の定めるところにより，衆議院が，両議院の協議会を開くことを求めることを妨げない。

④ 参議院が，衆議院の可決した法律案を受け取つた後，国会休会中の期間を除いて60日以内に，議決しないときは，衆議院は，参議院がその法律案を否決したものとみなすことができる。

第60条（衆議院の予算先議と衆議院の優越） 予算は，さきに衆議院に提出しなければならない。

② 予算について，参議院で衆議院と異なつた議決をした場合に，法律の定めるところにより，両議院の協議会を開いても意見が一致しないとき，又は参議院が，衆議院の可決した予算を受け取つた後，国会休会中の期間を除いて30日以内に，議決しないときは，衆議院の議決を国会の議決とする。

第61条（条約の国会承認と衆議院の優越） 条約の締結に必要な国会の承認については，前条第2項の規定を準用する。

第62条（議院の国政調査権） 両議院は，各々国政に関する調査を行ひ，これに関して，証人の出頭及び証言並びに記録の提出を要求することができる。

第63条（国務大臣の議院出席） 内閣総理大臣その他の国務大臣は，両議院の一に議席を有すると有しないとにかかはらず，何時でも議案について発言するため議院に出席することができる。又，答弁又は説明のため出席を求められたときは，出席しなければならない。

第64条（弾劾裁判所） 国会は，罷免の訴追を受けた裁判官を裁判するため，両議院の議員で組織する弾劾裁判所を設ける。

② 弾劾に関する事項は，法律でこれを定める。

●第54条
　総選挙　全員交替制の衆議院議員の選挙。半数交替制の参議院議員の選挙を通常選挙とよぶ。
　参議院の緊急集会　衆議院解散中に召集される臨時会。緊急措置の決定が不可能なときに限り，参議院緊急集会で臨時措置を決定する。

●第55条
　議員の資格　禁錮以上の有罪判決を受けた場合などに失格となる。
　争訟　訴訟をおこして争うこと。議員資格の争訟は，国会法第111条により裁判所で審査することはできない。

●第56条
　定足数　会議が成立するための最小限度必要な出席人数。

●第57条
　秘密会　傍聴を禁じ，公開されない会議。
　頒布　配布すること。

●第58条
　役員　議長のほか，副議長・仮議長・常任委員長・事務総長など（国会法第16条による
　懲罰　議院の秩序を乱した議員に制裁を加えること。戒告・登院または出席の停止や除名がある。

●第59条
　両議院の協議会　衆参の各議院より10名ずつの委員で構成し，出席委員の3分の2以上の多数により可決。

●第60条
　予算　国家または地方自治体が次の会計年度における歳出・歳入の標準をたてる，その見積もり。内閣が作成し，国会の議決をへて成立する。

●第61条
　条約　国家間の合意により互いの権利・義務を定めた約束文書。文書による合意には，協約・協定・憲章などもある。

●第62条
　国政調査権　憲法上国会の両議院が有する，国政に関して自ら調査をおこないうる機能。行政や司法に対して越権はできない。

●第64条
　訴追　弾劾の申し立てをおこない，裁判官の罷免を求める行為。
　弾劾裁判所　弾劾とは，身分保障のある公務員の罷免または処罰を求めること。裁判官は，著しい不正をおこなった場合に訴追され，衆参各7人の議員で構成される弾劾裁判所の罷免決定によりやめさせられる。

第5章　内閣

第65条(行政権と内閣)　行政権は，内閣に属する。

第66条(内閣の組織，国務大臣の文民資格，国会に対する連帯責任)　内閣は，法律の定めるところにより，その首長たる内閣総理大臣及びその他の国務大臣でこれを組織する。

② 内閣総理大臣その他の国務大臣は，文民でなければならない。

③ 内閣は，行政権の行使について，国会に対し連帯して責任を負ふ。

第67条(内閣総理大臣の指名，衆議院の優越)　内閣総理大臣は，国会議員の中から国会の議決で，これを指名する。この指名は，他のすべての案件に先だつて，これを行ふ。

② 衆議院と参議院とが異なつた指名の議決をした場合に，法律の定めるところにより，両議院の協議会を開いても意見が一致しないとき，又は衆議院が指名の議決をした後，国会休会中の期間を除いて10日以内に，参議院が，指名の議決をしないときは，衆議院の議決を国会の議決とする。

第68条(国務大臣の任命・罷免)　内閣総理大臣は，国務大臣を任命する。但し，その過半数は，国会議員の中から選ばれなければならない。

② 内閣総理大臣は，任意に国務大臣を罷免することができる。

第69条(衆議院の内閣不信任と解散又は総辞職)　内閣は，衆議院で不信任の決議案を可決し，又は信任の決議案を否決したときは，10日以内に衆議院が解散されない限り，総辞職をしなければならない。

第70条(内閣総理大臣の欠缺・総選挙後の新国会の召集と内閣総辞職)　内閣総理大臣が欠けたとき，又は衆議院議員総選挙の後に初めて国会の召集があつたときは，内閣は，総辞職をしなければならない。

第71条(総辞職後の内閣)　前2条の場合には，内閣は，あらたに内閣総理大臣が任命されるまで引き続きその職務を行ふ。

第72条(内閣総理大臣の職務権限)　内閣総理大臣は，内閣を代表して議案を国会に提出し，一般国務及び外交関係について国会に報告し，並びに行政各部を指揮監督する。

第73条(内閣の職務権限)　内閣は，他の一般行政事務の外，左の事務を行ふ。

1 法律を誠実に執行し，国務を総理すること。

2 外交関係を処理すること。

3 条約を締結すること。但し，事前に，時宜によつては事後に，国会の承認を経ることを必要とする。

4 法律の定める基準に従ひ，官吏に関する事務を掌理すること。

5 予算を作成して国会に提出すること。

6 この憲法及び法律の規定を実施するために，政令を制定すること。但し，政令には，特にその法律の委任がある場合を除いては，罰則を設けることができない。

7 大赦，特赦，減刑，刑の執行の免除及び復権を決定すること。

第74条(法律・政令の署名及び連署)　法律及び政令には，すべて主任の国務大臣が署名し，内閣総理大臣が連署することを必要とする。

第75条(国務大臣の訴追)　国務大臣は，その在任中，内閣総理大臣の同意がなければ，訴追されない。但し，これがため，訴追の権利は，害されない。

第6章　司法

第76条(司法権と裁判所，特別裁判所の禁止，裁判官の独立)　すべて司法権は，最高裁判所及び法律の定めるところにより設置する下級裁判所に属する。

② 特別裁判所は，これを設置することができない。行政機関は，終審として裁判を行ふことができない。

③ すべて裁判官は，その良心に従ひ独立してその職権を行ひ，この憲法及び法律にのみ拘束される。

第77条(最高裁判所の規則制定権)　最高裁判所は，訴訟に関する手続，弁護士，裁判所の内部規律及び司法事務処理に関する事項について，規則を定める権限を有する。

② 検察官は，最高裁判所の定める規則に従はなければならない。

● **第65条**
　行政　立法・司法以外の統治または国政作用の総称。内閣およびこれに所属する機関の政治的事務を取りあつかう権限をもつ。

● **第66条**
　首長　集団のかしら。合議体における最上位の人をいう。
　文民　軍人でない人。現在職業軍人でない人，およびこれまで職業軍人であったことがない人をさす。

● **第67条**
　案件　処理されるべき事柄。

● **第68条**
　国務大臣　広義には内閣の構成員，狭義には内閣総理大臣以外の大臣をいう。
　過半数は，国会議員から選任　過半数を国民の代表者から選ぶことによって，勝手な内閣の構成を防ぐことを目的とする。

● **第69条**
　総辞職　内閣総理大臣と国務大臣の全員がそろって辞職をすること。

● **第70条**
　欠缺　ある要件が欠けていること。

● **第72条**
　国務　国家の行政事務。

● **第73条**
　総理する　事務を統一して管理する。
　時宜　その時の都合(事情)。事前事後の基準は内閣による批准である。
　掌理する　全体をつかさどり管理する。
　政令　内閣の作成する命令。憲法および法律の規定を実施するためのもの(法律命令)，法律の委任した事項を定めるためのもの(委任命令)の二種がある。

● **第74条**
　連署　他に並んで署名すること。

● **第76条**
　司法　法にもとづく民事(行政事件を含む)刑事の裁判およびそれに関連する国家作用。立法・行政に対する用語。
　下級裁判所　高等裁判所・地方裁判所・簡易裁判所・家庭裁判所をいう。
　特別裁判所　特定の身分をもつ人，または特定の性質の事件について裁判をおこなう裁判所。
　行政機関　審理機関として，公正取引委員会，労働委員会，海難審判庁などがある。
　終審　上訴の手段がない最終審理の裁判所。

● **第77条**
　訴訟　裁判所に訴えること。
　弁護士　当事者・関係者または官庁などから頼まれて訴訟に関する法律事務をおこなう者。刑事事件では被告を弁護する人。
　検察官　犯罪を捜査し，公訴をおこなう国家公務員(行政官)。刑の執行を監督するほか，公益の代表者として一定の権限を有する。

③ 最高裁判所は，下級裁判所に関する規則を定める権限を，下級裁判所に委任することができる。

第78条(裁判官の身分保障) 裁判官は，裁判により，心身の故障のために職務を執ることができないと決定された場合を除いては，公の弾劾によらなければ罷免されない。裁判官の懲戒処分は，行政機関がこれを行ふことはできない。

第79条(最高裁判所の裁判官，国民審査，定年，報酬) 最高裁判所は，その長たる裁判官及び法律の定める員数のその他の裁判官でこれを構成し，その長たる裁判官以外の裁判官は，内閣でこれを任命する。

② 最高裁判所の裁判官の任命は，その任命後初めて行はれる衆議院議員総選挙の際国民の審査に付し，その後10年を経過した後初めて行はれる衆議院議員総選挙の際更に審査に付し，その後も同様とする。

③ 前項の場合において，投票者の多数が裁判官の罷免を可とするときは，その裁判官は，罷免される。

④ 審査に関する事項は，法律でこれを定める。

⑤ 最高裁判所の裁判官は，法律の定める年齢に達した時に退官する。

⑥ 最高裁判所の裁判官は，すべて定期に相当額の報酬を受ける。この報酬は，在任中，これを減額することができない。

第80条(下級裁判所の裁判官，任期，定年，報酬) 下級裁判所の裁判官は，最高裁判所の指名した者の名簿によつて，内閣でこれを任命する。その裁判官は，任期を10年とし，再任されることができる。但し，法律の定める年齢に達した時には退官する。

② 下級裁判所の裁判官は，すべて定期に相当額の報酬を受ける。この報酬は，在任中，これを減額することができない。

第81条(最高裁判所の法令審査権) 最高裁判所は，一切の法律，命令，規則又は処分が憲法に適合するかしないかを決定する権限を有する終審裁判所である。

第82条(裁判の公開) 裁判の対審及び判決は，公開法廷でこれを行ふ。

② 裁判所が，裁判官の全員一致で，公の秩序又は善良の風俗を害する虞があると決した場合には，対審は，公開しないでこれを行ふことができる。但し，政治犯罪，出版に関する犯罪又はこの憲法第3章で保障する国民の権利が問題となつてゐる事件の対審は，常にこれを公開しなければならない。

第7章　財政

第83条(財政処理の要件) 国の財政を処理する権限は，国会の議決に基いて，これを行使しなければならない。

第84条(課税の要件) あらたに租税を課し，又は現行の租税を変更するには，法律又は法律の定める条件によることを必要とする。

第85条(国費支出及び国の債務負担と国会の議決) 国費を支出し，又は国が債務を負担するには，国会の議決に基くことを必要とする。

第86条(予算の作成及び国会の議決) 内閣は，毎会計年度の予算を作成し，国会に提出して，その審議を受け議決を経なければならない。

第87条(予備費) 予見し難い予算の不足に充てるため，国会の議決に基いて予備費を設け，内閣の責任でこれを支出することができる。

② すべて予備費の支出については，内閣は，事後に国会の承諾を得なければならない。

第88条(皇室財産・皇室費用) すべて皇室財産は，国に属する。すべて皇室の費用は，予算に計上して国会の議決を経なければならない。

第89条(公の財産の支出又は利用の制限) 公金その他の公の財産は，宗教上の組織若しくは団体の使用，便益若しくは維持のため，又は公の支配に属しない慈善，教育若しくは博愛の事業に対し，これを支出し，又はその利用に供してはならない。

第90条(決算，会計検査院) 国の収入支出の決算は，すべて毎年会計検査院がこれを検査し，内閣は，次の年度に，その検査報告とともに，これを国会に提出しなければならない。

② 会計検査院の組織及び権限は，法律でこれを定める。

● **第78条**

懲戒処分　不正または不当な行為に対して制裁としてなされる処分のこと。戒告，過料に限られ，懲戒免官は認められない。行政機関による懲戒は司法権の独立をおびやかすため認めていない。

● **第79条**

国民の審査　最高裁判所の裁判官を罷免すべきか否かを国民の投票で決める手続きのこと。

報酬は～減額することができない　裁判官の生活と活動を護るために，その身分を保障した。

● **第81条**

法令審査権　違憲法令(立法)審査権，合憲性審査権ともいう。法律や政令が憲法に反していないかどうかを審査する権限のこと。

● **第82条**

対審　裁判官の前でおこなわれる事件の審理ならびに原告と被告との弁論をいう。民事訴訟における口頭弁論手続き，刑事訴訟における公判手続きがこれに当たる。

● **第84条**

租税　国家または地方公共団体がその経費にあてるため，国民に課する金銭，税金。

● **第85条**

債務　借入金の返済義務。国の債務とは，公債発行をいう。

● **第86条**

会計年度　会計経理の単位で，4月1日から翌年3月31日まで。

● **第88条**

皇室財産　天皇・皇族の所有する財産。

● **第89条**

公金　国や地方自治体の管理しているお金。

慈善　いつくしむこと。情をかけること。特に，不幸・災害にあって困っている人などを援助すること。

博愛　ひろく愛すること。平等に愛すること。第89条の前段は，国家と宗教との分離，信教の自由を保障するためであり，後段は慈善・教育・博愛事業について，諸種の公私事業が入りまじることの防止を目的とする。

● **第90条**

会計検査院　国の収入支出の決算を検査し，その他法律に定める会計の検査をおこなう機関。内閣に対し独立した地位を有する。

第91条(内閣の財政状況報告)　内閣は、国会及び国民に対し、定期に、少くとも毎年1回、国の財政状況について報告しなければならない。

第8章　地方自治

第92条(地方自治の基本原則)　地方公共団体の組織及び運営に関する事項は、地方自治の本旨に基いて、法律でこれを定める。

第93条(地方公共団体の議会、長・議員等の直接選挙)　地方公共団体には、法律の定めるところにより、その議事機関として議会を設置する。

②　地方公共団体の長、その議会の議員及び法律の定めるその他の吏員は、その地方公共団体の住民が、直接これを選挙する。

第94条(地方公共団体の権能)　地方公共団体は、その財産を管理し、事務を処理し、及び行政を執行する権能を有し、法律の範囲内で条例を制定することができる。

第95条(特別法の住民投票)　一の地方公共団体のみに適用される特別法は、法律の定めるところにより、その地方公共団体の住民の投票においてその過半数の同意を得なければ、国会は、これを制定することができない。

第9章　改正

第96条(憲法改正の手続、その公布)　この憲法の改正は、各議院の総議員の3分の2以上の賛成で、国会が、これを発議し、国民に提案してその承認を経なければならない。この承認には、特別の国民投票又は国会の定める選挙の際行はれる投票において、その過半数の賛成を必要とする。

②　憲法改正について前項の承認を経たときは、天皇は、国民の名で、この憲法と一体を成すものとして、直ちにこれを公布する。

第10章　最高法規

第97条(基本的人権の本質)　この憲法が日本国民に保障する基本的人権は、人類の多年にわたる自由獲得の努力の成果であつて、これらの権利は、過去幾多の試錬に堪へ、現在及び将来の国民に対し、侵すことのできない永久の権利として信託されたものである。

第98条(憲法の最高法規性、条約及び国際法規の遵守)　この憲法は、国の最高法規であつて、その条規に反する法律、命令、詔勅及び国務に関するその他の行為の全部又は一部は、その効力を有しない。

②　日本国が締結した条約及び確立された国際法規は、これを誠実に遵守することを必要とする。

第99条(憲法尊重擁護の義務)　天皇又は摂政及び国務大臣、国会議員、裁判官その他の公務員は、この憲法を尊重し擁護する義務を負ふ。

第11章　補則

第100条(施行期日、施行の準備)　この憲法は、公布の日から起算して六箇月を経過した日(昭和22年5月3日)から、これを施行する。

②　この憲法を施行するために必要な法律の制定、参議院議員の選挙及び国会召集の手続並びにこの憲法を施行するために必要な準備手続は、前項の期日よりも前に、これを行ふことができる。

第101条(経過規定(1)—参議院未成立の間の国会)　この憲法施行の際、参議院がまだ成立してゐないときは、その成立するまでの間、衆議院は、国会としての権限を行ふ。

第102条(経過規定(2)—第1期参議院議員の任期)　この憲法による第1期の参議院議員のうち、その半数の者の任期は、これを3年とする。その議員は、法律の定めるところにより、これを定める。

第103条(経過規定(3)—憲法施行の際の公務員)　この憲法施行の際現に在職する国務大臣、衆議院議員及び裁判官並びにその他の公務員で、その地位に相応する地位がこの憲法で認められてゐる者は、法律で特別の定をした場合を除いては、この憲法施行のため、当然にはその地位を失ふことはない。但し、この憲法によつて、後任者が選挙又は任命されたときは、当然その地位を失ふ。

●第92条
　地方公共団体　普通地方公共団体(都道府県・市町村)と特別地方公共団体(特別区・地方公共団体の組合、財産区、地方開発事業団)がある。
　地方自治の本旨　地方自治における本来の趣旨の意。内容的には、団体自治の原則と住民自治の原則をいう。

●第93条
　吏員　都道府県や市町村の職員。

●第94条
　条例　都道府県や市町村がその自治権にもとづいて制定する法規。

●第95条
　特別法　一般法に対して例外・特例を定める法律。一つの地方公共団体のみに適用される特別法には、広島平和記念都市建設法、長崎国際文化都市建設法、首都建設法、国際港都建築法(横浜・神戸)などがある。

●第96条
　発議　意見を議案として提起すること。
　公布　法律・政令・条約などのきまった事項を国民に広く知らせること。

●第98条
　最高法規　国のあらゆる法のなかで最上位を占める法。
　国際法規　条約・協定・議定書・政府間協定など国家間の合意を規定した法。
　遵守　したがい守ること。

●第99条
　擁護　趣旨や目的などを尊重し、かばい守ること。

●第100条
　起算　数えはじめること。
　施行　法令の効力を現実に発生させること。

大日本帝国憲法 〔発布 1889（明治22）年 2月11日 / 施行 1890（明治23）年11月29日〕

解説 伊藤博文や伊東巳代治らがドイツ人の法律顧問モッセやロエスレルの協力を得て，君主が強い権力をもつプロイセン憲法をモデルに草案を起草した。天皇主権の原理にもとづき，天皇を元首，統治権の総覧者として多くの大権を与えた。君主主権にもとづき天皇が定めた欽定憲法であった。明治憲法，旧憲法ともよばれ，7章76条からなる。

第1章　天皇

第1条　大日本帝国ハ万世一系ノ天皇之ヲ統治ス

第2条　皇位ハ皇室典範ノ定ムル所ニ依リ皇男子孫之ヲ継承ス

第3条　天皇ハ神聖ニシテ侵スヘカラス

第4条　天皇ハ国ノ元首ニシテ統治権ヲ総攬シ此ノ憲法ノ条規ニ依リ之ヲ行フ

第5条　天皇ハ帝国議会ノ協賛ヲ以テ立法権ヲ行フ

第6条　天皇ハ法律ヲ裁可シ其ノ公布及執行ヲ命ス

第7条　天皇ハ帝国議会ヲ召集シ其ノ開会閉会停会及衆議院ノ解散ヲ命ス

第8条　天皇ハ公共ノ安全ヲ保持シ又ハ其ノ災厄ヲ避クル為緊急ノ必要ニ由リ帝国議会閉会ノ場合ニ於テ法律ニ代ヘキ勅令ヲ発ス

②　此ノ勅令ハ次ノ会期ニ於テ帝国議会ニ提出スヘシ若議会ニ於テ承諾セサルトキハ政府ハ将来ニ向テ其ノ効力ヲ失フコトヲ公布スヘシ

第9条　天皇ハ法律ヲ執行スル為ニ又ハ公共ノ安寧秩序ヲ保持シ及臣民ノ幸福ヲ増進スル為ニ必要ナル命令ヲ発シ又ハ発セシム但シ命令ヲ以テ法律ヲ変更スルコトヲ得ス

第10条　天皇ハ行政各部ノ官制及文武官ノ俸給ヲ定メ及文武官ヲ任免ス但シ此ノ憲法又ハ他ノ法律ニ特例ヲ掲ケタルモノハ各〻其ノ条項ニ依ル

第11条　天皇ハ陸海軍ヲ統帥ス

第12条　天皇ハ陸海軍ノ編制及常備兵額ヲ定ム

第13条　天皇ハ戦ヲ宣シ和ヲ講シ及諸般ノ条約ヲ締結ス

第14条　天皇ハ戒厳ヲ宣告ス

②　戒厳ノ要件及効力ハ法律ヲ以テ之ヲ定ム

第15条　天皇ハ爵位勲章及其ノ他ノ栄典ヲ授与ス

第16条　天皇ハ大赦特赦減刑及復権ヲ命ス

第17条　摂政ヲ置クハ皇室典範ノ定ムル所ニ依ル

②　摂政ハ天皇ノ名ニ於テ大権ヲ行フ

第2章　臣民権利義務

第18条　日本臣民タルノ要件ハ法律ノ定ムル所ニ依ル

第19条　日本臣民ハ法律命令ノ定ムル所ノ資格ニ応シ均ク文武官ニ任セラレ及其ノ他ノ公務ニ就クコトヲ得

第20条　日本臣民ハ法律ノ定ムル所ニ従ヒ兵役ノ義務ヲ有ス

第21条　日本臣民ハ法律ノ定ムル所ニ従ヒ納税ノ義務ヲ有ス

第22条　日本臣民ハ法律ノ範囲内ニ於テ居住及移転ノ自由ヲ有ス

第23条　日本臣民ハ法律ニ依ルニ非スシテ逮捕監禁審問処罰ヲ受クルコトナシ

第24条　日本臣民ハ法律ニ定メタル裁判官ノ裁判ヲ受クルノ権ヲ奪ハルルコトナシ

第25条　日本臣民ハ法律ニ定メタル場合ヲ除ク外其ノ許諾ナクシテ住所ニ侵入セラレ及捜索セラルルコトナシ

第26条　日本臣民ハ法律ニ定メタル場合ヲ除ク外信書ノ秘密ヲ侵サルルコトナシ

第27条　日本臣民ハ其ノ所有権ヲ侵サルルコトナシ

②　公益ノ為必要ナル処分ハ法律ノ定ムル所ニ依ル

第28条　日本臣民ハ安寧秩序ヲ妨ケス及臣民タルノ義務ニ背カサル限ニ於テ信教ノ自由ヲ有ス

第29条　日本臣民ハ法律ノ範囲内ニ於テ言論著作印行集会及結社ノ自由ヲ

● **第1条**
万世一系　永遠に同一の系統がつづくこと。

● **第2条**
皇室典範　皇室に関する事項を規定した法律。当時は憲法とならぶ最高法規で，議会も関与できなかった。　▶p.367

● **第4条**
元首　国際法上，外部に対して国家を代表する者。君主国では君主，共和国では大統領。
総攬　一手に握ること。

● **第5条**
協賛　力をあわせて助けること。

● **第8条**
勅令　天皇の大権により，帝国議会を通さずに発せられた命令。

● **第9条**
安寧秩序　公共の安全と社会の秩序。
臣民　日本の人民，天皇の民。

● **第10条**
官制　行政機関の設置・廃止・組織・権限などについての規定。
文武官　文官は武官でない官吏の総称。武官は軍務にたずさわる官吏。旧陸海軍の下士官以上の軍人。

● **第11条**
統帥　軍隊を指揮・統率すること。

● **第13条**
諸般　いろいろ。

● **第14条**
戒厳　戦争・事変に際し，行政権・司法権の全部又は一部を軍の機関にゆだねること。

● **第20条**
兵役ノ義務　兵士としての役目。満17歳以上45歳未満の男子が服すべきものとされた。

● **第23条**
審問　くわしく問いただすこと。

● **第29条**
印行　印刷し発行すること。

有ス

第30条 日本臣民ハ相当ノ敬礼ヲ守リ別ニ定ムル所ノ規程ニ従ヒ請願ヲ為スコトヲ得

第31条 本章ニ掲ケタル条規ハ戦時又ハ国家事変ノ場合ニ於テ天皇大権ノ施行ヲ妨クルコトナシ

第32条 本章ニ掲ケタル条規ハ陸海軍ノ法令又ハ紀律ニ牴触セサルモノニ限リ軍人ニ準行ス

第3章　帝国議会

第33条 帝国議会ハ貴族院衆議院ノ両院ヲ以テ成立ス

第34条 貴族院ハ貴族院令ノ定ムル所ニ依リ皇族華族及勅任セラレタル議員ヲ以テ組織ス

第35条 衆議院ハ選挙法ノ定ムル所ニ依リ公選セラレタル議員ヲ以テ組織ス

第36条 何人モ同時ニ両議院ノ議員タルコトヲ得ス

第37条 凡テ法律ハ帝国議会ノ協賛ヲ経ルヲ要ス

第38条 両議院ハ政府ノ提出スル法律案ヲ議決シ及各〻法律案ヲ提出スルコトヲ得

第39条 両議院ノ一ニ於テ否決シタル法律案ハ同会期中ニ於テ再ヒ提出スルコトヲ得ス

第40条 両議院ハ法律又ハ其ノ他ノ事件ニ付各〻其ノ意見ヲ政府ニ建議スルコトヲ得但シ其ノ採納ヲ得サルモノハ同会期中ニ於テ再ヒ建議スルコトヲ得ス

第41条 帝国議会ハ毎年之ヲ召集ス

第42条 帝国議会ハ3箇月ヲ以テ会期トス必要アル場合ニ於テハ勅命ヲ以テ之ヲ延長スルコトアルヘシ

第43条 臨時緊急ノ必要アル場合ニ於テ常会ノ外臨時会ヲ召集スヘシ
② 臨時会ノ会期ヲ定ムルハ勅命ニ依ル

第44条 帝国議会ノ開会閉会会期ノ延長及停会ハ両院同時ニ之ヲ行フヘシ
② 衆議院解散ヲ命セラレタルトキハ貴族院ハ同時ニ停会セラルヘシ

第45条 衆議院解散ヲ命セラレタルトキハ勅命ヲ以テ新ニ議員ヲ選挙セシメ解散ノ日ヨリ5箇月以内ニ之ヲ召集スヘシ

第46条 両議院ハ各〻其ノ総議員3分ノ1以上出席スルニ非サレハ議事ヲ開キ議決ヲ為スコトヲ得ス

第47条 両議院ノ議事ハ過半数ヲ以テ決ス可否同数ナルトキハ議長ノ決スル所ニ依ル

第48条 両議院ノ会議ハ公開ス但シ政府ノ要求又ハ其ノ院ノ決議ニ依リ秘密会ト為スコトヲ得

第49条 両議院ハ各〻天皇ニ上奏スルコトヲ得

第50条 両議院ハ臣民ヨリ呈出スル請願書ヲ受クルコトヲ得

第51条 両議院ハ此ノ憲法及議院法ニ掲クルモノノ外内部ノ整理ニ必要ナル諸規則ヲ定ムルコトヲ得

第52条 両議院ノ議員ハ議院ニ於テ発言シタル意見及表決ニ付院外ニ於テ責ヲ負フコトナシ但シ議員自ラ其ノ言論ヲ演説刊行筆記又ハ其ノ他ノ方法ヲ以テ公布シタルトキハ一般ノ法律ニ依リ処分セラルヘシ

第53条 両議院ノ議員ハ現行犯罪又ハ内乱外患ニ関ル罪ヲ除ク外会期中其ノ院ノ許諾ナクシテ逮捕セラルルコトナシ

第54条 国務大臣及政府委員ハ何時タリトモ各議院ニ出席シ及発言スルコトヲ得

第4章　国務大臣及枢密顧問

第55条 国務各大臣ハ天皇ヲ輔弼シ其ノ責ニ任ス
② 凡テ法律勅令其ノ他国務ニ関ル詔勅ハ国務大臣ノ副署ヲ要ス

第56条 枢密顧問ハ枢密院官制ノ定ムル所ニ依リ天皇ノ諮詢ニ応ヘ重要ノ国務ヲ審議ス

●**第31条**
天皇大権　天皇が帝国議会の関与を得ないで行使できる権限。皇室大権,統帥大権,国務大権などがある。

●**第32条**
牴触　法律の規定などに違反すること。
準行　ある物事を標準としておこなうこと。

●**第34条**
皇族　天皇の一族。
華族　明治憲法下で公・侯・伯・子・男の爵位にあった人々とその家族。
勅任　天皇の命令によって官職に就くこと。

●**第40条**
建議　議会が政府に意見・希望を申し述べること。
採納　取り入れること。取りあげること。

●**第42条**
勅令　天皇の命令。

●**第49条**
上奏　意見や事情などを天皇に申し上げること。

●**第50条**
呈出　差しだすこと。

●**第53条**
外患　外国との紛争・衝突など面倒な事件。

●**第55条**
輔弼　政治をおこなうのを助けること。
詔勅　天皇が意思を指示する文書。
副署　天皇の名にそえて輔弼する者が署名したこと。また,その署名。

●**第56条**
枢密顧問　重要な国務や皇室の大事に関し,天皇からの意見聴取に応じることを主任務とした合議機関「枢密院」の構成員。
諮詢　問いはかること。意見をきくこと。

第5章 司法

第57条 司法権ハ天皇ノ名ニ於テ法律ニ依リ裁判所之ヲ行フ

② 裁判所ノ構成ハ法律ヲ以テ之ヲ定ム

第58条 裁判官ハ法律ニ定メタル資格ヲ具フル者ヲ以テ之ニ任ス

② 裁判官ハ刑法ノ宣告又ハ懲戒ノ処分ニ由ルノ外其ノ職ヲ免セラルルコトナシ

③ 懲戒ノ条規ハ法律ヲ以テ之ヲ定ム

第59条 裁判ノ対審判決ハ之ヲ公開ス但シ安寧秩序又ハ風俗ヲ害スルノ虞アルトキハ法律ニ依リ又ハ裁判所ノ決議ヲ以テ対審ノ公開ヲ停ムルコトヲ得

第60条 特別裁判所ノ管轄ニ属スヘキモノハ別ニ法律ヲ以テ之ヲ定ム

第61条 行政官庁ノ違法処分ニ由リ権利ヲ傷害セラレタリトスルノ訴訟ニシテ別ニ法律ヲ以テ定メタル行政裁判所ノ裁判ニ属スヘキモノハ司法裁判所ニ於テ受理スルノ限ニ在ラス

第6章 会計

第62条 新ニ租税ヲ課シ及税率ヲ変更スルハ法律ヲ以テ之ヲ定ムヘシ

② 但シ報償ニ属スル行政上ノ手数料及其ノ他ノ収納金ハ前項ノ限ニ在ラス

③ 国債ヲ起シ及予算ニ定メタルモノヲ除ク外国庫ノ負担トナルヘキ契約ヲ為スハ帝国議会ノ協賛ヲ経ヘシ

第63条 現行ノ租税ハ更ニ法律ヲ以テ之ヲ改メサル限ハ旧ニ依リ之ヲ徴収ス

第64条 国家ノ歳出歳入ハ毎年予算ヲ以テ帝国議会ノ協賛ヲ経ヘシ

② 予算ノ款項ニ超過シ又ハ予算ノ外ニ生シタル支出アルトキハ後日帝国議会ノ承諾ヲ求ムルヲ要ス

第65条 予算ハ前ニ衆議院ニ提出スヘシ

第66条 皇室経費ハ現在ノ定額ニ依リ毎年国庫ヨリ之ヲ支出シ将来増額ヲ要スル場合ヲ除ク外帝国議会ノ協賛ヲ要セス

第67条 憲法上ノ大権ニ基ツケル既定ノ歳出及法律ノ結果ニ由リ又ハ法律上政府ノ義務ニ属スル歳出ハ政府ノ同意ナクシテ帝国議会之ヲ廃除シ又ハ削減スルコトヲ得ス

第68条 特別ノ須要ニ因リ政府ハ予メ年限ヲ定メ継続費トシテ帝国議会ノ協賛ヲ求ムルコトヲ得

第69条 避クヘカラサル予算ノ不足ヲ補フ為ニ又ハ予算ノ外ニ生シタル必要ノ費用ニ充ツル為ニ予備費ヲ設クヘシ

第70条 公共ノ安全ヲ保持スル為緊急ノ需用アル場合ニ於テ内外ノ情形ニ因リ政府ハ帝国議会ヲ召集スルコト能ハサルトキハ勅令ニ依リ財政上必要ノ処分ヲ為スコトヲ得

② 前項ノ場合ニ於テハ次ノ会期ニ於テ帝国議会ニ提出シ其ノ承諾ヲ求ムルヲ要ス

第71条 帝国議会ニ於テ予算ヲ議定セス又ハ予算成立ニ至ラサルトキハ政府ハ前年度ノ予算ヲ施行スヘシ

第72条 国家ノ歳出歳入ノ決算ハ会計検査院之ヲ検査確定シ政府ハ其ノ検査報告ト倶ニ之ヲ帝国議会ニ提出スヘシ

② 会計検査院ノ組織及職権ハ法律ヲ以テ之ヲ定ム

第7章 補則

第73条 将来此ノ憲法ノ条項ヲ改正スルノ必要アルトキハ勅命ヲ以テ議案ヲ帝国議会ノ議ニ付スヘシ(②略)

第74条 皇室典範ノ改正ハ帝国議会ノ議ヲ経ルヲ要セス

② 皇室典範ヲ以テ此ノ憲法ノ条規ヲ変更スルコトヲ得ス

第75条 憲法及皇室典範ハ摂政ヲ置クノ間之ヲ変更スルコトヲ得ス

第76条 法律規則命令又ハ何等ノ名称ヲ用キタルニ拘ラス此ノ憲法ニ矛盾セサル現行ノ法令ハ総テ遵由ノ効力ヲ有ス

② 歳出上政府ノ義務ニ係ル現在ノ契約又ハ命令ハ総テ第67条ノ例ニ依ル

- ●第59条
  対審　原告・被告を法廷に立ち会わせ審理すること。
- ●第60条
  特別裁判所　明治憲法下では軍法会議・行政裁判所・皇室裁判所がこれにあたる。
- ●第61条
  行政裁判所　行政官の行為の違法性を争いその取り消し，変更を求める訴訟の審理及び判決のための特別裁判所。
- ●第64条
  款項　予算の分類に用いた語で，款は最大の項目，項は款の細別。
- ●第68条
  須要　もっとも大切なこと。
- ●第70条
  需用　いりよう。求め。
- ●第76条
  遵由　よりしたがうこと。

379

●写真提供

朝日新聞社　朝日新聞フォトアーカイブ　（株）アフロ　（株）アマナ

一乗寺　一宮市三岸節子記念美術館　永平寺　共同通信社

京都国立博物館　公益財団法人斯文会　国際連合広報センター

国立国会図書館　時事通信フォト　シーピーシー・フォト　スタジオジブリ

知恩院　東寺　東大寺　奈良国立博物館　PIXTA　法務省

毎日新聞社　三菱地所(株)　身延山久遠寺　本居宣長記念館

有志八幡講十八箇院　（株）ユニフォトプレスインターナショナル

読売新聞社　連合通信社　AP　ColBase(https://colbase.nich.go.jp)

getty images　JICA　PPS通信社　UPI=サン通信　WWP　123RF

表紙・本文基本デザイン　大六野雄二
本文レイアウト　美工堂

2024ズームアップ公共資料

●編　者──実教出版編修部

●発行者──小田　良次

●印刷所──株式会社加藤文明社

●発行所──実教出版株式会社

〒102-8377　東京都千代田区五番町5
電話　〈営業〉(03) 3238-7777
　　　〈編修〉(03) 3238-7753
　　　〈総務〉(03) 3238-7700
https://www.jikkyo.co.jp/

002402022　　　　　　　　ISBN　978-4-407-36312-8

日本

日本の最北端
最南端は沖ノ鳥島（▶ p.285）

択捉島

国後島

色丹島

歯舞群島

① 北海道

② 青森県
⑤ 秋田県
③ 岩手県
⑥ 山形県
④ 宮城県

竹島

⑮ 新潟県
⑦ 福島県
⑩ 群馬県
⑨ 栃木県
⑧ 茨城県
⑰ 石川県
⑯ 富山県
⑳ 長野県
⑪ 埼玉県
⑬ 東京都
⑱ 福井県
㉑ 岐阜県
⑲ 山梨県
⑭ 神奈川県
⑫ 千葉県
㉖ 京都府
㉕ 滋賀県
㉓ 愛知県
㉒ 静岡県
㉚ 鳥取県
㉜ 島根県
㉝ 岡山県
㉘ 兵庫県
㉗ 大阪府
㉔ 三重県
㉙ 奈良県
㉚ 和歌山県
㉞ 広島県
㉟ 山口県
㊲ 香川県
㊱ 徳島県
㊵ 福岡県
㊶ 佐賀県
㊳ 愛媛県
㊴ 高知県
㊹ 大分県
㊷ 長崎県
㊸ 熊本県
㊺ 宮崎県
㊻ 鹿児島県

沖縄・奄美諸島
㊻ 鹿児島県

小笠原諸島

㊼ 沖縄県

先島諸島

尖閣諸島

与那国島

日本の最西端
最東端は南鳥島（▶ p.285）

▶▶ 県庁所在地名（位置は ● で示した）

① 札幌	② 青森	③ 盛岡	④ 仙台	⑤ 秋田	⑥ 山形	⑦ 福島
⑧ 水戸	⑨ 宇都宮	⑩ 前橋	⑪ さいたま	⑫ 千葉	⑬ 東京	⑭ 横浜
⑮ 新潟	⑯ 富山	⑰ 金沢	⑱ 福井	⑲ 甲府	⑳ 長野	㉑ 岐阜
㉒ 静岡	㉓ 名古屋	㉔ 津	㉕ 大津	㉖ 京都	㉗ 大阪	㉘ 神戸
㉙ 奈良	㉚ 和歌山	㉛ 鳥取	㉜ 松江	㉝ 岡山	㉞ 広島	㉟ 山口
㊱ 徳島	㊲ 高松	㊳ 松山	㊴ 高知	㊵ 福岡	㊶ 佐賀	㊷ 長崎
㊸ 熊本	㊹ 大分	㊺ 宮崎	㊻ 鹿児島	㊼ 那覇		

テーマ学習ガイド

公共では，現実社会の諸課題に関わる問いに基づいて，協働的な課題解決学習をおこなうことが目指されています。本書でも以下のような具体的な問いを該当ページや資料に設定していますので，活用してみてください。

ズームアップ 公共資料

ワークブック

実教出版

ズームアップ公共　ワークブック　もくじ

◆本書の特徴

❶　このワークは,「公共」の学習指導要領の13の主題について, それぞれ関連する資料集の単元を活用した話し合い学習をするためのワークブックです。

❷　ワークの各テーマと, 13の主題の対応関係については, 次ページの表で示しています。

❸　必要に応じて, 話し合い学習の前提となる知識整理パートを設けました。

❹　自分の考えだけではなく, 他の人やグループの考えを書きこめるスペースを適宜設けました。
　意見を比較したり交換したりすることで, 多面的・多角的な考察が可能になります。

❺　各設問が学習評価のどの観点に対応しているかを示しています。

　　知・技 知識・技能　　思・判・表 思考・判断・表現

　　主 主体的に学習に取り組む態度

「公共」13の主題とワークブックのテーマとの対応表

	①法や規範の意義及び役割	②多様な契約及び消費者の権利と責任	③司法参加の意義	④政治参加と公正な世論の形成，地方自治	⑤国家主権，領土	⑥我が国の安全保障と防衛	⑦国際貢献を含む国際社会における我が国の役割	⑧職業選択	⑨雇用と労働問題	⑩財政及び租税の役割，少子高齢社会における社会保障の充実・安定化	⑪市場経済の機能と限界	⑫金融の働き	⑬経済のグローバル化と相互依存の深まり
1．職業選択を考えてみよう								○					
4．男女共同参画社会の実現を考えてみよう	○												
5．沖縄の基地問題を考えてみよう						○							
6．死刑制度を考えてみよう	○												
7．在日外国人の権利を考えてみよう	○												
8．模擬裁判をやってみよう			○										
9．地方の課題を考えてみよう				○						○			
10．模擬投票をやってみよう				○									
11．市場経済の機能と限界を考えてみよう											○		
12．クラウドファンディングで地域の課題を解決してみよう												○	
13．持続可能な財政政策を考えてみよう										○			
14．フリマアプリで消費者問題を考えてみよう		○											
15．ワーク・ライフ・バランスの実現を考えてみよう									○				
16．持続可能な社会保障のあり方を考えてみよう										○			
17．日本の少子高齢化と今後の経済のあり方を考えてみよう				○						○			
18．領土と主権―公海の利用ルールを考えてみよう					○								
19．模擬国連を体験してみよう						○	○						
20．公正な国際貿易を考えてみよう													○
21．SDGsの実現を考えてみよう							○						

Step ① p.24 ⑦ 「キャリアデザイン」職業興味についてのエクササイズをやってみよう。 思・判・表

●各職業興味に対する自分の興味がどの程度なのか，○△×で回答しよう。

●職業興味の相互理解をしてみよう。

(1) 5人のグループになってみよう。

(2) 一人ずつ，自分の職業興味の上位3つと，なぜその興味領域を選んだのかを説明してみよう。

〔① 〕〔② 〕〔③ 〕

(3) 今後の時代の変化のなかで，それらの職業興味が活かせる仕事にはどのようなものがあるか，自由にアイデアを出しあおう。

(4) グループごとに発表しよう。

Step ② Step ①をふまえて，「○年後の自分」の将来をデザインしてみよう。 思・判・表

あなたは何をしている？

2 0　　年	高校生		【将来を考えるヒント】
年	来年の今頃		・勉強は？ ・仕事は？
年	20歳の頃		・家族は？ ・結婚は？
年	30歳の頃		・何が好き？ ・何が嫌い？
年	50歳の頃		・どこに住んでいる？ ・平日は何をしている？
年	70歳の頃		・休日は何をしている？

Step ③ Step ②をふまえて，将来の目標を一つ立てて，目標を達成するために必要なことを考えてみよう。 思・判・表

私が将来やってみたい仕事は…	(1)
上記（1）の仕事に就くために必要なのは… （勉強，経験，資格など）	(2)
上記（2）を身に付けるためにやるべきことは…	(3)
上記（3）のための高校卒業後の進路は…	(4)
(1)〜(4)を実現するために明日からやることは？ （具体的な目標を設定すること）	明日から取り組む今月の目標
	今後1年間の目標

【厚生労働省「指導に活用できるワークシート＆知識」を基に作成】

雇用や労働について整理してみよう。 知・技

問1 次のA・Bの説明に関連する語句を，下の語群から選んで記号で答えよう（p.262〜263参照）。

A 労働者が始業時刻と終業時刻を自由に決定できる制度

B 会社に入る前に仕事の具体的な内容が雇用契約で定められ，労働者はその範囲内で責任と義務を負う雇用のあり方

〔A 　　　　　〕〔B 　　　　　〕

【語群】 ア フレックスタイム制　　イ 裁量労働制　　ウ 変形労働時間制　　エ テレワーク
　　　　　オ ジョブ型　　カ メンバーシップ型

問2 人工知能（AI）に代替されにくいとされる職業や労働の特徴を答えよう（p.265参照）。

〔 　　〕

Step ⑤ **自分の将来の職業選択において重視する点を，ダイヤモンドランキングで示そう。** 思・判・表

● 職業選択において重要だと思うことを，以下のア〜シの中から□□□に順番に記入し，ダイヤモンド型に並べよう（同列は同じ順番であるものとする）。

ア 収入　　　　イ 労働時間　　　ウ 通勤の便　　　エ 仕事内容　　　オ 職場の雰囲気

カ 仕事の社会的意義　　キ 事業や雇用の安定性　　ク 将来性

ケ 専門的な知識や技能を生かせること　　コ 能力を高める機会があること　　サ 自分を生かすこと

シ 自分の好きなことや趣味を生かせること

↑重要である

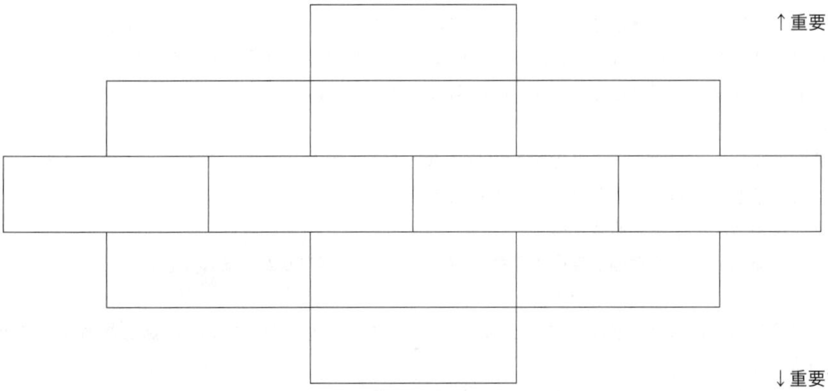

↓重要でない

● 一番重要だと思ったことと，一番重要でないと思ったことの理由をまとめてみよう。

一番重要だと思った理由

一番重要でないと思った理由

Step ⑥ **これまでの学習を振り返り，これからも考え続けたいと思ったことを書いてみよう。** 主

●下の原典資料を読み取ろう。

行為の動機と結果

　……いかなる種類の動機も，それ自体として悪いようなものではない。……動機が善や悪であるとすれば，それはただ，その結果のためである。つまり，動機が善であるのは，快楽を生み出し，苦痛を避けるという傾向のためであり，悪であるのは，苦痛を生み出し，快楽を避けるという傾向のためである。

ベンサム『道徳および立法の諸原理序説』

　溺(おぼ)れている仲間を助ける者は，その動機が義務であっても，努力に対する報酬(ほうしゅう)への期待であっても，道徳的に正しいことをしているのである。また，信頼してくれている友人を裏切る者は，たとえその目的がもっと大きな恩義のある別の友人を助けることにあるとしても，罪を犯しているのである。　　ミル『功利主義』

義務にもとづく行為

　できるだけ親切にすることは義務であるが，さらに，同情心に富んだ人がたくさんいて，その人たちは，虚栄(きょえい)心や利己心という他の動機がなくても，喜びを周りに広げることを心から楽しむのであり，他人の満足が自分によるものであるかぎり，それを喜ぶことができる。しかし，そのような場合，こうした行為は，どれほど義務にかなっており，愛すべきだとしても，真の道徳的な価値をもたず，他の性向と同類のものであると，わたしは主張する。……かの博愛家の心が自分の悲しみで曇り，その悲しみが他人の運命への同情心をすべて消したとしよう。……彼がいかなる性向もなく，もっぱら義務にもとづいて，親切な行為をするとき，その行為ははじめて真実の道徳的な価値をもつのである。

カント『人倫の形而上学の基礎づけ』

問1　道徳的な行為について，ベンサム・ミルとカントはそれぞれどのように主張しているか。上の原典資料の内容に関する説明として最も適当なものを，次の①～④のうちから一つ選ぼう。 知・技
　①　ベンサムによれば，道徳的な行為とは，動機それ自体が善となる行為である。
　②　カントによれば，道徳的な行為とは，他人の満足が自分の満足にもなるような行為である。
　③　ミルによれば，道徳的な行為とは，どのような動機であっても友人や仲間を助けることである。
　④　カントによれば，道徳的な行為とは，他人への同情心に基づく行為である。

問2　道徳的な行為について，ベンサム・ミルとカントは異なった主張をしている。下のア・イの考え方はそれぞれどちらの資料の説明となっているか，空欄にアまたはイを記入しよう。 思・判・表
　ア　行為の動機となる義務を重視する考え方
　イ　行為の結果である社会全体の幸福を重視する考え方　　　　　ベンサム・ミル：〔　　　　　〕　カント：〔　　　　　〕

問3　上のア・イの考え方はどのような制度や政策と関連しているか。それぞれについて，最も適当なものを，次の①～④のうちから一つずつ選ぼう。 思・判・表
　①　社会保障を充実させるために，所得を再分配するような制度
　②　幸福の増加分と幸福の減少分を合算し，最大多数の最大幸福をもたらすような政策
　③　様々な規制を緩和するなどして，経済活動の自由を最大限にすることを目的とするような政策
　④　人権の尊重や環境保全を守るべき義務であると考えてそれらの遵守(じゅんしゅ)を求めるような制度
　　　　　　　　　　　　　　　　　　　　　　　　　　　　　　　　　　　ア：〔　　　　〕　イ：〔　　　　〕

発展　道徳的な行為について，あなたはどのように考えるか。読み取った先哲の主張を振り返り，理由も含めて自分の考えをまとめてみよう。 思・判・表

● p.58の『歎異抄』と『正法眼蔵随聞記』の資料を読み取ろう。

問1 『歎異抄』について，なぜ「善人でさえ往生をとげる，ましてや悪人はなおさらのことである」と主張されているのだろうか。その根拠を述べた説明として最も適当なものを，次の①〜④のうちから一つ選ぼう。 知・技

① 他力を頼み申し上げる人でさえ往生をとげるのだから，自力修行をすることは弥陀の本願の根本の趣旨に従うものであるため。

② 他力を頼み申し上げる人でさえ弥陀の本願の根本の趣旨に従う人物であるから，自力修行をするのは真実の浄土の往生をとげることであるため。

③ 自力修行をする人でさえ弥陀の本願の根本の趣旨に従う人物であるから，他力を頼み申し上げるのは真実の浄土の往生をとげることであるため。

④ 自力で善根を行う人でさえ往生をとげるのだから，他力を頼み申し上げることは，弥陀の本願の根本の趣旨に従うものであるため。

問2 修行について，『歎異抄』と『正法眼蔵随聞記』は異なった主張をしている。下のア・イの考え方はそれぞれどちらの資料の説明となっているか，空欄にアまたはイを記入しよう。 思・判・表

ア 修行し，悟りを得ることが真実である。

イ 修行によって悟りを得ることは困難である。

『歎異抄』：〔 　　　　　 〕 『正法眼蔵随聞記』：〔 　　　　　 〕

発展 修行について主張している別の原典資料を探し，その資料と『歎異抄』，『正法眼蔵随聞記』の二つの資料を比較して，類似点や相違点をまとめてみよう。 思・判・表 ＊ヒント：最澄，空海，法然，栄西

（記入欄）

● p.58の『人間の条件』と『公共性の構造転換』の資料を読み取ろう。 知・技

問1 二つの原典資料の内容に関する次の説明について，正しい場合は○，誤っている場合は×を【 】に記入しよう。

【 　 】「公共的」という言葉は，「政府や国の」という意味をもっている。

【 　 】政治的な公共圏は，民主主義理論の根本概念にふさわしい。

【 　 】「公共的」という言葉には，各個人の私的な領域も含まれた世界という意味がある。

【 　 】市民的公共性は国家（公権力）の公共性に対抗するものとして存在する。

問2 「公共」（公共的・公共性）といった言葉について，アーレントとハーバーマスの主張の共通点は何か。次の文章の〔 〕に適切な記述を補い，文章を完成させよう。 思・判・表

アーレントもハーバーマスも「公共」といった言葉を，〔 　　　　　　　　　　　　　　　　　　　　　 〕をもつものとして考えている。

発展 なぜ，アーレントとハーバーマスの二人は，「公共」といった言葉を問1や問2で確認した意味でとらえ，重視しているのか。その理由を考え，説明してみよう。 思・判・表

（記入欄）

p.59の「共有地の悲劇」という思考実験について，整理しよう。 知・技

●共有の牧草地で，牧夫 A さん，B さん，C さんの3人がそれぞれ100頭の羊を飼っているとする。自分の利益を増やすために羊を増やすと，その分の牧草が必要になるが，牧草は3人の負担となる。また，羊は当初は1頭100万円の価値をもつものとし，ここから羊を1頭増やすと，食べられる草の量が減ることから，1頭当たりの価値は5000円分減少する。

問1 A さんがより利益を上げたいと考え，羊を20頭増やした。このことにより，A さんの羊の1頭当たりの価値はどうなるだろうか。また，A さんの羊120頭から得られる利益はどのようになるだろうか。下の空欄にあてはまる数字を記入しよう。

・A さんの羊1頭当たりの価値 → 100万円から〔 　　　〕万円に

・A さんの羊120頭から得られる利益 → 当初の100万円×100頭＝〔 　　　〕億円から

　　　　　　　　　　　　　　　　　　〔 　　　〕万円×120頭＝〔 　　　〕億〔 　　　〕万円に増えた！

問2 A さんは羊20頭を増やしたが，その分牧草の負担もすることになる。どのくらい負担しなくてはならないだろうか。

　　・牧草の負担は20頭分増えるが，3人で負担するため，A さんの負担は〔 　　　〕分の1の約6.7頭分ですむ。

問3 問1，問2をふまえて，全体の利益はどう変化しただろうか。

・当初は 100万円×300頭＝〔 　　　〕億円が全体の利益

・A さんが20頭増やすと〔 　　　〕万円×320頭＝〔 　　　〕億〔 　　　〕万円が全体の利益

　　　　　　　　　　　　　　　　　→ 1200万円減少してしまっている！

問4 B さん，C さんも羊を20頭ずつ増やすことを決めた。全体の利益はどう変化しただろうか。

・当初から羊は全体で60頭増えた → 羊の価値は1頭100万円から〔 　　　〕万円に（5000×60のマイナス）

・全体の利益は〔 　　　〕万円×360頭＝2億5200万円に → 当初から4800万円減少してしまった！

問5 羊の頭数が増えると，羊はますますやせ細っていく。このままさらに羊の頭数が増えていったら，どのようなことが起こるだろうか。説明してみよう。

共有地の悲劇の事例が意味するものとは何か。また，自然環境（山や川など）がみんなの共有だとすると，どのようなことが起こるだろうか，自分の考えをまとめてみよう。 思・判・表

環境破壊を防ぐにはどうすればよいのか，共有地の悲劇を参考にしながら，話しあってみよう。 思・判・表

学習を振り返り，学んだことやわからなかったことを書いてみよう。 主

Step ① p.65の「最後通牒ゲーム」という思考実験をやってみよう。 思・判・表

●100万円の報酬が生じ、これをAとBの二人で分けることになった。ただし、どう分けるかはAだけが決定し、Bに提案できる。Aの提案にBが応じたら、その通りに二人は報酬を受け取れるが、もしBが提案を拒否したら、二人ともお金をもらえない。なお、提案は1回だけできるとする。

問1 自分がAだとすれば、どのような分け方をするか。最も近いものを、次の①〜⑤のうちから一つ選んでみよう。

① A:80万円　B:20万円　　② A:60万円　B:40万円　　③ A:50万円　B:50万円

④ A:40万円　B:60万円　　⑤ A:20万円　B:80万円

問2 そのように判断した理由を説明してみよう。

問3 自分がBだとすれば、どのような分け方なら受け入れるか。次の①〜⑤のうちからあてはまるものをすべて選んでみよう。

① A:80万円　B:20万円　　② A:60万円　B:40万円　　③ A:50万円　B:50万円

④ A:40万円　B:60万円　　⑤ A:20万円　B:80万円

問4 そのように判断した理由を説明してみよう。

Step ② 最後通牒ゲームをやってみて気づいたことは何か、自分の考えをまとめてみよう。 思・判・表

Step ③ BがAの提案を拒否できない、つまりAの考えた通りに配分が決まるというルールにしたら、Aはどのように提案するだろうか。自分がAになったとして考えてみよう。 思・判・表

Step ④ 社会のなかで公正な状態をつくりだすためにはどのようなことが必要か、話しあってみよう。 思・判・表

Step ⑤ 学習を振り返り、学んだことやわからなかったことを書いてみよう。 主

Step ① 　男女共同参画の現状を整理してみよう。知・技

● p.63 ◆資料1「『男性は外で働き，女性は家庭を守るべき』という考え方に対する意見」と，◆資料2「男女別にみた有償労働・無償労働の時間（週全体平均，1日当たり）」から日本の特徴を読み取ってみよう。

問　グラフから読み取れる内容を説明した文章として，最も適当なものを，次の①〜④のうちから一つ選ぼう。
　①　日本は，男性・女性ともに「男性は外で仕事，女性は家庭」といった意識が最も高い。
　②　アメリカの男性は，「男性は外で仕事，女性は家庭」といった意識が最も低い。
　③　性別の違いによる有償労働と無償労働の偏りが最も大きいのは，韓国である。
　④　スウェーデンの男性は無償労働の時間が長いため，女性の無償労働は最も短くなっている。

● p.63 ◆資料3「育児休業取得率の推移」から，男性の取得率が低いのはなぜか，資料1と資料2の図版や，左下の図版「管理職に占める女性の割合」を参考にして，考えてみよう。

問　右下の文章の（　①　）〜（　③　）にあてはまる語句を，それぞれ選ぼう。

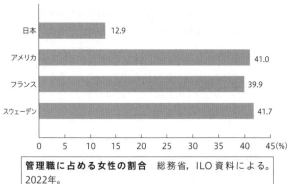

管理職に占める女性の割合　総務省，ILO 資料による。2022年。

日本は依然として「男性は仕事，女性は家庭で育児と家事」というような，社会的・文化的につくられた性差，（① フェミニズム ／ ジェンダー ）に基づく男女の固定的な役割分担が根強い。そのような意識は，現実の生活に反映されており，日本は性別の違いによる有償労働と無償労働の偏りが（② 大きい ／ 小さい ）。

また，管理職に占める女性の割合が他国に比べて（③ 高い ／ 低い ）。育児に主体的に参加した経験がない男性の管理職である場合，男性社員が育児休業を取得することを，快く思わない可能性がある。

● p.62 **4**「男女共同参画社会の実現へ」の●「間接差別の禁止」からどのような措置が間接差別にあたるのかを，確認してみよう。

問　間接差別の例として，適切でないものに○を記入しよう。
　【　】身長170cm 以上であることを条件として，労働者を採用する。
　【　】女性であることを条件として，受付業務を行う部署に配置する。
　【　】転勤が可能であることを条件として，社員を昇進させる。
　【　】勤続年数が10年以上，年齢が35歳以下であることを条件として，課長職へ昇進させる。

● p.63 ◆資料4「各国のクオータ制導入の状況と女性の政治参加」から，クオータ制の導入の有無と女性の政治参加の関係について，確認してみよう。

問　表から読み取れることとして，適切なものに○を記入しよう。
　【　】日本はクオータ制を未導入だが，女性の政治参加は進んでいるため，他国に比べて国会議員に占める女性比率，女性大臣の割合はともに高い。
　【　】アメリカはクオータ制を未導入であり，国会議員に占める女性比率，女性大臣の割合がともに最も低い。
　【　】フランスは法的候補者クオータ制を導入しており，女性の政治参加への意識が強い。そのため，国会議員に占める女性比率，女性大臣の割合がともに最も高い。
　【　】スウェーデンは，政党による自発的なクオータ制を導入しており，国会議員に占める女性比率，女性大臣の割合がともに高い。

Step ②　男女共同参画社会の実現を妨げているものとして何があるのか，自分の考えをまとめてみよう。 思・判・表

●男女共同参画社会の実現を妨げているもの

●自分の考えの根拠となった資料やニュース，体験したことなど

Step ③　男女共同参画社会の実現のために，どのような方策が望ましいのか，話しあってみよう。 思・判・表

❶自分の考え
　●望ましい方法

　●その理由

❷他の人の考え
　●望ましい方法

　●その理由

Step ④　これまでの学習を振り返り，自分の考えはどのように変化したか，書いてみよう。 主

Step ①　日本の平和主義と防衛政策に関する次の文章の空欄に当てはまる語句を記入しよう（p.90〜96）。知・技

① （日本国憲法　第9条　一部抜粋）…陸海空軍その他の【　　　　　】は，これを保持しない。国の交戦権は，これを認めない。
② 【　　　　　】は，在日米軍が憲法の禁じる【　　　　　】にあたるか，安保条約の合憲性が問われた裁判である。最高裁は【　　　　　】により憲法判断を回避した。
③ 2023年の在日米軍駐留経費の一部を日本が負担する【　　　　　】の額は2,112億円であった。
④ 【　　　　　】とは，同盟関係にある他国が攻撃された場合，自国が攻撃されていなくても共同で反撃をおこなう権利（国連憲章第51条）をいう

Step ②　p.88〜99も参考にしながら，以下の会話文を完成させよう。知・技

○ケン：そもそも何のためにアメリカ軍は日本に駐留しているの？
○先生：〔　　　　　　　　条約〕によると，〔　　　　　　　　　　　　ため〕にアメリカ軍は日本に駐留しているんだ。
○ミキ：日本にはどれくらいアメリカ軍基地があるの？
○先生：日本には，米軍専用施設が76か所あるんだ。中でも沖縄県には31か所の施設があって，全国の米軍基地の約〔　　　％〕（面積）が集中しているんだ。
○ケン：なぜ，沖縄県に米軍基地が集中しているんだろう？
○先生：日本が主権を回復したのは〔　　　年〕だけど，沖縄が返還されたのは〔　　　年〕で，それまで沖縄はアメリカの統治下にあったんだ。でも，なぜ沖縄の返還が遅れたのだろうね。

Step ③　在日米軍基地に対する賛成意見と反対意見にはどのようなものが考えられるだろうか。思・判・表

	賛成	反対
あなたの意見		
他の人の意見		

Step ④　在日米軍基地についてどのように思うだろうか。p.88〜99や以下の意見も参考にそれぞれの立場で考えてみよう。思・判・表

資料　安倍首相とトランプ大統領による日米共同声明
揺らぐことのない日米同盟はアジア太平洋地域における平和，繁栄および自由の礎である。核および通常戦力の双方による，あらゆる種類の軍事力を使って日本を防衛するという米国の約束は揺るぎない。アジア太平洋地域において厳しさを増す安全保障環境の中で，米国は地域におけるプレゼンスを強化し，日本は同盟におけるより大きな役割および責任をはたす。

沖縄の人にとって
沖縄以外の日本人にとって
アメリカにとって

Step ⑤ 沖縄の基地問題について，どのように解決していくべきだろうか。これまで学習してきた考え方と結びつけて考えよう。 思・判・表

>>> 次のア・イの選択・判断はどのような根拠に基づいたものだろうか。それぞれについて，最も適当なものを，後の①〜④のうちから一つずつ選ぼう。

ア　騒音や墜落事故などの基地被害に沖縄県民だけが苦しむのは公正ではないととらえ，沖縄の人々の人権を守ることは義務であると考えて，他の地域にも平等に基地負担を課す選択を行う

イ　基地を減らすことで，騒音や墜落事故などによる危険がなくなって，安心して生活ができるという幸福の増加分と，基地関連収入が減ることにともなう幸福の減少分を合算し，社会全体の幸福が最大限になるような選択を行う

①　最大多数の最大幸福をもたらす結果を重視するべきである。
②　単純に多くの人の意見に従った決定を重視するべきである。
③　つねに正しく行為するような性格をもつことを重視するべきである。
④　行為の動機となる義務を重視するべきである。

ア：〔　　　　　〕　　　　イ：〔　　　　　〕

Step ⑥ これまでの学習を振り返り，在日米軍基地の現状と沖縄に集中している理由を整理し，公正や民主主義の観点から今後の米軍基地のあり方を考察してみよう。 主

振り返りチェック 知・技

● p.126を参考に，法の役割を説明した次の文章の空欄に当てはまる語句を記入しよう。
　①法の目的は【　　　　　　　　　】であり，外部的行為を規制するものである。
● p.105～106を参考に，人身の自由に関する次の文章の空欄に当てはまる語句を記入しよう。
　①（日本国憲法　第36条）公務員による拷問及び【　　　　　　　　　】は，絶対にこれを禁ずる。
　②無実の者が罪に問われることを【　　　　　】といい，死刑判決後再審無罪となった事件には
　【　　　　　　　】などがある。

Step ① 自分の立場を考えてみよう。 思・判・表

❶あなたは，死刑制度に対して「存置」又は「廃止」のどちらの立場に近いだろうか。資料集 p.107を参考に考えてみよう。
〔　　　　　　　　　　　〕

❷❶で選択した立場は，資料集 p.107「存続論×廃止論」のうち，あなたはどの意見を元に考えただろうか。あなたと逆の立場ではなぜだめなのかなどの理由も含めて記述しなさい。

【資料】

あなたが参考にした意見は？

Step ② 死刑制度ついて，これまで学習してきた考え方と結びつけて考えよう。 思・判・表

●下の存置論，廃止論の根拠は，「人間の尊厳（生命の尊重）」と「他者や社会の幸福」のどちらの考え方に基づいたものだろうか。空欄に①～⑥を記入しよう。

　　人間の尊厳（生命の尊重）を重視：〔　　　　　　　〕　　　他者や社会の幸福を重視：〔　　　　　　　〕
　　　　　　　　　　　　　　　　　　　　　　　　　　　　　どちらともいえない：〔　　　　　　　〕

◆存置論の根拠の例

①［遺族の心情論］
「これほど残虐なことをしても，何の反省もせず，自分のことばかり考えている被告人は，社会に戻れば，また繰り返すと思います。…これからの被害者を出さないためにも被告人には死刑しかないと思います。これが遺族の思いです。　　（F県，女児殺害事件の遺族のことば）

②［死による贖罪論］
「もし彼が人を殺害したのであれば，彼は死なねばならない。この際には正義を満足させるに足るどんな代替物もない。　　　　　　　　　　（カント）

③［犯罪抑止論］
「刑罰の目的は，感覚ある存在である人間を苦しめ苛むことではない。すでになされた犯罪を帳消しにすることでもない。…刑罰の目的は，その犯罪者が仲間の市民たちに対してふたたび害を与えるのを阻止するということ，そして誰か他の者がおなじことをしないように図るということ，これ以外ではありえないはずだ。」
　　　　　　　　　　　　　　　　　　（ベッカリーア）

◆廃止論の根拠の例

④［誤判可能性論］
「死刑事件については，たとい「百人」「千人」に一人であろうとも，いやしくも無実の者の処刑が許されてはならないのではないでしょうか。ということは，とりもなおさず，死刑を廃止する以外にないということだと思うのです。　　　　　　　　　　　　　（団藤重光）

⑤［国際世論による議論］
「たとえばフランスでは，1981年に死刑を廃止しました。その時の世論調査では，死刑賛成は62％，死刑反対は33％でした。そして，死刑がなくなって25年が経った2006年の調査では，死刑賛成は42％，死刑反対は52％でした。死刑に頼らない国ではそれらの国では，処罰感情から犯罪者の生命を奪うのではなく，別の方法によって償わせているのです。
　　　　　（アムネスティ・インターナショナル）

⑥［国家による殺人を禁止するという議論］「人は自らを殺す（自殺する）権利がないのと同様に，そのような権利を他人に譲渡することはできない」　　（ベッカリーア）

Step ③ 死刑制度について，Step ②の存置論，廃止論の根拠や，以下の検討の観点も踏まえて隣の人と話しあってみよう。思・判・表

○検討の観点
・個人や社会の幸福になるか
・国家が人の命を奪うことが正義にかなうか
・極刑という考え方が人間の尊厳に反しないか

❶自分の意見

❷他の人の意見

Step ④ 存置論，廃止論のグループにわかれて議論してみよう。思・判・表

❶存置論

❷廃止論

Step ⑤ 授業を通してあなたの意見はどう変化したか書いてみよう。主

Step ①　平等権の保障に関する次の文章の空欄に当てはまる語句を記入しよう（p.109，112）。知・技

①（日本国憲法　第14条　一部抜粋）すべて国民は，法の下に平等であって，【　　　　　】，信条，性別，社会的身分又は門地により，【　　　　　】，経済的又は社会的関係において，差別されない。

②在日外国人にも社会保障や就学などは認められるものの，国政選挙における【　　　　　】は認められない。

Step ②　p.112から，日本に住む外国人について概要を確認しよう。知・技

●日本に住む外国人の数はどれくらいだろうか。　　　　　　　　　〔　　　　　　　　　　　　　　〕

●どの国の出身者が多いだろうか。上位3か国を答えよう。

●外国人登録者数が増加した背景には何があるのだろうか。

Step ③　p.113の「定住外国人地方参政権訴訟　最高裁判決」を読んでみよう。

●何が争点になっているのだろうか。知・技

●**読み解きのポイント**に該当する箇所を抜き出してみよう。知・技

①

②

③

Step ④　以下は「移民政策統合指数」（MIPEX）における日本の移民政策に関する評価である。

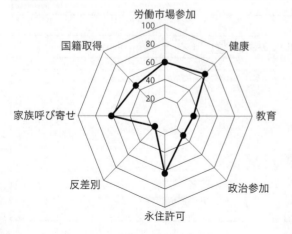

●他の項目に比べ低評価となっている項目はどれだろうか。
思・判・表

Step ⑤ これからの日本の社会のあり方について考えよう。

● Step ④の移民統合指数において日本が低評価となっている理由を考えよう。 思·判·表

● 上記の問題を解決するために求められるのはどのような政策だろうか。話しあってみよう。 思·判·表

あなたの意見

他の人の意見

Step ⑥ これまでの学習を振り返り，日本における外国人の状況について整理して，これからの多文化共生社会についての自分の考えを述べよう。 主

振り返りチェック

①何のために刑罰が科されるのか▶ p.140 **6** 刑罰の種類
②憲法はどのような刑罰を禁止しているか▶ p.105 **3** 人身（身体）の自由
③冤罪はなぜ起きるのだろうか▶ p.106 政治がわかる 冤罪

Step ① 以下の文の正誤を答えよう。 知・技

ア 2022年の成人年齢引き下げによって、裁判員に選ばれる年齢も18歳に引き下げられた。 【　　】

イ 日本の裁判員制度では、抽選で選ばれた裁判員がすべての刑事事件の第一審に参加する。 【　　】

ウ 評決は多数決で行われるが、裁判官、裁判員それぞれ1名以上の賛成が必要となる。 【　　】

Step ② 裁判員裁判のシミュレーション

＜事件の状況＞
・AさんBさん夫妻は後頭部を棒状のもので殴られ、共に死亡している姿が発見された。AさんBさん共に死因は後頭部挫傷であり、争った形跡はない。また、Aさん宅の金庫から現金300万円が消失していた。
・事件当日の夜に、金属バットを持ったXらしき人物がAさん宅付近で目撃されている。XはAさんの知人であり、Aさんから300万円の借金がある。事件前には、不審者が近所をうろつく姿を目撃されている。
・当初XはAさん宅から現金300万円を盗んだことと両名の殺人について自白した。しかしその後の取り調べで、強盗については認めたものの殺人については否認している。バットは強盗のために一応持っていたものの使用はしておらず、強盗の際にAB夫妻に出くわさなかったという。金を盗んだ後、慌てていたためバットをAさん宅に置き忘れたという。
・警察はXを容疑者とし、現場に残されていたバットを調べたところ殺人に使用された凶器であると認定した。

⇒検察官は「刑法第240条（強盗致死傷）」でXを起訴

刑法第240条（強盗致死傷）
強盗が、人を負傷させたときは無期又は6年以上の懲役に処し、死亡させたときは死刑又は無期懲役に処する。

＜検察官の主張＞
　Xは、○年○月○日、○時頃、強盗目的でAさん宅に侵入し300万円を奪取し、殺意をもってAさんとBさんを殴り殺したことは自白及び目撃情報からも明らかである。借金をしているためAB夫妻を殺害する動機も十分にあり、身勝手な凶行であることは疑いの余地がない。よって被告人Xに死刑を求刑する。

＜弁護人の主張＞
　XがAB夫妻を殺害したことについては否認している。また目撃情報は強盗の前のものであり、殺人の証拠とはならない。殺人についての自白は強要されたものであり証拠に当たらず、XがAB夫妻を殺害した証拠はない。よってXは強盗致死傷罪には当たらない。X以外にもAB夫妻に借金がある者は複数おり、真犯人が別にいる可能性は十分にある。

≪裁判のポイント≫
・Xが殺人に関わった物証は全くない。
・殺人について、当初Xは自白したが、その後一転して否認している。
・強盗について、Xは自白している。

Keyword　永山基準
1968年に4人をピストルで射殺した永山則夫元死刑囚（事件当時19歳、97年に死刑執行）の裁判で、最高裁が83年に示した死刑適用の基準。動機や殺害方法の残虐さ、遺族の被害感情、殺害された被害者の数、被告の年齢、前科、犯行後の情状など9項目を総合的に考慮し、他事件との刑のバランスなどの観点から「やむを得ない」ときに死刑の選択が許されるとした。［『朝日新聞』2016年6月17日より］
※永山基準に関しては、見直しも議論されている。

●あなたが裁判員なら，被告人にどのような質問をしますか？ 思・判・表

●あなたが裁判員なら，評議でどのような主張をしますか？永山基準なども参考に考えてみよう。 思・判・表

●あなたが裁判員なら，どのような評決をしますか。 思・判・表

●裁判員裁判のシミュレーションの感想を書こう。 思・判・表

Step ③　国民の司法参加と裁判員制度について考えてみよう。

●これまでの学習や p.143を振り返り，裁判員制度の意義と課題について話しあってみよう。 主

Additional Step　死刑制度についてあらためて考えてみよう。(→p.12) 主

Step ①　地方自治に関する次の文章の空欄に当てはまる語句を記入しよう（p.147, 149）。 知・技

①（日本国憲法第94条　一部抜粋）地方公共団体は，…法律の範囲内で【ア　　　　　】を制定することができる。

②住民は，原則として有権者の【イ　　　　　　　　　】の署名を集めれば，【ア】の制定・改廃の請求をすることができる。

③【ウ　　　　　　　　】では，地方への税源移譲がされたものの，国庫支出金や地方交付税の減額もされたため，地方自治体の財政の圧迫をもたらしたといわれる。

Step ②　地方の人口減少について確認しよう。 知・技

●人口減少はその地域の住民生活にどのような影響をもたらすだろうか。右の語群から選んで記入してみよう。

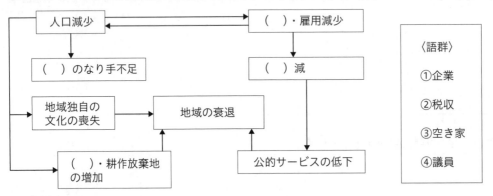

〈語群〉

①企業

②税収

③空き家

④議員

Step ③　地方振興策を考えよう。 思・判・表

●これまで実施された政策や議論されている政策について，そのメリットとデメリットを資料集からまとめてみよう。

	メリット	考え方	デメリット	考え方
平成の 大合併				
地方交付税				
コンパクト シティ				

●上で確認した政策のメリット・デメリットは下のア・イどちらの考え方に関連しているだろうか。上の表の「考え方」の列にそれぞれアまたはイを記入しよう。

　ア　限られた資源が最大限に利用されて，その資源から最大限の成果の実現をめざす，という効率性を重視する考え方

　イ　不当に不利益を被っている者をなくし，全員が豊かさを共有した方が良い，という公平性を重視する考え方

●海士町や尾道市ではどのような地域づくりが行われてきたか。資料集 p.150や p.166から調べてみよう。

Step ④　自分の地域について考えよう。主

●自分の住んでいる自治体は，住民のためにどのような政策をおこなっているだろうか。

●自分の住んでいる自治体の課題と，解決策を考えてみよう。

名称	
課題	
解決策	

Step ⑤　自分の住んでいる自治体の目指すべき姿をクラゲチャートの頭の部分に記述し，足の部分に必要な政策などを書いてみよう。主

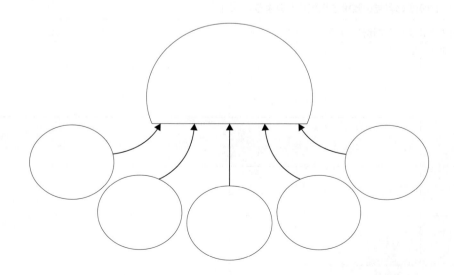

Step ① 下の①〜⑪の政策について，それぞれ資料集の該当ページを参考にしながら，ダイヤモンドランキングを作って自分の考えを整理してみよう。 知・技

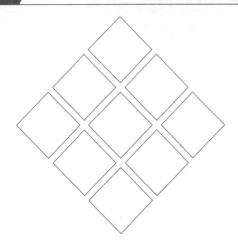

①消費税減税（▶p.212，216）
②関税撤廃（▶p.328〜329）
③最低賃金の増加（▶p.225，257）
④脱原発（▶p.350）
⑤国会改革（▶p.133）
⑥少子化対策・子育て支援（▶p.271，278）
⑦誰もが働きやすい社会（▶p.262〜265）
⑧高齢者の支援（▶p.274）
⑨地域活性化（▶p.152〜153）
⑩途上国支援（▶p.343）
⑪憲法改正（▶p.86〜87）

Step ② 政策を選ぶ上で，参考にした資料を資料集や教科書からあげてみよう。 知・技

例）資料集 p.212「付加価値税の税率の国際比較」
　…日本の消費税率は各国に比べて低いため，増税の余地はあると思う。その税源を社会保障費にあて，将来世代への負担を軽くすべきだ。

Step ③ p.169⑤の各党の政策を比較してみよう。 知・技

●各政党の政策を表にまとめて比較しよう。◎、○、△、×、—（言及なし）や簡単なメモなどを記入しよう。

政策						
A党						
B党						
C党						
D党						

●マトリクス表をつくってみよう。

Step ④ p.169⑤ の各党の公約を比較し，どの政党に1票を入れるか考えよう。 思・判・表

●周囲の人の考えを聞いて，他の候補者の良い点と課題をまとめてみよう。

A 党		C 党	
B 党		D 党	

●あなたが良いと思った政党の良い点・課題を記入しよう（あなたはどの政党に投票するだろうか）。

選んだ政党

良い点
課題

Step ⑤ これまでの学習を振り返り，主権者としてこれから気を付けていきたいと考えたことを書いてみよう。 主

Step ①　効率性と公平性について考えてみよう。思・判・表

問1　所得の高低にかかわらず一律に税を負担する方法と，所得が高くなるほどより多くの税を負担する方法があった場合，どちらが望ましいだろうか？

問2　効率性と公平性はどのような関係にあるか，答えなさい。　　　　　　　　　〔　　　　　　〕

Step ②　市場における効率的な資源配分はどのように実現されるのだろうか。p.178-181を参照しながら，「市場の効率的な資源配分」を正しく説明している文章をすべて選び，〔　〕に○を記入しよう。知・技

ある財を人々に配分するとき…
〔　〕①その財をあまり必要としない人に配分することは効率的とはいえない。
〔　〕②すべての市場参加者に等しく財を配分することこそが効率的な配分である。
〔　〕③必要だと考える人にたくさん配分することこそ，効率的な配分といえる。

効率的な資源配分の実現には…
〔　〕④市場における「価格」が重要な役割を果たす。
〔　〕⑤すべての市場参加者が財の情報を完全に把握している必要がある。
〔　〕⑥多くの消費者と少数の生産者が市場に参加している必要がある。
〔　〕⑦特定の参加者を差別・優遇しないことが必要である。
〔　〕⑧すべての市場参加者が，「価格」を決定する力を有している必要がある。

Step ③　市場が十分機能しないときに生じる問題について整理しよう。知・技

問1　このような問題群は何と呼ばれているか，空欄に記入しよう。

問2　問題群の特徴についてまとめた文章の空欄に当てはまる語句を下の語群から選んで記入しよう。

独占・寡占：
大量生産によるコストの低下（＝スケールメリット）や，市場の〔　　　〕を高めるための競争の結果，競争者が極端に〔　　　〕なった市場では，〔　　　〕が市場を支配し，価格の支配力を強める。

外部不経済（負の外部効果）：
企業の生産活動は，〔　　　〕や〔　　　〕などの市場の外で生じる社会的なマイナス効果（不利益）に関心が及びにくいため，市場メカニズムだけで解決することは難しい。

公共財の供給：
社会的に不可欠な道路や公園，保健衛生などの財やサービスは，競合性や排除性を持たず，またその維持管理に莫大なコストがかかるため，〔　　　〕ではなく〔　　　〕が供給を担う必要がある。

情報の非対称性：
売り手（企業）と買い手（消費者）との間で，商品やサービスの価格や品質に関する〔　　　〕に格差があり，多くの場合において企業にかたよる傾向がある。このため，〔　　　〕が不利益をこうむる。

所得の不平等：
市場での競争に敗れた企業が倒産したり，労働者が失業したりして所得の不平等が拡大した結果，〔　　　〕が生じる。

【語群】　消費者　公害　格差　大企業　民間企業　政府
　　　　　情報　多く　少なく　占有率　環境破壊　自然保護

Step ④ Step③で確認した問題群への対応のあり方について整理してみよう。次の政府による対応は、それぞれどのように問題を解消しているのか、下の文章A～Dから当てはまるものを1つずつ選んでみよう。 思・判・表

独占禁止法 〔 〕　　製造物責任法，消費者契約法 〔 〕
生活保護などの社会保障制度 〔 〕　　環境基本法 〔 〕

A　市場メカニズムでは解決困難な，市場の外で発生する問題を規制する。
B　貧困に陥っても，最低限の生活を可能とするセーフティネット（安全網）。
C　寡占市場での企業同士の協調を抑制し，公正かつ自由な競争を促進する。
D　情報の非対称性から，売り手（企業）に対して不利な立場にある買い手（消費者）を保護する。

Step ⑤ Step④で確認したそれぞれの対応策は，下のア～エのどの考え方に関連しているだろうか。それぞれについて，適当なものを，一つずつ選んでみよう。 思・判・表

ア　市場に対する政府の介入の必要性を認める考え方
イ　全員が豊かさを共有した方が良い，という公平性を重視する考え方
ウ　市場の効率性は競争を通じて発揮されるとする考え方
エ　消費者の購買行動によって，市場における生産のあり方が最終的に決定されるとする考え方

A：〔 〕　B：〔 〕　C：〔 〕　D：〔 〕

Step ⑥ p.175～176を参照しながら，「大きな政府」と「小さな政府」の主張の根拠を下のア～エから選びなさい。 知・技

ア　自由競争による経済の活性化　　イ　景気の安定・所得格差の是正
ウ　財政赤字の解消　　エ　財政支出の拡大による社会保障の充実

大きな政府：〔 〕　　小さな政府：〔 〕

Step ⑦ Step④で確認した対応策のうち，生活保護などの社会保障制度は「結果の平等」をはかるものである。仮にこうした対応策が日本で重視された場合，どのような弊害が生じるだろうか。 思・判・表

＊4つの用語（大きな政府／小さな政府／効率性／公平性）を必ず用いながら，自由にまとめてみよう。

Step ⑧ これまでの学習を振り返り，学んだことやわからなかったことを書いてみよう。 主

23

1．次の①〜④の説明にあてはまる語句を記入しよう。

①資金の貸し手と借り手が取り引きをする場。　〔　　　　　　　　　〕

②企業が株式や社債を発行し，資金を調達すること。　〔　　　　　　　　　〕

③企業が金融機関を通じて，資金を調達すること。　〔　　　　　　　　　〕

④インターネットを通じて事業のアイディアを公表し，賛同者から資金を募る資金調達の方法。　〔　　　　　　　　　〕

2．現在，日本の地域社会はどのような課題に直面しているか，p.152〜153を見て確認しよう。

Step ①　下のクラウドファンディングの事例で解消されうる地域の課題を捉えてみよう。 思・判・表

●計画書

地域で廃棄されてしまう有機野菜をジュースにして届けたい　　目標金額：200万円

　過疎化と高齢化が進むA村にはベテランの元・農家さんがとても多く，彼らは引退後も趣味で多種多様な有機野菜を作っています。ただ，収穫された野菜は「あくまで趣味で作られたもの」ということで市場には出ず，その多くは地域の人々が格安で購入・消費している状況です。ただし，収穫される野菜をすべて消費できるほどA村の人口は多くないため，その多くが残念ながら廃棄されてしまっています。そこで，余ってしまう野菜を新鮮なうちに低温圧搾（コールドプレス製法／野菜の栄養素や繊維が失われにくい製法）でジュースにして，全国の人々に届けたいと考えています。

　資金の使い道：地域の公民館の改修費用，大型の冷蔵庫やコールドプレス機の購入　など

●寄付金額とそのリターン
2,000円：心を込めたお礼メール
5,000円：コールドプレスジュースのお得なセット（10本）
20,000円：コールドプレスジュースの命名権（10種類／先着順）
50,000円：コールドプレスジュースの定期お届け便（1か月ごとに10本／1年間）
100,000円：ベテランによる小規模農業（ベランダ農業など）の指南と相談権（1年間）

解消されうる課題

Step ②　ある地域の現状をまとめた以下の文章を読み，課題と思われる箇所に下線を引いてみよう。 思・判・表

● S市の現状

　日本にあるS市は人口約1万人の小さな町である。過疎化と高齢化に歯止めがかからず，S市はいま存続の危機を迎えている。過去には町おこしのために様々な取り組みをおこなってきたが，いずれも大きな成果はあがっていない。また，新たに町おこしをおこなおうとしても，財政悪化が進んでいるため資金創出が難しい現状がある。経済は主に観光業によって支えられており，豊かな水資源と山の幸，多くの自然とのふれあいを求めて観光客がやってくるが，近年は減少傾向にある。近隣で最も発展しているN市からは車かバスによる移動手段しかなく，時間にして最短で1時間かかる。

　このままではS市はますます衰退の一途をたどり，住民の生活にも影響を及ぼすことが考えられる。あるうわさでは，N市との合併の話ももちあがっているようだ。S市を活気ある町に再生するためには，どのような方法が考えられるだろうか。

	住民に聞いた S 市の魅力	割合 (%)
第 1 位	秋におとずれる紅葉	33%
第 2 位	ホタルが見られる澄んだ川	25%
第 3 位	森の奥地にある温泉浴場	17%
第 4 位	キノコが豊富にとれる山	14%
第 5 位	いつも笑顔で朗らかな市長	8%

	観光客に聞いた S 市の不満	割合 (%)
第 1 位	旅館・ホテルが少ない	22%
第 2 位	空き地が多い	18%
第 3 位	休業中のお店が多い	15%
第 4 位	交通アクセスが悪い	11%
第 5 位	コンビニがない	5%

Step ③ あなたは S 市に住んでおり，地域の課題解決のためにクラウドファンディングをはじめようとしている。Step ②で見出した S 市の課題を踏まえながら，簡単な計画書を作成してみよう。 思・判・表

●計画書

●寄付金額とそのリターン

Additional Step 計画書をクラスで回覧し，投資してもよいと考えた場合は，リターンの横に1票（1画）を足そう。 主

（例／1000円：心を込めたお礼メール正 ←「正の字」で1票ずつ入る）

また，あなたが一番良いと思った計画書とその理由をまとめよう。

振り返りCheck 知・技

● p.175〜176を参照しながら，次のア〜エは，「大きな政府」と「小さな政府」のどちらの主張の根拠となるか分類してみよう。
　　ア．自由競争による経済の活性化　　　イ．景気の安定・所得格差の是正
　　ウ．財政赤字の解消　　　　　　　　　エ．財政支出の拡大による社会保障の充実

　　大きな政府：〔　　　　　〕　　　　小さな政府：〔　　　　　〕

Step ①　日本の歳出・歳入の変化について，p.210〜214を見ながら整理してみよう。知・技

問1　歳入・歳出（最新年度）に占める割合が最も大きい項目をそれぞれ選び，〔　　〕に○を記入しよう。

●歳入
〔　　〕税収
〔　　〕建設国債
〔　　〕赤字国債

●歳出
〔　　〕公共事業費　　　　〔　　〕社会保障関係費
〔　　〕文教・科学振興費　〔　　〕国債費
〔　　〕防衛関係費　　　　〔　　〕地方交付税

問2　最も大きく増えた歳出項目は何か。次の中から選び，〔　　〕に○を記入しよう。
〔　　〕公共事業費
〔　　〕防衛関係費
〔　　〕社会保障関係費
〔　　〕地方交付税
〔　　〕国債費

問3　上記の歳出項目はなぜ増えたのだろうか。理由として適切なものを選び，〔　　〕に○を記入しよう。
〔　　〕景気の低迷が続き，税収が増えないから。
〔　　〕人口が減少期を迎えているから。
〔　　〕少子高齢化によって，高齢者に年金や医療に関する費用が増えたから。
〔　　〕自衛隊の海外派遣が増えたから。

問4　次の文章の2つの〔　　〕に同じ数字を記入しよう。
　　赤字国債の発行がゼロだったのは〔　　　　〕年代初頭
　　　　　　⇒急増したのは〔　　　　〕年代後半から

問5　次の文章の空欄に当てはまる数字を語群から選んで記入しよう。
　　2023年度現在の国債残高は約〔　　　　〕兆円となっている。
　　地方債を合わせた長期債務残高は約〔　　　　〕兆円であり，これはGDPの〔　　　〕倍以上となっている。

〔■語群：2，5，190，200，1,068，1,280〕

Step ②　この傾向が維持されると，将来どのような影響が生じるのだろうか。
p.215も参考にしながら，記述として適切なものをすべて選び，〔　　〕に○を記入しよう。知・技

〔　　〕国債返済用の税金を払うのは，将来の子どもたち，孫たちになる可能性がある。
〔　　〕道路や港，公営病院は国債発行の資金を使わず，現役世代の税金でまかなうべきである。
〔　　〕国債残高が増え続けると，国債価格が暴落して金融市場を混乱させる危険性がある。
〔　　〕租税負担の不公平感が解消されてきており，国債返済問題と税負担との直接的な関係はない。

問1　次の①〜⑧の意見は，歳出減を考える立場のものだろうか，それとも歳入増を考える立場のものだろうか。
当てはまると思う方に，○を記入しよう。

歳出減を考える視点　　　　　　　　　　　　　　　　　　　　　　　　　　　　　歳入増を考える視点

	①歳出の規模にあわせて負担を増やしていくことも必要。	
	②これ以上税金を上げなくてもよいように，行政のムダを無くすべきだ。	
	③負担が大きくてもよいので，大きな政府を目指す。	
	④負担を極力減らして，小さな政府を目指す。	
	⑤企業の現預金は増加傾向にあるので，さらに負担を大きくするべきだ。	
	⑥個別にみていけば，減らせる項目があるのではないか。	
	⑦国家公務員の給料を減らすか，人数を減らす。	
	⑧各税の税率を諸外国と比較する。	

問2　次の3つの意見は，問1の①〜⑧のどの視点を考える際に関連するものだろうか。
当てはまる視点をすべて選び，〔　　〕に①〜⑧を記入しよう。

A　歳出にはそれぞれ使途があり，予算を減らすことで生じる影響を考える必要がある。
B　各税の税率は，これまでの税制改革の動向も踏まえたものであるので，
　　単純に税率の低い税の税率を上げればよいというものでもない。
C　そもそも日本の国家公務員の数や給与は，諸外国と比べて多かったり高かったりするのだろうか。

A〔　　　　　　　　　〕　　B〔　　　　　　　　　〕　　C〔　　　　　　　　　　〕

p.210〜
□4　一般会計の歳入と歳出
□6　財政投融資のしくみ
□7　日本の租税
□8　国税の直間比率の国際比較
□9　国民負担率の国際比較
□11　付加価値税の税率の国際比較
□14　所得税の税率の推移
□15　主要 OECD 諸国における最高所得税率の推移

□16　申告納税者の所得税負担率
□17　法人税率の引き下げ
□19　国債の保有者
□20　一般会計税収，歳出総額及び公債発行額の推移
p.216
◇1　歳出の推移
◇2　政府の総支出・租税収入の国際比較
◇3　税目別にみた税収の推移
◇4　租税負担率の国際比較

Step ④ 税制改革について考えてみよう。 思・判・表

問1 税制改革について，次のア～ウの意見はどのような考え方に基づいたものだろうか。それぞれについて，最も適当なものを，後の①～③のうちから一つずつ選ぼう。

ア 他の先進国に比べて税率が低い消費税を増税する
イ 法人税を減税し，経済成長をうながす
ウ ピーク時より税率が引き下げられた所得税を増税する

① 税収だけでなく経済格差の是正も重視する考え方
② 安定した財源の確保を重視する考え方
③ 経済におけるインセンティブを重視する考え方

ア：〔　　　〕　イ：〔　　　〕　ウ：〔　　　〕

問2 p.217の論説１と論説２の要旨をそれぞれ100字以内でまとめてみよう。

論説１

論説２

問3 消費税の減税を通じて経済活性化が成し遂げられるのはなぜか，論説１の記述から読み取り，60字以内でまとめよう。

問4 消費税と富裕層課税を組み合わせる必要があるのはなぜか，論説２の記述から読み取り，60字以内でまとめよう。

p.218 Active+ 財政支出の拡大は”絶対悪”なのか 思・判・表

読み解き〉〉伸縮的財政論／機能的財政論

1 伸縮的財政論の内容として適当でないものに×をつけてみよう。

〔　〕　均衡財政至上主義の考えにおいては，財政赤字は厳にいましめねばならない。

〔　〕　ケインズは，政府の収入と支出とは一致しているのが一番よいと考えていた。

〔　〕　伸縮的財政論は，財政は赤字と黒字を，経済の必要に応じて調整してゆく考え方である。

〔　〕　伸縮的財政論は，近代的な財政政策であり，前近代ではあまり見られなかった。

2 機能的財政論の内容として適当でないものに×をつけてみよう。

〔　〕　自国通貨を発行する政府が，自国通貨建ての国債について返済不能になることはない。

〔　〕　自国通貨を発行する政府が財政赤字を無限に拡大し続けると，高インフレになってしまう。

〔　〕　財政赤字は将来世代へ借金を残すことになるので，拡大し続けることができない。

〔　〕　機能的財政論では，財政赤字が経済に与える影響によって，財政赤字の善悪を判断する。

Step ⑤　これまでの学習を振り返り，歳出減や歳入増のために何をすればよいか，自分の考えをまとめてみよう。 主

（理由のほか，根拠とした図版資料も例示してみよう）

Step ⑥　隣の人とワークを交換し，Step ⑤の感想や問題点を記入してもらおう。

Step ① 　次の文中の空欄に当てはまる語句を記入しなさい。 知・技

契約とは，法律的な〔　　　　　　　　〕が生じる約束であり，誰とどんな内容・形式で結ぶかは双方の自由な意思でおこなわれる。このことを〔　　　　　　　　〕という。

従来，未成年が契約する場合は〔　　　　　　　　〕の同意が必要だったが，2018年に〔　　　　　　　　〕が改正され，〔　　　〕歳になれば契約を自分ひとりでおこなえるようになった。　　　　　　　　　　　　　　　　※施行は2022年4月から。

Step ② 　多様な契約とその解除について，p.245 **7** および p.248-249から読み取ろう。 知・技

問1 　次の中で「契約」に該当するものはどれか，あてはまるものすべてに○を記入しよう。

〔　　〕 コンビニで弁当とジュースを買った。
〔　　〕 スマホで無料のゲームアプリをインストールした。
〔　　〕 IC カードを使って改札を通り，電車に乗った。
〔　　〕 友達と明日映画に行く約束をした。
〔　　〕 地域の図書館で本を借りた。
〔　　〕 インターネット上で洋服を購入した。

問2 　次の中で，クーリングオフの対象外となる契約はどれか，あてはまるものすべてに○を記入しよう。

〔　　〕 事業者が消費者に電話をかけて勧誘し，商品の販売をおこなった。
〔　　〕 消費者の自宅などに事業者が訪問し，商品の販売をおこなった。
〔　　〕 消費者がエステサロンを営む事業者の店舗に訪問し，2ヶ月間で数十万円かかる契約に申し込んだ。
〔　　〕 「他の人を販売員にすると あなたも収入が得られる」と事業者が消費者を勧誘し，商品を買わせた。
〔　　〕 消費者がテレビやホームページ等の広告を見て，電話，FAX 等で申込みをした。
〔　　〕 消費者がインターネット上の通販サイトで商品を購入した。

Step ③ 　いまあなたは，エコバッグをフリマアプリで購入しようと考えており，以下のどの商品を選ぶか迷っている。情報の非対称性（▶p.182 **6**，p.184 **13**）の観点も踏まえながら，商品情報を読み取ってみよう。 思・判・表

商品 A

【価格】
¥2,500

【商品情報】
・エコバッグ
・新品未使用
・今ならキャンペーンで割引実施中

商品 B

【価格】
¥500

【商品情報】
・エコバッグ
・中古品（1〜2回だけ使用）
・ほぼ汚れなし
・保温性もあってお弁当を持ち運ぶのに便利

商品 C

【価格】
¥4,000 ⇒ ¥1,800

【商品情報】
・エコバッグ
・新品未使用
・某有名ブランドとのコラボ限定品
・男女問わず使えるデザイン
・小型だからかさばらない
・ファッションバッグとしてもおしゃれに使える

Step ④ 3つの商品のうち，あなたならどれを購入するか。また，その決め手となった情報は何か。 思・判・表

（「どれも購入しない」という選択も可能／その場合は，なぜ購入しなかったのか，理由を書いてみよう）

Step ⑤ 選ばなかった商品について，どのような情報があれば購入に踏み切ったと思うか，考えてみよう。 思・判・表

Step ⑥ 3つの商品について，売り手側はどのようなことを考えながら情報を提示していると思うか，考えてみよう。
思・判・表

Step ⑦ これまでの学習を振り返り，消費者としてこれから気を付けていきたいと考えたことを書いてみよう。 主

31

●下の語群から空欄にあてはまる適切な語句，法律名＜英字＞を選んでみよう。

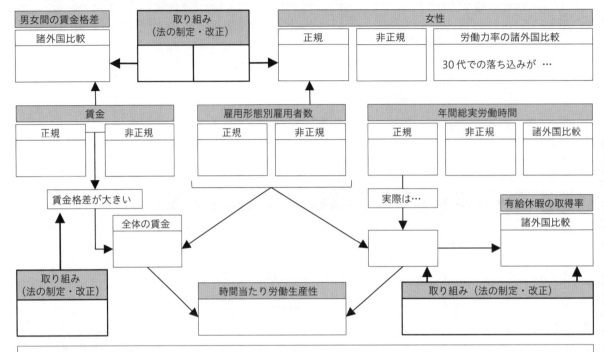

増加 ／ 減少 ／ 多い ／ 少ない ／ 大きい ／ 小さい ／ 変化なし

A：労働基準法 ／ B：労働者派遣法 ／ C：パートタイム労働法 ／ D：男女雇用機会均等法 ／ E：育児・介護休業法

●下の語群から空欄にあてはまる適切な語句を選んでみよう。

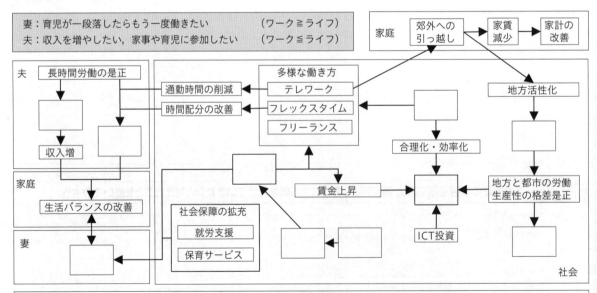

A：無償労働への参入 ／ B：有償労働への参入 ／ C：地方財政の改善 ／ D：自己投資や副業 ／ E：過疎化の是正
F：労働生産性の向上 ／ G：ICTの導入・浸透 ／ H：非正規雇用の増加 ／ I：労働環境の改善・整備 ／ J：賃金低迷

Step ③ | 日本でワーク・ライフ・バランスを実現するためにはどのような施策が必要だろうか。学習を振り返り，p.264の内容も踏まえながら，自分の考えを自由にまとめてみよう。 主

Step ④ | 隣の人とワークを交換し，Step ③で考えた施策についての問題点や感想を記入してもらおう。

振り返り チェック	①効率性と公平性の観点から，限られた予算をどのように配分すべきか ▶ p.170　漫画で考える 経済の基本問題 ②日本経済の課題を確認しよう ▶ p.227　**12** 所得格差の拡大

Step ① 少子化の現状を整理してみよう。　知・技

p.271図9：日本の合計特殊出生率は_____年以降，常に2.07を下回っている。

p.271図10：_____年以降，合計特殊出生率が2を上回った国はアメリカ，スウェーデン，_____のみである。

p.271図11：日本の出生率低下原因のうち，2020年の上位2項目は_____と「子育てや教育にお金がかかりすぎる」である。

> **語群（図11の空欄には，ア〜ウのいずれかを記入しよう）**
> 図9・10 ⇒　1965　／　1973　／　1975　／　1980　／　1990　／　ドイツ　／　フランス　／　イタリア
> 図11　⇒　ア．健康上の理由　／　イ．自分または配偶者が高年齢で産むのがいや　／　ウ．働きながら子育てができる職場
> 　　　　　環境がない

Step ② 高齢化の現状を整理してみよう。　知・技

>>> 以下の選択肢を読み取り，内容が正しい場合は〇，誤っている場合は×を1つ目の【　】に記入しよう

>>> 正誤判定にあたり，「p.271以外の資料読解が必要となる選択肢」をすべて選び，2つ目の【　】に△を記入しよう

【　】【　】 日本の高齢化率が7％から14％へ達するまでにかかった年数はイギリスの約半分である。

【　】【　】 高齢化と人口減少の同時進行は，労働力の減少と消費の落ち込みによる経済停滞を招くおそれがある。

【　】【　】 高齢化の進行によって，社会保障給付費に占める高齢者向けの給付割合の拡大が懸念される。

【　】【　】 高齢化の進行によって社会保障給付費が増加する一方，税収は伸び悩んでいるため，現役世代の負担や国債発行
の増加が懸念される。

Step ③ 指定されたページの図を見ながら，主要先進国6か国における各指標をおおまかに図示化してみよう。　知・技

（日本，アメリカ，イギリス，ドイツ，フランス，スウェーデン／各国の頭文字を使って図示化しよう／アメリカ⇒ア）

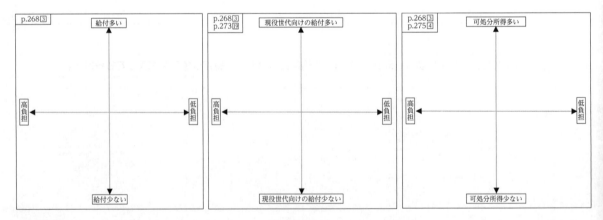

Step ④ Step ③で図示化した3図やp.176，268，275の内容を見てまとめた次の文章が正しい場合は〇，誤っ
ている場合は×を【　】に記入しよう。　知・技

【　】日本の国民負担率と社会保障給付の水準は主要先進国と比べて低いため，日本は「小さな政府」であるといえる。

【　】日本の国民負担率の内訳を見ると，国民負担に占める租税負担の割合が，主要先進国と比べて低いことがわかる。

【　】主要先進国における社会保障給付費の内訳を見ると，日本の社会保障給付費に占める高齢者向けの給付割合が大きく，現
役世代向けの給付割合が小さいことがわかる。

【　】日本の国民負担率は他国と比べて低いが，同様に可処分所得も低いため，国民負担率の低さだけを基準として「これから
の日本における負担率のあり方」を見定めるのは，不十分な議論であると言うことができる。

Step ⑤ p.268 **3** および p.227 **12** ❶ジニ係数の国際比較から日本の社会保障政策の課題を読み取ってみよう。

>>> 次の文章の空欄に適語を記入しよう。知・技

日本の社会保障給付費は〔　　　　　　　　　〕の割合が比較的低く，政府による所得再分配政策後の所得格差は国際的に〔　　　　　　〕水準にある。

Step ⑥ 所得制限などを設けずに全国民に対して一律に一定額の給付金を支給する仕組みをなんというか。知・技

〔　　　　　　　　　　　〕

Step ⑦ これからの社会保障政策や望ましい負担のあり方について，これまで学習してきた考え方と結びつけて考えてみよう。思・判・表

>>> 次のア～ウの政策はどのような考え方に基づいたものだろうか。それぞれについて，最も適当なものを，後の①～⑥のうちから一つずつ選ぼう。

ア　教育や貧困対策に関する支出の割合を大きくする政策
イ　公的な社会保障制度を充実させるかわりに，税と社会保障をあわせた国民負担率を引き上げる政策
ウ　地域のなかで，介護と医療・住まい・生活支援を一体的に提供するための拠点づくりを進める政策

①　自助努力を重視する考え方
②　小さな政府を望ましいとする考え方
③　若年世代向けの給付を特に重視する考え方
④　互いに助け合うこと（共助）を重視する考え方
⑤　大きな政府を望ましいとする考え方
⑥　高齢者向けの給付を特に重視する考え方

ア：〔　　　　〕　イ：〔　　　　〕　ウ：〔　　　　〕

Step ⑧ 学習を振り返り，日本のこれからの社会保障のあり方について，「少子高齢化」「負担と給付」「財政」「日本経済の今後」といった観点に立ちながら，自分の考えを200字以内でまとめてみよう。主

100

200

Step ⑨ 隣の人とワークを交換し，Step ⑧で考えた内容についての問題点や感想を記入してもらおう。

Step ①　第3章，第4章の内容も振り返りながら，少子化の背景や高齢化の現状を改めて整理してみよう。知・技

●右の語群からそれぞれアルファベットと数字を選び，空欄に記入しよう。

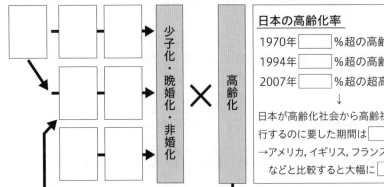

日本の高齢化率

1970年 ⬚ ％超の高齢化社会

1994年 ⬚ ％超の高齢社会

2007年 ⬚ ％超の超高齢社会

↓

日本が高齢化社会から高齢社会に移行するのに要した期間は ⬚ 年

→アメリカ, イギリス, フランス, ドイツなどと比較すると大幅に ⬚ い

語群：少子化の背景

A：財政赤字
B：長期間の低成長
C：女性の社会進出
D：収入の伸び悩み
E：保育サービス・環境の不足
F：将来不安と有配偶率の低下
G：育児負担の増加

語群：高齢化の現状

5 / 7 / 14 / 20 / 21 / 24 / 30
長 / 短

Step ②　少子高齢化が進むと，どのような影響が生じるだろうか。下の語群を参照しながら，相関図を作成してみよう。思・判・表

（相関図の作成にあたっては，自分で考えた語群外の影響を組み込んでもよい）

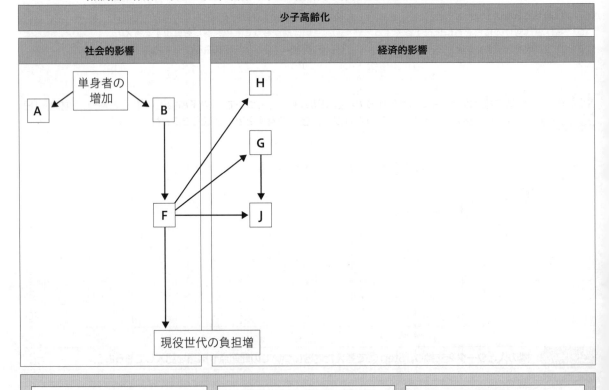

A：単身高齢者の増加	F：生産年齢人口の減少	K：若者向け消費の減退
B：子どものいない世帯の増加	G：短時間勤務を希望する高齢者割合の増加	L：企業による投資の抑制
C：選挙公約の硬直化（高齢者向けの公約）	H：労働力供給の減少	M：人口1人当たりの所得の伸び率の低下
D：過疎化の進展	I：労働生産性の上昇抑制	N：国民負担率の上昇
E：住民に対する基礎的なサービスの悪化	J：労働力の制約と退職者の割合の増加	O：企業の貯蓄率低下
		P：新しい技術に対応する能力の弱化

Step ③ まとめた相関図のうち，自分が気になった「経済的影響」を1つ選ぼう。 思・判・表

Step ④ Step ③で選んだ経済的影響を解消するためには，どのような対応策が必要だろうか。学習を振り返り，考えをまとめてみよう。 主

●とある生徒の考え

p.226の資料3を見ると，生産年齢人口は減少傾向にある一方で，労働力人口は増加傾向にあるから，短期的には問題なさそうだけど，p.272**15**を見る限り，中・長期的には高齢化で労働力人口に占める高齢者の割合が増えることは避けられないかな。だから，労働力人口が維持されている間に，成長産業に積極的に資本を移動したり，そうした産業が生まれやすい環境を整えたりすることが必要じゃないかな。その場合，生産性の低い産業については思い切って大ナタを振るう必要があるかもしれない。あとは，将来を見据えて若年層における生産性の向上（p.257**23**）をはかる必要があるね。

●自分の考え（考えの根拠となった図版資料があれば例示してみよう）

Step ⑤ 複数の人とワークを交換し，下の枠内に Step ④で考えた対策の感想や問題点を記入してもらおう。

● Aさんの指摘

● Bさんの指摘

Step ⑥ 指摘を踏まえて，対応策の改善策を練ってみよう。思・判・表

●日本における少子高齢化の現状と経済的な影響およびその対策（800字以内）

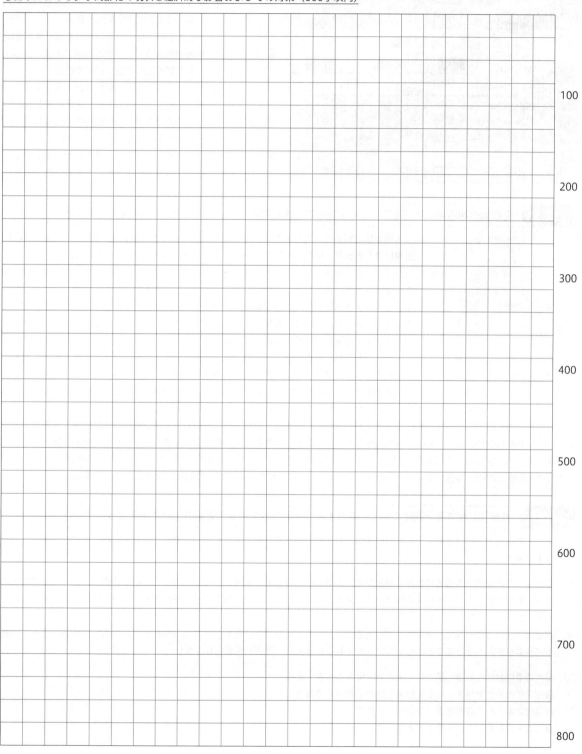

Step ① 　主権の及ぶ領域とその周辺の範囲を，p.285の図で振り返ろう。 知・技

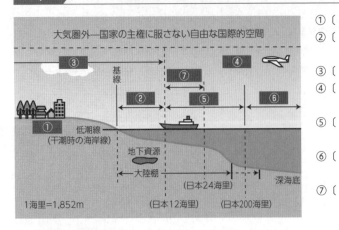

① 〔　　　　　〕…その国が領有する土地で，主権が及ぶ範囲

② 〔　　　　　〕…国連海洋法条約に基づいて法定された海域
　　　　　　　　　で，その国の主権が及ぶ範囲

③ 〔　　　　　〕…①と②の上空で，その国の主権が及ぶ範囲

④ 〔　　　　　〕…③の範囲外で，特定の国家の主権に属して
　　　　　　　　　おらず各国が自由に利用できる

⑤ 〔　　　　　　　〕…その国が海洋と海底資源に対
　　　　　　　　　して主権・管理権をもつ範囲

⑥ 〔　　　　　〕…⑤の範囲外で，特定の国家の主権に属して
　　　　　　　　　おらず各国が自由に利用できる

⑦ 〔　　　　　〕…その国が他国に通関や出入国管理など
　　　　　　　　　の法令を遵守させる権利を持つ範囲

Step ② 　北極海の利活用に関する次の文章を読んで現状を理解し，公海の利用ルールを考えてみよう。

　　　　　北極海は北極点を中心に広がる，北アメリカ・ユーラシア両大陸に囲まれた海域を指す。沿岸には，カナダ，米国，デンマーク，ノルウェー，ロシアの5か国があり，これらにフィンランド，アイスランド，スウェーデンを加えた8か国のことを「北極圏国」と呼ぶ。北極には包括的な国際法は存在していないが，国連海洋法条約をはじめとする海洋法が適用されているほか，北極圏国をメンバー国として日本や中国など非北極圏国をオブザーバーとする北極協議会が主体となって，北極圏に関わる諸課題について協力と調和を図っている。

　地球温暖化の影響で北極の海氷面積は減少しており，それによって新たな可能性が生まれている。ひとつは，北極海航路の開発である。既存の航路の利用時より距離も時間も短縮できるため，温室効果ガスの発生が抑えられると言われている。もうひとつは，資源利用である。北極圏には原油や天然ガス，レアアースなどの鉱物資源が豊富に存在しており，海氷の減少によって産出が容易になる可能性がある。また，海氷の減少によって良好な漁場が生み出されるとも言われている。

　これらの開発が国際的な取り決めがないまま進められてしまえば，資源や権利をめぐって争いが起き，生態系に悪影響が及ぶことにもなりかねない。また，北極は海氷から形成されているため温暖化の影響を受けやすく，その影響を海面上昇として地域に及ぼしやすい。さらに，沿岸国のなかには北極海で軍事演習をおこなうなど，安全保障上の懸念となり得る動きもある。

　多くの可能性と課題が共存している北極の現状と未来について，私たちは協力して取り組んでいかなくてはならない。

Step ③ 　北極海に関する課題について，これまで学習してきた考え方と結びつけて考えよう。 思・判・表

次のア・イの選択・判断はどのような根拠に基づいたものだろうか。それぞれについて最も適当なものを，後の①〜④のうちから一つずつ選ぼう。

ア 北極海航路の開発や北極海における資源開発，漁業利用を進めることで，温室効果ガスの抑制や経済的利益によってもたらされる幸福の増加分と，生態系の破壊や海面上昇などによって生じる幸福の減少分を合算し，社会全体の幸福が最大限になるような選択・判断をおこなう

イ 北極海における資源開発，漁業利用を進めることで，多くの国に経済的利益がもたらされたとしても，生態系を守り，海面上昇や軍事衝突を避けることは私たちの義務であると考えて，選択・判断をおこなう

① 公共の場における熟議に基づいた決定を重視するべきである。

② 最大多数の最大幸福をもたらす結果を重視するべきである。

③ 行為の動機となる義務を重視するべきである。

④ 資源の平等な分配を重視するべきである。　　　　　　　ア：〔　　　　〕　　　イ：〔　　　　〕

Step ④ ▶ **北極海に関する課題について整理してみよう。** 思・判・表

それぞれの課題についてさらに調べたうえで，自分の考えをまとめてみよう。

●北極海航路の開発について

A：進めるべきか，慎重になるべきか
B：上記Aのように考えた理由
C：どのような懸念があるか

●北極海における資源開発について

A：進めるべきか，慎重になるべきか
B：上記Aのように考えた理由
C：どのような懸念があるか

●北極海における漁業利用について

A：進めるべきか，慎重になるべきか
B：上記Aのように考えた理由
C：どのような懸念があるか

Step ⑤ ▶ **これまでの学習を振り返り，北極海の利活用のルール作りを考えてみよう。** 主

国際的な公正の立場から，どのようにルールを作るべきかを考えてみよう。

（誰が，どのように決めるべきか）
（各国にルールを守らせるためには，どのような仕組みが必要だろうか）

Step ① 貧困を解決するためにどのような取り組みがおこなわれているのだろうか。p.343〜345を参考にして，表にまとめてみよう。 知・技

国・国際機関	（取り組み例）
企業	（取り組み例）
個人	（取り組み例）

Step ② 担当国を決めて，その国の一般情勢や児童労働問題に対する姿勢などについて調べてみよう。 知・技

担当国の選択	日本　アメリカ　ドイツ　イギリス　インド　バングラデシュ　ベトナム　ガーナ
担当国の政治状況	
担当国の経済状況	
担当国の児童労働に対する姿勢	

Step ③ 各国代表としての主張を表明してみよう。 思・判・表

Step ②を参考に，児童労働問題に関する主張をまとめ，表明してみよう。また，他国の主張を表にまとめてみよう。

国名	主張の内容

Step ④ ▶ **決議案をまとめてみよう。** 思・判・表

担当国の利益を考慮して，児童労働問題を解決するための決議案をまとめてみよう。その際，p.295に示されているポイントについても検討しよう。

（決議案の名称）
（決議案の要旨）

担当国の主張に近い国があれば，賛同してもらえるように決議案を修正するなどして協力を働きかけてみよう。

（交渉国）	（修正内容）
（交渉国）	（修正内容）
（交渉国）	（修正内容）

Step ⑤ ▶ **これまでの学習を振り返り，決議案を討議してみよう。** 思・判・表

各国の意見や決議案をもとに議論して，各国の賛同が得られる決議案をとりまとめてみよう。

（最終決議案の名称）
（最終決議案の内容）

世界貿易の原則と現状に関する次の文の空欄に当てはまる語句を記入しよう（p.323〜326，333〜335）。知・技

① GATT の三原則は，自由，多角，【　　　　　】である。

②発展途上国の輸出品目は価格の不安定な【　　　　　　　】に偏る傾向にある。

③経済規模や参加国が広範な自由貿易（経済連携）協定は【　　　　　　　】とよばれる。

自由貿易のメリット・デメリットを考えよう。知・技

以下は自由貿易に対する意見である。それぞれの意見は自由貿易に賛成するものか反対するものか，該当する欄に○をつけて分けてみよう。

賛成派	意見	反対派
	外国の安い製品が入ってくることによって，国内で失業者が生じるといわれる。しかし，これまで貿易の自由化を進めてきた国において，失業者が増加するようなことは起きていないのではないか。	
	日本では酪農家が減少しており，バターの品不足や価格の上昇がたびたびみられる。家庭だけでなくパン屋なども影響を受ける。世界的にはバターは余っていたにも関わらず，高関税のため日本で十分な供給がされなかった。	
	世界で地域的な経済統合が進められているが，後発発展途上国がそこに参加することは難しい。これではますます先進国と途上国との格差が拡大するだけである。	
	幼稚産業を保護する必要があるというが本当だろうか？日本では，農業分野において保護政策を実施してきたが，農業の国際競争力は上がったのだろうか？「過保護」であり，日本の農業を甘やかしただけだったのではないか？	
	企業や投資家が相手国の規制強化や政策変更に対して「当初予定していた利益が損なわれた」という理由で多額の賠償金を求める制度が組み込まれている。この制度によって環境破壊や人権侵害，自治，主権が脅かされる。	
	これまで世界では自由貿易が進められ，豊かさをもたらしてきたが，相対的な格差は広がる一方である。世界の上位8人の所得が下位50％の所得と同じであるという指摘もある。これから求められるのは，自由貿易ではなくフェアトレードではないだろうか。	

Step ②を参考に，自由貿易のメリット・デメリットを整理しよう。思・判・表

	メリット	デメリット
先進国		
途上国		
資本家		
労働者		

Step ④ 公正な貿易について考えよう。 思・判・表

貿易に関する次のア・イの意見は、「機会の平等」と「結果の平等」のどちらの観点に基づいたものだろうか、空欄にアまたはイを記入しよう。

ア 先進国・発展途上国のいずれも、比較優位にある財やサービスを輸出すれば、世界全体での生産量は増えるため、双方に利益がある。したがって、関税を引き下げたり、自国産業を保護する非関税障壁を撤廃したりするなど、原 則としてあらゆる市場開放を促進すべきである。

イ なんの例外措置もないまま国内市場を開放すれば、将来の成長が見込める先端産業はすべて先進国に独占されてしまい、先進国と発展途上国の間に経済格差が生じるだろう。したがって、途上国が輸出する品目への優遇制度を設けたり、途上国の原料や製品を適正な価格で継続購入するフェアトレードを促進したりすべきである。

機会の平等：〔　　　　　〕　　　　結果の平等：〔　　　　　〕

そのような「公正」な貿易を実現するためにはどのような仕組みが必要だろうか？

（結果の平等の実現）	（機会の平等の実現）

Step ⑤ これまでの学習を振り返り、帰結主義と義務論の考え方を踏まえて、「公正」な世界貿易のためにどのような仕組みが必要か、自分の考えを300字以内でまとめてみよう。 主

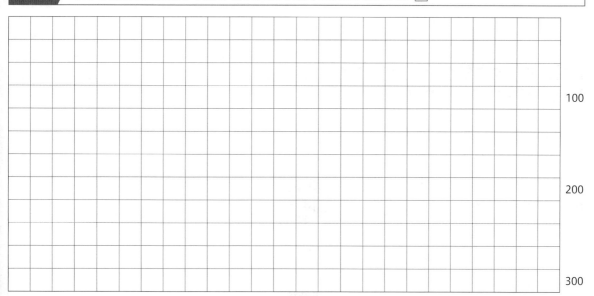

SDGsの実現を考えてみよう 主題⑦

p.346〜347

Step ① 日本の国際協力や開発目標に関する次の文の空欄に当てはまる語句を記入しよう（p.62，p.239，p.343）。知・技

①2023年の GGI（ジェンダー・ギャップ指数）において，日本の順位は【　　　　】位である。
②パリ協定における日本の温室効果ガスの削減目標は，2030年度に2013年比で【　　　　】％である。
③2021年の日本の政府開発援助（ODA）実績の対国民総所得（GNI）比は【　　　　】％である。

Step ② SDGs に掲げられた17の目標から関心のある目標を選び，イメージマップを作成しよう。思・判・表

選んだ目標【　　　　　　　　　　　　　　　　　】

Step ③ レポートを書く準備をしよう。思・判・表

●序論（問題の現状を整理して把握しよう）

●本論（問題の原因を分析しよう）

●結論（日本は何をすべきか／自分には何ができるか）

Step ④ Step ③でまとめた内容の根拠になる資料を，資料集から見つけてまとめよう。 知・技

Step ⑤ Step ③でまとめた内容の根拠になる資料を，資料集以外から見つけてまとめよう。 知・技

Step ⑥ Step ③の構成に基づいて，自分の言葉で表現してみよう。（800字以内）思・判・表

レポートタイトル「 」

検印欄	1	2	3	4
5	6	7	8	9
10	11	12	13	14
15	16	17	18	19
20	21			

年 　 組 　 番 名 前